中国战略性新兴产业发展报告

徐匡迪

2024

中国战略性新兴产业

发展报告

中国工程科技发展战略研究院

科学出版社

北京

内 容 简 介

本书在中国工程院战略性新兴产业项目组13年持续研究基础上，面向未来战略性新兴产业的创新发展，把握新发展阶段的历史方位，以党的二十大报告中“推动战略性新兴产业融合集群发展”“推动创新链产业链资金链人才链深度融合”（“四链”深度融合）的要求为战略指引，为战略性新兴产业高质量发展提供咨询建议。报告分为综合篇、产业篇、政策篇三大部分，共计13章。综合篇对战略性新兴产业“四链”融合现状进行梳理，并对“四链”深度融合下战略性新兴产业高质量发展策略进行剖析。产业篇围绕新一代信息技术产业、生物产业、能源新技术产业、新材料产业、高端装备制造产业、智能网联新能源汽车产业、节能环保产业及新兴服务业八大战略性新兴产业重点发展领域，重点分析“四链”深度融合下战略性新兴产业高质量发展中面临的重大问题，并提出相应对策。政策篇对战略性新兴产业集群政策和系统解决方案供应商培育政策的演化进行梳理，并围绕现阶段数字经济背景对新兴产业创新生态系统演化模式进行深入分析。

本书有助于读者了解中国战略性新兴产业“四链”融合现状及各领域产业高质量发展态势和技术走向，可供各级领导干部、有关管理部门和产业界及社会公众参考。

图书在版编目（CIP）数据

中国战略性新兴产业发展报告. 2024 / 中国工程科技发展战略研究院编. —北京：科学出版社，2024.1

ISBN 978-7-03-076741-7

Ⅰ. ①中… Ⅱ. ①中… Ⅲ. ①新兴产业-产业发展-研究报告-中国-2024 Ⅳ. ① F279.244.4

中国国家版本馆CIP数据核字（2023）第200485号

责任编辑：王丹妮 / 责任校对：陶 璇

责任印制：张 伟 / 封面设计：蓝正设计

科 学 出 版 社 出版

北京东黄城根北街16号

邮政编码：100717

http://www.sciencep.com

河北鹏润印刷有限公司 印刷

科学出版社发行 各地新华书店经销

*

2024年1月第 一 版 开本：787×1092 1/16

2024年1月第一次印刷 印张：27 3/4

字数：656 000

定价：268.00元

（如有印装质量问题，我社负责调换）

编 委 会

序　　言

当前，世界百年未有之大变局加速演进，新一轮科技革命和产业变革不断催生新业态，全球产业体系正在发生系统性重构。以新产业、新业态、新模式为主要特色的战略性新兴产业代表新一轮科技革命和产业变革的方向，是培育发展新动能、获取未来竞争新优势，形成新质生产力的关键领域。我国战略性新兴产业增加值，在国内生产总值中占比已超过13%，第一批国家级战略性新兴产业集群已达到66个[①]。截至2023年5月，我国战略性新兴产业上市公司的总市值已超过10万亿元，与2019年底相比，总市值增长超过7倍[②]。战略性新兴产业创新能力进一步增强，转型升级成效逐渐显现，为实现“十四五”规划目标、推动经济高质量发展持续注入新动力。

党的二十大报告提出，推动战略性新兴产业融合集群发展，构建新一代信息技术、人工智能、生物技术、新能源、新材料、高端装备、绿色环保等一批新的增长引擎[③]。习近平总书记深刻指出：“战略性新兴产业是引领未来发展的新支柱、新赛道。”[①]“要更加重视发展实体经济，把新一代信息技术、高端装备制造、绿色低碳、生物医药、数字经济、新材料、海洋经济等战略性新兴产业发展作为重中之重，构筑产业体系新支柱。”[④]推动创新链产业链资金链人才链深度融合，增强战略性新兴产业的竞争力，发挥其在产业结构升级转型中的引领作用，是实现战略性新兴产业高质量发展的重要保障。

在国家发展和改革委员会的指导下，在国家开发银行的大力支持下，中国工程院和清华大学联合成立的中国工程科技发展战略研究院承担了一系列培育和发展战略性新兴产业的咨询研究工作，并连续发布2013~2023年11个年度的《中国战略性新兴产业发展报告》，受到了社会各界的广泛关注和高度认可。

战略性新兴产业发展质量不断提升，已成为推动产业结构转型升级、经济高质

① 央视网.【新思想引领新征程】壮大战略性新兴产业 培育经济新动能 [EB/OL]. https://news.cctv.com/2023/08/08/ARTIEwGIpYtjWb4csUgbnUph230808.shtml，2023-08-08.

② 经济参考报. 战略性新兴产业助推中国经济航船 [EB/OL]. http://www.jjckb.cn/2023-05/31/c_1310723302.htm，2023-05-31.

③ 习近平. 高举中国特色社会主义伟大旗帜 为全面建设社会主义现代化国家而团结奋斗——在中国共产党第二十次全国代表大会上的报告 [EB/OL]. https://www.gov.cn/xinwen/2022-10/25/content_5721685.htm，2022-10-25.

④ 中央人民政府. 转型升级 促高质量发展 [EB/OL]. https://www.gov.cn/xinwen/2018-03/20/content_5275660.htm，2018-03-20.

量发展的重要动力源。中国工程科技发展战略研究院组织各领域近百位院士、专家编纂形成了《中国战略性新兴产业发展报告 2024》，重点归纳了现阶段战略性新兴产业发展所取得的成绩、面临的挑战，针对制约产业高质量发展的主要问题提出了政策建议。衷心希望《中国战略性新兴产业发展报告 2024》能够继续为广大关心、支持和参与战略性新兴产业发展的各界人士提供高质量、有价值的信息参考。

加快培育和发展战略性新兴产业，必须以习近平新时代中国特色社会主义思想为指引，科学谋划未来科技发展战略与路径，稳步提升基础研究和原始创新能力，突破关键核心技术。我们坚信，在以习近平同志为核心的党中央坚强领导下，在社会各界的齐心协力下，中国战略性新兴产业必将进一步壮大，成为引领经济社会不断发展，增强国际竞争优势的重要驱动力！

编委会

2023 年 12 月

目　　录

综合篇

产业篇

政策篇

综 合 篇

第 1 章

战略性新兴产业“四链”融合发展形势、战略任务与对策建议

国家信息中心

【内容提要】“十四五”以来，我国战略性新兴产业发展迈入高质量发展阶段，推动“四链”融合发展日益成为驱动战略性新兴产业高质量壮大发展的关键举措。本章在总结“十四五”以来我国战略性新兴产业“四链”融合发展成效的基础上，深入分析制约其“四链”融合发展的问题和挑战，提出推动战略性新兴产业“四链”高质量融合发展的对策建议，并基于产业生命周期理论，对战略性新兴产业不同类型具体赛道提出了“四链”融合发展政策路径建议。

2022 年 10 月，习近平总书记在党的二十大报告中提出，“推动创新链产业链资金链人才链深度融合”[1]（简称“四链”融合）。推动“四链”融合是我国在深入实施创新驱动发展战略进程中，为适应新形势、应对新挑战、解决新问题提出的重要理论创新，为开辟发展新领域新赛道、不断塑造发展新动能提供了新的思路和路径选择。“十四五”以来，“四链”融合发展逐步成为战略性新兴产业实现高质量发展的主引擎，虽然战略性新兴产业“四链”融合发展成效突出，但也存在着外部形势带来的“四链”安全保障能力有待提升，资金、人才、政策等要素支持力度不足，以及区域协同不充分等问题，需要采取针对性措施予以应对。战略性新兴产业“四链”融合发展战略的落实，除了要在整体产业发展上下功夫，更要针对具体领域、

不同赛道，执行差异化的“四链”融合发展路径。

1.1 “十四五”以来战略性新兴产业“四链”融合发展成效

“十四五”以来，我国战略性新兴产业“四链”融合质量不断提升，融合发展环境不断优化，产业链、创新链、资金链及人才链发展均取得明显成效。

1.1.1 产业链发展成效

“十四五”以来，在复杂多变的内外形势下，我国战略性新兴产业整体保持较快增长，经济发展动能引擎作用得到进一步增强。战略性新兴产业持续壮大发展主要得益于产业内涌现出一批极具竞争力的产业链，以及围绕这些优势产业链打造形成的新兴支柱产业体系。一是重点优势产业链发展成效显著。“十四五”以来，新一代信息技术、生物、高端制造等领域产业链发展优势得到巩固。2022 年我国规模以上电子信息制造业实现营业收入 15.4 万亿元，较 2020 年增长 27.3%；我国显示面板年产能已经达到 2 亿平方米，占全球的 60% 左右。2022 年医药制造业营业收入达到 2.9 万亿元，较 2020 年增长 16.2%，占规模以上工业营业收入的 2.1%。2022 年工业机器人产量达到 44.3 万台，稳居全球第一①。二是形成一批极具竞争力的新兴产业链。“十四五”以来，新能源、新能源汽车、人工智能等领域形成了一批极具竞争力的新兴产业链，为我国战略性新兴产业及整体经济注入强劲活力。2022 年新能源汽车销量达到 688.7 万辆，较 2020 年增长 4 倍，市场渗透率达到 25.6%，新能源汽车年产值达万亿元水平②。2022 年光伏、风能累计装机容量分别达 392.6 吉瓦和 365.4 吉瓦，占全国累计发电装机容量的 15.3% 和 14.3%，比重较 2020 年分别提升 3.8 个和 1.5 个百分点③。2022 年我国人工智能核心产业规模达 5 080 亿元，新算法、新模型、新范式不断涌现，人工智能框架正向着全场景支持、超大规模人工智能、安全可信等技术特性深入探索，已有超过 400 所学校开办人工智能专业，高端人才数量居全球第二。

1.1.2 创新链发展成效

创新链是“四链”融合的动力源，“十四五”以来，通过完善创新服务生态、深化科技创新能力建设，我国战略性新兴产业创新链得到进一步夯实，创新发展能力得到显著增强。一是全社会创新投入不断提升。尽管受到多重不利因素影响，“十四五”以来我国 R&D 经费投入继续保持稳步增长，为创新发展提供有力支持。

① 资料来源：工业和信息化部（简称工信部），国家统计局。

② 资料来源：中国汽车工业协会。

③ 资料来源：国家统计局。

2022年，我国全社会R&D经费继续保持两位数增长，投入总量迈上3万亿元新台阶；R&D经费投入强度较快提升，跃上2.5%的新高度。基础研究经费支出占R&D经费的比重达6.32%，连续4年保持6%以上的水平，为我国原始创新能力不断提升发挥了积极作用。二是突破一批关键核心环节。例如，集成电路领域，复旦大学将新型二维原子晶体引入传统硅基芯片制造，成功实现了CFET（complementary field effect transistor，互补场效应晶体管）技术的突破，将有力帮助国产芯片摆脱EUV（extreme ultra-violet，极紫外光刻）工艺的依赖；关键软件领域，北京华大九天科技股份有限公司、芯华章科技股份有限公司等企业都推出了自研的产品，RedEDA软件也已经完成了麒麟操作系统的适配，实现了EDA（electronic design automation，电子设计自动化）软件国产操作系统适配突破；量子信息领域，我国已经实现了全球范围内的卫星量子密钥分发，并建成了世界首个城市级别的量子保密通信网；生物技术领域，我国自主产权的精准基因编辑技术（碱基编辑系统）问世，有望打破国外相关底层专利垄断。三是形成一批高价值创新成果。截至2022年底，我国国内高价值发明专利拥有量中，属于战略性新兴产业的有效发明专利达到95.2万件，同比增长18.7%，所占比重为71.9%，产业创新发展动能持续增强①。

1.1.3 资金链发展成效

资金是产业发展与科技创新的“血液”，“十四五”以来，各地加大战略性新兴产业工作力度，谋划长远布局，积极出台一系列政策措施加大资金支持力度，增强战略性新兴产业的资金链保障力度。一是加强直接融资支持。通过全面实行股票发行注册制、创业板改革、设立北京证券交易所等系列举措，有效拓宽了成长型战略性新兴产业企业的融资渠道，科技、产业、金融良性循环格局加速形成。2021~2022年，战略性新兴产业A股IPO（initial public offering，首次公开募股）上市公司数达到174家，共募资1 638.3亿元，分别占同期A股IPO上市公司的18.4%和14.5%②。二是加大间接融资支持。2022年，中国工商银行、中国农业银行、中国银行、中国建设银行四大行战略性新兴产业贷款规模超过5.4万亿元，同比增长超过50%，高于其他类型贷款增速水平。三是发挥财政资金支持和引导作用。多地发布战略性新兴产业专项资金管理办法，强化资金支持力度。例如，2022年11月，上海市发布《上海市战略性新兴产业发展专项资金管理办法》，明确提出：“专项资金主要用于支持集成电路和新一代信息技术、生物医药、人工智能、高端装备制造、新材料、新能源汽车、新能源、节能环保等战略性新兴产业领域以及数字经济、绿色低碳等新赛道领域的重大项目、国家配套项目和特定出资事项。”[2]此外，积极发挥财政资金的引导作用，吸引更多社会资金支持战略性新兴产业发展。截至2022年底，我国累计设立2 107支政府引导基金，目标规模约12.84万亿元，已认缴规模约6.51万

① 资料来源：国家知识产权局。

② 资料来源：国家信息中心。

亿元。其中，2022 年新设立的政府引导基金 120 支，目标规模约 4 052.2 亿元，主要聚焦于高端制造、新材料、信息技术、生物医药等战略性新兴产业领域①。

1.1.4 人才链发展成效

人才是第一资源，人才是战略性新兴产业创新发展的重要牵引和支撑，是串联产业链、创新链的核心要素。党的十八大以来，党中央作出“人才是实现民族振兴、赢得国际竞争主动的战略资源”[3] 的重大判断，对人才的全方位培养、引进和使用进行了重大部署，为战略性新兴产业发展提供必要的人才资源。一是创新人才队伍规模不断扩大。目前，我国科技人力资源数量居世界第一，高技能人才超过 6 000 万人，占技能劳动者的 30%。其中，研发人员总量由 2012 年的 325 万人年提高到 2022 年预计超过 600 万人年，同样居世界首位 [4]。内地入选世界高被引科学家数量由 2014 年的 111 人次提高到 2022 年的 1 169 人次，世界顶尖科技人才不断涌现。二是新兴领域人才培养成效突出。当前，以物联网、大数据、云计算、人工智能、区块链等为代表的数字经济，正成为中国经济增长的新动能和新引擎，数字经济相关行业人才规模也在快速壮大。国务院发展研究中心测算，我国数字经济领域的就业岗位已经接近 2 亿个，占总就业人口的 1/4。2022 年，人力资源和社会保障部颁布的《中华人民共和国职业分类大典（2022 年版）》显示，净增 158 个新职业，其中 97 个为数字经济就业。中国劳动和社会保障科学研究院相关数据显示，我国人工智能领域产业人才存量数接近 95 万人。

1.1.5 “四链”融合发展成效

“十四五”以来，我国战略性新兴产业在创新链产业链资金链人才链各方面实现同步发展，“四链”协同融合发展战略得到切实落地，助力产业实现了跨越式发展。一是“四链”融合助力战略性新兴产业高质量壮大发展。在“四链”融合模式引领下，我国战略性新兴产业在规模化发展、创新能力提升、资金和人才集聚等方面表现均优于传统产业。2021 年战略性新兴产业增加值占国内生产总值（gross domestic product，GDP）比重达到 13.4%，比 2014 年累计提高 5.8 个百分点，预计 2025 年战略性新兴产业增加值占 GDP 比重将达到 17.1%②。二是“四链”融合引领关键战略领域突破。在大批高端创新人才、国家战略资金、产业链创新主体等融合协同作用下，我国在集成电路、智能网联汽车、前沿新材料等领域实现了突破性进展。三是“四链”融合为产业集群发展提供重要引擎。“十四五”以来，得益于各地方相关政策的大力支持，战略性新兴产业集群在全国范围内快速发展，各地在本地优势战略性新兴产业集群上发力，围绕产业链部署创新链，围绕创新链布局产业链，发挥关键企业“链主”作用，打造引育人才和支撑“四链”融合的体系化平台。首批 66 个国家

① 资料来源：清科研究中心。

② 资料来源：国家统计局，国家信息中心。

级战略性新兴产业集群内，“四链”融合发展势能强劲，引领打造形成22个千亿级产业集群，千亿级产业集群数3年实现翻番。

1.2　当前战略性新兴产业“四链”融合问题和挑战

近年来，战略性新兴产业在“四链”融合方面既面临着科技变革带来的供应链争抢、地缘政治变化引发的产业链形势严峻等挑战，同时存在金融支持力度有待提升、前沿领域高端人才稀缺、统筹施策力度亟待增强、区域协同发展合力不足等问题。

1.2.1　新一轮科技和产业变革引发供应链争抢

当前，在新一轮科技和产业变革带来新的发展机遇的同时，供应链能力的争抢已经成为各国保证产业链竞争力的关键方向之一。发达国家陆续通过法律规定、经济补贴及政治手段等方式，促使本国制造业回流，以谋求建立自主可控、安全可靠的供应链体系，供应链主导权争夺日益激烈。2022年4月，美国白宫发布振兴美国制造业和确保关键供应链安全计划，表示将发布“购买美国货”新规则，创建新的国产关键产品清单，对清单上的产品给予特殊补贴，以刺激国内生产，争取高端制造业加快回流美国。美国针对半导体、大容量电池、关键矿物与材料、医药等四大战略性新兴产业领域，明确要加大力度提升本土产能。2022年8月，拜登正式签署《2022年芯片与科学法案》，计划5年内花费2 800亿美元补贴美国本土芯片企业，与全球所有国家争夺芯片制造的关键环节。

1.2.2　地缘政治变化凸显产业链严峻形势

“十四五”以来，中美科技竞争的加剧及俄乌冲突的爆发，进一步暴露出我国新兴产业领域产业链安全保障方面存在的问题。一方面，伴随着我国在科技领域竞争实力的不断提升，美国对我国实施的技术封锁不断升级，相关产业领域“脱钩断链”风险日益严峻。2021年至2023年上半年，新增267家中国企业进入美国实体清单；美国先后发布《2021年战略竞争法案》《无尽前沿法案》《2022年美国竞争法案》《2022年芯片与科学法案》等对中国进行限制。此外，美国在全球范围内组建各种小圈子，联合日本、韩国、印度及澳大利亚等国，先后建立了所谓的印太经济框架、“芯片四方联盟”等组织，对中国实施经济与科技封锁。另一方面，俄乌冲突凸显了产业链供应链的武器化演变趋势，北约和俄罗斯都以自己的优势产业为武器服务国家战略，我国新兴产业领域关键核心技术、材料、工艺等受制于人的局面带来的“卡脖子”风险也更为突出。

1.2.3　战略性新兴产业资金链支持力度有待提升

战略性新兴产业发展长期面临着融资难、融资贵困境，在国内经济形势较为严峻的形势下，战略性新兴产业企业资金链的问题依然突出。一是股权投资基金海外募资遇冷。受国际局势、美国联邦储备系统加息缩表等因素影响，股权投资外币基金募资面临艰巨挑战，2023 年第一季度共 8 只外币基金完成关账，数量仅为上年同期的 28.6%，降幅超过 70%；募资规模约为 275.7 亿元，同比下降 41.5%。二是海外上市融资面临困境。随着美国加大对中国企业的监管力度，企业海外上市遇到明显困难，2022 年仅有 14 家中国企业赴美上市，较过去几年下降 50% 以上。同时，2022 年 3 月，美国证券交易委员会以审核为由，陆续将中国在美国的上市企业列入“预摘牌名单”，“预摘牌”的中国概念股数量超过百家。三是成熟的信贷支撑体系尚未建立。战略性新兴产业专业性较强，开展信贷风险相对较高，需要引入专业的担保公司、知识产权评估公司、行业信息共享平台等一系列机构共同构建一整套信息共享、风险分担机制。

1.2.4　人才链难以满足前沿科技领域发展需求

战略性新兴产业发展的核心问题是创新，其核心竞争力源于新技术与新模式，而新技术与新模式的诞生则取决于高端人才。当前战略性新兴产业高精尖人才尤为缺乏，人才供需结构有待优化，前沿科技领域高端人才结构性短缺极大影响人才链向创新链输出效率，制约了产业链创新链深度融合。在人才引进方面，一是尚未形成全球人才吸纳体系，现有科研与产业化机会对海外人才开放程度不高，人才招揽计划偏重华裔，国际化程度不足。二是海外人才回归便利性不足，在出入境、工作居留、医疗教育配套等方面仍存在不足。在人才培育方面，一是现有教育与培训体系更新速度远远赶不上产业发展速度，存在培养方式和评价机制不合理、职业体系不完善、人才培养滞后于技术更新、高校培养与市场需求偏离、领军人才资源不足等诸多问题，高校、企业和政府之间尚未形成人才培养的合力效应。二是复合型人才培育力度仍有待增强，如数字创意产业现在普遍面临缺乏既懂创意又懂数字技术的复合型人才，并已日渐成为制约产业发展的瓶颈。

1.2.5　“四链”融合统筹政策支持力度仍显不足

新形势下，推动战略性新兴产业取得新突破新成绩，更加需要统筹科技创新、实体经济、现代金融、人才资源协同发展、深度关联。战略性新兴产业创新链产业链资金链人才链虽各自成链，但“四链”融合仍有不足，推动“四链”融合、相互促进的政策体系亟待完善。一方面，战略性新兴产业“四链”融合发展顶层设计文件有待完善。目前，统筹推进战略性新兴产业“四链”融合协同发展的政策体系尚未搭建，需要通过制定相关顶层设计文件更好地调动各部门及全社会参与“四链”融合发展的合力。另一方面，“四链”高效融合受到体制机制障碍限制。例如，知识、技术、资金、人才、政策等各环节协同发展能力参差不齐，产业要素与创新要素仍存在流动不畅的问题；科研成果市场化机制缺乏创新，成果转化落地和承接技术转移的能力有待提高，如部分地区科研成果转化受体制机制等硬性约束，成果由创新链向产业链输出落地明显滞后于市场需求，造成研发效率和成果转化率不高；企业作为产业链主体与高校、科研院所等创新链主体之间协同发展机制尚不完善；等等。

1.2.6　战略性新兴产业“四链”区域协同发展仍需发力

受内外部诸多因素影响限制，我国战略性新兴产业“四链”融合发展在区域协同方面仍存在不足。一是过去几年疫情带来的区域间产业合作活动减少。自2020年疫情暴发以来，疫情防控措施带来的区域间战略性新兴产业合作活动不可避免地减少。国家信息中心战略性新兴产业千家企业调查显示，2021年以来超过60%的被调查企业表示疫情反复对企业造成了负面影响。2022年第二季度上海暴发疫情期间，70.6%的被调查企业表示跨区域协作受到了疫情影响。二是区域协同发展缺乏产业顶层设计。例如，京津冀三地都将生物医药作为战略性新兴产业主导产业之一，但未就京津冀生物医药产业协同布局进行顶层设计，导致京津冀三地在生物医药发展方向上具有趋同性，结构差异很小，很难形成协同发展格局。三是区域间产业链与创新链融合不足。例如，京津冀三地无论是在创新投入还是创新产出方面都存在较大差距，创新能力的落差在一定程度上拉大了产业梯度和产业发展间落差，导致三地在新产品研发、产品更新换代等方面参差不齐，也导致产业链条的各环节发展不均衡、接续难度大，制约了北京科技成果在津冀的落地转化。

1.3　推动战略性新兴产业“四链”融合高质量发展对策建议

新形势新征程下，切实推动战略性新兴产业“四链”高质量融合发展需从产业链安全稳定、创新链自主引领、资金链创新发展、人才链高端引育入手，加快出台相关顶层设计文件，以战略性新兴产业“四链”融合发展集群为抓手，充分释放战略性新兴产业推动经济实现高质量发展的引擎作用。

1.3.1　提升产业链供应链安全保障能力

提升产业链供应链安全保障能力、确保产业链供应链可靠稳定是战略性新兴产业“四链”融合发展的核心。一是依托核心主体保链稳链。以产业链链主企业串联“供”“销”链条，促进上下游生产协同、创新协同、资源协同，贯通商务合作。以供应链平台企业提升“运”“储”能力，促进衔接效率提升、管理能力提升、保障底线提升，贯通实物流转。以产业链供应链枢纽城市全力维“保”为支撑，保障交通畅通、能源流转，贯通产业链供应链支撑保障。二是夯实供应链内供基础。加快建设全国统一大市场，依托国内超大规模市场优势，提升关键环节的生产开发技术水平和供给能力。推动清理废除妨碍统一市场和公平竞争的各种规定与做法，促进商品要素资源实现畅通流动。三是开展多元国际合作。加强同“一带一路”等友好国家的产业链供应链合作，形成合作互赢、优势互补的区域产业链供应链协同发展体系。鼓励企业开展关键领域国际投资。

1.3.2 构建自主引领的产业链创新链体系

构建自主引领的产业链创新链体系、实现创新链自主可控是战略性新兴产业“四链”融合发展的原动力。一是建立健全“政产学研用”相结合的产业技术创新体系。主动适应“四链”融合发展趋势，组织实施基础研究计划，鼓励引导高校优化学科及专业设置，探索“政府 + 高校 + 企业”长期合作开展基础研究新模式。加强关键材料、工艺、零部件的协同研发，探索科技与产业协调、成果和应用互动的新模式，提高关键环节和重点领域的创新能力。二是积极发挥创新型领军企业潜力。加大对创新型、引领型新兴产业企业的支持和引导，鼓励企业加大研发投入，支持有条件的企业开展基础研究和关键核心技术攻关。三是鼓励推出“关键技术攻关项目揭榜制”，加快推动重点产业领域“卡脖子”技术攻关和科技成果转化。

1.3.3 打造多层次资金链创新发展体系

打造多层次资金链创新发展体系、推动资金链多层次创新发展是战略性新兴产业“四链”融合发展的重要保障。一是引导加大直接融资支持力度。发挥好国有资本作用，吸引更多社会资本投向新兴产业私募股权基金。引导和鼓励私募股权基金积极投向战略性新兴产业创新型优质企业。二是支持符合条件的新兴产业企业依法合规赴境外上市，拓宽畅通海外融资渠道。三是鼓励金融机构创新开发适应战略性新兴产业特点的金融产品和服务。鼓励银行成立相适应的服务部门，加大战略性新兴产业信贷支持力度。支持银行金融机构向创新创业公司发放以知识产权为质押的中长期技术研发贷款。鼓励保险机构创新发展科技保险。四是提升金融支持战略性新兴产业发展的效率。充分运用大数据、人工智能、区块链等新技术建构适应新兴产业特征的金融科技体系，提升金融机构投融资服务效率。五是探索设立战略性新兴产业产融示范基地（创新中心）。在条件成熟地区依托具有较强综合服务水平和金融服务创新能力的金融机构开展试点，优化完善金融治理体制机制，稳妥推进金融创新和服务创新。

1.3.4 加强高端前沿领域人才引进培育

加强高端前沿领域人才引进培育、推动人才链创新发展是战略性新兴产业“四链”融合发展的关键。一是建立与新时期战略性新兴产业体系相适应的人才支撑体系。面向未来我国战略性新兴产业重点发展领域和行业，统筹推进人才政策体制改革，不断优化人才结构，壮大人才规模，提升人才素质。二是加强战略性新兴产业领域创新人才的选拔培养。大力开展战略性新兴产业管理人才选拔工作，确保高层次人才队伍建设不断取得新成效。培育高素质工匠型人才队伍，积极设立高技能人才培训基地，实施职业技能提升行动，培育一批知识型、技能型、创新型的工匠人才。三是积极引进国际创新人才。实行更加开放便利的境外人才引进和出入境管理制度。建立与国际接轨的高层次人才招聘、薪酬、评价、考核、科研资助和管理制度。切实解决各类人才现实生活问题，在教育、卫生、居住等方面提供更多人性化公共服务。四是推进实施精准化人才引进制度。实行紧缺人才清单制度，靶向引进一批“高精尖缺”创新人才和团队，提升引才精准度和产业适配度。

1.3.5　加快制定“四链”融合顶层设计文件

制定“四链”融合顶层设计文件是形成协同发力的重要前提，更是实现战略性新兴产业“四链”融合发展的指南针。一是加强顶层设计，加快研究制定统筹战略性新兴产业“四链”融合协同发展的专项文件，加快形成“四链”融合发展合力。二是破除体制机制障碍。积极研究制定相关举措，破除限制创新要素高效流通、集聚的制度障碍，充分调动“四链”融合相关主体积极性，释放融合发展活力。三是鼓励有条件的地方以试点的形式率先推动战略性新兴产业“四链”融合协同发展，推动一批“四链”融合专项工程落地实施。四是进一步落实好有利于“四链”融合发展的政策。例如，落实研发费用加计扣除、装备首台（套）、科技创新券、创新产品推广等鼓励战略性新兴产业重点领域产业链创新链发展的政策。对战略性新兴产业领域“四链”融合项目，探索建立白名单制度，实施差别化产业政策。支持有条件的地方（重点集群）对高端人才、紧缺人才给予补贴。

1.3.6　积极建设“四链”融合发展产业集群

积极建设战略性新兴产业“四链”融合发展集群是战略性新兴产业“四链”融合发展的助推器。一是以“四链”融合为核心理念打造战略性新兴产业基地。强化系统观念、统筹兼顾，推动创新链产业链资金链人才链深度融合，加快技术、产业、城市之间耦合联动、互动相长、融合共生，在融合发展中延伸产业链、提升价值链。摒弃区域合作可能带来资源流失、竞争失衡、差距拉大的传统观念，打破以邻为壑的封闭思维，努力营造开放包容、合作共赢的优质营商环境，围绕京津冀、长江经济带、粤港澳大湾区、长三角等重点区域打造一批跨行政区域合作共赢的战略性新兴产业基地。二是推动资源要素合理流动。积极推动区域间创新要素、人才资源、资金资本等相互开放、自由流动，提高区域资源优化配置能力，助力区域新兴产业布局优化调整。三是推进区域产业错位协同发展。在保有一定客观性、合理性产业同构的基础上，有序推动战略性新兴产业基地区域间产业错位发展，加快形成产业错位竞争、创新链产业链资金链人才链融合发展的局面。

1.4　战略性新兴产业分类及其“四链”融合路径

在战略性新兴产业总体的“四链”融合对策以外，还需注意到战略性新兴产业在内部结构上存在着较大差异，在实现融合的路径上不应整齐划一，我们基于产业生命周期理论，进一步将战略性新兴产业划分为三大类赛道，并根据不同类型赛道的特征，提出相对应的“四链”融合典型政策路径建议。

1.4.1　战略性新兴产业赛道类型划分

根据战略性新兴产业各个赛道所处的发展阶段，可以将其划分为创新突破型赛道、市场拓展型赛道及技术升级型赛道三大类（图 1.1）。

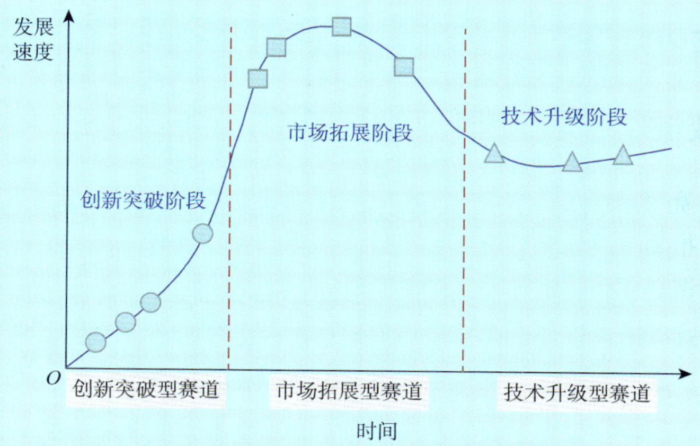

图1.1　战略性新兴产业新技术新产业的发展规律示意图

○ □ △ 分别代表属于不同类别的战略性新兴产业赛道

1. 创新突破型赛道

创新突破型赛道是指尚处于创新突破阶段的战略性新兴产业赛道领域或行业。创新突破阶段是指产业处于技术原始突破并实现向产业化发展的阶段，处于该阶段的产业主要依托科学技术的创新突破实现跨越式发展，并不断推动技术加快成熟及向产业转化。此类产业发展的主要影响因素是技术成熟度及科技创新投入力量的强弱，如创新要素投入规模大小等。比较典型的创新突破型赛道有集成电路、智能网联汽车、细胞和基因治疗、量子科技、前沿新材料等。

2. 市场拓展型赛道

市场拓展型赛道是指处于市场拓展阶段的战略性新兴产业赛道领域或行业。市场拓展阶段是指产业实现技术突破并转向成熟，加快实现市场规模化发展的阶段，处于该阶段的产业主要依赖于市场创新及竞争驱动，持续推动市场规模拓展及各类需求升级。此类产业的主要影响因素是市场创新能力、市场竞争强度、企业的市场理解能力及市场环境等。比较典型的市场拓展型赛道有数字创意、信息安全、太阳能、风能、氢能、环保装备等。

3. 技术升级型赛道

技术升级型赛道是指处于技术升级阶段的战略性新兴产业赛道领域或行业。技术升级阶段是指产业处于原技术市场需求趋于平稳，加快技术迭代创新的阶段，处于该阶段的产业发展的核心推动力来自已有产业技术的持续升级。此类产业的主要影响因素是产业创新升级难易程度，是否具有创新龙头及配套产业链创新链完备程度等。比较典型的技术升级型赛道有新型显示、工业软件、生物医药、医疗器械、智能机器人、航空航天等。

1.4.2 战略性新兴产业重点赛道“四链”融合典型路径

1. 创新突破型赛道“四链”融合典型路径

创新突破型赛道的“四链”融合政策路径选择的核心在于打造自主创新能力、吸引创新人才，推动重大关键技术加快突破。同时，需要提供创新突破发展所需的配套资金，并营造产业链生态体系，引导更多主体参与赛道协同创新。创新突破型赛道“四链”融合的典型政策路径如下。

1）创新链典型路径

（1）鼓励创新主体成果转化，依托人才链壮大创新链主体队伍。创新发展的核心要素在于创新主体，包括创新企业、创新人才及其他基础创新机构等。为了推动创新突破型赛道发展，大量城市都在积极招引和培育创新主体，打造多元化的创新主体群，并且推动各类创新成果转化。

（2）搭建创新服务平台，提升创新链支撑保障能级。创新服务平台是创新生态的重要组成部分，通过搭建创新服务平台能够提升面向创新企业和外部创业者的公共服务能力，有利于加快推动创新成果转化，提升产业创新发展效率。为了推动创新突破型赛道发展，大量城市都在积极搭建各类创新服务平台，强化全方位创新支撑能力。

（3）激发主体创新创造活力，围绕创新链释放人才链创新活力。为了更大程度驱动各类创新主体更多地开展自主研发及创新成果转化，需要通过多种途径激发创新活力。为了推动创新突破型赛道发展，大量城市实施了激发创新活力的举措，包括举办科技大赛和创新创业大赛、体制机制改革、知识产权保护等。

2）人才链典型路径

积极引进创新创业人才，加速创新链产业链培育发展。对于创新突破型赛道而言，相关领域创新人才是产业发展的关键要素。各地为了推动创新突破型赛道发展，积极实施各类人才计划，吸引了一批创新突破型赛道领域高端创新人才，对符合条件的人才及其创新创业活动给予相应政策支持。

3）资金链典型路径

提供财政补贴，增加资金链支持力度。大量新兴赛道的创新发展存在较高的不确定性，前期的研发投入成本较高，实践证明，通过政府补贴的方式支持企业创新研发是有效的手段之一。从国内主要城市战略性新兴产业政府补贴的主要做法来看，当前推动创新突破型赛道的补贴方式有三种，包括直接研发补贴、研发税收抵免及基础研究补贴。

4）产业链典型路径

完善链条配套体系，提升创新链产业链协同发展水平。当前，技术创新更多地呈现为系统性、集成性创新，需要不同产业链环节企业共同配合完成创新流程，因此，通过引进配套型企业提升产业链创新发展能级成为推动创新突破型赛道发展的重要举措。

2. 市场拓展型赛道“四链”融合典型路径

市场拓展型赛道的“四链”融合政策路径选择的核心在于拓宽市场应用，加快实现产业化。这就需要利用示范应用、增加首购、加强使用者补贴等多种手段加快应用推广，同时鼓励提升数字化、精准化、国际化市场能力，加快市场拓展。市场拓展型赛道“四链”融合的典型政策路径如下。

1）创新链典型路径

（1）加强创新技术和产品示范推广，加速创新链成果应用。对于市场拓展型赛道而言，相较于前端的技术创新，后端的技术商业化及大规模推广应用更为重要。为了推动市场拓展型赛道的创新技术和产品加速应用，有必要通过打造应用示范区域、推广示范项目等措施，树立产业应用端培育和发展的标杆，打造形成典型应用场景，更好创造并满足终端用户的需求。

（2）营造创新产品应用氛围，加速创新链产业链规模发展。通过适当的公开宣传方式，打造产业发展声势，是助力市场拓展型赛道快速发展的重要途径。当前，针对新兴产业赛道尤其是市场拓展型赛道，大量城市积极打造相关产业贸易促进委员会、交易会及高端发展论坛，为创新产品市场应用营造氛围。

2）产业链典型路径

（1）以产品高端化助力产业链创新链高端化发展。当前，市场发展环境瞬息万变，消费者需求也在不断升级，持续推动产品走向高端化，打造高附加值产品，是助力市场拓展型赛道转型发展的重要途径。

（2）打造数字化服务平台，提升产业链供需对接效率。伴随着数字经济的快速发展，大量的市场拓展型赛道产业面临着强烈的数字化融合发展需求，通过打造数字化营销服务平台，有利于高效、精准、低成本对接供需两端，助力市场拓展型赛道加快发展。

3）资金链典型路径

（1）以财政补贴支持产业链发展。提供需求端直接补贴是推动市场拓展型赛道发展的重要且有效的举措之一。大量城市都在积极通过给予消费者补贴的方式，推动市场拓展型赛道发展。例如，通过发放消费券形式，刺激数字技术产品的消费。

（2）以政府采购助力产业链初期市场开拓。市场拓展型赛道的发展初期，市场拓展困难主要在于无法打开首批用户市场，进而难以快速通过口碑等方式形成市场规模。通过政府采购等形式推动首批用户购买是带动市场拓展型赛道发展的重要方式。

4）人才链典型路径

积极引进和培养市场开拓型人才，打造杰出的市场拓展人才链。积极招引市场开拓型人员，通过有效的奖励举措激励其市场拓展积极性。同相关高校及科研院所开展定点培养计划，培养和发掘既懂市场又懂技术的复合型人才。

3. 技术升级型赛道“四链”融合典型路径

技术升级型赛道的“四链”融合政策路径选择的核心在于保证实现企业可持续的技术升级。这就需要通过给予技术升级补贴等方式进行鼓励，同时通过提供普惠型创新升级服务平台，加强资金保障等方式降低企业持续创新成本。技术升级型赛道“四链”融合的典型政策路径如下。

1）创新链典型路径

搭建创新服务平台，助力创新链产业链创新升级。技术升级型赛道发展同样离不开创新服务平台的支撑作用，通过搭建创新服务平台提升公共服务能力，有利于提升产业技术创新升级效率。为了推动技术升级型赛道发展，大量城市都在积极搭建技术标准服务平台、知识产权服务平台、检验检测服务平台等创新公共服务平台。

2）资金链典型路径

（1）提供产业技术升级补贴，降低创新链产业链创新升级成本。技术升级型赛道的升级创新发展存在较高的不确定性，政府补贴方式是推动技术升级的重要手段。例如，大量城市出台了企业技术改造工程补助，引导智能制造等领域企业开展技术升级创新。

（2）加强金融支持，助力创新链产业链创新升级。技术升级型赛道的创新发展离不开金融资金支持，比较常见的包括鼓励银行业金融机构对技术升级型赛道企业给予信贷倾斜、鼓励和引导社会资本参与产业发展、鼓励企业上市募资等。

3）产业链典型路径

（1）积极引领创新型龙头企业，补齐产业链创新链体系。产业技术创新有赖于发挥好创新型龙头企业作用，为了推动技术升级型赛道发展，大量城市都在积极引进创新型龙头企业。

（2）发布采购目录，引导产业链创新链技术和产品升级。技术升级型赛道的发展也面临着市场拓展的问题，有必要在需求端发力，通过发布采购目录等方式促进企业开展技术、产品和服务升级，进而拉动赛道创新升级发展。

4）人才链典型路径

积极引进创新升级人才，加快产业链创新链升级突破。制定创新升级人才引进配套奖励措施，为相关人才提供直接补贴及优惠便利政策。实行技术升级所需紧缺人才清单制度，鼓励精准引进一批产业技术升级所需创新人才和团队。

参考文献

[1] 习近平 . 高举中国特色社会主义伟大旗帜 为全面建设社会主义现代化国家而团结奋斗——在中国共产党第二十次全国代表大会上的报告 [EB/OL]. https://www.gov.cn/xinwen/2022-10/25/content_5721685.htm，2022-10-25.

[2] 上海市人民政府 . 上海市人民政府办公厅关于转发市发展改革委、市财政局制订的《上海市战略性新兴产业发展专项资金管理办法》的通知 [EB/OL]. https://english.shanghai.gov.cn/nw12344/20221104/4f964b32f3b242a3a4abf597383c45a0.html，2022-11-04.

[3] 中国共产党新闻网 . 深入实施人才强国战略 夯实高质量发展的人才支撑 [EB/OL]. http://theory.people.com.cn/n1/2021/1012/c40531-32251300.html，2021-10-12.

[4] 中新网 . 科技部：我国研发人员总量多年保持世界首位 [EB/OL]. https://www.thepaper.cn/newsDetail_forward_22060816，2023-02-24.

第 2 章

“四链”深度融合下战略性新兴产业高质量发展思路、重点及策略研究

战略性新兴产业“品牌项目”综合课题组

【内容提要】创新链产业链资金链人才链（简称“四链”）深度融合是战略性新兴产业高质量发展的关键，本章分析战略性新兴产业高质量发展的本质要求与核心特征、未来发展形势及面临的挑战，提出“四链”深度融合下的战略性新兴产业高质量发展思路和原则，并提出新一代信息技术、生物、高端装备、新材料、能源新技术、节能环保、智能网联新能源汽车、新兴服务业高质量发展重点，从系统性提升产业高质量发展基础能力、构建“四链”深度融合的产业创新体系、打造世界级产业集群引领高质量发展、抢占未来产业战略高地、强化人才链的支撑能力五个方面提出战略性新兴产业高质量发展策略。

我国经济已由高速增长阶段转向高质量发展阶段，建设现代化经济体系是跨越关口的迫切要求和我国发展的战略目标，高质量发展是全面建设社会主义现代化国家的首要任务。战略性新兴产业高质量发展是建设现代化产业体系，培育发展新动能、打造未来竞争优势的关键，融合集群发展是新时代战略性新兴产业高质量发展的本质要求，需要推动创新链产业链资金链人才链深度融合，提升产业创新能力，提升战略性新兴产业要素融合性、协调性及整体质量，推动产业发展动力变革、质量变革、效率变革。

2.1 战略性新兴产业高质量发展的本质要求与核心特征

战略性新兴产业代表新一轮科技革命与产业变革的方向，是培育发展新动能、打造未来竞争新优势的关键。党的二十大报告提出，“加快构建新发展格局，着力推动高质量发展”，明确“高质量发展是全面建设社会主义现代化国家的首要任务”[1]。强调建设现代化产业体系，推动战略性新兴产业融合集群发展，构建新一代信息技术、人工智能、生物技术、新能源、新材料、高端装备、绿色环保等一批新的增长引擎。

2.1.1 融合集群发展是新时代战略性新兴产业高质量发展的本质要求

《中华人民共和国国民经济和社会发展第十四个五年规划和 2035 年远景目标纲要》[2] 提出，加快发展现代产业体系，巩固壮大实体经济根基，促进先进制造业和现代服务业深度融合。提出发展壮大战略性新兴产业，要着眼于抢占未来产业发展先机，培育先导性和支柱性产业，推动战略性新兴产业融合化、集群化、生态化发展。推动生物技术和信息技术融合创新，深入推进国家战略性新兴产业集群发展工程，加强前沿技术多路径探索、交叉融合和颠覆性技术供给，实施产业跨界融合示范工程。战略性新兴产业经过“十二五”“十三五”的快速发展，产业规模、创新能力、国际竞争力明显提升，但是一些重点领域仍存在关键核心技术受制于人、“卡脖子”问题没有有效解决等问题，产业发展质量、高端供给能力急需提高。

产业体系融合化是现代化产业体系的重要特征和发展趋势，产业融合特别是先进制造业和现代服务业深度融合，是全球经济增长和现代产业发展的重要趋势，新一轮科技革命和产业变革加速发展，全球产业结构和布局深度调整，前沿科技跨领域交叉融合趋势越来越明显。产业集群是产业现代化发展的主要形态，推动新兴产业集群发展是提升战略性新兴产业创新能力、提升国际竞争力、实现高质量发展的内在要求。战略性新兴产业迈向产业中高端，实现高质量发展，必须推动产业融合集群发展，全面提升技术、人才、资金的融合发展和产业集群发展水平。

2020 年 9 月，国家发展和改革委员会（简称国家发展和改革委）联合科学技术部（简称科技部）、工信部、财政部发布《关于扩大战略性新兴产业投资培育壮大新增长点增长极的指导意见》强调，打造集聚发展高地：充分发挥产业集群要素资源集聚、产业协同高效、产业生态完备等优势，利用好自由贸易试验区、自由贸易港等开放平台，促进形成新的区域增长极。稳步推进工业互联网、人工智能、物联网、车联网、大数据、云计算、区块链等技术集成创新和融合应用。深入推进国家战略性新兴产业集群发展工程。构建产业集群梯次发展体系。以产业集群建设推动生产、生活、生态融合发展[3]。

产业融合本质上是一种产业创新，是一种从信息产业逐渐扩散的全新经济现象，目前没有统一的定义，学术界从信息通信产业融合、融合原因和过程、产品服务和产业组织结构、产业创新和产业发展等不同角度对产业融合进行了描述：产业融合是在技术融合、数字融合基础上所出现的产业边界的模糊化；从技术融合到产品和业务融合，再到市场融合，最后达到产业融合的逐步实现过程；伴随着产品功能的改变，提供该产品的机构或公司之间的边界模糊；不同产业或同一产业内的不同行业之间相互交叉、相互渗透，最终逐步形成新产业的动态发展过程[4]。

集群理论是一种相对成熟的理论，它是区域发展理论演化的其中一种[5]。波特从竞争经济学的视角，提出产业集群的定义，认为产业集群是在一定的产业领域里，一定数量在地理位置上相近、相互间有交互关联关系的企业与组织机构，并且以相互共存性及相互补充关系相互联系[6]。产业集群强调企业及相关机构地理空间上的集聚，以及相互关联关系。战略性新兴产业是以重大技术突破和重大发展需求为基础，对经济社会全局和长远发展具有重大引领带动作用，知识技术密集、物质资源消耗少、成长潜力大、综合效益好的产业。与传统产业集群相比，战略性新兴产业集群具有要素集聚度高、创新能力强、主体互动性高、成长潜力大等特点[7]。战略性新兴产业集群既包含了同一产业链环节的新兴企业及其配套集合（即横向集群），也包含了产业链上下游的新兴企业及其配套集合（即纵向集群）[8]。

结合产业融合发展、产业集群相关理论，可以认为，战略性新兴产业融合集群发展是以战略性新兴产业融合发展为核心目标的产业集群化创新发展模式。融合发展既是目标，也是要求，集群化发展是主要发展模式和实现路径。融合集群发展包括技术、产业、社会三个层次的内涵。

第一个层次是新兴技术的融合集群发展。推动信息技术、生物技术、新材料等新兴技术在产业集群中实现交叉融合创新，变革战略性新兴产业跨领域的创新发展路径。

第二个层次是产业体系的融合集群发展。以产业集群化发展推动战略性新兴产业之间，新兴产业与传统产业的融合，制造业与服务业的融合，数字经济与实体经济的融合。

第三个层次是产业与社会的融合集群发展。战略性新兴产业集群与城市发展、生态环境的深度融合、协调发展，实现可持续发展、人与自然的和谐共生的中国式现代化。

2.1.2　“四链”深度融合是战略性新兴产业高质量发展的核心特征

1. 提升战略性新兴产业创新能力要求推进“四链”深度融合

产业科技创新能力不强，重要领域存在“卡脖子”问题，是战略性新兴产业推进高质量发展面临的主要问题。党的二十大报告明确提出，“强化企业科技创新主体地位，发挥科技型骨干企业引领支撑作用，营造有利于科技型中小微企业成长的良好环境，推动创新链产业链资金链人才链深度融合”[1]。习近平总书记在2023年1月31日中共中央政治局第二次集体学习时强调，完善扩大投资机制，拓展有效投资空间，适度超前部署新型基础设施建设，扩大高技术产业和战略性新兴产业投资。持续推动科技创新、制度创新，突破供给约束堵点、卡点、脆弱点，增强产业链供应链的竞争力和安全性，以自主可控、高质量的供给适应满足现有需求，创造引领新的需求。要加快科技自立自强步伐，解决外国“卡脖子”问题。坚持创新链、产业链、人才链一体部署，推动深度融合。推动短板产业补链、优势产业延链，传统产业升链、新兴产业建链，增强产业发展的接续性和竞争力[9]。

2. 战略性新兴产业“四链”深度融合内涵及特征

近年来，国内专家学者围绕产业链、创新链融合，产业链、创新链、资金链融合，产业链、创新链、资金链、政策链融合开展相关研究，针对融合机制、路径、策略等提出有价值的建议。党的二十大之后，围绕创新链产业链资金链人才链深度融合，国内专家学者深入研究了“四链”深度融合的概念内涵、机制、内在规律等。

北京人才发展战略研究院的李重达认为，“四链”融合本质上是政府、企业、高校和科研院所、相关金融服务机构等各方力量协同配合，相互作用，共同推进形成的创新生态，是知识、技术、资本、人才、政策等多种要素集聚，实现互联互通，形成相互促进的良性循环[10]。南京大学刘志彪认为，“四链”融合发展的现代化产业体系，就是一个关于产业增长的标准的方程式，其中产业链是目标函数，创新链、资金链和人才链则是决定产业链成长的主要变量，“四链”融合说到底是生产要素必须按照现代市场机制来进行有效配置[11]。武汉科技大学黄涛等认为“四链”融合的实质是知识、技术、能力、资金、人才、政策等要素的加快集聚并实现共享互联相通，形成相互促进、相互作用的良性循环[12]。

综合以上观点，战略性新兴产业“四链”深度融合，是以产业链与创新链深度融合为核心，合理配置资金链和人才链，一体部署、一体推进，形成政府、企业、高校、科研机构、金融机构等有机协同的战略性新兴产业创新生态。

战略性新兴产业“四链”深度融合的本质是按照现代市场机制进行创新资源的有效配置，实现知识、技术、资金、人才、政策等多种要素集聚及互联互通，具有以下特征。

（1）政策体系高效协同，实施科技创新、产业发展、资金匹配和人才培养一体推进、一体设计和一体部署。

（2）多元化的资源配置机制，市场作用与政府、社会和其他利益相关者相结合，市场在资源配置中起到决定性作用。

（3）协同、高效、融合、顺畅的大中小企业创新发展生态，企业科技创新主体地位和科技领军企业创新主导地位得到强化。

（4）实现各主体的价值增值和利益共享，四个链条上的各主体形成利益共同体和事业共同体。

2.2 战略性新兴产业发展形势及高质量发展面临的挑战

2.2.1 战略性新兴产业发展形势

战略性新兴产业发展正处于世界新一轮科技革命和产业变革同我国转变发展方式的历史性交汇期，技术交叉融合加快，不断催生新业态。我国战略性新兴产业发展既面临西方发达国家长期垄断其优势领域难以打破的格局，也面临新兴领域换道超车的发展机遇。

1. 新一代信息技术产业仍是大国博弈重点，数字经济已成为新的经济增长点

先进半导体、人工智能、新一代通信、量子计算等新兴技术领域迅猛发展，经济社会正加速迈入以使用数字化产品和信息为主的数字经济新时代，新一代信息技术产业引领经济社会数字化转型。人工智能将从专用智能向通用智能发展、从人工智能向人机混合智能发展、从“人工＋智能”向自主智能系统发展。中国和美国占据人工智能主要领域主导地位，美国在人工智能的人才、理论研究、基础算法和硬件算力等方面总体处于领先地位。我国在技术应用、市场规模等方面具有较强的竞争力，前沿理论创新方面总体处于“跟跑”地位。我国量子信息技术研究起步相对较晚，量子计算有望实现工程化应用的途径多样，量子比特规模扩展增速，量子比特纠错容错技术取得重大突破，量子感知和量子计量多个技术领域研究属世界第一梯队。美国高端芯片产业设计、设备和EDA工具等高端环节处于领先优势，我国集成电路全产业制造核心技术与关键供应链能力受制于人、产品总体处于中低端的情况没有根本改变。5G发展正驶入快车道，美国、欧盟、韩国、日本等国家或地区纷纷启动6G技术研究，我国已构建全球领先的端到端5G产业链。面向6G，我国在感知与通信一体化、通信与AI一体化、电磁超材料等跨界融合方面进一步实现了突破。

2. 生物经济将成为继数字经济之后的第四种经济形态，生物技术国际竞争日趋激烈

生物技术的突破将引发新的工业革命，生物技术与人工智能加速融合，生物经济可能成为继农业经济、工业经济、数字经济之后的第四种经济形态。各国对生物技术投入不断增加，生物技术已成为科技创新的核心与热点，抢占生物技术战略制

高点的国际竞争日趋激烈。美国、欧盟、日本等国家或地区加紧布局生物技术产业，美国注重提高生物经济的战略地位，英国重视发展合成生物学技术，德国明确以生物炼制为重点，法国关注发展生物技术和生物产业，巴西侧重以生物产业带动经济发展，日本提出以生物技术和生物产业立国，韩国倡导由政府主导生物产业发展。美国依托基础科学优势，在生物技术源头创新和生物催化剂设计（包含基础数据库及软件）、高端产品研发方面优势巨大，打压我国生物技术发展，对我国现有产业链和国际竞争力造成冲击。我国生物技术产业规模大，生物制造产量世界第一，但产业大而不强、高附加值产品较少、大量产能闲置，创新链存在短板，生物技术的底层设计工具受制于人；产业链支撑不足，基础原材料和核心装备严重依赖国外。

3. 西方国家大力推进先进制造业回流，欧美高端装备制造垄断地位和领先优势难以打破

美国等西方国家为打压竞争对手来保持经济和科技上的领先地位，大力推进先进制造业回流，进行产业链区域化、近岸化乃至本土化布局。美国、日本等国家为了削弱中国的制造业竞争力而不断加码遏制手段，除了实行严密的技术封锁之外，在全球范围内对我国高端制造领域优势企业进行精准打击，我国高端装备制造产业链和供应链安全面临危机。全球大型民用飞机市场仍处于双头垄断格局，绝大部分市场被美国波音和欧洲空中客车占据。全球民用航空装备产业链依旧为美国和欧洲所主导，美国和欧洲在技术研发、标准制定、产业链能力上仍处于绝对优势地位。世界航天已进入以大规模互联网星座建设、空间资源的开发和利用、载人月球探测及全球极速运输等为代表的新阶段。各主要航天国家在将太空商业价值最大化的同时，以构建太空军事优势为目标，加强战略牵引，优化全球布局。世界海洋装备产业已经进入了新一轮的深刻调整期，围绕技术、产品、市场的全方位竞争日趋激烈。我国海洋装备高端产品研发设计能力不足，核心零部件仍处于产业链、价值链中低端。美国、德国与日本等传统工业强国在高档数控机床前沿技术开发、关键技术创新和标准制定方面，仍然处于绝对优势地位。医疗装备产业受多重因素刺激，产业规模高速增长。美国、欧洲、日本等发达国家和地区的医疗装备产业新产品的升级换代迅速、产业规模庞大、增长稳定，美国、欧洲、日本巨头保持着全球医疗设备产业领军地位。

4. 发达国家和地区新材料产业优势显著，以安全为核心的全球产业链构建成为战略重点

世界主要发达国家和地区经过多年战略部署和发展，都形成了具有显著优势的新材料创新领域。发达国家的大型跨国公司，在新材料重点领域占据全球市场的垄断地位。美国是目前国际上新材料综合能力最强的国家，欧洲在化工新材料领域一直占据较大的市场份额。面对经济全球化逆流，新材料产业链供应链安全风险凸显。世界主要科技强国不断强化新材料战略，全力提升新材料研发、产业化及面向未来

的国际竞争水平。构建以安全为核心，面向未来的全球产业链成为世界各国新材料产业发展的战略重点。

我国新材料产业规模平稳较快增长，在新能源材料、化工新材料、稀土永磁材料、功能晶体材料等方面占据全球主导地位，先进储能材料、光伏材料、超硬材料、新型显示材料等百余种材料产量居世界首位。我国新材料产业发展仍面临先进基础材料参差不齐，关键战略材料受制于人，前沿新材料技术有待突破等问题。我国关键战略材料产业的“小、杂、散”问题突出，难以匹敌同行业国际巨头，市场竞争力不强。迫切需要在原始创新上取得新突破、关键核心技术实现自主可控，进一步提升新材料产业创新链产业链资金链人才链深度融合和产业安全保障。

5. 技术创新不断推动能源新技术产业变革，可再生能源继续快速增长，氢能产业化加速

全球煤炭产量、消费量和价格均再创新高，煤炭高效利用新技术不断取得进展。CCUS（carbon capture，utilization and storage，碳捕集、利用与封存）技术应用呈现快速发展态势，全球不断加强 CCUS 产业政策和投融资支持。核能产业呈现稳步发展态势，在核能技术研发与新技术应用不断推进核能科技创新方面，主要核电国家长期致力于核能技术研发与新技术应用。法国在小堆设计和核能制氢应用方面取得了进展。风电市场保持强劲发展，亚洲风电产业在中国风电产业规模高速增长带领下，占全球近 56% 的新增装机容量份额，连续 14 年保持全球第一的领先地位。拉丁美洲、非洲和中东地区开始崭露头角。光伏行业产业链持续发展，光伏新增装机量和累计装机量再创新高，中国仍然是全球最大的光伏市场。生物质发电产业保持稳定发展，全球交通用生物质燃料仍然以燃料乙醇和生物柴油为主，产量稳步回升，美国和巴西依然是燃料乙醇主产区，中国燃料乙醇产量位居全球第三。美国、肯尼亚、冰岛等多国加大地热发电项目投资，地源热泵技术应用快速发展，地热发电市场总体增长仍处于较低水平。全球范围大力发展氢能，美国、日本和德国等国家相继更新国家氢能战略，氢能基础设施建设加速，制—储—用环节的市场化进程不断加快，全球氢气产量规模不断增长。随着国际能源科技竞争形势变化，开展全产业链生态体系建设成为能源新技术产业各领域当前面临的迫切任务。

6. 发达国家节能环保产业领先优势逐步减弱，绿色低碳循环经济和节能环保发展模式正在兴起

随着环境保护和可持续发展理念的广泛普及，世界环保市场呈现迅速发展的势头，世界各国，特别是发达国家纷纷出台相关政策并加大资金投入，加大对环保市场的扶持力度。发达国家引领节能环保产业发展，已经实现了环境改善与经济增长共同进步的目标。北美洲和欧洲凭借自身产业先发优势和技术积累优势，在节能环保产业发展过程中不断创新，持续占据全球节能环保产业领先地位，但领先优势逐步减弱，全球国际巨头纷纷通过战略并购应对新兴国家挑战。美国是当今环保市场

规模最大的国家，占全球环保市场规模的三分之一以上，美国、日本、德国的环保技术专利申请量远远超过其他国家。在全球经济一体化背景下，国家之间的竞争已由企业之间、产业链之间的竞争逐渐转变为产业集群之间、产业生态系统之间的竞争。在能源供应危机和应对气候变化的共同目标下，环保产业的内涵和外延不断扩展，新一轮的环保产业革命悄然兴起，以低碳发展、新能源及提高能效为主要特征。目前，绿色低碳循环经济和节能环保发展模式正在全球范围内兴起。发达国家为应对气候变化和实现经济社会低碳发展，推行了一系列改善环境质量、提高废弃物循环利用和经济绿色转型的政策和措施。环保技术的精细化、高端化需求不断增强和应用场景不断延展，与新兴科技的交叉融合不断加强，以与现代生物技术、新材料、新一代信息技术等领域的渗透融合为核心驱动力，加速环保产业的转型升级。

7. 新能源汽车市场集中度快速提升，智能网联新能源汽车已成为各国争相发力的战略制高点

新能源汽车已成为主要国家促进经济增长和推动低碳转型的战略选择，碳足迹不仅是各国推动碳减排、应对气候变化行动的措施，也逐渐成为各国争夺产业发展空间、设置贸易壁垒的重要手段。全球科技巨头、汽车零部件供应商、整车厂商通过加快国际产能布局、海外投资建厂、品牌收购合资合作的方式抢占全球市场，开启了多元化的发展道路，新能源汽车市场集中度正在快速提升，中国、欧洲、美国是全球新能源汽车的主要市场。人工智能、5G、大数据等新一代信息技术推动了智能网联汽车的发展；人工智能大模型推动了人机交互智能化和智能驾驶的发展；数字化、网络化、智能化与研发、生产、服务、管理全环节的深度融合，推动形成全新生产方式和产业生态。智能网联新能源汽车已成为各国争相发力的战略制高点。主要发达国家和地区纷纷从战略规划、政策法规、技术创新、示范应用及市场推广等方面深入推进智能网联汽车产业发展。我国自主品牌新能源汽车的技术实力不断提升，市场占有率不断攀升，打破了合资品牌占据主导地位的格局，整车品牌中比亚迪、长城、理想、蔚来、小鹏等已具备了一定的全球知名度。自主品牌智能网联新能源汽车及核心零部件已成为引领全球汽车变革的主要力量。我国智能网联新能源汽车产业链整体抗风险能力不足，自动驾驶企业在开拓海外市场过程中，缺乏国际互认的自动驾驶汽车测试和上路机制。

8. 新兴服务业需求仍将保持较快增长，技术更新换代加速，产业融合发展趋势更加突出

数字创意产业、设计服务、数字创意与融合服务在新兴服务业中占比显著，技术的更迭和发展使服务的生产方式、生产内容和呈现媒介等发生重大变化。AIGC（artificial intelligence generated content，生成式人工智能）融合服务是基于新技术方法的服务类型，算力、算法和数据构成了其底层技术支撑。模型计算量增长的速度远远超过了人工智能硬件算力的增长速度，过去几年大模型发展已经超过万亿级别，

全球对算力的需求急速攀升。目前全球 AIGC 算力格局主要是中美两国遥遥领先，美国和中国依然分列前两位，同处于领跑者位置；追赶国家包括日本、德国、新加坡、英国、法国、印度、加拿大、韩国、爱尔兰和澳大利亚；起步国家包括意大利、巴西和南非。VR/AR[①] 服务是基于先进技术的传统服务业的改良形成的服务类型，美国的 VR/AR 产业生态发展已经相对成熟。对比美国，日本、韩国的 VR/AR 产业链、创新链、资金链发展较慢。我国 VR/AR 技术取得了一定的进步和突破，但仍然存在技术难点和瓶颈，制作成本高、内容缺口巨大，VR/AR 的认知度和普及率较低，上游硬件企业和下游内容企业之间缺乏有效的协同合作机制，高质量的多元化人才供给不足。数字城市服务是面向新市场需求的服务类型，美国持续推动智慧城市技术创新、智能基础设施建设，开放数据政策，强调财政在数字城市长期发展中的重要作用，通过规范和标准引导数字化城市建设，智慧城市产业为未来的城市发展提供了有益的范例。

2.2.2 战略性新兴产业高质量发展面临的挑战

1. 战略性新兴产业高质量发展将长期面临更加复杂严峻的国际环境

一方面，美国加快对中国的全面战略围堵，对战略性新兴产业的打压不断加码，从经济、科技、金融等领域全方位、系统性进行战略遏制。美国参议院提出的《2021 年战略竞争法案》，采取联合盟友合围的策略明确对中国开展全面战略竞争[13]。美国智库“中国战略组”（China Strategy Group）2021 年 1 月公开发布《非对称竞争：应对中国科技竞争的战略》的报告[14]，建议在科技领域对中国开展“非对称性竞争”，强化对中国的科技竞争，提出识别和分析关键技术领域，明确重点发展针对中国的“卡脖子”技术，加快基因编辑技术、下一代芯片技术等发展，加速美国的领先地位。

2022 年 8 月 16 日，拜登签署《通胀削减法案》（Inflation Reduction Act of 2022），法案中有关电动汽车的规定，意图以美国为中心重组全球新能源汽车供应链，将中国排除在供应链之外[15]。

美国对中国高科技企业的打压已经成为常态化，为了全面打压中国芯片产业，美国持续向荷兰施压、拉拢日本入伙，要求在芯片设备上采取和美国一样的出口管制措施[16]。2023 年 1 月，美国、日本、荷兰三国就限制向中国出口部分先进芯片制造设备达成协议。日本政府、荷兰政府相继于 2023 年 5 月 23 日、6 月 30 日发布半导体相关出口管制措施[17]。美国总统拜登于 2023 年 8 月 9 日，签署了关于“对华投资限制”的行政命令，将严格限制美国对中国敏感技术领域的投资，该命令授权美国财政部禁止或限制美国在半导体和微电子、量子信息技术和人工智能系统三个领域对中国实体的投资。

---

① VR：virtual reality，虚拟现实；AR：augmented reality，增强现实。

另一方面，全球产业链供应链重构加剧战略性新兴产业的国际竞争。全球各国积极调整产业布局和产业政策，加速推进产业链、供应链的区域化、本土化，产业链的关键技术自主化，特别是医药卫生、粮食安全、重要能源资源、先进技术、高端制造等与国家安全和发展潜力高度相关的敏感领域或行业。

2. 提升产业集群体系化发展是战略性新兴产业高质量发展需要破解的难题

2018 年国家发展和改革委发布《国家发展改革委办公厅关于启动战略性新兴产业集群发展工程的通知》（发改办高技〔2018〕1580 号），启动战略性新兴产业集群工程以来，各省（自治区、直辖市）纷纷出台相关政策措施，加快推进战略性集群培育和发展。从产业集群的布局来看，无论是国家级产业集群、省级产业集群区域布局，还是战略性新兴产业领域布局，都存在产业集群发展不均衡、体系化发展能力不足的问题。从区域分布来看，欠发达地区的产业集群规模、创新能力明显滞后于东部沿海、长江经济带等经济发达地区。从领域分布来看，生物医药、新能源汽车、新材料、新能源、新一代信息技术、智能制造、集成电路、人工智能等领域产业集群是布局较集中的产业集群。

2019 年国家发展和改革委发布的第一批 66 个国家级战略性新兴产业集群主要集中在东部沿海、长江经济带，其中长三角城市群、长江中游城市群、京津冀城市群、山东半岛城市群、粤港澳大湾区城市群占比达 70%。东北、西北地区除了西安市集成电路产业集群、宝鸡市先进结构材料产业集群、乌鲁木齐市先进结构材料产业集群、哈尔滨市生物医药产业集群 4 个产业集群外，辽宁、吉林、甘肃、宁夏等省（自治区）还没有布局国家级产业集群。

根据各省（自治区、直辖市）出台的战略性新兴产业发展“十四五”规划、制造业高质量发展“十四五”发展规划、战略性产业集群发展规划及实施方案等，可以看出环渤海区域（北京、天津、河北、山东）、东部沿海省（自治区、直辖市）（上海、江苏、浙江、福建、广东、广西）、长江中游区域（湖北、湖南、江西、安徽）、中部省份（山西、河南）布局的战略性新兴产业集群的集群数量、分布密度、领域覆盖都远远超过东北（辽宁、吉林、黑龙江）、西北（陕西、甘肃、青海、新疆、宁夏、内蒙古）、西南（四川、重庆、贵州、云南、西藏）地区，产业集群布局不均衡的现象非常突出。西部地区大多集中在高端装备制造、能源化工、新材料等领域的产业集群建设，如陕西重点发展航空航天装备、新材料、电子信息、汽车等先进制造业集群，甘肃重点发展石油化工、有色冶金产业集群，青海重点发展光伏光热制造、锂电储能、有色合金新材料、特色化工新材料产业集群。宁夏以发展高性能新材料为重点，打造光伏和电子信息材料稀有金属、化工新材料和高性能纤维材料三大产业集群。新疆布局能源化工产业集聚区和装备制造产业集聚区。

3. 东北、西部、中部地区创新资源匮乏制约战略性新兴产业高质量发展

2018 年 1 月，《国家发展改革委印发〈国家产业创新中心建设工作指引（试行）〉的通知》（发改高技规〔2018〕68 号），推进国家产业创新中心建设，推动产业链、创新链、资金链和政策链深度融合，打造"政产学研资"紧密合作的创新生态。截至 2022 年底，国家发展和改革委在全国范围内共批复了智能制造、先进高分子材料、先进计算、先进存储、生物育种、云计算装备、集成电路装备材料、精准医学产业、国家中药先进制造与现代中药 9 个领域的国家产业创新中心。

2016 年以来，工信部围绕重点行业转型升级和新一代信息技术、智能制造、增材制造、新材料、生物医药等 36 个重点领域，面向制造业转型升级和培育发展新动能的重大需求，在全国批复认定 26 家国家级制造业创新中心。

2017 年 11 月，《科技部关于印发国家技术创新中心建设工作指引的通知》[18]，明确国家技术创新中心是以产业前沿引领技术和关键共性技术研发与应用为核心，打造创新资源集聚、组织运行开放、治理结构多元的综合性产业技术创新平台。面向世界科技前沿、面向经济主战场、面向国家重大需求，布局京津冀、长三角、粤港澳大湾区 3 个综合类、16 个领域类国家技术创新中心。

目前已经布局的 3 类 56 个国家级创新中心，38 个集中布局在京津冀（11 个）、长三角（10 个）、长江中游城市群（8 个）、粤港澳大湾区（4 个）、山东半岛（5 个）等东部地区，占比接近 68%，其他区域除了成渝城市群有 5 个比较集中之外，东北、西北地区创新中心严重不足，大多省份完全没有布局国家级创新中心。

4. 新型工业化深入推进为战略性新兴产业开辟新赛道带来新机遇和更大挑战

党的二十大报告提出坚持把发展经济的着力点放在实体经济上，推进新型工业化，到 2035 年建成现代化经济体系，形成新发展格局，基本实现新型工业化。习近平总书记强调，深刻把握新时代新征程推进新型工业化的基本规律，积极主动适应和引领新一轮科技革命和产业变革，把高质量发展的要求贯穿新型工业化全过程[19]。在关键核心技术创新上持续加力发力，催生更多新技术新产业，开辟更多新领域新赛道，增强发展新动能新活力，是加快推进新型工业化的关键所在[20]。有效应对全球产业结构和布局深度调整，我国加速迈向工业强国，深入推进新型工业化对战略性新兴产业的自主创新能力提出了更高的要求。

战略性新兴产业核心工业基础能力较弱、产业链关键环节存在缺失、领军企业和高端人才不足，这些制约战略性新兴产业开辟新赛道、新领域，抢占未来制高点面临挑战。

一是我国战略性新兴产业基础原材料、核心制造装备、基础工艺、工业软件等核心工业基础能力薄弱，在基础研究、技术研发、制造、质量、服务等方面与发达国家存在一定差距，制约战略性新兴产业国际竞争能力提升。2022 年全年我国 R&D

经费支出 30 870 亿元，其中基础研究经费 1 951 亿元，占 R&D 经费比重 6.32%，与发达国家差距较大[21]。近十年来，美国基础研究支出占 R&D 经费支出的比例一直稳定在 16%~18%，日本、英国和法国等国家也分别稳定在 12%、18% 和 22% 左右[22]。智能制造装备在正向设计、基础共性技术、基础器件的配套能力、产业前沿技术研究方面，距世界先进水平的差距明显，相关核心元器件、关键工业软件、高档数控系统、高端功能部件及其制造装备依赖进口。

二是整体来看，我国战略性新兴产业在全球中高端市场占有率较低，关键核心技术仍然落后于发达国家，产业高质量发展短板问题突出，产业链关键环节还没有实现自主可控，部分领域存在严重的“卡脖子”风险。生物医药反应器等产业发展短板问题突出，工业菌种和工业酶的知识产权受制于人。我国新能源汽车产业链完整度及产业规模全球领先，但车载芯片等关键领域存在“卡脖子”风险。

三是科技领军企业不足、高端人才缺乏是制约我国战略性新兴产业高质量发展的一个重要因素。例如，工业软件领域还缺乏能与德国西门子、法国达索、美国 Autodesk 等国外大型企业抗衡的企业，国外 CAD（computer aided design，计算机辅助设计）研发设计类软件在我国市场占有率达 90% 以上。半导体、操作系统、人工智能、基础材料领域领军人才匮乏。高端装备制造领域，智能制造、人工智能、信息化、高端精密加工等专业人才缺口较大，现有人才配置远不能满足高端装备产业发展需要。

四是人才培养滞后，大中小企业人才链不完善，人才链与产业链、创新链缺乏有机衔接，产业链、创新链各个环节需要的基础研究人才、研发人才、管理人才等缺乏，跟不上产业发展的需要。科技型中小企业融资不易，科技型企业融资难、融资贵的问题依然突出，基础研究、小试、中试和商品化及产业化的资金配置没有形成对创新链的有效支撑。

2.3　“四链”深度融合下的战略性新兴产业高质量发展思路和原则

2.3.1　总体发展思路

我国经济由高速增长阶段转入高质量发展阶段，高质量发展是全面建设社会主义现代化国家的首要任务。打造自主可控、安全可靠、竞争力强的现代化产业体系，是构建新发展格局，推动高质量发展的基础。战略性新兴产业的培育和发展是经济高质量发展，打造新引擎培育新动能的关键。经过“十二五”“十三五”的快速发展，战略性新兴产业已经成为现代产业体系新支柱。现代化产业体系创新发展，面对构建新发展格局的战略需要和复杂严峻的国际形势，针对产业发展不平衡不充分，战略性新兴产业需要以贯彻落实“创新、协调、绿色、开放、共享”的新发展理念为指引，坚持科技自立自强、发挥市场在资源配置中的决定性作用、高水平的对外开放，以创新链产业链资金链人才链深度融合为基本要求，提升产业创新能力，破解制约产业高质量发展的“卡脖子”问题，强化产业发展竞争能力，提升战略性新兴产业要素的融合性、协调性及整体质量，推动产业发展动力变革、质量变革、效率变革，以政策制度的有效协同为保障，加快推动战略性新兴产业融合集群发展，实现高质量发展。

1. 创新驱动，高水平科技自立自强是战略性新兴产业高质量发展的战略基点

科技自立自强是强国建设必由之路，也是现代化产业体系建设的核心任务，实现高质量发展的战略基点。战略性新兴产业高质量发展的关键是提升产业自主创新能力，破解“卡脖子”问题，摆脱技术发展的路径依赖，形成能够发挥我国资源、制度优势的发展路径，实现关键核心技术的自主可控。所有这些目标的实现都基于高水平的科技自立自强，基于我国基础研究能力、技术研发水平的提升，以及高水平科技人才的培养。需要加快推进创新链产业链资金链人才链的深度融合，强化企业创新主体地位，提升联合攻关能力，提高关键核心技术、重大战略产品、核心装备的国产化水平和应用水平。

2. 企业主体，发挥市场在资源配置中的决定性作用是高质量发展的关键所在

市场机制不完善，有效制度供给缺乏，制度的协同性不足，是战略性新兴产业高质量发展的重要瓶颈。发挥市场在资源配置中的决定性作用，破除阻碍要素流动、制约生产力发展的壁垒和障碍，是推动战略性新兴产业创新链产业链资金链人才链深度融合，实现高质量发展的关键。提高资源配置效率，推动战略性新兴产业高质量发展，必须充分发挥市场在资源配置中的决定性作用，发挥市场在技术研发重点、技术路线选择、创新要素优化配置等方面的导向和决定性作用，促进现代金融与实体经济协同发展，促进要素流动，激发各类创新主体的活力，强化企业创新主体作用。

3. 开放融合，推动高水平对外开放、深度融合发展是高质量发展的必然要求

党的二十大报告强调，“坚持高水平对外开放，加快构建以国内大循环为主体、国内国际双循环相互促进的新发展格局”[1]。战略性新兴产业高质量发展必须依托我国超大规模市场优势，营造市场化、法治化、国际化一流营商环境，以国内大循环吸引全球资源要素，增强国内国际两个市场两种资源联动效应，深度参与全球产业分工和合作，维护多元稳定的国际经济格局和经贸关系。建设世界级产业集群，带动战略性新兴产业高质量发展，提升产业国际竞争力，需要建立开放的科技创新体

系，扩大国际科技交流合作，加强国际化科研环境建设，形成具有全球竞争力的开放创新生态。推动“一带一路”高质量发展，优化战略性新兴产业的全球化布局。

2.3.2 高质量发展原则

融合集群发展是新时代战略性新兴产业高质量发展的本质要求，“四链”深度融合是战略性新兴产业高质量发展的基本特征。战略性新兴产业高质量发展贯彻落实“创新、协调、绿色、开放、共享”的新发展理念，强化创新驱动、企业主体、开放融合，需要坚持“体系融合、协同发展，自主可控、开放创新，企业主体、市场机制，前瞻布局、高端引领”的发展原则。

1. 体系融合、协同发展

坚持体系融合，强化战略性新兴产业高质量协同发展。培育壮大战略性新兴产业，是打造产业发展新支柱和经济增长新动能的关键，是推进新型工业化、建设现代化产业体系的核心引擎。战略性新兴产业高质量发展必须与现代产业体系的整体发展相融合，政策体系、金融支撑、创新资源有机协同。坚持推进培育产业发展新动能与传统产业优化升级有机融合，推进未来产业发展与战略性新兴产业有机融合、协同互动，推进先进制造业与现代服务业融合、数字经济与实体经济融合发展。同时，坚持加强产业链、创新链区域布局和产业转移的融合发展，坚持东部发达地区与西部欠发达地区的协同发展，引导产业集群合理布局，避免区域产业发展过度失衡。

2. 自主可控、开放创新

坚持自主可控，深化战略性新兴产业高质量开放创新。这是必须坚持的战略基点，任何时候都不能动摇。“实践反复告诉我们，关键核心技术是要不来、买不来、讨不来的。”[23] 战略性新兴产业的战略性特点决定了，破解涉及国家安全、科技竞争、经济社会发展的“卡脖子”难题，锻造产业发展长板、提升关键领域竞争优势，必须保持战略定力、持续发力、坚定不移地走中国特色的自主创新之路。同时，坚持高水平的开放发展，融入全球科技创新体系、产业体系，高效利用全球创新资源，坚持引进来和走出去相结合、深化国际交流与合作，夯实战略性新兴产业高质量发展的基础。

3. 企业主体、市场机制

坚持企业主体，优化战略性新兴产业高质量市场机制。强化企业的创新主体地位，发挥市场在资源配置中的决定性作用，推进创新资源配置、创新平台建设、创新人才向企业集聚，推动企业主导的产学研深度融合，是战略性新兴产业高质量发展的关键。发挥科技领军企业在基础研究、应用基础研究中的重要作用，发挥科技领军企业在关键核心技术创新和重大原创技术突破、破解“卡脖子”技术中的主力军作用，带动“专精特新”中小企业协同创新，确保重要领域的产业链供应链稳定安全，实现自主可控。发挥国内超大规模市场在技术迭代中的重要作用，建立科技成果转化及市场应用的激励、评价机制，提高科技成果转化和产业化水平。

4. 前瞻布局、高端引领

坚持前瞻布局，提升战略性新兴产业高质量高端引领。迈向产业价值链中高端，提升产业质量效益和国际竞争力、实现高端引领发展，是战略性新兴产业高质量发展的核心目标。未来需要加快发展人工智能、无人驾驶汽车、3D 打印、生物技术、量子计算与通信、元宇宙、下一代移动通信技术等前沿技术与产品，抢占未来战略高地；加强高速铁路、5G（5th generation mobile communication technology，第五代移动通信技术）、电力等装备创新发展，保持领先优势；推动新能源汽车、海洋工程装备、机器人等领域向技术领先迈进；加快推进大飞机及航空发动机、高档数控机床、高性能医疗器械等，不断缩小与强国差距。

2.4 战略性新兴产业高质量发展重点

2.4.1 新一代信息技术产业

我国新一代信息技术产业迎来新的重要战略机遇期，未来发展呈现融合性、集群化、高端化等新特点。人工智能、量子信息、高端芯片、下一代网络等是未来高质量发展的重点领域，需加快突破关键核心技术，强化产业基础能力，建立以产业链需求为导向的创新链，推动产业链各环节、产业链之间的协同。

（1）重点突破以高端通用芯片为主的核心元器件，以操作系统、工业软件为核心的软件工具，以 TCP/IP[①] 协议为核心的网络基础设施，以及关键原材料、基础工艺、仪器设备等。

（2）发挥超大规模市场的优势，以重大场景为牵引，大应用引领人工智能、量子信息、高端芯片、5G/6G 等领域技术突破。

2.4.2 生物产业

全球正处于一场新的源于生物技术的工业革命，其催生的生物经济是可能成为继农业经济、工业经济、数字经济之后的第四种经济形态。未来生物产业发展将重点围绕形成生物技术体系的基本架构，统筹资源和要素，提升前沿生物技术的原始创新能力，攻克行业关键核心技术，支撑健康、制造、农业、环境、安全等领域的高质量发展。

（1）绿色低碳方向。重点发展先进生物航空燃料、木质纤维素制备燃料、低碳

① TCP：transmission control protocol，传输控制协议；IP：Internet protocol，网际互联协议。

化学品、生物基材料、塑料降解与再用、生物质精炼、二氧化碳生物转化等。

（2）食品与农业创新方向。重点发展新一代生物育种、未来食品制造、替代蛋白、营养健康产品生物合成、生物固氮等。

（3）医药与健康。重点发展无障碍健康监测、精准多组学医学、细胞疗法、人工智能驱动的治疗药物设计、疫苗研发、生物大分子药制造等。

2.4.3 高端装备

高端装备制造业决定了整个产业链综合竞争力，是现代产业体系的脊梁，是推动工业转型升级的引擎。当前全球产业链分工格局正在发生深度调整，产业链供应链加速重构，西方发达国家不断加码遏制手段，实行严密的技术封锁，在全球范围内对我国高端制造领域优势企业进行精准打击。我国高端装备高质量发展重点需要围绕强化基础研究、构建核心技术攻关新模式，提升了产业自主可控能力。

（1）加强空天海装备薄弱环节基础研究与应用，开展重大前瞻性技术和产品攻关，针对产业链薄弱环节开展关键核心技术攻关和迭代升级。航空装备加强诸如发动机、机载设备、飞控系统等薄弱环节攻关，开辟飞机结构件增材制造新赛道；航天装备积极发展增材制造技术，形成快速、柔性、低成本航天装备制造技术；海洋装备加强基础性和前瞻性技术研究，针对船舶总装建造与造船产业链薄弱环节，船舶关键配套设备、船舶材料等方面开展前瞻性技术研发攻关，推动高新技术产品的更新换代。

（2）构建工业母机产业核心技术研发体系新模式，持续推动智能制造、超精密机床、增材制造、复合制造等国产整机、关键核心零部件研发和应用推广。针对国内机床企业普遍存在研发能力弱的问题，建设基础技术与基础件的实验、测试、运行检测国家级专业机构与平台。

（3）精准布局高端医疗装备创新链，整合产业链上下游优势力量，提升产业链自主可控能力。建设面向医疗装备领域的产业技术基础公共服务平台，针对核心关键部件的制造工艺与检测技术，建立相关生化与物理安全、兼容性、普适性等测试与验证平台，促进核心关键部件与整机的技术协同，引导关键核心部件与材料在医疗设备领域的应用与推广。

2.4.4 新材料产业

新材料是实体经济的根基，是支撑国民经济发展的基础性产业和赢得国际竞争优势的关键领域，在推进新产业发展中发挥着基础性、引领性作用，需要应用产业生态系统思维，把握世界科技发展趋势，瞄准产业发展的长期方向，培育和前瞻布局面向未来的新材料产业，加快提升新材料产业基础技术水平、产业链现代化水平。

（1）面向新兴产业发展：集成电路关键材料、信息功能陶瓷材料、先进能源材料、新型显示材料、生物医用材料、生物基材料、先进结构材料、稀土材料、超导材料。

（2）面向未来产业布局：原子制造技术、硅基多材料体系融合集成、碳纳米管微纳电子材料、超宽禁带半导体材料、超材料、液态金属。

2.4.5 能源新技术产业

能源新技术不仅涉及可再生能源和核能，也涵括非常规油气、化石能源的清洁高效转化与利用，能源的传输及终端用能等多方面具有突破性或颠覆性的能源开发利用技术。未来能源新技术产业高质量发展需要面向我国"双碳"目标、构建清洁高效、安全低碳的现代化能源体系和新兴电力系统等国家发展重大需求，以颠覆性技术引领能源产业变革。加快全国范围内的统一能源大市场建设，推动区域产业创新发展、能源新技术产业加快交叉融合发展，形成"发、输、储、用"能源开发利用全产业链。培育产业各环节、全流程的头部企业，促进产业供应链核心企业高端化、科技化、精细化发展，推动"技术"+"商业模式"的协同创新，全面提升能源新技术产业的商业化能力和行业国际竞争力。拓展能源新技术应用新场景、新模式、新业态，带动上下游产业链，辐射关联产业，加快能源新技术产业融合集群发展。

（1）煤炭清洁高效利用。围绕"清洁、高效、低碳"三大主题，在提高燃煤发电效率及燃煤污染物超低排放和二氧化碳减排、煤炭资源综合利用等方面取得突破性发展。

（2）非常规油气。加快页岩气和煤层气开发利用。

（3）能源互联网与智能能源服务。聚焦能源互联网的智慧城市构建、超导输电网建设和先进储能技术，加快构建泛在电力物联网络。

（4）核能产业。重点发展三代压水堆核电技术、小型多用途核反应堆技术、第四代先进核能技术及核聚变技术等。

（5）风电产业。加快陆上分散式风电和海上风电建设，解决电力消纳问题，加强基础共性技术研究。

（6）太阳能发电产业。优化光伏和光热发电布局，解决电力消纳问题，加强关键技术研发力度。

（7）生物质能产业。聚焦能源联合多产品联产技术和高效、低成本、清洁能源生产技术的研发。

（8）地热产业。加强资源勘探力度，优化供热结构，突破共性关键技术瓶颈，开发多层次利用技术。

（9）氢能产业。加快形成较为完备的氢能产业体系，构建涵盖交通、储能、工业等领域的多元氢能应用生态。

2.4.6 节能环保产业

随着环境保护和可持续发展理念的广泛普及，世界环保市场呈现迅速发展的势头。在应对能源供应危机和全球气候变化的共同目标下，以低碳发展、新能源及提高能效为主要特征，环保技术装备加快向高端化和精密化方向发展。未来环保产业高质量发展需要聚焦新兴科技的交叉领域，以与现代生物技术、新材料、新一代信息技术等领域的渗透融合为核心驱动力，促进环保技术创新突破瓶颈，加速环保产业的转型升级。

（1）节能环保产业链的上游产业大力推进“低碳、零碳”技术创新，高质量发展实现业务新增长、创新新突破、运营新成效，实现绿色低碳的运行模式。

（2）节能环保产业链的下游产业加快产业转型升级为更精细化、差异化、规范化的运营模式，实现对运营过程的精准管理和对成本的有效控制。

2.4.7 智能网联新能源汽车产业

发展智能网联新能源汽车是我国实现“双碳”目标的重要路径，我国新能源汽车产业已进入全面市场化拓展期，新能源汽车产业产销量连续八年保持全球第一。未来高质量发展需要进一步扩大产业规模、大幅提高自主创新能力、不断优化产业结构、增强产业链供应链韧性、持续提升品牌影响力及国际竞争力，推动产业整体向高端化、智能化、绿色化发展。

（1）以市场需求和产业发展为目标，统一“四链”融合价值导向。充分发挥企业主体作用，围绕“市场化”和“可持续”部署科研项目。破除体制机制障碍，人才链和资金链紧跟市场需求。由企业牵头，围绕行业、市场痛点，运用灵活融资手段，推动技术实现成果转化应用。

（2）集群示范，驱动“四链”深度融合落地。重点在京津冀、长三角、粤港澳大湾区、中部、川渝等区域打造具有国际竞争力的产业集群。构建集群创新网络，实现资源向个性化、高端化发力，释放研发资源最大限度地提高创新效率。

（3）开展智能网联新能源汽车产业链供应链生态体系建设。在下一代动力电池、智能全线控底盘、中央计算电子电气架构、车路云一体化融合控制系统、智能汽车计算芯片等领域提前布局，打造完整、高韧性的供应链体系。

2.4.8 新兴服务业

构建优质高效的服务业新体系，推动现代服务业同先进制造业、现代农业深度融合，是推进现代化产业体系建设的重点任务。数字经济的蓬勃发展，改变了服务业传统的经营管理方式，催生出一批新兴服务业态。新兴服务业高质量发展要把握以数字技术为核心的新一代科技和产业变革历史机遇，加快人工智能、虚拟现实、智慧城市技术的创新发展和应用，促进数字经济和实体经济深度融合，赋能传统产业转型升级。

（1）AIGC 融合服务：发展 AIGC+ 领域平台、超级对齐技术，推进“AIGC+ 领域平台”生态圈的建设，进一步完善未来人工智能基础设施和监管生态。

（2）虚拟现实服务：发展大模型服务平台、轻量化 XR（extended reality，扩展现实）终端，推进 VR/AR 产业供给端与需求端有效匹配，加强对数字平台与大模型的应用前景研究。

（3）智慧城市服务：发展虚实结合技术，推动智慧城市产业与技术、场景、平台、设施等全要素全链条联动发展，引导并支持龙头企业、智慧城市创新实验室围绕智慧城市新引擎开展攻关，探索与智慧城市技术虚实互动、快速迭代特点相适应的研发、试验、应用一体化模式，加快关键场景营造和迭代升级，提高产业聚集度和集群竞争力。

2.5 “四链”深度融合下的战略性新兴产业高质量发展策略

“四链”深度融合下的战略性新兴产业高质量发展，坚持创新驱动、企业主体、开放融合的发展思路，需要以企业为主体“四链”深度融合的开放创新体系建设为核心，系统性提升产业基础能力和强化高端人才体系建设，瞄准产业高端引领、抢占未来产业高地，以世界级产业集群引领梯次产业集群建设、提升产业国际竞争力，建立“基础提升—主体强化—产业高端”的高质量发展路径，实施“系统性提升、融合式创新、市场化推动、引领性发展”的发展策略（图 2.1）。

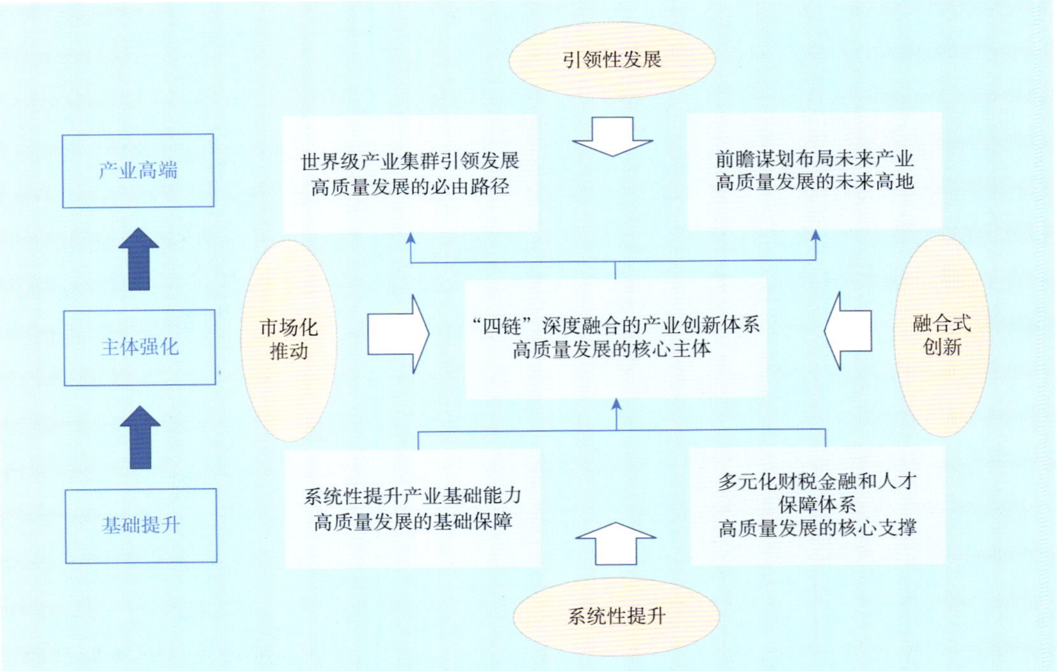

图2.1 “四链”深度融合下的战略性新兴产业高质量发展路径及策略

2.5.1 系统性提升产业高质量发展基础能力

1. 加快推进产业基础高级化

基础原材料、核心制造装备、基础工艺、工业软件等核心工业基础能力薄弱依然制约着战略性产业高质量发展。缩小战略性新兴产业在研发、制造、质量、服务等方面与发达国家的差距，需要聚焦基础零部件和元器件（包括高端芯片和传感器）、工业基础软件、基础材料、基础制造工艺和装备、技术质量基础“五基”持续攻关，系统性提升基础能力。破解操作系统与工业软件、集成电路及其制造装备、航空发动机、关键新材料等领域的“卡脖子”问题，加大攻关力度，加快重大战略产品的国产化替代。

2. 有组织地推进基础研究

进入产业引领发展阶段，战略性新兴产业高质量发展必须在基础研究层面寻求突破，从创新源头解决关键技术问题。要强化基础研究前瞻性、战略性、系统性布局。优化资源配置和布局结构，为创新发展提供基础理论支撑和技术源头供给。有组织推进战略导向的体系化基础研究、前沿导向的探索性基础研究、市场导向的应用性基础研究，注重发挥国家实验室引领作用、国家科研机构建制化组织作用、高水平研究型大学主力军作用和科技领军企业“出题人”“答题人”“阅卷人”作用[24]。

3. 加快新型共性技术平台建设

着眼于战略性新兴产业高质量发展面临的共性技术问题，围绕重点领域产业链关键环节的核心技术的研发和系统集成，充分汇聚企业、高校、科研院所的创新资源，完善国家重大科研基础设施共享机制，建设“四链”深度融合、资源共享、优势互补的新型国家级共性技术支撑体系。加强新型共性技术平台的专业化和市场化运行，通过为产业提供技术供给、产品设计、分析测试、验证试验、特殊装备使用、市场信息等公共服务，带动产业整体向价值链高端提升。

2.5.2 构建“四链”深度融合的产业创新体系

1. 以龙头企业带动“四链”深度融合

以全面提升企业创新能力为核心，进一步加强战略性新兴产业创新能力建设，引导各类创新要素向企业集聚，不断增强企业创新动力、创新活力、创新实力。培育一批自主创新能力突出的科技领军企业，强化企业基础研究、应用基础研究，提升企业核心技术原创能力和集成创新能力。支持大企业做强做优，优化兼并重组市场环境，鼓励战略性新兴产业企业整合创新资源和要素，带动上下游产业创新能力提升。培育一批具有生态主导力的产业链“链主”企业，大力培养“专精特新”中小企业，鼓励创新型中小企业成长为创新重要发源地，推动产业链上中下游、大中小企业融合创新。

2. 加速信息、生物技术的融合创新

新一代信息技术、生物技术快速发展，加速向各行业融合渗透，不断催生新业态、带动传统产业转型升级，已经成为引领产业变革的关键。战略性新兴产业高质量发展需要加快推进物联网、大数据、云计算等技术集成创新和融合应用，促进数字经济、平台经济、共享经济健康发展。发展数字经济，推进数字产业化和产业数字化，推动数字经济和实体经济深度融合，实施数字经济新业态培育行动。推动信息技术与制造业的深度融合，加强生物技术与大数据、人工智能、新材料、新能源等技术的交叉，支持生物燃料、精准育种、脑机接口等各类技术平台建设，促进新能源汽车与智慧能源、智能交通、5G通信等产业的快速融合创新发展。

3. 加快重点领域新型研发机构建设

加快发展新型研发机构，聚焦科技创新、产业发展需求，进一步优化科研力量布局，集聚高端创新资源、强化产业技术供给、支撑产业转型升级，促进科技成果转移转化，推动科技创新和新兴产业发展深度融合。北京、上海、深圳等抓住国际创新中心建设机遇，瞄准前沿技术和未来产业发展，加快培育和建设与国际接轨的新型研发机构。各省结合重点发展方向及自身特色优势，加快产业技术创新联合体、综合型技术创新平台、产业技术研究院、专业型研究所（公司）和企校联合创新中心等的建设，形成全链条融合创新、多要素协同配合、全方位开放共享的产业技术创新生态体系。

2.5.3 打造世界级产业集群引领高质量发展

1. 加快培育和发展世界级产业集群

世界级战略性新兴产业集群具有全球带动作用，在领军企业及市场规模、创新能力及产业生态、国际化发展和开放水平等方面具有突出的发展优势和特征。打造一批世界级产业集群，是我国未来战略性新兴产业高质量发展的重大举措。发挥城市群建设及科技创新中心建设优势，重点在京津冀、粤港澳大湾区、长三角等世界级城市群，成渝、长江中游、中原、哈长、北部湾等跨省（自治区、直辖市）城市群等产业创新资源具有集聚优势的地区，加快筹划推进世界级产业集群建设，以打造世界级战略性新兴产业集群为主要途径，推进产业链创新链融合发展，保障产业链供应链安全可控。

2. 优化梯次产业集群布局

2019年，国家发展和改革委启动国家战略性新兴产业集群发展工程以来，各省（自治区、直辖市）纷纷出台相关政策措施，加快推进战略性集群培育和发展，打造国家级产业集群为引领，省级产业集群、特色产业集群为支撑的梯次发展体系。针对“四链”融合要求，未来还需要根据各地区实际的发展情况，与国家战略、全球化及当前重点发展领域相结合，进一步明确区域产业培育与发展的定位、目标和任务，坚持“因地制宜、突出特色”的差异化发展，强化区域协调和特色发展，避免同质化、低水平的无序竞争发展。针对区域产业发展不平衡、不充分状况加剧问题，优化东北、中西部地区新兴产业布局及资源配置，避免区域产业发展过度失衡。

3. 推动产业链国际化融合发展

国际化发展是战略性新兴产业高质量发展的必然要求，需要在高端装备、新一代信息技术、生物产业、新能源等重点领域，针对不同国家和重点地区确定不同推进方式和实施路径，打通堵点、连接断点，推动产业链资源优化整合。抓住“一带一路”建设契机，推进与共建国家在战略性新兴产业领域的战略、规划、机制对接，加强政策、规则、标准联通，进一步推进国际产能合作。积极参与国际多边合作互认机制，鼓励技术引进与合作研发，结合我国优势和产业发展需求，巩固和发展我国在全球产业链中的“核心长板”，最终与全球产业链形成相互依存、相互支撑的融合发展格局。

2.5.4 抢占未来产业战略高地

1. 强化前沿技术和颠覆性技术布局

加强对重大前沿技术和颠覆性技术的预判和布局，加强对原始创新和颠覆性技术的系统性支持。对可能引发产业变革的前瞻性、颠覆性技术进行提前布局、长远储备。重点支持创新型企业瞄准世界科技前沿和顶尖水平，针对产业基础科学研究短板、基础薄弱等问题，开展基础研究和前沿技术攻关。研判、遴选能够颠覆西方传统优势的关键核心技术，将相关基础理论、核心技术和关键装备等相关研究纳入国家科技战略布局，以点带面实现原创突破，创造动态的创新驱动力，实现“变道超车”。加快推动绿色低碳技术实现重大突破，抓紧部署低碳前沿技术研究，加强对绿色低碳技术未来发展战略研究。

2. 推动产业数字化融合发展

世界经济正在向数字化转型。数字技术、数字经济是世界科技革命和产业变革的先机，是新一轮国际竞争的重点领域。数字技术正全面融入人类经济、政治、文化、社会、生态文明建设各领域和全过程，给人类生产生活带来广泛而深刻的影响。大力推动数字经济和实体经济深度融合，对于推动高质量发展、全面建设社会主义现代化国家具有重大意义[25]。党的二十大报告强调，“加快发展数字经济，促进数字经济和实体经济深度融合”[1]。面对数字化潮流，加快数字产业化和产业数字化“双轮驱动”，催生新产业、新业态、新模式，进一步助推未来产业创新发展，积极抢占未来战略制高点，打造国际竞争新优势，赢得发展先机和主动权。

3. 加强国家未来产业先导区引领

《中华人民共和国国民经济和社会发展第十四个五年规划和2035年远景目标纲要》提出：“在类脑智能、量子信息、基因技术、未来网络、深海空天开发、氢能与储能等前沿科技和产业变革领域，组织实施未来产业孵化与加速计划，谋划布局一批未来产业。”[2]2022年11月，科技部、教育部联合发布《科技部 教育部关于批复未来产业科技园建设试点的函》，启动11个未来产业科技园，提出“高度重视未来产业科技园建设试点工作，支持高水平研究型大学、地方政府（或国家高新区）和科技领军企业协同”，“探索‘学科＋产业’的创新模式”，“加快集聚人才、技术、资金、数据等创新要素，完善创新创业生态，打造未来产业创新和孵化高地，抢占未来发展制高点”[26]。浙江、上海、深圳等地出台了培育发展未来产业的专门政策，以先导区为牵引推动未来产业培育发展。2022年1月浙江印发了《关于浙江省未来产业先导区建设的指导意见》，到2025年，打造30个左右特色鲜明、引领发展的未来产业先导区[27]。2022年9月上海发布《上海打造未来产业创新高地发展壮大未来产业集群行动方案》，到2030年，建设15个左右未来产业先导区[28]。未来需要加快推动建设一批国家未来产业先导试验区，系统培育发展未来产业，打造国家未来产业发展高地。

2.5.5 强化人才链的支撑能力

1. 围绕产业链创新完善人才培养体系

围绕战略性新兴产业需求加强相关学科建设，开展知识更新工程、技能提升行动，探索建立创新型、应用型、技能型人才培养模式。鼓励支持高水平研究型高校主动开展战略性新兴产业相关学科建设，加强基础研究人才培养。创新人才培养的模式方法，深化产教融合、校企合作，探索中国特色学徒制，持续完善职业教育体制机制，加快培养产业紧缺的新型复合型人才。支持高校与科研院所、行业、企业联合参与建设国家级继续教育基地。改革完善各类人才计划，优化人才培养的政策环境。加强人才链对创新链产业链的支撑作用，同步打造战略性新兴产业高地、人才高地和创新高地。

2. 强化全球高端人才的集聚

实施创新人才发展全球战略，加快培养具有全球视野的高层次国际化产业领军人才。依托现有优势产业集聚区，进一步优化和利用现有资源，不断促进高端人才向具有技术创新优势的企业和产业聚集。实行更加开放的人才政策，根据战略性新兴产业紧缺人才目录制定多样化的海外优秀人才引进政策，给予紧缺型专家特殊居留政策，构筑国内外优秀人才聚集高地。健全以创新能力、质量、实效、贡献为导向的科技人才评价体系，探索建立科学、有效的技术领军人才认证措施。

参 考 文 献

[1] 习近平 . 高举中国特色社会主义伟大旗帜 为全面建设社会主义现代化国家而团结奋斗——在中国共产党第二十次全国代表大会上的报告 [EB/OL]. https://www.gov.cn/xinwen/2022-10/25/content_5721685.htm，2022-10-25.

[2] 新华网 .（两会受权发布）中华人民共和国国民经济和社会发展第十四个五年规划和 2035 年远景目标纲要 [EB/OL]. http://www.xinhuanet.com/2021-03/13/c_1127205564.htm，2021-03-12.

[3] 国家发展和改革委员会 . 关于扩大战略性新兴产业投资培育壮大新增长点增长极的指导意见 [EB/OL]. https://www.ndrc.gov.cn/xxgk/zcfb/tz/202009/t20200925_1239582_ext.html，2020-09-08.

[4] 郑明刚 . 产业融合发展研究 [D]. 北京交通大学博士学位论文，2010.

[5] 孙国民，陈东 . 战略性新兴产业集群：形成机理及发展动向 [J]. 中国科技论坛，2018，（11）：44-52.

[6] 宋歌 . 战略性新兴产业集群式发展研究 [D]. 武汉大学博士学位论文，2013.

[7] 中国工程科技发展战略研究院 . 2023 中国战略性新兴产业发展报告 [M]. 北京：科学出版社，2023.

[8] 卢涛，乔晗，汪寿阳 . 战略性新兴产业集群发展政策研究 [J]. 科技促进发展，2015，（1）：20-25.

[9] 新华网 . 习近平主持中共中央政治局第二次集体学习并发表重要讲话 [EB/OL].https://www.gov.cn/xinwen/2023-02/01/content_5739555.htm，2023-02-01.

[10] 李重达 . 从硅谷经验看“四链”深度融合 [J]. 中国人才，2023，（4）：9-11.

[11] 刘志彪 .“四链融合”：一个关于现代产业增长方程的系统分析 [J]. 学术界，2023，（3）：64-71.

[12] 黄涛，樊艳萍，王慧 . 推动创新链产业链资金链人才链深度融合 [J]. 中国人才，2023，（1）：12-15.

[13] 玮观世界 .“2021 年战略竞争法案”明牌，中美“全面战略竞争”官方号角吹响！ [EB/OL]. https://zhuanlan.zhihu.com/p/363581559，2021-04-09.

[14] China Strategy Group. Asymmetric competition：a strategy for China & technology actionable insights for American leadership[R]. 2020.

[15] 环球网 . 拜登签署《通胀削减法案》，美国补贴新能源暗藏“排挤中国”[EB/OL]. https://baijiahao.baidu.com/s?id=1741360664541182078&wfr=spider&for=pc，2022-08-17.

[16] 北晚在线 . 美日荷三国达成协议！对华芯片管制，日媒开始担心了 [EB/OL]. https://baijiahao.baidu.com/s?id=1756406870780998790&wfr=spider&for=pc，2023-01-30.

[17] 徐涛，王子源 . 从近期荷兰、日本出口管制清单看半导体设备突破方向 [EB/OL]. https://www.163.com/dy/article/I9H13H5D0519QIKK.html，2023-07-13.

[18] 科技部 . 科技部关于印发国家技术创新中心建设工作指引的通知 [EB/OL]. http://www.cac.gov.cn/2017-11/25/c_1122007310.htm，2017-11-25.

[19] 新华社 . 习近平就推进新型工业化作出重要指示强调：把高质量发展的要求贯穿新型工业化全过程 为中国式现代化构筑强大物质技术基础 [EB/OL]. https://www.gov.cn/yaowen/liebiao/202309/content_6905885.htm，2023-09-23.

[20] 金壮龙 . 加快推进新型工业化 [EB/OL]. http://opinion.people.com.cn/n1/2023/0216/c1003-32625148.html，2023-02-16.

[21] 国家统计局 . 中华人民共和国 2022 年国民经济和社会发展统计公报 [EB/OL]. https://www.gov.cn/xinwen/2023-02/28/content_5743623.htm，2023-02-28.

[22] 刘冬梅，薛姝 . 迎接时代挑战，形成全面支撑基础研究发展新格局 [EB/OL]. http://stdaily.com/index/ kejixinwen/202302/ae25b1ec1cb8406394fa2bc8d6323e7c.shtml，2023-02-24.

[23] 习近平：努力成为世界主要科学中心和创新高地 [EB/OL]. http://www.xinhuanet.com/politics/leaders/2021-03/15/c_1127212833.htm，2021-03-15.

[24] 新华社 . 习近平主持中共中央政治局第三次集体学习并发表重要讲话 [EB/OL]. https://www.gov.cn/xinwen/2023-02/22/content_5742718.htm，2023-02-22.

[25] 中共工业和信息化部党组 . 大力推动数字经济和实体经济深度融合 [EB/OL]. http://www.qstheory.cn/dukan/qs/2023-09/01/c_1129834642.htm，2023-09-01.

[26] 科技部，教育部 . 科技部 教育部关于批复未来产业科技园建设试点的函 [EB/OL]. https://www.safea.gov.cn/xxgk/xinxifenlei/fdzdgknr/qtwj/qtwj2022/202211/t20221128_183701.html，2022-11-25.

[27] 浙江省政府 . 关于浙江省未来产业先导区建设的指导意见 [EB/OL]. http://www.jiti.org.cn/pub/jskjqbw/cxzc_6168/qtsscxzc/202205/P020220505324624953293.pdf，2022-01-05.

[28] 上海市人民政府 . 上海市人民政府关于印发《上海打造未来产业创新高地发展壮大未来产业集群行动方案》的通知 [EB/OL]. https://www.shanghai.gov.cn/202220zfwj/20221020/a529f1dc2dc44a689b9a1351e3d57083.html，2022-09-24.

本章撰写人员名单

主要执笔人：

王海南　中国航天系统科学与工程研究院　研究员
王礼恒　中国航天科技集团有限公司　中国工程院院士
王国庆　中国航天科技集团有限公司　中国工程院院士
周志成　中国空间技术研究院　中国工程院院士
王崑声　中国航天系统科学与工程研究院　研究员
朱钰婷　中国航天系统科学与工程研究院　博士研究生
杨仪菲　中国航天系统科学与工程研究院　硕士研究生

课题组主要成员：

王国庆　中国航天科技集团有限公司　中国工程院院士
王礼恒　中国航天科技集团有限公司　中国工程院院士
周志成　中国空间技术研究院　中国工程院院士
王崑声　中国航天系统科学与工程研究院　研究员
王海南　中国航天系统科学与工程研究院　研究员
仲小清　中国空间技术研究院　研究员
王　红　中国航天系统科学与工程研究院　研究员
姜　彬　中国航天科技集团有限公司　高级工程师
马雪梅　中国航天系统科学与工程研究院　高级工程师
王馨慧　中国航天系统科学与工程研究院　工程师
雎冬名　中国航天系统科学与工程研究院　工程师
朱钰婷　中国航天系统科学与工程研究院　博士研究生
杨仪菲　中国航天系统科学与工程研究院　硕士研究生

产业篇

第 3 章

新一代信息技术产业

战略性新兴产业“品牌项目”新一代信息技术产业课题组

【内容提要】新一代信息技术产业是培育新质生产力的基石，在大国博弈和经济高质量发展中占据重要地位，呈现出“四链”融合的新态势与新格局。本章利用国内外信息技术和数字经济产业数据，结合美国苹果公司、DARPA（Defense Advanced Research Projects Agency，国防高级研究计划局）计算机网络和中国科学院深圳先进技术研究院“楼上创新楼下创业”模式等案例研究，从全球和国内发展态势出发，研究分析了我国在人工智能、量子信息、高端芯片、5G/6G 等典型领域的发展现状，以及所面临的机遇与挑战。并分析指出我国在产业规模、技术应用等方面存在优势，但也面临关键核心技术突破等挑战，对此应当运用体系工程思维，加强核心技术攻关，构建产业融合集群，以场景驱动创新，推动“产学研用金”协调发展，助力新一代信息技术产业高质量发展。

3.1 前 言

新一代信息技术产业是培育新质生产力的基石，是开辟发展新领域新赛道、塑造发展新动能新优势的重要抓手。根据《国务院关于加快培育和发展战略性新兴产业的决定》（国发〔2010〕32 号），战略性新兴产业是以重大技术突破和重大发展需求为基础，对经济社会全局和长远发展具有重大引领带动作用，知识技术密集、物质资源消耗少、成长潜力大、综合效益好的产业。其中，新一代信息技术产业渗透性强，通用性高，横跨第一、第二、第三产业，应用环节覆盖国民经济的方方面面。例如，基于数据和场景优势，我国在互联网、安防、企业服务、商业、金融、政府等领域已形成人工智能规模化应用，在通信、电力、冶金、能源、制造等传统行业上也形成了丰富的应用实践。

新一代信息技术产业目前主要范围包括下一代信息网络产业、电子核心产业、新兴软件和新型信息技术服务、互联网与云计算及大数据服务、人工智能等方面。从统计的角度来看，它的统计范围已经过两轮修改，国家统计局 2018 年版本相较于 2012 年版本，新增了网络安全、人工智能软件开发等，同时对云计算、大数据等新业态也进行了分解。随着元宇宙、ChatGPT、人形机器人等概念的兴起与实践的推进，新一代信息技术产业的内涵与外延还在动态演变中。

新一代信息技术产业高质量发展是指坚持创新、协调、绿色、开放、共享的新发展理念，从追求产业高速增长的阶段转向创新驱动的内涵式、可持续发展。新一代信息技术产业高质量发展要解决“引领发展”与“基础能力建设”两个方面的问题。“引领发展”是指以新一代信息技术为牵引，以融合应用赋能千行百业数字化转型，做大做优做强产业，培育新的经济增长空间，实现引领发展；“基础能力建设”是指夯实产业基础能力，特别突破“卡脖子”技术，在关键核心技术、材料、工艺等领域，保障产业链供应链的韧性与安全水平。

3.2 新一代信息技术产业发展的新态势与新格局

3.2.1 新一代信息技术产业是大国博弈的重点领域

全球产业链、创新链面临重组重构，以要素成本优势为驱动的全球垂直化分工协作模式逐步瓦解。全球供应链与价值链正处于一个持续且复杂的调整阶段，这一过程中面临着诸多前所未有的不确定性和挑战。随着地缘政治局势的动荡，以及国际贸易政策的频繁变动，供应链的稳定性受到了严重冲击。在当前要素低成本优势不断减小，高端制造业向发达国家回流、中低端制造业向成本更低国家转移的形势下，化解高技术产业，特别是新一代信息技术产业的经营风险尤为重要。

3.2.2 新一代信息技术产业是经济高质量发展的重要支撑

我国经济已由高速增长阶段转向高质量发展阶段，建设现代化经济体系、现代化产业体系是跨越关口的迫切要求和我国发展的战略目标。新一代信息技术产业是建设现代化产业体系，推进新型工业化的战略支撑。新一代信息技术产业的技术进步快、产业链条长、资本投入大、产业关联性强，广泛应用于经济发展、社会治理、国防军事等经济社会各领域，从服务于原有体系、优化原有体系到重塑未来体系，催生了数字经济、数字政府、数字社会等新概念，成为经济社会各领域发展的主旋律，引领经济社会的数字化转型。不管是我国还是全球，数字经济占各国 GDP 比重已经超过40%。因此，新一代信息技术产业引领经济社会数字化转型，以数字产业化和产业数字化为主要内容的数字经济已成为新的经济增长点。经济高质量发展的题中之义是供应链安全。以核心基础零部件和元器件、先进基础工艺、关键基础材料、产业技术基础等为产业基础的新一代信息技术产业的供应链、产业链安全尤为重要。美国、欧盟等多措并举，率先提出采取供应链监测、需求预估、短缺预测等机制，以巨额补贴、税收减免等政策汇集创新资源与产业资源，提升供应链韧性。

3.3　新一代信息技术产业“四链”融合机制分析

自2013年以来，习近平总书记多次提到“要围绕产业链部署创新链、围绕创新链布局产业链”[1]；党的二十大报告进一步提出，推动创新链产业链资金链人才链深度融合[2]。“四链”融合中核心融合是创新链与产业链的融合；人才链、资金链作为重要的创新要素、生产要素，融入创新链、产业链中，需要通过运行机制、激励机制等来实现两大链条的畅通运行。高校（研发机构）、企业、市场、政府是“四链”融合的主体，要用好市场与政府的“无形之手”与“有形之手”，构建有效市场、有为政府，以推动责权适配、资源配置合理的创新生态、产业生态打造育成（图3.1）。

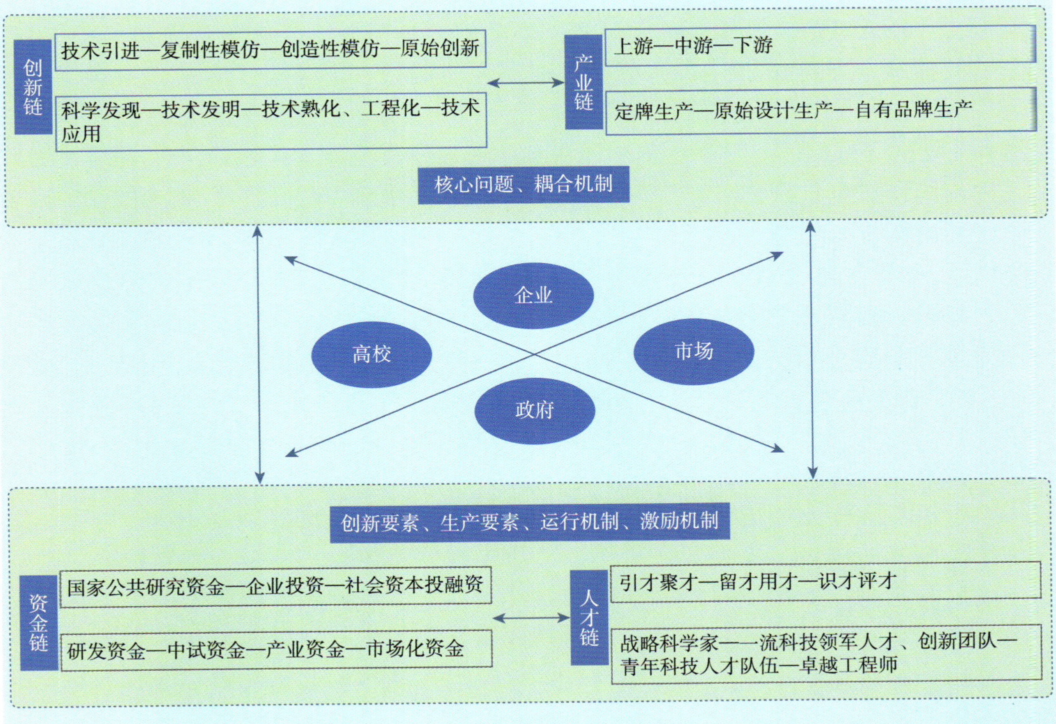

图3.1　“四链”融合机制

核心融合：创新链与产业链的深度融合是“四链”融合中的核心问题。围绕创新链布局产业链，围绕产业链部署创新链。创新链与产业链的融合有如下几种途径：一是创新成果经过转移转化，顺利跨越技术熟化、工程化、产业化的“达尔文之海”，应用于产业界。例如，苹果公司的iPhone以移动通信技术、多点触控技术、操作系统技术等为基础，形成具有颠覆性、革命性的智能手机；又如，美国DARPA发起计算机网络，最后在经济社会各领域得以广泛应用，诞生巨量市场。二是产业界向研究机构提出个性或共性的产业需求，由产业研究院或专门研发机构予以实现，这是技术创新的“外包”模式，如IMEC（Interuniversity Microelectronics Centre，微电子研究中心）的“项目集”模式。三是创新组织与产业组织本无交集，因为地理空间的集聚、政府等外部力量的“撮合”等，增加了双向碰撞，促进知识的传递与双链融合的深入，如同处粤港澳大湾区的中国散裂中子源国家实验室与华为、比亚迪等开展合作，基于微观结构的观察改进电子信息产品的性能。

企业是创新链与产业链的结合点。在新一代信息技术产业领域，影响创新链与产业链实现紧耦合的关键原因在于构建以企业为主体的创新生态，让企业做好“出题人”“答卷人”“阅卷人”。不管是企业内部自建的研发平台，还是外包研发任务，在新一代信息技术产业，影响创新链与产业链融合的因素有如下几个方面：一方面，信息沟通机制是否顺畅，创新端及时、准确地响应产业的需求，产业端迅速捕捉创新端诞生的产业机会，因为新一代信息技术产业迭代快，对时效性的要求较高。例如，中国科学院深圳先进技术研究院面向应用研究，通过“楼上创新楼下创业”模式打造产学研一体化的孵化器，仅楼上楼下在空间上就密切了创新链与产业链的联系，大大提升了沟通效能。另一方面，数据、技术等关键要素是否较好地在科技研发、资源配置、产业发展中发挥了乘数效应与倍增效应，在新一代信息技术产业领域的创新链、产业链中也发挥着重要的作用。例如，数据渗透到研发、设计、生产、加工、流通与消费等环节，提高生产要素的配置和利用效率，提高在研发设计端的适配性。又如，基于元宇宙、虚拟仿真开发、数字孪生等技术，降低研发成本，加速产业应用。

要素融合：资金与人才作为创新要素与生产要素，嵌入创新链与产业链之中，并在双链之间流动。资金链嵌入创新链、产业链有多种方式。一是政府资金，这类资金在培育幼稚产业、新兴产业方面，能有效弥补市场配置资源的不足。20世纪60年代中期以前，美国国防部采购了几乎全部半导体产品。军方持续的大规模购买，使半导体产品在质量上升的同时，价格在6年里降低了96%，并迅速地被商业领域接受，政府资金发挥了不可替代的作用。二是企业投资，企业以积累的利润去支撑创新活动的开展，建设企业实验室、中央研究院等创新平台，设立创新创业基金，构建企业内部的研发团队等。三是社会资本投融资，如向创业企业进行股权投资。硅谷发展成为世界上领先型电子信息行业集群，高度成熟的风险资本市场起到了巨大的推动作用。此外，在具有高投入、长周期、集成开发等特征的新一代信息技术产业领域，坚持长期投资的耐心资本尤为重要。以 ChatGPT 为例，要承受巨额的大模型训练和推理成本。数据显示，2022 年，ChatGPT 的公司 OpenAI 为算力和数据花费了约合 28 亿元。

人才是第一资源，活跃在创新链、产业链的人才有战略科学家、科技领军人才、企业家、青年科技人才队伍、卓越工程师等。人才“链”的建设应聚焦到育才引才、留才用才、识才评才的全链条。不可割裂地从“点”上来看待人才资源、人力资源。例如，高校不能仅仅以高校学生是否顺利毕业、就业为评判标准，而要从培养的人才应在创新链、产业链中扮演何种角色、发挥何种作用为出发点来有针对性地、系统性地培养人才。人才还是链接创新链与产业链的中介桥梁，台湾工业技术研究院、美国劳伦斯伯克利国家实验室等，鼓励人才创业，这些人才输送到产业一线后，促进了技术的传播扩散，促进了产业的培育壮大，通过“链条”之间的流动促进了创新链与产业链融合的纵深化推进。

3.4　新一代信息技术产业的新特征与新范式

3.4.1　呈现开放式网络化创新特征

从全球创新驱动发展的历史看，技术创新范式演变大致可划分为五个阶段。一是技术推动模型（20 世纪 50~60 年代），以美国国防部装备技术成熟度模型为代表，认为技术创新即科学发现、理论研究、技术发明、产品化和商业化的线性过程。二是市场需求拉动模型（20 世纪 60 年代至 70 年代初期），从技术创新的实用化价值出发，更加强调市场需求对技术发展的引领作用，同时奠定了企业在创新中的关键作用。三是双牵双驱的耦合模型（20 世纪 70 年代初期至 80 年代中期），在创新过程中同时引入技术发展与市场反馈的调节，使企业科技创新活动具有更高灵活性。四是并行集成模型（20 世纪 80 年代早期至 90 年代早期），市场推广、研发、原型设计、零件生产（供应商）、产品生产并行推进，强调多主体间的协调配合。五是网络化模型（20 世纪 90 年代中期始），随着新一代信息技术的发展，逐步形成了以实用化产品为核心，科学发现、技术发明、资本注入、供需协同并行交织的系统化、网络化模式，科技创新的主体已经由企业、高校等单一节点，逐步向生态、社区等网络结构迁移，基础研究、开发研究的边界日益交融，“科学家、发明家、企业家”的分工不再明确，从“现象”到“产品”的直通车模式逐步显现。五代技术创新模型的演进如图 3.2 所示。创新价值载体由企业、科研院所等节点，逐步向生态、社区等网络结构迁移，技术快生、快长、快应用、快落后，学科、领域、行业广泛融合，多主体、多要素、多过程并发集成，向国民经济各领域广泛渗透、作用凸显，科技体系与产业生态的竞争逐渐成为大国科技竞争的主要形式。

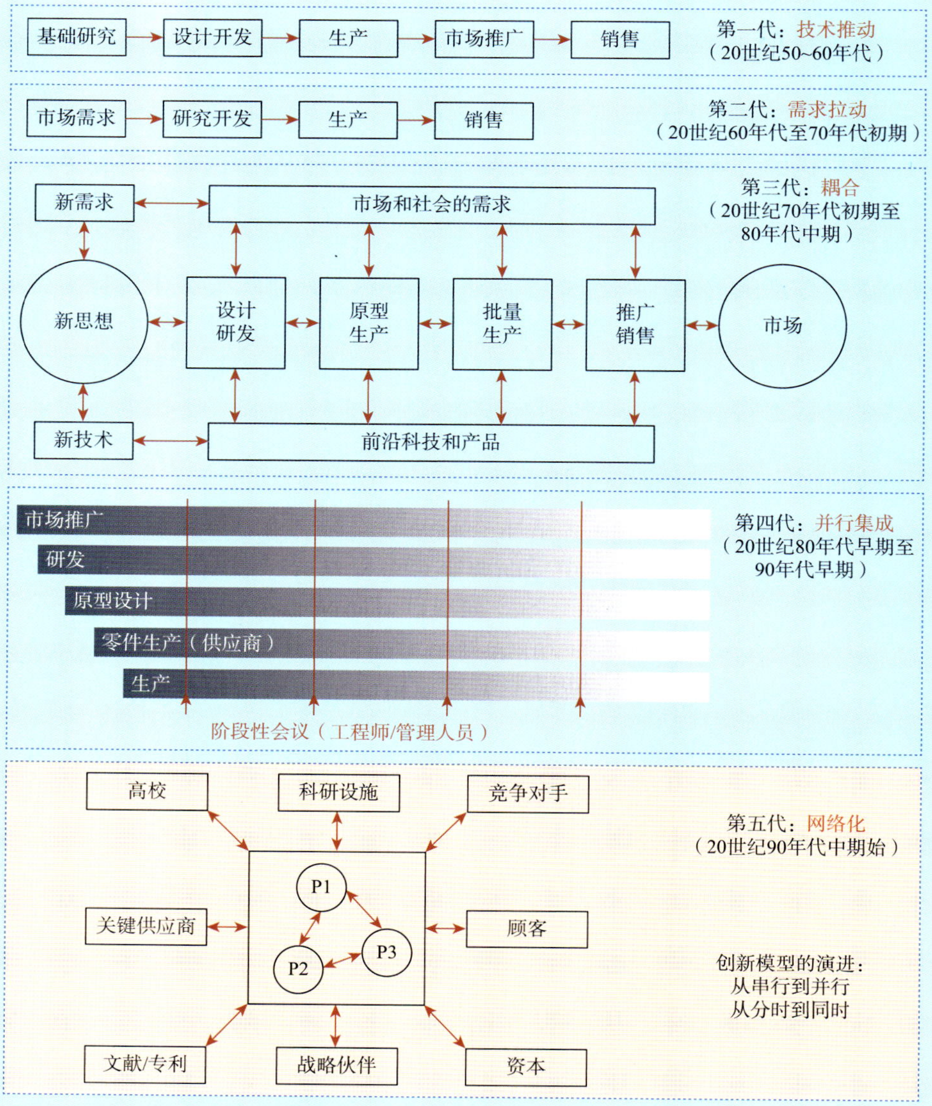

图3.2　科技创新范式演进

3.4.2　呈现体系能力生成的创新特征

“体系能力建设型”任务具有边界模糊、各主体独立演进发展、复杂性明显的特征；通常由多个独立的子项目组成，但子项目之间耦合性弱，对整体能力涌现的体系贡献率难以估量；可以用体系工程方法，通过构建创新生态体系、产业生态体系的模式推进；为降低维护成本、保持稳定和提高涌现效能，追求创新主体的自治性、多样性、协同性；体系建设随时间发展不断演进，没有终点，在演进过程中涌现能力。发展新一代信息技术产业必须着眼于打造体系能力，在多元参与主体、多元技术细分领域的协同下，在产业的不断演进中，形成、沉淀关键核心能力。

新一代信息技术产业的研发必须与产业链紧密耦合（图 3.3），一方面，具有明确的产业化目标，所以单纯的技术突破和产品开发往往不能满足产业发展要求，需要形成“以用促研”的正向循环才能持续发展。另一方面，具有快速迭代迅速演进的需求，所以一旦启动研发后，需紧密结合制造业基础，要尽快投入小试、中试、大试，通过生产流程的验证与反馈，然后进行研发的再优化、再完善，通过不断的迭代与试验，才能推动科研落地应用。例如，台湾工业技术研究院将创新链、产业链融合发展落实在项目策划的阶段，它始终以产业为导向，满足产业的技术需求。早期，项目的选择一般都要经过调查企业的实际情况、邀请产业界及学界专家参与评审[1]，或者以业界参与合作的方式，以确定拟研究的技术发展方向符合产业需求。又如，IMEC 将创新链、产业链融合发展落实在组织架构里，它的最高决策管理机构，即“产学研”结合的董事会，约三分之一是产业界代表，三分之一是高校教授，还有三分之一是政府官员。

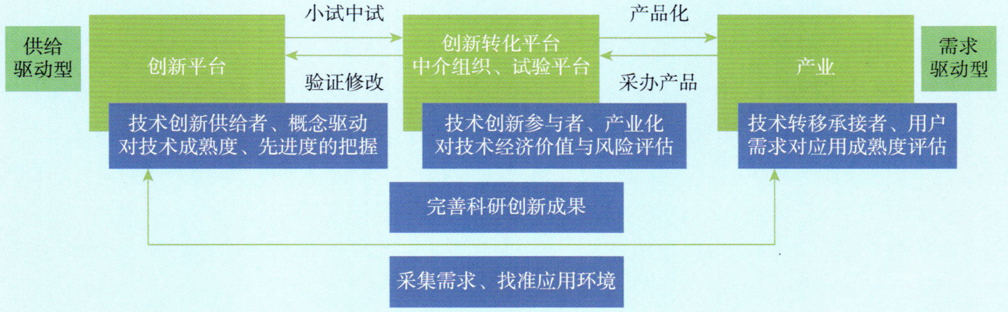

图3.3　创新链与产业链的双向辐射

3.4.3　呈现“技术 + 基础 + 新质要素 + 行业体系 + 组织变革”的融合发展范式

从科技革命推动产业变革的过程看，大致可分为三个阶段。一是原生技术发展阶段，主要特征是基础与共性技术的诞生与改良，同时自身形成产业；二是行业技术衍生阶段，主要特征是原生技术全面服务于各行各业，提升原有行业效率；三是新兴技术爆发阶段，主要特征是时代独有的产业形态大量出现，社会组织形态发生深刻变革，引发更大规模的科技发展。三个阶段并行交织、相互促进，推动社会向前发展。新一代信息技术产业的发展也大致遵循上述规律，其范式如图 3.4 所示。

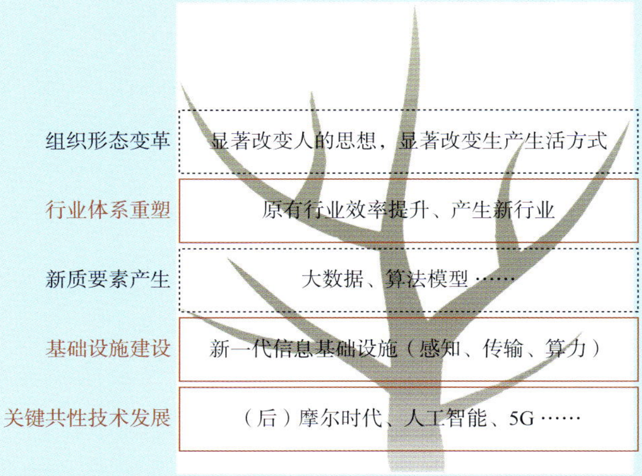

图3.4　新一代信息技术产业发展范式

当前，我国正处在新一代信息技术全面融入生产生活的行业技术衍生与新兴技术爆发阶段，由信息技术引发的社会形态变革刚刚崭露头角。在这个视角下，我国的科技创新优势不仅在于完善的基础设施和完整的工业体系，更在于庞大的市场体量和丰富的行业需求。如果把原生技术的产生比喻为“从 0 到 1”的创新，把原生技术在各个行业的应用比喻为“从 1 到 100”的创新，按照新一代信息技术发展的基本范式，“从 0 到 1”的创新需要借由“从 1 到 100”的创新来推动整个社会的组织形态变革。我国“从 0 到 1”的基础确实比较薄弱，但是近年来“从 1 到 100”的创新积累了大量经验。如果能够利用我国在“从 1 到 100”上的优势，从各类应用集成中沉淀出通用化工具和产品，可以在一定程度上弥补“从 0 到 1”的不足。鼓励和支持“从 100 到 1”的创新，成为推动我国经济全面数字化转型的一种新的战略选择。

3.5　新一代信息技术产业的发展态势

3.5.1　全球新一代信息技术产业的发展态势

随着全球数字化的纵深演进，先进半导体、人工智能、新一代通信、量子计算等新兴技术领域迅猛发展，经济社会正加速迈入以使用数字化产品和信息为主的数字经济新时代，引发人类社会生产方式的变革、生产关系的再造、经济结构的重组、生活方式的巨变。以人工智能、量子信息、高端芯片、5G/6G 四个典型领域予以说明。

1. 人工智能

全球研发活动极其活跃，创新步伐正在加速，在学习推理决策、图像图形、语音视频、自然语言识别处理等领域实现技术创新与产品迭代应用。全球主要国家加快人工智能顶层设计、战略实施，从核心技术、产业发展、监管安全、国际合作等领域全面布局，人工智能全球产业规模、资本投入、科研创新、产品应用保持稳增态势。美国国防部部署开发“人工智能中心”通用基础设施。北约启动“地平线扫描”人工智能战略计划。英国成立国防人工智能研究中心。企业不断加快推出更智能的技术与产品，构建现实与虚拟世界的深度连接，如提升原有服务的智能化体系、变革原有工作方法和效率、拓展人脑作业的边界、探索更广阔更智能的领域。ChatGTP 在最具挑战性的自然语言处理领域实现了革命性突破，引发新一轮人工智能发展浪潮，标志着通用人工智能的起点和强人工智能的拐点。英伟达推出 IGX 边缘人工智能计算平台，提高人机协作应用场景的安全性。Meta 与高通合作开发 VR 芯片组。全球人工智能产业规模高位增长。根据国际数据公司（International Data Corporation，IDC）的调研，全球人工智能产业规模在 2022~2036 年预计实现 18.6% 的年复合增长率[3]。具体而言，主要体现在以下几个方面。

一是通用人工智能迎来里程碑事件。ChatGPT 的出现，被视为人类通往通用人工智能的重要里程碑。ChatGPT 基于大模型、大数据、大算力，通过自监督学习、有监督微调和人在回路强化学习相互结合，可以实现文本内容合成、机器翻译、自动文档摘要、代码生成等功能，在最具挑战性的自然语言处理领域实现了革命性突破。相应地，以 ChatGPT 为代表的 AIGC 迎来跨越式的突破发展。

二是专用人工智能取得重要突破。从可应用性看，人工智能大体可分为专用人工智能和通用人工智能。人工智能的近期进展主要集中在专用人工智能领域。例如，人工智能程序在大规模图像识别和人脸识别中达到了超越人类的水平[4]，AlphaFold 算法破译超 2 亿种蛋白质结构等。在局部智能水平的单项测试中专用人工智能可以超越人类智能，形成了人工智能领域的单点突破[4]。

三是人工智能创新创业如火如荼。人工智能领域处于创新创业的前沿，技术创新活跃，产业投资增多，产业生态圈不断扩大。截至 2022 年 7 月底，全球人工智能企业超过 23 000 家，半数企业是 2017 年及之后成立的初创企业[5]。各国及大型互联网企业在人工智能领域的投资日益攀升，尤其是在生成式人工智能领域引发了新一轮投融资热潮。2021 年全球人工智能产业投融资金额约 715 亿美元，同比增长 90%，中国约 201 亿美元，同比增长 40%。

英国牛津洞察智库数据显示，全球已有约 40% 的国家发布或将要发布国家人工智能战略。中美两国已显著占据全球人工智能主要领域主导地位。伴随竞争加剧，各国在原有战略基础上进一步升级人工智能战略；同时，在技术创新、未来产业发展、新工业战略、国防战略中也不断加入人工智能板块。各国密集出台人工智能支持政策，以争夺竞争优势。

一是加大人工智能的资源投入。主要国家以研发激励、直接投资项目、税收优惠等方式投入人工智能领域。美国、欧盟、加拿大、德国、印度、英国、日本、韩国等国家和地区都在战略中明确要对发展人工智能提供资金支持，列出预算额度，投资金额和频次升级加码。欧盟“地平线”计划将人工智能列入资金支持。美国仅2021年度用于人工智能非国防预算的总额就达到15亿美元，未来将对包括人工智能在内的多个前沿技术领域投入1 000亿美元开展研发。

二是成立专门的人工智能管理机构。美国、日本、英国、沙特阿拉伯等国家成立专门的人工智能管理机构。英国人工智能办公室由数字、文化、媒体和体育部与商业、能源和产业战略部联合设立，使命是通过与其他组织合作促进人工智能发展。

三是完善人工智能立法监管。各国制定发布了一系列标准指南推动人工智能健康发展。其中，美国与欧盟在人工智能监管领域走在全球前列。美国强调监管的科学性和灵活性，发布《人工智能应用的监管指南》，为人工智能发展应用采取监管措施提供指导。欧盟趋向于强硬的监管风格，发布多项法案，对人工智能领域数据、隐私等方面内容做出全面具体的规定。

2. 量子信息

量子科技已经进入第二次量子革命，逐渐成为引领新一轮科技革命和产业变革的前沿领域，将引领新一轮信息科技革命和信息产业变革方向，具有重大科学意义和战略价值。量子信息产业布局从国家战略布局、市场规模、技术路径等方面呈现新格局。多国在量子信息领域进行战略布局，积极扶持产业发展，产业发展潜力巨大，技术路径并行发展，各有突破。量子信息技术主要包括量子计算、量子保密通信、量子感知与计量三个方向，可在信息处理、信息安全、信息感知等方面突破传统信息技术遇到的瓶颈，极大地推动信息、能源、材料等多个领域的科技发展，正引发全世界范围内的广泛关注。

在量子计算方面，量子计算技术已在物理实现、计算模型和量子算法等方面取得了大量研究成果和进展，目前已进入中型含噪量子计算阶段。美国谷歌、IBM、微软、霍尼韦尔及加拿大D-WAVE等在量子计算机研究领域处于领先地位，已研发出76位光量子模拟机、433位超导量子计算机样机、2 000比特量子退火模拟机等产品。

在量子保密通信方面，在通信距离、传输速率、集成化、组网能力等方面得到了长足进步，目前已进行了工程化试点应用。国际学者在新型QKD（quantum key distribution，量子密钥分发）协议（旨在提高密钥分发性能）的实验验证、QKD系统的小型化和集成化、量子与经典信号共纤传输等方面取得了多项突破。目前，国际上代表性量子保密通信企业与运营商，包括瑞士ID-Quantique、日本东芝、美国Magiq、韩国SK电信等，具备了量子随机数发生器、量子密钥分发等设备研制及组网应用能力。

在量子感知与计量方面，美国一直致力于量子感知领域的产学研深化融合，形成产业界、学术界、政府之间的紧密合作关系，加速了量子技术的研究和开发，取得了大量原创性、突破性成果，并在此过程中解决科学和工程应用两方面的挑战，促进其转化应用。欧盟、英国等重点布局原子钟、量子传感、量子导航、量子增强成像等技术领域，并在量子感知与计量的基础研究、技术应用、人才培养等方面给予大力支持。

美国国会参议院审议通过《2021年美国创新与竞争法案》，明确将“量子信息科学与技术”列为美国国家科学基金会应关注的10个“关键技术重点领域”之一[6]。2022年5月，美国总统乔·拜登签署了《关于加强国家量子计划咨询委员会的行政命令》，将成立“国家量子计划咨询委员会”，即联邦政府在量子信息科技方面的独立专家咨询机构。

欧盟在2016年推出为期十年的“量子技术旗舰计划”。2021年，所有27个欧盟成员国完成欧盟量子通信基础设施（EuroQCI）协议签署。同期，欧洲核子研究中心量子技术计划（CERN QTI）公布中长期量子研究计划路线图。2022年2月，欧盟委员会公布了《欧洲芯片法案》（A Chips Act for Europe）。该法案多次提到量子芯片和量子技术的重要性，这项倡议将支持建立加速量子芯片开发的技术和工程能力，包括为量子芯片及其测试和实验开发试点生产线。其他国家量子科技政策布局热点如表3.1所示。

表3.1　其他国家量子科技政策布局热点

国家	量子科技政策布局
德国	2021年3月，提出新量子研究计划，展望未来十年在量子系统领域的研究重点和面临的挑战。11月，启动Q-Exa联盟，计划在传统高性能计算（high performance computing，HPC）帮助下加速欧洲量子计算技术
法国	2021年1月，启动量子技术国家战略，要在五年内跻身量子信息领域“世界前三”。投资将聚焦在量子仿真系统、未来成熟量子计算机、量子传感器、抗量子密码等领域
英国	2023年3月15日，科学、创新与技术部推出《国家量子战略》（National Quantum Strategy），为NQTP提供了两个新的五年扩展计划。计划在2024~2034年提供25亿英镑的公共投资，并计划吸引至少10亿英镑的额外私人投资
俄罗斯	2022年12月，俄罗斯政府表示将在2023年和2024年向俄罗斯国有铁路公司拨款45亿卢布（6 940万美元），以扩大其量子通信网络
日本	2020年，发布《量子技术创新战略》。2022年，正式制定“发展量子技术和人工智能”新战略，要求开发日本第一台“全国产”量子计算机，到2030年将量子技术的用户数量增加到1 000万
韩国	2023年6月27日，韩国科学与信息通信技术部发布《国家量子科技战略》，以实现国家量子科学、技术和产业的量子飞跃。该战略是韩国首个量子科技国家战略，包含量子科技的中长期愿景和全面发展战略
荷兰	2021年，启动国家量子技术计划，在量子计算和模拟、量子网络、量子传感应用领域，加强技术研究和市场培育
爱尔兰	2021年5月，廷德尔国家研究所投资启动量子计算机工程中心（Quantum Computer Engineering Center，QCEC）建设，以期在2025年前扩大其规模和影响力
奥地利	2021年6月，启动“量子奥地利”项目，加速发展量子研究和量子技术，并与产业界一同推动研究和应用落地
芬兰	2021年8月，芬兰科学院启动专项资金，旨在支持EuroHPC超级计算基础设施、量子计算机和高性能计算的应用
加拿大	2021年7月，宣布将制定国家量子战略，以增强在量子研究方面的实力
澳大利亚	2021年，宣布投资推动量子研究商业化，计划到2040年，通过量子技术产业创造超过40亿澳元（约184亿元）市场和16 000个工作岗位
新西兰	2021年7月，宣布未来七年为奥塔哥大学提供资金，以支持量子产业及新技术的发展，并提供量子教育计划
以色列	2021年，国防部和创新局立项，拟建造一台30-40量子比特的量子计算机，力求在这一新兴技术领域占一席之地
印度	2021年4月，印度浦那建立了一个名为I-Hub量子技术基金会（I-Hub QTF）的量子技术创新中心，开发量子计算机、量子通信设备和系统及研究新型量子材料和传感器
新加坡	2021年，新加坡国立大学与亚马逊公司签署备忘录，合作促进量子通信和计算技术的发展

3. 高端芯片

全球半导体行业发展环境较以往更加复杂动荡。芯片短缺加剧、供应链库存积压、价格上涨和交付期延长等因素叠加，导致半导体行业产能和需求持续处于失衡状态，多国政府发布半导体产业扶植政策，强化芯片研发与制造能力生成。继美国拜登总统签署《2022 年芯片与科学法案》后，美国商务部发布 500 亿美元芯片计划的实施战略。欧盟委员会发布《欧洲芯片法案》，拟投资 430 亿欧元扶持本土芯片供应链。与此同时，电动汽车、可再生能源等新兴细分领域为芯片业创造了新的需求，功率半导体再迎新一轮扩产契机，头部企业全球布局提速。2022 年全球半导体销售额创历史新高，达 5 740 亿美元。美光集团、SK 海力士等斥巨资新建芯片工厂，台积电、三星电子、英飞凌等持续扩大半导体产能。

在高端计算芯片领域，高端计算芯片已全面进入人工智能芯片架构创新的发展阶段，超异构处理器逐渐成为当前解决算力提升缓慢问题的有效方案。英特尔、英伟达、苹果等公司的芯片厂商，屡屡突破集成度与算力瓶颈，不断提升产业链系统能力。高端芯片计算性能不断增长，存储器、IO（input/output）等的带宽速度也在不断增长。

在高端通信芯片领域，数据通信中 FPGA（field programmable gate array，现场可编程逻辑门阵列）持续向高集成、大规模方向发展，国外头部企业 FPGA 芯片已演进至 10 纳米工艺节点，逻辑单元规模达到千万级。100GE（gigabit ethernet，千兆以太网）是当前以太网交换芯片主流速率，高端芯片已开始向 800GE 以太网演进。光通信中，硅光集成技术以硅基衬底材料作为光学介质，利用成熟 CMOS（complementary metal-oxide-semiconductor，互补金属氧化物半导体）工艺制造光电器件，利用这些器件进行光子发射、传输、检测和处理，实现在光通信、光互连、光计算等领域的应用。光电芯片一体封装成为硅光集成的技术方向，网络交换机的数据速率每 18 个月翻一番，2017~2025 年交换机的数据速率将从 5Tbps 增长到 51.2Tbps，光模块的数据速率将从 100Gbps 增加到 800Gbps。

在人工智能芯片领域，处于初级发展阶段，面临着巨大的发展空间及机遇。Gartner 数据显示，到 2025 年，用于全球各类智能应用领域的智能计算芯片收入预计将达到 762 亿美元，五年年均复合增长率为 28%。其中，用在手机处理器上的智能计算芯片市场规模最大，将接近 285 亿美元，占比 37.3%。

4. 5G/6G

截至 2022 年底，涵盖 96 个国家的 243 家运营商正式发布 5G 商用服务，515 家运营商正在以测试验证和计划部署等形式部署 5G 网络。全球各国积极建设数字基础设施，大力建设 5G 基站、光纤、卫星网络等，推动万物智联，欧洲与日本合作测试 5G 卫星通信技术，以实现洲际通信能力。头部企业持续扩容，通用动力、亚马逊、思科等公司组成联盟加速 5G 技术应用。

全球各国及国际组织纷纷启动6G技术研究，提出各自的技术演进路线图。其中，国际电信联盟（International telecommunication Union，ITU）讨论6G候选频谱分配；国际最主要的移动通信标准组织3GPP（3rd Generation Partnership Project，第三代合作伙伴计划）预期将在2025年底前后启动6G标准制定。美国通过“Next G Alliance”（下一个G联盟）领导同盟全力备战6G。欧盟、韩国、日本均已宣布启动6G标准及技术研发，其中，德国宣布将投资建设6G研究中心和多个研究基础设施；英国宣布投资超1亿英镑促进6G网络等技术研究；日本着手建设可共享的6G网络等技术研究，于2022年度内建成可共享的6G研究设施，同时日本还发布了B5G推进战略目标：2025年完成6G基础技术研究，2030年商用[7]。欧盟的旗舰6G研究项目“Hexa-X”于2021年正式启动，项目团队汇集了25家企业和科研机构，是将欧盟关键的行业利益相关者聚集到一起、共同推进6G的重要一步[8]；芬兰发布了6G白皮书《面向6G泛在无线智能的驱动与主要研究挑战》，对于6G愿景和技术应用进行了系统性展望；韩国政府提出“引领6G商业化”目标，计划2028年实现全球第一个6G商业应用。

3.5.2　中国新一代信息技术产业的发展态势

电子技术在信息领域的应用，催生出覆盖整个信息系统功能的电子信息技术，即电子信息采集、传输、存储、处理与运用等技术。发现电磁波与利用电磁波，极大地拓展了信息系统的时间和空间范围，提高了信息系统处理和应用能力，揭开了人类社会发展的新篇章。当前，量子力学理论及其衍生的量子测量、量子传输、量子计算等理论体系已经催生出量子信息产业，未来也必将融合电子信息产业，形成综合电子/量子信息产业。

1. 产业规模不断跃升

2022年我国新一代信息技术、高端装备等战略性新兴产业增加值占GDP比重超过13%，成为国民经济日益重要的支柱产业，战略地位逐步提升。具体到新一代信息技术产业，2012~2021年，我国电子信息制造业增加值年均增速达11.6%，营业收入从7万亿元增长至14.1万亿元，取得飞跃式发展；利润总额则达到8 283亿元。软件和信息技术服务业业务收入从2.5万亿元增长至9.5万亿元，年均增速达16%[9]；2021年利润总额达1.2万亿元，较2015年则翻了一番。2022年，全国软件和信息技术服务业规模以上企业超3.5万家，累计完成软件业务收入108 126亿元，同比增长11.2%，增速较上年同期回落6.5个百分点[10]。2022年我国数字经济规模达50.2万亿元，总量稳居世界第二，占GDP比重提升至41.5%，数字经济成为稳增长促转型的重要引擎[10]。2023年出台《数字中国建设整体布局规划》，全面部署数字中国建设。

大数据、云计算、区块链、人工智能等新技术、新业态、新平台蓬勃兴起。我国人工智能产业蓬勃发展，核心产业规模达到5 000亿元，企业数量超过4 300家，智能芯片、开发框架、通用大模型等创新成果不断涌现。超算、智算、云算协同发力，算力规模位居全球第二[11]。我国数据资源体系加快建设，2022 年数据产量达 8.1ZB，同比增长 22.7%，全球占比达 10.5%，位居世界第二[12]。

2. 技术创新迭代不断加快

新一代信息技术产业成为创新最为活跃的领域之一，专利与标准在国内、国际排名前列。我国集成电路、新型显示、5G 等领域技术创新密集涌现，超高清视频、VR 等领域发展步伐进一步加快。基础软件、工业软件等产品创新迭代不断加快，供给能力持续增强[13]。截至 2023 年 6 月底，我国国内有效发明专利增速排前三位的技术领域为计算机技术管理方法、计算机技术和基础通信程序，分别同比增长 56.6%、38.2% 和 26.0%，增速远高于国内平均水平 20.4%，为我国新一代信息技术产业的创新发展提供了有力支撑。在量子通信和量子测量领域，中国专利申请数量均处于全球领先，占比分别为 54% 和 49%。

3. 产业基础设施不断健全

我国数字基础设施规模能级大幅提升，已经建成全球规模最大、技术领先的网络基础设施之一。2022 年底，我国已建成全球最大的光纤网络，光纤总里程近 6 000 万千米，全国 5G 基站超过 230 万个，均位居世界前列。截至 2022 年底，已开通 5G 基站 231.2 万个，5G 用户达 5.61 亿户，全球占比均超过 60%；移动物联网终端用户数达 18.45 亿户，成为全球主要经济体中首个实现“物超人”的国家[14]。启动全球首个 5G 异网漫游试商用，5G 网络加快向集约高效、绿色低碳方向发展[15]。近五年，我国数据中心机架数量年复合增长率超过 30%，截至 2022 年底，在用标准机架超过 650 万架，2023 年，工信部遴选公布了 2022 年国家新型数据中心典型案例名单，为推动算力基础设施高质量建设和应用，更好地支撑经济社会各领域数字化转型树立了标杆。工业互联网已覆盖 45 个国民经济大类、166 个中类，覆盖工业大类的 85% 以上，工业 APP① 数量近 30 万个，制造业企业数字化研发设计工具普及率达到 76%，关键工序数控化率达到 57.2%[16]。

4. 产业生态不断完善

新一代信息技术赋能产业高质量发展，数字产业化与产业数字化协同推进，产业生态做大做强。新一代信息技术赋能千行百业，在消费与生产领域的新模式、新应用、新热点不断涌现，特别是在交通、医疗、健康养老等细分领域融合不断深化。企业上云步伐不断加快，北斗网络辅助公共服务平台能力建设渐趋完善。开展 5G 工厂“百千万”行动，覆盖电子信息、装备制造、石化化工、钢铁等 12 个重点行业。5G 新通话、虚拟数字人等新应用创新活跃，撬动流量消费稳步增长，5G 移

① APP：application 的缩写。

动电话用户达 6.76 亿户，5G 流量占比达 42.9%。人工智能与制造业深度融合，有力推动了实体经济数字化、智能化、绿色化转型。截至 2023 年 7 月，各地建设数字化车间和智能工厂近 8 000 个。其中，2 500 余个达到了智能制造能力成熟度 2 级以上水平，基本完成了数字化转型；209 个探索了智能化升级，成为具有国际先进水平的智能制造示范工厂。经过转型，这些示范工厂产品研发周期平均缩短了 20.7%，生产效率平均提升了 34.8%，产品不良品率平均下降了 27.4%，碳排放平均减少了 21.2%[16]。

3.6　中国新一代信息技术产业典型领域的发展态势

新一代信息技术是提升国家综合竞争力的新质生产力，本章着重选取四个典型领域加以说明。其中，人工智能是颠覆性的使能技术，是引领新一轮科技革命和产业变革的重要驱动力，具有很强的“头雁”效应；量子信息作为前沿技术，是面向未来，抢占未来制高点的重要领域；高端芯片是决定我国产业链供应链安全、新领域新赛道培育的重中之重，是构建现代化产业体系的基石；5G/6G 是我国的优势战略性产业，是国际竞争的重要领域，也是链接全球产业生态的重要桥梁。

3.6.1　人工智能

我国宏观战略层面高度重视人工智能的发展，人工智能技术发展迅速，在应用和技术发展领域具有较强的竞争力。

一是创新成果增长态势喜人。清华大学发布的《中国人工智能发展报告 2021》指出，我国人工智能企业在人脸识别、语音识别、安防监控、智能音箱、智能家居等人工智能应用领域处于国际前列。根据尚普研究院关于 2011~2021 年全球人工智能专利数据的统计结果可以看出，中国累计持有专利数量为 191 万个，居世界之首。我国在人工智能领域发表的论文数量已居世界第二，且在 2011~2021 年人工智能领域高水平论文发表数量上，我国位居第二。近几年，我国共有 70 多所高校和科研机构相继开设人工智能学院并开展人工智能研究。

二是部分领域与世界领先水平仍有一些差距。目前我国在人工智能前沿理论创新方面总体上尚处于“跟跑”地位，大部分创新偏重技术应用，在基础研究、原创成果、顶尖人才、技术生态、基础平台、标准规范等方面距离世界领先水平还存在一定的差距。清华 AMiner 团队对 2011~2021 年全球人工智能领域高水平论文分析发现，美国的人工智能领域高水平论文平均引用率为 44.99，中国为 31.88。从人工智能顶尖机构来看，前二十强机构中，美国机构占 15 家，中国仅清华大学和阿里巴巴两家机构上榜。由此可见，美国仍具有遥遥领先的人工智能顶尖人才和人工智能科研实力。

三是发展前景看好。我国在人工智能发展方面具有市场规模、应用场景、数据资源、人力资源、智能手机大量普及、资金投入、国家政策支持等多方面的综合优势，人工智能发展前景看好。

3.6.2 量子信息

为整合国内量子科技发展资源，2020 年 9 月 20 日，量子信息科学国家实验室挂牌成立，并依托该国家实验室实施科技创新 2030——量子通信与量子计算机重大项目。量子信息科学国家实验室主体在合肥，设立北京、济南、上海、深圳四个中心。

在量子计算方面，我国重视量子计算研究，在科研布局和企业投入方面取得一定成果。以中国科学技术大学、浙江大学和清华大学等为代表的研究机构在量子计算原理实验和样机研制等方面取得一定研究成果，开发了相应的量子计算模拟平台和编程框架环境。2023 年初，中国科学技术大学发布 176 比特的超导量子计算机“祖冲之号”，标志着国内外量子计算技术发展均进入中等规模阶段。2023 年 3 月，量子科学与工程研究院通过实时重复的量子纠错技术延长了量子信息的存储时间，在国际上首次超越盈亏平衡点，展示了量子纠错优势，这是迈向实用化可扩展通用量子计算的关键一步。

在量子保密通信方面，2016 年，我国在国际上率先发射“墨子号”量子科学实验卫星，初步构建广域量子保密通信体系。国内代表性单位包括中国科学技术大学、清华大学、北京大学、上海交通大学、北京邮电大学、国防科技大学等高校，华为、中国电信、科大国盾量子技术股份有限公司、问天等企业，中国电子科技集团公司第三十研究所、中国电子科技集团公司第四十四研究所等，具备量子保密通信基础研究、关键器件研制、系统集成、组网应用等能力。2022 年，基于改进的四相位调制双场 QKD 协议实现了 833 千米光纤 QKD。2023 年，实现了光纤 1 002 千米点对点远距离 QKD。2022 年，实现了通信距离达到 100 千米的 QSDC（quantum secure direct communication，量子安全直接通信）系统。

在量子感知与计量方面，该领域成为近几年量子科技领域发展比较迅速的方向之一。量子感知和量子计量按照应用方向可以划分为雷达探测、目标成像、磁场感知、电场感知、时频基准、惯性测量、重力测量等领域。我国多项量子感知计量技术取得重大突破，在多领域率先实现示范性应用。其中，远距离目标单光子成像及非视域成像领域取得突破。2021 年，实现了 201.5 千米的远距离山体目标三维单光子扫描成像，平均每像素接收到的光子数低至 0.44。量子磁场传感器在地下物质勘探、暗物质探测、医学心脑磁成像应用上取得突破。2021 年，北京航空航天大学开发了基于 SERF（spin-exchange relaxation-free，无自旋交换弛豫）磁探原理的可穿戴多通道人体心磁图系统，生成了心脏周围电磁场分布的 MCG（magneto cardio graphy，心磁图仪）图像。

3.6.3 高端芯片

十几年来，采取统一规划和举国体制的组织方式，极大地推动了我国集成电路科技与产业发展，在高端芯片的设计、制造工艺、材料、封装等各环节均取得了显著的进展和不少的成绩。在核心电子器件领域方面，我国采用“下先手棋”的策略在国际发展的初期切入，突破了碳化硅 / 氮化镓为代表的第三代半导体的核心技术，形成了和国际先进技术并跑的自主创新能力和带动第三代半导体产业发展的能力。

3.6.4 5G/6G 产业

我国已构建全球领先的端到端 5G 产业链，实现重大核心技术及全产业链的群体突破、格局改变、跨越发展，整机企业均处于世界最前列。我国 5G 网络建设领先，商用规模和业务发展领跑全球。在商用规模方面，截至 2022 年底，我国累计建成 5G 基站 231.2 万个，占全球 60% 以上；5G 终端规模快速发展，5G 终端的连接数可达 6.15 亿，占全球 60% 以上。在商用技术方面，我国运营商于 2020 年底已全面商用 SA（stand alone，独立组网），而目前已开通 5G SA 架构运营商仅 10%。我国运营商已全面部署大规模 MIMO（multi input multi output，多输入多输出）、SBA（service based architecture，服务化架构）等 5G 标志性技术，并全面部署 R16、准备快速商用 R17 等 5G 增强技术方案，进一步增强和完善网络能力。

在业务发展方面，我国 5G 业务和应用的发展水平不断提升，5G 网络已逐渐成为改变社会、服务大众、支撑经济社会发展的基石。5G 网络发展明显缓解业务流量增长的压力，截至 2022 年底，5G 分流比已突破 40%。在个人业务方面，业界积极投入和培育，5G 个人市场亮点应用逐步显现，如中国移动率先推出 5G 新通话，提供一系列创新的通话增强服务为用户带来全新的可视化、全交互的智能通话体验。在商业应用方面，5G 融入行业的广度深度领跑全球。行业应用以运营商为主导，多行业实现 5G 应用规模拓展，实现从个性到复制，在视听体验、可交互性、场景扩展、融合创新等方面实现技术突破，多种应用合作促进数字技术与实体经济深度融合。

在技术创新方面，我国高度重视通信标准的研究工作，持续强化标准战略引领，在 5G 国际标准的制定中主导关键技术变革方向、推动 TDD（time division duplexing，时分双工）技术成为 5G 核心基础、率先提出 5G 标志性技术大规模天线等关键技术设计，提前布局原创性的 5G 核心关键技术。经历了“1G 空白、2G 跟随、3G 突破、4G 同步”的发展历程，中国在 5G 通信产业中已取得显著成绩，构建了国际一流的自主创新能力。在 6G 潜在关键技术上取得阶段性突破 [17]。4G/5G 时代我国已在大规模天线技术、网络架构、智能化网络等方面积累了丰富经验，面向 6G，我国在感知与通信一体化、通信与人工智能一体化、电磁超材料等跨界融合方面进一步实现了突破，为系统布局 6G 提供了有益借鉴 [18]。

3.7 新一代信息技术产业高质量发展面临的机遇与挑战

3.7.1 新一代信息技术产业高质量发展面临的机遇

1. 从组织形式来看，我国具有新型举国体制优势

一直以来，我国特别重视战略性新兴产业的发展。党的二十大报告明确要“推动战略性新兴产业融合集群发展，构建新一代信息技术、人工智能、生物技术、新能源、新材料、高端装备、绿色环保等一批新的增长引擎”[2]。新一代信息技术产业具有资金密集、技术密集、人才密集、回报周期长等“三密一长”的显著特征，产品体系高度复杂、产业结合高度紧密、研制应用高度协同。通过充分发挥我国社会主义集中力量办大事的制度优势，聚焦关键基础领域长期稳定支持，凝聚社会最大共识和最大合力，统筹发挥政府引导作用和市场配置资源的决定性作用，优化重组创新和产业化优质资源，构建龙头牵引、多方协同的发展生态，打造新型举国体制，突破一批关键核心技术，推动关键产品大规模生产和应用，在若干重要领域建立国家竞争优势，为维护国家安全和数字化发展提供坚实保障。

2. 从产业发展空间来看，我国具有超大规模市场优势

我国具有超大规模市场优势，是培育未来新一代信息技术的沃土。首先，超大规模市场具有市场空间大、层次多、需求多元化等特征，能够给予企业生存发展更广阔的空间和更具包容性的环境，促进创新方式将逐步转变为自主创新、协同创新、融合创新为代表的内源式创新[19]。其次，我国超大规模市场优势、丰富的数据资源优势是培育新一代信息技术发展的肥沃土壤，巨大规模的企业主体与完善的产业配套，可以为新技术、新业态、新模式、新产品提供大规模的市场实现条件，为经济发展创造足够的利润回报，可以吸引、整合国内外优质资源等。最后，利用超大规模市场优势，还能引领大量的中小型企业、高校、中介服务机构等形成具有高度自适应、自调节的产业创新生态体系，形成产业辐射力强、竞争力强的产业集群。

3. 从产业发展基础来看，我国具有较为完善的数字基础设施

我国在新型基础设施建设和产业应用方面的巨大优势明显，高速泛在、天地一体、云网融合、智能敏捷、绿色低碳、安全可控的智能化综合性数字信息基础设施正在建设完善当中。近年来，我国大力推动5G、大数据、高效能计算等基础设施建设，推进人工智能与相关产业融合创新。加快推动数字化、网络化信息基础设施向

智能化信息基础设施转变，推动新一代信息技术在工业、医疗、交通、农业、金融、物流、教育、文化、旅游等领域的集成应用。我国还颁发了《关键信息基础设施安全保护条例》，关键信息基础设施安全保护体系和能力显著增强。

3.7.2 新一代信息技术产业高质量发展面临的挑战

1. 从错综复杂的国际形势来看，需加快突破关键核心技术，强化产业基础能力

为保障产业链供应链安全，形成保底能力，产业基础能力仍有待进一步夯实。我国虽然是制造大国，但对于国外高端通用芯片、制造装备、基础材料、工业软件、操作系统等电子基础产品存在严重依赖，特别是 CAD、CAE、CAM 等自主工业软件基本处于空白，金融领域业务软件甚至存在由国外包揽的局面。

2. 从构建现代产业体系，形成发展新动能的迫切需求来看，需推动产业链各环节、产业链之间的协同

产业链各环节跨层协同优化能力受限，产业协同生态有待建立。一方面，产业链内部高度协同尚显不足，新一代信息技术产业发展对上下游产业链高度依赖。以芯片为例，国内芯片厂商的高端芯片出货数量较少，使得国内工艺厂商、封装厂商基于市场和被牵连制裁的风险角度出发与芯片设计厂商配合不足，设计厂商获取工艺制造、封装等环节极限参数和极限能力的难度较大，无法开展设计优化工作。另一方面，不同产业之间协同合力尚有待进一步发挥。例如，行业碎片化、个性化需求（如防爆设备、超级上行等）导致 5G 专网短期内难以形成标准化产品和批量复制推广，严重制约规模发展与速度。

3. “科技—产业—金融”的循环还有待健全

一方面，我国中长期规划的系统性研发投入有待加强。在光刻机、电子元器件等领域，缺乏长期、稳定的投入，项目分布呈现小而散的特征，弱化了 R&D 投入的累积效应。另一方面，针对金融机构尽职免责的激励政策还是比较少的，特别是鼓励政策性金融投入的政策还需加强。

4. “科教融合”与“产教融合”仍需进一步深化

其一，人才在高校、科研院所、企业等机构的流动不畅，像台湾工业技术研究院、美国劳伦斯伯克利国家实验室等有健全的机制，人才很好地成为传播技术、推动成果转化的载体，科研人员可以顺畅地从研究者的身份转变为企业家、创业者。其二，复合型人才较为短缺。以集成电路为例，由于工艺、封装等环节与集成电路设计分属不同的技术领域，同时熟悉多技术领域的设计人才培养难度大、周期长。

具备系统跨层协同优化能力的设计人才缺乏，进一步限制了产业链合力能力。其三，科教融合程度仍需提升。因为新一代信息技术迭代快，创新多，教材容易过时，课堂尤其要和科研实践、技术实践紧密结合。

3.8 新一代信息技术产业高质量发展的对策建议

3.8.1 坚持运用体系工程思维，巩固提高一体化战略体系和能力

建议以新型举国体制为牵引，建设立足于世界科学和技术发展前沿、国家重大战略需求，实施集基础科学研究、应用基础研究、技术开发和产业化于一体的综合性重大科学工程。要通过跨学科、跨领域、跨层次、跨组织等方式，实现大量科技资源、工程资源和社会资源深度融合，推动科学理论探索、关键技术突破、核心产品研发、产业体系建设等全产业链的创新。要建立、健全公共基准体系、工业软件体系及工业母机体系，以科学体系工程为核心和基础，延展到社会经济系统，包括科技、产业、体制、机制等方方面面。以量子计算机为例，要汇聚全社会的力量，以工业软件为抓手，形成量子比特等领域的公共基准，全力打造量子计算机的制造装备。

3.8.2 加强关键核心技术攻关，强化产业基础能力

建议以国家重大安全战略需求为目标，“全谱”保持并发展支撑信息通信产业长远发展的基础产业力量，补齐需求短板，重点突破以高端通用芯片为主的核心元器件，以操作系统、工业软件为核心的软件工具，以 TCP/IP 协议为核心的网络基础设施，以及关键原材料、基础工艺、仪器设备等。支持人工智能、大数据、云计算等高端芯片的研发进度，突破芯片基础软件研发壁垒。加大对“硬科技”的创新投入的支持力度，鼓励重点地区加大对大科学装置等重大科技基础设施投入，全力推动国家关键领域实验室的发展，鼓励各地区之间展开多元化的协作研究，尝试创建联合实验室及实验室联盟，主动争取承担和突破国家“卡脖子”核心技术攻关，实现原创技术引领性突破，支持各地围绕禀赋优势打造细分领域的标志性产业。

3.8.3 构建产业融合集群发展，突出以企业为主体

建议加快高端创新要素、产业要素的集聚，完善产业集群的创新创业生态，培育龙头企业，以龙头企业的示范效应形成知识和技术在集群中的扩散。依托长江经济带、粤港澳大湾区等重大区域发展战略，以区域协同引领产业集群发展。以企业为主体，构建产业链上下游企业、科研院所、研究型高校、投融资机构等紧密合作的创新联合体，引领构建自主可控产业生态。与其他市场主体开展战略合作，协同

推进需求设计、产品研发、试验验证和先试先用，通过联合投资、共建实验室等多种方式打造产学研用创新联合体，带动"专精特新"中小企业集群发展，形成成果共享、风险共担和利益共赢的开放创新生态。

发挥产业链链长的作用，汇聚优势力量与重要资源，开展共性技术攻关，开展链上堵点卡点的集中攻关，将技术"点"的突破及时应用到产品量产工作中。支持产业链强势单位直接点题立项，项目以最终产品（如高性能服务器处理器、高性能图像处理器等）和产品平台（如工艺制造平台能力、封装平台能力）的产业化能力为验收目标，而非以单点关键技术或能力为验收目标，促进各技术点的突破整合，促成产业链能力的生成。

3.8.4　以场景驱动的创新为牵引，促进开放式创新生态构建

建议打造国内重大场景，充分发挥超大规模市场的优势，系统设计、定制一批重大场景，以重大场景为牵引，大应用引领大的技术突破，汇集贯通行业、产业数据，形成通用性的"100"到"1"的能力，从行业信息化应用中凝练新理论、新知识、新工具，形成通用解决方案、通用基础底座，推动信息化从"服务优化原有体系"向"引发体系重塑"转变。引导一部分国有企事业单位、公共机构，建立一批基于自主可控的全国产技术的自有场景，形成保底能力。以增强产业全球竞争力为目标，集中力量在一些重要环节打造"冲击脉冲"，巩固5G、第三代半导体器件等优势技术并融入全球生态，塑造"你中有我、我中有你"的全球化场景。依托科技领军企业或者平台类的战略科技力量，搭建产学研融合、科教融合、产教融合等分布式创新合作网络，以开源开放的方式，吸引不同创新主体、产业主体参与技术迭代与应用创新，有效促进跨学科交叉融合，融通供应链、产业链、创新链、价值链。

3.8.5　推动"产学研用金"协调发展，培育高水平人才队伍

建议优化资金投入体系化布局。优化财政资金和政策性金融的投入结构，加大投资力度，引导金融机构加大对新一代信息技术产业"卡脖子"技术攻关的专项投入。鼓励有条件的地方政府设置科技创新专项债券，用于支持新一代信息技术产业的新型研发机构的基础条件建设。探索建立政策性金融机构的技术风险投资尽职免责机制。

建议打造高水平人才高地，持续优化创新人才生态。构建人才"旋转门"机制，畅通人才在企业、研究机构、高校等地的流动。推进高校与企业间的双向联动，通过特色化示范性软件学院、集成电路学院、高层次人才培养等平台机制，打造校企实训平台，汇聚高校、科研院所、企业等各方资源支撑操作系统职业教育人才培养。以产教融合项目为具体抓手，开展产教合作协同育人项目，包括教育部产学合作协同育人项目、国家网络安全人才与创新基地等。建立全周期、全链条式人才培育体系，以重大科技项目、重大科技任务、重大科技平台等为载体，大力培育全球有影

响力的、后备急需紧缺的科技创新人才。

参 考 文 献

[1] 新华网 .（受权发布）习近平：在深圳经济特区建立 40 周年庆祝大会上的讲话 [EB/OL]. https://baijiahao.baidu.com/s?id=1680519610117326192&wfr=spider&for=pc，2020-10-14.

[2] 习近平 . 高举中国特色社会主义伟大旗帜 为全面建设社会主义现代化国家而团结奋斗——在中国共产党第二十次全国代表大会上的报告 [EB/OL]. https://www.gov.cn/xinwen/2022-10/25/content_5721685.htm，2022-10-25.

[3] IDC Forecasts 18.6% Compound Annual Growth for the Artificial Intelligence Market in 2022-2026[EB/OL]. https://www.idc.com/getdoc.jsp?containerId=prEUR249536522，2022- 07-29.

[4] 谭铁牛 . 人工智能的历史、现状和未来 [J]. 网信军民融合，2019，（2）：10-15.

[5] 孙宛月 . 全球人工智能产业进入高速发展期 [EB/OL]. https://www.cnii.com.cn/rmydb/202301/t20230117_441058.html，2023-01-17.

[6] 安达，龚振炜，陈岩，等 . 量子信息技术工程化应用发展初探 [J]. 中国电子科学研究院学报，2022，17（8）：809-815.

[7] 赵媛 . 全球 6G 竞速进入关键窗口期我国面临哪些创新挑战 [J]. 检察装备技术新动态，2022，（2）：30.

[8] 贺仁龙 . 上海超前布局 6G 新赛道 夯实数字经济新基石 [J]. 上海信息化，2023，（4）：28-31.

[9] 布轩 . 我国新一代信息技术产业量质齐飞 电子制造业在工业中营收占比第一 软件服务增速领跑 [EB/OL]. https://www.cnii.com.cn/gxxww/rmydb/202209/t20220921_415699.html，2022-09-21.

[10] 工业和信息化部 . 2022 年软件和信息技术服务业统计公报 [EB/OL]. https://www.gov.cn/xinwen/2023-02/02/content_5739630.htm，2023-02-02.

[11] 郭倩，龚雯 . 工信部：多项举措培育壮大智能产业 [EB/OL]. http://www.news.cn/tech/20230707/5410ead55dba4a8da999d4964e660f64/c.html，2023-07-07.

[12] 国家互联网信息办公室 . 数字中国发展报告（2022 年）[R]. 2023.

[13] 人民日报 . 新一代信息技术产业迈上新台阶 [EB/OL]. https://www.gov.cn/xinwen/2022-10/06/content_5715902.htm，2022-10-06.

[14] 新华社 . 2022 年我国数字经济规模达 50.2 万亿元 [EB/OL]. https://www.gov.cn/yaowen/2023-04/28/content_5753561.htm，2023-04-28.

[15] 刘坤 . 工业经济恢复向好，5G 发展提速 [N]. 光明日报，https://epaper.gmw.cn/gmrb/html/2023-07/20/nw.D110000gmrb_20230720_1-09.htm，2023-07-20.

[16] 国务院新闻办公室 . 国务院新闻办就 2023 年上半年工业和信息化发展情况举行发布会 [EB/OL]. https://www.gov.cn/lianbo/fabu/202307/content_6893280.htm，2023-07-19.

[17] 知识产权报 . 中国声明 5G 标准必要专利 1.8 万项　居全球首位（知识产权报）[EB/OL]. https://www.cnipa.gov.cn/art/2022/6/8/art_55_175931.html，2022-06-08.

[18] 赵媛，谷伟 . 2023 行业前瞻 · 专家谈 | 黄宇红：6G 发展需重视系统设计、综合最优、5G 协同 [EB/OL]. https://www.cnii.com.cn/gxxww/rmydb/202302/t20230203_444102.html，2023-02-03.
[19] 倪红福 . 全球产业结构和布局调整的主要特征及应对思路 . 人民论坛 [J]. 2023（9）：70-77.

本章撰写人员名单

主要执笔人：

李欣欣　中电科发展规划研究院有限公司　正高级工程师
李巧明　中电科发展规划研究院有限公司　高级工程师
张雪松　中国电子科技集团有限公司电子科学研究院　正高级工程师
李　硕　中电科发展规划研究院有限公司　正高级工程师
刘　畅　中电科发展规划研究院有限公司　高级工程师

课题组主要成员：

陆　军　中国电子科技集团有限公司　首席科学家，中国工程院院士
朱德成　中国电子科技集团有限公司　首席科学家，正高级工程师
杨春伟　中电科发展规划研究院有限公司　高级工程师
李欣欣　中电科发展规划研究院有限公司　正高级工程师
李巧明　中电科发展规划研究院有限公司　高级工程师
张雪松　中国电子科技集团有限公司电子科学研究院　正高级工程师
李　硕　中电科发展规划研究院有限公司　正高级工程师
刘　畅　中电科发展规划研究院有限公司　高级工程师
刘光毅　中国移动通信有限公司研究院　教授级高级工程师
刘建军　中国移动通信有限公司研究院　主任研究员
蔺　博　中电科发展规划研究院有限公司　正高级工程师
缐珊珊　中电科发展规划研究院有限公司　高级工程师
曾倬颖　中电科发展规划研究院有限公司　高级工程师
郝英好　中电科发展规划研究院有限公司　高级工程师
刘静岩　中电科发展规划研究院有限公司　工程师

第 4 章

生物产业

战略性新兴产业"品牌项目"生物产业课题组

【内容提要】目前，全球正处于一场新的源于生物技术的工业革命，蓬勃发展的生物技术与人工智能的加速融合，推动生物制造能力不断提升，成为将前沿生物技术推向应用、创造经济及社会价值的重要引擎。生物产业的高质量发展需要推动创新链产业链资金链人才链深度融合，本章结合全球生物产业发展态势及我国现状，从创新链的底层技术、基础原料及核心装备对产业链的支撑、生物技术法规等方面重点分析了我国生物产业在四链深度融合方面存在的问题与挑战，提出了面向2035年，生物产业在绿色低碳、医药与健康、食品与农业创新重大战略发展方向的关键技术及推动科技创新、加强产业链上下游协同、加快生物技术新产品的市场准入等具体的发展建议和应对策略。

4.1 生物产业未来发展态势

目前，全球正处于一场新的源于生物技术的工业革命，其催生的生物经济可能成为继农业经济、工业经济、数字经济之后的第四种经济形态。2020 年 5 月，麦肯锡全球研究院发布题为"生物革命：创新改变了经济、社会和人们的生活"的研究报告[1]，预计在未来 10~20 年，人类健康和运动机能、农业、水产养殖和食品、消费品与服务、材料、化学品和能源等方面的应用将对全球每年产生 2 万亿 ~4 万亿美元的直接经济影响，占到世界实体经济的 60%，且其中 2/3 都与理性设计的工程生命体有关。各国政府都意识到，生物技术能帮助本国减少对石油的依赖、应对关键的环境挑战、改变制造工艺、提升农业生产，同时增加新的产业和更多就业机会。

4.1.1 生物技术与人工智能加速融合，推动生物经济快速发展

蓬勃发展的生物技术与过程工程技术、人工智能的加速融合，推动生物制造能力不断提升，成为将前沿生物技术推向应用，创造经济及社会价值的重要引擎。生物技术在工程化细胞领域快速发展，细胞编程能力正逐步改变制造业。地球上的每一个生物都是由细胞组成的。与计算机（由二进制代码串驱动）类似，这些细胞以数字代码运行，即脱氧核糖核酸（deoxyribonucleic acid，DNA）代码。因此，对生物学进行编程就是设计细胞内的遗传密码以实现特定功能，类似于手机上的应用程序。然而，虽然计算机程序通常在数字世界中运行并且只能间接地塑造现实世界，但基于生物和遗传密码的程序会直接影响物理世界。由 DNA 代码驱动，生物制造食物、药物、能源和材料，生物学是原始的，也是最强大的制造技术。与数字化的融合是未来生物技术发展的重要趋势。下一代基因组测序等技术的快速发展，使得生物学可以进行更广泛的计算分析。生物技术正在迎来一个更精确控制 DNA 部分、基因的构建及一直到生产菌株的时代。此外，算法应用带来了自动化的可能和更快的“设计—建造—学习—测试”周期，这将大大有助于克服生物技术的两个长期挑战，即缺乏可重复性和可靠性。在早期的合成生物学产业应用中，将代谢工程产品推向市场需要 50~300 人 / 年和数百万美元。即使目前，推出生物基产品平均需要 7 年多的时间。合成生物学的工具自动化、小型化和数据科学，正在改进并为所有领域的细胞编程开辟新的可能性。

4.1.2 生物技术和生物制造具有非常强的行业辐射能力和革新潜力

生物技术利用生物资源和生物过程制造创新产品，具有原料可再生、过程环境友好、产物可设计等突出特征，可辐射能源、化工材料、食品、农业、医药等多个国民经济重要行业。麦肯锡全球研究院的分析师认为“生物技术不再仅仅是制药业的专利”，大多数传统上使用工业流程制造的东西，如塑料、燃料、材料等，很快就可以使用生物制造和合成生物学技术来生产，以前从未使用过生物技术的行业现在开始使用生物技术，包括从化妆品和个人护理品到工业化学品等行业。事实上，专家预计生物技术在农业和食品、消费品和服务及材料和能源生产等领域应用的经济产出将很快超过人类健康应用产生的经济影响，从生命健康产品到工程肉类和未来食品，再到可再生资源制成的燃料和化学品，以及更多工业产品，这些产品触及生活的许多方面，在应对气候变化、粮食短缺、疾病威胁等全球重大挑战方面展现出了巨大潜力。生物技术通过采用“细胞工厂”制造淀粉、蛋白质、油脂等基础营养物质，从根本上可颠覆农作物种植和畜牧养殖获取食物的模式，实现农产品的工业

化制造。美国白宫预测，到21世纪末，生物技术和生物制造有望创造30万亿美元的经济价值，占全球制造业的三分之一。

得益于代谢工程、定向进化（获得2018年诺贝尔奖）、自动化菌株工程、宏基因组发现、基因电路设计和基因组编辑（获得2020年诺贝尔奖）的进步，2000~2020年开发的一些极具代表性的生物制造产品已经或即将实现应用，包括通过分离和纯化工程细胞或酶所获得的化学物质（大豆血红蛋白、西加利汀、生物源单体制成的聚酰亚胺薄膜）及工程细胞本身（固氮工程菌）、急性淋巴细胞白血病CAR-T药物、高油酸基因组编辑大豆等产品。例如，角鲨烯是一种护肤品保湿剂，传统上来自鲨鱼肝油，合成生物学已通过改造酵母菌实现了角鲨烯的发酵生产。除上述典型生物制造产品外，生物技术产品也可以实现对传统化学合成法的替代，如生物制造技术可以生产丙二醇、丁二醇、己二酸等碳基材料单体用于替代石油产品，也可以对蛋白质基材料中聚合物单体进行更加容易的遗传编程。

在食品与健康领域，利用现代生物技术手段，构建具有特定合成能力的细胞工厂，生产香兰素、白藜芦醇、柑橘类调味料、甜菊糖苷等一系列高附加值农业相关产品，合成制造淀粉、油脂、健康糖、素食奶酪、各种蛋白质（胶原蛋白、蚕丝蛋白、肉类蛋白及卵蛋白等）和肉类的技术也日趋成熟。利用细胞工厂可以生物合成制造这些产品的新技术将颠覆传统的农产品加工生产方式，形成新型的生产模式，促进农业工业化的发展。瑞银集团发布报告预计，与人造肉相关的植物蛋白市场将在未来10年大幅飙升，2030年的市场规模将从2018年的46亿美元增长至850亿美元[2]。Impossible Foods公司利用巴斯德毕赤酵母生产大豆血红蛋白，然后将其添加到人造肉饼中来改善汉堡的风味。与传统牛肉饼的生产方式相比，由于不需要养殖真正的肉牛，人造肉所需的土地减少了96%，温室气体减少了89%，在全球范围内，其产品已经在超过30 000家餐厅和15 000个杂货店中售卖。中国农业科学院与北京首钢朗泽科技股份有限公司实现全球首次从一氧化碳到蛋白质的一步合成，并已形成万吨级工业产能；中国科学院天津工业生物技术研究所在实验室首次实现二氧化碳到淀粉的从头合成。

4.1.3 生物技术将在更广泛的工业部门发挥应对气候变化的潜力

生物技术行业具有独特的优势，可以在减缓气候变化方面提供重要的解决方案。在人类生存的大部分时间里，我们的生活都是基于可再生生物质的产品——植物和其他生物材料。在过去的150年里，我们的大部分经济已经开始依赖石油和其他不可再生资源。生物技术为许多产品开发了更具可持续性的生物基替代品，包括燃料、聚合物和其他化学品。相比之下，生物基替代品具有显著减少碳足迹和环境效益的潜力。2021年，美国农业部公布了《美国生物基产品行业的经济影响分析报告》[3]。该报告表明，生物基行业是经济活动和就业的重要来源，并且对环境有重大的积极影响。通过直接、间接和诱导的贡献支持了460万个美国就业机会，为美国经济贡献了总计4 700亿美元的附加值，每一个生物基工作促进其他经济部门产生了2.79个工作，每年可替代约 940 万桶石油，每年减少约 1 270 万吨二氧化碳当量的温室气体排放。据估计，2009~2020 年生物燃料的使用使美国交通部门的温室气体排放量减少了 9.8 亿吨二氧化碳，相当于在 13 年间减少了大约 1 600 万辆汽车，或 19 家燃煤电厂下线。

新兴生物技术可以在一系列工业部门产生变革性的温室气体效益。最有前途的应用如表 4.1 所示。

表 4.1　生物技术在不同工业应用领域碳减排效益

行业	减排效益
能源	由生物技术实现传统石化液体燃料向可再生生物燃料的过渡，生物乙醇、丁醇、生物柴油和生物航煤等与石油燃料相比，可实现 66%~96% 的温室气体减排
材料	与石油基塑料和聚合物相比，聚乳酸、聚羟基脂肪酸和丁二醇等生物基塑料和聚合物的生命周期温室气体排放量减少了 80%
食品	工程肉类为全球食品行业提供了新的消费者选择，人造肉所需的土地减少了 96%，温室气体减少了 89%
轻工业	应用生物酶可提高效率并减少传统行业的能源使用。用于纸浆和纸张漂白的酶，与传统漂白相比，能耗降低了 40%。到 2030 年，纺织、造纸和洗涤等传统行业中生物技术应用的全面市场渗透预计每年可节省 6 500 万吨二氧化碳当量
信息	基于生物学的并行计算和 DNA 数据存储有望将计算和数据存储的能源消耗和碳足迹相较当前减少超过 99%

目前生物产业的可再生碳原料主要来自生物质，未来也可能通过二氧化碳转化利用来实现可持续碳循环。同时，生物经济通过生物炼制的新理念来优化生物质的整体利用水平，发展可再生循环经济。合成生物学研究与应用持续发展，人工合成生物体、人工设计操纵生物功能不断取得突破，合成生物技术有望变革人类物质生产加工方式，将极大地拓展多个生产与生活部门的产品与服务的品类和功能，实现原本依赖于化石资源的各类化学品、燃料、材料、医药中间体、疫苗、营养与保健品的绿色、清洁、高效生产，改进资源循环利用模式，改善环境保护与污染防治，为人类社会的可持续发展做出巨大贡献。到 2030 年，生物技术可以使用现有技术每年至少减少 30 亿吨二氧化碳当量。

4.1.4　生物技术作为科技前沿，受到全球各科技强国的高度关注

放眼全球，各国对生物技术的投入不断增加，创新成果不断涌现，生物技术已成为科技创新的核心与热点。随着生物技术推动世界新一轮科技革命和产业变革的孕育兴起，抢占生物技术这一战略制高点的国际竞争日趋激烈。美国、欧盟、日本等国家和地区均在加紧布局生物技术产业。目前全球已有 50 多个国家发布了发展生物经济的相关政策，一些国家在发展生物经济方面形成了自己的特色，如美国注重提高生物经济的战略地位，英国重视发展合成生物学技术，德国明确以生物炼制为重点，法国关注发展生物技术和生物产业，巴西侧重以生物产业带动经济发展，日本提出以生物技术和生物产业立国，韩国倡导由政府主导生物产业发展。世界各主要国家和地区针

对生物制造和生物经济的主要部署与制定的规划及其主要内容如表 4.2 所示。

表 4.2 世界各主要国家和地区针对生物制造和生物经济的主要部署与制定的规划及其主要内容

国家及年份	对生物经济的部署与规划	主要内容
中国，2022 年	中央经济工作会议	将“生物制造”列入“现代化产业体系建设”
美国，2019 年	《生物经济行动：实施框架》《工程生物学：面向下一代生物经济的研究路线图》	最大限度促进生物质资源转化为生物燃料、生物基产品和生物能源
美国，2020 年	《2020 年生物经济研发法案》	建立国家生物经济研发计划，2021 财年研发优先预算备忘录将生物经济确定为联邦研发投资的关键领域
美国，2022 年	《国家生物技术和生物制造计划》	举国布局以生物技术和生物制造为基础的生物经济战略，确保美国在生物制造和生物技术领域的领先地位
美国，2023 年	《美国生物技术和生物制造的明确目标》	实现生物经济的长期目标，包括在 20 年内用生物基替代品取代 90% 以上的塑料；生物制造满足至少 30% 的化学品需求；5 年内对 100 万种微生物进行基因组测序，确定 80% 新发现基因的功能
美国 / 英国，2023 年	《大西洋宣言：二十一世纪美英经济伙伴关系框架》	深化合成生物学领域合作，制订共同的工作计划，通过改进生物制造和生物技术的供应链途径，促进双方共同的经济安全
欧盟，2019 年	《面向生物经济的欧洲化学工业路线图》	增加生物基化学品份额，大幅减少碳排放，提高能源效率
欧盟，2020 年	《循环经济行动计划》	
欧盟，2020 年	《战略创新与研究议程（SIRA 2030）》	到 2050 年建立一个具有竞争力、创新和可持续发展的欧洲，引领社会经济发展模式向循环性生物经济转变，使经济增长与资源枯竭和环境影响脱钩
英国，2018 年	《生物经济战略：2018—2030》	到 2030 年，生物基产品成为全球领导者，至 2030 年实现生物经济影响规模较 2014 年水平翻一番，达到 4 400 亿英镑
日本，2019 年	《生物战略 2019——面向国际共鸣的生物社区的形成》	将高性能生物材料、生物制造与食品生物产业列入重点市场领域
德国，2020 年	新版《国家生物经济战略》	通过至 2024 年投入 36 亿欧元的生物经济行动计划，以帮助可持续资源取代日常产品中的化石原料

4.2 中国生物产业高质量发展面临的挑战

全球产业正处于生物技术推动的革命的风口浪尖，美国 2022 年发布《关于推进生物技术和生物制造创新以实现可持续、安全和可靠的美国生物经济的行政命令》[4]，试图将生物技术作为继信息技术后又一对我国科技打压的焦点，对我国现有产业链和国际竞争力造成冲击。

从全产业链视角看，中国和美国生物技术领域各有优势和短板。美国依托基础科学优势，在生物技术源头创新和生物催化剂设计（包含基础数据库及软件）、高端产品研发方面优势巨大，形成 Amyris、Zymergen 等上市公司，但是由于制造能力不足，产品规模化放大生产困难。我国生物技术产业规模大，生物制造产量世界第一，产值最高达 3 000 亿元 / 年，虽具有规模、基础设施及产业协同的优势，但也面临产业大而不强、高附加值产品较少、大量产能闲置的问题。在基础科学领域，我国菌种和酶自主率低、酶与细胞设计等生物科学底层工具受制于人、基础材料严重依赖进口等，存在类似于芯片行业被釜底抽薪的可能性。

4.2.1　创新链存在短板，生物技术的底层设计工具受制于人

在基础科学层面，生物技术的研究已提升到“可预测、可再造、可调控”的新高度，人工智能、自动化、大数据和生物技术的不断加速融合，使得基因编辑、蛋白质设计、细胞设计、高通量筛选等颠覆性使能技术快速发展，引领生物制造从认识、改造生物向设计、创造生物跨越。但是，我国工业酶蛋白设计、细胞设计和代谢途径构建所需要的生物元件库、酶资源库等基础数据库平台，以及蛋白质结构预测等主流软件及数据库仍为欧美等所掌握，创新链的源头设计工具存在短板。常用的蛋白质设计和计算相关软件工具，如 GROMACS、Amber、Rosetta、AlphaFold 等均为国外研究团队或科技企业主导开发，虽然部分工具源代码为开源状态，但后续版本更新仍存在针对性封锁等“卡脖子”问题。在生物基础数据库方面，目前科研及工业界常用的数据库，如蛋白质序列数据库（Unipro 数据库等）、美国国家生物技术信息中心相关数据库、蛋白质结构数据库（PDB 数据库等）等核心数据库的数据源及服务器均在境外架设，已公开数据部分虽可在短时间内进行相关本地化备份，但其数据库内设的部分数据处理工具及后续数据更新维护仍存在封锁风险。

4.2.2　产业链支撑不足，基础原材料和核心装备严重依赖国外

在产业链方面，当前我国生物产业的核心支撑装备和材料，如大容量生物反应器、高通量筛选设备、高精度传感器、分离纯化层析介质、无血清细胞培养基及高端生物学试剂等关键基础材料和仪器、装备都依赖国外技术和产品，对生物产业支撑能力严重不足。

在生物反应器方面，从传统的微生物发酵罐到动物细胞生物反应器再到前沿细胞治疗用生物反应器等，虽然我国近 30 年来在该领域得到了长足的发展，目前微生物发酵罐基本实现了国产制造和应用，但是先进技术和高端生物反应器仍主要由国外引进。例如，包括 pH、DO（dissolved oxygen，溶解氧）、ORP（oxidation-reduction potential，氧化还原电位）电极在内的基础过程传感器主要还是依赖进口，特别是关键零部件（电极上的传感膜），国内仍无法达到国外同类产品的水平；光谱、质谱、介电谱等先进传感技术同样存在关键核心部分受制于国外设备公司的问题。此外，目前动物细胞大规模生物反应器、前沿细胞治疗用反应器、生物分离用高端介质、过程分析系统集成技术等也基本是被国外公司垄断。在基础原材料和试剂方面，

全球试剂品种已达20万种，经常流通的试剂品种约5万种；我国常用试剂2万余种，但国内能自主研发生产的试剂品种不足7 000种，且其中中低端产品占多数，中高端科研试剂产品严重欠缺[5]。我国用于疫苗和抗体生产的无血清培养基及工具酶、体外诊断试剂和其他高端生物试剂基本被国外巨头垄断，占我国90%的市场份额。

4.2.3 生物技术法规有待完善，“四链”融合存在障碍

许多新的交叉生物制品，尤其是来自具有创新技术的变革性生物制品，其监管审批过程复杂且不确定，市场准入严重滞后于欧美发达国家，导致我国在新产品品种、数量和技术经济指标上与美国、日本等发达国家存在很大差距。例如，伴随着新兴合成生物技术的出现，欧盟、美国和日本批准了很多合成生物学技术生产的食品原料上市，因其采用生产能力较高的底盘细胞、优化的功能基因元件和代谢途径，这些生产技术和产品具有产量高、污染少、生产工艺简单等优势，对传统产业造成了极大的冲击。在政策推动、创新驱动下，资本推动了我国合成生物学投融资热潮，初创公司纷纷成立，来自高等院校和研究机构的高端人才成为创始人。2018~2022年已披露融资总额923.17亿元，覆盖456家合成生物学企业。与之形成鲜明对比的是，我国部分合成生物学产品，如食品原料生产技术虽然处于全球领先，但是因为无法获得市场准入许可而被搁置。政策环境的制约对我国生物制造产业的发展非常不利。由于生产企业无法利用新技术参与国际竞争，国内相关产品的标准、生产技术及指标落后于国外，这严重制约了我国生物经济的发展。

4.3 面向2035年的生物产业战略发展方向和技术研判

4.3.1 发展目标

形成生物技术体系的基本架构，统筹资源和要素，提升前沿生物技术的原始创新能力，攻克行业关键核心技术，支撑健康、制造、农业、环境、安全等领域的高质量发展。到2035年，使我国跻身生物技术创新型国家前列，生物技术对经济社会发展的支撑能力和国际竞争力大幅提升，生物技术原始创新能力显著提升，生物产业进入全球价值链中高端，形成一批具有国际竞争力的生物技术产业集群，国计民生服务能力显著增强，创新环境更加开放融合。

4.3.2 战略发展方向和重点技术

1. 绿色低碳方向

生物技术为全球绿色低碳发展及减少温室气体和长期应对气候变化提供关键解

决方案，主要包括如下方面。

生产可持续生物质原料。在人类生存的大部分时间里，我们的生活都是基于可再生生物质的产品——植物和其他生物材料。在过去的 150 年里，我们的大部分经济已经开始依赖石油和其他不可再生资源。生物技术为许多产品开发了更具可持续性的生物基替代品，包括燃料、聚合物和其他化学品。相比之下，生物基替代品具有显著减少碳足迹和环境效益的潜力。它们取代了传统系统，而这些替代品取决于可持续生物质原料的广泛可用性。生物技术通过采用新的、可持续的方式来生产可用的生物质，提高现有作物的产量，开发可扩展的低投入生产系统，以及寻找利用原本会被浪费的生物质的新方法，正在迅速减少原料生产的碳足迹。

赋能可持续生产。制造业是温室气体的主要排放者，造成了大量来自工业锅炉、化学品生产及甲烷或二氧化碳等高变暖潜势气体的释放。生物技术通过减少对能源输入的需求，促进更高效的材料加工，或更换高升温潜能气体。虽然没有单一的技术或解决方案可以单枪匹马地解决这个问题，但生物技术为许多部门的低排放生产提供了机会。

开发低碳产品。随着气候危机意识的增强，消费者越来越需要低碳选择和更可持续的现有产品替代品。这意味着制造业需要寻找具有更低碳排放的替代产品，同时这些产品在性能和成本效益方面与化石系统产品具有相同水平。生物技术可以通过替代生物质或其他回收的碳原料并通过实现更高效的生物生产来生产低碳消费品，满足日益重要的细分市场，同时减少排放。

二氧化碳转化利用。联合国政府间气候变化专门委员会得出的结论是，到 2100 年将大气二氧化碳水平保持在 450 ppm①以下，这是避免灾难性气候变化所必需的。作为其自然生物学的一部分，细菌可将含有二氧化碳、一氧化碳的气体发酵成乙醇。这种乙醇可以直接用作替代汽油的燃料或用作消费品中的化学品。此外，乙醇可升级制造消费品聚乙烯或 PET（polyethylene terephthalate，聚对苯二甲酸乙二醇酯）塑胶料，也可以通过将乙醇添加到航空燃料的途径，取代航空部门的化石燃料需求。例如，北京首钢朗泽科技股份有限公司利用工业废碳实现了多种低碳燃料和化学品的制造，由于其技术已在全球范围内获得许可，在过去十年中不断扩展。

关键技术如下。

（1）先进生物航空燃料。系统研究生物航空燃料生产过程中航空燃料与超高附加值化学品联产技术，开发有别于现有以醇类、法尼烯、油脂等为中间体，可充分利用生物质（纤维素及木质素）的生物航空燃料生物炼制路线；围绕生物航空燃料制备中前驱体生物合成和后续化学改质过程，开发可支撑该生物炼制系统的关键酶，提升航空燃料中间体生物合成效率；开展生物合成中间体到航空燃料的定向转化研究，通过各单元技术的有机集成形成高效率的航空燃料合成系统，获得具有经济竞争力的先进生物航空燃料炼制技术。

① ppm：parts per million，每百万单位总质量中污染物的质量单位数。

（2）低碳化学品。以化工产品的生物发酵技术为核心，集成糖、油脂、非粮生物质、二氧化碳等含碳资源原料利用与过程优化放大技术，建立以包含 3~6 个碳为代表的有机羧酸、烯烃、化工醇和有机胺等基础化工产品的生物制造工艺。重点围绕己二酸、戊二胺、丙二醇、丁二醇等代表性生物基材料单体相关化学品，开发生物合成路线和具有知识产权的工业菌种，与行业龙头企业合作，促进产业示范与应用，解决化工基础原料石化路线污染重、成本高、经济性低等问题，实现节能降耗，形成安全、可持续的制造产业新模式。

（3）生物及材料。以木质纤维素、农林废弃物等非粮生物质资源为原料，重点研发生物基材料单体、聚合物及助剂的高效制备技术及其工程化技术，提升产品的本征性能和健康安全性。开发包括生物基尼龙、生物基聚酰亚胺、聚羟基脂肪酸、聚乳酸、功能性聚酯、生物基聚氨酯、生物基橡胶和弹性体、功能性聚酯等生物基聚合材料及无毒生物基增塑剂、生物基表面活性剂、生物基涂料等，形成具有核心知识产权和专有工艺技术及产品结构的生物基合成材料产业示范。

（4）塑料降解与再用。结合基因编辑技术及生物诱变筛选，构建降解塑料的菌株及降解酶，实现对聚烯烃、聚酯型塑料的降解；同时开发生物解聚单体分离技术、化学-生物过程级联催化技术，实现降解单体的再聚合及混合单体的高值化再利用。

（5）生物质精炼。研发各种生物质原料的高效预处理技术、低品位生物原料的高效利用技术、木质纤维素生物利用的工程技术、综纤维酶解糖化技术，实现廉价糖平台建设。扩展生物精炼技术，有效地将生物质分解成其成分（如木质素、半纤维素和纤维素）；将木质素和半纤维素转化为塑料、黏合剂和低能耗建筑材料；将纤维素纤维转化为纳米材料和纤维素衍生物，用于纤维、涂料、可再生包装和其他产品。

（6）二氧化碳等一碳资源生物转化。构建工业废气、合成气、二氧化碳、甲烷等一碳气体高效生物转化及化学-生物组合转化制备燃料与化学品技术路线。建立气体发酵相关菌株基因编辑技术，为后续提高菌种特定代谢能力奠定基础；开发一碳气体发酵的新工艺，围绕气体发酵过程的不同气体特性，开展气体发酵过程工程研究，研发一碳气体发酵的标准化、模块化技术与装备。开发多能驱动碳生物还原方法，实现二氧化碳到低碳中间体的高效转化；构建高效利用乙酸、甲酸等低碳中间体合成燃料及化学品的新型菌株；发展不同能源驱动二氧化碳固定和利用生物技术体系；创新二氧化碳等碳资源利用与物质合成的低碳生物路线，建立可再生能源驱动的工业固碳新工艺，突破一批颠覆性物质生物合成技术和产业关键核心技术。

2. 医药与健康方向

通过病毒感染的快速诊断和治疗，开发新型、更好的疫苗及其他预防工具，使用更好的方法在人群水平监测新兴传染病并建立能够快速、实时应对疫情和流行病的技术等。对于非传染性疾病，使用先进的工程生物学工具和技术来治疗癌症、成瘾、肥胖、神经退行性疾病、老年相关疾病、精神疾病、心脏病、糖尿病、其他遗传疾病及生活方式疾病。通过开发针对患者个体特异性差异的个性化药物，让前沿疗法更有效、更经济。

关键技术如下。

（1）精准多组学医学。多组学方法可以为患者提供改进的诊断和治疗选择，从而能够在分子基础上结合精准医学范式中的环境和生活方式因素对疾病进行分类。重点包括：基因组学，研究个体基因组的变异，包括单个核苷酸多态性、基因突变等，以及其与疾病的关联。转录组学，研究基因表达的变化，包括转录水平和剪接变异等，揭示基因调控的机制和疾病的分子特征。蛋白质组学，研究蛋白质的组成、结构和功能，以了解蛋白质在疾病发展中的作用和变化。代谢组学，研究生物体内代谢产物的组成和变化，以探索代谢通路的异常和与疾病之间的关联。通过新型高通量技术（包括合成生物学和无细胞方法）来降低成本，实现具有空间分辨率的多组学表征。

（2）细胞疗法。开发可用于创建下一代细胞疗法的新型基因编辑技术，将合成生物学创新与新型非病毒运载工具相结合，提高工程细胞的实用性和有效性。开发存储技术，以在不使用有毒防腐剂的情况下保持源细胞和工程细胞的高活力。开发更具可重复性和成本更低的新源细胞，如同种异体细胞或最小合成细胞。开发模块化、平台工程化的细胞的制造技术。

（3）人工智能驱动的治疗药物设计。用人工智能技术来加速和改进药物研发和生产的过程，包括：药物发现和设计，分析大量的化合物数据库和生物信息数据，预测潜在的药物靶点和候选化合物，加速新药物的发现和设计过程。药物筛选和优化，应用机器学习和深度学习算法对大规模的药物筛选数据进行分析和挖掘，以找到与特定疾病相关的候选化合物。生产过程优化，通过监测和分析生产数据，提高生产效率和质量控制，帮助预测和优化药物生产的参数，减少生产时间和成本。

（4）生物大分子药和疫苗。围绕蛋白质、多肽、抗体、核酸等生物大分子药物，重点开发用于治疗肿瘤、心脑血管疾病、神经退行性疾病、免疫性疾病、肝炎等重大疾病的生物大分子创新药，包括抗体（双抗/多抗）、细胞因子、融合蛋白、溶瘤病毒、CAR-NK（chimeric antigen receptor-natural killer，载体介导的自然杀伤细胞）、基因治疗、TIL（tumor-infiltrating lymphocytes，肿瘤浸润淋巴细胞）、ADC（antibody drug conjugates，抗体偶联药物）、mRNA、siRNA、PROTAC（蛋白水解靶向嵌合体）等。突破疫苗分子设计、多联多价设计、工程细胞及菌株构建、抗体工程优化、规模化分离制备、效果评价等关键技术，构建新抗原、新病原体发现、分离、鉴定技术体系；重点推进预防重大传染病、恶性肿瘤等领域疫苗研发。加快新冠mRNA疫苗研发的同时，加大mRNA技术在传染病、艾滋病、遗传病、罕见病、肿瘤、人畜共患病等重大疾病防治方面的前瞻性研发力度。

（5）小分子创新药。重点突破激酶抑制剂、表观遗传抑制剂和蛋白酶体类抑制剂等小分子创新药的研究。进一步优化现有明确靶点的激酶抑制剂，包括受体酪氨酸激酶抑制剂和丝氨酸/色氨酸激酶抑制剂，深耕靶向EGFR（epidermal growth factor receptor，表皮生长因子受体）的抗肿瘤药物、BTK（布鲁顿氏酪氨酸激酶）抑制剂、靶向 JAK-STAT 信号通路的 JAK 抑制剂及 CDK4/6 抑制剂等。

3. 食品与农业创新方向

生物技术为农业和粮食生产面临的许多重大挑战提供变革性解决方案，包括通过提高作物效率和产量来提高农业产量，在提高农业生产力的同时提高可持续性和资源保护；开发新的食物和饲料来源，包括大规模生产新的或增强的蛋白质和脂肪来源，设计用于营养生产的微生物增加和改善食物的营养含量和价值；开发工具来增强对生物胁迫（疾病和害虫威胁）和非生物胁迫（包括极端干旱、高温、寒冷和降水）的抵御能力，保护植物和动物免受环境压力等。

关键技术如下。

（1）未来食品制造。围绕人类营养健康与安全的重大需求，构筑农业产品生物重组合成技术，开发食品微生物基因组设计与组装、食品组分合成途径设计与构建等，构建具有特定合成能力的新菌种，突破人类所需要的人造蛋白、人造油脂、合成淀粉、人造肉等未来食品的生物合成等关键技术，解决生物合成效率、成本等瓶颈问题，建立蛋白肉、油脂等加工生产新工艺，推进农业产品从种植、养殖制造向车间制造转变，缓解农业生产压力，促进新兴合成农业发展。

（2）营养健康产品。基于合成生物学、酶工程和发酵工程等技术，构建微生物工程细胞发酵技术，生产动植物来源的重要生命健康产品和功能营养化学品。聚焦氨基葡萄糖、维生素、大分子肝素等生命健康产品，天然代糖、母乳寡糖、功能脂质等食品添加剂，类胡萝卜素、黄酮类、皂苷类、生物碱类、萜类、多糖（肽）等活性成分，实现新型的绿色清洁生产，从根本上摆脱对自然资源的依赖。

（3）生物固氮。利用生物技术来改善土壤微生物，增加植物对氮的吸收，以便更有效地使用合成氮肥。设计微生物，使玉米、小麦和水稻等谷类作物能够将空气中的氮转化为可用于生长的形式；开发固氮和固碳细菌或藻类，以构建土壤碳并增强土壤对大气氮的吸收。开发更安全、更可持续的作物保护工具，如生物肽，使作物对气候变化引起的植物胁迫具有更大的弹性。

4.4 生物产业"四链"深度融合的发展对策和建议

1. 加强组织领导和顶层设计，建立生物技术及产业发展统筹协调机制

在中央科技委员会的领导下，统筹协调科技部、国家发展和改革委、工信部、农业农村部、国家市场监督管理总局、教育部、生态环境部、中国科学院、中国共产党中央军事委员会科学技术委员会等多部门职能，建立生物技术及产业发展部际

联席会议协调机制，共同推进我国生物技术及产业中长期发展规划，统筹协调生物制造政策措施。

2. 抓紧制定生物技术创新方案，抢占未来制高点

按照生物产业链梳理创新链，形成关键技术的攻关清单。突破高精度基因编辑、大片段基因人工合成与组装、酶蛋白理性设计、细胞调控机制等生物催化剂构建的基础理论和方法；推动生物技术与人工智能融合，打造中国版细胞和酶设计软件与数据库，补足关键短板，提升我国生物制造源头创新能力；加强生物制造关键技术的攻关，加快构建我国自主知识产权的高性能菌种，大力发展以二氧化碳等一碳原料为主的生物制造技术体系，支撑我国生物产业规模化发展；围绕未来绿色发展和新经济模式构建的重大需求，加快生物航空燃料、低碳生物基化学品和材料、新蛋白资源、未来食品等重大产品的战略布局，建立新一代生物产业产品体系和示范工程建设。

3. 围绕创新链布局产业链，建设可辐射中小企业的技术创新中心和基础设施平台，加速实验室成果商业化

随着合成生物学技术的快速发展，开发中生物产品数量激增，伴随着生物工艺的多样性、复杂性增加的巨大需求，解决生物产业领域的挑战将需要可支持不同生物过程和产品开发的技术平台和设施平台。面向未来的创新产品，甚至需要没有标准化生产方法的全新生物制造工艺，以满足一系列新生物产品的模块化和适应性需求，在从基础研究到制造相关生产的每个放大阶段有效推进创新。建议建设一批生物制造技术平台及可辐射中小创新企业的生物制造的基础设施，加速实验室成果向商业化过渡，支撑生物经济需求。

4. 政策法规、审评审批的前置共研，加快生物技术新产品的市场准入

由政府发起，联合学术界、产业界、检验检测等机构，形成合成生物制造产业生物安全的协商和监督机制，逐步建立完善与合成生物学技术应用相匹配的监管机制。针对不引入外源基因的创新产品，建立新产品新技术安全追溯系统，实施全流程监管追溯，完善新产品入市安全性评价技术、标准体系和产品准入的评审制度，促进创新成果转化和产品快速入市，形成一批具有国际影响力的新产品和新标准。

5. 依托现有的产业高地，打造生物产业高质量发展“先行先试”示范区

在京津冀、长三角和珠三角区域建设生物产业的先行先试集聚区。加速孵化一批潜力初创企业，支持大型央企和龙头企业与初创企业合作，共同构建生物产业创新生态和前沿阵地。在准入、监管、税收、安全、重大问题争端解决机制等方面，

积极探索体制机制和政策的先行先试；在知识产权、科技成果转移转化、人才引进、金融扶持等方面设立绿色通道，给予更大力度的政策倾斜。

6. 培育一批支持生物产业成果转化落地的发展基金

支持组建生物制造成果转化、产业落地的政府引导基金、直投基金，加大对生物产业细分赛道投资力度。支持生物技术企业通过贷款、融资租赁等多种方式获取研发和产业化资金，降低企业融资成本，加快生物制造产业链重点企业发展壮大。

7. 建立生物产业发展扶持政策

建立生物基产品财政补贴政策，对使用可再生原料生产可再生化学品的生物产业进行财政奖励和税收减免，包括以采购可再生化学品来生产聚合物、塑料等产品的企业等。建立一套生物基产品认证体系，颁布权威的生物基产品标签，并纳入政府采购支持和公众消费文化引导等支持平台。加快建立生物基产品低碳综合评价体系和减排量化标准，尽快将生物基产品纳入碳交易市场，利用税收和市场机制，提升生物技术产品竞争力，保障生物产业健康可持续发展。

参考文献

[1] Chui M，Evers M，Manyika J，et al. The bio revolution：innovations transforming economies，societies，and our lives[C]//Augmented Education in the Global Age. London：Routledge，2023：48-74.

[2] Cognizant：1st quarter 2020[EB/OL]. https://eu-assets.contentstack.com/v3/assets/blt0554f48052bb4620/blta0af00bf4028c0dc/5f16c6c9e5431402da582d4c/Cognizant-Q1-2020.pdf，2020.

[3] Golden J S，Handfield R B，Daystar J，et al. An economic impact analysis of the US biobased products industry：a report to the Congress of the United States of America[J]. Industrial Biotechnology，2015，11（4）：201-209.

[4] Room B. Executive order on advancing biotechnology and biomanufacturing innovation for a sustainable，safe，and secure American bioeconomy[Z]. 2022.

[5] 国海证券研究所 . 新材料产业深度报告：生物技术，掘金万亿蓝海——新材料产业框架之一 [R]. 2023.

本章撰写人员名单

主要执笔人：

崔子恒　北京化工大学　博士后
王　凯　北京化工大学　博士后
王　萌　北京化工大学　副教授
张会丽　北京化工大学　副教授
陈必强　北京化工大学　教授

课题组主要成员：

谭天伟　北京化工大学　中国工程院院士
郑裕国　浙江工业大学　中国工程院院士
陈　坚　江南大学　中国工程院院士
元英进　天津大学　中国科学院院士
应汉杰　南京工业大学　中国工程院院士
陈　勇　南京工业大学　教授
李炳志　天津大学　教授
吴哲明　浙江工业大学　教授
陈必强　北京化工大学　教授
张会丽　北京化工大学　副教授
王　萌　北京化工大学　副教授

第 5 章

能源新技术产业

战略性新兴产业“品牌项目”能源新技术产业课题组

【内容提要】在加快发展新质生产力的大背景下，能源新技术产业作为新兴产业的重要方向，对实现能源强国与能源供应结构转型升级具有重要意义。本章聚焦煤炭清洁高效利用、核能、风能、太阳能光伏发电、生物质能、地热能和氢能七大产业，在对各细分领域深入研究和调研的基础上，分别论述2022年以来各领域国内外最新发展动态及趋势，且重点分析绿氢产业链市场化应用案例及其全产业链进展，绘制出我国“制—储—用”绿氢上中下游全产业链应用全景图。并整体剖析我国能源新技术产业发展存在的不足，具体包括产业间及产业内部发展不平衡、新兴基础能源设施发展不充分和全产业链生态整体优势不突出。最后，针对相关问题提出统筹优化协同发展、打通全链条生态、构建“四链”融合高质量发展新模式与新路径等促进能源新技术产业发展的相关建议。

5.1 2022 年以来能源新技术产业发展的国际动态及趋势分析

5.1.1 煤炭产量、消费量和价格均再创新高，煤炭清洁利用不断取得进展

根据 BP 发布的《世界能源统计年鉴 2023》数据[1]，近三年煤炭产量呈现持续增长态势，2022 年的世界煤炭总产量为 88.03 亿吨（较 2021 年增长 7.9%），创造出历史最高产量，超过 2013 年的 82.54 亿吨。2022 年全球产量增长主要来自亚洲的产量提升，其中中国、印度和印度尼西亚贡献了 95% 以上；同时，集中的进口需求也是推动煤炭产量提升的重要因素之一，2022 年全球煤炭进口总量为 32.47 亿吨，其中排名前 5 的进口国家和地区为中国、印度、欧盟、日本和韩国，进口量分别为 5.83 亿吨、5.01 亿吨、4.86 亿吨、4.82 亿吨和 3.34 亿吨，总计占比达到 73.48%。在消费端方面，煤炭消费量也出现连续 3 年的增长，2022 年全球煤炭消费量同比增长 3.3%，创下 83 亿吨的新纪录；2022 年全球煤炭发电量为 103 172 亿千瓦时，占总发电量的 35.38%，同比增长 1.0%。在消费区域方面，亚洲煤炭消费增长明显，而北美洲和欧洲的消费小幅下降，其中印度煤炭发电量增长最高，同比增长 8.3%，达到 13 800.97 亿千瓦时，占全球比重的 13.4%；美国燃煤发电量下降最高，同比下降 7.5%，发电量为 9 041.69 亿千瓦时，占全球燃煤发电总量的比重为 8.8%。此外，煤炭价格在 2022 年达到创纪录水平，欧洲平均价格为 294 美元 / 吨，日本到岸平均价格为 225 美元 / 吨，分别比 2021 年上涨 145% 和 45%。

在技术创新方面，重视煤基能源清洁高效利用新技术研究，特别是煤炭与生物质能源、氢能源等协同利用技术，相关研究包括 650℃超高参数先进超超临界燃煤发电技术、煤基纳米碳氢燃料工业化制备技术、煤基燃料电池发电技术、煤基纳米碳氢燃料火力发电技术等。在低碳方面，CCUS 技术应用呈现快速发展态势，全球不断加强 CCUS 产业政策和投融资支持。目前，全球计划发展 CCUS 产业的国家总数达到 45 个，共有 140 余个新项目宣布启动，规划的碳封存能力提升了 80%，碳捕集能力提升了 30%[2]。主要进展包括：美国埃克森美孚的苏特克里特 CCUS 项目于 2022 年 2 月通过扩建投资决定，将年捕集量增加到 720 万吨以上[3]。2022 年 11 月，欧盟委员会出台“建立碳清除量认证联盟框架”政策文件，促进工业 CCUS 技术创新，同时就推进 CCUS 产业制定专门发展战略[3]。此外，欧盟国家推进跨境 CCS（carbon capture and storage，碳捕获与封存）项目，2023 年，丹麦投运了全球范围内首个年永久封存 800 万吨二氧化碳的跨境 CCS 项目，挪威宣布启动年封存量将超过 1 000 万吨二氧化碳的跨境 CCS 项目[4]。

5.1.2　核能产业呈现稳步发展态势，核能技术研发与新技术应用不断推进

2022 年全球共有 32 个国家使用核能发电，共计 437 台在运核电机组，总装机容量约 3.94 亿千瓦，与 2021 年底相比，在运核电机组数量和总装机容量（436 台，3.89 亿千瓦）均有小幅增加[5]。根据《我国核电运行年度综合报告（2022 年度）》，截至 2022 年底，世界在建（未并网发电）核电机组共 61 台，总装机容量为 0.632 亿千瓦。2022 年新开工机组 8 台，总装机容量为 0.093 亿千瓦[6]。2012~2022 年世界新开工核电机组数量统计见图 5.1。总体上，核能发电约占全球清洁电力的四分之一，是全球第二大零碳清洁能源，仅次于水力发电[7]。

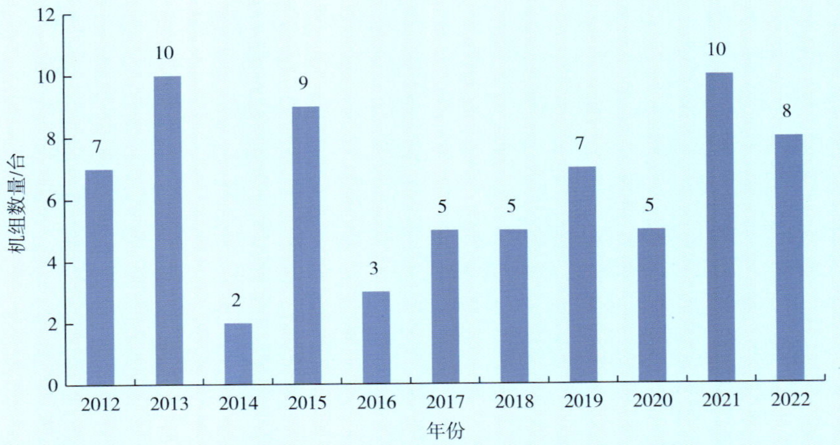

图5.1　2012~2022年世界新开工核电机组数量

资料来源：中国核能行业协会

在核能科技创新方面，主要核电国家长期致力于核能技术研发与新技术应用。法国在小堆设计和核能制氢应用方面取得了进展。2022 年 6 月，法国电力公司（Electricite De France，EDF）宣布其 NUWARD 模块化小堆设计将成为试点案例，并提供给欧洲多国核监管机构联合评审监管审查[8]。同年 7 月，日本京都聚变工程公司完成了聚变电厂设备综合测试设施的初步设计，能够在不使用核反应的情况下对能量转换设备进行集成测试[9]。另外，在核能制氢方面，2022 年 11 月，法国政府宣布已保证 2 吉瓦核能电解水制氢设备投入使用[10]。美国、日本和中国等在核聚变技术方面取得突破性成果。2022 年 12 月，美国劳伦斯利弗莫尔国家实验室在核聚变实验中实现了净能量增益，向目标输入了 2.05 兆焦耳的能量，产生了 3.15 兆焦耳的聚变能量输出，这一突破为可控核聚变提供了坚实的基础[11]。2023 年 8 月，中国核工业集团有限公司的新一代人造太阳“中国环流三号”实现了 100 万安培等离子体电流下的高约束模式运行的重大突破[12]。

5.1.3 风电市场保持强劲发展，拉丁美洲、非洲和中东地区开始崭露头角

根据 Global Wind Report 2023[13]，2022 年全球新增并网的风电装机容量为 77.6 吉瓦，其中，全球陆上风电新增装机容量为 68.8 吉瓦，全球海上风电新增装机容量为 8.8 吉瓦。较 2021 年，全球陆上风电新增装机下降了 5%，全球海上风电新增装机减少了 58%，尽管全球风电发展较 2021 年峰值呈现增速放缓趋势，但海上风电仍然创造了仅次于 2021 年的最大增量纪录，风电发展整体呈现了持续增长趋势。在累计装机方面，2022 年全球风电累计装机容量达到 906 吉瓦，较 2021 年增长了 9%。其中，陆上风电累计装机容量为 842 吉瓦，同比增长 8.8%；海上风电累计装机容量为 64.3 吉瓦，同比增长 12.5%①。

从全球范围来看，亚洲风电产业在中国风电产业高速增长带领下，占全球近 56% 的新增装机容量份额，连续 14 年保持全球第一的领先地位；欧洲在瑞典、芬兰、波兰和德国的带动下，以占全球 25% 的新增装机容量继续保持全球第二的地位；北美洲风电产业则以占全球 12% 的新增装机容量位居全球第三；受巴西新增装机记录驱动的影响，拉丁美洲在 2022 年增加了 1% 的市场份额，以占全球新增装机容量的 7% 位居全球第四，非洲和中东以占全球风电新增装机容量的 1% 位居全球第五（图 5.2）。从不同国家来看，2022 年全球风电新增装机容量排名前五的国家依次为中国（38.04 吉瓦）、美国（8.536 吉瓦）、巴西（3.88 吉瓦）、德国（3.104 吉瓦）和瑞士（2.328 吉瓦），相比 2021 年的新增装机容量排名，中国、美国和巴西保持不变，德国取代越南位居全球第四，瑞士（2.328 吉瓦）冲进全球前五（图 5.3）。

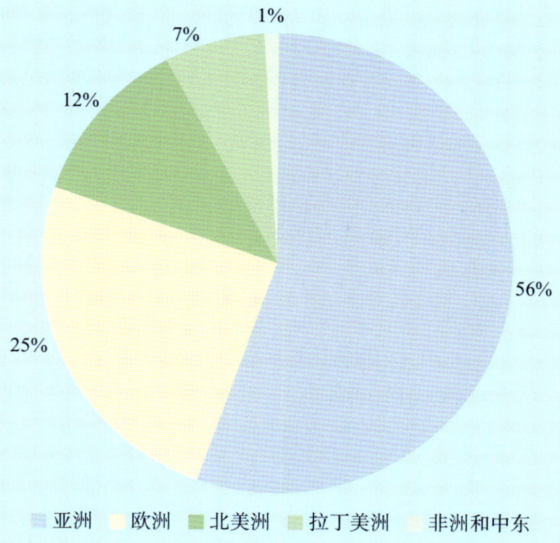

图5.2 2022年各地区风电新增装机容量占比
由于舍入修约，数据有偏差

① Global wind report 2023 数据如此。

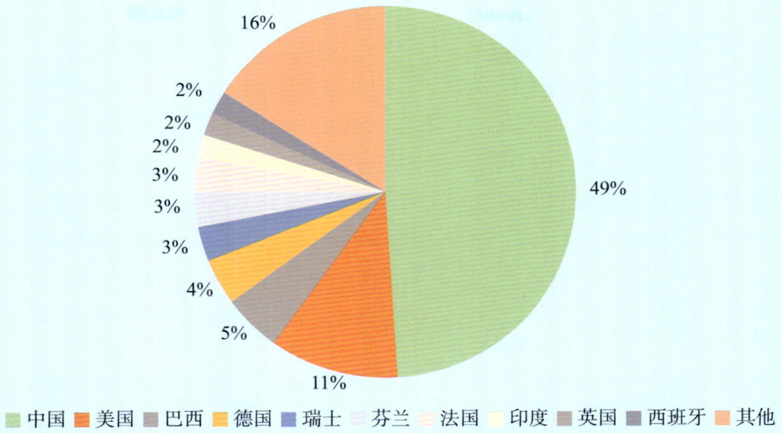

图5.3　2022年风电新增装机容量前十大市场占比

5.1.4　光伏行业产业链持续发展，光伏新增装机容量和累计装机容量再创新高

根据《2022—2023 年中国光伏产业年度报告》[14]，2022 年全球多晶硅的产量为 100.1 万吨，相比上年增长了 55.9%，其中太阳能级块状硅产量占比最大，达到 89.9%。2022 年全球硅片产量为 381.1 吉瓦，相比上年增长了 63.6%，其中全球前十的硅片企业总产量达到 341.1 吉瓦，产量合计占全球的 89.5%，相比上年下降了 6.3%。2022 年全球电池片产量为 366.1 吉瓦，相比上年增长了 63.5%，全球电池片产量前十企业均位于亚洲，同上年差异不大，鉴于经济全球化分工格局，亚洲仍然是光伏电池片生产中心。2022 年全球光伏组件产量为 347.4 吉瓦，相比上年增长了 57.3%，其中，晶硅组件依旧是光伏组件生产的市场主流。2022 年全球太阳能光伏产业各环节的产能、产量情况如表 5.1 所示。

表 5.1　2022 年全球太阳能光伏产业各环节的产能、产量

类别	多晶硅 / 万吨	硅片 / 吉瓦	电池片 / 吉瓦	光伏组件 / 吉瓦
全球产能	134.1	664.0	583.1	682.7
全球产量	100.1	381.1	366.1	347.4

资料来源：中国光伏行业协会

2022 年全球光伏产业链制造端在应用市场需求的拉动下，建设和生产规模持续扩大。根据国际能源署《2023 全球光伏市场快照报告》[15]，2022 年全球光伏新增装机容量达到 240 吉瓦，同比增长 37.1%，累计装机容量达到 1 185 吉瓦，同比增长 25.8%。2022 年全球共有 26 个国家光伏新增装机容量超过 1 吉瓦，包括中国、美国、印度、巴西、西班牙、德国、日本、波兰和荷兰等。中国仍然是全球最大的光伏市场，新增装机容量达到 106 吉瓦，增长率高达 96.3%，累计装机容量达到 414.5 吉瓦；除中国外，全球其他光伏市场从 2021 年的 120.1 吉瓦增长至 2022 年的 134 吉瓦，其中美国因受到贸易争端和电网连接积压的打击，新增装机容量为 18.6 吉瓦，排名第二位；印度新增装机容量为 18.1 吉瓦，排名第三位。

欧洲和印度光伏市场 2022 年也取得了显著增长，2022 年全球前十大装机容量国家和地区见表 5.2。2022 年欧盟新增光伏装机容量达到 38.7 吉瓦，同比增幅接近 45%。其中，西班牙以 8.1 吉瓦的新增装机容量位居首位，紧随其后的是德国，新增装机容量为 7.5 吉瓦，新增装机容量排名第 3 位到第 6 位的依次是波兰（4.9 吉瓦）、荷兰（3.9 吉瓦）、法国（2.7 吉瓦）和意大利（2.4 吉瓦）。根据国际能源署数据，印度在 2022 年安装了 18.1 吉瓦的太阳能光伏系统，同比增长近 40%。其中，公用事业规模的光伏装机容量达到 11.3 吉瓦，同比增长约 47%[15]。

表 5.2　2022 年全球前十大装机容量国家和地区

年度排名	国家和地区	年度装机容量 / 吉瓦	累计排名	国家和地区	累计装机容量 / 吉瓦
1	中国	106	1	中国	414.5
（2）	欧盟	38.7	（2）	欧盟	209.3
2	美国	18.6	2	美国	141.6
3	印度	18.1	3	日本	84.9
4	巴西	9.9	4	印度	79.1
5	西班牙	8.1	5	德国	67.2
6	德国	7.5	6	澳大利亚	30
7	日本	6.5	7	西班牙	26.6
8	波兰	4.9	8	意大利	25
9	荷兰	3.9	9	韩国	24.8
10	澳大利亚	3.9	10	巴西	23.6

资料来源：国际能源署光伏发电系统方案IEA-PVPS

5.1.5　生物质发电产业保持稳定发展，用于交通的生物质燃料产量稳步回升

根据 IRENA（International Renewable Energy Agency，国际可再生能源机构）出版的《2023 年可再生能源装机容量统计报告》[16]，全球生物质能发电装机量在 2022 年达到 14.9 万兆瓦，比 2021 年增加 5.4%。自 2016 年以来，亚洲超越欧盟成为生物质能发电装机量最大的地区，近 10 年来全球生物质能发电装机量见图 5.4（a）。其中，中国生物质能发电装机规模的发展最为迅速，自 2019 年超过巴西、美国连续四年位居全球第一，2022 年中国生物质能发电装机规模（3.4 万兆瓦）接近第二名巴西的两倍（1.72 万兆瓦）。2022 年全球生物质能发电量位居前六的国家分别为中国、巴西、美国、印度、德国和英国，累计发电量为 9.04 万兆瓦，占比 60.70%。其中，德国和美国的生物质能发电量在 2022 年出现了下降。

在生物质发电原料方面，主要采用了其他固体燃料（包括秸秆、木屑等散状和成型燃料等）、沼气、蔗渣、可再生城市垃圾和液体燃料。根据 IRENA 的报告[16]，2022 年其他固体燃料是最大的生物质发电原料来源，占比达到 55.08%；沼气次之，可再生

城市垃圾首次超过蔗渣，成为第三大原料来源，液体燃料占比最少，详见图 5.4（b）。从地域上看，生物质资源特征明显，亚洲以其他固体燃料为主，可再生城市垃圾次之，欧盟（27 国）、欧洲其他国家和北美洲也以其他固体燃料为主，沼气次之，南美洲则以蔗渣为主，其他固体燃料次之。

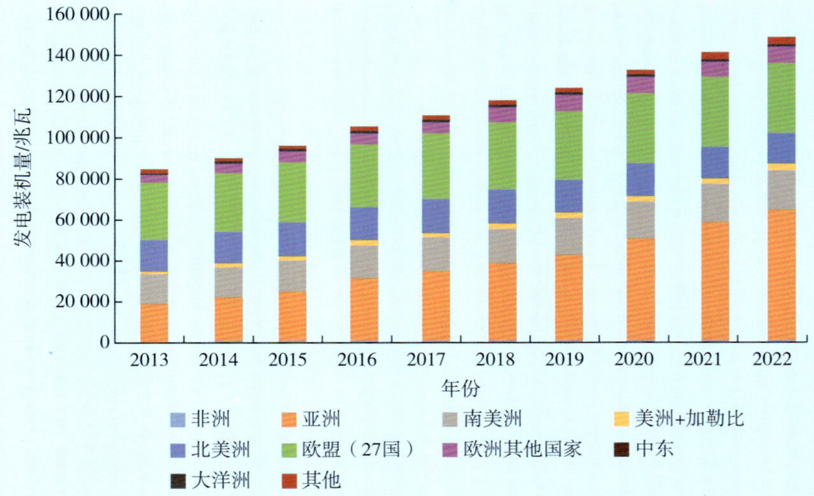

（a）全球不同地区 2013~2022 年生物质能发电装机量

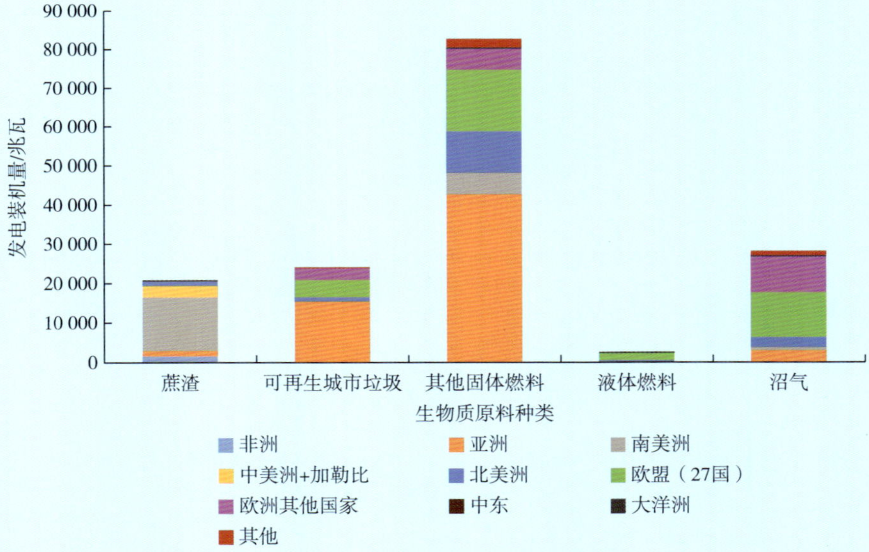

（b）2022 年不同生物质原料发电装机量

图5.4　全球不同地区2013~2022年生物质能发电装机量和2022年不同生物质原料发电装机量

资料来源：参考 IRENA 数据整理

全球交通用生物质燃料依然以燃料乙醇和生物柴油为主，近三年全球生物质交通燃料产量稳步回升。根据《世界能源统计年鉴 2023》[17]，燃料乙醇产量在经历了

2020 年的下降之后，连续两年实现产量上升，2022 年燃料乙醇的产量（106.69 万桶油当量 / 天）有所回升，基本与 2018 年（106.63 万桶油当量 / 天）持平，但仍低于 2019 年（108.54 万桶油当量 / 天）的水平［图 5.5（a）］。美国和巴西依然是燃料乙醇主产区，2022 年产量分别占全球燃料乙醇总产量的 51.9% 和 29.7%，中国燃料乙醇产量依然位居全球第三。得益于中国和印度燃料乙醇产量的快速增长，亚太地区 2022 年燃料乙醇产量增速为 12.5%，成为 2022 年燃料乙醇产量增速最大的区域，第二名巴西增速为 8.8%。印度燃料乙醇产量近年来持续增长，乙醇产量已接近中国，主要归因于能源短缺、财政激励和实施 20% 乙醇掺混汽油政策。

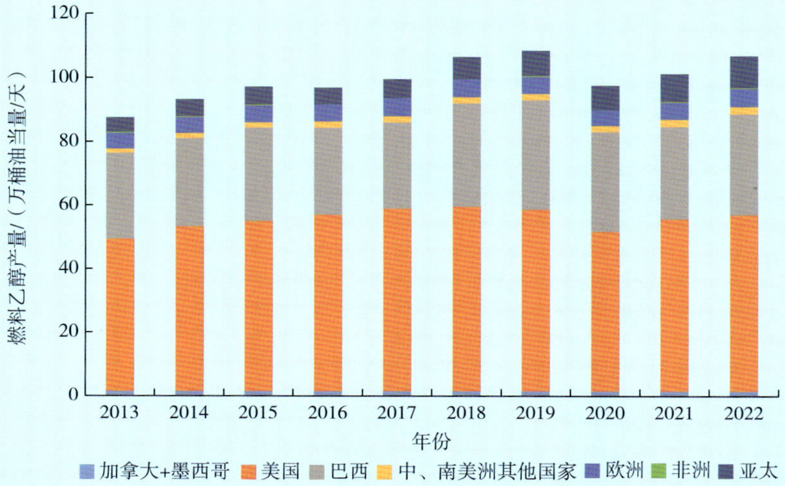

（a）燃料乙醇

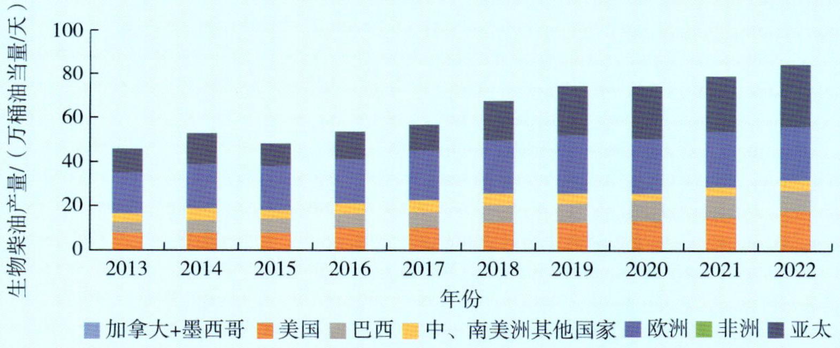

（b）生物柴油

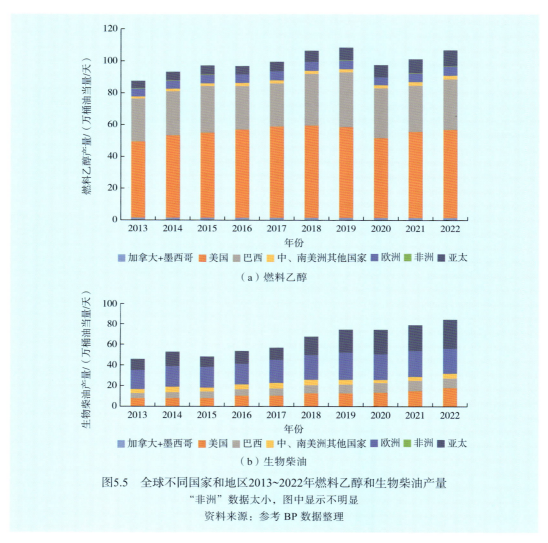

图5.5　全球不同国家和地区2013~2022年燃料乙醇和生物柴油产量

“非洲”数据太小，图中显示不明显

资料来源：参考 BP 数据整理

生物柴油主要为货运交通需求，近年来其产量相对稳定，整体上呈缓慢增长态势［图 5.5（b）］，但是加拿大 + 墨西哥、巴西和欧洲的生物柴油产量在 2022 年都出现了下降，其中，加拿大 + 墨西哥生物柴油产量增速下降 14.0%，巴西、欧洲生物柴油产量增速分别下降 7.5% 和 1.8%。根据 BP 发布的《世界能源统计年鉴 2023》[17]，亚太、欧洲和美国是生物柴油的主产区，2022 年产量占比分别达到了 34.0%、28.3% 和 20.6%。

5.1.6　主要国家加大地热发电项目投资，地源热泵技术应用得到快速发展

地热能作为一种储量丰富、分布较广、稳定可靠和清洁低碳的可再生能源，多国已颁布相应的政策鼓励开发利用地热能。2022 年，美国能源部宣布，计划投资 1.65 亿美元用于地热发电项目，并将美国在石油和天然气行业积累的专业知识和先进技术应用到地热能开发领域，以摆脱化石能源的束缚。肯尼亚制定上网电价和减免关税政策以支持地热产业，用于地热产业的进口货物一律免除关税。冰岛先后出台了一系列促进地热产业发展的相关政策法规，将电力基金和地热基金合并，成立了能源基金。

据不完全统计，地热发电项目已在全球 30 多个国家落地。目前，地热发电市场总体增长仍处于较低水平，根据 Think Geo Energy 的数据，总共新增了 16 座发电厂[18]。截至 2022 年底，地热发电总装机容量达到 16 127 兆瓦，较 2021 年增加了 286 兆瓦。其中，肯尼亚（83 兆瓦）、印度尼西亚（80 兆瓦）和美国（72 兆瓦）显示了主要的增长。尼加拉瓜增加了 10.4 兆瓦。图 5.6 是 2022 年全球地热发电排名前十的国家。

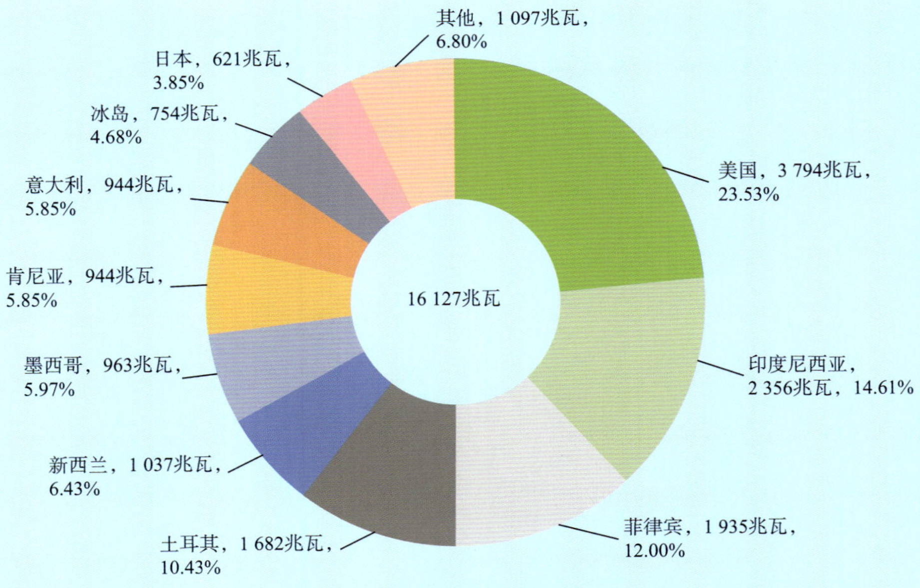

图5.6　2022年全球地热发电排名前十的国家

在地热供暖制冷技术应用方面，地源热泵用能得到快速发展。截至 2022 年底[18]，全球超过 70% 的地热供暖制冷装机项目是地源热泵用能，通过热泵机组从地源（浅层水体或岩土体）吸收或释放热量，向建筑物供暖或制冷；剩下不到 30% 为地热能

直接利用，包括地热能直接烹饪、沐浴及地暖等用途。从地源热泵的装机应用区域来看，截至 2022 年底，中国和美国是全球主要的地源热泵市场，两者装机容量合计占全球总量的比重在 40% 以上。

5.1.7 氢能基础设施建设加速，制—储—用环节的市场化进程不断加快

全球范围大力发展氢能，欧洲、亚洲等众多国家的氢能发展国家战略已基本确立。2022 年，中国、南非和新加坡等国家发布国家氢能战略，美国、日本和德国等国家相继更新国家氢能战略，释放出氢能产业化加速的强信号。2022 年 2 月，南非发布了《南非氢能社会路线图 2021》(Hydrogen Society Roadmap for South Africa 2021)，加快建设可再生氢出口市场并实现零碳经济转型，推动了经济复苏。2022 年 5 月，欧洲能源供应调整计划公布，目标是到 2030 年在欧盟生产 1 000 万吨可再生氢，并进口 1 000 万吨可再生氢，可再生氢产能达到 2 000 万吨。2022 年 10 月下旬，新加坡发布《新加坡国家氢能战略》(Singapore's National Hydrogen Strategy)，将氢能作为主要脱碳途径以实现 2050 年净零目标。2023 年 6 月，美国能源部正式发布《美国国家清洁氢能战略和路线图》(U.S. National Clean Hydrogen Strategy and Roadmap)[19]，提出了加速清洁氢能发展的综合框架，并且指出清洁氢能开发和利用路径。2023 年 6 月 6 日，日本发布修订版的《氢能基本战略》[20]，强调日本构建氢能社会正从技术发展阶段步入商业化阶段，新版战略包括增强氢能产业竞争力的"氢能产业战略"和确保氢能安全利用的"氢能安全战略"两部分内容。

随着全球氢能产业应用的快速发展，全球氢气产量规模不断增长。据国际能源署数据[21]，2022 年全球氢气（含合成气）总产量约为 9 813 万吨（图 5.7），从全球制氢结构来看，氢气产量主要来源于化石能源制氢，其中天然气制氢占全球产量的 62%，煤制氢占全球产量的 21%，副产氢占全球产量的 16%，电解水制氢占比仅 0.1%，接近 10 万吨级别，如图 5.8 所示。

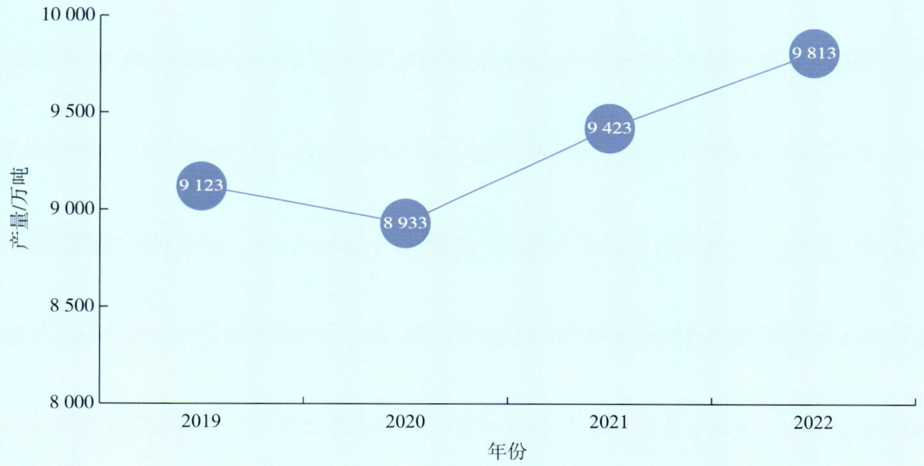

图5.7 2019~2022年全球氢气总产量

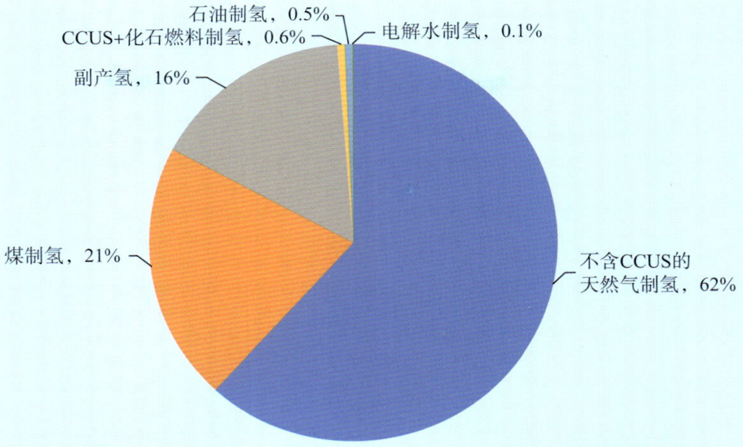

图5.8 2022年全球氢气的来源结构[21]
由于舍入修约，数据有偏差

氢储运环节，美国的液氢技术处于全球领先地位，截至2022年末，美国1/3加氢站为液氢储氢模式，液氢民用占据主流市场，液氢总产能约占全球总产能的70%[22]。现阶段，固态储氢成为关注热点，美国、日本和欧盟等都在进行相关应用研究，范围涉及镍氢电池、金属氢化物储氢罐等领域，镁系储氢合金、钛系储氢合金等金属合金固态储氢技术是储氢产业的重要发展方向。此外，高压储氢瓶应用技术也是热点研究方向，最成熟的国家主要是美国、日本、韩国和欧盟国家，从事复合材料氢气瓶研发与生产的代表性企业包括美国Quantum、美国通用汽车、美国Impco、日本丰田和日本Jari等，而法国、加拿大、韩国和德国等也有企业开展70兆帕非金属内胆纤维全缠绕气瓶（IV型瓶）的生产研究。

在氢能应用市场需求的带动下，氢能基础设施建设加快，全球氢气管道项目取得重大进展。根据英国石油公司（BP）2023年第二季度业绩报告[23]，美国和阿曼的氢气管道项目进入概念开发阶段，产能可达到280万吨/年；2023年6月，英国天然气分配公司SGN与Oxford Flow合作，用100%氢气对管道进行极限测试；2023年6月，德国最大的天然气管网运营商FNB计划在德国打造长度超过1.1万千米的核心氢气管网，输送氢气的能力为10吉瓦（热）以上。2023年1月，德国和挪威计划建立大规模氢气跨境管道[24]。此外，2023年4月，保加利亚公共天然气传输系统运营商Bulgatransgaz计划投建一条穿越保加利亚西南部250千米的氢气管道，将实现保加利亚和希腊之间的双向氢气流动[25]。在加氢站方面[26]，截至2022年底，全球主要国家在营加氢站数量达到727座，同比增长22.4%。其中，中国累计建成运营加氢站358座，同比增长40.4%，其中在营245座，待运营102座，暂停11座，加氢站覆盖的省份及地区（含港澳台）已扩展至28个；韩国在营加氢站168座，相较2021年增加55座；日本在营加氢站164座，相较2021年增加7座；美国在营加氢站54座，相较2021年增加5座；德国在营加氢站96座，相较2021年增加4座。

氢能源消费端，氢燃料电池汽车的市场规模不断扩大，韩国市场发展增速显著。

根据中国氢能联盟的数据[26]，截至2022年底，全球主要国家氢燃料电池汽车总保有量达到67 315辆，同比增长36.3%。2022年，全球主要国家（中国、韩国、日本、美国、德国）氢燃料电池汽车销量达到17 921辆，同比增长9.9%（图5.9）。中国、韩国与德国实现氢燃料电池汽车销量同比增长。其中，中国氢燃料电池汽车销量达到3 367辆，同比增长112.3%；韩国氢燃料电池汽车销量达到10 164辆，同比增长19.6%；德国氢燃料电池汽车销量达到835辆，同比增长80%。日本、美国氢燃料电池汽车销量同比下滑。其中，日本氢燃料电池汽车销量仅848辆，同比下降65.6%；美国氢燃料电池汽车销量2 707辆，同比下降19%。韩国现在是全球氢燃料电池汽车数量最多的国家，超过一半的氢燃料电池汽车位于韩国。

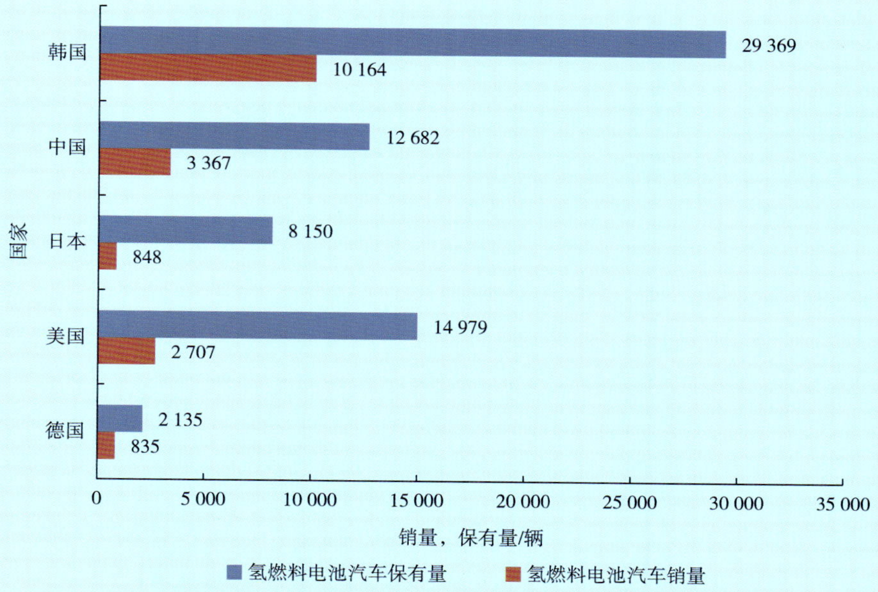

图5.9　2022年全球主要国家氢燃料电池汽车销量及保有量分布

5.2　2022年以来能源新技术产业发展的国内动态及趋势分析

5.2.1　煤炭产量再创历史新高，智能化煤矿建设与煤炭清洁高效利用产业加快推进

根据国家统计局数据，我国煤炭产量再创历史新高。如图5.10所示，2022年全国原煤产量45.6亿吨，同比增长10.5%[27]①。整体煤炭产能集中度进一步提高，2022

① 原数据如此。

年原煤产量超过 1 亿吨的省份有 6 个，产量达到 39.6 亿吨，占全国的比重提高到 86.8%；此外，山西、内蒙古年原煤产量迈入 10 亿吨级行列 [28]。在消费方面，2022 年全国能源消费总量 54.1 亿吨标准煤，煤炭消费量比上年增长 4.3%，煤炭消费量占能源消费总量的 56.2%，比上年上升 0.3%[27]。全国发电装机容量达到 25.6 亿千瓦、发电量 8.7 万亿千瓦时，占全世界总发电量的 30%；煤电装机占比自 2020 年以来历史性降至 50% 以下 [29]。

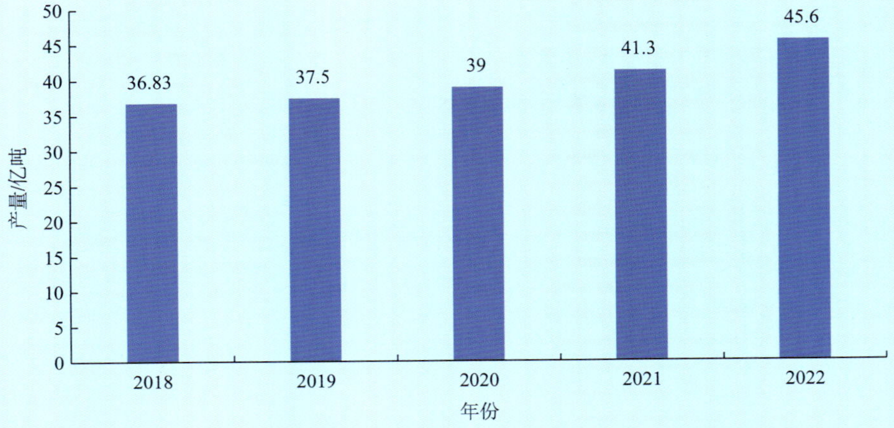

图5.10　2018~2022年全国原煤产量

资料来源：国家统计局

现代化、智能化煤矿加快建设，截至 2022 年底，建成智能化煤矿 572 处、智能化采掘工作面 1 019 处，31 种煤矿机器人在煤矿现场得到应用 [28]。煤炭清洁利用取得进展，原煤生产综合能耗、燃煤电厂超低排放、节能改造和废弃物综合利用持续推进。2022 年，大型煤炭企业原煤生产综合能耗由 2012 年的 17.1 千克标准煤 / 吨下降到 9.7 千克标准煤 / 吨，综合电耗下降到 20.0 千瓦时 / 吨；实现超低排放的煤电机组超过 10.5 亿千瓦，占比达到 94% 左右；煤矸石及低热值煤综合利用发电装机发展到 4 300 万千瓦 [27]。煤炭由单一燃料向原料和燃料并重转变加快推进，现代煤化工产业规模不断提升。据不完全统计，2022 年，煤制油、煤制气、煤（甲醇）制烯烃、煤制乙二醇产能分别达到 93 万吨、61.25 亿立方米、1 672 万吨、1 155 万吨。2022 年 10 月，由陕煤集团榆林化学有限责任公司负责的全球在建最大煤化工项目——煤炭分质利用制化工新材料示范项目 180 万吨 / 年乙二醇工程单系列一次性开车成功，顺利产出聚酯级乙二醇产品 [30]。在项目进展方面，2022 年 12 月 14 日，国家能源集团北京低碳清洁能源研究院（简称低碳院）自主研发的煤化工挥发性有机物（VOCs）氧化催化剂在宁夏煤业煤制油 VOCs 尾气侧线中试平台完成了 600 小时稳定运行试验并达到预期效果 [31]。截至 2023 年 4 月，准格尔经济开发区建成煤化工项目 13 个，产能 499.64 万吨，主要产品为 16 万吨煤制油、220 万吨煤制甲醇、60 万吨聚烯烃、52 万吨尿素、12 万吨乙二醇等，拟建项目 5 个。预计到 2025 年，准格尔旗煤化工年产能预计达到 800 万吨 [32]。

为了推动全球气候治理和实现环境可持续发展，我国 CCUS 项目建设已取得较大进展。《中国碳捕集利用与封存年度报告（2023）》[33] 数据显示，截至 2022 年底，中国投运和规划建设中的 CCUS 示范项目已接近百个，其中已投运项目超过一半，具备二氧化碳捕集能力约 400 万吨 / 年，注入能力约 200 万吨 / 年，较 2021 年分别提升 33% 和 65% 左右 [33]。在示范建设方面，2023 年 6 月，国家能源集团泰州发电有限公司 CCUS 项目完成满负荷试运行，该项目二氧化碳捕集量达 50 万吨 / 年，可实现 100% 消纳，为能源行业实现绿色低碳发展提供了标志性参考 [34]。2023 年 7 月，我国首条百万吨、百千米高压常温密相二氧化碳输送管道——“齐鲁石化—胜利油田百万吨级 CCUS 项目”二氧化碳输送管道正式投运，该管道全长 109 千米，每年可运输 170 万吨二氧化碳，对推动我国 CCUS 全产业链的规模化发展具有重要意义 [35]。

5.2.2　核电机组安全稳定运行能力不断加强，减碳效果逐渐显现

根据《中国核能发展报告 2023》[36]，2022 年以来，我国新核准核电机组 10 台，新投入商运核电机组 3 台，新开工核电机组 6 台。截至 2023 年上半年，我国在建核电机组 24 台，总装机容量约 26.81 吉瓦，继续保持全球第一。商运核电机组 54 台，总装机容量 56.82 吉瓦，位列全球第三。如图 5.11 所示，2022 年，我国核电发电量为 4 177.8 亿千瓦时，同比增加 2.5%，约占全国总发电量的 4.7%，累计上网电量为 3 917.9 亿千瓦时。

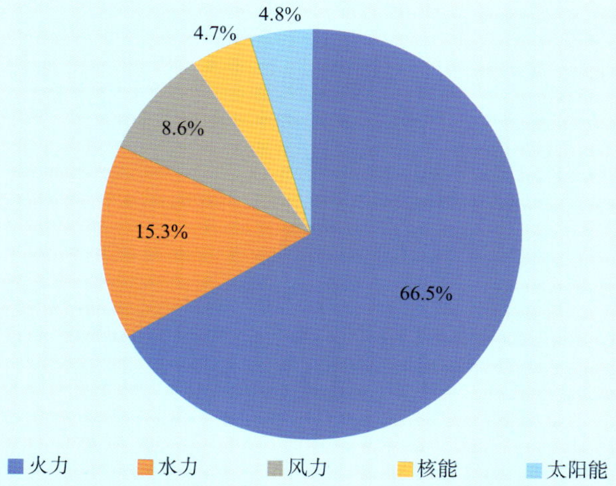

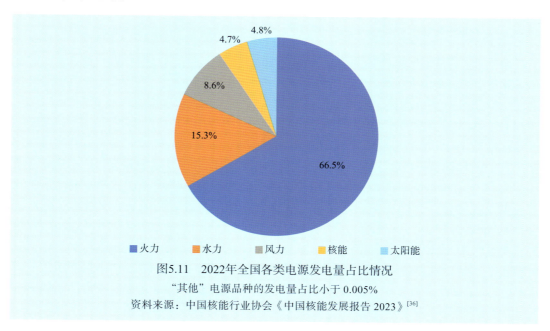

图5.11　2022年全国各类电源发电量占比情况

“其他”电源品种的发电量占比小于 0.005%

资料来源：中国核能行业协会《中国核能发展报告 2023》[36]

中国核电机组发电量持续增长，为保障电力供应安全和推动降碳减排做出了重要贡献。2022 年，核电设备利用小时数为 7 547.70 小时，全国累计上网电量为 3 917.90 亿千瓦时，比 2021 年同期上升了 2.45%，平均机组能力因子为 91.67%，与

燃煤发电相比，2022 年核能发电相当于减少标准煤消耗 11 812.47 万吨，减排二氧化碳 30 948.67 万吨、二氧化硫 100.41 万吨、氮氧化物 87.41 万吨 [37]。2022 年，中国广核电力股份有限公司数据显示，26 台在运核电机组总发电量约为 2 113.14 亿千瓦时，总上网电量约为 1 983.75 亿千瓦时，减排二氧化碳超 1.64 亿吨 [38]。

在核电供热应用方面，示范项目不断推进。以秦山核电有限公司为依托的浙江省海盐县核能供热示范工程项目开始供热，为千家万户送去温暖 [39]；2022 年 5 月，中核田湾核电蒸汽供能项目能源站作为全国首个工业用途核能供汽工程顺利开工。项目建成后，能够每年为连云港徐圩新区石化基地提供 480 万吨工业蒸汽 [40]；2022 年 12 月，中核秦山核电基地工业供热项目开始提供 24 小时热能供应保障，为当地的产业转型升级提供了新的脱碳发展机遇 [41]。

5.2.3 风电行业整体保持稳定增长，利用效率、成本和技术均取得积极进展

截至 2022 年底，中国并网风电总量 3.65 亿千瓦，同比增长 11.2%，连续 13 年位列世界首位 [42]，其中陆上风电 3.35 亿千瓦，海上风电 3 046 万千瓦。如图 5.12 所示，2022 年，全国（除港澳台地区外）新增装机 11 098 台，容量 4 983 万千瓦，同比下降 10.9%。其中，陆上风电新增装机容量 4 467.2 万千瓦，占全部新增装机容量的 89.7%，海上风电新增装机容量 515.7 万千瓦，占全部新增装机容量的 10.3%①。截至 2022 年底，累计装机超过 18 万台，容量超 3.9 亿千瓦，同比增长 14.1%；其中，陆上累计装机容量 3.6 亿千瓦，占全部累计装机容量的 92.3%，海上累计装机容量 3 051 万千瓦，占全部累计装机容量的 7.7%[43]。

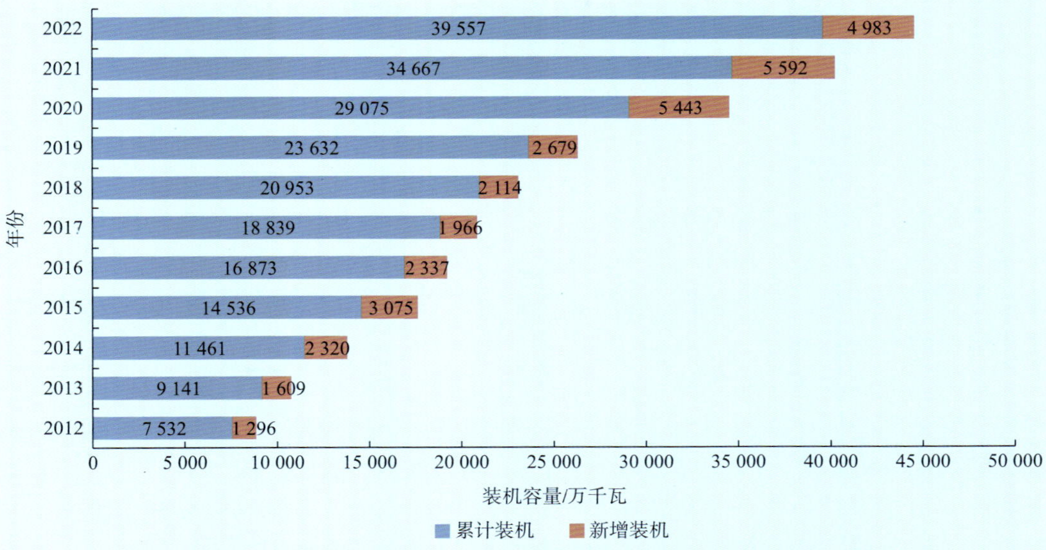

图5.12 2012~2022年中国风电新增和累计装机容量

① 原数据如此。

如图 5.13 所示，2022 年，全国六大区域（不包括港澳台）新增的风电装机容量占比分别为华北地区（包括北京、天津、河北、山西、内蒙古）33.60%、西北地区（包括新疆、甘肃、青海、宁夏、陕西）19.20%、东北地区（包括辽宁、吉林、黑龙江）12.80%、华东地区（包括山东、江苏、安徽、上海、浙江、江西、福建）13.60%、中南地区（包括河南、湖北、湖南、广东、广西、海南）15.10%、西南地区（包括四川、重庆、云南、贵州、西藏）5.70%。“三北”地区新增装机容量占比约为 66%，华东、中南和西南地区新增装机容量占比约达到 34%。与 2021 年相比，2022 年六大区域中装机容量占比出现增长的区域分别有华北、西北、东北和西南[43]。

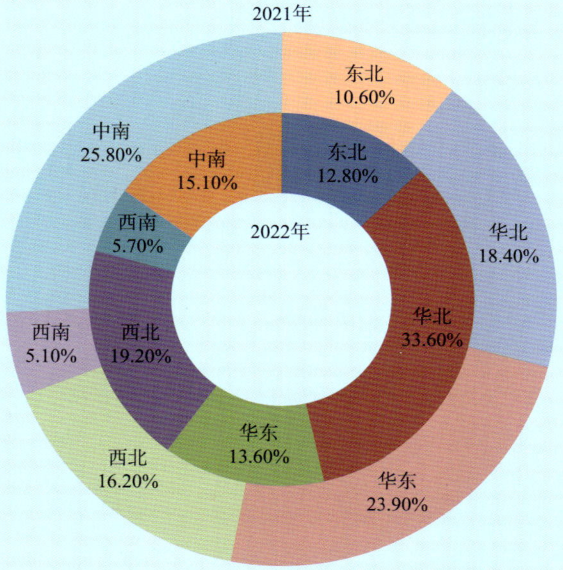

图5.13　2022年中国各区域新增装机容量占比

资料来源：中国电力企业联合会

中国电力企业联合会统计数据显示[42]，2022 年，我国风电平均利用时间与上年基本持平，为 2 221 小时，弃风率降低至约 3%，近两年我国风电平均利用时间整体处于 2 220 小时以上的水平，如图 5.14 所示。2016~2022 年我国弃风率显著降低，变化情况如图 5.15 所示。

我国风电成本进一步下降。在陆上风电方面，成本持续下行，大功率机组的应用仍具有下降空间。2022 年陆上集中式平原地区、一般山地、复杂山地风电项目造价分别约为 4 800 元 / 千瓦、5 500 元 / 千瓦、6 500 元 / 千瓦。2022 年以后，随着陆上大兆瓦机组推广应用，主机价格呈现进一步下降趋势，预计项目整体单位造价指标仍有一定下降空间。海上风电造价降幅较大。综合考虑不同省份海域建设条件差异，2022 年海上风电项目造价约为 11 500 元 / 千瓦[44]。

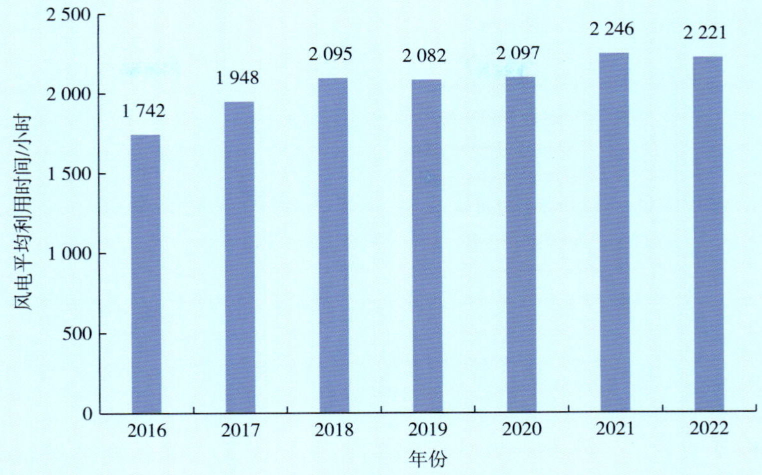

图5.14　2016~2022年我国风电平均利用时间

资料来源：中国电力企业联合会

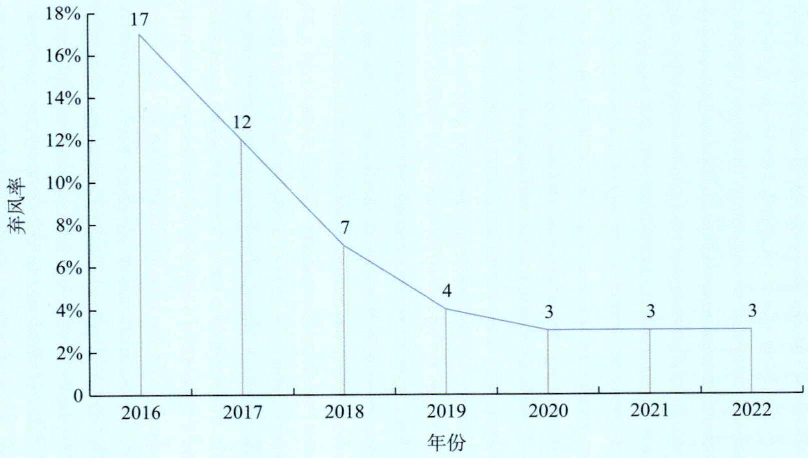

图5.15　2016~2022年我国弃风率变化

资料来源：中国电力企业联合会

中国风电市场机型不断更新升级，不断满足不同场景的实际应用需求。在海上风电方面，2022 年 11 月，金风科技股份有限公司与中国长江三峡集团有限公司合作研发的 16 兆瓦海上风电机组在福建三峡海上风电国际产业园成功下线，成为当时全球叶轮直径最大、单机容量最大、单位兆瓦重量最轻的机组。2023 年初，由中国船舶集团有限公司牵头，中船海装风电有限公司自主研制的 H260-18 兆瓦海上风电机组在山东省东营经济开发区海上风电产业园研制成功，单机功率、风轮直径的全球纪录再次被刷新。2023 年 1 月，明阳智慧能源集团股份公司也正式发布 18 兆瓦海上风电机组 MySE18.X-28X，搭载叶片长度超 140 米，叶轮直径超 280 米，并同步下线了全球最大漂浮式海上风电机组 MySE16.X-260。在陆上风电方面，2022 年 12 月 29 日，明阳智慧能源集团股份公司发布了全新一代陆上大兆瓦风电机组 MySE8.5-216 机型。同期，中车株洲电力机车研究所有限公司面向“沙戈荒”大基地推出的最新旗舰机型 8 兆瓦 + 风电机组在河北张家口市成功吊装。2023 年 2 月，远景能源有限公司发布 EN-220/10 兆瓦型风电机组，是面向中高风速区域和“沙戈荒”场景设计的，其单机容量和叶轮直径均是目前全球最高水平。

5.2.4 光伏制造全产业链规模保持快速增长，光伏技术和产品优化持续推进

2022 年，在《“十四五”现代能源体系规划》(发改能源〔2022〕210 号)光伏产业[45]和《关于促进新时代新能源高质量发展的实施方案》(国办函〔2022〕39 号)[46]等利好政策的推动下，我国光伏市场保持快速发展，我国光伏新增装机 87.41 吉瓦，同比增长 59.3%，再创历史新高，同时多晶硅生产降耗、硅片大尺寸和薄片化、组件功率等方面的光伏技术进步明显，市场不断推出大尺寸电池、高功率组件的更低度电成本的产品。

2022 年，我国光伏设备产业规模超过 650 亿元，同比增长 62.5%[14]。在国家政策鼓励和中国光伏市场迅猛发展的驱动下，光伏制造端全产业链生态建设不断加强。《2022—2023 年中国光伏产业年度报告》数据显示（图 5.16），2022 年中国在多晶硅、电池片和光伏组件环节上产能和产量的全球占比均有一定幅度的提升，特别是多晶硅的产能占比，同比提升了 6.5 个百分点[14]，中国硅片产量和产能规模占比均稳定保持较高水平，两年均突破了 97%，位于全球硅片生产领域的主导地位，整体来看，光伏产业是我国少有的获得全球竞争优势并实现安全可控的全产业链生态。2022 年，中国多晶硅有效产能为 116.6 万吨 / 年，同比增加 87.2%，多晶硅产量约 85.7 万吨，同比增加 69.4%；2022 年中国硅片产能约为 650.3 吉瓦，同比增长 59.7%，产量约 371.3 吉瓦，同比增长 63.9%，产能和产量规模占全球的 97.90% 和 97.40%，处于全球绝对领先和主导地位；2022 年中国电池片总产能达到 505.5 吉瓦，同比增长 40.2%，产量为 330.6 吉瓦，同比增长 67.1%，其中，亚洲作为光伏产品制造集中地，是我国主要的电池片出口地区；2022 年中国光伏组件制造规模不断扩大，产能和产量分别达到 551.9 吉瓦和 294.7 吉瓦，同比分别增长 53.7% 和 62.1%。

光伏产品和组件出口额及出口量继续提升，我国光伏产品出口各大洲市场均实现增长。根据国家能源局数据[47]，2022 年，我国光伏产品出口额超过 512 亿美元，同比增长超过 80%。其中，光伏组件出口量约 153.6 吉瓦，同比增长 55.9%，约占我国组件产量的 52.1%，出口额为 423.6 亿美元，占光伏产品出口总额的 82.7%；硅片出口约 36.3 吉瓦，同比增长 60.8%，电池片出口约 23.8 吉瓦，同比增长 130.7%。欧洲对我国光伏产品的需求攀升，据中国光伏行业协会统计[14]，2022 年我国光伏产品出口欧洲市场增幅最大，同比增长 114.9%，出口到西班牙、德国及波兰的市场份额增长明显。

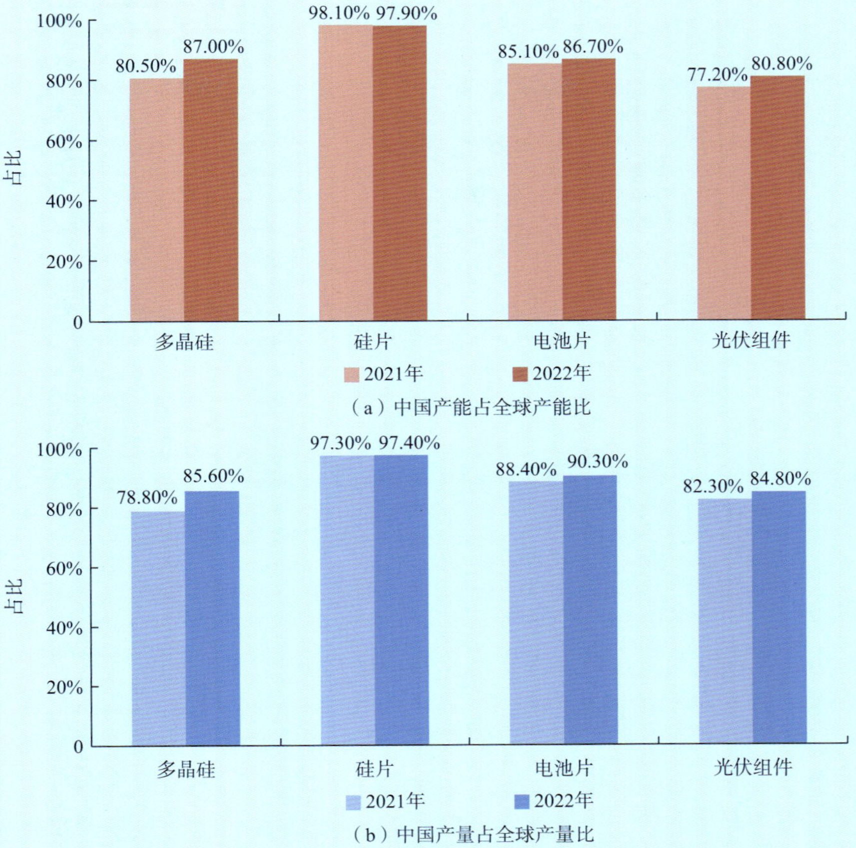

图5.16　中国光伏产业各环节全球占比

5.2.5　生物质能产业政策体系日益完善，发电规模连续四年位列世界第一

“十三五”以来，国家相关部门给予了生物质能产业发展诸多支持，政策体系日益完善，我国生物质能产业形成较好的发展态势。例如，《“十四五”可再生能源发展规划》《“十四五”生物经济发展规划》《“十四五”现代能源体系规划》[48~50]等综合性规划的颁布明确了“十四五”期间我国生物质能产业的重点发展方向与发展目标。此外，针对生物质发电、清洁供热等方面，也出台了相关政策。例如，《关于完善能源绿色低碳转型体制机制和政策措施的意见》[51]指出：在农村地区优先支持屋顶分布式光伏发电以及沼气发电等生物质能发电接入电网；《“十四五”推进农业农村现代化规划》[52]的颁布，肯定了生物质能对农村地区清洁取暖工作的重要作用。

我国生物质能的利用方式主要为生物质发电。根据《中国生物质能产业发展年鉴2023》[53]数据（图5.17），到2022年底，我国生物质发电装机容量累计达到4 132万千瓦，新增装机容量为334万千瓦，累计装机容量保持平稳增长，已连续四年位列世界第一，新增装机容量大幅下降；在发电量方面，2022年我国生物质发电量达到 1 824 亿千瓦时，同比增长 11.42%，生物质发电量占整体发电结构从 2021 年的 6.6% 下滑至 4.9%。

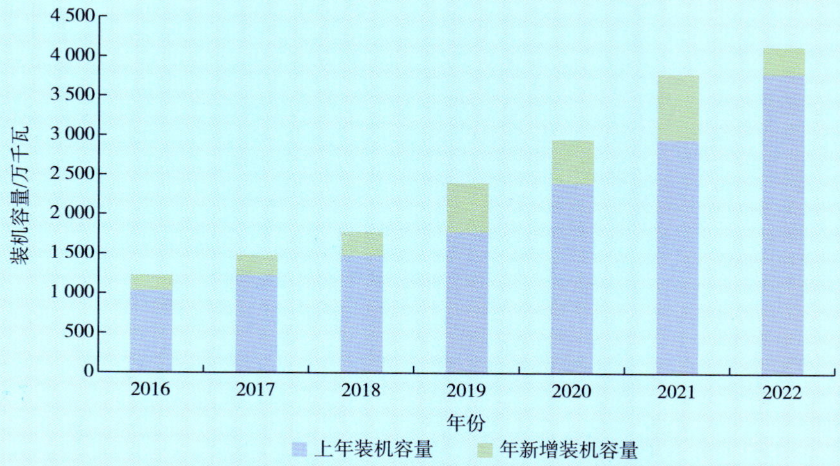

图5.17　2016~2022年生物质发电装机容量和年新增装机容量

在细分市场装机方面，根据《中国生物质能产业发展年鉴 2023》[53]，2022 年中国生活垃圾焚烧发电累计装机容量为 2 386 万千瓦，同比增长 11%，农林生物质发电累计装机容量为 1 623 万千瓦，同比增长 4%，沼气发电累计装机容量为 122 万千瓦，同比增长 11%。垃圾焚烧、农林生物质、沼气发电新增装机容量分别为 257 万千瓦、65 万千瓦、12 万千瓦。在发电量细分结构方面，生活垃圾焚烧发电量大幅提升，农林生物质发电量大幅下降。2022 年，中国生活垃圾焚烧发电量达到 1 268 亿千瓦时，同比增长 17%，农林生物质发电量为 517 亿千瓦时，同比增长 0.2%，沼气发电量为 39 亿千瓦时，同比增长 5%。其中，生活垃圾焚烧发电量占比从 2021 年的 61.2% 上升至 2022 年的 70%，农林生物质发电量占比从 2021 年的 35.5% 下降至 2022 年的 28%（图 5.18）。

5.2.6　地热能产业发展稳步推进，地热能应用技术取得进步

2022 年我国各省（自治区、直辖市）加大地热资源的勘探投入，战略布局地热利用。我国多地已出台“十四五”地热专项规划，将地热能作为发展非化石能源的重要能源品种，并在地热资源勘探开发的基础上，积极推动地热能规模化利用，研究制定当地地热能具体发展目标和重点任务。河北、四川等出台“十四五”地热专项规划，确定发展目标，重点布局地热勘查、开发利用和产业发展；河南、湖北、天津和安徽等 11 个省（直辖市）将地热开发融入能源规划、矿产资源规划和建筑节能规划等，将地热能作为发展非化石能源的重要能源品种[54]。

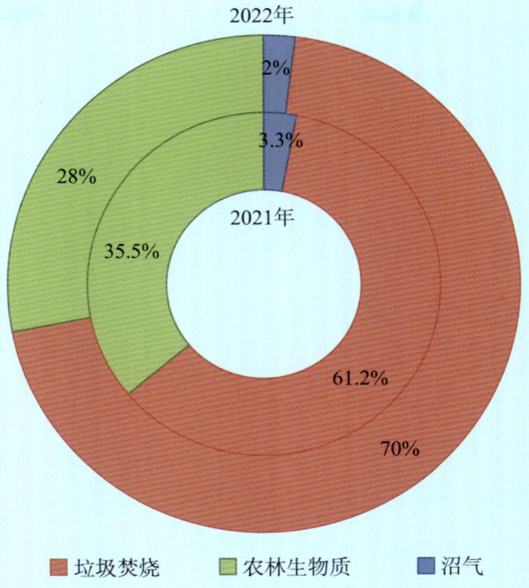

图5.18　2021年和2022年中国不同生物质原料发电量占比

地热能利用方式呈现多元化的态势，形成了发电向供暖、热水供应和温室农业等多场景应用的转变。深井换热供暖、江水源热泵供暖制冷、气田伴生地热水发电及农村地热供暖等示范利用项目已初显成效，特别是地热能在城市建筑领域的示范建设不断加快。例如，2023 年 3 月，北京城市副中心中深层地热（井下换热）示范项目顺利通过专家评审验收，验证了 2 745 米深的地热井热泵系统为枢纽供暖的技术可行性。同时，地热能应用技术也取得了进步，碳酸盐岩热储增产改造技术、中深层地热地埋管管群供热系统成套技术、地热水余热深度回收技术等均有突破，有效解决了增产、增效和换热等技术难题。地热装备制造国产化水平稳步提高，智能地热钻机整机等自动化装备出口竞争力增强。此外，深层地热资源示范利用方面取得重大进展，2023 年 8 月，由中国石化承担的国家重点研发计划“深层地热资源探测评价关键技术研究”配套工程——琼北深层地热（干热岩）福深热 1 科学探井在海口开钻。该井钻探深度 5 000 米，预测井底温度 180℃以上，是我国目前最深的地热探井，干热岩资源量折合标准煤约 386 亿吨，按资源利用率 5%~8% 计算，可利用量约达 20 亿吨标准煤，总发电量预计可达 6 万亿 ~ 7 万亿度。

5.2.7　氢能全产业链发展不断提速，各领域氢能的示范应用加快

2022 年 3 月，国家发展和改革委、国家能源局印发了《氢能产业发展中长期规划（2021—2035 年）》[55]，随着我国明确了氢能战略定位，多地区出台政策加快引导氢能产业落地，对制氢、加氢、储氢和燃料电池汽车等多个细分行业进行了支持，基本涵盖了整个氢能产业链。截至 2022 年 6 月，我国绝大数城市均在“十四五”规

划中布局了氢能产业发展[56]，政策主要包括产业规划、实施方案和补贴细则三大类，如表 5.3 所示。其中，山东省是政策发文最多的省份，相关政策包括《山东省氢能产业中长期发展规划（2020—2030）》、《泰安市人民政府办公室关于加快推进氢能产业发展的实施意见》和《济南市氢能产业发展三年行动计划（2020—2022 年）》等，此外，广东省、浙江省、江苏省、河北省、上海市发文均在 10 份以上。

表 5.3　地方氢能政策分类

政策类别	发布城市
产业规划	北京、上海、佛山、邯郸、保定、张家口、唐山、常熟、白城、张家港、株洲、成都、茂名、新乡、广州、乌海、青岛、昆山、六安、大同、长治、岳阳、大连、深圳、天津
实施方案	北京、天津、上海、佛山、邯郸、保定、张家口
补贴细则	北京、上海、佛山、重庆、唐山、镇江、乌海、太仓、长治、大连

2022 年我国氢气产量达 4 004 万吨，保持全球第一（图 5.19）。制氢产能仍然主要集中在石油化工领域，但可再生能源电解水制氢产能占比有所提高，部分西北和华北等风光资源较为丰富的地区可再生能源制氢项目年产能超过百万吨。在价格方面，工业副产氢价格保持稳定，多个地区电解水制氢价格初具竞争力，化石能源制氢价格下降明显，制氢的下行价格趋势为氢能应用提供了客观条件。

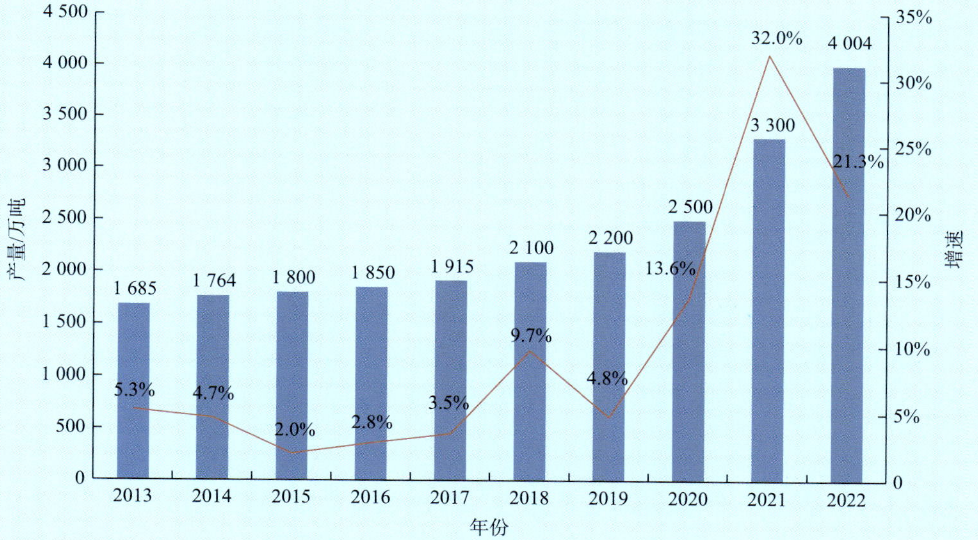

图5.19　我国2013~2022年氢气产量及增速

资料来源：中国煤炭工业协会、中国氢能联盟[57]

运储环节市场化发展快速，不断创新和改进储运氢技术。在高压气态储氢技术研究上，我国研发的高性能隔膜压缩机输出压力上限超过 45 兆帕，且已经完成 70

兆帕产品试制工作和多款Ⅳ型瓶产品的研发制造，取得了突破性的进步。2023 年 2 月，我国自主研发的第二代 70 兆帕-57 升Ⅳ型储氢瓶取得突破性进展，质量储氢密度达到 6.1% 的质量百分比，超过美国能源部设定的 2025 年质量储氢密度目标值 5.5% 的质量百分比，且优于当前国际市场主流品牌同类产品指标，达到世界领先水平 [58]。在低温液态储氢技术研究上，我国自主研发的液氢储罐最高压力可达到 35 兆帕，单罐储氢能力为 300 立方米，最大存储能力约为 2 500 立方米。

在氢能应用上，中国燃料电池汽车的产销量连续攀升，显示出了强劲的增长动力。根据中国汽车工业协会数据 [59]，2022 年氢燃料电池汽车产量为 3 626 辆，已分别完成了 2021 年全年产量的 2.04 倍，完成了 2020 年全年产量的约 3 倍，是近年来最高水平 2019 年全年产量 2 833 辆的 1.28 倍。2022 年氢燃料电池汽车销量为 3 367 辆，完成了 2021 年全年销量的 2.12 倍，完成了 2020 年全年销量的近 2.85 倍，是近年来销量最高的 2019 年 2 737 辆的销量的 1.23 倍（图 5.20）。

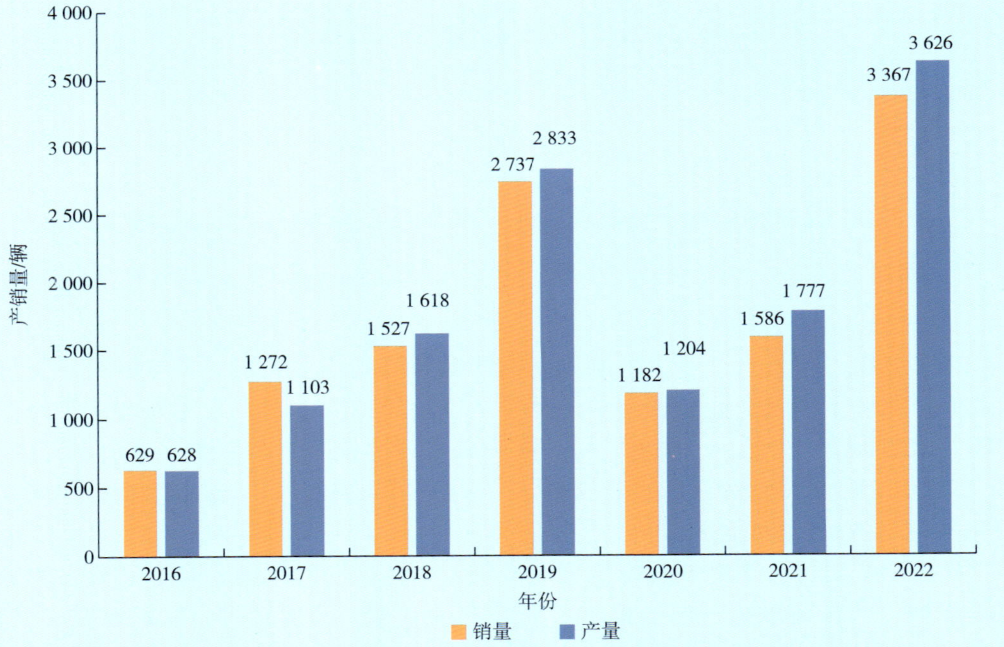

图5.20　2016~2022年中国氢燃料电池汽车的产销量

我国加氢站基础设施布局持续完善，截至 2022 年底，我国已累计建成加氢站 358 座 [57]，加氢站数量位居全球第一，其中，在运加氢站 245 座（图 5.21）。从分布来看，我国加氢站已累计覆盖 28 个省（自治区、直辖市）。广东佛山累计建成运营 35 座，位居全国地级市首位；山东省共建成 30 座，位居全国省级单位第二。

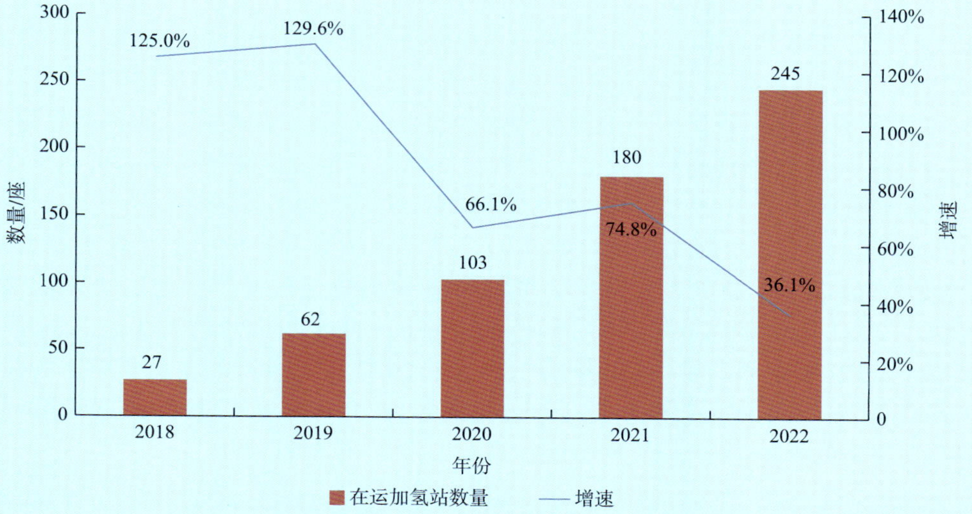

图5.21　2018~2022年在运加氢站数量增长情况

资料来源：中国氢能联盟

5.3　能源新技术产业发展年度典型案例：打通绿氢全产业链应用

在“双碳”背景下，可再生能源制氢的绿氢路线备受关注。全球多国已发布氢能战略，明确了绿氢在能源转型中的重要地位。2022年3月，我国发布《氢能产业发展中长期规划（2021—2035年）》，强调以可再生能源制氢为核心的氢能发展方向。2023年6月，世界经济论坛发布《中国绿氢发展路线图》，绘制了助力中国实现2030年绿氢发展目标的路径。

我国丰富的可再生能源为绿氢发展提供了条件，同时我国具有全球最大的氢能消费市场，为打通绿氢产业链提供了动力，目前我国已批复的包括京津冀、上海、广东等在内的五大氢能产业示范城市群，绿氢应用示范逐步进入规模化和区域化。特别是在城市交通领域，绿氢需求量大，2022年11月北京市城市管理委员会发布《北京市氢燃料电池汽车车用加氢站发展规划（2021—2025年）》，其中提出北京市2025年前力争实现氢燃料电池汽车累计推广量突破1万辆的目标。在国内绿氢供给方面，截至2022年，已建成并运营绿氢项目36个，总产能约为每年3.7万吨，正在规划的绿氢项目超过300个，预计产能将达到每年350万吨。根据目前的发展形势，随着绿氢项目建设加快，绿氢供给规模和能力将迅速提升，可为绿氢产业链应用提供基础条件。

随着我国氢能产业投资持续加大和技术发展不断提升，进入2022年以来，我国绿氢产业链从上游制氢到中游储运再到下游应用实现全方位迅速突破，绿氢应用产业链基本形成[60~63]，有力推动了氢能产业链的布局发展与绿氢应用推广，如图 5.22 所示。

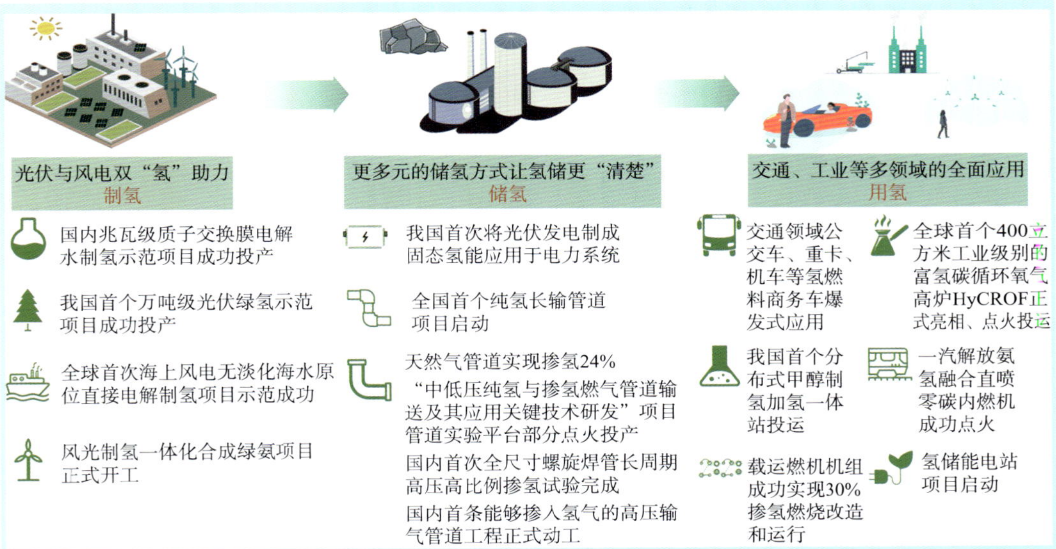

图5.22　2022年以来我国“制—储—用”绿氢上中下游全产业链应用进展全景图

5.3.1　绿氢产业链上游制氢重大进展

（1）国内兆瓦级质子交换膜电解水制氢示范项目成功投产。2022 年 12 月，国内最大质子交换膜电解水制氢装置——兆瓦级可再生电力电解水制氢示范项目核心设备在濮阳市中原油田成功投产，该项目以光伏和风电的“绿电”制取纯度为 99.999 5% 的“绿氢”，日生产能力为 1.12 吨。该项目配套建设年发电量 2 500 余万千瓦时的 3.66 兆瓦光伏电站和 9 兆瓦风电工程，目前光伏配套工程已同步并网发电，为该项目的投产提供绿色动能。

（2）我国首个万吨级光伏绿氢示范项目成功投产。2023 年 6 月，我国首个万吨级光伏绿氢示范项目——库车绿氢示范项目顺利产氢，标志着我国首次实现了规模化光伏发电直接制氢工艺与工程成套技术的工业应用。该项目建设了光伏发电、输变电线路、水电解制氢、氢气储输、公用工程等全流程生产设施，利用当地丰富的太阳能资源发电直接制绿氢，电解水制氢能力每年达 2 万吨，可实现每小时输送 2.8 万立方米的氢气，每年可减少二氧化碳排放 48.5 万吨。该项目突破性地解决了新能源波动电力场景下柔性制氢并连续稳定供应难题，完成了万吨级电解水制氢工艺与工程成套技术、绿氢储运输工艺技术、晶闸管整流技术、智能控制系统研发等创新成果，光伏组件、电解槽、储氢罐等重大设备核心材料全部国产化，将对国内氢能产业链发展起到积极促进作用。同时，示范项目向下游炼化企业供应绿氢应用，实现了风光发电、绿电输送、绿电制氢、氢气储存、氢气输运、绿氢炼化等从绿氢生产到利用的全流程贯通。

（3）全球首次海上风电无淡化海水原位直接电解制氢项目示范成功。2023 年 6 月，全球首次海上风电无淡化海水原位直接电解制氢技术海上中试在福建兴化湾海上风电场获得成功，使用的是联合研制的全球首套与可再生能源相结合的漂浮式海上制氢平台“东福一号”，集原位制氢、智慧能源转换管理、安全检测控制、装卸升降等系统于一体，在经受了 8 级大风、1 米高海浪、暴雨等海洋环境的考验后，连续稳定运行超过 240 小时。

（4）风光制氢一体化合成绿氨项目正式开工。2023 年 6 月，鄂托克旗风光制氢一体化合成绿氨项目正式开工，该项目总投资 38 亿元，新建年产 2 万吨绿氢电解水制氢站及配套的 500 兆瓦风力发电场和长约 60 千米 220 千瓦的输电线路工程；新建 5 兆瓦离网光伏发电柔性直流制氢科技创新项目；下游新建配套年产 15 万吨绿氨合成氨装置及加氢加油加气充电桩综合站一座。项目配套新能源年发电量约 15.3 亿千瓦时，可节约标准煤 459 759.3 吨，在生产工艺过程中无废气、废渣产生，环境效益显著，是“零碳”绿色化工项目。

5.3.2　绿氢产业链中游储运重大进展

（1）固态储氢实现示范应用。2023 年 3 月 25 日，国家重点研发项目固态氢能发电并网在云南昆明实现，这也是我国首次将光伏发电制成固态氢能应用于电力系统。云南昆明固态储氢示范项目，可实现存储的 165 千克氢能释放，并通过燃料电池转化为电能并入电网，在用电高峰时，可持续稳定出力 23 小时、发供电 2 300 度。此外，固态储氢产业化取得重大进展。例如，2023 年 6 月，河南新乡高新区镁合金高密度储氢技术产业化项目的全球首条生产线建成投产测试；同期，成都氢能装备产业园低压固态储氢装备基地项目正式开工。

（2）全国首个纯氢长输管道项目启动。2023 年 4 月全国首个纯氢长输管道项目启动，属于中石化的“西氢东送”氢气长距离输送管道建设项目，管道一期运力 10 万吨 / 年，预留 50 万吨 / 年的远期提升潜力。该项目主要满足京津冀地区等城市用氢需求，管道将连通内蒙古自治区乌兰察布市与北京市，全长 400 多千米，是我国首条跨省区、大规模、长距离的纯氢输送管道，大力缓解了我国绿氢供需错配的问题，对今后我国跨区域氢气输送管网建设具有战略性的示范引领作用，而长距离氢气输送管道作为氢能产业链的重要组成部分，同时西氢东送输氢管道的建设将有助于降低氢能生产和供应的成本，提高绿氢在能源体系中的竞争力，对于实现氢气的大规模应用和推广具有重要意义。

（3）掺氢示范应用取得进展。不同于纯氢管道的全新建设模式，天然气掺氢为运氢提供了新的解决方案，掺氢方面进展显著。2023 年 4 月，中国石油对外发布消息，用现有天然气管道长距离输送氢气的技术获得了突破，天然气管道实现掺氢 24%；2023 年 5 月，内蒙古科技重大专项“中低压纯氢与掺氢燃气管道输送及其应用关键技术研发”项目管道实验平台部分在通辽隆圣峰甘旗卡门站点火投产；2023年3月，国内首条能够掺入氢气的高压输气管道工程在内蒙古正式动工，该管道全长258千米，干线管道235千米、支线管道23千米，管道设计压力6.3兆帕，全线共有10座阀室和3座场站，最大输气量每年可达12亿立方米，预计2023年底完工并投产。

5.3.3　绿氢产业链下游应用进展

（1）公交车、重卡、机车等交通领域氢能应用场景持续突破。“氢”装上阵，诸多城市氢能公交加速推广。以北京市为例，很多公交线路采用了70兆帕的氢燃料电池公交车辆，全市示范运营数量达到了123辆。在内蒙古，全国首台氢燃料电池混合动力机车已经安全运行超过2万千米。在长三角地区，氢能重卡运营的数量快速增加，主要是用于快递物流运输、工业品物流及港口集装箱的运输，据不完全统计，2022年全国氢燃料重卡销售量接近5 000台，增长率达到150%以上。

（2）甲醇制氢示范应用。2022年，我国首个分布式甲醇制氢加氢一体站在辽宁大连投运，站内的分布式甲醇制氢系统主体装置占地仅64平方米，为国内加氢站选择低成本供氢技术提供应用示范。以甲醇形式运到加氢站，通过分布式制氢装置就能够直接生产出满足燃料电池车使用的氢气，为绿色甲醇（阳光甲醇）向绿氢转化提供了可行性方案。

（3）掺氢燃烧载运燃机机组应用。在湖北荆门，载运燃机机组成功实现30%掺氢燃烧改造和运行，这标志着我国已掌握一套完整的燃气轮机电站掺氢改造工程设计方案。在现役天然气机组中增加氢燃料来源，不仅能够有效缓解天然气用气量供给短缺的问题，保障冬季供暖安全稳定，还同时具有积极减碳效应。掺氢燃烧载运燃机机组示范应用，对未来城市功能与工业领域绿氢减碳进行了探索。

（4）氢冶金应用。2022年7月，全球首个400立方米工业级别的富氢碳循环氧气高炉正式亮相、点火投运，打通了富氢碳循环氧气高炉工艺全流程，实现了全球绿色低碳冶金技术新突破，是未来世界钢铁行业长流程冶炼高炉低碳转型发展方向。新工艺固体燃料消耗降低30%，碳减排超21%，具有低碳、安全、稳定、高效、成本低等特点。

（5）氨氢融合技术应用。2023年6月，氨氢融合直喷零碳内燃机点火仪式在长春和苏州以连线形式在两地同步举行，此次成功点火的氨氢融合直喷零碳内燃机是国内首台氨氢融合直喷零碳重型商用卡车内燃机。氨氢融合直喷零碳内燃机点火成功，不仅是我国在新能源内燃机研发领域的重大技术突破，更是氨氢融合场景和核心技术的创新，为氨氢融合打开了扩展发展的新路径。

（6）氢储能电站项目启动。2022年7月，辽宁省营口市建成国内最大的化工类氢储能电站项目，电站总功率为10兆瓦。该电站的发电系统主要由燃料电池电堆发电组和水热管理子系统构成，氢电转化效率大于58%。

5.4 能源新技术产业发展存在的问题

5.4.1 能源新技术产业间及各产业链内部发展不平衡，缺乏产业链统一性政策规划

我国能源领域新兴产业协同交叉不够，严重制约了能源新技术领域产业间的高质量融合发展。由于能源资源禀赋和产业商业化的差别，煤炭、核能、光伏、风电、生物质能、地热能和氢能各类能源产业不同地区的规模、增速、产值和创新能力都存在明显不均衡。从煤炭清洁高效利用产业看，我国煤电已建成全球最大的煤炭清洁高效利用产业，一些高参数、大容量煤电机组的能效和污染物排放等关键指标已达国际领先水平，但在整体煤气化燃料电池发电系统、部分现代煤化工产业、二氧化碳捕集封存等方面仍处于发展初期或示范阶段，其规模化、产业化发展尚需时间和政策支撑。光伏制造端也存在硅料与硅片环节的价格博弈，体现了上游原料与终端需求之间的矛盾问题，利润在产业链各环节的不均衡分配，阻碍终端装机市场，造成行业整体的非均衡发展问题。同样，受制于产业规模、市场竞争力和商业模式等诸多因素，除了生物质发电产业外，我国生物质能的其他领域发展还没有形成产业集聚化与龙头企业，投资主体以民企为主，企业规模普遍偏小，科技创新和产业动能有限，经营收益偏低，难以吸引和积累优秀人力资源，限制了企业自身及行业的技术进步，阻碍产业扩大化发展。新兴产业发展的不均衡性太高，容易出现不理性博弈竞争问题，会造成相关政策、战略布局的地区局限性，不利于相关产业整体良性发展，科学规划能源新技术产业的均衡发展成为需要解决的核心问题。

5.4.2 新能源应用、氢能源全链条等新兴能源基础设施发展不充分，新兴基础设施建设能力与终端应用需求间存在矛盾

加氢站、光伏、风力发电站和储能站等发电装备和基础设施建设是我国能源新技术产业高速、高质发展的基础，目前，在政策推动下，光伏、风电等新能源发电装备装机不断刷新中国速度和世界纪录，但新能源应用、氢能源全链条等新兴基础设施统筹布局和建设能力仍难以满足终端应用需求。以氢能为例，一些示范城市加氢站数量仍然有限，不定时会存在缺氢现象。当下，我国加氢站数量规模无法全面满足规模化应用推广的市场需求，特别是面临氢能车辆数量攀升下加氢单次加注体量高、快速安全注氢技术需求等挑战。此外，加氢站配置差异较大，部分加氢站固定储氢量或氢气压缩系统能力较低。建设过程中也有诸多问题需要关注。例如，光伏发电建设强制配储、强制产业配套、土地租金高昂、外送线路电网回购进度滞后等问题仍然存在，部分地区加氢站和氢储运项目受限于安全生产审批问题仍然困扰

产业发展。鉴于基础设施建设一般具有资金投入大、建设周期长、前期准备工作量大的特点，亟须构建利于能源领域新兴产业健康发展的政府统筹、企业主体和市场化运作的新能源应用基础设施科学规划与建设模式。

5.4.3　全产业链生态体系不健全，协同创新、短板互补等生态优势不突出

随着国际能源科技竞争形势变化，开展全产业链生态体系建设成为能源新技术产业各领域当前面临的迫切任务。我国能源新技术产业涉及的方向众多，打通各产业链短板与技术瓶颈是能源新技术产业发展的核心问题。在新能源产业，存在核心部件的紧缺风险，部分环节仍然存在原材料短缺与供需关系失衡所带来的供应链瓶颈，供应链、技术链、人才链方面深度融合发展明显不足。区域性能源新技术领域的融合发展存在全产业链生态体系不健全的问题，空间上国内城市氢能等产业链较长且布局分散，各地单一的产业园区未能实现多能互补优化协同发展，涉及重点研发技术方向上的布局多有重叠，无序发展、恶意竞争和缺失核心环节等问题已经显现，能源新技术产业各领域的全产业链全流程的核心技术集中攻关创新有待加强，适应于新兴能源领域的科技生态、制造生态和应用生态建设发展滞后。

5.5　促进能源新技术产业发展的相关建议

5.5.1　坚持系统思维与全局观念，统筹优化能源新技术产业协同发展

加强统筹规划与科学布局，重视国家与地方战略规划的有序衔接，推动能源新技术产业加快交叉融合发展。强化能源新技术产业融合发展的可行性评估与管理制度体系建设，优化决策流程，支撑构建新型能源体系。明确风电、光伏、光热、氢能、生物质能等新能源与可再生能源产业间及与其他传统能源产业的融合发展任务、实施方案，加强全国范围内的统一能源大市场建设，协同促进区域间能源新技术产业创新发展，实现“非零和博弈”。重点探索融合发展路径，包括传统化石能源清洁高效利用与新能源发电的产业融合，能源新技术产业与新能源汽车产业的融合，形成“发、输、储、用”能源开发利用全产业链建设，如打造氢能与燃料电池车的全产业链，建立风光火储、风光制氢一体化基地等。强化财税金融等政策的引导作用，建立灵活和动态调整机制，保障能源新技术产业间互补、互惠的协同发展。

5.5.2　打通产业全流程，形成自主可控的能源新技术产业全链条生态

加强对能源新技术产业领域重大关键技术和装备研发，强化基础研究和前沿技术布局，支持开展具有前瞻性、先导性的重大前沿技术装备攻关，重视能源装备制造技术和关键软件的自主研发。面向能源领域新兴产业全链条生态，研究制定支持能源新技术产业生态体系建设的专项政策，通过科技专项推动技术、产品与产业持

续创新发展，培育产业各环节、全流程的头部企业，促进产业供应链核心企业高端化、科技化、精细化发展，推动“技术”+“商业模式”的协同创新，全面提升能源新技术产业的商业化能力和行业国际竞争力。

5.5.3 加快“四链”融合，形塑能源新技术产业高质量发展新模式与新路径

坚持“四链”融合推动能源新技术新兴产业的高质量发展，拓展能源新技术应用新场景、新模式、新业态，带动上下游产业链，辐射关联产业，加快能源新技术产业融合集群。摸底创新、产业、资金和人才链条在各领域各环节的堵点、卡点、断点，因地制宜，分类施策，有效提升资源配置效率和质量，形成更加高效、稳定的要素供给能力。充分吸收各地区能源数字经济发展成果，保障创新要素与技术要素供给，畅通能源新技术新兴产业发展急需人才的培育通道，促进产、学、研有效结合。围绕能源新技术产业链，部署创新链，以链式融合创新提升产业竞争力，深化“补链”“强链”，全面提升我国能源新技术产业链集群竞争优势。

参 考 文 献

[1] BP. Statistical review of world energy 2023[EB/OL]. https://www.bp.com/en/global/corporate/energy-economics/statistical-review-of-world-energy.html，2023.

[2] 国际能源署 . CCUS 项目数据库 [DB/OL]. https://www.iea.org/data-and-statistics/data-sets，2023.

[3] 程亮，范智慧，陈海雄，等 . 全球 CCS/CCUS 项目实践“有得有失”[J]. 中国石化，2022，(11)：69-72.

[4] 中国石油新闻中心 . 欧盟加快布局 CCUS 促进实现净零目标 [EB/OL]. http://news.cnpc.com.cn/system/2023/06/27/030105144.shtml，2023-06-27.

[5] 华经产业研究院 . 2023 年中国核电行业市场深度研究报告 [R]. 2023.

[6] 中国核能行业协会 . 我国核电运行年度综合报告（2022 年度）[EB/OL]. https://www.china-nea.cn/site/content/43625.html，2023-07-25.

[7] 中核战略规划研究总院，世界核协会 . 世界核电厂运行实绩中文报告 2023[R]. 2023.

[8] 中核战略规划研究总院 . 法国 NUWARD 小堆将成为欧洲联合监管评审的试点案例 [EB/OL]. https://www.cinie.com.cn/zhzlghyjzy/gwhxx/1224892/index.html，2022-06-07.

[9] 中核战略规划研究总院 . 日本拟建聚变电厂设备综合测试设施 [EB/OL]. https://www.cinie.com.cn/zhzlghyjzy/gwhxx/1235222/index.html，2022-07-13.

[10] 新华网客户端 . 经参・看世界 | 法国氢能发展“迈出一大步”[EB/OL]. https://baijiahao.baidu.com/s?id=1751604060360041295&wfr=spider&for=pc，2022-12-08.

[11] 光明网 . 美国首次在核聚变反应中实现净能量增益 [EB/OL]. https://m.gmw.cn/baijia/2022-12/14/1303223776.html，2022-12-14.

[12] 新华网 . 新华全媒 + | 探访新一代人造太阳“中国环流三号”[EB/OL]. http://www.sc.xinhuanet.com/20230901/7a55120ac8a34130b50bd60f39fe4bed/c.html，2023-09-01.

[13] GWEC. Global wind report 2023[R]. 2023.
[14] 中国光伏行业协会 . 2022—2023 年中国光伏产业年度报告 [R]. 2023.
[15] IEA. Snapshot of global PV markets 2023（2023 全球光伏市场快照报告）[EB/OL]. https://iea-pvps.org/snapshot-reports/snapshot-2023/，2023.
[16] IRENA. Renewable capacity statistics 2023[R]. 2023.
[17] EI. Statistical review of world energy 2023[R]. 2023.
[18] ThinkGeoEnergy. ThinkGeoEnergy's Top 10 geothermal countries 2022-power generation capacity（MW）[EB/OL]. https://www.thinkgeoenergy.com/tag/nrel/，2023-01-09.
[19] U. S. Department of Energy. U.S. National Clean Hydrogen Strategy and Roadmap[EB/OL]. https://www.energy.gov/articles/biden-harris-administration-releases-first-ever-national-clean-hydrogen-strategy-and，2023-06-05.
[20] 国际氢能网 . 日本修订《氢能基本战略》[EB/OL]. https://h2.in-en.com/html/h2-2425948.shtml，2023-06-13.
[21] IEA. Global hydrogen review 2023[R]. 2023.
[22] FCH-JV. Pre-normative research for safe use of liquid hydrogen[R]. 2023.
[23] BP. Bp's second quarter 2023 results[EB/OL]. https://www.bp.com/en/global/corporate/investors/results-reporting-and-presentations/quarterly-results-and-webcast.html?_ga=2.182213415.1096169328.1694482816-32707545.1694482816，2023.
[24] 掌上春城 . 德国与挪威将联合建设氢气输送管道 [EB/OL]. https://new.qq.com/rain/a/20230107A05UUD00，2023-01-07.
[25] 国际氢能网 . 保加利亚运营商建设 8.6 亿欧元的氢气管道项目 [EB/OL]. https://h2.in-en.com/html/h2-2424539.shtml，2023-04-26.
[26] 国际氢能网 . 全球在营加氢站 727 座！燃料电池车保有量突破 6.7 万辆！[EB/OL]. https://h2.in-en.com/html/h2-2421889.shtml，2023-02-05.
[27] 国家统计局 . 中华人民共和国 2022 年国民经济和社会发展统计公报 [EB/OL]. http://www.stats.gov.cn/sj/zxfb/202302/t20230228_1919011.html，2023-02-28.
[28] 中国煤炭工业协会 . 2022 煤炭行业发展年度报告 [R]. 2023.
[29] 中国政府网 . 截至 2022 年底全国累计发电装机容量约 25.6 亿千瓦 [EB/OL]. https://www.gov.cn/xinwen/2023-01/28/content_5738881.htm，2023-01-28.
[30] 陕西煤业化工集团有限责任公司 . 陕西日报｜全球在建最大煤化工项目在榆林一次性开车成功 [EB/OL]. https://www.shccig.com/detail/1413641，2022-10-13.
[31] 国家能源集团 . 低碳院煤化工 VOCs 治理技术取得重要进展 [EB/OL]. https://www.chnenergy.com.cn/gjnyjtww/chnjcxw/202212/bc0fd4fec67d46cfb9050fa324967d3d.shtml，2022-12-16.
[32] 准格尔旗人民政府 . 准格尔旗煤化工产业发展现状及有关建议 [EB/OL]. http://www.zge.gov.cn/xwzx/bmdt/202304/t20230421_3382752.html，2023-04-20.
[33] 中国 21 世纪议程管理中心，全球碳捕集与封存研究院，清华大学 . 中国碳捕集利用与封存年度报告（2023）[R]. 2023.

[34] 国家能源集团．亚洲最大火电二氧化碳捕集利用封存项目建成投产 [EB/OL]. https://www.ceic.com/gjnyjtww/chnjcxw/202306/ee9b66fc2a1d47a2a7720704f53b3360.shtml，2023-06-02.

[35] 光明网．我国首次实现二氧化碳长距离密相管输 [EB/OL]. https://baijiahao.baidu.com/s?id=1771099685947948042&wfr=spider&for=pc，2023-07-11.

[36] 中国核能行业协会．中国核能发展报告 2023[R]. 2023.

[37] 中国核能行业协会．全国核电运行情况（2022 年 1-12 月）[EB/OL].https://www.china-nea.cn/site/content/42324.html，2023-02-02.

[38] 中国核电网．中广核 2022 年度核电机组总上网电量 1983.75 亿千瓦时 减排超 1.64 亿吨二氧化碳 [EB/OL]. https://www.cnnpn.cn/article/34703.html，2023-01-11.

[39] 人民资讯．我国南方首个核能供热项目在浙江海盐正式投运 [EB/OL]. https://baijiahao.baidu.com/s?id=1718116046676413703&wfr=spider&for=pc，2021-12-03.

[40] 中国核能行业协会．中核工程承接的我国首个工业领域核能供汽工程项目正式开工建设 [EB/OL]. https://www.china-nea.cn/site/content/40845.html，2022-05-31.

[41] 新华网客户端．我国首个核能工业供热项目建成投用 [EB/OL]. https://baijiahao.baidu.com/s?id=1752358091347531866&wfr=spider&for=pc，2022-12-16.

[42] 中国电力企业联合会．2022 年中国电力行业经济运行报告 [R]. 2023.

[43] 中国可再生能源学会风能专业委员会．2022 年中国风电吊装容量统计简报 [R]. 2023.

[44] 水电水利规划设计总院．中国可再生能源发展报告 2022[R]. 2023.

[45] 国家发展改革委 国家能源局关于印发《“十四五”现代能源体系规划》的通知（发改能源〔2022〕210 号）[EB/OL]. https://www.gov.cn/zhengce/zhengceku/2022-03/23/content_5680759.htm，2022-01-29.

[46] 国务院办公厅转发国家发展改革委、国家能源局关于促进新时代新能源高质量发展实施方案的通知（国办函〔2022〕39 号）[EB/OL]. https://www.gov.cn/zhengce/content/2022-05/30/content_5693013.htm，2022-05-14.

[47] 国家能源局．需求旺盛 光伏产业加快提质升级 [EB/OL]. http://www.nea.gov.cn/ 2023-02/24/c_1310699967.htm，2023-02-24

[48] 国家发展改革委 国家能源局 财政部 自然资源部 生态环境部 住房和城乡建设部 农业农村部 中国气象局 国家林业和草原局关于印发“十四五”可再生能源发展规划的通知（发改能源〔2021〕1445 号）[EB/OL]. https://www.ndrc.gov.cn/xwdt/tzgg/202206/t20220601_1326720.html?，2022-06-01.

[49] 国家发展改革委关于印发《“十四五”生物经济发展规划》的通知 [EB/OL]. https://www.gov.cn/zhengce/zhengceku/2022-05/10/content_5689556.htm，2021-12-20.

[50] 国家发展改革委 国家能源局关于印发《“十四五”现代能源体系规划》的通知 [EB/OL]. https://www.gov.cn/zhengce/zhengceku/2022-03/23/content_5680759.htm，2022-01-29.

[51] 国家发展改革委 国家能源局关于完善能源绿色低碳转型体制机制和政策措施的意见 [EB/OL]. https://www.ndrc.gov.cn/xxgk/zcfb/tz/202202/t20220210_1314511.html，2022-01-30.

[52] 国务院关于印发“十四五”推进农业农村现代化规划的通知 [EB/OL]. https://www.gov.cn/zhengce/content/2022-02/11/content_5673082.htm，2021-11-12.

[53] 中国产业发展促进会 . 中国生物质能产业发展年鉴 2023[R]. 2023.

[54] 水电水利规划设计院 . 中国可再生能源发展报告 2022[R]. 2023.

[55] 国家发展改革委，国家能源局 . 氢能产业发展中长期规划（2021—2035 年）[R]. 2022.

[56] 孙旭东，赵玉莹，李诗睿，等 . 我国地方性氢能发展政策的文本量化分析 [J]. 化工进展，2023，42（7）：3478-3488.

[57] 中国能源传媒集团 . 中国能源大数据报告（2023）[R]. 2023.

[58] 未势能源 . 国际领先！未势能源Ⅳ型储氢瓶质量储氢密度突 6.1wt%[EB/OL]. https://mp.weixin.qq.com/s/ne_LQ7abunmh5ebS006ixg，2023-02-09.

[59] 氢智汇 . 2022 氢燃料电池汽车年产销均突破 3000 辆，创有史以来新高 [EB/OL]. https://mp.weixin.qq.com/s/Li9Tq8Km2Fdnk1PVleXvfQ，2023-01-12.

[60] 央视网 . 我国首次实现固态氢能发电并网 [EB/OL]. https://tv.cctv.com/2023/03/26/VIDEvx23xxdf7J1mKJKUHOOd230326.shtml，2023-03-26.

[61] 央视网 . 氢能应用驶入快车道 [EB/OL]. https://tv.cctv.com/2022/11/19/VIDE5qInmKd6RsVDN9baD50e221119.shtml，2022-11-19.

[62] 人民日报海外版 . 万吨级光伏绿氢示范项目建成投产 [EB/OL]. http://paper.people.com.cn/rmrbhwb/html/2023-09/01/content_26014520.htm，2023-09-01.

[63] 央视网 . 全球首次海上风电无淡化海水原位直接电解制氢海试成功 [EB/OL]. https://news.cctv.com/2023/06/02/ARTIt4zHN0YEfNCTKbsn4F0w230602.shtml，2023-06-02.

本章撰写人员名单

主要执笔人：

彭苏萍　中国矿业大学（北京）　中国工程院院士，教授
张　博　厦门大学　教授
孙旭东　中国矿业大学（北京）　副教授

课题组主要成员：

彭苏萍　中国矿业大学（北京）　中国工程院院士，教授
张　博　厦门大学　教授
孙旭东　中国矿业大学（北京）　副教授
苏　罡　中国核电工程有限公司　研究员
冯　煜　中国船舶重工集团海装风电股份有限公司　工程师
孔凡太　中国科学院合肥物质科学研究院　副研究员
王　闻　中国科学院广州能源研究所　副研究员
何雨江　中国地质科学院水文地质环境地质研究所　研究员
张蕾欣　中国矿业大学（北京）　工程师
段星月　中国矿业大学（北京）　科研助理
柳梦雪　中国矿业大学（北京）　科研助理
檀昌稳　中国矿业大学（北京）　科研助理
刘庚慧　中国矿业大学（北京）　科研助理
苏　颖　中国矿业大学（北京）　科研助理
胡雯娴　中国矿业大学（北京）　科研助理

第 6 章

新材料产业

战略性新兴产业“品牌项目”新材料产业课题组

【内容提要】新材料是新兴产业和未来产业发展的根基，是抢占科技和经济发展制高点的关键抓手，也是我国发展新质生产力的重要领域。本章首先总结了全球新材料产业发展概况与经验，以及我国新材料产业发展现状与存在的问题；其次，系统分析了新材料产业未来发展趋势，新材料产业在自身高速发展的同时与信息、能源、生物、制造等领域高度渗透、深度融合，正在加速推动以数字化、网络化、智能化、绿色化为特征的新发展模式。面向新的发展形势，着眼夯实新材料产业发展根基，加快形成新质生产力，实现产业高质量发展，本章提出了加快发展面向新兴产业和未来产业的新材料体系发展方向，以及相关措施建议：推进重点新材料基础设施和重大项目实施，加快形成新材料产业链企业专项培育政策，设立新材料培育发展专项经费，支持未来产业引领的新材料示范园区建设，增强金融服务新材料发展的能力。

6.1 全球新材料产业发展概况与经验

新材料产业是支撑国民经济发展的基础性产业和赢得国际竞争优势的关键领域，是产业基础再造的主力军和工业绿色发展的主战场，也是新一轮科技革命和产业变革的基石与先导。

进入21世纪以来，全球科技创新进入空前密集活跃的时期，新一轮科技革命和产业变革正在重构全球创新版图、重塑全球经济结构[1]。当前，全球新材料产业竞争格局正在发生重大调整。新材料与信息、能源、生物等高新技术领域融合加速，超材料、二维材料、拓扑绝缘体等新物态不断涌现，大数据、数字仿真等技术在新材料设计和研发中的作用越发突出，材料基因工程[2]、增材制造[3]等新技术、新模式蓬勃兴起，新材料创新步伐持续加快。

6.1.1 发展概况

据行业咨询机构数据，2022年全球新材料产业产值规模接近3.7万亿美元。中国新材料产业产值从2012年约1万亿元增加到2022年的6.8万亿元，年均增长率达21%，成为全球新材料产业发展的重要动能。

世界主要发达国家和地区经过多年战略部署和发展，分别形成了特征鲜明的新材料优势领域，美国是目前新材料综合能力最强的国家，并不断加强先进有色金属材料[4]、量子信息材料、生物医用材料、纳米材料、极端环境材料及材料计算等方面的前沿技术研发[5]，以保障其在新材料领域的绝对优势。日本在信息功能材料、纳米材料、半导体材料、碳纤维复合材料、特种钢等领域具有举足轻重的地位。韩国依托三星、LG等制造业巨头，在显示材料、存储材料、能源材料等方面保持优势地位。欧洲在化工新材料领域一直占据较大的市场份额，在结构材料、高性能聚合物、半导体材料、石墨烯材料等领域保持优势。俄罗斯在耐高温材料、宇航材料方面具有明显竞争力。中国在新能源材料、化工新材料、稀土永磁材料、功能晶体材料等方面占据全球主导地位。

发达国家的大型跨国企业在新材料重点领域占据全球市场的垄断地位。日本信越（Shin-Etsu）、日本胜高（SUMCO）、德国世创电子（Siltronic AG）和韩国鲜京矽特隆（SK Siltron）等企业占据国际半导体制造用硅材料市场份额的80%以上[6]。日本东丽（Toray）基本垄断了高性能碳纤维及其复合材料市场[7]。美国铝业（Alcoa）掌握了飞机用金属新材料80%的专利，美国杜邦（DuPont）、日本帝人（Teijin）控制了对位芳纶纤维90%的产能。高端新材料技术和市场垄断提升了技术壁垒，削弱了其他国家新材料产业的竞争力。

面对经济全球化逆流，新材料产业链供应链安全风险凸显。2019年7月，日本以“安全考虑”为由，宣布对韩国实施出口管制含氟聚酰亚胺、抗蚀剂和高纯度氟化氢三种半导体制造用关键材料。为了应对日本的出口管制，韩国采取了出口管制品“生产本土化”和“进口地多元化”对策，一定程度上抵消了日本出口管制的冲击。日韩贸易摩擦不仅对半导体行业产生影响，还波及其他经济领域，同时带来科技自立自强的新启示。在当前贸易保护主义和单边主义抬头的背景下，大力推进关键材料生产的“本土化”进程，提升产品国内附加值，增强应对价值链断裂风险的能力，构建以安全为核心，面向未来的全球产业链成为世界各国新材料产业发展的战略重点。

世界主要科技强国不断强化新材料战略，全力提升新材料研发、产业化及面向未来的国际竞争水平。美国仅 2022 年就提出了包括《先进制造业国家战略》[8]、新版《关键和新兴技术清单》[9]、《6G 路线图：构建北美 6G 领导力基础》[10]、《两党基础设施法》[11] 等几十项措施与法案，旨在提升美国各个领域新材料创新能力，并在“制造业美国”（Manufacturing USA）[12]、能源部先进能源研究计划署（Advanced Research Projects Agency-Energy，ARPA-E）“OPEN 2021”[13]、美国国家纳米技术计划[14]、“增材制造发展计划”［AM（additive manufacturing）Forward］等计划资助下开展机器人用材料的制造、变革性清洁能源技术用新材料、纳米材料等前沿和颠覆性新材料的研发。

2023 年 3 月，欧盟委员会发布《关键原材料法案》[15, 16]，从内部行动和国际参与两个方面制定全面的行动方案，旨在打造安全、多样化、可负担和可持续的关键原材料供应链。2023 年 4 月，欧洲光子学领域技术平台 Photonics21 发布题为“新视野：通过光子学确保欧洲的战略自主”的多年度（2023~2030 年）战略研究与创新议程，重点关注先进材料［InP（磷化铟）、$LiNbO_3$（铌酸锂）、$BaTiO_3$（钛酸钡）］与硅光子学的集成，以及用于波长转换的非线性材料（表 6.1）等，涵盖了高性能计算与量子计算、AR 技术与 VR 技术、数字基础设施、工业 5.0 与制造业、汽车与移动性、空间与防御、可再生能源、健康、食品与农业等应用领域[17]。为确保掌握半导体、显示器、下一代电池等三大未来关键技术，2023 年 4 月韩国科学技术信息通信部在紧急经济长官会议上发布“三大主力技术超差距研发战略”，对包括效率 70% 的高性能燃料电池技术、确保 10 万小时 100 万千米耐久性的新材料等 100 项未来核心材料与技术进行重点支持。德国联邦教育与研究部发布“材料研究资助要点文件”[18]，对材料研究资助进行战略性调整，以确保德国材料研究的国际竞争力和技术主权。英国研究与创新署（UK Research and Innovation，UKRI）发布《UKRI 战略 2022—2027：一起改变未来》文件，将先进材料与制造列入世界一流影响力的优先发展事项。

表 6.1 数字基础设施领域研究内容

研究方向	2025~2027 年	2028~2030 年
光子研究挑战（TRL1~5）	• 用于数据中心内应用的共封装光学器件 • 先进材料（InP、$LiNbO_3$、$BaTiO_3$）与硅光子学的集成 • 用于波长转换的非线性材料 • 超低功率相干收发器 • 量子通信：兼容现有光纤 • 用于具有自适应分辨率控制方法的相干光学收发器的节能 DAC/ADC[1)] 设备 • 大规模光子集成电路（如混合 / 异质光子集成电路） • 混合 / 异构集成设计的数字化（光子代工厂之间互操作性设计的标准化） • 电子 / 光子学协同集成	• 跨多个光纤带运行的超宽带光学组件 • 集成用于高级光学功能（隔离、存储器等）的材料 • 用于智能管理和提高网络弹性的系统和设备 • 基于光子集成电路的量子网络 • 非地面光学网络 • 由零能光学组件实现的光学网络子系统从环境中提取能量 • 通过人工智能和基于数字孪生的虚拟样机实现的能源感知网络规划

续表

研究方向	2025~2027 年	2028~2030 年
光子创新挑战（TRL5~9）	• 基于芯片的多芯片收发器模块 • 数据速率扩展到 130 GBd 以上 • 多波长光源和收发器 • 由共同封装的光学收发器实现的光学互连系统 • 基于调制格式、编码方案的联合控制的相干光学收发器中的节能方法，信号后处理、DAC/ADC 和调制器驱动器 • 高波特率收发信机 • 具有高比特率、低功耗的光学互连	• 光学器件与高速数字硅基器件的联合封装 • 数据速率扩展到 260 GBd 以上 • 联合传感和通信 • 量子通信：共存于已安装光网络 • 增强的光通信基础设施和毛细管传感器网络，实现节能措施 • 建筑物内的光 / 无线汇聚 • Tb/s PON[2] 的成本效益光子组件和光子 / 电子集成 • Tb/s PON • 并行系统（组件阵列、大规模 WSS/OXC[3]）

1）DAC：digital to analog converter，数模转换器；ADC：analog to digital converter，模数转换器；2）PON：passive optical network，无源光纤网络；3）WSS：wavelength selective switch，波长选择开关；OXC：optical cross-connect，光交叉连接

世界各国新材料规划的目标，一是建立安全、弹性和多样化的新材料产业体系，确保新材料制造和创新的全球领先地位，摆脱对国外的过度依赖，保障国家安全和产业竞争力；二是探索、识别并扩大突破性和颠覆性新材料创新，成为科技和产业的创新领跑者。

6.1.2 发展经验

美国、欧盟、日本、韩国等发达经济体不断加强技术研发、完善基础设施建设、培养人才、健全法律制度，确保和扩大其在新材料领域的领先地位；政府致力于政策支持和营造良好生态，研究机构开展材料基础理论等方面研究，企业实现成果转化，多方协同共同推动新材料产业的发展；此外，通过新材料产业集群建设，推动新材料企业形成产业链、价值链和创新链系统融合。

在产业政策引导方面，美国不断出台有关新材料产业的发展政策，涉及能源、信息、生物、军工、航空航天等多个重要应用领域，并从国家层面对新材料发展进行系统定位。欧盟陆续发布新材料产业政策与研发计划，涵盖纳米技术材料、复合材料、生物材料、能源材料及半导体材料等诸多领域。日本新材料产业发展特征是以民用作为切入点，制定政策的侧重点是优先转化价值大、市场应用前景广阔的新材料，逐年加大对新材料技术和产品的研发支持力度，以不断提升产品的附加值和市场占有率。

在产业协同发展方面，美国新材料产业的开发特色是政府与私营部门联合，以国防采购合同的形式促进与高校、科研机构和企业的新材料研究。德国将高新技术的开发与基础研究作为联邦政府的一项硬性任务，联合高水平的研究机构和产出能力较强的企业，形成完备的新材料产业发展链条。日本政府高度重视新材料产业的协同发展，国家顶层设计推动，通过政产学研合作，社会和企业建立产业联盟共同推进新材料产业化和规模化发展。

在产业集群建设方面，美国新材料产业集群主要分布在五大湖地区和环太平洋沿岸地区，规模效应和集聚效应显著。德国制定集群策动计划，依托产业集聚区，实施集群式发展战略。日本筑波科学城、韩国大德科技园注重提升产业园对新材料企业的吸引力，并在发展过程中逐步形成了良好的产学研创新创业生态系统。此外，国外新材料产业集聚区注重在园区建设与管理、技术转移、财税金融政策、人才保障等方面构建完备的法律法规和政策体系，保障园区创新创业活动和产业的发展。

6.2　中国新材料产业发展现状与存在的问题

近年来，我国新材料产业立足资源优势和产业发展基础，推进材料先行、产用结合，着力构建以企业为主体、以高校和科研机构为支撑、产学研用协同促进的新材料产业体系，以创新驱动促进新材料产业高质量发展，经济指标保持持续增长，经济效益水平显著提高，总体技术水平显著提升，优质企业快速成长，新材料产业体系逐步完善，国际竞争力持续增强[19，20]。

6.2.1　发展现状

1. 产业规模平稳较快增长

近年来，我国新材料产业蓬勃发展，产值从2012年约1万亿元增加到2022年的6.8万亿元，预计2025年将达到10万亿元。在新材料应用最广泛的建材领域，新材料产业产值占比已由2014年的14%增至2020年的近20%。先进储能材料、光伏材料、超硬材料、新型显示材料等百余种材料产量居世界首位，先后培育出碳纤维、风电叶片、汽车轻量化复合材料、电子显示玻璃、石墨烯等多个数百亿元产值的产业，以及特高压陶瓷绝缘子、蓝宝石衬底、闪烁晶体、气凝胶等数十亿元产值的产业。我国前三大玻纤企业占据了全世界玻纤产量的50%以上，高强玻纤、高模玻纤、电子级玻纤、低介电玻纤、高硅氧玻纤等新材料已实现产业化。稀土功能材料（图6.1）、先进储能材料、光伏材料、有机硅、超硬材料、特种不锈钢、玻璃纤维及其复合材料等有力支撑了国民经济发展和重大工程建设。

2. 技术创新能力大幅提升

我国新材料研发投入强度由2012年的0.62%提高到2021年的1%左右，科技论文和发明专利数量位居全球第一，300余项材料技术获得国家科学技术奖励，建成了170余家国家重点实验室和工程（技术）研究中心、26家国家新材料重点平台。关

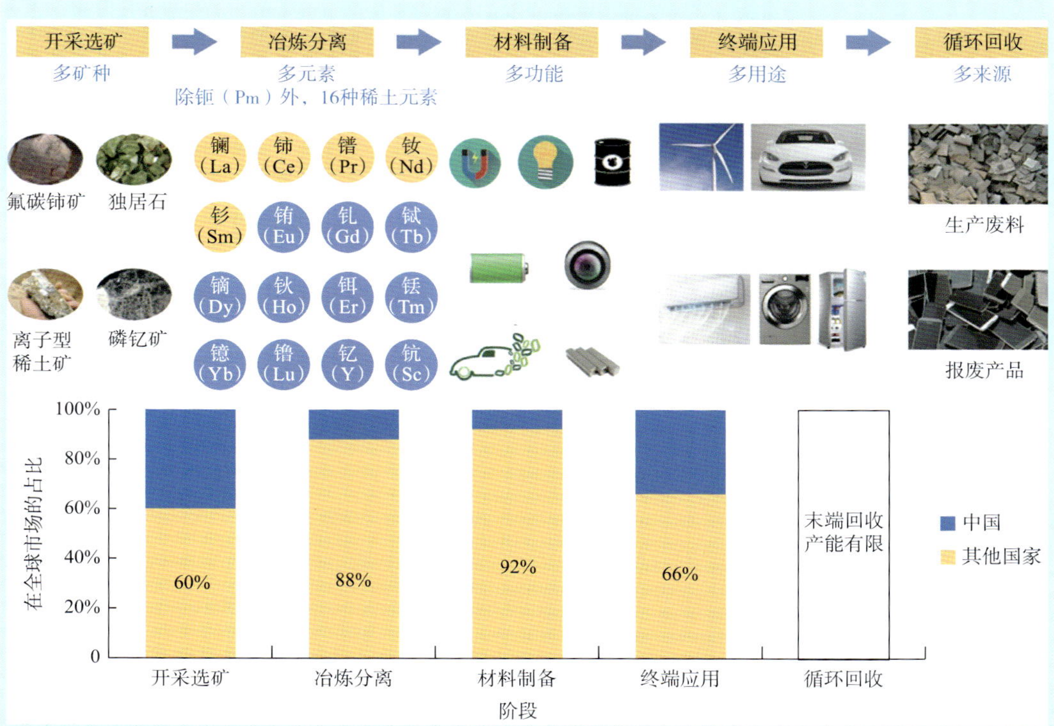

图6.1　中国稀土产业链各阶段在全球市场的占比[21]

键材料不断创新突破，首次发现极细晶粒多晶铜中的一种可维持金属高温强度的全新亚稳态结构[22]，N36锆合金等一批典型材料的自主化研发成功解决了制约核电发展的锆材生产问题，超导材料领域具备全流程生产能力，有序介孔高分子和碳材料研究实现国际引领，C919大飞机用铝合金厚板、特种工程塑料、电子化学品等一批新材料实现突破。应用于“天和号”空间站核心舱的复合材料主结构件等一批自主研发的新材料有力保障了航空航天、信息通信等重大装备和重大工程的实施。同时，我国积极探索新物态调控，研发高效率、低能耗、多功能的原型器件，为低能耗电脑芯片，无损输电，拓扑量子计算机，环保型热电、磁电材料与器件等未来颠覆性技术革新奠定科学基础，前瞻布局未来产业[23]。

3. 企业实力不断壮大

截至2021年，我国已培育形成以材料为特色的单项冠军企业196家、“专精特新”“小巨人”企业998家，综合实力稳步增长，国际竞争力持续增强。目前我国在镁基新材料、化工新材料、新型显示材料、功能高分子材料、新能源电池材料、高性能磁性材料等领域初步形成了上下游协同发展的产业体系，一大批新材料产品已具备国际领先优势。我国新材料企业通过自主研发有效服务国家重大工程建设。哈尔滨玻璃钢研究院研制的复合材料主结构件成功应用于我国首个空间站天和核心舱的推进分系统和电源系统；中国科学院上海硅酸盐研究所自主研发的大尺寸碳化硅陶瓷基复合材料成功应用于多个卫星，在空间遥感卫星领域实现应用突破和自主保障；成都中建材光电材料有限公司开发的碲化镉发电玻璃成功应用于北京冬奥会短道速滑馆等重大工程。

4. 产业集聚态势良好

我国新材料空间布局日益优化，产业集聚效应逐步凸显，产业集群渐成规模，形成了以环渤海地区、长三角地区和珠三角地区为代表的新材料产业集聚区，新材料领域培育了 4 个先进制造业集群、14 个战略性新兴产业集群、19 个创新型产业集群、96 个新型工业化产业示范基地。深圳拥有国内最大、产业链相对完整的先进电池材料产业集群，集聚了动力电池正负极材料、电解液和隔膜等领域的国内外代表性企业；集群主导产业年产值超过千亿元，集群工业总产值占全国相应产业的比重超过 70%。宁波在稀土磁性材料、化工新材料领域处于国内领先水平，形成了具有国内影响力的产业集群，稀土磁性材料产量占全国的 40%，二苯基甲烷二异氰酸酯、丙烯腈—丁二烯—苯乙烯共聚物（acrylonitrile-butadiene-styrene，ABS）、聚丙烯树脂等化工新材料产量位居全国第一。苏州围绕纳米技术应用产业，形成了从设备、原材料、制备、工艺、集成到应用的全产业链的纳米材料产业集群，纳米技术应用产业产值突破 1 000 亿元，是全球八大纳米产业集聚区之一[24]。

5. 新材料产业支撑引领作用凸显

习近平总书记指出，“新材料产业是战略性、基础性产业，也是高技术竞争的关键领域，我们要奋起直追、迎头赶上”①。新材料作为材料工业的先导，对推动技术创新、促进传统产业转型升级和国家安全等具有重要的支撑和引领作用。国内已经在基本型（T300 级）碳纤维的研制、工程化及航空航天应用关键技术、湿法高强型（T700G 级）碳纤维的研制和工程化关键技术、高强中模型（T800H 级）碳纤维的工程化及其应用关键技术等方面取得了系列突破，有力支撑了我国卫星平台、运载火箭、大飞机、兵器舰船等国家重大工程建设。凯盛科技集团有限公司建成国内首条 8.5 代 TFT-LCD② 玻璃浮法生产线，中国南玻集团股份有限公司建成国内首条锂铝硅玻璃产业化生产线，打破了国外对我国高品质电子显示玻璃领域的长期垄断。我国拥有完全自主知识产权的铈磁体已广泛应用于机器人、高端机床、医疗、节能家电和电动自行车等领域各类电机中，年产量已超过 6 万吨，规模约占整个稀土永磁产业的三分之一。

---

① 习近平在山西考察工作时强调 扎扎实实做好改革发展稳定各项工作 为党的十九大胜利召开营造良好环境 [EB/OL]. http://jhsjk.people.cn/article/29359849，2017-06-24.

② TFT：thin film transistor，薄膜晶体管；LCD：liquid crystal display，液晶显示器。

6.2.2 存在的问题

虽然我国高度重视新材料产业发展，初步建立了品种门类较为齐全的新材料产业体系，但我国新材料产业发展仍面临先进基础材料参差不齐，关键战略材料受制于人，前沿新材料技术有待突破等问题。新材料产业起步晚、底子薄，在原始创新上取得新突破、关键核心技术实现自主可控、创新链产业链供应链深度融合和安全保障等方面仍需进一步提升。梳理新材料产业发展存在的差距和主要问题如下。

1. 部分基础原材料依赖进口，严重威胁新材料产业链安全

中美两国科技脱钩不断加剧及俄乌冲突等重要事件的发生，使全球经济秩序和政治关系受到严重冲击，世界科技竞争格局正在发生变化。在经济社会发展、国防装备建设和人民福祉改善领域，部分新材料“卡脖子”问题日益显现。美国实体制裁清单涉及的相关关键芯片及器件反映我国半导体材料领域仍存在技术基础薄弱及产业链脆弱的环节。

2022 年，我国半导体材料市场达到 1 175.2 亿元［数据来自《中国半导体支撑业发展状况报告（2022 年编）》］，其中我国本土企业的销售收入为 640.6 亿元左右，占比约 55%，仍然没有达到自主可控的程度。生产硅单晶用 11-13N 超高纯多晶硅、大尺寸高档石英坩埚和石墨热场、高档光刻胶用成膜树脂、高端靶材用超高纯金属、CMP（chemical mechanical polishing，化学机械抛光）抛光液用高档磨料等严重依赖进口。例如，我国适用于 12 寸硅片的 ArF（氟化氩）光刻胶基本依靠进口，我国本土的掩膜版厂主营生产低端产品，尚不具备生产高档高纯石英掩膜基板的生产能力。半导体材料和器件加工关键装备、关键配套辅助部件等尚未形成供应能力。

用于制备先进结构和功能一体化陶瓷材料的高性能陶瓷粉体行业长期被日本、欧美公司垄断。我国高性能氮化物陶瓷粉体，如氮化硅、氮化铝、氮化硼等粉体全部依赖国外进口，虽然国内正在进行关键技术攻关，且已经有相关产品，但距离真正产业化还有相当长的距离。在非氮化物陶瓷粉体方面，国产碳化硅、碳化硼、硼化锆、硼化铪等关键陶瓷粉体的产业水平与国外差距明显，航天用轻量化碳化硅光学部件、舰船用大型高强度高韧性碳化硅密封部件、核反应堆用碳化硼中子吸收部件、高硬度碳化硼防弹装甲部件等只能依赖进口高纯高性能陶瓷粉体，在先进结构和功能一体化陶瓷材料等领域存在关键原材料受制于人的问题。

我国新型显示产业规模已超过韩国成为全球第一，但是全产业链发展极不均衡，关键材料对外依存度较高，产业发展存在重大隐患。例如，LCD 显示的 TFT 高端液晶材料由德国默克（Merck）、日本 Chisso、日本 DIC 长期垄断，TFT-LCD 用玻璃基板 90% 依赖美国康宁、日本旭硝子等厂商进口。在有机发光二极管（organic light emitting diode，OLED）显示方面，发光材料依赖美国陶氏化学、UDC（Universal Display Corporation，通用显示器公司），日本 LG 化学、东丽、三菱化学、住友化学

及韩国三星、SDI 等企业进口。激光显示商用化核心材料同样依赖进口，如三基色发光材料全部依赖日本日亚、三菱电机，以及德国欧司朗进口，成像材料由美国 TI（Texas Instruments，德州仪器）垄断。

2. 部分核心装备尚未实现自主可控，产业存在风险

研发与生产脱节，材料、工艺与装备多学科交叉融合研究不足，流程和装备问题未受到重视，是导致核心装备受制于人的重要原因。

国内碳纤维生产装备与国外差距显著，缺乏装备自主设计制造能力，严重依赖国外进口，国内生产高质量碳纤维所必需的碳化炉和高温石墨化炉主要来自美国哈泊国际公司和德国西格里碳素公司，装备短板问题突出。主要原因如下：一是缺乏优秀的设计 / 模拟人员，产业化经验相对匮乏，国外技术封锁，导致国内在自主设计装备方面长期停留在百吨级水平；二是国内核心工业领域的 3D 结构设计软件，力学场、温度场、流场模拟软件，普遍依赖进口；三是国内基础工业领域（如机械加工领域）与国外（如德国、日本）仍然存在明显代差，直接导致碳纤维设备或核心部件的制造规模 / 工艺 / 精度、装配规模 / 精度、维护水平较德国、日本等国有明显代差；四是国内装备制造用原材料质量与装备强国（如德国）差距明显，如国内高温炭化炉的石墨发热体材料、石墨电极材料，低温炭化炉的炉胆材料等与国外在质量上差距明显；五是近年来在我国碳纤维产业迅速发展的大潮中，企业以引进设备为主导，与国外厂家近乎无保留的工艺沟通，为国外设备设计制造企业（非纤维生产企业的制造商）创造了全方位的工艺装备一体化研制生产、迭代提升的条件，从而延误了国产化装备的推进和提升。

目前，高端正极材料核心生产装备从混料机、窑炉到表面改性设备全部依赖日本进口，我国生产装备在能力与稳定性方面与日本装备有两代差距。需要在核心装备上开展深入、系统的研究工作，为实现技术独立自主提供保证。

稀土功能材料同样面临装备问题，现阶段我国稀土功能材料在产品一致性、稳定性及高端产品占比等方面与国外存在明显差距，一个重要的原因是我国缺乏材料制备所需的核心部件和装备，关键核心技术与高端装备对外依存度高。据统计，近 5 年稀土磁、光等功能材料行业技术及装备引进费用达 2 亿美元，稀土功能材料生产装备的核心部件进口总值达 1 亿美元，国产化率约 70%；其中，高端材料制备的核心部件国产化率不足 50%，晶体等尖端材料核心关键部件国产化率不足 30%，尤其检测及应用评价设备对外依存度较高。在粘结稀土永磁装备领域，国内尚无成熟的喷铸法制备粘结磁粉的装备与技术，难以在高端稀土磁粉的质量与规模方面与国外企业形成有效竞争；在烧结稀土永磁装备领域，由于速凝技术不过关，中低档磁体速凝薄带的熔炼成本过大，涉及高档磁体的速凝薄带需要外购，外购厂家或多或少都有日本企业的身影。

国内在人工晶体和电子陶瓷的研制生产方面具有一定的技术优势，但高温烧结炉等核心装备仍基本靠进口保障。电子陶瓷材料，如国内市场高端多层陶瓷电容器

（multi layer ceramic capacitor，MLCC）的需求主要依赖进口。由于缺少自主知识产权和先进工艺设备，高性能陶瓷粉体、电极浆料、先进生产设备均大量依赖国外厂商。

在纳滤膜材料方面，制膜工艺及设备精度与国际先进水平差距较大，生产环境控制差、自动化程度低等问题造成整体工艺适应性及可靠性不高，导致我国纳滤膜产品性能存在差距。在陶瓷膜方面，制备工艺流程较长，受多种因素影响，如支撑体及过渡层性能、分离层制膜工艺、匹配性问题等，目前我国陶瓷膜制备生产线自动化程度低，极易造成最终膜产品性能不稳定。在高温气/固分离膜方面，应用成套装备要求较高，国产配套装备尚无法满足需求，国产化率低，高温气固分离膜市场几乎被国外企业垄断。

3. 高端产品自给率不高，高端应用的自主保障能力不足

我国新材料产业起步晚，原始创新能力不足，缺乏多学科交叉融合研究和原创性理论，缺乏体系化、规模化的专业人才队伍和知识产权（核心技术）储备，导致产品主要集中在中低端，高端产品自给率较低。

我国主要稀土功能材料产业规模居全球前列，但“大而不强”的问题仍然比较突出，特别是在一些细分领域，汽车、电子、新能源等领域所需的高端稀土功能材料被国外垄断。一些产业关键技术均来自国外，如稀土永磁生产过程中的速凝、氢破碎、渗 Dy（镝）等关键技术的源头来自日本；靶向气流磨技术，烧结钕铁硼一致性、智能化生产装备与技术，热压磁体产业化技术，以及高性能钕铁硼磁体、钐钴磁体的最高性能指标等仍掌握在日本、欧洲和美国等手中。长期以来，美国、日本在高性能钐钴永磁材料方面的技术领先我国，美国 Arnold、EEC（Electron Energy Corporation，电子能源公司）和欧洲的 VAC 公司先后实现了磁能积 30~32MGOe（兆高·奥）钐钴磁体的批量化生产。

我国反渗透膜材料的低端产品已经产能过剩，高端产品尤其是高脱盐率、高通量、耐污染的大型反渗透膜及新型混合基质海水淡化膜的分离性能、抗污染性、抗氯氧化性等与国际先进水平尚存在一定差距，直接导致国产反渗透膜在大型海水淡化工程应用中缺乏竞争力，在国内海水淡化市场占有量不足 5%，大多应用于低端净水器领域（占总产能的 50%）。我国尚无具备国际竞争力的工业用纳滤膜材料，国内相关工程应用基本被国外产品垄断；我国自主研发的高温气固净化膜、氯碱分离膜等关键膜材料在国内相关工程中总体应用占比不高。

在新型显示领域，我国的产业规模已处于世界第一梯队，我国的显示材料已经有了长足的进步，材料特性有明显提升，但是相比国外领头企业还存在很大差距，特别是在材料稳定性、材料寿命等方面差距较大，如我国主要生产供应 OLED 材料的企业仅是欧洲、美国、日本、韩国等的 OLED 材料中间体和粗品的原材料供应商。以我国液晶显示产业为例，TFT-LCD 材料产业化至今已十年有余，但国产化率依然不足，本土厂家在企业规模、市场份额、利润水平、新品储备等方面均与国外巨头

差距很大，在行业话语权、产品定价权、技术标准主导权等重要方面需要进一步提升影响力。

4. 应用基础研究与产业化脱节，产业化进展滞后

部分种类的新材料基础研究取得一定成果，论文、专利数量处于领先地位，但应用基础研究与产业化脱节，难以打通“最后一公里”，科研成果从样品到产品再到商品的转化效率低，产业化能力不足，导致市场被国外企业占据。高校、研究院所与企业在体制上分离，交流协作不充分，缺乏能将成果及时、有效转化和具体实现产学研相结合的有效机制。高校和研究院所的研究成果往往停留在实验室工作阶段，没有产品的小试、量产验证，企业的研发往往又因实验分析设备的缺乏而不够深入。

对于热压磁体材料，国内在这一领域的研究已经处于世界先进水平，研发内容包括热流变磁体各向异性形成“转动—滑移和再结晶长大”理论和取向技术、晶界扩散提高磁体矫顽力、无重稀土高矫顽力热压磁体的研发、磁体微观组织结构的调控、热压磁体使役性能的研究、HDDR（hydrogenation-disproportionation-desorption-recombination，吸氢—歧化—脱氢—复合）热压磁体的研发、磁化机理和矫顽力机制的研究、新制备工艺技术研发等。在产业化方面，美国和日本率先实现了热压磁体的产业化生产和商业化应用，美国 Magnequench 公司主要生产 MQ3 磁体，日本大同电子株式会社（日立金属的子公司）的关注焦点早期主要集中在制备技术的开发和改进方面，近年来开始聚焦于磁体晶界扩散工艺的改进和性能提升。相比之下，我国在热压磁体产业化方面仍然处于技术研发阶段。

在第二代半导体材料中，砷化镓（GaAs）是目前最重要、最成熟的化合物半导体材料，主要用于制作微波毫米波功率器件、发光二极管（light emitting diode，LED）和半导体激光器［也称为激光二极管（Laser Diode，LD）］，广泛用于雷达、无线通信、光纤通信等领域，其市场规模仅次于单晶硅。就材料而言，4 英寸[①] 及 6 英寸砷化镓晶圆及外延片主要被日本住友电工、德国费里伯格、美国晶体技术公司（AXT）3 个公司垄断，占据了 90% 以上的市场份额；国内，LED 用低阻砷化镓单晶衬底及其外延材料已形成一定的产业规模，基本可满足国内 LED 和 LD 产业的需求，4 英寸及 6 英寸的半绝缘砷化镓单晶材料虽然早已研制出来，但用于微波功率器件的砷化镓半绝缘单晶晶圆及其外延材料还没有在国内实现产业化。另外，国内虽已突破了 4 英寸半绝缘 InP 单晶晶圆的制造技术，但尚未形成产业化能力。

5. 市场培育不力，产品缺乏大规模应用

应用和市场是新材料实现价值转化的必经环节，为其发展提供不可或缺的牵引力，也是很多新材料的死亡之谷。我国部分新材料的研发、应用与市场培育未实现同步发展，存在应用技术发展滞后、市场培育不力等问题，导致产品缺乏大规模应用出口。

① 1 英寸≈2.54 厘米。

我国从事碳纤维生产的企业更多习惯于跟踪国外的应用技术与应用领域，以“成型加工”方式开展高性能纤维复合材料的制备，工业领域缺乏对高性能纤维复合材料设计—制造—应用的集成能力，“不会用、用不好”问题严重，导致国产高性能纤维没有大规模应用出口，有产能没产量，产能迟迟难以释放。

在稀土功能材料方面，针对我国稀土元素产量不均和不平衡应用的问题，着力拓展和培育镧、铈、钇等高丰度稀土元素的新兴市场，如在机动汽车尾气、工业节能、车辆轻量化等领域的应用，解决部分稀土元素因传统应用领域的萎缩而形成的积压问题。

新型显示材料产业化及推广应用难度高，原因有二：第一，由小量研发走向大量生产存在较大的工艺难度，在量产工艺、量产设备等技术上，还需要国内厂商进一步加大投入，攻克关键技术工艺难题，尽快突破一系列工程化关键技术。第二，由于长期以来国产材料在产业界给予客户的信任度较低，进入面板产线的验证周期较长。

6. 部分产业“小、杂、散”问题突出，行业集中度不高

与欧美国家等依靠集结大型或巨型生产企业来占据产业和市场绝对主体地位不同，我国关键战略材料产业的“小、杂、散”问题突出，难以匹敌同行业国际巨头，市场竞争力不强。

在电子陶瓷材料领域，如片式元器件，国内多家主要从事片式元器件生产的骨干企业在片式元器件方面的产值总和不及日本 TDK 一家跨国公司。在压电陶瓷产品方面，我国较大的压电陶瓷企业数量较多，其中规模较大的企业包括苏州攀特电陶科技股份有限公司、广东捷成科创电子股份有限公司等，这几家企业能够生产一些高端压电陶瓷产品，如多层压电陶瓷驱动器、多层压电变压器、多层压电微扬声器及压电微马达等。但多数企业是中小企业，产品结构以低端产品为主，如点火器、蜂鸣器及少量的滤波器、换能器等。尽管过去几十年我国在压电陶瓷的研究开发中取得了一批有自主知识产权的技术成果，但从目前行业的总体情况看，其市场竞争力、产业技术水平亟待提高，产品结构有待升级。

在微波电磁介质材料方面，我国微波电磁介质的研究开发起步较早，近十几年来形成了若干个具有一定规模的企业，如浙江正原电气股份有限公司、深圳顺络电子股份有限公司等。但这些企业与国际知名企业，如日本 Murata、德国爱普科斯（EPCOS）、美国 Trans-Tech、英国摩根（Morgan）等公司相比较，在技术水平、产品品种和生产规模上有较大差距。微波器件的核心介质材料仍然主要依赖进口。仅移动通信手机生产一项，每年需要进口的天线、滤波器的器件就耗资上千亿元。

在半导体陶瓷方面，目前国内半导体陶瓷及相关敏感器件的生产企业较多，但多以中小型企业为主，企业的成立时间多数在 20 世纪 90 年代，以民营企业与外资企业为主体。外资企业纷纷以独资或合资的方式在国内市场建立了生产基地，其技术优势明显且产品性能优良，在国内高端市场上占据着主导地位，且每年的出口量较多。从技术方面看，国内中小企业生产工艺较为落后，在生产设备、检测设备、

原材料、质量控制等方面还存在较大不足，导致国内产品线比较单一，尤其是在高端市场，无法满足市场的需求，产品结构以中低端为主，市场竞争力较弱。

7. 标准、评价体系不完善，难以有效支撑技术发展

完善的材料综合性能测试和应用技术评价体系是持续支撑技术及行业发展的基石，统一、科学、规范的标准体系是产业上下游交互的基础，是实现降低产品成本、提升研发效率的关键。然而，我国部分关键战略材料产业起步较晚，评价标准体系尚未完善，部分关键测试设备与技术未能完全自主掌握，导致产业良性通道受阻。此外，大部分行业的国际话语权不足，导致部分行业产品、技术标准的认可在国际上受限，也难以提升产品的国际竞争力。

稀土新材料的应用（使役）性能测试装备严重依赖进口，许多新型材料的评价手段比较欠缺。在高端应用领域大部分依赖国外用户，不仅导致研究开发进程慢，而且使得产品交易受制于人，无法掌握市场的主动权，缺乏全面、科学、规范、可操作性强的产品性能检测评价标准体系，限制了先进稀土新材料及高端应用技术的发展。

国内已开发的阻尼材料品种很多，但与国外发达国家相比，均未形成系列化，同时在结构功能一体化、阻尼计算与寿命预测等方面还存在较大差距，也未建立起系统的标准。

在动力电池领域，需要尽快建立统一的测试方法和标准，测试方法和标准的不一致，导致相关产品为客户认证难度大。例如，燃料电池的核心材料及器件尚未形成成熟的测试体系，如质子膜材料、炭纸等的韧性、孔隙率和透气性等，需要建立统一的测试体系，以支撑技术发展。

我国高性能膜行业生产企业虽然众多，但缺乏行业标准造成产品质量参差不齐低质低价竞争现象普遍存在，导致膜产品应用过程中出现诸多问题，严重阻碍高性能膜材料行业的健康发展。以离子交换膜为例，我国离子交换膜尚无国家标准，离子交换膜产品基本性能检测、电渗析膜堆尺寸大小、格网、垫片等均无统一配套标准，大幅限制了离子交换膜产业的发展。

6.3　新材料产业发展的未来趋势

以人工智能、量子信息[25]、移动通信、物联网、区块链为代表的新一代信息技术加速突破应用，以合成生物学、基因编辑、脑科学、再生医学等为代表的生命科学领域孕育新的变革，融合机器人、数字化、新材料的先进制造技术正在加速推进制造业向智能化、服务化、绿色化转型。不断涌现的新材料制备、加工、应用技术为信息、生命、制造、能源、空间、海洋等领域的开拓发展提供了更广泛的创新基础，新材料产业的创新发展正在成为影响国家命运、人民福祉的战略高地。

总体上看，新材料产业发展的趋势呈现如下特征。

1. 信息功能材料创新是未来科技革命和产业变革的重要引擎

以人工智能、云计算、大数据、物联网、移动互联网等为代表的新一代信息技术正在经历新的发展阶段。量子通信和量子计算已经成为信息领域的竞争焦点。人们拥有越来越多的通信终端，汽车电子化趋势不断增强，智能家居、智能穿戴设备、医疗电子不断兴起，消费娱乐电子不断增多，先进制造业强力推进，大数据时代来临，航空航天电子需求快速增长，这些都将促进信息功能材料需求的急剧攀升，并推动信息功能材料快速发展。

根据国际半导体产业协会（Semiconductor Equipment and Materials International，SEMI）统计数据，2022 年全球半导体硅片出货面积达到 147.13 亿平方英寸，预计 2025 年可能达到 210 亿平方英寸。随着硅基集成电路技术朝摩尔定律极限发展，新型半导体材料与硅材料的结合将有利于突破硅的极限，可以更好地兼顾硅基集成电路的经济成本优势。绝缘体上硅、硅基化合物半导体、新型相变材料、阻变材料、自旋电子材料、宽禁带碳化硅、氮化镓，以及超宽禁带半导体氧化镓、金刚石等是目前成熟硅基集成电路和砷化镓基半导体功率器件的重要补充和未来的发展方向。碳纳米管已然成为后摩尔时代中颇具潜力的新型半导体材料，可在短期实现碳基传感技术等高性能、中集成度的应用，在长期实现碳基射频电子、特种芯片，甚至超大规模碳基数字集成电路等高性能、高集成度的应用。

显示技术将得到全面发展，急需为高临场感的显示技术和无所不在的贴身信息传输、收集、处理及服务提供关键材料。OLED 作为全色、高亮度发光材料已经占据市场重要地位，Micro-LED 正加速产业化，印刷显示和激光显示可能成为下一代平板显示的佼佼者。面对未来信息显示和海量信息处理的挑战，需要进一步提高光电材料的转换效率，创新发展新型显示材料。

激光晶体、非线性光学晶体、电光晶体等是全固态激光器（diode pumped solid state laser，DPL）的核心元器件，Nd:YAG、Nd:YVO4 等激光晶体，LBO（三硼酸锂，LiB_3O_5）、BBO（β 相偏硼酸钡晶体，β-BaB_2O_4）、KTP（磷酸钛氧钾，$KTiOPO_4$）等非线性光学晶体等具有较大的市场空间和良好的应用前景。

在元器件材料领域，随着电子信息产品进一步向小型化、集成化、宽带化的方向发展，信息功能陶瓷的细晶化、电磁特性的高频化、低温共烧陶瓷技术等将成为发展新一代片式电子元器件的关键技术。系列化新型电子元器件和模块的出现，将推动形成潜力巨大的应用市场。

2. 材料绿色生产和新能源材料颠覆性技术将成为实现绿色低碳发展的关键

新能源技术、高效节能技术、清洁生产技术、资源循环利用技术已成为突破资源、能源、环境瓶颈，推动社会经济和节能环保产业发展，实现绿色低碳发展的巨大动力。英国政府发布了《绿色工业革命十点计划：更好地重建、支持绿色工业并加速实现净零排放》[26]。欧盟氢能与燃料电池联合行动计划发布《氢动力航空：到2050年氢技术、经济和气候影响》报告，提出氢动力航空是实现欧洲碳中性航空的关键。

在新能源革命的推动下，具有潜在颠覆性应用的新材料涌现[27]。热电材料是可以实现热能—电能直接转换的清洁能源材料，是太阳能全光谱高效发电、工业余热发电、微小温差发电、热电制冷等前瞻性、战略性新能源技术的关键材料。有机-无机杂化钙钛矿材料作为太阳能电池的吸光材料，因消耗的资源更少，在超薄及柔性能源领域有着较为光明的应用前景。多电子体系电池已被应用于传统的锂离子电池和其他新型二次电池领域，锂空气电池［5 217瓦时/千克（$Whkg^{-1}$）］和锂硫电池（2 567瓦时/千克）有望实现比当前锂离子电池（低于500瓦时/千克）高2~10倍的能量密度的突破。储存和运输高密度气体燃料的新材料，先进的生物质废物转化为能源的技术，未来有望突破气体燃料应用部署的技术障碍，有效降低中型和重型气体燃料车的成本。风电行业需要继续降低成本，通过研发新材料或多材料的解决方案，以减轻部件重量、增加耐用性并改善机械性能；还需开发更轻、更耐用、更易回收的新材料，以提高风电发展的可持续性。

从国际能源署发布的“Renewables 2022 Analysis and Forecast to 2027”数据来看，2022~2027年，全球可再生能源装机将增长近2 400吉瓦，这是有史以来国际能源署预测的最大的一次上调。到2025年，可再生能源当年年度发电量将超过煤炭，成为全球最大的电力来源。未来10~20年，晶体硅太阳能电池的主导地位预计不会发生根本性变化。同时，新一代光伏技术不断取得突破，钙钛矿太阳能电池可以打破晶硅电池技术转换效率的理论“天花板”，有利于降低光伏产业每度电的成本，不断迈向商业化应用。

在储能及动力电池需求高速增长拉动下，未来10年锂离子电池市场仍将呈快速增长趋势。SNE Research数据显示，2022年全球动力电池和储能电池的总出货量达812亿瓦时。预计到2030年，交通和储能对锂离子电池的需求将激增至5.9万亿瓦时，显著带动上游正极、负极、铜箔、电极液、隔膜等锂离子电池材料需求不断增长，不断引领技术创新。钠离子电池正在进入加速发展阶段，可减少或避免锂、钴和镍等昂贵元素的使用，降低储能成本，与锂离子电池形成互补，有望在低速电动车、电动船、家庭/工业储能、5G通信基站、数据中心、可再生能源大规模接入和智能电网等多个领域获得应用并快速发展。

根据国际氢能委员会发布的《氢能源未来发展趋势调研报告》，预计到2030年，全球燃料电池乘用车将达到1 000万~1 500万辆，到2050年氢能源需求量将是目前的10倍。当前燃料电池的商业化进程加速，针对质子交换膜燃料电池关键基础材料及气固相储氢材料的需求将成倍增加。未来30年，全球氢能产业将进入快速发展期，材料及技术开发和产业资本将大量投入，氢能成本将大幅下降，氢能经济和氢能社会将成为人类社会“深度脱碳”的重要选择[28]。

膜材料在我国海水淡化、溶剂回收、自来水净化方面已经获得应用，成为节能环保领域的重要材料。同时，绿色环保的工艺制程也成为关注的重点，高纯超细陶瓷粉体原料制造重点向降低能耗、控制污染的绿色合成技术方向发展。

新材料的研发与生产更加重视节能环保与可再生，低碳及环境友好的制备技术正在快速发展，并进行全生命周期评价。有毒材料的替代，中重稀土的减量使用，生物基材料的研发及“短小轻薄”理念付诸实践。

3. 新材料在生物技术中的应用成为创新热点

生物医用材料、生物医药、生物基材料、生物农业日趋成熟，生物制造、生物能源、生物环保正在快速兴起。全球生物产业的年均增长率将高达30%，是世界经济增长率的10倍。

新材料与生物技术的融合将推动治疗性细胞和分子、化学物质、药物、聚合物和燃料的生物制造，并推动生物技术在计算、信号处理和通信领域的应用，脑机接口是科学技术改变生活的一大里程碑[29]。材料学与系统生物学、化学、基因组学、生物反应器工程及分离和纯化融合可以推动生物工厂生产基于细胞的小分子疗法，并扩大规模且使其多样化以满足个性化需求；还可以解决与无细胞蛋白质制造相关的挑战，通过加强和扩展用于无细胞制造的平台来维持多种原料的特定活性，以生产酶生物催化剂、生物传感器和疫苗等。利用微环境-细胞-表型相互作用和合成生物学工具方面的进展来开发在纳米/生物界面工作的传感器、致动器、纳米材料或纳米机器，以及可调节细胞反应的计算工具。新材料和纳米技术应用于医学，将成为未来诊断与治疗发展的重要趋势，如富勒烯在癌症治疗等方面取得了革命性创新，羧基修饰的钆基金属富勒烯水溶性纳米颗粒可以在射频辅助下快速杀死小鼠体内的肿瘤。生物学与半导体技术集成存在巨大的机遇与挑战，有望发展可用于设备和系统的新型生物材料，以及数据存储时间超过100年且存储容量超过当前存储技术1 000倍的下一代信息存储技术[30]。

4. 新材料与技术支撑深空深海、载运、高端装备制造领域未来发展

随着信息技术和互联网技术的飞速发展，以及新型感知技术和自动化技术的应用，先进制造技术正在向智能化的方向发展。具有感知、分析、推理、决策、控制功能，可实现高效、高品质、节能环保和安全可靠生产的下一代智能制造装备的支撑材料，将是未来材料产业发展的急需。

民用航空产业对于材料的需求迫在眉睫。在“绿色航空”的背景下，民用飞机将向更安全、更经济、更舒适、更环保的方向发展。在安全性方面，从材料、设计、制造、试验和使用等全过程考虑，不断提高最低适航要求。通过采用轻质材料和一体化综合设计、进行全寿命经济评估、降低保障费用等策略来有效提高经济性。

复合材料的应用不断推进载运工具的轻量化、低成本化和绿色环保化，碳纤维等高性能复合材料正在替代传统材料，汽车承力结构件复合材料应用占比不断提升。新能源汽车通过应用碳纤维复合材料大大降低了车体重量，与电池、储氢等新技术一起助力新能源汽车提升续航能力。集成化、整体化的复合材料构件是航空航天运载器总体性能提升的重要支撑，其发展策略受到越来越多的关注[31]。

随着世界海洋油气开发等的不断推进，海洋油气开发用海洋工程装备用材正在成为海洋高端装备制造业的重要内容。海洋观测探测装备大型化、大深度、长周期、全海域、多功能的发展趋势要求高强韧钛合金突破大规格制备技术和高鲁棒性焊接技术，非金属结构材料需进一步发展缺陷控制技术[32]。图 6.2 展示了深海观测和探测平台应用的关键材料及部件。

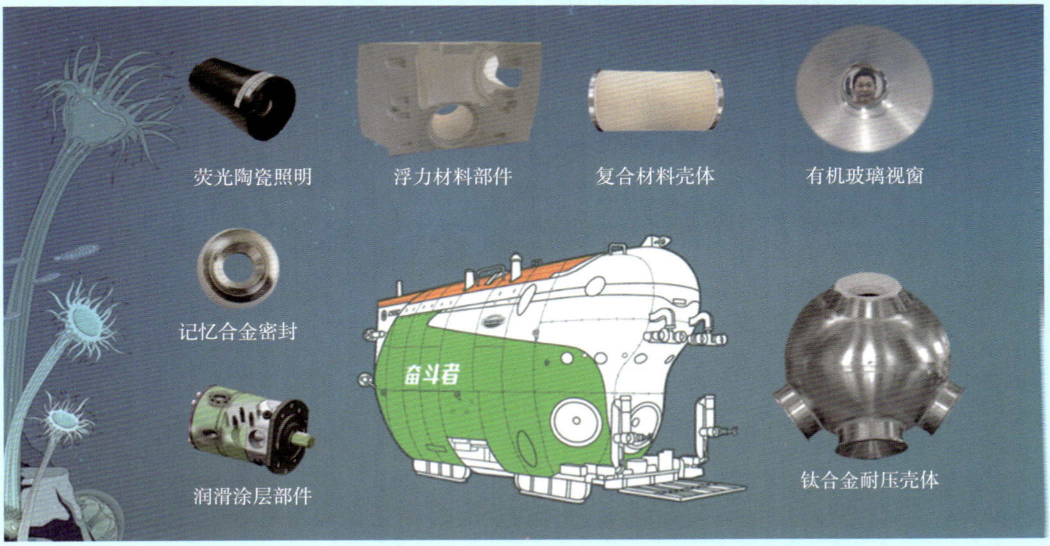

图6.2　深海观测和探测平台应用的关键材料及部件[32]

5. 新材料与其他学科、领域的深度融合加剧

新材料联用或与其他学科、领域的深度融合成为新材料产业发展的另外一个特点。钙钛矿材料和有机材料联用催生了有前景的新型太阳能电池，并被证明在各种应用场景中具有变革性应用（图 6.3），已经向大规模商业化迈进[33]。智能材料与 3D 打印结合形成 4D 打印技术。有机复合材料、生物活性材料与临床医学结合分别产生和发展了“电子皮肤”和组织再生工程。碳纤维及复合材料已用于航空航天和先进交通工具。化合物半导体材料使太赫兹技术在环境监测、医疗、反恐方面得到应用。超材料以微结构与先进材料结合，在电磁波和光学领域获得引人注目的成果[34]。柔性电子学材料、新能源材料、生物医用材料的市场前景广阔。自旋电子学材料、铁基及新型超导材料的研究方兴未艾。阻变、相变及磁存储材料将改变传统的半导体存储器。富勒烯、石墨烯、碳纳米管开辟了碳基材料的发展前景；石墨烯剥离成功，更引发了二硫化钼、单层锡、黑磷、硅烯、锗烯等二维材料的研究热潮[35]。材料基因工程有机融合了材料高效计算设计、先进实验技术与大数据、人工智能等前沿技术，有利于加速研发模式的变革，对于提高研发效率、降低研发成本、满足日益增长的高性能新材料需求具有重要意义。

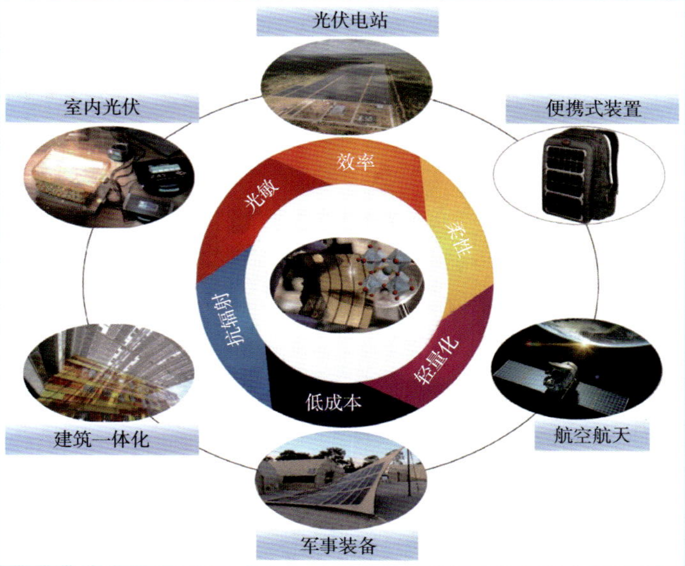

图6.3　钙钛矿材料优势赋能的钙钛矿光伏器件潜在的应用场景[33]

总的看来，当前新材料发展呈现出结构功能一体化、材料器件一体化、高纯化、纳米化、复合化、制备和使用过程绿色化的新特点。这些特点在高马赫数飞行器、微纳机电系统、新医药、高级化妆品和新能源电池方面体现得淋漓尽致。

6.4　加快发展面向新兴产业和未来产业的新材料体系

21 世纪以来，全球科技创新进入空前密集活跃期，新一轮科技革命和产业变革正在重构全球创新版图，重塑全球经济结构。《中华人民共和国国民经济和社会发展第十四个五年规划和 2035 年远景目标纲要》中明确提出，“着眼于抢占未来产业发展先机，培育先导性和支柱性产业，推动战略性新兴产业融合化、集群化、生态化发展，战略性新兴产业增加值占 GDP 比重超过 17%”[36]；提出“在类脑智能、量子信息、基因技术、未来网络、深海空天开发、氢能与储能等前沿科技和产业变革领域，组织实施未来产业孵化与加速计划，谋划布局一批未来产业”[36]。北京、上海、广东、安徽等多个省（市）在其“十四五”规划中已提前谋划未来产业或先导产业，超前布局区块链、太赫兹、量子通信等未来产业链，前瞻布局量子信息、人工智能、工业互联网、卫星互联网、机器人等未来产业，实施未来产业培育工程等。可见，发展壮大战略性新兴产业并前瞻布局未来产业是建设现代产业体系、培育发展新动能、促进经济高质量发展的重要举措，是面对新型国际关系、把握产业发展主动权的战略举措，也是谋求“十四五”时期竞争新优势的关键所在。

新材料是实体经济的根基，是支撑国民经济发展的基础性产业和赢得国际竞争优势的关键领域。新兴产业和未来产业具有创新活跃、技术密集、发展前景广阔等特征，关系国民经济社会发展和产业结构优化升级全局。新材料产业在推进新产业发展中发挥着基础性、引领性作用，遴选支撑新兴产业和未来发展需求的重点新材料领域，营造适宜产业发展的环境，促进产业结构升级，形成良好产业生态具有重要意义。为此，应从以下方面培育和前瞻布局面向未来的新材料产业。

6.4.1 面向新兴产业发展的新材料

1. 集成电路关键材料

我国集成电路关键材料产业的发展重点是填补国内产业空白，加大力量补短板，保障我国集成电路制造产业供应链的安全和稳定。重点布局覆盖 130-90-28 纳米技术节点的先进逻辑产品、先进存储器用晶圆制造成套工艺和先进封装成套工艺的各类关键材料的开发，包括 193 纳米浸没式光刻胶及其配套抗反射材料和特种试剂、高阶逻辑工艺和先进存储用前驱体系列产品、高阶工艺用抛光液和抛光垫、特种合金靶材及先进封装用多种材料。填补国内空白，大力提升规模化产业技术水平，提高产品品种覆盖率，加强产品品质和服务与配套保障能力建设，提升产业综合竞争力，提高产品市场占有率；部署开发 20-14-7 纳米及其以下技术代逻辑产品和先进存储器需求关键产品，为产品进入高端市场奠定基础。加紧布局超越“摩尔定律”相关领域，推动碳基集成电路特色工艺材料开发。在集成电路关键材料领域建成技术先进、安全可靠的产业体系，实现对集成电路的支撑作用。

专栏 6.1 集成电路关键材料跨越发展工程

光掩模。超高纯石英的合成，光掩模基板、光掩模保护膜等产品的研发并形成产业化能力。

光刻胶。成膜树脂的分子设计和新型合成方法，光产酸剂的分子设计和合成方法。

前驱体。高阶逻辑工艺和先进存储用前驱体合成方法。

抛光材料。高阶工艺用 CMP 抛光液纳米磨料的制备，CMP 抛光垫原料制备、配方设计、产品成型工艺。

靶材。先进存储用特种合金靶材的超高纯金属材料提纯技术、超高纯材料合金化及熔铸技术、超高纯粉末制备及烧结成型技术。

封装材料。先进封装材料产品用原材料的制备、配方工艺设计、工艺与材料整合中的各类关键技术问题。

2. 信息功能陶瓷材料

通信技术的发展对新型微波滤波器件提出高频宽带化、超低功耗的技术要求，对微小型滤波器件的结构与宽频设计原理、超低功耗实现方法和器件加工与测试技术等提出新的挑战，需要发展新型微波介质滤波器件的高频低功耗设计原理、集成制造与纠偏微调技术及器件测试与评价方法。集中力量开展具有优良介电性能，适合新一代无源集成组件应用的低、中、高 K 值低温共烧陶瓷（low temperature co-fired ceramic，LTCC）介质材料开发；探讨和解决器件集成中异质材料工艺匹配、外场下的稳定性等关键共性问题，获得材料结构—工艺—电性能—服役特性优化的途径，指导制备低成本、高性能的无源集成器件用介质材料；针对新一代无线通信、可穿戴电子系统应用，探索基于自主介质材料的新型无源器件的设计、制备和集成技术，获得原型器件。在实施路径上需采取材料基础研究与应用开发相结合的方式，坚持材料—器件—工艺一体化研究路线，研究单位与生产企业密切合作，开展协同创新研究工作。

专栏 6.2　信息功能陶瓷材料提升发展工程

高性能低损耗微波介质材料及集成介质滤波器。针对新一代信息技术，尤其是 5G 移动通信技术对高端高性能微波介质材料与器件的迫切需求，重点研究新型微波介质陶瓷材料的超低损耗控制原理与技术，力争在微波介质协调改性技术、高端低损耗微波介质材料新体系及新型微波介质器件方面取得突破，开发出满足 5G 乃至 6G 移动通信技术应用要求的基站谐振器、介质滤波器及衰减器用高稳定性、低损耗、低温度系数的系列化微波介质，并注重新型元器件的设计和加工、测量技术的研究及产业化技术的研究等。

无源集成关键材料及器件。获得具有优良微波性能、适合新一代无源集成组件应用的低、中、高 K 值 LTCC 介质材料；探讨和解决器件集成中异质材料共烧匹配、外场下的稳定性等关键共性问题，获得完整的低温共烧工艺、组织结构和电性能优化的关系；建立合理的数值理论模型，指导制备低成本、高性能的 LTCC 介质材料，并探索其在 LTCC 器件、组件上的应用。

高性能电介质材料及微型电容器。针对新一代信息技术对高性能电介质材料和微型电容器的迫切需求，研究微观参数对介电性能的影响机制，突破大容量微型化关键技术（单层介质厚度 0.6~1 微米，晶粒 70~120 纳米），拓展材料体系，研制出大容量微型电容器用纳米晶电介质材料，解决系统配套相关材料的制备与共烧匹配等方面的技术问题；探究钙钛矿结构电介质材料的微结构和局域结构形式，开发超高介电常数电介质材料；解决电介质材料的高介电性能和高温介电稳定性等关键科学问题，获得具有自主知识产权的高性能高温温度稳定型电介质材料；研究工作温区拓宽的新思路、新方法，探索开发超高温温度稳定型电介质材料。

3. 先进能源材料

绿色发展、用能成本等问题已成为经济社会发展的核心问题，能源战略与社会各领域、行业各环节及各市场主体联系密切。能源的转型是国家经济转型的关键环节，也是社会进步的重要标志，实现低碳化的、有序的能源结构是中国能源战略定位的根本。新能源材料是指实现新能源的转化和利用及发展新能源技术中所要用到的关键材料，它是发展新能源的核心和基础，围绕不同的能源转化存储方式及原理，先进能源材料重点发展燃料电池材料、热电材料、超级电容器材料、固体锂电材料、生物质能材料、光电材料和纳米能源材料等方向。

专栏 6.3 先进能源材料领航工程

燃料电池关键材料。攻克氢燃料电池催化剂和膜电极批量制备技术，促进材料部件试验发展，建立相关测试标准和测试规程及公共测试分析平台，加速推进氢燃料电池新材料与部件的产业化，实现燃料电池核心技术从“跟跑”“并跑”到“领跑”的跨越，实现燃料电池汽车从商用车到乘用车的推广。

热电材料。针对现阶段热电应用主要集中在300度以下的特点，应侧重于锑化铋体系的进一步产业优化，包括但不限于以下方面：在不降低材料性能的基础上进一步降低材料成本；降低材料对稀有及有环境污染问题元素的依赖，特别是锑元素；增强材料适用温度区间和可靠性方面拓宽更多热电应用开发；结合热电技术环保节能优势进一步开发新的应用场景，如地热热电空调、地热热电发电、中低温度的废热热电回收应用；和相关行业紧密结合解决现代5G光通信所需的微小热电器件开发。

超级电容器关键材料。研制出综合性能优异的正负极材料、功能性电解液及隔膜等关键材料；基于上述关键材料研制的超级电容器的器件能量密度大于70瓦时/千克，器件功率密度大于50千瓦/千克，工作温度范围–40~–70℃，在80% DOD（depth of discharge，放电深度）充放电时器件循环寿命大于10万次，安全性符合国标要求；模组功率达到1兆瓦，模组储电容量达到20千瓦时，兆瓦级超级电容器储能系统实现验证。

固态锂电池关键材料。针对目前三种类型固态电解质进行基础研究，突破电导率、成本、批量生产的技术瓶颈；开发成功针对固态锂电池的关键材料，其中负极材料的克容量达到800mAh/g（毫安时/克）以上、正极材料的能量密度达到900瓦时/千克以上，同时循环性达到1 000次以上，满足消费电子产品充放电要求，相应的电池通过或超过安全性国家检测标准。

生物质能材料。突破农林畜牧废弃物转化为航空煤油、生物柴油和乙醇等生物质液体燃料的能源化工关键技术，加快推进生物质液体燃料清洁制备与高值化利用技术产业化。突破沼气生物甲烷化原位脱碳及制备化工产品关键技术，实现沼气能源化工利用。

光电材料。进一步发展Ⅲ-Ⅴ族多结太阳能转换材料、柔性薄膜砷化镓太阳能转换材料、低成本薄型晶硅太阳能转换材料、钙钛矿薄膜太阳能转换材料、激光光电转换材料等光电转换材料，以提高光电转换效率为首要目标，尤其是解决批量化生产过程中造成的转换效率下降问题。

纳米能源材料。建立纳米发电机的评价指标体系和行业技术评测规范；获得纳米发电机和储能材料结合的自充电能源包；构筑基于纳米发电机的自供能系统，实现纳米发电机在人机交互、智能医疗和仿生智能器件（系统）等重要领域中的应用。

4. 新型显示材料

以提高显示核心材料的国产化率，探索新型器件结构，培育新材料、信息系统龙头骨干企业，实现“换道超车”、引领世界发展为目标。攻克一批提升显示性能的关键材料与技术：OLED/QLED[①] 印刷显示材料与器件、激光显示材料与器件、Micro-LED 显示材料与器件、光场显示材料与技术；攻克一批便携式移动显示难题，如低功耗、驱动技术及 5G/6G、人工智能系统集合技术；攻克一批大尺寸制造问题，研究柔性制造技术；以新一代高视觉维度的光场显示需求为牵引，以材料、器件、模组、算法、整机全链条总体协调和同步开发为研究发展思路，推进全产业创新；通过开展科学技术研究，突破纳米 LED 显示核心材料与关键技术，形成先发优势，抢占未来显示技术与产业制高点。

专栏 6.4　新型显示材料价值提升工程

OLED 材料（蒸镀 OLED、印刷 OLED 材料）。研发蒸镀 OLED 材料，包括电子传输材料、空穴传输材料、发光辅助层材料、发光主体、发光客体材料，可溶性空穴注入 / 传输材料及墨水、可溶性发光材料及墨水，可溶性电子传输材料及墨水等。开发高性能印刷 OLED 材料，包含红绿蓝光材料、空穴传输材料、墨水等；研究新型高性能 QLED 器件技术及工艺。

量子点材料。开发适用于高性能 QLED 的蓝色量子点材料，深入研究蓝光器件的老化机理，实现蓝光电致发光器件的寿命和发光效率达到实用需求；开发 QLED 功能层材料，使具有自主知识产权的功能层材料性能达到或超过国际先进水平。

Micro-LED 材料。Micro-LED 显示色彩转换技术。开展高可靠性的小尺寸蓝光 Micro-LED 器件和 R/G（红 / 绿）量子点图形化技术研究，建立蓝光 Micro-LED 和光学微结构的色彩转换结构模型，重点解决量子点厚度均匀性、蓝光 Micro-LED 和光学微结构对光转换效率提升的关键问题。

激光显示材料。研发铟镓磷（InGaP）红光、铟镓氮（InGaN）蓝绿光半导体激光器材料、器件、工艺设备关键技术，全面掌握可控制备、稳定生产、高成品率和低生产成本的三基色半导体激光器材料设计、生长、器件制备与量产技术和工艺。

光场显示材料。面向真 3D 显示的光学材料和核心器件。研究高分辨率、大动态范围、快响应速率、宽色域高性能材料及关键控光处理器件，开发真 3D 显示材料及其核心器件制备工艺。

纳米 LED 显示材料。布局纳米 LED 显示前沿基础研究和应用技术开发，重点开展纳米 LED 外延、芯片制备、光效提升、器件结构设计与集成等前瞻性技术研究。

新型显示关键配套材料。开发新型金属氧化物 TFT 半导体材料；开发满足中小尺寸柔性 OLED 显示及 Micro-LED 等使用的高迁移率、高稳定的氧化物半导体材料；开发可溶液加工的新型金属氧化物半导体材料，以及用于电子标签、X 射线平板探测、射频识别等领域的低成本的氧化物材料与器件技术；高世代（G8.5+、G10.5+）玻璃基板产业化技术；开发高精细、高分辨率显示玻璃基板产业化技术；开发柔性显示用玻璃基板的产业化技术；重点开发柔性显示用聚酰亚胺单体材料。

① QLED：quantum dot light emitting diodes，量子点发光二极管。

5. 生物医用材料

随着我国生物医用材料飞速发展，我国一些高端生物材料及医疗器械产品不断涌现。以医用羟基磷灰石陶瓷材料为代表的系列骨诱导人工骨，羟基磷灰石涂层及具有骨肿瘤及骨质疏松治疗功能的羟基磷灰石纳米材料，用于先天性心脏病和冠心病治疗的生物可吸收材料及器械，基于重组人源化胶原蛋白的心血管系统修复，骨科、牙科、皮肤科、妇产科等材料及器械产品，以及3D打印材料及产品等开发走在了国际发展的前沿。全面推进相关材料的研发及生产，开发系列化医用产品，建立完整的监管体系，开展临床应用技术研发及临床应用推广，维护我国原始创新产品的技术领先优势及国际市场，抢占国际标准制高点，推动产品走向国际是面向未来发展的关键。

专栏 6.5　生物医用材料优势提升工程

生物医用钛合金及形状记忆合金。重点发展用于心脏介入瓣膜、高疲劳血管支架、脊柱外科器械、口腔种植体等高端医疗器械的形状记忆合金管材、低氧含量镍钛合金丝材、高强度钛合金丝材等。

生物医用贵金属材料。重点发展用于心脏起搏器、神经刺激器的植入电极 / 导线、血管栓塞器械等高端医疗器械的铂基合金丝材、金基合金丝材等。

生物医用增材制造金属粉体。重点发展用于骨科关节、椎间融合器等个性化定制医疗器械的钛合金、钴铬合金、镍钛合金、不锈钢合金粉体等。

组织诱导性生物材料。重点发展组织（软、硬）诱导性材料合成和制备的新工艺；研发新一代骨骼-肌肉（可承力的第二代人工骨、关节软骨、生物活性脊柱修复体等）和心脑血管系统（具有血管自修复功能的可降解血管支架、介入治疗人工心瓣膜、心肌补片、心衰治疗水凝胶等）及医用高端耗材（管腔再生材料、盆底再生材料、功能敷料等）；研发兼具治疗（肿瘤、骨质疏松等）和组织再生功能的生物材料。

人源化胶原蛋白生物分子材料。制备不同特定功能区的人源化胶原蛋白材料并应用于制备不同临床需求的医疗器械产品，加速人源化胶原蛋白新功能区的“发现—研发—生产—应用”全过程，并实现具有定制化功能的人源化胶原蛋白原材料的大规模产业化应用。

6. 生物基材料

生物基材料作为新兴产业的重要组成部分获得了广泛的关注，我国仍然面临着原料、核心技术和产业发展的众多问题，目前相对于其他先进国家仍处于“跟跑”阶段。生物材料产业基础关键技术和产业竞争力仍不足，很多关键或重要产品产业化程度不足，市场认可度低。实现以淀粉糖等为原料的基础化工产品的生物法生产与应用，推动生物基聚酯、生物基聚氨酯、生物基聚酯酰胺、生物尼龙、生物基环氧树脂、生物橡胶、生物基 / 质聚合物、生物基介电储能材料、生物基材料助剂等生物基材料产业链条化、集聚化、规模化发展。

专栏 6.6　生物基材料竞争力提升工程

生物基化学品产业化发展。突破重要生物基材料制备关键技术瓶颈，推动生物基聚酯、生物基聚氨酯、生物基聚酯酰胺、生物尼龙、生物基环氧树脂、生物橡胶、生物基 / 质聚合物、生物基介电储能材料、生物基材料助剂等生物基材料产业链条化、集聚化、规模化发展。

生物基材料产业创新能力建设。针对生物基材料原料生产规模小、成本高等问题，着力发展生物基材料及其原材料产业，提升创新能力，建设规模化的产业示范基地，培育大型企业，为生物基材料的广泛应用与产业持续发展提供支撑。关键技术攻关任务包括生物基增塑剂绿色生物制造技术、生物基聚氨酯绿色生物制造技术、生物基尼龙绿色生物制造技术、生物基功能性低聚酯绿色生物制造技术、生物基可回收聚酯绿色生物制造技术、生物基介电储能材料绿色生物制造技术。

7. 先进结构材料

紧密结合国家重大战略需求对先进结构材料的迫切需求，重点解决先进结构材料的有无、核心制备技术、关键装备“卡脖子”、制造智能化等突出问题，全面提升产业链和供应链安全，以实现先进结构材料全面自主保障为目标，产品结构向高端转型，以自主创新发展抢占先进结构材料战略制高点，做到补短板、锻长板及提升产业竞争力，做好前瞻布局，形成具有自主知识产权的先进结构材料技术体系。

专栏 6.7　先进结构材料突破工程

轻量化材料及特种合金。开展高强高模高延伸碳纤维的复材设计和稳定制备关键核心技术研究，实现 T1100 级、M40X 级碳纤维等的国产化，支撑高性能空天武器装备、先进战机、重型运载火箭等的结构减重、性能提升。开展高代次单晶高温合金、耐高温轻质金属间化合物等的研制和工程化技术研发，实现耐高温、高强度、抗烧蚀、复杂结构高温合金核心材料技术的研发。

先进结构陶瓷及其复合材料。开展碳化硅纤维增强碳化硅陶瓷基复合材料、碳化硅陶瓷及涂层材料等研究，突破陶瓷及陶瓷基复合材料 / 部件设计、精确成型、均匀致密化和精密加工技术，开展极端尺寸材料关键共性科学与技术基础研究，突破极端尺寸部件性能预测与使役评价等关键技术。

8. 稀土材料

紧密结合国家战略，结合未来智能机器人、智慧城市、深空深海开发、大数据和人机交互等应用场景，重点开展工程化及产业化关键技术研究，着力突破稀土永磁材料、稀土发光材料、稀土催化材料、稀土晶体材料、高纯稀土金属及靶材等先进稀土功能材料的核心制备技术、智能生产装备、专用检测仪器及其应用技术；通过全产业链同步创新，推进先进成果推广实施，保障战略性新兴产业、国防军工、智能制造等重大战略需求的关键材料的有效供给，最终实现高端应用稀土功能材料的自主供给；开展前沿基础理论和实验研究，通过科学问题的深入探究和积累，提出更多原创理论，做出原创发现，获得一批稀土新材料和新应用原创性成果；实现我国从稀土大国向稀土强国的战略性转变，引领未来稀土科技和产业发展[37]。

专栏 6.8　稀土材料产业创新发展工程

超高纯稀土材料。开展6N级高纯稀土氧化物工程化技术攻关；开展满足特殊应用的5N级稀土卤化物的关键制备技术、关键敏感杂质去除技术及关键检测技术攻关。

新型稀土永磁材料。开发以永磁悬浮轴承技术、永磁涡流动技术、永磁涡流制动技术等为代表的节能高效的永磁材料及磁动力系统；开发具备海洋腐蚀环境服役的高耐蚀性永磁直驱发电机用稀土永磁材料及风电系统；开发机器人与智慧城市等应用场景的高磁能积、高矫顽力、小型化、高精度的永磁材料。

高端稀土发光材料。重点突破高效发射非可见光和上转换发光等新型稀土发光材料及其制备技术，开发紫光-蓝光激发下红外发射效率增强理论和技术途径；开发蓝光激发下高效窄带发射、高色纯度绿色和红色发光材料及其制备技术；利用结构相似相容和同位替换原则设计开发新型具有自主知识产权的材料体系，基于高通量材料结构设计，获得一系列新型稀土发光材料。

稀土催化材料。开发高效、节能、长寿命的石油化工稀土催化材料、清洁能源合成稀土催化材料、机动车尾气污染治理及工业废气排放污染治理稀土催化材料及产业化关键技术；重点发展纳米笼分子组装及高比表面积铈锆材料制备等关键技术，研制出超高性能稀土催化材料，并在固定源及移动源排气系统高效稀土催化净化部件中规模应用。

先进稀土晶体材料。开发大尺寸、高质量稀土激光晶体生长和加工技术及装备；开发高质量稀土激光晶体、激光光纤的高效制备技术；开发基于稀土激光晶体的各种新型激光应用技术。重点开发高性能稀土闪烁晶体及其高效制备技术，高能量分辨率稀土闪烁晶体及其大尺寸单晶生长技术，新型高性能稀土闪烁晶体的高通量制备及表征技术。

稀土抛光材料。突破高纯纳米氧化铈抛光粉体可控制备技术、高悬浮稳定易清洗抛光浆料配制技术、满足应用的抛光粉体颗粒表面修饰技术、抛光材料规模化生产技术，实现8.5代以上液晶显示玻璃基板和28纳米以下芯片制造规模化应用。

9. 超导材料

超导技术是 21 世纪具有战略意义的高新技术，在能源、医疗、交通、科学研究及国防军工等方面都有重要的应用价值和应用前景 [38]。通过产学研用联合攻关，实现我国低温超导材料产业升级换代、突破高温超导材料批量化制备关键技术、开发出面向电力 / 能源 / 医疗和国防应用的超导电工装备，实现超导材料、超导强电和超导弱电产品协同发展和规模化应用，总体达到国际先进水平，打造并形成一个基于超导材料及其应用技术的战略性新兴产业。

专栏 6.9　超导材料产业化能力建设工程

在超导材料制备方面，以关键技术产业化为重点，以企业为主体开展高性能 MRI/NMR ①用超导线材结构设计及批量化制造、低成本高性能千米级铋系 Bi-2223 和 YBCO（yttrium barium copper oxide，氧化钇钡铜）高温超导涂层导体和 MgB_2（二硼化镁）线材批量化制备技术工程化开发，并全面实现产业化。

在超导强电和超导弱电应用技术方面，以重大战略产品攻关和新产品推广应用及产业化示范为重点，基于国产化超导材料，瞄准具有产业化潜力和广阔市场前景的新型超导应用部署任务，重点开展面向大尺寸半导体级单晶硅应用的大型超导磁体系统、面向金属加工领域应用的高效节能超导感应加热装备、面向推进和风力发电应用的大功率超导同步电机、面向医疗应用的新型高场 MRI 研制及其产业化、面向城市配电应用的高温超导电缆和高温超导限流器，从而实现超导强电应用技术跨越式发展，全面服务于国家电力、能源、科学研究的可持续发展。

6.4.2　面向未来产业布局的新材料

1. 原子制造技术

原子制造技术是以原子水平的量子物理为基础，以原子级功能基元为核心，在物质极限层次开展的材料与器件的制造技术，将在逻辑、存储、传感、超导、催化、储能及光电等多个产业产生重大应用，也将极大地促进多学科交叉融合和技术发展。重点发展方向如下。

（1）原子基元设计及其材料器件制造，包括原子簇基元的普适、精准与宏量制造，单原子、原子链、量子线和单原子层材料的晶圆级可控制造，原子基元高性能逻辑、存储、传感及单光子等器件。

（2）分子基元设计及其微系统组装制造，包括发展分子级可寻址的精准组装技术，制造可寻址化磁存储体系、激变超系统和人造仿生系统等功能化的分子组装体

① MRI：magnetic resonance imaging，磁共振成像；NMR：nuclear magnetic resonance，核磁共振。

系，以低能耗可自持智能化为目标探索分子机器微系统和分子芯片，探索极限环境下的自驱动分子机器等。

（3）基元系统及大规模器件制造，包括突破高效大规模自下而上制造的关键技术，并与宏观制造手段有机结合，获得保持微观量子特性的基元组装的宏量新材料和器件；形成多尺度 / 多类型功能基元的阵列式自组装与宏量制造能力；探索应力、微波、振动、加（角）速度等传感器件系统；探索集成的原子级光电 / 存储 / 逻辑实用器件。

（4）原子量子态精确控制及其器件制造，包括研发量子计算核心材料和器件，建立新型原子态精确制备、表征与操控的技术，发展原子系综制备的新原理和新技术，实现新型固体、气态原子器件的功能化设计与应用。

（5）原子制造的前沿新理论与新概念，包括研究自旋轨道耦合导致的新奇物态及其器件应用的新原理，原子制造体系电子关联效应的器件新概念，原子极限体系的非平衡物理，冷原子的相干物态理论，原子级新概念器件及其新逻辑等。

2. 硅基多材料体系融合集成

打造硅 / 先进光电材料［Ⅲ-Ⅴ化合物半导体材料，铌酸锂（$LiNbO_3$）材料、二维材料、相变材料等］混合集成工艺平台，充分发挥 CMOS 超大规模、超高精度制造特性，并结合各材料光电特性优势，实现高性能混合光电集成芯片制备技术突破，是硅基集成光电子器件 / 模块的重要研究方向，具体如下。

（1）硅 / Ⅲ-Ⅴ化合物半导体材料混合集成。硅基集成芯片与Ⅲ-Ⅴ芯片的混合集成技术是在硅光模块中集成光源的关键技术和难点，建立硅基 / 化合物半导体混合集成光电子芯片制造与封装平台，着力解决混合集成技术中的关键技术问题。

（2）硅 / 铌酸锂材料混合集成。铌酸锂材料是理想的电光调制器材料，铌酸锂中的线性电光效应基于铌酸锂材料在电场作用下的极化过程，该极化过程响应时间在飞秒量级，因此基于铌酸锂的电光调制器具有极高的理论带宽极限（106 吉赫兹）。传统基于铌酸锂体材料的电光调制器具有高线性度、高可靠、较高带宽等优势，已在光通信和微波光子学等领域得到广泛应用和验证。然而，基于铌酸锂体材料的电光调制器有尺寸大、无法集成、驱动电压高等缺点。

（3）硅 / 二维材料混合集成。发展以石墨烯等为代表的新型二维原子晶体材料在新型光电子信息器件上的应用；发展构筑二维材料–硅基微纳米光电器件的新方法和新技术；解决目前二维材料与硅基材料的关键界面科学问题，同时研究该复合材料体系中光–物质相互作用的新机制。

（4）硅 / 相变材料混合集成。发展应用于波束调控、光开关、光调制器、非易失性二进制和多级存储器、算术和逻辑处理单元及全光脉冲神经网络等方面的相变材料和硅基光电子的混合集成。

3. 碳纳米管微纳电子材料

碳纳米管载流子迁移率高，可应用于射频器件的制造，提高射频器件的截止频率和最大振荡频率性能。有望用于空间通信、高速无线电链路、车辆雷达和芯片间通信应用领域的耦合纳米振荡器。并且碳纳米管耐弯曲的特性使其可应用于柔性、透明电子设备的制造，推动显示设备性能提升。随着技术的进步，碳基半导体的应用场景将日益多元化。碳纳米管材料在微纳电子领域应用还需解决以下问题。

1）碳纳米管制备问题

碳纳米管集成电路批量化制备的前提是超高半导体纯度、顺排、高密度、大面积均匀的碳纳米管阵列薄膜。碳纳米管纯度超过 99.999 9%、阵列密度达到每微米 100~200，取向角 $< 9°$，才可实现大规模高性能集成电路。金属杂质会导致设备短路，只有极高纯度才能获得高效率。此外，高性能芯片必须精确地控制各个碳纳米管之间的距离。长期以来，学术界发展了多种制备、提纯、排列碳纳米管的方法，但是始终无法接近这个实用化区域。这使得碳纳米管晶体管和电路的实际性能远低于理论预期，甚至落后于相同技术节点的硅基技术至少一个量级。

2）解决碳纳米管器件稳定性差、性能与集成度不兼顾问题

碳纳米管暴露于空气后会在几天内降解，且在高能电场下进行操作时，碳纳米管场效应晶体管会发生雪崩击穿现象，这些性质会影响碳纳米管的实际应用。目前，研究人员发现，可通过多通道结构提高碳纳米管场效应晶体管的稳定性，使其在几个月后依然保持稳定的性能。

3）集成电路用材料标准、表征方法、工艺流程并未建立

不同的电子器件应用对碳纳米管材料会有不同的要求，即使是数字集成电路，不同技术节点碳纳米管器件对材料也有不同标准。建立碳纳米管阵列薄膜材料的标准，包括衬底类型、碳纳米管半导体纯度、阵列密度、管径和长度分布、取向分布、缺陷密度、方块电阻分布、金属离子含量、表面聚合物含量，以及其他反映材料完整程度的指标，给出以上标准参数的测量方法、参考范围和测量仪器，是碳纳米管材料在集成电路应用的基础。

4. 超宽禁带半导体材料

超宽禁带半导体材料正处于前沿研究阶段，高品质、大尺寸衬底材料的制备是近期技术突破的重点，基于高品质衬底生长的外延材料将成为器件制备的基础，攻克器件制备工艺技术难点将为超宽禁带半导体广泛应用提供可能。超宽禁带半导体材料禁带宽度大，单晶制备难度高，高效掺杂难度大，器件接触性能调控难度高等一系列难题成为超宽禁带半导体应用的阻力，为超宽禁带半导体的发展带来了重大的挑战。具体研发重点如下。

（1）高品质、大尺寸衬底材料制备，开发具有自主知识产权、稳定高效的单晶生长和加工技术，形成单晶生长、缺陷控制、衬底加工技术等超宽禁带材料专利池，储备相关技术人才，突破大尺寸、高性能单晶衬底产业化技术。

（2）器件设计与工艺关键技术，以氮化铝、金刚石、氧化镓为代表的超宽禁带半导体材料目前还没有完全实现 P 型（空穴）和 N 型（电子）导电对称掺杂调控。

应注重器件设计与工艺环节关键技术的突破。加快发展器件制备所需的大尺寸高品质衬底及外延材料，不断开发新型掺杂工艺，从根本上提高器件性能，扩大超宽禁带半导体应用领域。

5. 超材料

超材料的设计理念是通过人造的功能单元实现超常特性或优异性能，为新材料和颠覆性技术的产生提供了一个新途径。用超材料的方法重构材料，不仅能发展出常规材料所不具备的超常材料，也为常规材料的改进和提高提供了一种有效手段，为材料设计提供了广阔的空间，可有效简化材料设计，回避常规材料自然结构的复杂性造成的设计困难，打破现有材料的性能极限。近年来，典型的超材料，如左手材料、“隐身斗篷”、完美透镜等已在光学、通信、国防等应用领域崭露头角，而为数众多的电磁超材料、力学超材料、声学超材料、热学超材料及基于超材料与常规材料融合的新型材料相继出现，形成了新材料的重要生长点。面向未来产业，还应提前布局如下超材料领域。

（1）电磁超材料：重点发展光学超透镜技术（包括超透镜显微技术和基于超透镜的纳米光刻技术）、超材料电磁隐身技术、超材料天线技术及超材料全光开关技术。

（2）力学超材料：重点研发超材料减震技术及其在精密机械和重大工程中的应用，发展具有特异机械性能的新型结构材料和建筑材料。

（3）声学超材料：重点研发用于声呐技术、噪声抑制及声学信息技术方面的新型超材料。

（4）热学超材料：重点发展用于热能利用及转换、热管理等领域的新型超材料。

（5）超材料与常规材料的融合：重点发展可突破常规技术瓶颈的新型超材料系统，如光电转换超材料、非线性超材料等。

6. 液态金属

液态金属的应用基础研究已从最初的冷门发展成当前备受国际广泛瞩目的重大科技前沿和热点，为众多行业带来了颠覆性解决方案和实现手段，为能源、热控、电子信息、先进制造、国防军事、柔性智能机器人，以及生物医疗健康等领域技术的发展带来变革，重点发展方向如下。

（1）发展液态金属电子浆料、液态金属热界面材料、液态金属相变材料、液态金属导电胶、液态金属磁流体、液态金属低温焊料等功能材料，并针对液态金属功能材料开发相关器件及模块关键技术。

（2）发展液态金属肿瘤血管栓塞制剂及治疗技术、液态金属神经连接与修复技术、液态金属高分辨血管造影术、液态金属内外骨骼技术与注射电子学、液态金属皮肤电子技术、碱金属流体肿瘤消融治疗技术等前沿医疗技术，发展系列创新医疗器械产品。

6.5 保障措施

培育发展新兴产业和未来产业需要的新材料产业是把握世界科技发展趋势，瞄准产业发展的长期方向，推动制造业朝着智能化、数字化、生态化、国际化方向发展的重要路径，是实现科技自立自强的重要基础。在明确新兴产业和未来产业对新材料发展需求的基础上，应用产业生态系统思维，加快提升新材料产业基础技术水平、产业链现代化水平，充分发挥新型举国体制的制度优势和超大规模的市场优势，坚持应用牵引、问题导向，坚持政府引导和市场机制相结合，坚持独立自主和开放合作相促进，推进新材料产业高质量发展。

1. 推进重点新材料基础设施和重大项目实施，着力筑牢新材料产业发展根基

一是加强新材料产业基础设施建设。加快新材料重大基础设施、共性技术平台、检验检测、质量认证等建设。二是加强新材料核心技术攻关。形成以材料基础研究带动新材料应用技术突破、以技术引领产业发展、以产业推动技术创新的良性循环。三是加强新材料专业人才培养。深入推进产、教融合，建立一批专业人才培养基地。优化高校专业设置，加强未来产业中新材料领域学科建设。

2. 加快形成新材料产业链企业专项培育政策，着力提升面向新兴产业和未来发展的新材料产业链水平

一是培育壮大一批新兴产业和未来产业需要的新材料企业。推动新材料产业集群化、生态化、融合化发展，在新材料产业领域率先培育形成一批面向未来产业生态的主导型企业。二是构建自主创新、安全高效的新材料产业链体系。针对我国新材料产业链供应链发展中存在的短板问题，扎实推进稳链、补链、强链工作，着力构建以国内大循环为主体、国内国际双循环相互促进的新发展格局。三是深化国内外新材料产业链的融合发展。破除深度融入全球产业链的体制性和机制性障碍，实现新材料产业“走出去”和“引进来”有机结合。

3. 设立新材料培育发展专项经费，实施财政补贴与税收优惠政策

专门设立新材料培育和发展引导基金，通过财政补贴和税收优惠整合各类资源，发挥财政资金对新材料产业培育和发展的导向作用。在财政税收支持政策方面，遵循财税改革方向，强化税收引导、财政激励功能，支持企业加快技术创新和转型升级，加快新旧动能转换，培育和发展未来产业。

4. 支持未来产业引领的新材料示范园区建设，引导新材料产业集聚发展

认定一批未来新材料产业培育和发展的示范园区，结合园区的发展定位，加强规范引导、战略咨询和政策及资金扶持，加强政产学研合作，实现科技转移和转化、资源信息、投资融资、人才培养、交流合作等服务能力建设，完善新材料创新创业服务体系，提高面向未来的新材料产业园区和基地效益、发挥产业集聚优势。建立区域协调机制与合作平台，加强新材料产业集群内部的有机联系，形成合理分工与协作，构建优势互补、相互促进的区域发展格局。

5. 增强金融服务新材料发展的能力，保障未来新材料产业发展的资金需求

创新新材料企业融资方式和金融服务模式，引导金融资源配置向支撑新兴产业和未来产业的新材料领域倾斜，增强金融服务能力。搭建多元的融资平台，为涉及新兴产业和未来产业的新材料重点领域提供长期、稳定、充足的资金来源。增强对新材料创新创业的金融支持，发挥政府股权投资引导基金的引导作用，健全从新材料实验研究、中试到生产全过程的科技创新融资模式。

参 考 文 献

[1] 习近平 . 努力成为世界主要科学中心和创新高地 [J]. 求是，2021，(6)：1-4.

[2] Chen L Q. The materials genome initiative and advanced materials[J]. Engineering，2015，1 (2)：169.

[3] Lu B H，Li D C，Tian X Y. Development trends in additive manufacturing and 3D printing[J]. Engineering，2015，1 (1)：85-89.

[4] 米绪军，娄花芬，解浩峰，等 . 我国先进铜基材料发展战略研究 [J]. 中国工程科学，2023，25 (1)：96-103.

[5] National Academies of Sciences，Engineering，and Medicine. Frontiers of Materials Research：A Decadal Survey[M]. Washington: The National Academies Press，2019.

[6] 张果虎，肖清华，马飞 . 我国半导体硅片发展现状与展望 [J]. 中国工程科学，2023，25 (1)：68-78.

[7] 李仲平，冯志海，徐樑华，等 . 我国高性能纤维及其复合材料发展战略研究 [J]. 中国工程科学，2020，22 (5)：28-36.

[8] Subcommittee on Advanced Manufacturing Committee on Technology of the National Science and Technology Council. National strategy for advanced manufacturing[EB/OL]. https://www.whitehouse.gov/wp-content/uploads/2022/10/National-Strategy-for-Advanced-Manufacturing-10072022.pdf，2022.

[9] Fast Track Action Subcommittee on Critical Andemerging Technologies of the National Science and Technology Counci. Critical and emerging technologies list update[EB/OL]. https://www.whitehouse.gov/wp-content/uploads/2022/02/02-2022-Critical-and-Emerging-Technologies-List-Update.pdf，2022.

[10] Next G Alliance（NGA）. NGA report：roadmap to 6G[EB/OL]. https://nextgalliance.org/wp-content/uploads/2022/01/NextG_FMG_ Roadmap_Report_Summary_27Jan22.pdf，2022-01-27.

[11] Department of Energy（DOE）. DOE establishes Bipartisan Infrastructure Law's $9.5 billion clean hydrogen initiatives[EB/OL]. https://www.energy.gov/articles/doe-establishes-bipartisan-infrastructure-laws-95-billion-clean-hydrogen-initiatives，2022-02-15.

[12] ARM Institute. ARM Institute announces selection and awarding of eight new technology projects[EB/OL]. https://arminstitute.org/arm-institute-announces-selection-and-awarding-of-eight-new-technology-projects/，2022-01-27.

[13] Department of Energy（DOE）. DOE announces $175 million for novel clean energy technology projects[EB/OL]. https://www.energy.gov/articles/doe-announces-175-million-novel-clean-energy-technology-projects，2022-02-14.

[14] Subcommittee on Nanoscale Science，Engineering，and Technology Committee on Technology of the National Science and Technology Council. The national nanotechnology initiative supplement to the president's 2022 budget[EB/OL]. https://www.nano.gov/sites/default/files/pub_resource/NNI-FY22-Budget-Supplement.pdf，2022.

[15] European Commission. Critical Raw Materials Act[EB/OL]. https://single-market-economy.ec.europa.eu/sectors/raw-materials/areas-specific-interest/critical-raw-materials/critical-raw-materials-act_en，2023-03-16.

[16] European Commission. Critical Raw Materials: ensuring secure and sustainable supply chains for EU's green and digital future[EB/OL]. https://ec.europa.eu/commission/presscorner/detail/en/ip_23_1661，2023-03-16.

[17] 董金鑫. 欧洲发布2023~2030年光子学战略研究与创新议程[J]. 科技前沿快报，2023，（6）：1-6.

[18] Bundesministerium für Bildung und Forschung. Eckpunktepapier zur Förderung der Materialforschung[EB/OL]. https://www.bmbf.de/SharedDocs/Publikationen/de/bmbf/5/658278_Eckpunktepapier_zur_Foerderung_der_Materialforschung.pdf?__blob=publicationFile&v=3，2022.

[19] 屠海令，李腾飞，马飞. 我国关键基础材料发展现状及展望[J]. 中国工程科学，2017，19（3）：125-135.

[20] 屠海令，马飞，张世荣，等. 我国新材料产业现状分析与前瞻思考[J]. 稀有金属，2019，43（11）：1121-1130.

[21] 吴一丁，彭子龙，赖丹，等. 稀土产业链全球格局现状、趋势预判及应对战略研究[J]. 中国科学院院刊，2023，38（2）：255-264.

[22] Li X Y，Jin Z H，Zhou X，et al. Constrained minimal-interface structures in polycrystalline copper with extremely fine grains [J]. Science，2020，370（6518）：831-836.

[23] 中国科学院物理研究所. 拓扑与超导新物态调控[J]. 中国科学院院刊，2016，31（Z2）：119-123.

[24] 曾昆，李晓芃，沈紫云，等. 我国新材料产业集群发展战略研究[J]. 中国科学院院刊，2022，37（3）：343-351.

[25] 李晓巍，付祥，燕飞，等．量子计算研究现状与未来发展 [J]. 中国工程科学，2022，24（4）：133-144.

[26] HM Government. The Ten Point Plan for a Green Industrial[EB/OL]. https://assets.publishing.service.gov.uk/government/uploads/system/uploads/attachment_data/file/936567/10_POINT_PLAN_BOOKLET.pdf，2020-11.

[27] Tu H L，Peng S P. Advanced batteries，solar cells，and fuel cells：innovations in materials and technologies will power the future[J]. Engineering，2023，21（2）：1-2.

[28] Tu H L. Hydrogen energy：a global trend and China's strategy[J]. Engineering，2021，7（6）：703-703.

[29] Tu H L，Zhang X D. Biomedical engineering：materials，devices，and technological innovation continue to build a better future for humankind[J]. Engineering，2021，7（12）：1653-1654.

[30] National Science Foundation（NSF）. Semiconductor synthetic biology for information storage and retrieval（SemiSynBio-Ⅱ）[EB/OL]. https://www.nsf.gov/pubs/2020/nsf20518/nsf20518.htm，2022-01-25.

[31] 单忠德，宋文哲，范聪泽，等．面向 2035 年复合材料构件精确制造发展战略研究 [J]. 中国工程科学，2023，25（1）：113-120.

[32] 杨锐，马英杰，程世婧．海洋观测探测平台关键材料发展与展望 [J]. 中国科学院院刊，2022，37（7）：881-887.

[33] Hu Z L，Ran C X，Zhang H，et al. The current status and development trend of perovskite solar cells[J]. Engineering，2023，21（2）：15-19.

[34] Pendry J，Zhou J，Sun J B. Metamaterials: from engineered materials to engineering materials[J]. Engineering，2022，17（10）：1-2.

[35] 张广宇，龙根，林生晃，等．二维材料：从基础到应用 [J]. 中国科学院院刊，2022，37（3）：368-374.

[36] 中华人民共和国国民经济和社会发展第十四个五年规划和 2035 年远景目标纲要 [EB/OL]. https://www.gov.cn/xinwen/2021-03/13/content_5592681.htm，2021-03-13.

[37] 朱明刚，孙旭，刘荣辉，等．稀土功能材料 2035 发展战略研究 [J]. 中国工程科学，2020，22（5）：37-43.

[38] 张平祥，闫果，冯建情，等．强电用超导材料的发展现状与展望 [J]. 中国工程科学，2023，25（1）：60-67.

本章撰写人员名单

主要执笔人：

赵鸿滨　中国有研科技集团有限公司　正高级工程师
李腾飞　中国有研科技集团有限公司　正高级工程师
张世荣　中国钢研科技集团有限公司　正高级工程师
李志辉　中国有研科技集团有限公司　正高级工程师
屠海令　中国有研科技集团有限公司　中国工程院院士

课题组主要成员：

李仲平　中国工程院　院士
吴以成　天津理工大学　中国工程院院士
张兴栋　四川大学　中国工程院院士
李　卫　中国钢研科技集团有限公司　中国工程院院士
黄小卫　中国有研科技集团有限公司　中国工程院院士
周　济　清华大学　中国工程院院士
刘正东　中国钢研科技集团有限公司　中国工程院院士
彭　寿　中国建材集团有限公司　中国工程院院士
朱明刚　中国钢研科技集团有限公司　首席专家
马松林　国家新型显示技术创新中心　高级工程师

第 7 章

高端装备制造产业

战略性新兴产业“品牌项目”高端装备制造产业课题组

【内容提要】在当前全球科技竞争加剧、美西方“脱钩断链”及国内产业升级需求凸显的新形势下，发展高端装备制造产业对推动我国产业高质量发展具有极为重要的战略意义。本章利用数据库检索、专家问卷和现场调研相结合的研究方法，研究了国内外高端装备制造产业在空天海装备、工业母机及高端医疗装备三个重点专题方向的发展态势，剖析了我国高端装备制造产业在迈向高质量发展进程中所面临的挑战，以及各方向产业集群发展现状与创新链产业链资金链人才链融合情况等多方面问题。本章核心观点：空天海装备、工业母机及高端医疗装备在高端装备制造产业体系中战略地位突出，其发展受多种因素制约且存在创新与协同发展的机遇与空间。对策建议：空天海领域开辟飞机结构件增材制造新赛道，放开低空管制，松绑商业航天政策监管等；工业母机领域顶层规划构建核心技术研发体系新模式，加强增材制造及复合制造等；医疗装备领域加强关键共性技术和前沿性技术攻关，探索建立专业服务支撑体系，加强医工交叉人才队伍建设，发展耐心资本等，通过多维度举措促进各领域及整体高端装备制造产业“四链”深度融合发展，提升我国高端装备制造产业竞争力与可持续发展能力。

7.1　高端装备制造产业国际发展态势

高端装备制造产业决定了整个产业链的综合竞争力，是现代产业体系的脊梁，是推动工业转型升级的引擎，发展高端装备制造业对推动我国产业结构优化升级、提升制造业核心竞争力具有重要战略意义。

近年来，由于新冠疫情冲击等影响，美国等西方国家大力推进先进制造业回流。美国通过打压竞争对手来保持经济和科技上的领先地位，不惜摒弃效率和成本的考量，进行产业链区域化、近岸化乃至本土化布局，造成经济全球化遭遇逆流，全球产业链分工格局发生深度调整，产业链供应链加速重构。美国、日本等国家为了削弱我国的制造业竞争力不断加码遏制手段，除了实行严密的技术封锁之外，还在全球范围内对我国高端制造领域优势企业进行精准打击。近 40 年来，美国及其北约盟友通过“巴统协议”(《巴黎统筹委员会协定》)、“瓦森纳协定”(《关于常规武器和两用产品及技术出口控制的瓦森纳协定》)、极限打压、围堵政策等，限制和扼杀我国工业母机和高端装备产业发展。2021 年以来，美国拜登政府签署了《芯片与科学法案》《通货膨胀削减法案》《两党基础设施法案》《关于解决美国在特定国家对某些国家安全技术和产品的投资问题的行政命令》《先进制造业国家战略》等，支持和补贴了芯片制造、新能源汽车、充电电池、通信设备、医疗设备等行业，并加大力度遏制我国技术进步，企图干扰我国国防能力建设和战略性新兴产业发展。我国高端装备制造产业链供应链安全面临危机。

在国家产业政策的支持下，我国科技企业加快进行材料、器件和装备的国产化推进工作，不断提升产业链供应链韧性和安全水平。我国高端装备龙头企业与区域内科研院所、装备制造企业、材料供应商、元器件企业、系统集成企业等正在打造紧密协作的供应链，初步形成具有行业特色的区域产业集聚区，有力维护了我国高端装备制造产业供应链安全。《“十四五”智能制造发展规划》将工业母机作为重点领域进行支持。《中国制造 2025》明确将生物医药及高性能医疗器械作为重点推进的十大领域之一。2021 年，工信部等十部门联合印发《“十四五”医疗装备产业发展规划》，提出全面提升医疗装备“产业基础高级化、产业链现代化水平”，推动医疗装备产业高质量发展。2021 年 8 月，国务院国有资产监督管理委员会（简称国务院国资委）召开扩大会议，强调要把科技创新摆在更加突出的位置，推动中央企业主动融入国家基础研究、应用基础研究创新体系，针对工业母机、医疗设备、高端芯片、新材料、新能源汽车等领域加强关键核心技术攻关。2022 年，工信部、国家发展和改革委等国家部委先后联合发布《关于促进制造业有序转移的指导意见》《环保装备制造业高质量发展行动计划（2022—2025 年）》《工业和信息化部关于大众消费领域北斗推广应用的若干意见》《医疗装备产业高质量发展行动计划（2023—2025 年）》等政策，从提高装备自主研制能力、扩大放开市场限制、推动产业集群和融合发展、鼓励民营企业积极加大先进制造业投资等多个方面为高端装备制造产业保驾护航。

2023 年以来，随着新冠疫情影响减弱，经济运行持续恢复，政策与需求双驱动，高端装备制造产业保持较快增长态势，其中航空装备、航天制造、工业机器人、医疗装备等子行业实现较快增长，高端装备制造产业对经济的引领提振作用越发显著。据国家统计局 2023 年 8 月发布的信息，随着我国制造业产业向高端延伸，以航空航天为代表的高端制造业较快增长。2023 年 7 月，规模以上航空航天器及设备制造业增加值同比增长 11.2%，智能消费设备制造业增加值同比增长 15.3%。预计未来五年，国产大飞机累计订单和产能将继续提升，国防预算持续增加，带动军用航空装备业的增长；卫星发射和组网进程加快，商业航天市场活跃，通信和导航的需求将对卫星及应用行业增长形成强力支撑；在工业母机和工业机器人领域，国产化进程加速，高端装备行业对高档数控机床的高需求仍将持续；在医疗设备领域，在政策加码国产替代和研发创新等因素驱动下，医疗设备产业创新活力迸发，促进产业高速、高质量发展；在先进制造技术方面，超精密加工、增材制造和混合制造仍将是发力点，衍生的新材料、新工艺、新装备、新应用及新的标准规范等将会促进战略性新兴产业发展。

高端装备制造产业集群成为引领带动重点行业和区域经济发展的重要引擎。在我国长三角地区、粤港澳大湾区、京津冀地区、长江中游（武汉—长沙）、山东半岛（济南—青岛）、中西部（西安—洛阳—郑州）、成渝地区等有望进一步发展形成各自特色的产业集群。然而，我国高端装备产业集群的发展与世界级产业集群定位的创新能力不匹配，存在如下问题：区域和产业分布不均衡，高端装备产业集群主要集中在东部沿海、长江经济带，具有战略纵深的中西部地区高端装备产业链仍然薄弱；核心工业基础能力较弱，产业链关键环节受制于人；高端数控系统、高性能功能器件、工业软件、海洋高端配套设备、医疗装备配套等产业链关键环节尚未自主可控；领军企业实力和数量不足，缺乏大品牌和大型跨国企业。因此，加快培育高端装备制造产业的竞争优势，推动我国高端装备制造产业向高质量发展至关重要。

7.1.1　空天海装备制造产业发展态势

1. 航空装备产业发展态势与国外相关产业支持措施

1）航空装备产业发展态势

大飞机被称为“现代工业之花”和技术发展的火车头，对增强一个国家综合国力、科技实力和国际竞争力至关重要，是强国的重要标志。当前，全球大型民用飞机市场仍处于双头垄断格局，绝大部分市场被美国的波音公司和欧洲的空中客车公司占据。

21 世纪以来，大型民用客机市场的格局一直由美国的波音公司和欧洲的空中客车公司两大巨头主导。两家公司在全球市场上拥有广泛的市场份额，产品覆盖了各种不同尺寸和座级，可满足全球航空公司的运营需求。美国和欧洲在技术研发、标准制定、产业链能力方面仍处于绝对优势地位。

从全球市场格局来看，2019 年全球累计交付客机 1 456 架，其中空中客车公司交付 867 架，波音公司交付 377 架，合计占比 85.4%；2020 年由于新冠疫情暴发，全球航空公司受到冲击，交付飞机下降到 825 架，其中空中客车公司交付 551 架，波音公司交付 154 架，合计占比 85.5%。波音公司与空中客车公司的交付机型仍以单通道干线客机为主，占比分别达到 54.9% 和 58.8%，但双方在双通道的宽体客机上几乎占据100%的市场[1]。

从市场潜力来看，国际航空运输协会（International Air Transport Association，IATA）的报告预计，2024年航空业收入同比增长6.2%，将达9 650亿美元，实现净利润315亿美元；预计2025年收入同比增长4.4%，将达10 070亿美元，净利润则将达到366亿美元。波音公司于2023年6月发布了2023年《民用航空市场展望》，预测全球到2042年的新民用飞机需求将达到42 595架，总价值8万亿美元。全球机队规模未来20年将增长近一倍，达到48 600架飞机，年均增长率3.5%。航空公司将用更高效的新型飞机更新约一半的全球机队。波音公司预测：2042年前亚太市场将占到全球需求的40%以上，其中一半来自中国。南亚地区机队的年均增长速度将超过7%，为世界之最，其中印度的客流占到了该地区的90%以上；北美和欧洲的需求将分别约占全球的20%；到2042年，低成本航空将运营全球单通道机队的40%以上，远超目前的10%。另外，根据赛迪研究院的统计，2023年，我国低空经济市场规模达到5 059.5亿元，预计到2026年，市场规模有望突破万亿元，达到10 644.6亿元。

从供应链来看，全球产业链依旧为美国、欧洲所主导，呈现“美国为主、欧洲为辅、亚太参与、全球协作”的态势。以发动机这一主要飞机系统为例，目前具备设计研发、参与市场竞争的供应商仅美国通用电气公司（General Electric Company，GE）、美国普拉特·惠特尼集团公司（简称普惠）、英国罗罗公司，以及美国GE与法国赛峰集团合作的CFM国际公司4家，其中各家公司基本两两占据窄体机和宽体机的市场份额。其他航电、飞控、电气、液压、起落架等重要系统也是如此。

2）航空装备国外相关产业支持措施

民用航空未来发展需求巨大，但同时也面临更为严苛的环境要求。航空运输的碳排放目前占到全社会碳排放的2%左右，如果不采取措施，未来可能会进一步增加到3%。虽然比例不大，但由于航空运输是直接将二氧化碳排放到高空，对环境的影响非常显著。在环保成为全社会关注焦点的背景下，减少航空运输对环境的影响已成为航空界必须面对的问题，环保性将成为继安全性后的另一个适航门槛。为应对航空排放对气候变化的影响，国际民用航空组织确定了减少航空碳排放的任务，规定从2009年到2020年每年将燃油效率提高1.5%，2020年后的国际航空飞行实现碳中性增长；从2021年开始，组织成员需要采用新的节能技术，使用低碳燃料等措施；2023年后获得认证的新飞机，将根据飞机尺寸和重量来限制碳排放。此外，国际民用航空组织还制定了包括国际航空全球碳抵消和减排机制在内的一揽子气候行动计划。

美国国家航空航天局（National Aeronautics and Space Administration，NASA）于2015年提出了电动飞机发展路线图，在多条技术路线同步开展研究。NASA针对分布式电推进技术开展了X-57麦克斯韦验证机计划，目前已完成地面高压和地面震动试验；针对波音737量级飞机开展了STARC-ABL（single-aisle turboelectric aircraft with aft boundary layer propulsion，机尾配备边界层推进器的单通道涡轮飞机）混合动力飞机研究，尾部加装2.6兆瓦电动机，采用附面层抽吸技术，预计可降低阻力 7%~12%；针对混合动力支线飞机开展基于 ATR42-500 的飞机改造，机翼上有 4 个螺旋桨，尾部还将增加 1 个螺旋桨，已完成样机设计。

欧盟在 2021 年启动了“清洁航空”（clean aviation）计划项目，重点研发混合动力支线飞机、超高效中短程飞机、氢动力飞机（表 7.1）。第一批项目拨款协议已签署并正式启动实施，欧盟资助总额为 6.54 亿欧元，共计 20 个项目，由来自 24 国的 244 家单位联合承担研究工作。其中，围绕混合动力支线飞机、超高效中短程飞机和氢动力飞机 3 个重点领域的 16 个项目中有 8 个为动力技术项目，凸显了动力技术创新对于碳减排目标的重要性。混合动力支线飞机领域涉及兆瓦级混合电推进、热管理方案、电力配送方案、创新机翼设计等主题，超高效中短程飞机领域涉及超高效动力、超高性能机翼、先进轻质集成机身与尾翼等主题，氢动力飞机领域涉及氢涡轮动力、兆瓦级氢燃料电池、大型轻质液氢集成储存方案等主题。

表 7.1　欧盟 2021 年“清洁航空”计划项目

飞机类别	项目名称	牵头单位	项目主题
混合动力飞机	HE-ART	罗罗德国公司	兆瓦级混合电推进
	AMBER	Avio Aero（GE 子公司）	
	TheMa4HERA	霍尼韦尔公司	热管理方案
	HECATE	罗克韦尔柯林斯爱尔兰分公司	电力配送方案
	HERWINGT	空中客车公司	创新机翼设计
超高效中短程飞机	OFELIA	赛峰集团	超高效动力
	SWITCH	MTU 公司	
	HEAVEN	罗罗德国公司	
	UP Wing	空中客车公司	超高性能机翼
	FASTER-H2	空中客车公司	先进轻质集成机身与尾翼
氢动力飞机	CAVENDISH	罗罗德国公司	氢涡轮动力
	HYDEA	Avio Aero（GE 子公司）	
	NEWBORN	霍尼韦尔公司	兆瓦级氢燃料电池
	H2ELIOS	Aciturri 公司	大型轻质液氢集成储存方案
	fLHYing tank	蝙蝠飞机公司	近期颠覆性技术
	HyPoTraDe	蝙蝠飞机公司	
交叉领域	HERA	莱奥纳多公司	可减排 30%~50% 的新型飞机概念
	SMR ACAP	空中客车公司	
	CONCERTO	达索公司	颠覆性技术的新型认证方法和合规方式
支撑行动	ECARE	欧洲航空谷	发展欧洲清洁航空区域生态系统

2. 航天装备产业发展态势与国外相关产业支持措施

1）航天装备产业发展态势

世界航天已进入以大规模互联网星座建设、空间资源开发和利用、载人月球探测及全球极速运输等为代表的新阶段，呈现出任务领域更多样、能力规模更大、技术应用更深入、商业驱动力更强的新态势。2022 年世界航天发射次数再创新高，达到 186 次，成功率达到 95.7%。美国、中国、俄罗斯发射次数位居前三，分别为 87 次、64 次和 22 次。其中，3 个型号系列发射次数超过 10 次，“猎鹰”（Falcon）系列 61 次、长征系列 53 次、联盟-2（Soyuz-2）系列 19 次 [2]。据美国 Space Stats 网站统计，截至 2023 年 9 月，全球共发射 151 次，美国太空探索技术公司（SpaceX）依然遥遥领先，占据 65 次 [3]。

2023 年航天热潮维持高温，各国继续加大投资规模。2023 年上半年全球航天相关企业完成 91 轮融资，累计获得 60 亿美元 [4]。从融资领域看，卫星制造与服务获得 57 亿美元，发射服务获得 1.57 亿美元，态势感知和在轨服务获得 7 117 万美元，空间站服务获得 6 056 万美元，月球运输与开发获得 349 万美元，卫星制造与服务是融资额最高的领域。从融资国家看，美国在 2023 年第二季度的航天融资活动最为活跃，达到 50.67 亿美元，占季度融资总额的 84.6%，印度、日本、印度尼西亚、加拿大、中国、英国等国家次之。从近十年整体情况看，全球航天相关企业共完成 1 779 轮融资，总金额达到 2 805 亿美元，中美两国引领全球航天融资，美国融资总额达到 1 330 亿美元，占全球的 47.45%；中国融资总额 792 亿美元，占全球的 28.23%；新加坡、英国、印度、印度尼西亚、法国和加拿大次之。2023 年 3 月 9 日美国拜登政府公布了 2024 财年支出计划，其中包括为国防部拨款 8 420 亿美元——比国会在 2023 年制定的预算增加 260 亿美元或 3.2%。

在将太空商业价值最大化的同时，各主要航天国家更以构建太空军事优势为目标，加强战略牵引，优化全球布局。美国发布多份战略文件，通过盟友协作维护自身太空权益，促进太空军事能力长期稳定发展。2023 年 1 月，美国和日本签署了《日本政府与美利坚合众国政府关于为和平目的在包括月球和其他天体在内的外层空间进行太空探索和利用合作的框架协定》。2023 年 2 月，美国和印度启动关键和新兴技术倡议，指出两国将在载人航天、商业月球有效载荷服务等六大领域展开合作。2023 年 4 月，韩国总统借造访 NASA 之际宣布正式参与美国主导的载人月球探测“阿尔忒弥斯”登月计划。同月，美国和澳大利亚签署了扩大在太空领域开展军事合作的谅解备忘录，涉及加强信息交流，协调太空中的防御要求，以及确定潜在的联合研究和项目。

2023 年，曾经叱咤风云的各主力型号火箭加速退场，推力更大、成本更低、技术更先进的重型型号纷纷亮相，以应对日益增长的载人登月、深空探测需求。2022 年 11 月，历经多次延迟、预算已超出 85% 的“太空发射系统”（space launch system，SLS）成功完成首飞，将“猎户座”（Orion）飞船送入奔月轨道，据估计这将是 NASA 研发的最后一个火箭。2023 年 3 月，旨在取代现役的 H2A 运载火箭和退役的 H2B 运载火箭的日本新一代 5 米级重型火箭 H3 未能如期进入轨道，不过一些关键技术得到验证。2023 年 4 月，万众瞩目的 SpaceX 星舰-超重组合体进行了轨道试飞，虽然火箭在起飞约 4 分钟后意外解体，但仍然取得了一系列重大技术突破，若研制成功，它将超过 NASA 研发的 SLS，成为现役运载能力最强的火箭。2023 年 7 月，阿丽亚娜 5 型火箭发射升空，圆满结束其长达 27 年的服役生涯。其下一代继任者阿丽亚娜 6 型火箭将于 2024 年完成首飞，未来将在欧洲航天局（European Space Agency，ESA）的登月计划中承担载人和货运任务。与阿丽亚娜 5 型火箭同时代的另一个明星火箭——德尔塔 4 重型火箭也在最后一枚火箭出厂后，于 2023 年 7 月由美国联合发射联盟关闭了其位于亚拉巴马州的德尔塔组装线，取而代之的是新一代“火神”号火箭。

可重复使用技术以低廉的价格改变了国际航天发射市场格局，影响了商业航天时代火箭设计。重复使用运载器兼具“星、箭、船、弹、飞机”特点，与一次性使用航天器相比，具有可天地往返、重复使用，承载灵活、服务多样，自主返航、水平着陆，维护方便、成本低廉等特点，是未来航天运输系统重点发展方向。截至 2023 年 7 月，SpaceX 的猎鹰 9 号采用垂直返回回收技术已成功完成了第 16 次重复发射，快速重复使用技术进一步助推 SpaceX 不断冲高其发射频次。俄罗斯目前尚无可重复使用的运载火箭，不过，俄罗斯国家航天集团提出未来将建造复用次数超过 SpaceX 的猎鹰 9 号火箭的可重复使用的“阿穆尔 -LNG”火箭。该火箭将设计为中型两级火箭，将配备最多可重复使用 10 次的返回式一级，以及以氧和甲烷为燃料的 RD-0169 发动机，起飞重量将达到约 360 吨，高 55 米，直径 4.1 米。在重复使用一级条件下，“阿穆尔”火箭能向近地轨道运送重达 10.5 吨有效载荷；另一扩张型版本的运载能力为 12.5 吨，计划于 2026 年执行首次发射任务。

为更高效地实现地月、地火航行任务，核动力推进系统重新引起关注。核动力系统的研发始于 20 世纪，由于冷却循环、核反应堆设计、安全性及污染等诸多技术障碍而被搁置。近年来，随着人类的影响不断由低地球轨道向深空扩展，动力更强劲、工作效率更高、有效载荷运输能力更强的核推进系统有望在未来探空旅程中发挥重要作用。2023 年 1 月，美国国防高级研究计划局和 NASA 宣布与工业界洛克希德·马丁公司和 BWXT（BWX Technologies，Inc.）先进技术公司联合开展“敏捷地月行动演示火箭”项目，旨在开发实验性核动力推进系统，为未来的在轨机动和火星航天器提供更高效的动力源，以期为未来部署所有基于核裂变的太空技术铺平道路，项目计划 2027 年完成在轨技术验证。同时，作为美国的竞争对手，俄罗斯在核动力火箭上的研究也没有停止，并且成功研制了推力 3.5 吨的 RD-0410 和 70 吨的 RD-0411 两种核发动机。2022 年，俄乌冲突之际，俄罗斯宣布发展“宙斯”核动力拖船，以期实现太阳系各行星之间多次往返在轨加油等目标。

卫星装备产业主要包括卫星制造与发射、卫星运营及应用服务。据不完全统计，卫星产业目前需求旺盛，呈高速井喷式发展，预期具有近万亿美元的市场规模。根据美国卫星产业协会（Satellite Industry Association，SIA）发布的 2023 年《卫星产业状况报告》，全球卫星装备产值约 2 810 亿美元。据统计，2023 年一季度全球共发射 233 吨有效载荷入轨，美国占全球总有效载荷质量的 80%，是我国的近 10 倍。美国目前以其高新技术及商业创新模式为牵引，在低轨大规模星座、卫星延寿、在轨服务、空间态势感知等新兴领域先行布局应用，已展现出巨大的军事、政治及经济价值。

传统卫星通信、遥感、导航系统的服务能力和范围进一步提升。美军通过部署

“增强型极地系统”增强北极地区的通信能力。俄乌冲突中，SpaceX“星链”星座在地面传统通信能力遭受破坏的情况下，为乌克兰政府和军队提供了稳定、灵活的通信手段。同时，美国推进战术抗干扰通信技术发展，并多次成功演示星间激光通信相关技术。韩国和印度等其他国家也纷纷加强本国独立导航卫星系统建设。此外，美国、欧洲的侦察与预警卫星系统持续补网，不断提升监视与预警能力。

低轨小卫星巨型星座成为天基系统建设的发展趋势。SpaceX 颠覆性地突破了可重复使用低成本运载及小卫星规模化生产技术，极大提升了进入空间的效率、效益及规模。SpaceX 以“星链”为基础，提出构建面向国家安全需求的“星盾”专用低轨卫星星座，重点涉及对地观测、全球通信和托管有效载荷三个领域。

卫星发射数量增长迅猛。2022 年全球共发射 2 497 颗卫星，同比增长 51%，现有 7 316 颗卫星在轨运行。卫星装备生产模式已发生重大变革，从定制化向规模化、平台化、标准化发展，卫星采用流水线批量化制造，并在应用过程中加速产品的迭代升级。我国卫星装备目前已突破高效低成本发射与制造瓶颈，已从探索太空时代跨入了“大规模进入和应用太空”时代。

通过研制模式调整和制造手段升级来缩短航天器研制周期并降低研制成本仍然是世界各国航天器研制机构追求的目标。日本在 H3 火箭研制过程中，采用“快速跟踪”的方式，并行开展设计研发工作和制造工作。同时，H3 运载火箭通过简化结构、减少特殊材料使用及自动化工艺来实现成本的降低。例如，利用旋压成型工艺减少推进剂箱结构部件数量、将自动铆接机用于结构装配、将 3D 打印技术用于管路和喷射器等部件，以及使用飞机和汽车工业中的电气零部件。2023 年 3 月，美国相对论公司研制并发射了全球首个全 3D 打印火箭，为当前及未来航天器制造带来巨大影响。尽管飞行任务未取得成功，但其关键技术得到了充分验证。未来有望促成极简的火箭设计流程和制造流程，从而颠覆当前的生产模式，使研制周期和成本大幅下降。

2）航天装备国外相关产业支持措施

世界各国积极制定发展战略推动航天装备制造工业能力提升。美国近年来陆续颁布《太空政策指令》《国家航天战略》等政策法令，重启国家航天委员会，并推动美国交通部、美国联邦航空管理局更新有关太空发射与载人的监管规则，重组商务部航天商业办公室，不断塑造、完善和实施其太空战略。尤其在 2020 年，美国在将商业航天纳入国家航天战略后，不断为商业航天松绑政策监管，开放太空项目及太空基础设施，支持以商业化和私有化推动太空探索的产业化，以新的市场开发与培育激活太空经济，同时推动太空向作战域定位的转化，积极争夺太空资源，维持其太空霸权地位。2022 年美国发布《太空服务、组装与制造国家战略》，将太空服务、组装与制造列为未来核心技术，预期将形成 143 亿美元的太空新兴市场。商业航天是未来太空霸权争夺的巨大驱动力，美国国防创新小组认为，利用新兴技术将可改变“未来战争特征”。根据美国国防部的数据，截至 2021 年，小企业在所有与美国国防部有业务往来的企业中占比达到 73%，研发企业占比为 77%。2023 年初，美国国防部小企业项目办公室恢复支持快速创新基金，以促进小企业与美国国防部合作开展创新活动。2023 年 2 月，美国国防部提出了“快速追随者战略”，旨在快速追踪、获取和应用美国国防部以外的商业技术，以维持美国国防部获取先进商业技术的时间优势和技术优势。2023 年 5 月，美国国防部发布《国防科技战略（2023）》，该战略阐明了美国国防部的科技优先事项，明确了新型技术、可利用商业力量的技术、国防专用技术三大领域技术。

欧盟于 2023 年初发布了《欧洲空间安全与防务战略》（EU Space Strategy for Security and Defence），该战略对欧盟提升太空系统弹性、应对太空威胁、运用太空保护欧盟等提出了一系列措施，为增强欧盟技术自主能力和自主进入太空制定了长远计划。欧洲的空间产业主要用于支撑及满足欧洲本土的工业及生活需求，产业投资主要包括欧洲空间项目计划，用于空间系统与服务的开发、创新与探索；地平线计划主要用于空间项目的创新研发；投资欧洲计划主要用于支持企业发展、技术创新及可持续基础设施建设。

2023 年 4 月，韩国国防部召开国家科学技术咨询会议，审议通过了《2023—2037 年国防科学技术革新基本计划》，选定了十大领域的 30 项国防战略技术，重点投资发展定向能武器、高超声速导弹、导弹防御系统。

3. 海洋装备产业发展态势与国外相关产业支持措施

1）海洋装备产业发展态势

海洋装备是建设“海洋强国”的重要基础，近年来，我国海洋装备在部分产品的总装制造上虽然已经处于国际领先水平，但整体上发展质量不高，高端产品研发设计能力不足，核心零部件仍处于产业链、价值链中低端，核心竞争力不强，与发达国家差距依然明显。“十四五”时期是我国推动海洋装备高质量发展的关键五年，关系到我国海洋强国的战略方针和发展路径。

中美科技博弈愈加激烈，产业竞争格局发生巨变。2018 年以来，中美贸易摩擦不断升级，国际形势更加复杂，以美国为代表的西方国家采取战略上遏制、技术上脱钩、规则上打压、体制上抹黑等多种手段对我国实行打压遏制和技术封锁。海洋装备产业是高度集成化的新兴战略产业，市场和资源“两头在外”特征明显，引入先进技术面临更严格的限制，依靠“引进消化吸收再创新”的模式很难实现技术突破。美国《2021 年战略竞争法案》，要求拜登政府与我国在全球供应链和科学技术上进行全面“战略竞争”。美国现有盟国 46 个，这些盟国包含了当前主要海洋装备产业链环节所在的国家，这些国家掌握了从需求方（船东）所在的国家（希腊、日本、新加坡、挪威等），到基础研究、研发设计、船舶建造及运营维护全产业链的关键技术和装备，给我国海洋装备产业链安全带来极大风险。

新一轮科技革命蓬勃发展，推动海洋装备产业变革。当前，以信息化和工业化深度融合为重要特征的新科技革命兴起，多领域技术群体突破和交叉融合推动制造业生产方式深刻变革，制造业“数字化、网络化、智能化”已成为重要趋势，柔性制造、智能制造、虚拟制造等日益成为世界先进制造业发展的重要方向。5G 网络、大数据中心、人工智能等数字信息技术正与船舶等传统行业在产品性能、生产体系、业务模式等方面加速融合，推动产品、工艺等向智能化转型升级，引发海洋装备产业科技创新开辟新空间和新赛道。智能船数字化管控、智能工厂、智能机器人、增材制造等新技术应用已成为全球海洋装备科技发展热点。

节能环保规范日趋严格，助力海洋装备产业低碳转型。气候变化、海洋环保、船舶与航运的绿色环保等问题已成为未来海事新规则、新规范的关注焦点。近年来，全球气候变暖等环境污染问题日趋严重，国际海洋环保问题日益受到关注，国际海事组织出台多项环保法规并陆续生效执行，船舶排放、船体生物污染等船舶节能环保安全技术要求不断提升，研发节能环保型船舶成为全球造船产业抢夺竞争制高点的关键。“碳中和”是全球能源技术发展的必然趋势，将能源变革的大势投射到船舶动力领域，替代燃料的选择与应用及动力系统的革新与改造是实现海洋装备领域往低碳、零碳方向转型的主要路径；船舶替代燃料是整个海洋装备业创新发展与转型的推动力量。

总之，世界海洋装备产业已经进入新一轮的深刻调整期，围绕技术、产品、市场的全方位竞争日趋激烈，决定竞争成败的关键不再是设施规模、劳动力成本等因素，而是技术、管理等软实力，以及造船、配套等全产业链的协同，科技创新能力对竞争力的贡献更为突出。

2）海洋装备国外相关产业支持措施

海洋装备是开发和利用海洋资源的前提和基本工具，已成为当今世界各海洋强国发展海洋经济的战略取向，主流海洋国家都希望通过大力发展海洋装备产业，抢占海洋资源开发和海洋经济发展的制高点。

美国重视海洋装备技术创新，系统部署海洋装备科技优先领域和重点任务。在深海油气资源开发领域，美国无疑是世界最先进的国家。在新科技革命不断深入发展的背景下，美国显著加强了对海洋高端装备和前瞻性装备的研发，在海洋探测、水下通信、深海资源勘探等传统领域继续保持领先地位的同时，着力支持低成本智能感应器、深潜机器人、水下云计算等新一代颠覆性海洋装备技术的迅速发展，并开始应用于海洋开发活动。

近年来，美国政府运用多种政策工具，推动激励海洋装备绿色低碳技术开发创新。2022 年 4 月，美国能源部发布《美国实现清洁能源转型的供应链保障战略》，这是美国首个保护清洁能源供应链的全面战略，旨在建立安全、弹性和多样化的清洁能源产业基础，确保清洁能源制造和创新的全球领先地位。2022 年 7 月 12 日，美国众议院议员向国会递交了《2022 年清洁航运法案》，该法案旨在消除所有与美国有业务往来的海运公司的污染。该法案为船舶使用的燃料制定严格的碳强度标准；并制定到 2030 年消除港口船舶排放的要求，即到 2030 年 1 月 1 日，所有在美国港口停泊或靠泊的船舶将实现零温室气体排放和零空气污染物排放。

英国是老牌的海运强国，受益于工业革命，成为第二次世界大战后率先崛起的全球造船中心。19 世纪末期英国殖民地间巨大的贸易需求推动英国造船业的发展，当时世界上超 80% 的船舶由英国生产；20 世纪初期英国拥有世界领先的军船、民船建造技术。但第二次世界大战后经济全球化进程启动，英国对于世界贸易控制权和需求萎缩下滑，其航运和造船所占份额随之减少，另外，英国造船业的技术转型升级进程也较为缓慢。20 世纪后期，英国的造船业在产业链下游的竞争上已不具备优势，英国将产业发展重心转向了高附加值的上游产业链，至今在航运法规和航运金融保险领域长期保持强势话语权。

2022 年 3 月，英国政府发布新版《国家造船战略》，为重振本土造船业制定战略规划。新版《国家造船战略》提出英国造船行业包括绿色技术、生产率、出口等五方面目标。其中，绿色技术的目标包括：2025 年所有用于英国水域的新船都被设计为零排放船舶；2035 年零排放燃料将在英国得到广泛应用；2050 年，英国国内航运将实现净零排放。为实现上述目标，英国将采取一系列方式：①成立国家造船办公室；②建立 30 年的跨政府造船渠道；③成立海事能力推广办公室；④国内造船信用担保计划；⑤向英国航运减排办公室（UK Shipping Office for Reducing Emissions，UK SHORE）投资 2.06 亿英镑，专注于海事部门的脱碳，用于支持零排放船舶的研发和先进制造技术产业化，确保英国在清洁海事技术设计、制造和运营等方面的全球领先地位。

韩国造船业在政府产业政策强力支持下实现了跨越式增长。造船业成为韩国的主要支柱产业之一，同时，韩国在海洋装备总装建造领域发展较快，以价格低廉、交货迅速、质量上乘等优势在全球海洋装备制造方面占据领先地位，除了低端海洋工程装备之外，韩国在高端装备领域的制造上也逐步掌握了关键技术，在钻井船、浮式生产储油卸油装置（floating production storage and offloading，FPSO）、高规格自升式钻井平台、半潜式平台领域也有着强大的竞争能力，拥有韩国现代重工集团、韩国大宇造船海洋集团、三星重工、韩国 STX 株式会社等多家造船和海洋工程的龙头企业。

近年来，韩国造船业的强项为高附加值、高技术船舶［如大型液化天然气（liquefied natural gas，LNG）运输船］和绿色船舶，产业政策更侧重于提升技术、配套发展、保持竞争优势方面。2021 年 9 月，韩国政府发布《韩国造船（K–造船）再腾飞战略》，该战略是韩国以造船业复苏为契机，强化智能、绿色等未来船舶市场的主导地位，为实现世界第一造船强国而制定的战略。

日本四面环海，大部分资源依赖海外进口，贸易和工业关键材料的国内物流大部分依赖海运。造船业通过稳定提供满足需求的船舶来支持海运业务，对于日本经济和社会的发展是不可或缺的。21 世纪以来，随着新兴市场需求及技术的发展（如 LNG 运输船等），日本传统技术优势不再明显，成本优势丧失，市场份额持续下滑。随着日本产业的转型升级，日本政府对包括船舶在内的传统制造业的支持力度相对减弱，没有完整的产业政策。在海洋工程装备方面，目前日本不如韩国、新加坡的市场占有率高，但是考虑到其综合技术优势，日本未来在海洋工程装备建造方面仍然颇有实力。在全球加快推进碳中和的时代背景下，日本也加快向新能源船舶转型并推进实现商业化，以期重塑国际市场竞争力。为此，日本国土交通省提出“2028年投放全球首艘零排放船，2050年实现零排放”的发展目标，通过继续加强设计和运营方面的节能技术，引进低碳/脱碳替代燃料和创新的推进技术，日本计划在2050年前将本国全部运营商船更新为零排放船舶，当前日本船队规模达到2 240艘，为造船企业创造了大量零排放船舶订单需求。

作为现代工业的发源地，欧洲的航运和海洋装备业曾一度领先全球，盛极一时。随着亚洲等新兴国家的崛起和世界船舶制造中心转移，欧洲船舶工业市场份额大幅萎缩，仅保留了附加值较高的邮轮建造和高端船舶配套业。欧洲保持着建造豪华邮轮等高附加值特种船舶的优势，持有超过95%的全球大型邮轮订单份额。

欧洲作为航运领域绿色转型的全球领导者，近年来出台了一系列政策文件，对绿色船舶技术研发进行全面的规划，力求掌握该领域核心技术，同时推进绿色船舶领域相关标准制定。2018年12月，德国联邦经济事务和能源部发布新版《国家海洋技术总体规划》，首次将船舶制造与绿色航运新兴领域列入德国政府重点布局领域。挪威致力于制定所有类型船舶的零排放和低排放解决方案，并采取多种措施增强对环境的保护力度。2020年10月，挪威船级社发布第四版《2050年海事展望》报告，预测燃料选择是航运业实现碳减排的关键要素，并指出到2050年，氨气和生物甲醇将在船舶市场上占据较大份额。2021年7月，欧盟委员会正式提出推动航运业绿色转型的《欧洲绿色协议》提案，包括将航运业纳入欧洲碳配额交易体系、欧盟海运燃料提案及可再生能源指令的修订等一揽子计划，该提案将确保2050年前航运业完成从化石燃料到可持续燃料的转变。

7.1.2 工业母机产业发展态势与国外相关产业支持措施

工业母机以高端数控机床为代表，在国家战略安全与国民经济中具有举足轻重的地位，在航空航天、船舶、车辆、医疗器械、高精密仪器等领域广泛应用。因此，世界工业大国争相制定并实施积极的工业母机产业发展策略。

1. 工业母机产业发展态势

当前，日本、德国与美国在高端机床领域占据龙头地位，拥有强大的技术、规模和品牌优势，并占据着全球主要市场份额。在高档数控机床前沿技术开发、关键技术创新和标准制定方面，美国、德国与日本等传统工业强国仍然处于绝对优势地位，并影响整个数控机床产业的发展趋势。在数控机床产业链上，高档数控系统、关键功能部件、机床整机、高端刀具、机电配套产品、产线成套装备及先进制造服务产业方面，日本、德国和美国相关企业保持着全产业链的竞争力，占据了全球的主要市场份额。

从全球市场格局来看，近年来全球数控机床产业规模不断扩张。德国机床制造商协会《2022年全球机床市场分析报告》数据显示，2022年全球数控机床行业总产值约803亿欧元，中国以257亿欧元的产值位居全球第一，在全球市场中占据32%的份额，日本和德国次之，产值分别为99亿欧元和97亿欧元，占全球市场的比例均为 12%（图 7.1）。全球数控机床行业业务规模排名前 5 企业的市场占有率高达 71%，反映出全球数控机床制造市场集中度较高。2022 年全球数控机床行业消费额为 808 亿欧元，中国同样以 260 亿欧元的规模稳居第一，美国、德国次之，消费额分别为 97 亿欧元、52 亿欧元，在全球需求市场中所占份额分别为 12%、6%，前 3 名国家的需求已经占据了全球机床消费的半壁江山①。

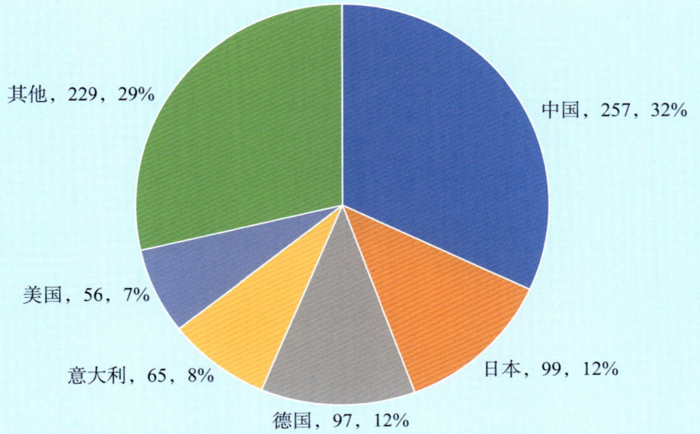

图7.1　2022年全球数控机床产业规模（单位：亿欧元）
资料来源：公开资料整理

在高端机床的数控化率方面，日本、德国和美国目前是全世界最先进的三大国家，中国近几年的数控化水平不断提高，但与发达国家仍有较大差距（图 7.2）。

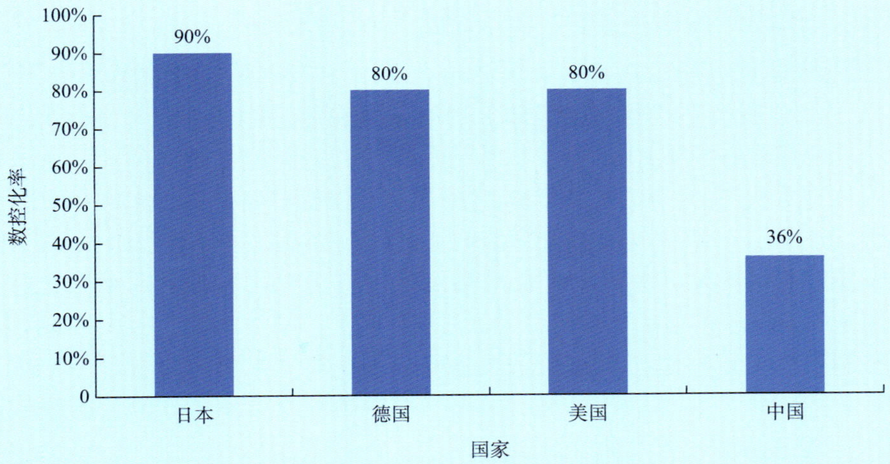

图7.2　2021年全球高端机床的数控化率
资料来源：公开资料整理

① 2023 年机床行业专题分析：工业母机，快步突围 [EB/OL]. https://www.vzkoo.com/read/20230718f54f4cc85bb08fd7abf0bfb9.html，2023-07-18.

全球高档数控机床龙头企业主要集中在德国、日本和美国，形成三足鼎立的格局。日本的山崎马扎克、德国的通快公司及德国的德玛吉森精机公司稳居行业龙头地位。

机床产业链供应链步入了全新的重构阶段。全球产业链供应链逐渐向某区域内或一国及周边地区收缩和集聚，呈现区域化、本土化趋势。本土化成为外资企业参与中国市场竞争的主要方式，未来中国经济长期向好的预期及超大规模的内需市场，使得中国市场的重要性攀升，国内数控机床市场出现了以外资企业本土化为代表的新形势。一批跨国机床集团在中国设立独资企业或合资企业，如德国德玛吉森精机公司、美国哈挺公司、日本小巨人公司等，本地化生产将形成生产能力。特别是自2020年以来，来自中国的新一轮基础设施和可再生能源相关投资拉动，以及来自半导体制造设备用机床的需求强劲，日本、德国等机床企业相继在中国投资增产、抢攻需求。与此同时，西方国家和日本等对我国高端机床为代表的战略行业的技术封锁也日趋严密，高端机床的自主可控形势紧迫。

当前，随着国内制造业产业升级向高质量方向发展，国内对高精度、高可靠性的高端数控机床需求提升。全球汽车产业整体趋向电动化方向转变，作为机床下游主要用户之一的汽车零部件制造商也开始审查其生产系统，将带动相应汽车零部件和新机床的需求。

2. 工业母机国外相关产业支持措施

美国国防部将“先进机床与数控系统”定为潜在的技术发展领域，推动开展下一代高档机床的研究。2018年11月，美国国家科学技术委员会更新了《美国先进制造业领导战略》，提出了3个方向的战略目标：发展和转化新的制造技术，教育、培训制造业劳动力，提升国内制造业供应链；细化了3个方面的技术性内容，即研发世界领先的材料和加工技术，完善制造业创新生态系统，加强国防制造业基础。2020年美国通过推出“美国尖端技术”项目，意在通过提高工业母机的生产率及工作效率，进而增强在世界的竞争力。2021年1月，美国国防部发布了《2020财年工业能力评估报告》，对包括工业母机在内的16个美国国防工业基础领域和10项关键技术进行了评估与总结。该报告明确指出工业母机行业除了包含金属切削机床之外，还包括成型、冲/挤压、注塑、复合材料处理、增材制造等广泛的基础制造装备领域，是国家工业健康的核心。

增材制造技术正在引起制造业领域中的多项变革，如创新设计变革，新产品开发，新材料应用，工业母机的等材、减材、增材的三材并举，新制造模式和服务模式的变化，增材制造的柔性化、短链化生产，正在引起制造业上下游供应链关系等发生变化。面向未来产业竞争，国际上制造强国实施积极的增材制造产业政策。美国着眼于持续增强制造业创新能力和竞争力，通过顶层设计、战略规划来引领增材制造产业发展；组建国家增材制造创新机构，美国国防部发布《增材制造路线图》《增材制造标准化路线图》《增材制造战略》等，启动增材制造推进计划“AM

Forward”，协调推动增材制造在国防装备、先进制造业中的示范应用并形成产业生态。2022 年 10 月，美国发布《先进制造业国家战略》，该战略包括三大目标：开发和应用先进制造技术，发展先进制造业劳动力，增强制造业供应链韧性。例如，该战略第四条提出发展高性能材料设计与加工技术、增材制造技术等。从最近的几项科技法案来看，美国为从根本上解决其认为的创新动力不够、产业空心化等问题，着手从战略层面将创新链、产业链、人才链与市场协同推进，以此来保障美国制造业的领先地位。

欧洲机床工业合作委员会提出，保持未来欧洲机床产业竞争力的基础在于先进生产技术、高技能劳动力，以及持续研发投资、缩短创新周期等。德国数控机床产业链综合实力雄厚，上游部件及下游产业链相辅相成，是德国持续取得成功的最重要推动力。德国政府采取一系列措施鼓励中小企业积极进行研发和创新活动以提高竞争力。例如，覆盖范围最广的中小企业创新核心项目、为企业创新计划提供长期低息贷款的 ERP（enterprise resource planning，企业资源计划）项目。2019 年，德国发布了《国家工业战略（2030）》等政策，鼓励企业积极开展研发与创新活动，保持数控机床在质量、性能方面稳居世界前列。《国家工业战略（2030）》将增材制造列入未来重点发展的九大关键工业领域。德国独特的工业集群概念创造了良好的产业环境，使得各行业能够与其他行业、投资者、学术研究机构及研究中心紧密合作。截至 2022 年 12 月，德国弗劳恩霍夫（Fraunhofer）研究所在德国各地有 76 家，超过 3 万名员工，其研发经费总额在 2021 年已超过 29 亿欧元①。Fraunhofer 研究所基本分布在理工科大学旁边，大学研究所的教授同时兼任 Fraunhofer 研究所的负责人，以保证两者的衔接。例如，著名的亚琛工业大学旁布局了两家 Fraunhofer 研究所，一个专注制造技术，一个专注激光加工技术。

瑞士与制造相关的技术创新中心有瑞士联邦材料测试与研究实验室和 INSPIRE，INSPIRE 坐落在苏黎世的瑞士联邦理工学院旁。Inspire AG 是瑞士领先的机械、电气和金属（MEM）行业技术转让能力中心，共有员工 70 多名，每年运行经费 1 100 万瑞士法郎，涉及 6 个研究方向，包括材料、制造工艺、3D 打印、机床设计、工业 4.0、产品测试与评估②。与之匹配的大学研究所有机床与制造研究所（50 多名研究人员）、设计材料与制造研究所、动力系统与控制研究所、机器人与智能制造研究所、制造流程研究所。

日本政府对机床工业发展十分重视，先后通过“机振法”“机电法”“机信法”等规划和法规，鼓励科研机构和企业大力发展数控机床。日本牢牢把握着产业链的上游优势。日本积极引导并实施“2020~2025 年高精密加工技术发展路线图”及“战略性创新创造计划”等，促进日本机床产业全面发展。日本机床企业凭借所掌握的世界领先科技，在机床全产业链具有全球竞争力优势。

---

① 德国弗劳恩霍夫学会科技服务的最新举措与启示 [EB/OL]. https://c.m.163.com/news/a/I0RGUP5K0511B355.html，2023-03-27.

② 资料来源：https://www.inspire.ch/en/。

7.1.3 医疗装备产业发展态势与国外相关产业支持措施

医疗装备是人民全流程健康保障的重要物质基础，直接关系人民群众的生命安全和身体健康，包括医学影像、体外诊断、先进治疗、植介入器械、康复与健康信息、生命体征监测与支持等细分领域。医疗装备产业是一个多学科交叉、知识密集、资金密集的高技术产业，推动该产业发展的同时也能带动生物、医药、机械、电子、冶金、化工、信息等多个其他产业发展。

1. 医疗装备产业发展态势

1）全球医疗装备产业保持快速增长，欧美巨头在市场占有率、产品创新能力方面仍占据领军地位

近年来，随着各国政府加大对医疗装备产业的支持及人们对健康问题的日益关注，尤其是在新冠疫情的影响下，医疗装备市场需求保持快速增长。据统计，2015年全球医疗装备市场规模为 3 710 亿美元，经过快速发展，2022 年市场规模为 5 773 亿美元，复合增长率约为 6.52%（图 7.3）。

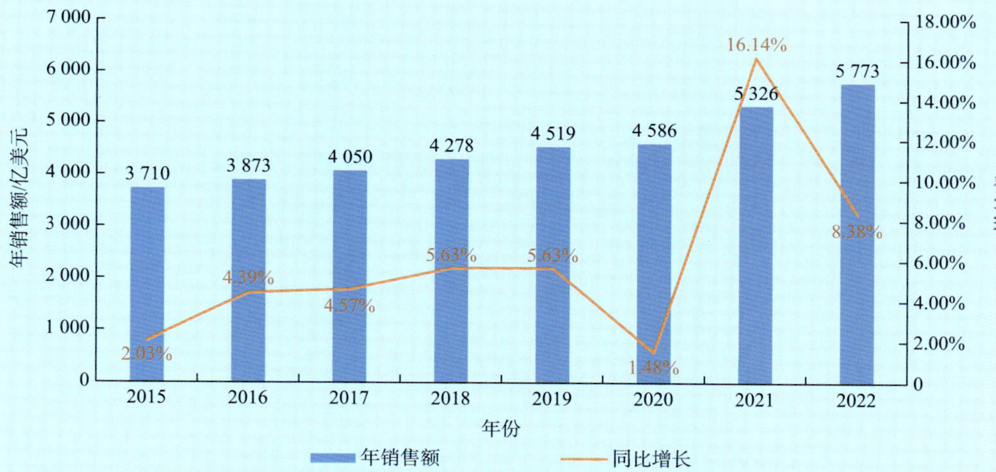

图7.3 2015~2022年全球医疗装备市场发展趋势
资料来源：The Business Research Company

在全球市场中，美国、欧洲等发达国家和地区的医疗装备产业发展时间早，技术基础积累雄厚，创新研发能力较强，市场占有率领先。目前美国、欧洲医疗装备巨头企业依旧保持着全球医疗装备产业领军地位。2023 年 4 月，医疗装备领域知名网站 Medical Device+Diagnostic Industry（MD+DI）发布 2022 年全球医疗装备企业 100 强榜单，其中前十名均被国外巨头垄断，中国企业仅 12 家上榜，排名前十的医疗装备企业年营业收入总额超 2 000 亿美元，共占据全球 35.78%

的市场份额（图 7.4）。

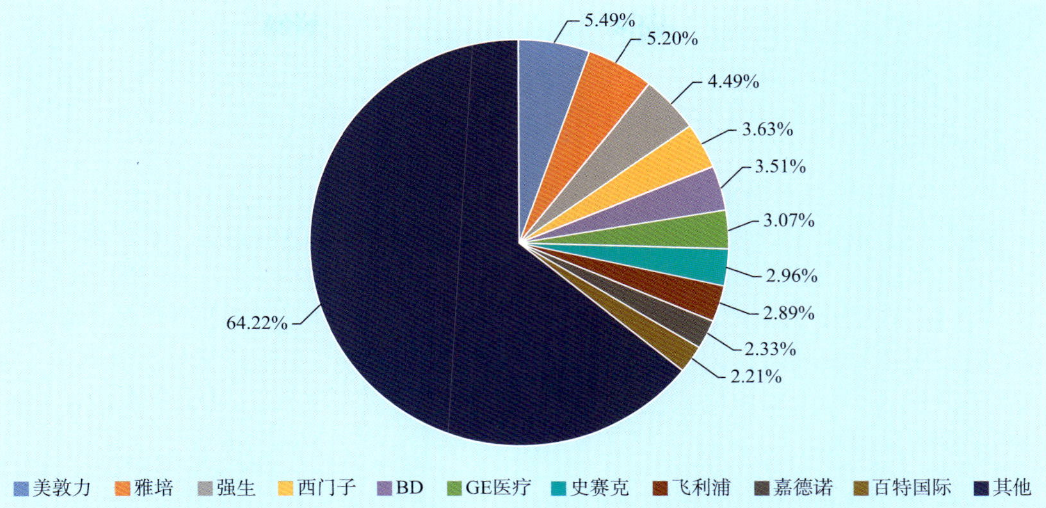

图7.4 全球医疗装备企业10强市场占有率分布

资料来源：Medtech Insight

2）前沿技术交融发展，医疗装备产业创新迅猛

随着新一轮科技革命和产业变革持续深入推进，现代先进制造、信息技术、新材料、前沿生物等技术与医学工程技术跨学科、跨领域交融发展提速，新型医疗装备产品不断涌现，全球大健康产业快速发展，医学服务模式从疾病治疗向全生命周期健康管理和服务转变，带来新的产业发展动能。

人工智能、机器学习、5G、大数据、云计算、3D 打印等颠覆性创新技术的发展正在改变医疗装备发展的格局。快速、安全的医疗数据共享可以降低治疗成本并可以根据患者的需求和实际临床治疗效果实时选择最优的治疗方案。数字化、网络化、智能化已成为未来技术变革的重要趋势，将极大改变产品研发设计、生产、管理、流通和使用的方式，医疗装备也在逐步朝向智能化、可穿戴化、远程化等新型发展方向。

（1）人工智能医疗装备。人工智能医疗装备围绕医疗行业的核心痛点与需求，已经催生出大量的创新用途和场景，正在从提升医学装备供给能力、优化诊疗流程、创新医学手段等方面赋能医疗行业。一方面，将人工智能技术嵌入各类诊断、治疗、监护、康复医学装备中，将推进医疗装备智能化转型。另一方面，人工智能技术将进一步规范临床诊疗行为、减少医疗误差、改善医疗质量，推动诊疗流程向标准化方向发展，推动诊断方式的创新变革。

（2）远程医疗装备。5G/ 千兆光纤、云计算等新一代信息技术的快速发展，为远程超声、远程手术、远程监护等具有突破性的医疗场景广泛应用提供了技术保障，远程医疗装备的发展步入快车道。远程医疗装备可以提供信息化、移动化、远程化医疗服务，能够精准对接医疗卫生临床需求，推进远程医疗、智慧医疗等场景落地。人工智能、云计算、大数据、MR[①]/VR/AR 等先进技术的融入，将加快突破无线技术的瓶颈，促进医疗装备数字化转型，推动医疗装备超高清医学图像传输、远程精准操控、人机交互等多项关键技术落地应用，实现医疗装备智能化、精准化、网络化发展。

（3）3D 打印技术应用。随着 3D 打印技术的日渐成熟，其在医疗行业中的应用越来越广泛。通过基于数字模型的逐层堆叠，可精确地打印出义肢、矫形器等辅助器具及人类器官，具有重要的应用前景。未来，3D 打印技术将进一步完善产品安全性、提高打印速度和精度，解决物体腐蚀、排斥反应等问题。借助 3D 打印技术可以让诸多生物组织和器官从虚拟模型变为现实的 3D 物体，通过数字化手段打造一条从医学成像、术前规划到植入物设计和制造的个体化医疗通路，为医学界提供完整、可靠的新治疗方案。

2. 医疗装备国外相关产业支持措施

从国际政治经济环境方面看，新冠疫情深刻影响了世界经济格局和全球化走向，世界产业链与全球产业格局正在发生改变。当前全球化遭遇逆流，地缘政治风险上升，全球经贸面临的不确定性上升，各国竞争与博弈更趋激烈，国际产业链分工正在进行重组，发达国家正在推动高端制造业回流本土。在医疗装备领域，世界各国纷纷将发展医疗装备产业核心技术提升至国家发展战略的核心层面，先后出台各类相关支持性政策措施，激励本国制造产业的换代升级，谋求在新一轮产业革命角逐中占据有利地位，确保其在全球价值链分工中占据技术主导地位。

同时，发达国家积极推动新兴技术与医疗装备制造业的融合发展，聚焦关键软硬件的原始创新，进行原理突破、技术升级和产品换代，推动医疗装备的智能化、数字化和精准化，通过重构医疗装备产业链条，提高本国工业经济与竞争实力。例如，在人工智能领域推进医疗装备产业智能化发展中，美国发布了《人工智能与机器学习战略计划》，德国发布“从大数据到智能数据”行动计划等，新兴国家通过国家政策大力推动先进制造业发展，积极抢占未来医疗装备制造业的巨大市场，逐步进入价值链的核心层，冲击全球制造业传统格局，各国争夺高性能医疗装备竞争高地日趋激烈。

我国发展的外部环境已发生重大变化，外部环境倒逼我国加强自主创新能力，加快构建国内国际双循环相互促进的新发展格局。我国提出的“一带一路”倡议为国内高端医疗装备企业提供了新的出海机遇和空间，面向共建“一带一路”国家，针对同盟国的市场需求我国医疗装备产业具有较大的发展潜能。

美国重视前沿技术突破，创新管理组织模式，探索多维保障、多维支撑、以营

① MR：mixed reality，混合现实。

造最优产业发展环境为目标的体系。美国发布了《美国创新战略》《先进制造业美国领导力战略》《先进制造业国家战略》等政策，提出要加快前沿领域的新突破，注重加大医疗装备先进技术领域的研发投入。欧盟重视研究与创新投资的战略方向，发布"'地平线欧洲'2021—2022年主要工作计划""欧洲健康数据空间计划"等，支持开发用于医疗资源受限地区或场所的智能医疗装备。此外，德国等欧盟国家重视工业基础与技术创新结合，支持各创新单元良性互动，以战略规划和政策支持推动产业创新发展。例如，德国发起了"德国生物区计划"，在全国范围内建立了以医疗创新为国家战略重点的网络式布局；发布了《国家工业战略（2030）》《未来研究与创新战略》等政策，将医学仪器产业列入九大"关键产业"之一，增加国家权限，对本国企业进行针对性支持。日本重视战略产业的顶层设计，将医疗装备产业作为国家重点发展的产业之一，发布"统合创新战略2021"，持续深入探索产业发展方向，推动战略基础技术在健康医疗等重要领域的应用。

7.2 国内高端装备制造产业高质量发展现状与挑战

7.2.1 空天海装备产业发展现状与挑战

1. 航空装备产业发展现状与挑战

1）航空装备产业发展现状

我国已基本掌握航空产品设计、试制、试验和批量生产的关键技术，并已形成具有自主研制能力、相关产品配套比较齐全的工业体系，为航空装备制造业未来可持续发展奠定了坚实基础。C919完成适航认证，进入产业化，标志着我国自改革开放以来，制造业代表性产品从家电、汽车走向飞机这个第三个里程碑，制造业已经走向高端。我国基本建立了专业门类齐全、科研、试验及生产相配套的航空制造业体系，并形成了以中国航空工业集团有限公司（简称中国航空工业）和中国商用飞机有限责任公司（简称中国商飞）两大国有企业为龙头，以国家新型工业化产业示范基地为依托，众多民营企业、外资企业、合资企业、航空高校和科研院所广泛参与的航空制造业产业格局，基本具备了大型客机、支线飞机、直升机和通用飞机的设计、试验和生产条件，并已研制出一批具有自主知识产权的航空装备。

近年来，国产大飞机事业长足发展。国家陆续出台各项产业政策，除"国家队"牵头开展的一系列重大项目和计划外，我国各省（区、市）纷纷出台关于飞机制造、航空装备、航空材料、航空器材等产业的促进政策，不仅体现了国家重点培育和发展国产飞机的坚定决心，更全面引导国产航空装备向产业化、商业化、高端化发展，为我国飞机制造产业的发展提供了良好的环境。

C919首架机机头、前机身、中机身、中央翼、中后机身等九大部段由中航西飞民用飞机有限责任公司（简称西飞民机）、中航成飞民用飞机有限责任公司、中航沈飞民用飞机有限责任公司和江西洪都航空工业股份有限公司（简称江西洪都）等国内航空工业企业制造，这不仅推进了国资、民资和外资在民机产业链上融合发展，也提升了浙江西子航空工业有限公司等民营公司的科技含量和民用飞机配套能力。系统设备供应商多为国外供应商，包括美国GE、霍尼韦尔公司、CFM公司等为C919提供了发动机、航电系统等。国内有22个省（区、市）、20多万人、200多家企业、36所高校参与了大型客机研制，包括宝钢在内的16家材料制造商和54家标准件制造商成为大型客机项目的供应商或潜在供应商。

目前，国内的航空零部件生产厂商，如中航西安飞机工业集团股份有限公司、航空工业哈尔滨飞机工业集团有限责任公司、中航沈飞股份有限公司等通过和空中客车公司和波音公司的长期合作，已经掌握了部分技术，能够进行机体结构部分零部件的研究和生产，我国厂商的主要受益部分也是机体结构和内饰等部分。国内的发动机生产厂商中国航发商用航空发动机有限责任公司正在全力推进国产CJ-1000A发动机的适航取证工作。

近年来，ARJ21支线飞机产品陆续投放市场，累计交付110架，逐步进入稳定批产，积极探索经济运营，2023年4月ARJ21成功在印度尼西亚完成海外首航；C919大型客机完成首飞、取证、交付，2023年5月C919更是迎来了历史性商业首航，目前已交付2架，投入运营以来飞机表现总体不错。中国商飞的经营管理体系在初步成形基础上，正随发展形势变化进行重组变革，核心能力建设在加快推进，锻炼培养了一支信念坚定、甘于奉献、勇于攻关、敢打硬仗、具有国际视野的人才队伍，为公司后续实现高质量发展提供了坚实基础。

波音公司和空中客车公司均已在我国设厂布局。波音公司与我国的合作关系已达45年以上，目前在我国运营的所有民用喷气飞机中超过50%为波音飞机，同时我国还参与了所有在产波音机型的制造，包括波音737、波音747、波音767、波音777和波音787梦想飞机，超过万架波音飞机使用了我国制造的零部件和组件。波音公司在我国的业务具体形式包括对于多家供应商的采购、合资企业收入、运营活动、培训及研发投资。

空中客车公司于2007年6月28日与我国联合体合资成立了A320系列天津总装线。该总装线负责总装A319、A320和A320neo飞机。2019年天津A320总装线的月产量达到5架，2020年初已经实现月产6架的目标，2021年空中客车天津总装线共计完成总装并交付53架A320飞机，截至2021年末，空中客车公司已在我国总装并交付555架A320系列飞机。同时，2021年空中客车天津总装线将工作范围扩展至A350项目，并于当年11月宣布A320系列飞机总装线生产能力拓展至A321飞机，于2022年内使其具备生产与交付A321飞机能力。此外，2017年空中客车公司与深圳市人民政府签署了《空中客车（中国）创新中心合作备忘录》，将创新中心落户深圳，该中心是空中客车公司继在美国硅谷成立创新中心以后，在全球设立的第二家创新中心。2019 年 2 月，空中客车公司中国创新中心办公室正式启用，重点研发项目包括机上硬件、客舱体验、机上互联、智能制造及城市空中交通等。

2）航空装备产业发展挑战

商用飞机产业格局深度调整，新进入者步履维艰。当前，全球商用飞机产业格局深度调整，老牌玩家黯然离场，空中客车公司收购庞巴迪 C 系列，加拿大庞巴迪公司彻底退出商用飞机舞台；巴西航空工业公司计划出售商用飞机业务。“超级双寡头”已经形成，波音公司覆盖 150~450 座级产品，空中客车公司覆盖 100~500 座级产品，两家公司合计占全球喷气客机市场 90% 份额。新进入者步履维艰，日本三菱重工退出舞台，俄罗斯 SSJ-100 客机市场导入艰难、MC21 客机推迟交付。世界商用飞机领域的竞争态势日益激烈，与历史悠久的波音公司和空中客车公司相比，中国商飞还很弱小，从当前机队规模、交付能力，产业范围内的企业数量、从业人员，主制造商能力、发动机供应商及其他系统供应商的能力看，大飞机事业任重道远。

航空航天供应链垂直整合加剧，行业进入壁垒提高。波音公司、空中客车公司收回核心制造能力，减少外包风险与生产成本，“外包”转“内包”步伐加快。波音公司在航电、座椅、辅助动力装置等业务领域持续开展纵向整合与合作，空中客车公司致力于改革客舱供应链；各大供应商则不断深化横向整合，如法国赛峰集团完成内部整合，英国联合技术公司收购雷神公司，全球商用航空制造资源、人才、技术将进一步聚拢，筑高行业进入壁垒，对新进入的主制造商和供应商带来更多挑战。

贸易保护主义趋向凸显，贸易壁垒复杂性增强。在欧美经济持续低迷，迟迟难以走出经济低谷的大背景下，贸易壁垒作为发达国家遏制发展中国家的常用手段，近些年在我国民用飞机产业领域有逐步抬头的趋势。民用飞机国际贸易涉及的利益和影响巨大，自从我国民用飞机产业进入快速发展的轨道，世界民用飞机巨头在我国申请专利的数量就开始激增，更以保护知识产权为由实施高科技产品出口管制。除了知识产权贸易壁垒外，绿色壁垒正逐步成熟，欧盟宣布将航空业纳入碳排放体系就是一个先兆，欧美国家酝酿多年的绿色壁垒也将逐渐成为遏制发展中国家民用飞机贸易的一种有效手段。然而，随着全球民用飞机产业链的逐步延伸和融合，贸易壁垒的设置方往往也是利益攸关方，因此在设置贸易壁垒时又表现出矛盾性。总之，民用飞机贸易壁垒态势越发复杂。

我国民用飞机产业基础相对薄弱，技术赶超任重道远。随着 ARJ21 和 C919 两大型号飞机运营和研制取得进展，国内民用飞机产业获得一系列技术经验，整体水平逐步提高。但整体来说工业基础和民用飞机产业基础相对薄弱，技术储备不足，与国外同行存在很大差距，关键技术瓶颈依然存在，技术赶超任重道远，产品创新发展受到一定制约。因为国外主制造商的垄断地位，新进入者容易形成路径依赖，跟随国际领先技术之后亦步亦趋地追赶，难以另辟蹊径独自创新。

中美贸易摩擦持续升温，产业链安全风险增加。2018 年以来，中美贸易摩擦从贸易领域，逐步向经济、科技和金融领域等蔓延，国际环境不确定性与产业链安全风险显著增加，我国航空装备企业在发动机、关键材料和元器件等关键核心环节面临“卡脖子”风险。2022 年 12 月，中国航空工业集团公司济南特种结构研究所（又称 637 研究所）被列入实体清单，2023 年 6 月中国飞行试验研究院被列入实体清单；出口禁售影响国外供应链配套，随时可能面临产品断供和技术“卡脖子”风险。在大飞机产业化发展的关键阶段，大飞机开放合作的外部环境受到冲击，供应链和产业安全受到威胁，对中国商飞未来发展造成的潜在风险不容小觑。

2. 航天装备产业发展现状与挑战

1）航天装备产业发展现状

当前我国已经全面建成航天大国，进入世界航天强国行列，开启了全面建设航天强国新征程。从近 5 年发射趋势看，中美两国发射活动快速增长，发射次数交替领先，发射航天器质量持续攀升，成为世界航天增长的主要动力。2022 年，我国航天共完成 64 次发射任务，将 180 余颗卫星送入轨道，其中约 100 颗是商业卫星。国内商业航天企业超过 400 家，我国也将卫星互联网列入“新基建”范畴。商业航天发展环境日趋完善，已经由技术验证为主，逐渐迈向应用牵引、市场主导的新阶段。但我国商业发射依然主要依靠“国家队”火箭，航天科技 / 科工集团发射的火箭约占发射总次数 90%，且受产能及发射规模影响，难以满足目前卫星市场需求。为进一步突破以美国为首的西方高端装备先进国家的技术封锁，2023 年 4 月，中国宇航学会发布 2023 年宇航领域科学问题和技术难题，重点关注极低轨道多源动力学耦合效应和演化机理、轨道工厂构建及运行技术、重复使用运载器动力系统健康监测及寿命评估技术、基于核动力的载人火星快速往返技术、基于深度学习的航天器在轨飞行遥测数据挖掘分析技术等“卡脖子”问题的基础研究和关键技术破解需求。

载人空间站全面建成，在轨应用取得新突破，取得多项原创科技成果。随着梦天实验舱与核心舱的对接完成，我国空间站已全面建成，转入应用与发展新阶段，我国载人航天工程“三步走”发展战略从构想成为现实。2023 年发射天舟六号货运飞船，神舟十六号、神舟十七号载人飞船。中国国家太空实验室已正式运行，各类空间科学研究与应用项目有序展开，安排在轨实施了 110 个空间科学研究与应用项目，涉及空间生命科学与人体研究、微重力物理和空间新技术领域，部分项目已取得阶段性应用成果。各类在轨试验项目实施将持续牵引和推动我国航天技术创新发展。

载人登月拉开帷幕，我国载人航天工程将迎来新的跨越。我国载人月球探测工程登月阶段任务已经启动实施，计划先期开展无人登月飞行，并在 2030 年前实现中国人首次登陆月球，开展月球科学考察及相关技术试验，突破掌握载人地月往返、月面短期驻留、人机联合探测等关键技术，完成“登、巡、采、研、回”等多重任务，形成独立自主的载人月球探测能力。2023 年将全面实施我国载人登月阶段的研制建设任务，登月用的新一代载人飞船、月面着陆器和月面宇航服等的关键技术攻关已经完成。新一代载人火箭、重型运载火箭研制有序推进，支撑载人登月等任务需要。新一代载人运载火箭是我国在研规模最大的运载火箭，起飞推力 2 600 吨，地月转移轨道运载能力 27 吨，已成功开展了多机并联静动联合试验、二级发动机长程试车、三级发动机长程多次点火试验。重型运载火箭 10 米级超大直径箭体贮箱结构研制成功，关键技术攻关圆满完成。

深空探测后续任务接续开展，月球科研站建设提上日程。2024 年在中国实施探月工程 20 周年之际，我国探月工程四期将完成“关键一环”——架设地月新“鹊桥”，其中，鹊桥二号中继星将由长征八号发射成功，为嫦娥四号、嫦娥六号等任务提供地月间中继通信服务。此外，嫦娥六号探测器将开展首次月球背面采样和起飞，并将实施在月球背面南极-艾特肯盆地的快速采样。后期，我国将继续依据“总体规划、分步实施、边建边用”的原则，于 2026 年前后发射嫦娥七号，实现月球南极资源勘查；2028 年前后发射嫦娥八号，和嫦娥七号等一起构成国际月球科研站基本型，开展月球环境探测和资源利用试验验证，相关探测器正在研制中；2040 年前建成国际月球科研站完善型，开展日地月空间环境探测及科学试验，并建成鹊桥通导遥综合星座，服务载人登月和火星、金星等深空探测；之后建设应用型月球科研站，由科研型试验站逐步升级到实用型、多功能的月球基地。

空间基础设施建设不断增强，卫星应用不断融入新兴领域，支持重点区域经济发展。第二代数据中继卫星系统实现三星组网，天基测控与数据中继能力大幅提升。随着中星 19 号卫星的发射，高通量卫星再添新型号，进一步拓展了业务覆盖范围。低轨通信卫星实现批量生产发射，卫星互联网进入发展快车道。多个遥感卫星系统完成组网运行，进一步提升了综合观测效能。环境监测卫星接续部署，提升了定量遥感服务能力和碳汇监测能力。北斗领域实现北斗应用向系统集成和增值服务延伸，继续深耕民航领域，拓展能源、应急等关键行业。发挥天地一体化优势和卫星通信、导航、遥感综合应用优势，聚焦行业和地方政府智能化升级契机，构建一体化的产品体系和业务综合应用解决方案。

商业航天大力发展，产业体系和市场体系初步形成。商业发射服务领域持续开拓，传统航天装备制造企业的长征系列运载火箭虽然目前仍是国内商业发射服务市场的主力军，但是在建设航天强国的号召下，近年来，国家高度重视商业航天发展，明确提出鼓励民间资本参与国家民用空间基础设施建设，相关政府部门也出台了《国家国防科技工业局 中央军委装备发展部关于促进商业运载火箭规范有序发展的通知》《关于促进微小卫星有序发展和加强安全管理的通知》《工业和信息化部关于大众消费领域北斗推广应用的若干意见》等引导和支持商业航天发展的政策意见，促进商业航天从研制到发射、运营、应用的全产业链发展。快舟一号甲、快舟十一号、谷神星一号、朱雀二号、力神一号等新锐商业运载火箭均成功实施发射任务，商业发射服务力量不断壮大。商业卫星研制领域迅猛发展，卫星数量大幅增长，商业低轨通信、导航增强系统取得突破，银河航天试验星座、吉利星座相继开展组批部署，商业遥感卫星星座也在加快部署。同时，商业航天公司在相关服务领域开始拓展业务，如航天宏图信息技术股份有限公司与广州中科宇航探索技术有限公司达成了一项深度战略合作协议，探索太空旅游的商业新模式和新技术创新。目前，商业航天产业还处于刚起步阶段，面临技术突破、专业人才、成本和安全风险等系列挑战。采取的经营模式主要是制造和发射。产品设计主要依靠体制出身的人员完成，产品制造还主要求助于母体的制造能力，供应链配套成本较高，营利能力有限，生存和可持续性难以保障。尽管已有若干有实力的单位，但大部分企业还很弱小，需要构建一个面向行业的服务性制造平台。

装备制造不断向智能化和成套化加快转型。在装备制造方面，为满足载人登月等重大型号任务的需求，我国突破了大型密封舱结构件一体成形、卫星大型承力构件增材制造、基于移动机器人的整舱结构加工等一大批关键技术。为满足以卫星互联网星座为代表的批量卫星研制需求，各装备制造企业均在开展部件研制生产线和整星装配生产线的建设。例如，中国航天科技集团五院总体设计部太阳翼集成中心的太阳翼生产线，天津航天产业基地卫星柔性制造生产线等，均将自动化、柔性化、数字化和智能化的理念融入产线建设当中，以提升效率、追求实效化为目标，以满足需求、强化兼容性为设计思路。

2）航天装备产业发展挑战

数智化转型成为欧美发达国家重要发展趋势，批量化研制模式持续降低研制成本，大幅提升产能，在轨制造等新域新质制造技术改变航天工业体系布局。

航天器研制任务量持续增长，当前的制造能力和制造模式无法满足未来任务需求，以数字化为代表的转型升级迫在眉睫。当年的航天器产品仍沿用大量的手工和半自动生产方式。工艺仿真、数字化装配等先进数字化制造技术能力尚不能满足大批量生产的需求。生产设备大多数为单机作业，缺乏数据的采集和集中管控，单机离散型的生产模式不够灵活，很难快速切换，效率低。仍采用传统的设计、工艺、制造单链条研发模式，设计制造一体化程度不高。洛马公司、波音公司等世界一流企业，已将基于物联网的生产数据智能感知技术逐渐应用到生产过程中，全面提升了生产过程数据采集的及时性和准确性，并将大数据分析技术应用于实际生产过程中，在生产线智能优化、制造过程精准分析与智能决策等方面取得了良好的效果，同时这些企业开始运用数字孪生技术，将数字孪生与生产车间 / 生产线有机融合，虚实结合全面提升智能化水平。

当前新域新质制造技术研究和应用滞后，无法满足高质量发展需求。在轨建造和地外天体原位资源利用技术不断发展，满足未来航天器向大型化和多功能化不断发展。NASA 在国际空间站已经完成多次在轨非金属打印，并部署了长期服役空间站的打印机构，针对舱外大型结构设立了发展路线图。NASA 和欧洲航天局分别制定了月面原位资源及月球基地建设规划，极大推进了月面资源原位利用与月球科研站基础设施原位成型与制造技术发展。在可复用航天器方面，猎鹰火箭、载人龙飞船均已实现多次重复使用，可复用技术将为航天项目节省经费，并可将节省的经费用于更多航天项目的开展。

火箭发射成本高、研制周期长依然是目前制约我国大规模开发空间产业的重要因素。SpaceX 采用可重复使用运载火箭，提供低地球轨道卫星发射服务约 2 600 美元 / 千克；我国成熟的商业化运载火箭快舟 1 号甲，价格约为 1 万美元 / 千克；虽然目前国内蓝箭航天、星河动力、星际荣耀等商业火箭公司蓬勃兴起，但仍未大规模市场化应用。目前，卫星制造的技术和成本主要用来克服发射过程影响和提高系统可靠性，急需加快推进在轨服务与维护国家重大专项，卫星的在轨制造与维修将大幅降低卫星研制难度与成本，同时可大量采用工业级低成本器件，通过在轨维修维护提升系统整体使用可靠性，颠覆性改变现有卫星研制模式及成本构成，以期获取未来空间技术优势。

商业航天在国家层面的顶层设计仍需加速完善，战略统筹和谋划需要进一步加强。商业航天目前在遥感、通信卫星等领域高速增长，应用工业级器件及规模化生产模式降本增效显著，但依然面临着国家政策不完善、固定基建投入过高、发射及频率资源管控严苛、工业级器件应用规范欠缺等难题，同质化的低成本竞争严重，盈利很难达到预期，新技术研发及新兴市场拓展能力较欠缺。

在商业航天产业体系和产业生态的构建上，传统航天思维依然浓厚，偏重制造端和发射端等基础业务环节，缺乏在应用端和消费端的开拓与挖掘，我国商业卫星及其应用的技术水平在卫星规模、全球服务能力、高端卫星性能等方面，还需要进一步提升。商业航天在国家层面政策不够健全、体制机制不够高效顺畅等制度障碍亟待破解，组织管理、工作运行、科技创新等体系建设亟待推进；航天行业壁垒尚未彻底消除，利益藩篱尚未完全打破，民营航天企业入门成本高等问题依然突出。

3. 海洋装备产业发展现状与挑战

1）海洋装备产业发展现状

随着我国经济已由高速增长阶段转向高质量发展阶段，作为《中国制造 2025》十大重点发展领域之一的海洋装备产业虽然取得了斐然成绩，但装备制造整体水平依然处于全球价值链中低端，“大而不强”问题突出。培育海洋装备产业竞争新优势，推动海洋装备高质量发展是构建现代产业体系的必然要求。

首先，推动海洋装备高质量发展是增强产业链供应链自主可控能力的根本保障。在全球产业链供应链格局向区域化、多元化调整形势下，要发挥我国超大规模市场优势，为海洋装备新产品、新技术、新业态迭代提供应用场景，统筹发展和保障供应链安全。其次，推动海洋装备高质量发展是应对国际科技竞争的战略布局。新一轮科技革命和产业革命深度影响全球产业发展，围绕海洋装备产业与科技的技术封锁将逐步扩大，要以科技创新集中力量打好关键核心技术攻坚战。最后，推动海洋装备高质量发展是形成“以国内大循环为主体、国内国际双循环相互促进的新发展格局”的基本支撑。国内巨大的内需市场潜力成为海洋装备产业未来发展的强大动力，依托国内大循环可吸引全球高质量的商品和资源要素。

当前，我国海洋装备产业与科技高质量发展处于战略机遇期。一是国家对海洋发展极为重视，在科技兴军战略和加快建设科技强国、制造强国、海洋强国战略等国家战略中做出专门部署，为海洋装备行业开展科技创新和争取国家支持提供了战略保障；二是我国正在加快建设创新型国家，坚持创新在现代化建设全局中的核心地位，把科技自立自强作为国家发展的战略支撑，为海洋装备行业开展科技创新创造了良好氛围；三是我国加快构建以国内大循环为主体、国内国际双循环相互促进的新发展格局，形成的强大国内市场将有效牵引海洋装备及其配套设备的研发应用，也为新技术、新产品在国内装备示范验证创造了新平台。

整体而言，21 世纪以来，我国海洋装备产业抓住难得的国内外市场机遇，进入历史上发展最快的时期，取得不少成就。目前，我国海洋装备行业已具备较强的总装建造能力，产业规模不断发展壮大。我国海洋装备实现浅海装备自主化、系列化和品牌化，深海装备自主设计和总包建造取得突破，专业化配套能力明显提升，基本形成健全的研发、设计、制造和标准体系，国际竞争力进一步提升。特别是海洋探测、海洋运载、海洋能源、海洋环境和海陆关联等重要工程技术领域呈现快速发展的局面，竞争力明显提高，有力支撑了海洋装备产业的发展。

海洋运载装备除了传统三大主流船型（油船、散货船、集装箱船）外，液化气船、豪华邮轮等高新技术船舶也得到进一步发展，相关设计、建造和配套技术逐步完善；海洋油气开发装备形成了 3 000 米以下海域内的勘探开发、生产储运、工程施工等全流程装备技术体系，恶劣海况下的开采技术基本攻克；海上风电开发、潮汐能发电已从实验阶段进入产业成熟期；海洋渔业养殖从近海走向深远海，大型化无人化装备技术成功实现产业化；海洋观 / 监测技术逐步成熟，初步建成海洋观 / 监测网络体系；海洋生物资源开发装备技术等得到快速发展。成绩之外也应当看到不足，我国海洋装备产业在质量、效率等方面仍有待赶超。目前，我国海洋装备主要集中在中低端产品市场，低端产能过剩，新时代迫切需求的高端产品占比严重不足，量大利薄。例如，深海装备技术应用及产业化水平低，开发能力与西方国家存在较大差距。又如，深海生物、微生物资源开发等新兴海洋产业有巨大的发展潜力，其装备技术多数还处于实验室样机阶段。

2）海洋装备产业发展挑战

当前，我国海洋装备产业发展仍旧面临着以要素投入为主的传统增长模式难以为继、产业总体处于全球价值链中低端等突出问题。存在只注重“躯体”（总装）建造，“内脏”和“神经系统”孱弱，核心配套设备依赖进口，技术领域“卡脖子”等挑战，与高质量发展要求的差距主要体现在以下方面。

配套产能发展滞后，关键零部件依赖进口。近年来，海洋装备领域不断进行国产化替代，但在核心元器件和高端产品核心技术方面差距依然很大，成套大型设备及关键零部件的制造能力不足，电机控制系统、大功率变频器、动力定位系统、高精尖传感器、低温高性能材料、智能装备感知控制元器件、观通导航等核心零部件等严重依赖进口，一旦受到制裁，就会受制于人。

海洋基础研究能力薄弱，设计与制造脱节严重。虽然我国建成了一批海洋开发装备，但核心技术来自国外，基础研究和关键设备的研发能力不足。往往重视实用新型（外观设计）创新，基于产业链结构需要而发明的实用发明专利较少，基础研发、基础性研究能力薄弱。热衷总装建造，行业技术链、产业链尚未真正形成，研究所和企业存在“两张皮”现象，研发机构与用户、供应商、制造商联系不够直接和密切，中间环节没有打通，简单趋同化现象严重。

缺乏长期品牌意识，部分国产设备装船难。海洋装备产业发达国家企业已通过先发技术优势，形成完整的专利壁垒，给后来者形成巨大障碍。我国海洋装备产业高质量发展面临着不合理专利费用、知识产权诉讼、高科技产品禁售等精准打压。我国海洋装备行业尚未形成品牌观念，海洋装备国产品牌起步晚、宣传力度不够，导致企业缺乏对国产配套设备的信心。品牌认可度低、船东偏好、可靠性不足、海外服务网络不健全等原因，影响产品装船，海洋装备国产配套设备成为“备胎”，未能实现“国船国造、国投国用”。

7.2.2 工业母机产业发展现状与挑战

1. 工业母机产业发展现状

工作母机产业是推进产业基础高级化和制造业转型升级的重要着力点。工业母机主要包括减材加工装备（金属切削机床）、等材制造装备（铸造、锻造、焊接、热处理及表面处理等成形装备）、增材制造装备，是制造业基础零部件的生产工具、基础制造工艺的关键载体。

目前，我国工业母机产业主要以金属切削机床为主，根据中国机床工具工业协会的测算，2022 年我国共生产金属加工机床 75.5 万台，其中金属切削机床 57.2 万台，占比 76%；金属成形机床 18.3 万台，占比 24%。

根据中国海关数据，我国 2022 年机床工具进出口总额 333.6 亿美元，同比增长 0.9%；其中，进口 124.1 亿美元，同比下降 10.2%；出口 209.5 亿美元，同比增长 9.0%，进出口保持了自 2019 年 6 月以来的顺差态势。进出口结构进一步优化，加工中心、数控机床等技术含量较高的机床出口同比明显增长，进口同比明显下降。这一定程度上也反映出我国机床行业国产替代速度加快。中高端产品对外依存度较高，主要进口国家为德国和日本。据统计，金属切削机床、金属成形机床、切削刀具、数控系统四类重点产品从日本、德国进口占比远高于其他国家和地区。其中，从日本进口金属切削机床（41%）、金属成形机床（25%）、切削刀具（34%）占比均排首位，从德国进口数控系统占比（29%）排首位（表 7.2）。从产品看，2021 年进口超过 1 亿美元的产品主要有立式加工中心、卧式加工中心、数控加工机床、激光加工机床、数控系统等，均以中高端产品为主。

表 7.2　机床产业四类重点产品进口数据

贸易伙伴名称	四类产品进口额 / 亿美元	占我国进口四类产品总额	四类重点产品进口数据（占比，排名）			
			金属切削机床	金属成形机床	切削刀具	数控系统
日本	37.5	35.2%	41%，1	25%，1	34%，1	19%，2
德国	22.7	21.3%	20%，2	23%，2	20%，2	29%，1
韩国	5.6	5.3%	5%，4	11%，4	5%，5	—
瑞士	4.7	4.4%	5%，5	—	—	—

资料来源：海关总署、赛迪研究院，数据截至2022年3月

我国工业母机产业呈现“小集聚、大分散”的空间格局，基本集中在珠三角地区、长三角地区、环渤海地区、中西部地区四个主要集聚区。我国重点省（区、市）金属切削机床产量情况统计如表 7.3 所示。根据中国机床工具工业协会的测算，2022 年我国金属加工机床生产额 1 823.0 亿元（271.1 亿美元），同比增长 5.1%，其中金属切削机床生产额 1 158.4 亿元（172.2 亿美元），同比增长 3.3%；金属成形机床生产额 664.6 亿元（98.8 亿美元），同比增长 8.4%。2022 年我国金属加工机床消费额 1 843.6 亿元（274.1 亿美元），同比降低 1.9%，其中金属切削机床消费额 1 240.3 亿元（184.4 亿美元），同比降低 4.3%；金属成形机床消费额 603.3 亿元（89.7 亿美元），同比增长 3.5%[①]。

表 7.3　我国重点省（区、市）金属切削机床产量情况统计　　单位：万台

项目	2017 年	2018 年	2019 年	2020 年	2021 年	2022 年
浙江	10.39	11.97	8.97	11.04	17.08	18.4
浙江占全国比重	17.07%	22.14%	21.31%	25.15%	28.37%	32.17%
广东	5.87	3.35	4.24	5.48	8.21	8.69
广东占全国比重	9.65%	6.20%	10.07%	12.49%	13.64%	15.19%
江苏	9.01	8.49	6.61	5.37	7.41	5.87
江苏占全国比重	14.81%	15.70%	15.70%	12.24%	12.31%	10.26%
山东	8.99	6.81	5.08	4.93	6.24	5.74
山东占全国比重	14.77%	12.59%	12.07%	11.23%	10.37%	10.03%
全国	60.85	54.07	42.1	43.89	60.2	57.2

注：金属切削机床是机床产品中占比最大的一类，占比大约53%
资料来源：国家统计局官网

在国家 04 专项（高档数控机床与基础制造装备科技重工专项）及产业政策支持下，近年来我国工业母机产业获得了快速发展，自主研制了 8 万吨模锻压力机、3.6

① 2022 年机床工具行业经济运行情况 [EB/OL]. http://www.cmtba.org.cn/level3.jsp?id=5824，2023.

万吨垂直挤压机、五轴联动数控加工机床等一批国之重器，显著增强了我国航空航天、电力、船舶、汽车等产业装备的保障能力，有效支撑了国家重大战略任务的顺利实施；大型覆盖件冲压生产线、数字化无模成形装备、千吨级惯性摩擦焊等一批工业母机达到国际先进水平，“S试件”五轴机床检测方法成为国际标准，标志着我国工业母机进入国际主赛道。

以五轴联动数控加工机床为例，国内企业已经具备五轴联动数控加工机床产品的生产能力和部分领域的自主研发技术，如北京机电院、创世纪、秦川机床、海天精工、大连科德等企业。其中，北京机电院的叶片铣床、大连科德的叶盘铣床基本达到实用化程度，基本满足航空发动机零部件加工需求。中国科学院西安光学精密机械研究所的飞秒激光加工设备已经用于实际加工过程，华中数控的数控系统已经能够满足部分航发零件的加工要求，沈阳机床、秦川机床、大连科德也开展过发动机专用高端制造装备研究制造，并已经在一些航空发动机制造厂应用。但是，国内企业在高档数控系统、大扭矩主轴、高精度滚动部件等核心部件上仍依赖进口，相关企业经营中面临着国际采购、技术封锁等方面的风险。

当前，我国工业母机产业正处于迈向高端发展的爬坡过坎阶段，主要企业均开展了以卧式加工中心、五轴联动数控加工机床为代表的中高端数控机床的研发和生产，并在特定产品中形成了自身优势，市场对国产品牌接受度有所提高，国产机床对小部分中高端进口机床实现了替代，国产中端数控机床产品展现出一定的市场竞争力。在国家政策的支持及国内企业不断追求创新的背景下，工业母机产业链发展表现出较高韧性。但是，对标国际先进产品，国产产品在市场竞争中的形势仍然十分严峻，大多数国产产品仍处于产业链中低端，高端产品缺乏高端关键零部件的支撑，机床的可靠性尤其精度稳定性有待提升。由于逆全球化及断链的打压，某些产业依靠的进口高端数控机床面临寿命到期的问题，无法更新及维修，影响制造业的健康发展。增材制造装备及复合类工业母机，亟待创新及产业化，产业升级形势紧迫。

2. 工业母机产业发展挑战

目前，我国工业母机产业大而不强的问题依然突出，主要表现在以下方面。

一是自主创新能力不强，高端机床核心基础件、数控系统、工业软件等基础薄弱，作为“制器之器”的工业母机的制造依赖于进口超精密机床，高端装备制造业产业链安全与韧性不足，“卡脖子”风险客观存在。

二是政府、社会、企业资金投入不足，尤其是长周期的投入机制还未建立。高端装备的“卡脖子”技术攻关周期长、风险大，需要大量的资金投入，政府投入引导资金的作用不够明显，工业母机领域的企业往往把买“种子”的钱作为买“粮食”的钱花掉，对社会资本的吸引力不够高。由于市场及产品竞争力的问题，大部分机床企业生存困难，投入技术研发的人力、财力严重不足。

三是高精尖技术人才匮乏，研发领军人才供给不足。由于薪资待遇相对较低，许多优秀人才不愿从事装备制造产业，甚至不少优秀人才离开装备制造产业。自国家 04 专项实施以来，国内多所高校与诸多企业形成了产学研用一体化的研发团队，取得了一定的成果，然而队伍的稳定性、持续性没有得到保证，以产品或以用户为主导的发展思路并没有从根本上解决技术薄弱、专业技术人员队伍匮乏的问题。

其中，涉及工业母机产业技术瓶颈方面的主要表现如下。

工业母机产业基础和核心部件配套方面较为薄弱。高档数控系统、高端伺服电机、高端电主轴、双摆角铣头、数控转台、直线电机、力矩电机、精密轴承、高端刀具，以及光栅等各类精密测量器件和相关机电配套产品主要依赖进口，如 80% 的高档数控机床、90% 的高档数控系统、70% 的高性能滚珠丝杠、高精度导轨、精密主轴等关键功能部件仍需进口，存在供应链风险。国产精密滚动丝杠副、滚动直线导轨副、数控刀架、换刀机械手等产品性能指标与国际先进水平仍有差距，配套能力和市场占有率较低，高端产品依赖进口，整体产业市场竞争力仍待加强。高端增材制造装备使用的核心元器件（如高性能激光打印头、高性能激光器、长寿命电子枪、扫描振镜、微滴喷头、精密光学器件等）、关键零部件、商业化工业软件较多依赖进口；部分激光器、扫描器件已完成自主研制，但配套应用规模较小，品质与可靠性有待提高。

国产自主品牌机床市场突围难，自立自强任重道远。国内工业母机尤其是高档数控机床市场，一直被日本的发那科（FANUC）、山崎马扎克、大隈公司、牧野公司，德国的德玛吉森精机公司、哈默公司，美国哈斯公司等国际一线机床生产企业牢牢把控。相较于国际先进水平，我国高端工业母机的可靠性、精度保持性仍有较大差距，基础工艺能力不足。目前，我国数控机床企业的主要定位是中低端市场，高端产品渗透率目前还处在较低水平。低端数控机床国产化率在 85%，中档数控机床国产化率在 66%，而高档数控机床国产化率只占 7%。更为重要的是，受技术差距、用户习惯、品牌形象等多重因素影响，下游用户大量使用进口品牌，尤其是电子信息、汽车、航天航空、船舶等高端用户，对国产工业母机高端产品的接受仍然存在体制机制障碍，再加上国产工业母机长期处于国际价值链的中低端，短期内很难扭转国际价值分工，从而陷入恶性循环。作为工业、制造业产业基础的工业母机自主创新已经成为“打好产业基础高级化、产业链现代化攻坚战”的关键所在。

7.2.3 医疗装备产业发展现状与挑战

1. 医疗装备产业发展现状

1）产业恢复高速发展，市场规模跃居全球第二位

2022 年，中国医疗装备市场规模已跃居全球第二位，全国医疗装备市场规模达 1.3 万亿元。在这一年，中国医疗装备产业经受住了疫情、供应链危机等多重考验，较 2021 年增长约 26.21%，超过了 2012~2022 年复合增长率 22.56% 的水平（图 7.5）。

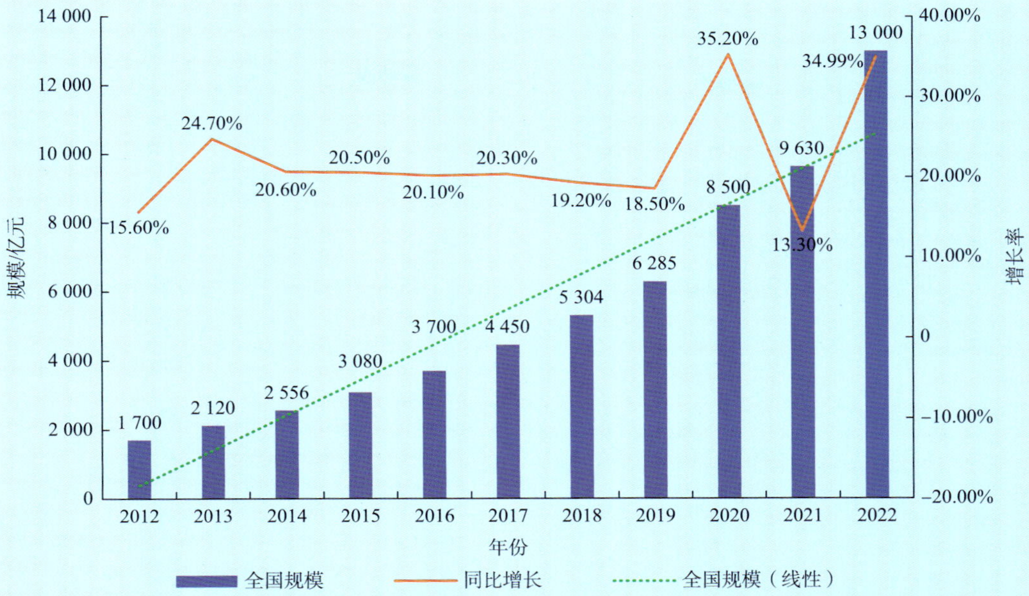

图7.5　2012~2022年全国医疗装备市场规模

资料来源：国家药品监督管理局，中商产业研究院，艾媒数据中心，德勤咨询，前瞻产业研究院，中国医药物资协会，火石创造

2）产业链相对完善，特色产业集群快速发展

当前我国医疗装备产业已构建相对完善的产业链，制造体系基本健全，各细分领域发展各具差异化特色，形成了 22 大类 1 100 多个品类的产品系列，覆盖了治疗、检测、监护等各个环节，初步满足了卫生健康事业的基本需求。广东、江苏、浙江、山东、河北、上海和北京等地汇聚了 65% 以上的生产企业，形成了深广高端医疗器械集群、苏州市生物医药及高端医疗器械集群等若干个协作配套、特色鲜明的产业集群。医疗装备产业链全景图谱见图 7.6。

3）创新能力快速提升，部分产品达到国际先进水平

随着制造强国等战略规划的实施，我国医疗装备产业链现代化水平快速提高，创新能力日益增强。截至 2022 年底，国家药品监督管理局共批准 179 个境内创新医疗装备产品上市，这些创新产品核心技术都有我国的发明专利权或者发明专利申请，产品主要工作原理 / 作用机理均为国内首创，具有显著的临床应用价值。其中，2022 年国家药品监督管理局共批准 52 个国产创新医疗装备产品上市，同比增长 62.5%，增速再创新高。从技术发展方向看，我国医疗装备产品技术水平快速提升，突破了超导磁体、电子加速器、射频 / 谱仪等一批关键技术，高端超声设备、数字化 X 射线成像仪、大 C 形臂 X 射线机、人工硬脑（脊）膜、骨科手术机器人、第三代人工心脏、聚焦超声治疗系统等达到国际先进水平。

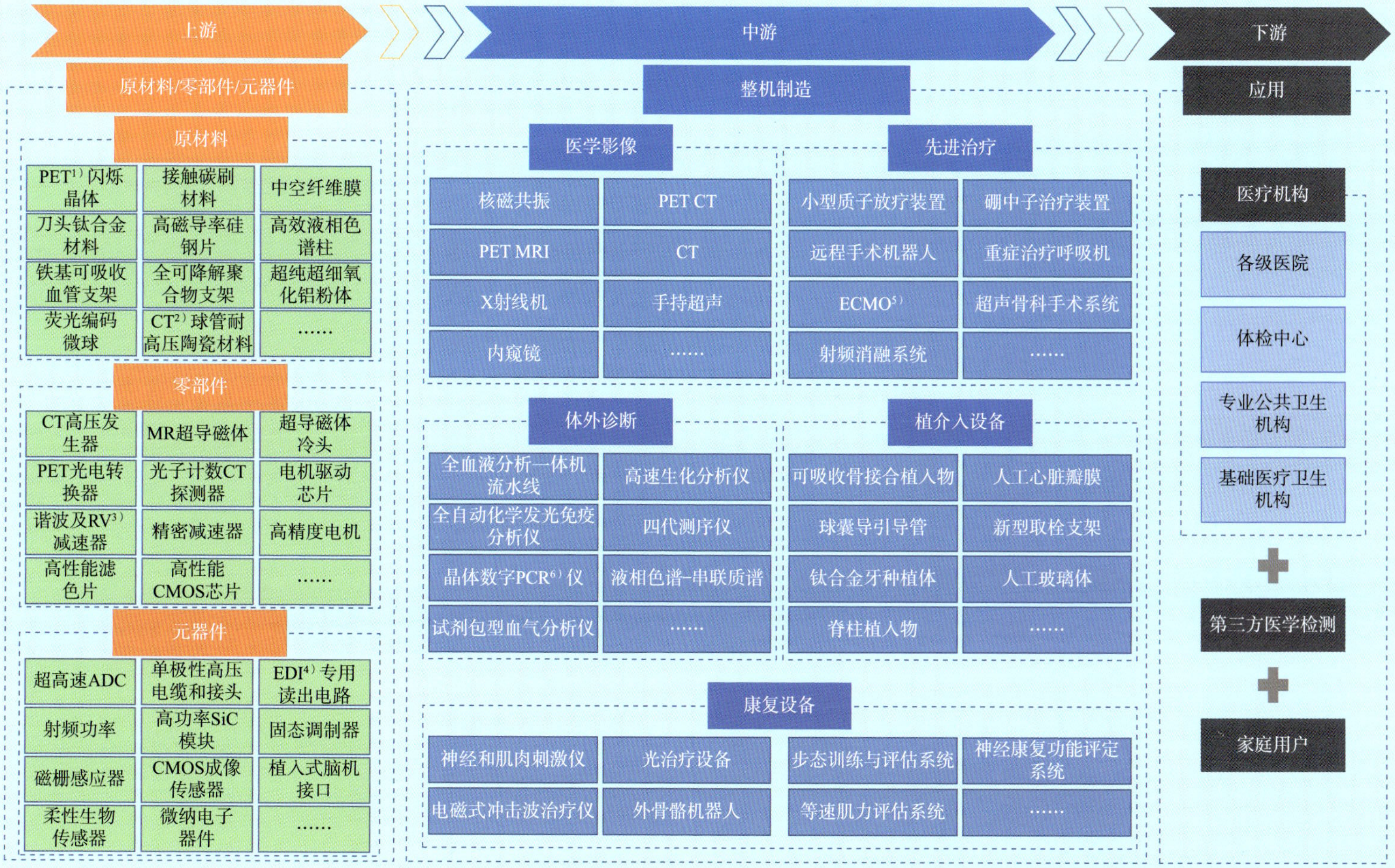

图7.6　医疗装备产业链全景图谱

1）PET：positron emission tomograph，正电子发射断层显像；2）CT：computed tomography，计算机断层扫描；3）RV：rotary vector，旋转矢量；4）EDI：electronic data interchange，电子数据交换；5）ECMO：extracorporeal membrane oxygenation，体外膜肺氧合；6）PCR：polymerase chain reaction，聚合酶链式反应

4）跨国医疗装备企业加速本土化进程，优化我国医疗装备产业链、创新链

近年来国内针对进口医疗器械采购相关规范措施密集出台，以及我国医疗装备市场具备巨大潜力，国外医疗装备企业巨头陆续加快企业本土化进程，纷纷来我国投资建厂。德国费森尤斯卡比集团将血液成分分离机生产工厂从德国整体搬迁至南昌经济技术开发区；英特格拉生命科学（Integra LifeSciences）在我国的首个制造基地与测试中心正式落户苏州工业园区；波士顿科学也将在上海设立在我国的首个生产制造基地。跨国医疗装备企业在加快产品线本土化速度的同时，逐渐从生产本土化向研发本土化升级。例如，西门子医疗亚太区首个诊断试剂生产研发基地——西门子实验系统（上海）有限公司在上海市浦东新区正式投产。飞利浦也在我国市场加速产品线本土化升级，接连在深圳、苏州、上海成立了三个创新中心，覆盖"精准诊断""图像引导介入治疗""互联关护""健康生活"四大业务板块。

德国费森尤斯卡比集团、英特格拉生命科学、波士顿科学、西门子医疗、飞利浦等全球医疗装备巨头企业在我国投资建厂，将带动我国医疗装备产业整体水平提升。一方面，其对于供应链的打造将带动一批上游企业的发展，进一步完善我国医疗装备产业链；另一方面，国外医疗装备企业将通过收 / 并购、成立合资企业或战略合作等形式与本土企业建立更紧密的联系，探索推进国内的创新研发。

2. 医疗装备产业发展挑战

我国医疗装备产业已在快速发展，但是由于我国医疗装备产业起点低、发展晚，与其他发达国家和地区相比还存在一定的差距，如在关键核心技术、产业链供应链安全稳定、创新产品、推广应用等方面存在短板弱项，部分关键原材料、零部件 / 元器件等仍以进口为主，市场以中低端产品为主、高端产品国产替代不足等。

1）部分核心零部件/元器件仍过度依赖进口

医疗装备对原材料、元器件、核心零部件和基础软件的要求极高且繁杂。我国医疗装备产业发展迅速，产业链日趋完善，但与全球领先国家相比仍然存在明显短板，主要体现在原材料、元器件、核心零部件和基础软件方面。经初步调研统计，医疗装备仅医学影像和放疗设备产业链需进口替代的原材料、元器件、部件、软件等就高达 4 600 余种，其中风险较高亟须尽快布局攻关的就有 1 156 种，如探测器所需高性能陶瓷材料、高性能焊接材料等。此外，其他植介入医疗器械也存在基础原材料完全依赖进口的问题，如心脏支架所用的金属管材，球囊导管所用的医用聚氨酯，甚至一些手术缝线等。国内在此方面的研究基础较为薄弱，在追赶发达国家的医疗装备方面仍然有很长的路要走。

2）高端医疗装备产品领域仍然由外资主导

作为技术驱动型产业，海外巨头持续引领产业前沿技术应用发展，而我国医疗装备产业总体起步晚于欧美发达国家和地区，高端医疗装备技术领域缺乏自主知识

产权，我国大部分高端医疗装备目前仍被外资巨头垄断，与美国 GE 医疗、荷兰飞利浦、德国西门子、美敦力、强生、雅培等实力雄厚的欧美外资巨头差距极大，因而我国只能瞄准中低端领域，市场现状呈现多而散的局面。另外，我国许多核心零部件、原材料、高端医疗装备等仍要依赖进口，而且核心技术也被国外掌握。相比国内医疗装备产业的蓬勃发展，我国医疗装备企业技术水平与外资品牌存在较大差距，特别是在大型医疗装备及高端医疗装备领域，产品技术差距更为明显，市场整体仍由外资主导。美敦力、强生、雅培等排名行业前 20 的国际巨头，占据了全球近 50% 的市场份额。我国至今还没有一家医疗装备企业进入全球前 20 强。

3）国产品牌在高端医疗机构市场占比仍较低

医疗装备领域产业链下游主要包括三甲医院、综合医院、专科医院、诊所、体检机构、疗养院、养老院、第三方实验室、科研机构等。国际巨头凭借品牌和技术先发优势已占领国内大部分三甲医院、综合性医院等高端医疗机构的医疗装备存量市场。高端医疗机构在新增配置和更新换代大型医疗装备选购中，对价格相对不敏感，以及已经长期习惯和信赖使用国际大品牌，使得国产医疗装备在三甲医院关键科室所占的市场份额仍然较小。尽管部分国产自主品牌的创新医疗装备和高端医疗装备已在技术层面与跨国企业产品无显著差异并在性价比上领先，高端医疗机构购买和使用国产装备意愿仍然较弱，国产品牌在高端医疗机构的渗透率较低。国产医疗装备难以得到医疗机构认可，目前已成为阻碍国产装备开发迭代的难题。

7.3 高端装备制造产业集群发展现状与“四链”融合情况

7.3.1 空天海装备产业集群现状与“四链”融合情况

1. 航空装备产业集群现状与“四链”融合情况

1）航空装备产业集群现状

航空装备产业链主要分为三部分：上游航空装备设计研发及航空原材料供应，中游航空装备制造，下游航空应用及配套服务，如图 7.7 所示。航空装备的细分市场大致为军用航空装备及民用航空装备两大类。我国飞机制造以军用飞机为主，中国航空工业具有垄断优势，其产品覆盖战斗机、直升机、教练机等各类。从航空装备产业链代表性企业的区域分布情况来看，我国航空装备产业链重点企业集中于陕西、长三角、四川、贵州、沈阳等地区。总体来说，陕西拥有我国四分之一的航空专业人才和高精尖设备，是全国唯一具有两个整机研制生产企业的省份，也是我国大中型飞机设计、研发、试飞、生产的重要基地，具有一批独占性的航空产业资源，成为我国航空装备制造产业的第一大省。

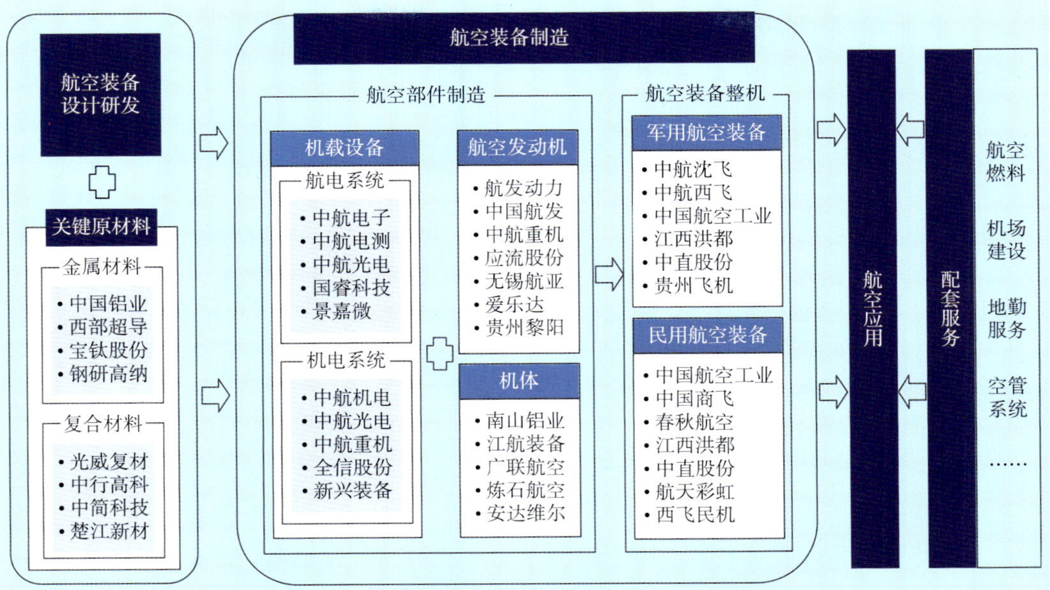

图7.7 航空装备产业链
资料来源：前瞻产业研究院

在全球民用飞机制造领域，波音公司与空中客车公司占据绝对领先地位，我国民用飞机自主研制进程不断推进，中国商飞为最主要整机厂。这里针对国产民用大飞机产业链集群进行分析。我国的大飞机产业集群未来将主要集中在上海、西安、成都、沈阳，大飞机制造产业的集群效应将进一步明显。上海是民用大飞机产业的主要集中地，中国商飞总部落户上海市浦东新区陆家嘴，飞机设计研发中心落户上海市浦东新区张江，民用航空配套产业基地落户上海市浦东新区临港新城，中国商飞总装制造中心落户上海市浦东新区。西安已经形成了集飞机研究设计、试验试飞、生产制造于一体的航空产业体系。成都有涵盖从设计、研发到生产制造，从核心构造件到整机总装的航空与燃机全产业链体系。沈阳则立足中航沈飞民用飞机有限责任公司，壮大飞机大部件、通航产业集群。根据《中国商飞公司市场预测年报（2021—2040）》，到2036年末将有8 575架新机需求，民用客机市场空间近8万亿元。在C919大型客机项目的引领带动下，参与大型客机项目研制的机体结构和机载系统供应商，充分利用所在地区的地理、人才、技术优势，推动建立了西安、成都、沈阳、南昌等民用航空产业园或航空城，推动上海航空产业园建设，形成“全国一盘棋”的局面，也带动了地方经济的发展。

民用大飞机产业的发展将确立上海市浦东新区民用航空产业的国内龙头地位，使其成为亚洲最大、世界著名的三大民用航空产业基地之一。来自上海市浦东新区科技和经济委员会的信息显示，目前，上海市浦东新区已形成集设计、制造、配套于一体的商飞产业链。根据《浦东新区民用航空产业“十二五”及远景规划》，通过15~20年的努力，上海市浦东新区将形成一个产值规模1 500亿元以上、财政贡献100亿元以上的民用航空产业集群，将民用航空产业打造成上海未来发展的重要支柱产业。

另外，航空发动机的研发及制造是航空产业链的核心部分。目前我国航空发动机研发技术仍然落后于欧美国家，这也是长期制约我国航空装备发展的一大瓶颈。我国国内也存在着一批航空发动机重点生产企业，如中国航发、中航重机、应流股份、爱乐达、无锡航亚、贵州黎阳、沈阳黎明、西安西航、成发集团、南航动力等。我国持续推动航空发动机国产化替代，在“两机专项”“飞发分离”等政策推动下，我国航发自研自产能力不断提升。在军用航空发动机方面，国内WS10系列等发动机已开始替代进口产品装配军机；在民用航空发动机方面，CJ-1000等型号发动机有望在C919等客机机型上实现国产配套。

2）航空装备产业“四链”融合瓶颈和关键问题

航空装备产业具有较高的技术壁垒，与美国、欧盟等国家和地区的产业成熟度相比，我国航空装备产业仍然存在很大差距。航空装备研发成本很高，对装备制造、核心部件要求较高，从设计、飞机制造和供应商遴选、试验试飞阶段（取证阶段）到用户交付的周期很长。在发展过程中，其创新链产业链资金链人才链相互交织、相互支撑，需要深入融合，才能促进产业健康发展。

在创新链环节，我国航空装备运用技术创新支撑新产品开发和跨代发展未来产品的能力待加强。新材料、新制造、人工智能等技术的发展为航空装备产业创新提供了契机。例如，先进复合材料的应用、飞行器关键零部件整体化制造、发动机多部件一体化设计与制造、拓扑优化与晶格点阵轻量化多尺度结构的设计、功能材料与结构的一体化增材制造、自动化铆接技术、增材制造技术、先进定位装配技术和装配过程的数字化仿真技术等是航空装备产业发展面临的变革性技术，尤其增材制造技术，有望突破传统技术“天花板”，为新机研制提供技术支撑。技术创新有助于我国航空装备产业彻底掌握发展的主导权。

在产业链环节，我国航空装备产业链配套能力待加强。航空发动机制造、飞机设计研发、飞航及机载设备、租赁与销售、维修、后勤保障等产业链配套能力等仍有短板，成为产业健康发展的瓶颈。规模是我国发展大飞机市场竞争的关键，也是经营的动力，没有规模无法盈利，没有规模就不能支撑创新链发展，就没有供应链、产业链，没有规模就没有产业链的培育和发展，因此扩大产业发展规模是带动航空装备产业可持续发展的关键。在通用航空产业领域，由于空域有待开发，社会力量投入缺乏市场动力，设计研发能力不足，缺乏适应的制造技术，目前我国基本没有通航飞机制造的头部企业，没有形成相关的产业链。

在资金链方面，资本作为催化剂和生产要素，航空装备产业发挥着不可替代的作用，然而，当前我国的航空产业仍以体制内的企业计划生产为主，资金以国家投入为主，民机发展的资金链基本没有形成，远不能满足我国民用航空装备有关科技企业多样化融资需求。我国民用航空装备产业正处于起步期，为配合国产大飞机产业发展，构建资金链配套产业意义重大。然而，航空装备配套产业具有资金投入大、风险大、回报周期长的特点，在立项、研发、试产、市场转化、商业运营等各个环节，均需耗费大量时间和资源。另外，各类技术验证、成熟配套等需要经过反复试错、探索，可能历经无数失败、波折等，即便已定型产品，碍于下游整机产品仍然处于放量生产前期，配套产品也没有实现规模化生产，亟须依靠稳定长期的投融资支持，我国的投融资观念需要面向创新，面向战略性新兴产业，要发展金融系统的创新思维。投融资需要从“套钱”走向支持创新。

人才链是发展航空装备产业的关键因素。近年来，我国航空产业逐步进入发展黄金时期。尤其是在国产C919成功试运营后，我国航空装备制造开始真正走向国际尖端领域，对于各层次人才的需求迫切，特别是全球一流的设计制造领军人才和管理人才等。同时，高层次管理人员、通用航空驾驶员、维修人员等仍然紧缺。随着我国民用航空产业的快速发展，无人机、通用航空装备制造企业陆续组建，关键技术岗位的人才需求也在不断扩大。人才流失问题已经成为困扰航空装备制造企业发展的一个重要问题。另外，鉴于民用无人机企业面向的客群及商业模式，其正在吸引具有更加多元化学历背景的人才加入。

2. 航天装备产业集群现状与“四链”融合情况

1）航天装备产业集群现状

我国航天装备产业链企业分为两大部分。一部分是以中国航天科技集团有限公司和中国航天科工集团有限公司为代表的大型国有航天企业，空间布局比较固定，主要分布在北京、上海、西安、四川等地区，目前形成以北京和上海为第一梯队，西安为第二梯队，四川为第三梯队的辐射状发展特征。北京拥有运载火箭设计制造、卫星设计制造及全产业链布局，是卫星及应用产业链代表企业最多的地区。另一部分是蓬勃发展的商业航天企业，北京汇聚了全国50%以上的商业航天企业。我国的商业航天产业起步于2015年前后，零壹空间、蓝箭航天、星际荣耀、星河动力等民营火箭企业，以及银河航天、天仪研究院、微纳星空等卫星企业先后成立，但仍处于发展的初始阶段，在制造及应用方面有待发展。

根据泰伯智库的预测，2023~2028年，商业航天产业将进入发展黄金期，2025年仅我国市场规模就将达2.8万亿元。万亿级新兴产业引发市场和资本的巨大兴趣。近两年来，不少地区聚焦商业航天大力发展相关产业，如安徽省在《安徽省国民经济和社会发展第十四个五年规划和2035年远景目标纲要》中，明确聚焦空天科技等领域力争取得重大原创性成果，并积极推进相关合作与招商工作。湖北省在《湖北省科技创新“十四五”规划》中，要求积极推动卫星应用技术体系建设和遥感数据商业化应用发展。上海市提出到2025年构建以通导遥一体化空间信息系统为导向，形成数字赋能的空间信息技术创新体系和产业融合发展新格局，打造全球空间信息领域科技创新策源地、数智制造新高地、优势企业集聚地、应用服务输出地。2023年，国内首个商业火箭全产业链基地——中科宇航产业化基地在广州市南沙区投入生产，主要用于开展系列化固体、液体运载火箭的生产、试验、总装及测试工作，可年产30发运载火箭。中科宇航已经发布6款力箭系列运载火箭产品，可运用于低轨星座组网、空间站货运、高轨道发射、亚轨道旅游、近太空科学实验等多应用场景。商业航天在我国虽然发展起步较晚，但我国航天工业基础实力雄厚，各地方政府的大力支持叠加资本热潮涌入，推动了商业航天从起步探索的1.0阶段迅速迈向技术创新、模式创新、应用牵引的2.0时代。

在民营企业于火箭发射、遥感应用等领域不断取得突破的同时，互联网企业、汽车制造企业也纷纷跨界布局，推动业务创新。2022年6月，吉利旗下浙江时空道宇科技有限公司在西昌卫星发射中心成功发射其自主研制的9颗卫星，用于构建高精度导航系统，推动自动驾驶、无人机和物流发展。网络服务公司上海连尚网络科技有限公司推出混合轨道卫星星座计划，旨在实现地面网络未覆盖区域的互联网接入。此外，阿里、腾讯、哔哩哔哩等互联网企业均曾与商业航天公司合作进行卫星发射。

未来5年商业航天产业将进入发展黄金期，我国航天企业迎来新的市场机会。在整体规模上，国内商业航天市场规模在2025年预计达到2.8万亿元。此外，随着通导遥一体化趋势的不断凸显，加之行业应用需求的不断增加，通信、导航及遥感的应用领域也将不断拓展。

商业航天产业链图谱见图7.8。

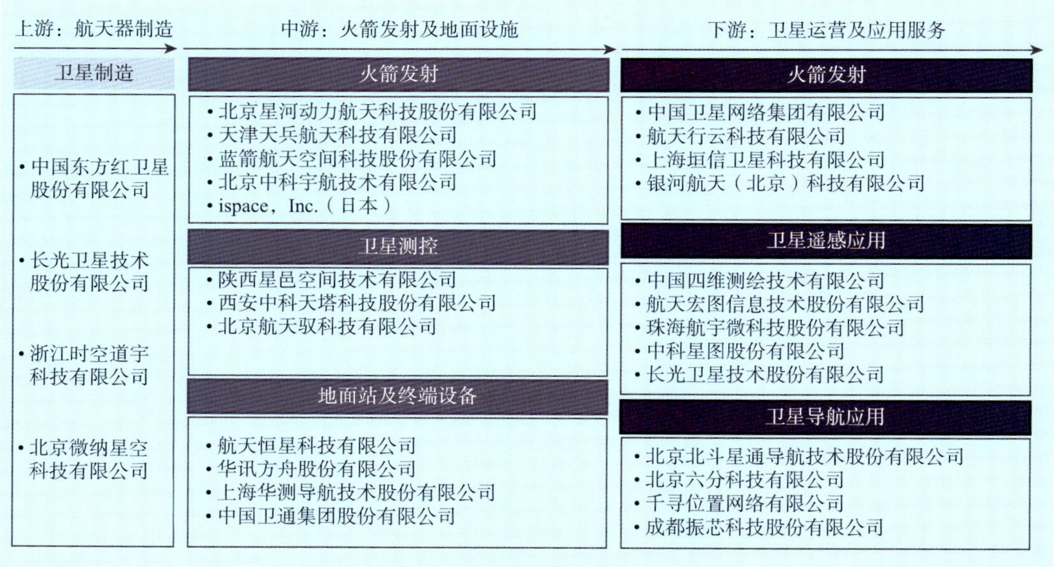

图7.8　商业航天产业链图谱
资料来源：泰伯智库

2）航天装备产业“四链”融合瓶颈和关键问题

在创新链方面，国家军工集团和科研院所仍是航天产业的主力军，但国家战略任务往往急难险重，各集团主责主业是确保成功，因此管理及质量保证体系严苛，研制效率及成本难以大幅优化，前沿科技创新的精力及意愿不足，预研及生产有脱节现象。传统航天装备企业组织结构多采用单一的层次化专业组和矩阵模式，专业组和功能模块划分不利于统一调度管理，自主性、积极性、创造性的发挥程度有限。当前，商业航天企业的技术路线和发展方向不明确，在发展思路上或简单囿于传统航天的固有框架、发展模式和评价体系，或盲目跟随甚至模仿美国商业航天的发展模式，忽略了在不同的产业基础、市场环境下形成自身的发展理念和核心竞争力，难以实现技术突破和市场拓展，生存率较低，发展性不足。商业航天产业由于受到政策监管制约、航天基础设施投资大、高新科技门槛高、国家项目竞标不占优等影响，呈现出低成本、同质化竞争等特点，且应用服务及盈利模式依然不清晰，投资市场谨慎克制，难以激发空间经济爆发式增长。

在产业链方面，传统航天装备制造企业在航天技术应用及服产业发展方面尚不能完全适应市场化需求，市场导向的发展模式有待进一步完善，战略性新兴产业布局不足，需要提升服务和融入新发展的新格局，加速推动卫星应用、商业航天、高端装备制造等新兴产业。商业航天企业在产业体系和产业生态的构建上，偏重制造端和发射端等基础业务环节，而在应用端和消费端的开拓与挖掘方面仍然重视不够，还缺乏应对全新模式挑战的手段。从产业链各细分领域来看，商业航天产业中下游市场规模远超上游，融资金额总和占比更是达到了 80% 以上。其中，中游火箭发射领域即将由“期望膨胀期”进入“泡沫破灭低谷期”，未来几年市场格局有望重塑。下游卫星遥感应用有望进入收获期，市场潜力预计进一步释放。

在人才链方面，航天领域由于涉及学科多、缺少知识复合型高端人才，技术创新往往为单项技术的延长线，原始及集成创新能力 / 成果不足，导致空间新兴产业开拓不够，难以满足未来航天强国的竞争需求。同时，传统航天装备制造企业在人才管理体制和人才激励机制方面还存在一定差距和瓶颈，如薪酬待遇与新兴企业存在明显差距、激励手段相对较少、对海外高层次人才的引进审查周期长、航天科技人才工作中普遍存在节点压力大等。另外，适应复杂挑战的高层次领军人才储备不足、企业经营人才队伍建设需进一步加强、青年骨干技术人才存在不稳定现象不容忽视，也是传统航天装备制造单位亟须解决的问题。商业航天企业凭借其薪资优势、灵活的用人制度等吸引了一大批人才加入，但需注意航天人才职业获得感，以稳定人才队伍。

在资金链方面，根据《中国商业航天产业研究报告（2023）》，目前我国商业航天整体上仍然处于发展早期，未来仍然有较多的投资机会和投资价值。从产业驱动因素来看，国家政策、技术、资本及地方布局都为国内商业航天产业发展带来了持续推力。卫星制造及火箭发射成为资本关注的热点领域，部分企业启动 IPO，融资规模屡创新高。

3. 海洋装备产业集群现状与“四链”融合情况

1）海洋装备产业集群现状

在海洋装备产业集群方面，我国年度船舶建造量已长期位居世界前列。多年来，我国坚持“一体化布局，差异化发展”的思路，结合上海、山东、广东等产业基础良好地区的优势和发展实际，合理培育海洋装备产业集群。形成长三角地区、环渤海地区、重庆湖北地区和珠三角地区四大船舶产业集群，并初步培养了一批具有一定竞争力的船海配套企业，船海配套设备产业链初具雏形。

产业集中度不断提升。为应对国际造船企业竞争与推进国内产业整合，大型造船集团持续推进行业兼并重组。继原中国船舶工业集团和中国船舶重工集团陆续通过资产重组整合内部业务后，2019 年通过战略性重组成立了中国船舶集团。招商工业集团通过托管收购整合等方式成为国内规模扩张最为迅速的船企，自正式托管中国外运长航集团有限公司旗下的金陵船厂（含芜湖江东船厂）后，招商工业集团陆续收购中航威海、中航鼎衡和德他马林（Deltamarin）船舶设计公司，海工板块推进与中集集团的内部整合，并推动组建“中国海工集团”，成为继中国船舶集团和中远海运重工之外的第三大国有造船集团。此外，扬子江船业通过兼并收购进行大举扩张，先后收购了江苏扬子鑫福造船厂、江苏扬子长博船厂等企业。造船产能愈发向前十大造船集团集中，市场竞争力愈发强大。

2）海洋装备“四链”融合瓶颈和关键问题

海洋装备产业链高价值部分发展不足。我国海洋装备企业的总装建造技术优秀，但“微笑曲线”的两端尚显不足，研发设计特别是技术储备、船用配套、售后服务等均存在短板。配套设备等的发展滞后问题依然突出，成为制约我国造船强国建设的主要瓶颈之一。目前，船舶设备制造业的高端产品和品牌主要集中在欧洲造船强国和日本、韩国。

从船型结构来看，目前欧洲占据高端市场，日本、韩国占据中高端市场，我国占据中低端市场。欧洲在豪华游轮、客滚船、滚装船、化学品船等领域一直具有优势。首先，欧洲船厂在建造高速渡船、豪华游轮等高技术高附加值船舶方面所具有的技术优势和丰富的建造经验，是亚洲船厂在短时期内难以超越的；其次，液化气（包括 LNG、液化石油气）船和高端海工船，目前仍由韩国与新加坡船厂主导，2022 年我国在 LNG 运输船订单量上有所突破，有 5 家船厂具有 LNG 运输船建造能力，但仍不能满足市场需求；再次，超大集装箱船与油轮，在这个板块我国正逐渐赶上韩国、日本；最后，散货船及标准大小的油轮与集装箱船的主要市场由我国占据。

从船舶配套业来看，世界已经形成了欧洲和东亚两极格局。其中，欧洲竞争优势明显，行业地位短期难以撼动。东亚内部，我国与日本、韩国虽然在产业规模上不相上下，但发展特点和阶段不同。韩国船舶设备本土化率达到 90% 以上，绝大多数船用设备实现了国产化，低速主机甚至实现“零”进口。相比较而言，我国自主品牌产品竞争力薄弱，系统集成和打包供货能力不足，缺乏规模实力雄厚、具有国际竞争力的船舶设备制造优强企业。

参与全球海洋治理深度不够，船海服务环节较弱。我国海洋装备产业一直注重装备制造等有形的“硬产品（实力）”，对技术标准与规范、信息化技术应用等研究，以及品牌、服务能力建设这种无形的“软产品（实力）”缺乏应有的重视。这导致我国在海洋装备研制方面，不但高端产品的概念设计和详细设计能力不足，而且对国际海事组织的新规范、新规则、新标准处在较为被动地接受与应用上，缺乏主动积极性、前瞻性研究、主导制定的策划与举措，在国际缺乏话语权。

由于我国对接国际标准时的思维方式不同，往往错失先机。我国参与国际规则制定时，与其他国家写出框架就立即递交，等到后期讨论再不断填充修改不同，我国会长时间进行内部讨论且不断修改完善，在内容细则完全写清楚以后才会递交申请，但此时许多优先权已被其他国家占据。因此，我国在参与全球海洋治理方面，除了更加重视以外，还需要掌握主动权。

海洋装备行业金融服务存在“融资难、融资贵”的问题。由于近几年受到疫情及世界经济下行的影响，海洋装备行业基本面整体走弱，令融资始终处于一种“亚健康繁荣”的状态，无论是从短期的流动性指标，还是从长期偿债能力指标看，海洋装备行业融资都有较高风险。这种现状令融资机构更加厌恶风险，给海洋装备行业更高的风险溢价，也偏向于融资期限更短的融资项目。“融资难、融资贵”成为我国船企持续发展的“拦路虎”，船企普遍存在较大比例的融资缺口。对于在手订单，由于船东预付款大幅降低，船企对融资的依赖愈发强烈；对于新的订单，部分船企由于无法开立预付款保函从而不敢接单。更为严重的是，船企普遍流动资金缺口较大，大量企业特别是民营企业深陷资金链紧张困局。

7.3.2 工业母机产业集群现状与“四链”融合情况

1. 工业母机产业集群现状

我国工业母机产业集聚发展趋势明显。目前，我国数控机床产业已初步形成七大产业集聚区。其中，长三角地区、珠三角地区、环渤海地区、西北地区和西南地区是装备制造的核心区。根据中国企业数据库企查猫，我国数控机床企业主要聚集在华东地区，其中江苏、山东、浙江、广东和河北等地相关数控机床企业较多。截至2022年9月，山东共有相关数控机床企业数790家，江苏则有857家。近年来，成渝地区和武汉地区的数控机床产业增长迅速，产业聚集区出现如下特征。

珠三角地区以广州、深圳为核心，主要以锂电装备、新能源汽车、精密电子制造（3C产品）、智能家电等下游用户需求为导向，是我国数控机床的最大应用市场，在数控钻攻机、雕铣机、关键基础件等领域发展迅速，同时在高端数控机床控制系统、传动系统等高附加值关键核心零部件领域及激光制造和增材制造（3D打印）等新兴制造技术方面处于全国领先水平。

长三角地区已形成多个数控机床产业集群，主要以汽车与零部件、船舶工业、发电设备、金属模具等下游用户需求为导向，在数控加工中心、五轴数控机床等尖端技术和产品领域发展迅速。其中，浙江地区主要分布在宁波、绍兴、嘉兴、台州、温州等城市，江苏地区主要分布在苏州、南京、扬州、南通、无锡、常州、泰州等城市，并集聚了海天精工、华辰装备、亚威机床、浙海德曼、宁波精达、田中精机等重点企业。

环渤海地区重点发展锻压机械、数控车床、重型机床、高速龙门铣床、龙门加工中心等领域，产业主要分布在北京、天津、山东、辽宁等地，集聚了北京第一机床、北京机床研究所、精雕科技、沈阳机床、北方重工、三一重装、威达重工、华东数控、环球机床等重点企业。

中西部地区重点发展重型机床、数控系统、小型机床、齿轮加工机床、专用生产线及工具等领域，集聚了秦川机床、宝鸡机床、星火机床、华中数控、武汉重工、湖北三环、华工科技、精明数控等代表企业。

客观来讲，我国数控机床产业集群的发展水平和发展质量不平衡问题仍然较为突出。数控机床产业呈现小集中、大分散的分布特征，国内数控机床行业的上市企业主要有华明装备、秦川机床、创世纪、亚威股份、沈阳机床、海天精工、华中数控、科德数控等。秦川机床的年报显示，秦川机床2020年营业收入为40.95亿元，2021年营业收入为50.52亿元，2022年营业收入为41.01亿元；创世纪的年报显示，创世纪2020年营业收入为34.26亿元，2021年营业收入为52.62亿元，2022年营业收入为45.26亿元。我国头部企业的营业收入相较于国际领先企业，如山崎马扎克等，处于较低水平。对标国际先进，国内机床企业形势严峻，“新旧十八罗汉”仍然难以起到龙头引领作用，营业收入规模及国际影响力有很大提升空间。

在数控机床产业集群内，国内机床行业龙头企业带动发展模式鲜明。区域内，发展数控机床产业，一般是先引进几家规模大、实力强、带动作用明显的大企业、大集团，再通过延伸产业链条发展相关配套产业，并有效地带动数控机床产业的集聚发展。从全国各地数控机床产业集群的发展方式来看，主要有两种发展方式：一种是做全产业链发展；另一种是以产业链的某一模块为主集中发展，形成特色产业园区。这两种发展方式相互结合，共同互惠发展。

产业内兼并重组带来集中度进一步提高，表现如下：一是大企业集团的兼并重组。中国通用技术集团近年来通过并购重组沈阳机床、大连机床、天津一机等企业，重塑产业生态，在机床领域构建起科技创新体系及重型数控机床、精密超精密数控机床、数控系统和关键功能部件在内的较为完整的产业布局，以此来形成规模优势，发展高端机床装备，提升机床行业民族品牌的竞争力。但成效尚待今后的发展。二是区域兼并重组。秦川机床利用自身优势，将陕西的机床工具企业进行整合，既延伸了企业的产业链，又实现了机床产业和功能部件之间的优势互补，提高了行业生产集中度。未来区域性兼并重组会有进一步加快的趋势。

2. 工业母机产业“四链”融合瓶颈和关键问题

我国工业母机创新链和产业链发展融合不够，存在“两张皮”现象，产业发展缺乏共性技术支撑。高端工业母机是“用出来”的，也就是需要在用户支持下的持续优化迭代中走向成熟，但在实际实施中的创新链产业链资金链人才链缺乏深度融合，创新发展困难巨大。用户对国产中高端数控机床依然存在着不敢用、不愿用的问题，导致中高端产品研发与下游产业应用关联程度不够，缺乏足够的场景来驱动核心技术的积累与迭代。对于高端工业母机，要完成从实验室到形成对市场有一定吸引力的产品，需要投入大量的人、财、物资源，但企业和社会资本仍要承担诸多投资风险，因此积极性不高，如果政府投入也不足，将形成政府着急、用户等靠、资本观望、人才流失的被动局面。

我国工业母机制造企业没有与下游用户建立较固定领域的长期稳定的合作关系，主要还是基于国家项目拉动开展合作。总体情况是民营企业对参与航空航天等领域用户需求的制造装备研制生产的热情很高，但是技术水平还有待提升，也存在进入门槛。同时，国家在工业母机领域的投入有限，国有机床企业规模较大，生存压力大，在针对航空航天等高端领域小众制造装备研制生产方面积极性不高。我国制造业产品同质化严重，利润率低，工业母机企业无法给人才提供足够高的待遇，导致国有装备制造企业近年来人才流失严重。

各类创新平台在促进创新链产业链资金链人才链融合方面仍然存在困境。我国在工业母机产业技术研发领域，曾经有工信部下属的200多个科研院所为创新链产业链资金链人才链融合发挥重要作用。从20世纪末开始这些科研院所进行了简单的转制改革，只有少数大的院所保持了原有的定位和功能，这些科研院所在产业技术创新和成果转化方面的功能弱化，“四链”融合作用基本消失。目前，国家部委构建了制造业创新中心（工信部）、技术创新中心（科技部）、产业创新中心（国家发展和改革委）等各类创新平台，支持从技术源头创新、关键共性技术攻关，促进成果转化到推动产业发展。这些平台设计得很好，也都在发挥积极作用。但仍然存在资金投入不持续、创新人才不齐备、核心技术攻关成果不突出、成果应用转化难的问题。目前，考核评价机制等不完善，如实际执行中高校没有真正破“五唯”，导致这些平台难以充分发挥作用。另外，企业牵头的创新平台缺少有效的合作共享机制；科研院所牵头的创新平台由于考核机制问题，部分课题研究与企业发展需求脱节，课题验收后，获得的创新成果未获得验证迭代，创新团队和人才等未得到持续支持，缺乏面向产业关键共性技术持续攻关的资金支持。

7.3.3 医疗装备产业集群现状与“四链”融合情况

1. 医疗装备产业集群现状

总体来看，国内医疗装备产业已初步形成“3+*N*”的产业空间分布格局。“3”是指我国医疗装备产业已形成以上海、苏州、南京、杭州等为中心的长三角集聚区，以广州、深圳为中心的粤港澳大湾区集聚区和以北京、天津为中心的京津冀集聚区三个传统集聚区域。“*N*”是指近年来，受地方优势政策引导、综合成本考量等因素影响，我国部分地区形成了诸如以长沙、武汉、南昌为中心的长江中游城市群，以郑州、新乡为中心的中原城市群，以济南、青岛为中心的山东半岛城市群，以成都、重庆为中心的成渝地区等新兴区域医疗装备特色产业带。我国医疗装备产业正在建立以中心城市引领城市群发展、城市群带动区域发展的产业化模式。

截至2022年底，我国共有医疗装备上市企业177家，其中，广东、上海、北京、江苏、浙江上市企业数排名前5，5省（市）上市企业数占全国的76.27%（图7.9）。从2022年12月31日上市企业市值来看，广东、北京、上海分别占全国的32.7%、17.6%、16.4%，排名前3（图7.10）。

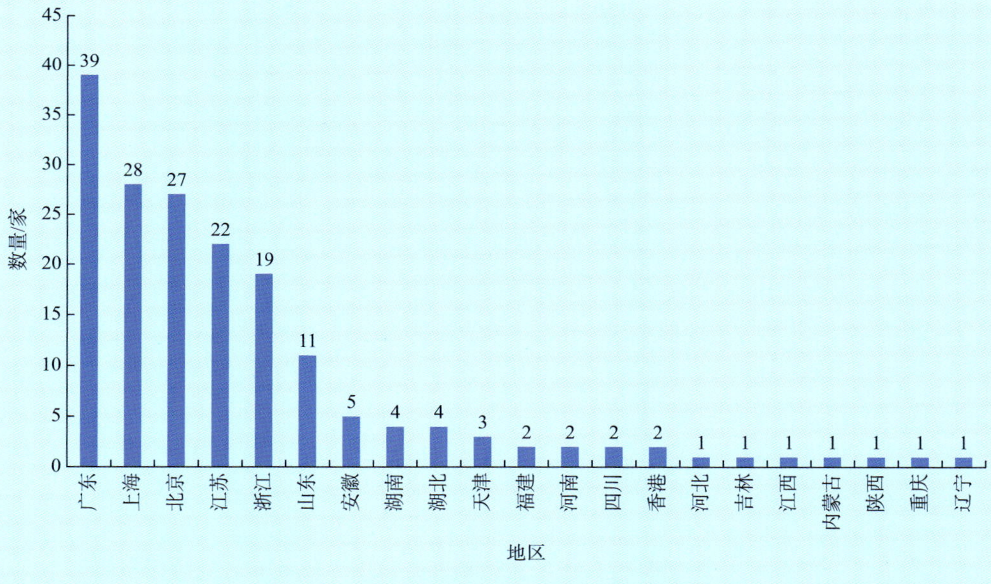

图7.9 我国医疗装备上市企业地区分布
资料来源：公开资料整理

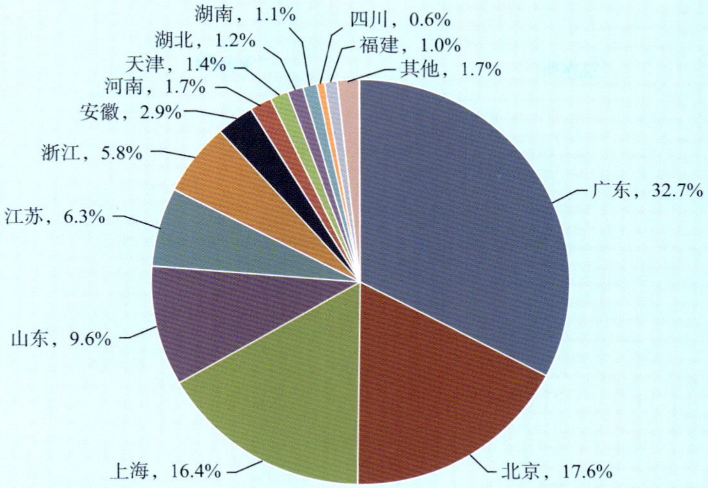

图7.10 我国医疗装备上市企业市值地区分布
资料来源：公开资料整理

三大集聚区依托各自产业基础与优势，形成了各自的产业特色。

以上海为中心的长三角集聚区发展迅速，中小企业活跃，产业特色明显，长三角集聚区的一次性医疗装备和医用耗材在国内市场占有率超过一半。长三角集聚区开设医疗装备相关专业的高校数量、拥有的三甲医院和医疗装备检验机构均为三大集聚区之首，无论是医疗装备产品质量还是创新研发，在我国医疗装备产业中都居于领先地位。截至2022年底，长三角集聚区有174件进入创新审查程序三类产品和75件创新三类产品，获批数量居首。代表性企业包括联影医疗、明峰医疗、鱼跃医疗、奥朋医疗、迪安诊断、微创医疗等行业龙头企业和创新型企业。长三角集聚区已成为我国医疗装备创新、研发与生产的重要基地，区域内杭州余杭经济技术开发区、泰州医药高新技术产业开发区、江苏武进经济开发区、中国（上海）自由贸易试验区、上海松江经济技术开发区等10个集聚区均已有超过100家医疗装备生产企业；中国医药城、江苏医疗器械科技产业园和苏州生物纳米科技园分别有130家、49家和43家医疗装备生产企业入驻。

以北京为中心的京津冀集聚区依托同样集聚的顶尖高校科研机构、有“中国硅谷”之称的高新技术产业集群——中关村，以及全国最多的医疗装备合同研究组织（Contract Research Organization，CRO）等资源优势，医疗装备产业发展底蕴深厚、行业资源优异、产品注册情况较突出。代表性企业包括乐普医疗、谊安医疗、万东医疗、通用环球医疗、天智航等行业龙头企业和创新型企业。同时，以北京地区为核心的研发成果向外扩散是环渤海湾地区医疗装备产业的一个突出特点，由于北京地区生产成本较高，导致许多技术成果向其他地区转移，其中向粤港澳大湾区和长三角地区转移较多。清华大学、北京大学分别在深圳建立了研究生院，中国科学院也分别在深圳、苏州建立了医疗装备领域的研究所等。此外，为培育创新驱动发展新引擎，拓展京津冀区域发展新空间，我国设立国家级新区——河北雄安新区，推动在北京高校、科研院所、企业与河北共建联合研究生院、产业研究院，增强雄安新区对高层次人才的吸引力；重点发展新一代信息技术、现代生命科学和生物技术、新材料等战略性新兴产业，推动雄安新区中关村科技园、雄安新区核电创新中心等一批龙头骨干企业和企业总部落户。

以广州、深圳为中心的粤港澳大湾区集聚区依托电子、计算机、通信、机电一体化等领域的优势高新技术成果，良好的高科技产品孵化体系，先进的精密制造业基础，领先的人工智能发展，以及毗邻港澳地区的地缘优势，在研发、生产综合性医疗装备及国际化发展方向上具有一定特色。粤港澳大湾区拥有多家国内领先的高校、科研机构、国家重点实验室、国家级制造业创新中心及先进制造企业，创新实力雄厚，如南方医科大学、华南理工大学、暨南大学，深圳清华大学研究院、中国科学院深圳先进技术研究院，国家药品监督管理局体外循环器械重点实验室、介入医疗生物技术及系统国家地方联合工程实验室，国家高性能医疗器械创新中心，迈瑞医疗、新产业、华大基因、理邦仪器、金域医学、达安基因等行业龙头企业和创新型企业。其中，深圳在综合性高科技医疗装备的研发、生产方面具有明显优势，主要产品涵盖监护仪、超声诊断仪、磁共振仪等医学影像装备，以及伽马刀、X 刀等大型立体定向放疗设备、肿瘤热疗设备等。深圳医疗装备产业区的总产值以每年超过 30% 的速度递增，出口贸易发展迅速。

我国高度重视集群引领带动区域制造业高质量发展，深入实施先进制造业集群发展专项行动。长三角集聚区、京津冀集聚区、粤港澳集聚区及成渝地区已集聚了具有联动效应的医疗装备先进制造业集群。在国家的大力支持和推动下，各集聚区将聚焦重点城市、重要园区，持续推动建立完整的产业大生态系统，优化产业空间布局，带动整个区域医疗装备产业能级提升，成为具有高度国际竞争力的产业集群。

2. 医疗装备产业“四链”融合瓶颈和关键问题

1）应用基础研究和产业技术创新能力不足

虽然我国医疗装备领域取得了快速发展，但是在产业发展水平和创新能力方面与国际医疗装备巨头仍有一定差距，许多发明专利、核心技术、材料或核心部件等均被国外企业垄断，短期内取得工业技术突破的基础性研究不足。我国应用基础研究不足严重影响了关键核心技术突破。一方面，多数医疗装备企业应用基础研究投入较少、能力薄弱，单一的企业开展研发呈现出技术创新研发分散、对前沿科技把握不够敏锐、共性关键技术难以系统组织开展等问题。另一方面，国内高校及科研院所在医疗装备前沿引领性技术研发方面虽然有一定的基础，若干国家级科技平台有一定的创新能力，但是依旧面临研究力量分散、研究基础和团队规模弱小、与企业和市场需求结合不够紧密、成果转化不畅、共性关键技术支撑不力等问题。

2）“创新链”与“产业链”融合衔接不够

科技成果转移转化是创新链赋能产业链关键环节，“产学研医”合作已成为加速医疗装备产业创新发展和科技成果转化、增强产品和企业竞争力的战略举措。尤其是在医疗装备领域，产品研发呈现出涉及学科众多、学科交叉性强、上下游关联性强的特点。当前我国医疗装备技术创新研发主体主要包括高校、科研机构、医疗机构、企业等，但各主体之间缺乏深度的协调、合作及有效的技术整合，医疗装备“产学研医”合作链条尚未完全打通，“产学研医”各方仍然存在动力和能力难以对接的矛盾，市场临床侧需求未能及时有效传导到前沿基础研究环节，前端科研成果未能及时有效地向市场转化。

3）医疗装备领域复合型创新人才供给不足

医疗装备产业的研发创新需要大量的跨学科、复合型技术人才。由于我国医疗装备产业发展起步较晚，对学科交叉理念的认识和重视程度不足，医疗装备产业人才队伍建设和创新人才培养机制不完善，医科、工科长期分裂，导致人才培养存在结构性缺陷，相关跨学科复合型创新人才紧缺，制约了医疗装备产业创新原动力。我国从事医疗装备方面的研发型人才和专业性人才缺口还比较明显，很多医疗装备设计、结构工程师、硬件及医用电子工程师都需要从海外引进或者从其他行业转型到企业，这直接影响我国医疗装备产业的国际竞争力。另外，我国在“医工结合”人才培养引进机制方面存在不足，在一定程度上制约了医疗装备产业人才队伍的培养。

4）医疗装备领域资金链面临着投融资困难问题

当前我国医疗装备产业链发展仍存在投融资难的问题。一是债权融资成本高、审批难度大。由于医疗装备领域的产业特殊性，广大中小企业资产相对较轻，在债权融资中缺少足够的实物抵押，加之医疗装备需要走周期较长的审批注册流程后才能实现上市销售，在拿证之前企业收入基本为零，融资较为困难。二是早期项目投资较少。股权投资市场中有限合伙人（limited partner，LP）资金向头部投资机构集中，由于早期的创新型项目投资风险大，资金抱团投向中后期明星项目，而很多早期项目获得的资金不足；医疗装备领域具有投资风险大、回报周期长、抵押担保难等特点，使得部分具有国资背景的金融机构对于风险较大的早期项目投资意愿不高，导致真正需要资金的早期项目获得的支持较少。三是专业化股权投资机构数量欠缺、质量欠佳。国内部分医疗装备产业集聚区的专业化医疗装备股权投资机构数量相对发达国家较少，导致项目搜索覆盖程度和评估判断能力仍有不足。

7.4 政策建议

7.4.1 空天海装备产业政策建议

1. 航空装备产业政策建议

1）加强薄弱环节，如发动机、机载设备、飞控系统等，营造“国机国用”的氛围

坚持“全力开发国内市场、稳健开发国外市场、量力开发特殊市场”的基本原则，开发安全、经济、实用、环保且满足市场需求的产品，加强航空发动机、先进通信导航装备等薄弱环节的产业化，充分贯彻“以市场为龙头”的商用飞机营销理念，营造“国机国用”的氛围，创新运营模式。

2）开辟飞机结构件增材制造新赛道，实现飞机的快速开发、迭代及生产能力

积极采用增材制造、智能制造等先进制造技术，形成快速、柔性、低成本的制造能力，打造新型供应链。加强大飞机的生产能力，实现飞机的快速开发、迭代及小批量生产能力，开辟飞机制造的中国新赛道。

3）放开低空管制，发展通用航空，形成平战结合的生产体系

放开低空管制，积极发展通用航空，一方面积极支持地方经济发展，尤其西部地区经济发展，另一方面形成平战结合的生产体系，形成无人机、军机的快速制造能力，保障国防安全。

2. 航天装备产业政策建议

积极发展增材制造技术，形成快速、柔性、低成本航天装备制造技术，发展商业航天制造平台，大力推动商业航天的广泛应用。

月基发射卫星的成本远远低于地球发射。设立月基制造、月基发射国家重大专项，建立“太空增材制造”国家实验室，以新技术打造低成本的中国密集型星链。抢占月球基地的制高点，开辟月球资源利用的赛道。

松绑商业航天的政策监管，建立商业航天制造基地，积极支持商业航天发展。积极发展太空经济，通过发展空间制造、空间能源、空间文旅等太空经济业态，为我国商业航天进一步蓬勃发展提供强大而持续的动能。

加强航天人才建设的顶层设计，培养知识复合型航天领军人才，要从“自主创新”主动适应建立以“科技自立自强”为重点的人才梯队建设体系开始。以培养航

天科技领军人才为重心，进一步加强基础研究和创新人才的制度保障，着力培养具有重大原始创新能力、引领科技创新发展趋势、从事前沿探索和交叉研究、具有创新潜质及开展重大产业技术应用基础研究水平的战略科技人才。持续优化薪酬分配体系，探索多元化的中长期激励机制。

3. 海洋装备产业政策建议

1）加强基础性和前瞻性技术研究

通过开展系统性的产业链现状和安全评估，按照轻重缓急、差距大小、外部风险高低等标准，针对“卡脖子”技术和产品清单，集中力量进行“产学研用”协同攻关，逐步解决产业短板问题。绿色化、智能化成为行业转型升级突破口。气候变化、海洋环境保护、船舶与航运的绿色环保等问题已成为未来海事新规则、新规范的关注焦点，将加速绿色船舶研发和现有运力更新换代。面向绿色环保主流船舶、高技术船舶、海洋工程装备及核心配套设备等重点领域，加强水动力技术、结构轻量化设计技术等基础共性技术研发，以及相关国际标准规范研究和制（修）订。加大智能船舶、深远海装备、极地技术及装备等领域的攻关力度，强化前瞻布局，增强源头供给。在全国范围内打通我国海洋装备相关产业的产业链上下游，提升技术共享、金融互助和信息互通水平，整合国内相关优势产业及优势资源开展重大前瞻性技术和产品攻关。

2）针对产业链薄弱环节开展关键核心技术攻关和迭代升级

加强船舶总装建造与造船上下游产业联动，针对产业链薄弱环节开展关键核心技术攻关和迭代升级，提升船舶产业链整体价值创造能力和市场竞争力，解决产业发展不平衡、不充分的问题。提升国内船舶工业产业链全方位、高水平供给能力，在船舶关键配套设备、船舶材料等方面开展前瞻性技术研发攻关，掌握技术升级革新的关键点和动力源，不断推动高新技术产品的更新换代。推动船舶工业内外双循环发展，坚持船舶工业企业在各类技术和产品研发创新中的主体地位和积极性，持续推动新技术、新产品的设计研发、试点应用和产业化，引导与船舶工业相关的经济社会需求转向国产化系列高新技术和产品，以扩大国内需求、驱动国外需求，提升本土品牌竞争优势，形成规模效应。

3）延长优势产业链条，完善全球营销和服务网络建设

支持海洋装备制造业延伸服务链条，发展个性定制服务、全生命周期管理、网络精准营销和在线支持服务等业务，建立和完善全球营销和服务网络建设，增强我国海洋装备产品全生命周期服务能力。

4）支持参与国际规则的制定，加强与国际组织的交流

鼓励船舶企业、科研院所与国家相关机构与主要造船国家的合作与交流，开展联合设计和技术交流，积极参与国际规则与造船规范标准的制（修）订。对于符合产业和技术发展方向，"产学研用"联合开展研发的项目及与国外开展技术合作并拥有知识产权的研发项目，国家优先予以支持。对有能力竞争参与研究制定国际新公约、新规范、新标准的绿色环保船型、高技术船型、海工装备及配套装备，以及大型浮式平台技术、海岛综合能源系统技术等工作加大政策和资金支持。

7.4.2　工业母机产业政策建议

1. 顶层规划构建工业母机产业核心技术研发体系新模式

整合已有的各类创新体系资源，如教育部省部共建协同创新中心、工信部国家制造业创新中心、科技部国家技术创新中心、国家发展和改革委国家产业创新中心等平台，构建国家级工业母机创新联合体，在这些创新平台开展考核评价机制变革，构建校企协同发展格局，推动创新链、产业链深度融合发展。

构建长效稳定的科研投入机制。根据国家高端机床产业发展的长期需求，发挥新型举国体制优势，以"揭榜挂帅""军令状"等方式选择具有明显技术优势和特色的工业母机企业及研发团队，然后以专项科研经费、定向科研项目，或者以专有技术研发基地建设、战略产品研发，或者以国家补贴、低息贷款等方式予以长期持续的经费支持。

建设共性基础实验平台。针对国内机床企业普遍存在研发能力弱的问题，建设基础技术与基础件的实验、测试、运行检测国家级专业机构与平台，通过共性平台与相关企业的联合技术攻关，实现高端机床关键技术与基础件的突破，并将相关技术以转让等方式辐射到企业。

2. 加强增材制造及复合制造，支撑航空航天战略装备发展

提升大构件增材制造和发动机关键件增材制造装备研制能力。瞄准大飞机结构件和发动机关键件，将增材制造、等材制造、减材制造及复合制造工艺进行创新工业母机的开发及在航空航天等高端装备制造中应用，开辟竞争新赛道。建议由工信部领导推动国家增材制造创新中心、大型研发机构和工业母机相关集团公司进行联合开发，并充分利用"卡脖子"工程、关键零部件工程来推进这些研发计划。

利用增材制造优势将航空航天新产品的研发和制造过程紧密联系在一起，加速新产品研发和制造的迭代速度。建议在我国大飞机产业化的初始阶段，打造一个增材制造新模式，通过整体系统来评价增材制造的效率，对我国航空航天制造产生新影响。瞄准大飞机结构件和发动机关键件增材制造材料、工艺与装备的应用，打造应用服务企业。建立若干示范工程，推进大飞机结构件和发动机关键件的增材制造

的广泛应用。

西安在增材制造创新技术、人才及航空航天产业方面有巨大优势，建议在西安地区建设增材制造及航空航天制造产业集群，加强资金链对该产业集群的支持力度，构建创新链产业链资金链人才链的深度融合。

3. 培育并壮大国产工业母机用户市场

为加快国产产品在特定行业领域内的推广应用，利用国有资金进行企业技术改造或产线升级建设项目应优先采购国产同类产品，原则上不允许进口；将每年固定资产投资中采购国产产品的比例，纳入国企主要领导稽查考核范围；部分利用国有资金的投资建设项目，用于国产工业母机的采购额原则上应不低于设备投资总额的 60%；采购经过认定的首台（套）或首批次国产工业母机的，可全部使用国拨资金支持。鼓励用户采购配置国产数控系统及功能部件的国产产品，依据采购合同、资金流水和发票等实际情况，给予用户 10%~20% 的加工设备国产化率提升补贴。建立工业母机企业与主要行业领域用户企业联盟。在联盟内，围绕行业特点，对接典型用户需求，建设国产工业母机工艺试验验证平台；定期发布国产工业母机技术攻关进展，以及工业母机在用户现场的使用状况与改进情况，增强下游用户信心，培育国产工业母机市场。以用户企业需求为导向，鼓励工业母机配套企业合作走出国门。

4. 加强工业母机创新链产业链资金链人才链的深度融合发展

以提升自主可控能力和产业核心竞争力为目标，加强智能制造、超精密机床、增材制造、复合制造等装备的深入研发和应用推广。做强基础材料、核心元器件、软件等产业基础。持续推动国产高端数控机床整机、关键核心零部件的应用示范工程。支持中国通用技术集团、秦川机床等优质头部企业整合创新资源，打造具有国际竞争力的产品和品牌。支持中小企业做专做新，打造特色品牌，实现产业链的补链和延伸。打造区域性智能制造产业集群，支持建设一批“专精特新”企业，将机床的关键件做精做强，推动产业集群发展。

加强工业母机领域人才培养和梯队建设。在高校，加强工业母机相关学科建设，布局完整的工业母机人才链供给体系。鼓励和支持国内外高校、研究机构、职业院校与企业合作联合育人、定向培养。精准支持企业面向国内外先进地区和其他企业引进行业领军人才、骨干技术人才、科技创新人才，鼓励高端人才在高校和企业双跨任职，组成相对稳定的优势研发团队对重要的技术进行攻关，协助企业解决专业技能人才用工难、用工贵的问题。加大科技成果转化奖励，充分发挥国内外研发和管理人才的积极性和创造性，促进“产学研用”队伍的长期稳定发展。

加大对机床产业链企业的政策支持力度。一方面，政府应加大对机床产业链企业的政策补贴，制定合理的补贴标准，鼓励重点客户和重点项目应用国产机床装备，实施首台（套）装备应用成果奖励等；加大对补贴资金的监管，避免资金被企业恶意套取或不合理利用。另一方面，政府应为机床产业链企业减税降费，提高技改资金贴息额度，便于机床产业链实现高质量可持续发展。优化融资渠道，降低工业母机行业间接融资成本，拓展工业母机行业直接融资渠道。鼓励符合资本市场条件的工业母机重点企业积极开展直接融资，如支持符合上市条件的工业母机重点企业在科创板、创业板上市融资，加快境内上市审核流程。

7.4.3 医疗装备产业政策建议

1. 深入实施创新驱动发展战略，强化科技创新和增强产业链的韧性和弹性

随着制造强国战略的实施，我国医疗装备产业创新能力逐步提高，尤其是在整机产品制造生产方面取得了巨大进步，部分产品达到国际先进水平。但是其中的部分关键原材料、零部件 / 元器件等仍以进口为主，存在“卡脖子”风险。因此，下一阶段，我国医疗装备产业自主可控的科技攻关方向应聚焦产业链中“卡脖子”环节展开，重点解决产业发展和生产实践中的“卡脖子”共性技术问题。由于医疗装备领域的基础材料、核心元器件与部件研发涉及化学、物理、电子、机械等诸多领域，仅靠单一企业难以在短时间内完成国产化攻关，需举全产业链上下游相关企业之力协同攻关。此外，由于高端医疗装备对元器件、原材料的性能要求很高，国产化攻关需要较大的投入，但市场规模与汽车等行业相比又相对较小，即可能出现投入产出比较低，无法形成规模经济效益，导致上游厂商缺乏动力投入研发，以致产业链条的脱节。因此，建议围绕医疗装备领域产业链各环节的重点、堵点、难点、痛点，设立重大攻关专项、科技创新专项等，精准布局创新链，整合产业链上下游优势力量，通过 5~10 年的政策牵引，带动产业链各环节联合攻坚克难，实现一批风险等级较高的关键原材料、元器件和零部件的国产化，实现一批依赖进口器械的国产替代，显著提升产业链自主可控能力。

此外，我国近年来凭借快速技术跟进与超大市场拉动，形成了以从模仿到仿创结合及硬软件结合的集成式创新模式为主的创新发展模式，但是基于基础科学探索的原始创新仍有待进一步加强，同时对于前沿技术与医疗装备的融合创新关乎我国未来引领性发展的关键。因此，建议着重围绕人工智能、机器学习、5G、大数据、云计算、3D 打印，推动颠覆性、原创性技术等前沿科技在医疗装备领域创新应用，推动我国下一阶段医疗装备智能化、精准化、网络化发展，抓住技术赶超和升级发展的战略机遇期，探索出“换道超车”的新赛道。

2. 探索建立专业服务支撑体系，进一步推进创新链、产业链深度融合发展

医疗装备产业在研发、临床、注册、生产、销售等核心环节，均需要足够的专业服务支撑。建议加快布局对接基础研究产业化的临床医学转化平台和高端专业化

的外包服务平台，包括专业CRO服务、专业定制研发生产服务等，填补创新研发公共服务平台的空白，营造创新生态环境。

支持建设面向医疗装备领域的产业技术基础公共服务平台，支持医疗设备零部件模块化、平台化和智能化研究。针对核心关键部件的制造工艺与检测技术，建立相关生化与物理安全、兼容性、普适性等测试与验证平台。重点解决关键核心部件与整机的功能、性能、安全性、可靠性与可用性等指标的分配与验证方法，物理接口与信息接口及测试方法，整机与核心关键部件的应用保障性协同与验证方法等问题。促进核心关键部件与整机的技术协同，引导关键核心部件与材料在医疗装备领域的应用与推广。

支持建设高端医疗装备材料生产应用示范平台，医疗装备产业基金及产业园区，加快提升医疗装备产业技术咨询、研发生产、标准制定、检测验证、认证认可等第三方服务能力，推进创新链、产业链融合发展，促进创新成果产业化和推广应用。

3. 加强科技创新人才队伍建设，建立适宜产业链、创新链的人才培育体系

医疗装备行业需要大量交叉复合型人才，当前我国从事医疗装备行业的研发型人才和专业型人才缺口较明显。建议医疗装备企业聚焦发展急需的关键核心技术和紧缺人才，实施重大课题与人才专项，推动更多“四链”融合任务由企业提出，提升企业在科技项目与人才工程确立、组织和实施等方面的参与度和话语权。

通过培育医工交叉的“四链”融通环境，建立适宜的创新人才评价体系，支持企业、行业平台深度参与职业院校、高等院校教学改革，解决人才和教育体系与产业及产业创新需求的脱节。

此外，在政府专项资金扶持方面，建议不再注重固定资产投入（固定资产具有较长的使用周期，不断投入只会造成经费浪费），而是加大人才投入支持比例，改革以往科技项目资金支持制度。

4. 强化资本市场枢纽平台功能，提高资金在创新链配置的精准性和有效性

为解决医疗装备领域产业链投融资难的问题，激发企业强大的创新活力，提出如下建议：

一是出台专为中小企业服务的政策性金融政策，降低审批条件门槛，为不易获取外部融资的医疗装备高新技术中小企业提供低息、长期贷款，解决医疗装备领域产业链投融资难的问题，激发企业强大的创新活力。二是转变政府创业投资引导基金的引导方式。创业投资引导基金的使用应以阶段参股和跟进投资为主，以投资后的风险补助和投资保障为辅，也允许以基金为依托向创业投资机构提供其资本金一定倍数的贷款担保。以阶段参股、跟进投资、贷款担保方式对创业投资机构进行资助，应要求其投资方向符合国家产业，可视情况设立专门进行天使轮投资的基金，鼓励“投早、投小、投科技”，要求对中小企业、早期项目的投资

达到一定比例，并加强监督。这既有利于风险投资扩大投资规模，也有利于增强投资者的信心并指明投向，从而引导更多的资本尤其是民间资本进入创投领域，促进创新链产业链资金链人才链供需精准对接，助力产业链升级发展。三是扶持培育医疗装备领域专业化投资机构，推进搭建能覆盖“四链”各环节的多元投融资体系平台。

参考文献

[1] 安信证券股份有限公司 . 大国重器，民机启航——大飞机产业链深度分析（一）[R]. 2021-06-05.
[2] 杨开 . 2022 年国外航天运输系统发展综述 [J]. 国际太空，2023,（2）：34-40.
[3] Space Stats. Orbital launches in 2023[EB/OL]. https://spacestatsonline.com/launches/year/2023, 2023-09-21.
[4] Space Capital. Space investment quaterly Q2 2023[EB/OL]. https://www.spacecapital.com/publications/space-investment-quarterly-q2-2023，2023-07-17.

本章撰写人员名单

主要执笔人：

卢秉恒　西安交通大学，国家增材制造创新中心　中国工程院院士，教授
王国庆　中国航天科技集团有限公司　中国工程院院士，研究员
王　磊　西安交通大学　副研究员
古依莎娜　中国工程院战略咨询中心　高级工程师
赵衍华　首都航天机械有限公司　研究员

课题组主要成员：

屈贤明　国家制造强国建设战略咨询委员会　委员
　　　　中国工程院战略咨询中心制造业研究室　主任
张　俊　西安交通大学　教授
张玉良　北京卫星制造厂有限公司　研究员
冯　妮　上海交通大学　助理研究员
邢宏文　上海飞机制造有限公司　研究员
邵天巍　中国航发沈阳黎明航空发动机有限责任公司　研究员
杜　兵　中国机械科学研究总院集团有限公司　研究员　总工程师
万丽雯　国家高性能医疗器械创新中心　副研究员　副总经理
谢晓军　国家高性能医疗器械创新中心　项目经理
郑文婕　国家高性能医疗器械创新中心　产业分析研究经理
于海静　首都航天机械有限公司　研究员

第 8 章

智能网联新能源汽车产业

战略性新兴产业“品牌项目”智能网联新能源汽车产业课题组

【内容提要】我国智能网联新能源汽车产销量连续9年位居世界第一，是我国经济出口“新三样”。针对我国智能网联新能源汽车产业高质量发展所面临的市场“内卷”、供应链存在薄弱环节、出海阻碍加剧、“四链”深度融合有待加强等问题，课题组组织院士、行业专家共50余人的团队参与研究和咨询，以实地+问卷形式，调研了50余家产业链代表性企业、机构。结合国际发展趋势，经过系统研究分析，提出了我国智能网联新能源汽车产业高质量发展的重点任务及措施建议：一是聚焦核心技术、全球产品及绿色转型，营造“增产又增利”的产业发展态势；二是构建创新链产业链资金链人才链融合共同体，疏通“知识—劳动—技术—资金—产品—市场”大循环；三是开展能源与交通产业融合，打造世界级产业集群，作为推动高质量发展的两翼；四是建立国际互认的汽车碳核算及碳调控体系，助力汽车出海实现新突破。

8.1　新时代智能网联新能源汽车产业高质量发展的战略要求

8.1.1　智能网联新能源汽车产业高质量发展的核心内涵

发展智能网联新能源汽车是我国实现“双碳”目标的重要路径，实现汽车强国的必由之路，成为制造强国的新名片，更是构建交通强国的有力抓手，因此，智能网联新能源汽车产业是我国四大战略目标的交叉点和重点领域。智能网联新能源汽车产业的高质量发展是贯彻落实党的二十大精神，加快推进新型工业化，聚焦制造业高质量发展的重要支撑。

我国新能源汽车产销量已连续9年（2015~2023年）保持全球第一，中国汽车工业协会数据显示，2023年，我国新能源汽车产销量分别达到958.7万辆和949.5万辆，同比增长35.8%和37.9%，市场渗透率达到31.6%，保有量超过2 041万辆，我国新能源汽车产业已进入全面市场化拓展期，高质量发展将是未来产业的重要方向。

在全球能源革命、互联网革命、智能革命的推动下，我国新能源汽车迎来了历史性的发展机遇。智能网联新能源汽车产业高质量发展的总体目标包括：一是产业规模进一步扩大；二是自主创新能力大幅提高；三是产业结构不断优化；四是产业链供应链韧性不断增强；五是品牌影响力及国际竞争力持续提升；六是产业整体向高端化、智能化、绿色化发展。

实现智能网联新能源汽车产业高质量发展的核心是以创新为驱动力，实现产业升级，推进结构优化，扩大开放合作，提升创新效率，实现绿色发展。推动产业融合集群发展是实现高质量发展的重要途径，推动创新链产业链资金链人才链深度融合是实现高质量发展的主引擎。

8.1.2　培育产业融合，汇聚高质量发展的新动力

1. 产业融合集群发展的概念内涵

智能网联新能源汽车产业融合集群发展主要包含产业融合和产业集群两方面。产业融合是指产业内各领域融合、跨产业融合、产业和区域融合、产业和生态融合，相互渗透、相互交叉，以实现产业结构升级和经济增长方式的转变。产业集群是指在一定的区域内形成的产业规模庞大、产业链条完整、创新能力突出、品牌知名度高、区域经济贡献大、全球化程度高的产业柔性集聚体。通过产业融合的协同作用、产业集群的集聚效应，实现人才、技术、资金的有机结合和效益最大化，促进产业结构优化，提高产业竞争力，最终实现高质量发展。

智能网联新能源汽车产业融合是以新能源汽车产业链为核心，融合智慧交通出行链、智慧能源链、智慧新基建链、新型消费链，构建新型智慧绿色城市和区域汽车生态系统，与区域生态环境保护、经济社会发展协同共进，进而变革催生出融合共生、融通共赢的绿色智能产业新生态。

智能网联新能源汽车产业集群发展的趋势越来越明显，产业集群发展对于完善智能网联新能源汽车产业链、提高开发及生产效率，助推地方经济都有着重要作用。因此，通过优化产业集群结构、均衡整零发展布局、提高产业链韧性、增强产业集群竞争力，建设产业特色明显、技术领先、辐射全球的世界级智能网联新能源汽车

产业集群势在必行。

2. 产业融合集群发展的模式

产业融合集群发展是推动智能网联新能源汽车可持续高质量发展的驱动力，培育产业融合集群可依托机制融合、产业融合、技术融合和资金融合四大关键要素，如图 8.1 所示。

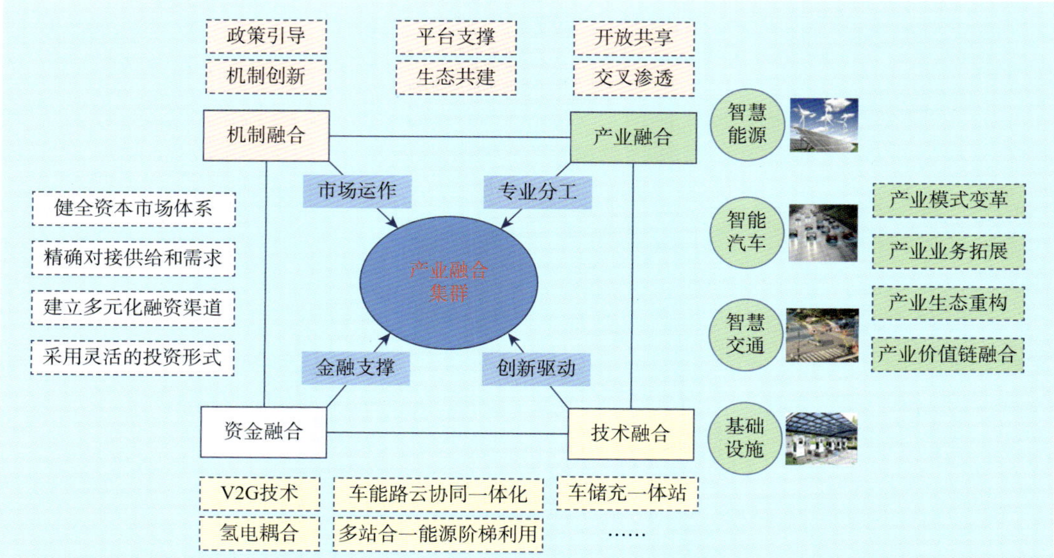

图8.1　产业融合集群发展的模式

机制融合包括结合不同区域产业基础与特征，开展前瞻性的政策引导、产业规划和空间规划；通过体制机制创新搭建贯通汽车产业链上下游、融合产学研各界力量的常态化交流与合作平台，实现资源的开放共享和产业的交叉渗透。

产业融合包括智能汽车和智慧能源、智慧交通、新型基础设施等的跨领域融合，汽车正从单纯的交通工具转变为移动智能终端、储能单元和数字空间，汽车的产品属性、产业价值链和生态结构都发生重大变化，新的业务形态和商业模式不断产生，产业链也随之延伸丰富。

技术融合通过建立跨领域融合创新平台，系统部署行业交叉融合技术创新、标准制定和产业化落地，如发展 V2G（vehicle-to-grid，车辆到电网）技术、车能路云协同一体化、车储充一体站、氢电耦合、能源阶梯利用等技术。

资金融合指不同资金来源之间的整合和协同，通过健全资本市场体系，精确对接供给和需求，建立多元化融资渠道，采用灵活的投资形式，推动资金顺畅对接产业创新领域，为产业融合集群高质量发展提供强有力的金融支撑。

8.1.3 加强“四链”深度融合，激活高质量发展的新引擎

1. “四链”融合发展的概念内涵

智能网联新能源汽车产业“四链”融合发展是指围绕产业链部署创新链，围绕创新链完善资金链，人才链支撑产业链和创新链发展，产业发展反哺科技创新、人才培养和资金投入，形成相互促进、相互作用的良性循环，推动智能网联新能源汽车产业高质量发展。

2. “四链”融合发展的模式

“四链”深度融合是实现智能网联新能源汽车产业高质量发展的主引擎，其发展的模式如图 8.2 所示。“四链”中，人才是创新的引擎，创新是产业发展的动力，产业是人才和创新的主战场，资金是创新与产业的纽带。通过推进“四链”的有效协同，吸引各类资源发生链式反应，形成新的发展格局。

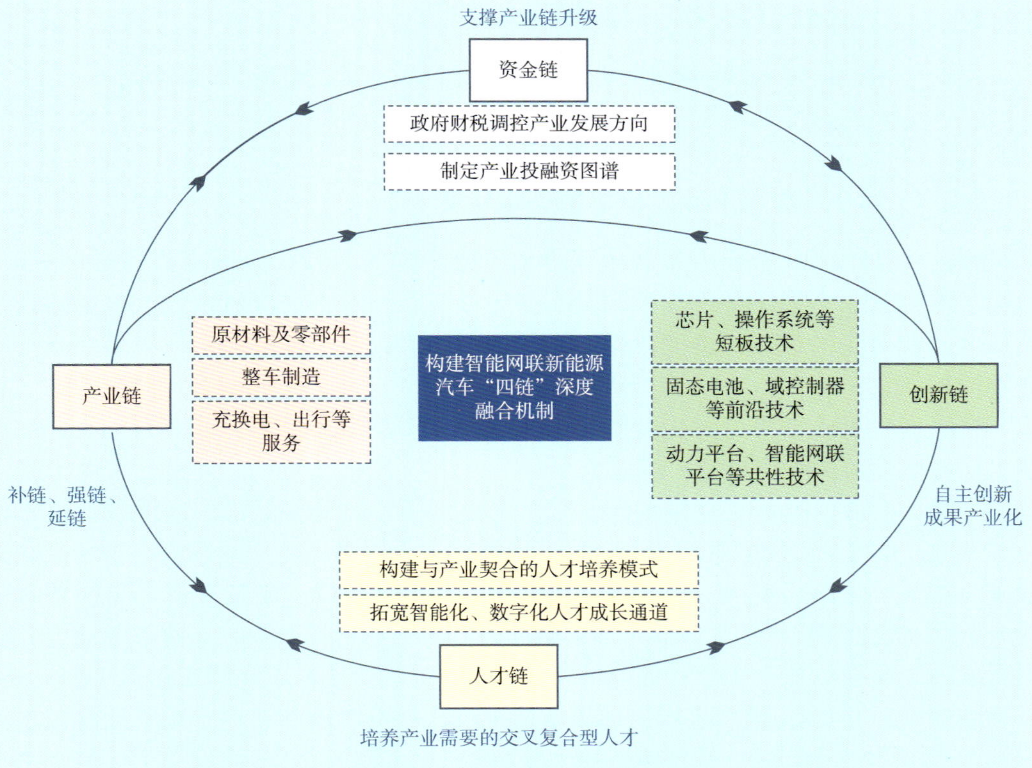

图8.2 “四链”融合发展的模式

（1）围绕产业链部署创新链。系统分析研究智能网联新能源汽车产业链的优劣势，对标国际，明确我国产业链各环节的不足和优势。围绕第三代功率半导体芯片、车规级大算力计算芯片、车控操作系统、新材料与新结构动力电池、自主设计和仿真平台、测试及智能制造设备等加大技术短板创新，实现补链，构筑产业安全壁垒；围绕下一代动力电池、智能全线控底盘、中央计算电子电气架构、车路云融合技术等进行持续创新，实现强链，引领全球技术变革。

（2）围绕创新链完善资金链。智能网联新能源汽车创新链主要围绕前瞻技术研发、关键共性技术研发、短板技术研发，需要政府财政及投融资体系的有效支撑，通过产业资源和资本强赋能，助力创新链的发展。

（3）人才链支撑产业链和创新链发展。人才是产业创新的核心资源，产业是聚集人才的重要载体，在汽车产业重构及交叉融合下，创新学科改革和人才培养机制，促进人才链和产业链的深度融合，为产业发展提供强有力的人才支撑。

（4）产业发展反哺科技创新、人才培养和资金投入。产业发展的同时，更要加大对智能网联新能源汽车领域核心技术攻关、科技企业培育、科技人才引育和创新平台建设的持续投入，形成良性循环。

8.2　全球智能网联新能源汽车产业高质量发展现状

8.2.1　碳中和驱动汽车产业绿色低碳转型

目前，全球 130 多个国家和地区提出了碳中和的目标，中国也提出了“双碳”目标，主要汽车生产国纷纷加大政策支持力度，跨国车企加大研发投入，燃油汽车向以电动化为主的绿色低碳能源动力系统加速转型，整个汽车产业迎来了变革及生态重塑。

根据麦肯锡未来出行中心的统计，2023 年全球新能源乘用车销量超过 1 300 万辆，同比增长约 30%，渗透率接近 20%。

中国、欧洲、美国是全球新能源汽车主要市场。2023 年，中国新能源汽车销量达到 949.5 万辆，市场渗透率为 31.6%，中国成为全球第一大新能源汽车市场。欧洲七国（德国、法国、英国、意大利、西班牙、瑞典、挪威）新能源汽车总销量超过 200 万辆，市场渗透率为 23.4%，处于新能源汽车补贴退坡阶段，在政策驱动下，欧洲将成为全球新能源汽车最有活力的市场[1, 2]。美国新能源汽车销量超过 140 万辆，市场渗透率为 9.1%，刚刚步入大规模新能源汽车补贴阶段的初期，特斯拉占据了美国 60% 的电动汽车市场，如图 8.3 所示。

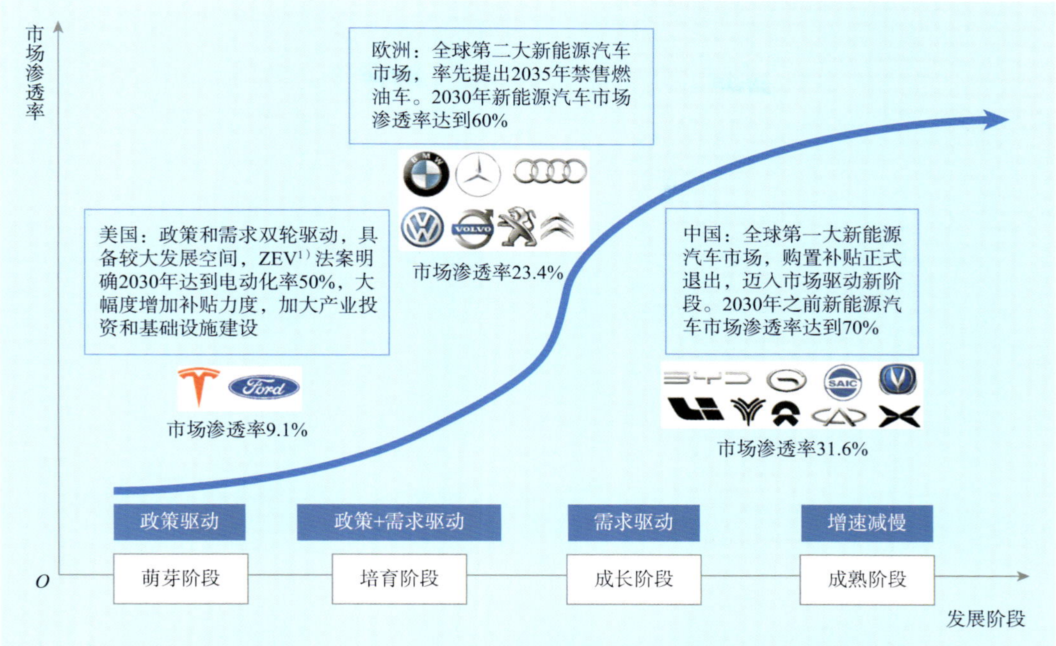

图8.3　中国、欧洲、美国新能源汽车市场发展情况

1）ZEV：zero emission vehicle，零排放车辆

8.2.2　智能革命赋能智能网联汽车发展

人工智能、5G、大数据等新一代信息技术推动了智能网联汽车的发展；人工智能大模型推动了人机交互智能化和智能驾驶的发展；数字化、网络化、智能化与研发、生产、服务、管理全环节的深度融合，推动形成了全新生产方式和产业生态。

智能网联新能源汽车已成为各国争相发力的战略制高点。主要发达国家和地区纷纷从战略规划、政策法规、技术创新、示范应用及市场推广等方面深入推进智能网联汽车产业发展。从整个进程来看，2023 年是智能网联汽车产业快速商业量产落地的一年，L2 级① 辅助驾驶车型市场渗透率快速提升，L3 及以上级别自动驾驶车辆准入和上路通行试点开启。根据 ICV TAnk 数据，2023 年，全球 L2 及以上级别的车型渗透率超过 50%，中国 L2 级新乘用车渗透率达到 47.3%。根据 Canalys 数据统计，中国智能座舱的渗透率达到 66%，2023 年中国 NOA（navigate on autopilot，自动辅助导航驾驶）搭载量同比增长超过 100%。得益于蜂窝车联网（cellular vehicle-to-everything，C-V2X）、边缘计算、云计算等技术的发展和应用，车路协同技术快速发展，C-V2X 已得到中国、美国等全球主要汽车大国认可，成为全球车联网通信标准。同时，多个国家针对车路协同感知规划了大量的应用场景，不断提升智慧道路覆盖率、智能终端渗透率[3]。

① L2 级指部分自动驾驶。

8.2.3 新能源汽车市场竞争日趋白热化

2023 年上半年电动汽车品牌销量 TOP20 如图 8.4 所示，其销量合计占全球新能源汽车市场的 75.5%，新能源汽车市场集中度快速提升。比亚迪和特斯拉稳居冠军和亚军，其中，比亚迪销量达 125.5 万辆，特斯拉销量达 88.8 万辆，这两大品牌加起来占据了全球电动汽车市场超过 1/3 的份额。

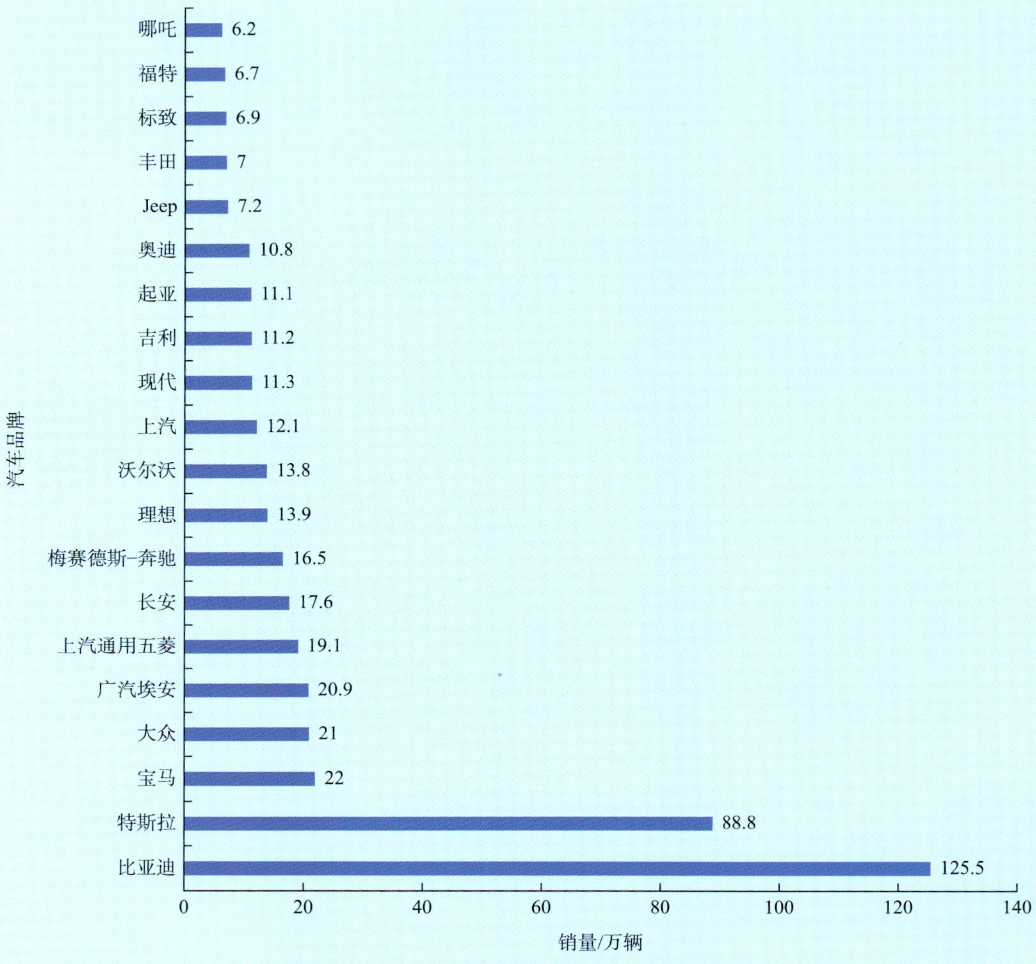

图8.4 2023年上半年全球电动汽车品牌销量TOP20

2023 年上半年全球新能源汽车行业出现“价格战”，反映了新能源汽车市场竞争日趋白热化。2022 年 10 月，特斯拉开始在中国大幅降价，从而刺激了特斯拉的销量增长。数据显示，2023 年特斯拉在中国市场销售 60.27 万辆汽车，同比增长 37.3%，大约占据特斯拉全球销量的 1/3。随后，福特、小鹏、比亚迪、领跑、问界、哪吒、极氪等纷纷降价，引发了一场激烈的价格战，反映了目前新能源汽车市场处于供过于求的阶段。

海内外科技巨头、汽车零部件供应商、整车厂商通过加快国际产能布局、海外投资建厂、品牌收购合资合作的方式抢占全球市场，开启了多元化的发展道路。企业间的合作关系更为紧密，欧洲组建了一个欧洲范围的合作伙伴网络“Catena-X”，目的是为汽车价值链中的所有参与者实现安全和跨企业的数据交换。索尼和本田成立合资企业索尼本田移动出行公司；特斯拉、宝马、奔驰、比亚迪等加强了与动力电池、智能驾驶零部件企业等的紧密合作。

8.2.4 发达国家以碳排放为基础建立新的国际贸易壁垒

新能源汽车已成为主要国家促进经济增长和推动低碳转型的战略选择，碳足迹不仅是各国推动碳减排、应对气候变化行动的措施，也逐渐成为各国争夺产业发展空间、设置贸易壁垒的重要手段。

当前，欧盟已建立完备的碳足迹评价体系，针对不同行业发布了详细的欧盟方法指南、产品核算细则等。2023 年 6 月 14 日，欧洲议会通过了《欧盟电池与废电池法》，要求电动汽车电池与可充电工业电池计算产品生产周期的碳足迹，未满足相关碳足迹要求的，将被禁止进入欧盟市场[4, 5]。2023 年上半年，全球新登记动力电池装车量为 304.3 吉瓦时，其中，中国企业占据 6 席，分别为宁德时代、比亚迪、中创新航、亿纬锂能、国轩高科及欣旺达，总市场占有率高达 62.6%。该法案矛头直指中国居领先地位的新能源汽车和动力电池技术及产业。

欧盟、美国意图利用碳关税主导全球竞争规则。欧盟境内新乘用车平均每千米碳排放不得高于 95 克，超限罚款，欧盟设立碳边境调节机制，向包含汽车产品在内的商品征收碳税。美国提出了《清洁竞争法案》，对国外进口商与国内生产商超过行业平均水平的碳排放征收碳税。同时，《通胀削减法案》规定，在美国销售的电动车型，如果想要联邦税收补贴，必须要在北美地区组装。

8.3 国内智能网联新能源汽车产业高质量发展现状及存在的问题

8.3.1 国内智能网联新能源汽车产业高质量发展现状及差距

1. 高质量发展现状

目前，我国汽车产业正处于由大到强转变的关键阶段，加快发展智能网联新能源汽车是推动汽车产业高质量发展的关键所在。在政策和市场的双重驱动下，我国新能源汽车已成为十万亿级以上战略性新兴产业赶超西方和出口增长的强劲动力。

1）中国新能源汽车产销量领跑全球

我国新能源汽车产销量连续 9 年保持全球第一，新能源汽车销量及市场渗透率呈上升趋势，如图 8.5 所示。根据中国汽车工业协会数据，2023 年我国新能源汽车延续快速增长态势，产销量分别完成 958.7 万辆和 949.5 万辆，同比分别增长 35.8% 和 37.9%，市场渗透率达到 31.6%。我国在新能源汽车产业链的关键环节涌现出世界级龙头企业，2023 年比亚迪整车销量全球第一，宁德时代动力电池连续 6 年销量全球第一，禾赛科技以近 50% 的市场占有率稳居全球车载激光雷达第一。

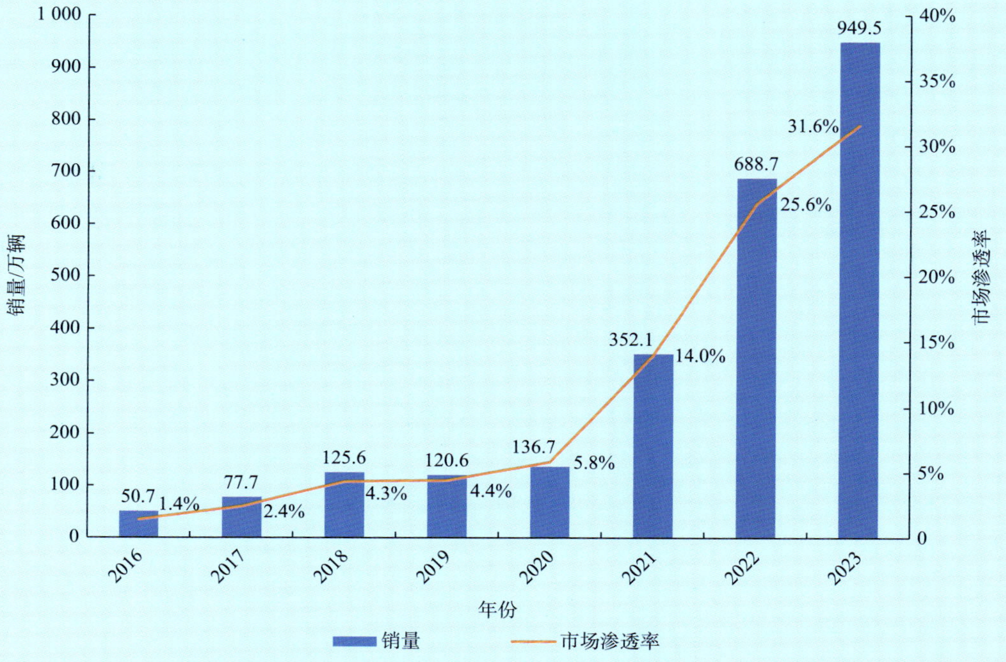

图8.5　近年来我国新能源汽车销量及市场渗透率

我国新能源汽车购置补贴已经正式退出，但政策导向不变，购置税减免政策延续到 2027 年，促消费政策频繁落地，新能源下乡活动积极开展。同时，新能源汽车的智能化配置、个性化用车体验，赢得了消费者的青睐。在“政策＋市场”的双驱动下，我国新能源汽车延续了快速发展势头，产销量、市场占有率、保有量持续提升。

2）新能源汽车成为中国出口增长的强劲动力

近年来，我国新能源汽车出口取得了显著成绩。中国汽车工业协会数据显示，2023 年，我国新能源汽车出口 120.3 万辆，同比增长 77.6%。2023 年，我国汽车出口量达到 522.1 万辆，首次超过日本，成为世界第一大汽车出口国。其中，新能源汽车出口占汽车整车出口量的 23%，出口的攀升意味着我国品牌新能源汽车及零部件的国际竞争优势不断增强，国际认可度不断提升 [6]。

从出口地区分布来看，比利时、泰国、英国和菲律宾是我国新能源汽车出口的主要市场，欧洲市场的突破有利于我国高端品牌的建立；东南亚则是我国品牌出口的重要增量市场（图 8.6）。从出口企业来看，上汽、比亚迪、奇瑞、长安、长城、吉利等中国品牌势头强劲，已成为出口的中流砥柱。

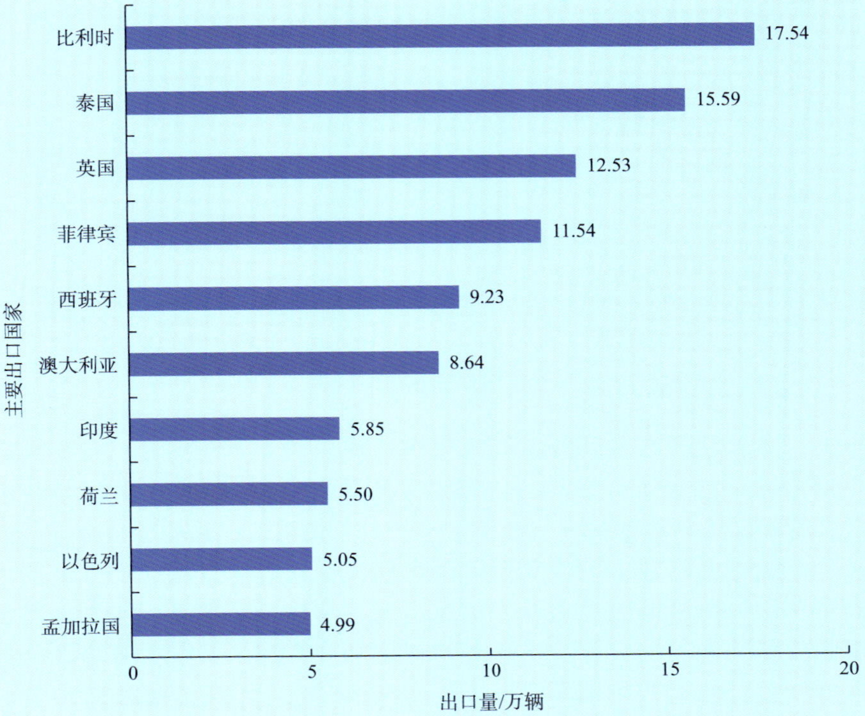

图8.6　2023年我国纯电动乘用车主要出口国家情况

为加速新能源汽车品牌出海，我国整车及零部件企业陆续将研发中心、生产工厂、销售渠道等向海外布局，通过海外并购、与当地企业合作等方式快速进入他国市场，如表 8.1 所示。我国新能源汽车出海从纯产品输出阶段向“研—产—销”等价值链输出阶段迈进。

表 8.1　部分整车及零部件企业海外布局情况

整车及零部件企业	海外布局
上汽	3 个海外创新研发中心，3 个整车制造基地，12 个区域营销服务中心，6 条国际航线，首家海外金融公司
比亚迪	在巴西、泰国建厂，与海外电动汽车公司、租赁公司、经销商等开展战略合作
奇瑞	6 个全球研发基地、10 个海外生产工厂

续表

整车及零部件企业	海外布局
吉利	收购沃尔沃、路特斯、宝腾，入股雷诺韩国股份；首次实现技术输出到汽车工业发达国家
蔚来	在挪威、德国、荷兰等地建立直营的销售与服务网络、海外蔚来中心、服务与交付中心等基础设施
小鹏	在荷兰、丹麦、德国、挪威和瑞典设立办事处，与荷兰 Emil Frey NV 和瑞典 Bilia 集团开展战略合作
宁德时代	在德国、美国、东南亚等地建厂，实现技术出海，计划在欧洲和北美地区扩大电池回收服务
国轩高科	收购博世集团位于德国哥廷根的工厂，建立欧洲生产运营基地
德赛西威	在新加坡、欧洲、日本设机构或建厂
拓普集团	在波兰、墨西哥建厂，生产热管理系统、轻量化底盘、内饰系统等
保隆科技	在匈牙利建设传感器生产园区

3）自主品牌新能源汽车形成明显优势

近年来，随着我国自主品牌新能源汽车的技术实力不断提升，自主品牌的市场占有率不断攀升，打破了合资品牌占据主导地位的格局。2020~2022 年我国新能源汽车自主品牌和国外品牌销量占比如图 8.7 所示。我国整车品牌中比亚迪、长城、理想、蔚来、小鹏等已具备了一定的全球知名度，宇通客车、比亚迪纯电动大巴已成为我国商用车出口海外的闪亮名片，国际市场占有率不断提升。零部件品牌中宁德时代已成为全球知名的动力电池供应商，与宝马、奔驰、特斯拉等多个全球主流汽车品牌形成配套合作，并在德国建设了生产基地。自主品牌新能源汽车及核心零部件已成为引领全球汽车变革的主要力量[7]。

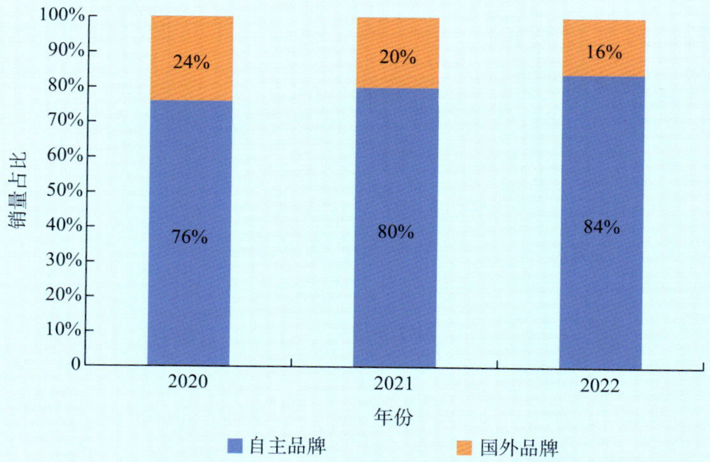

图8.7　2020~2022年我国新能源汽车自主品牌和国外品牌销量占比

4）我国智能网联新能源汽车关键技术指标稳步提升

我国新能源汽车核心技术持续突破（图 8.8）。我国量产纯电动汽车平均续驶里程达到 400 千米以上，领先车型的 A 级纯电动乘用车综合工况电耗达 11 千瓦时 / 百公里；量产的动力电池单体能量密度达到 300 瓦时 / 千克，处于国际领先水平，新型成组技术、高镍无钴电池、钠离子电池等实现突破应用；碳化硅器件电机控制器体积功率密度达到 35~45 千瓦 / 升，电驱动系统最高效率达到 94%，电驱系统加速趋于高集成化、高电压化；自动驾驶、智能座舱域控制器通过技术升级逐步实现国产替代[8, 9]。

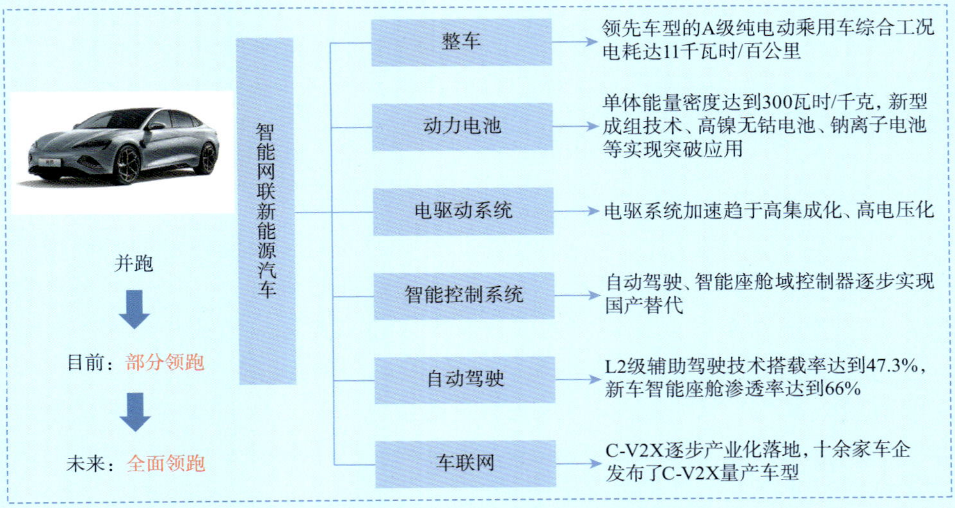

图8.8　我国智能网联新能源汽车发展情况

智能网联汽车产业已进入技术快速演进、产业加速布局时期，以单车智能实现完全自动驾驶的技术路线逐步向“车路云图”协同发展。2023 年我国新能源汽车中 L2 级辅助驾驶技术搭载率达到 47.3%，新车智能座舱渗透率达到 66%，国内共建设有 17 个国家级测试示范区、7 个车联网先导区和 16 个智慧城市与智能网联汽车协同发展试点城市，开放测试示范道路 2.2 万多千米，发放测试示范牌照超过 5 200 张，累计道路测试总里程 8 800 万千米。并布局了载人载物、无人清扫、末端配送等多种场景，向无人化测试、商业化运行加速推进。我国 C-V2X 逐步产业化落地，十余家车企发布了 C-V2X 量产车型。

5）中国在智能网联新能源汽车国际标准制定中的参与度和话语权不断提升

以雄厚的产业规模和活跃的技术创新为基础，我国在智能网联新能源汽车国际标准制定中的参与度和话语权不断提升。2022 年，国际标准化组织（International Organization for Standardization，ISO）发布了自动驾驶测试场景领域的首个国际标准 ISO 34501《道路车辆自动驾驶系统测试场景词汇》，这是我国自动驾驶汽车领域标准国际化工作的历史性突破[10]。

我国主导的5G技术已经被纳入国际标准，窄带物联网（narrow band Internet of things，NB-IoT）技术被确定为全球5G现行技术标准，华为5G标准必要专利全球排名第一，我国在5G发展上已实现全球领先。5G网络为我国自动驾驶的应用落地及安全可靠提供了关键助力。

我国牵头制定电动汽车安全全球技术法规（EVS-GTR）、氢燃料电池电动汽车全球技术法规（HFCV-GTR）等研究工作，并在燃料电池汽车、动力电池、整车测试方法等领域实现技术提案的突破，如《燃料电池电动汽车安全全球技术法规》（UN GTR No.13）、《道路车辆 功能安全 新能源汽车可充电储能系统的应用》（ISO/TR 9968）、《道路车辆信息安全工程》（ISO/SAE 21434）、《汽车多媒体网络使用场景与需求》（ITU-T F.749.3）等。我国已经全程参与到全球新能源汽车和智能汽车的标准法规制定中，并做出重要贡献，标志着我国已开始从“跟随者”向“贡献者”到“引领者”转变。

6）中国初步形成了各具特色的智能网联新能源汽车产业集群

在我国智能网联新能源汽车产业发展过程中，各地区根据自身的资源禀赋、产业基础、市场需求等因素，制定了不同的发展战略和政策措施，形成了各具特色的新能源汽车和智能汽车产业集群，集中分布在京津冀地区、长三角地区、粤港澳大湾区、中部地区、川渝地区等，初步呈现出产业化、特色化的地区属性。

京津冀地区高校、科研院所、“独角兽”企业等创新主体和高端人才集聚，成为前沿技术创新高地。北京设立了国内首个智能网联汽车政策先行区，构建了适度超前的政策体系，智能汽车产业领跑全国。

长三角地区凭借开放的招商环境，吸引了诸如特斯拉、大众、通用、上汽、吉利、蔚来、威马等众多车企。长三角地区累计规划新能源汽车产能超过300万辆，规划投资总额超过1 000亿元，成为国内最重要的新能源汽车生产基地，产业规模优势凸显。

粤港澳大湾区经济基础雄厚，汽车制造业规模大，依托发达的电子信息产业，构建了“三电三智”① 先发优势，以比亚迪、广汽、小鹏、蔚来等整车企业为轴心，聚集了欣旺达、德赛西威等关键零部件企业。粤港澳大湾区出台了国内首部关于智能网联汽车管理法规，呈现出区位优势明显、发展潜力巨大的特征。

2. 高质量发展差距

我国智能网联新能源汽车产业实现高质量发展仍面临诸多挑战，如产业链整体抗风险能力不足、新能源汽车出海仍面临诸多挑战、核心竞争力仍需持续提升、全面市场化发展不均衡等问题。

① 三电：电池、电机、电控；三智：智能驾驶、智能座舱、智能网联。

1）产业链整体抗风险能力不足

受国际地缘冲突等影响，近年来我国汽车产业链屡受冲击，人工智能芯片等高算力芯片供应遭到美国“卡脖子”，传感器、功率半导体等基础功能部件多次断供、提价，智能汽车供应链成本大幅增加，“缺芯”“少魂”等产业链问题未得到完全解决[11]。

我国汽车用芯片自给率不足10%，国产化率不足5%。有关机构预测，到2040年，自动驾驶汽车将占我国新车销量的40%，芯片的产能短缺、自研能力弱等“卡脖子”问题，对我国自动驾驶产业发展的限制愈发突出。我国亟待解决车规级芯片研发周期长、门槛高、利润低等问题，逐渐提高国产芯片的质量和应用占比。

我国车用操作系统核心技术被国外厂商垄断，国内缺少架构设计、系统设计、软件需求、软件开发、测试等全流程的工具链。在智能车控、自动驾驶等关键核心技术研发及软硬件兼容适配等方面缺乏自主创新能力。国内厂商“各自为战”的现象突出，国内车用操作系统暂时未形成统一合力，技术路线不收敛，力量分化严重，部分车企仍然坚持用生态相对丰富的海外操作系统，导致国产操作系统应用“装车”量较小。

此外，我国动力电池上游供应受到资源的严重制约。国内缺乏高质量的镍、钴、锂原料资源，上游资源端多元化布局进展较慢，国内资源较为分散。锂资源争夺日益激烈，掌控资源的国家组建联盟意图垄断并要求产业链本地化，操纵锂资源价格。

2）新能源汽车出海仍面临诸多挑战

我国新能源汽车整车和零部件企业在出海道路上仍面临诸多挑战。

一是我国车企无论是在海外建厂或是直接出口，都面临知识产权和出口标准认证问题，欧美国家对于进口新能源汽车提出了一系列繁复的技术法规及安全要求，我国自动驾驶企业在开拓海外市场过程中，缺乏国际互认的自动驾驶汽车测试和上路机制，在各国现有汽车进口政策和上路政策框架下，自动驾驶汽车较难满足相关政策法规要求，特别是对于欧洲等重要市场。另外，铁路运输、海运费用高昂，导致出口物流难。

二是我国车企在参与国际市场的过程中需警惕各种市场限制、加征关税等风险，部分国家强制通过逆全球化的方式实施供应链“脱钩”，阻碍我国品牌进入。《欧盟电池与废电池法》的发布为我国新能源汽车和动力电池设置了障碍，形成了贸易壁垒。

三是品牌认知度和竞争压力。尽管整车和零部件自主品牌在我国市场上已经建立了品牌形象，但在部分国家和地区，品牌知名度还不够高，需要进一步加强宣传和推广。整车和零部件出海将面临来自全球制造商的激烈竞争，需要通过提高产品质量、降低成本和不断创新等方式来应对竞争挑战。

3）核心竞争力仍需持续提升

2023年，我国新能源汽车企业面临补贴退坡、国际车企的产品降价竞争，产业高质量发展进入攻坚期。根据中国汽车工业协会数据，2023 年 1 月新能源汽车实现销量 40.8 万辆，同比下滑 6.3%，环比下滑 50%。后续随着新车上市和降价潮，市场逐渐回暖。此外，造车新势力持续面临资金亏损的情况。现阶段，基础研究薄弱是实现产业高质量发展的阻碍，动力电池、电驱动系统开始由分立向集成发展，集成过程中力学、热学、声学等学科领域的联合仿真难度大；新能源汽车越来越强调轻量化，我国在基础材料研究方面比较薄弱，新材料机理、结构优化与加工工艺开发能力欠缺。

4）全面市场化发展不均衡

我国新能源汽车全面市场化发展存在不均衡、不充分的问题，主要表现在以下几个方面。

（1）从地域看，受动力电池低温适应性、充换电设施不足等因素影响，东北地区、西北地区新能源汽车推广应用相对滞后，东北三省和西北五省新能源汽车保有量不到全国总量的 5%，地域上呈现不均衡的特点。

（2）从车型看，新能源商用车销售增长较乘用车明显迟缓。2023 年新能源商用车仅占商用车总销量的 11.1%，其中，新能源重型商用车渗透率仅为 8.6%。2023 年农村地区新能源汽车销量占农村地区汽车总销量的 17%，比 2022 年的 4% 有了大幅提升，但仍有较大市场空间[12]。

8.3.2 “四链”融合存在的问题及面临的挑战

创新链产业链资金链人才链深度融合的本质是由企业、高校、科研机构、政府和金融服务机构等各主体强相互作用构成的区域创新生态。“‘四链’深度融合下我国智能网联新能源汽车产业高质量发展战略研究”课题组调研了智能网联新能源汽车领域整车、核心零部件，国家级平台及高校、科研院所，如比亚迪、宇通客车、宁德时代、荣盛盟固利新能源科技股份有限公司（简称盟固利）、广州文远知行科技有限公司（简称文远知行）、驭势科技（北京）有限公司、北京当升材料科技股份有限公司、天海汽车电子集团股份有限公司、国家新能源汽车技术创新中心、北京理工大学电动车辆国家工程研究中心、国家智能网联汽车创新中心、华北电力大学等，研究分析了智能网联新能源汽车“四链”融合中存在的问题。

1. “四链”深度融合的协同机制尚未形成

1）整车和零部件企业未构建起协同发展关系

新能源汽车整车企业的研发创新投入一般聚焦于企业自身的产品及技术需求，创新投入多在产业后端产品上，对上游零部件的创新发展拉动作用不明显。零部件企业的创新成果不能及时在整车上进行应用及推广，如国产芯片、操作系统、域控制器多处于研发阶段，尚未成熟且缺少性价比优势，车企导入时存在顾虑，多直接采购国外成熟产品，整车和零部件企业没有构建起风险共担的合作关系，整车龙头企业没有发挥对中上游创新技术突破及应用的支撑作用，国产新产品难以持续验证迭代，导致创新链无法实现闭环，与国外差距不断拉大。

2）跨领域深度融合机制仍需完善

汽车与能源、交通、信息通信等领域的深度融合成为必然的方向。但行业间有机融合、同步壮大的机制还需完善，行之有效的新模式、新业态仍待探索。跨领域的创新要素互相封闭，信息资源、人才资源、实验室与工程中心资源、成果共享资源等仍存在一定壁垒，缺乏开展深度合作、互动融合的深度共享机制。通过体制机制创新，调动跨领域企业、高校、科研机构、政府和金融服务机构各主体的积极性和主动性，构建产业融通生态，实现有机联动、高效对接、资源共享是推动“四链”融合的核心。

2. 创新链与产业链对接不畅，创新效能不足

1）创新链无法及时响应产业链变革

随着汽车电动化、智能化、网联化、低碳化发展，新能源汽车产业链结构随之发生变化，汽车的核心部件逐渐由发动机、变速箱、底盘，转变成电池、电驱动和电控系统，又扩展到芯片、软件及数据。下一代汽车超过80%的变革会来自电子电气架构、芯片和软件，车载操作系统、芯片、智能座舱、智驾算法等成为汽车供应链的重要价值点。智能网联新能源汽车产业链正由零部件、整车研发生产及营销服务企业之间的“链式关系”，逐步演变成汽车、能源、交通、信息通信等多领域多主体参与的“网状生态”。创新链需根据产业链的变革进行调整，在高端芯片、域控制器及工业软件、高效数控设备等领域进行重点攻关。

2）成果转化率低，“双链”融合衔接不够

科技成果转移转化是创新链赋能产业链的关键环节。智能网联新能源汽车是跨领域、跨学科的新兴汽车体系，对科技创新成果有着巨大需求。目前，科技成果供给侧与需求侧还存在差距，成果转化与企业需求尚无法完全匹配，转化率及产业化程度较低。加速推动车规芯片、车载操作系统等软硬件技术，碳纤维、镁/铝合金等新材料技术，人工智能、大数据、云计算、5G等新一代信息技术的产业化进程对智能网联新能源汽车的高质量发展至关重要。

3. 如何利用资本从“无序扩张”到“高质量发展”

1）部分区域投资过热、产能利用率不足

智能网联新能源汽车产业上升为国家战略之后，持续处于高资本推动期。2023

年，我国新能源汽车产业链至少公布了 300 个重大投资项目，总投资突破 15 500 亿元。资本关注度不断提高，叠加对税收、就业等方面意义重大，各地政府争相发展，导致部分地区引入智能网联新能源汽车项目过多，出现盲目开工、低水平项目重复建设、产能利用率过低等一系列问题，需避免出现整车投资过热现象的再度出现，如智能底盘（线控转向、线控制动等）。

动力电池低端产能过剩、企业亏损问题突出。2023 年，全国动力电池产量 707.27 吉瓦时，同比增长 42.5%，动力电池装车量 387.7 吉瓦时，同比增长 31.6%，但装车量仅占产量的 1/2，行业必将面临优胜劣汰。

2）资金链与产业发展的衔接有待增强

资金链包括财政对产业基础研究的资金投入，以及多元投融资体系。如何利用政府资金及社会资本更有效地集中到智能网联新能源汽车科技创新领域、产业发展瓶颈环节，是需要解决的问题。2022 年，充电设施、新能源乘用车、动力电池是三大投资热点，随着智能汽车的技术变革，资本市场应加大对雷达、芯片、摄像头、地图等关键技术的投资，要和产业、企业发展战略保持契合。

自动驾驶技术是国际竞争的热点，具有高投入、长回报周期、高风险的特点，数据显示，过去 10 年，国内自动驾驶赛道发生融资事件 628 起，累计融资金额超 3 200 亿元。自动驾驶产业受法规、成本、应用场景等限制，短期内较难盈利，因此，如何利用市场资金和国家战略资金支撑自动驾驶的发展需要长远的规划。

4. 人才培养无法满足产业升级

1）智能化和数字化人才需求剧增

产业发展和变革催生新岗位和新需求，智能汽车的发展，除了保留动力总成、底盘、车身等传统汽车结构之外，新增了智能驾驶、智能座舱和车联网三大技术模块，使得智能汽车产业链更加纵深复杂，横跨车辆工程、人工智能、信息技术、通信工程等多个领域，呈现交叉、融合等多重特性[13]。但行业目前的人才总量和人才结构仍构建于传统汽车制造业基础上。机械开发类、制造工艺及内燃机系统等岗位趋于饱和，软件、智能硬件开发岗位需求激增，中国汽车工程学会统计，智能汽车相关研发人才仅占行业研发人才的 7.3%。行业对智能化和数字化新兴人才需求急剧增长，包括汽车嵌入式软件、自动驾驶、智能网联、汽车电子 / 硬件、动力电池和电控等领域人才需求旺盛。脉脉高聘人才智库数据显示，2021 年，智能网联新能源汽车产业人才招聘需求同比增长 544%，2022 年同比增长 296%，2023 年第一季度比 2022 年第一季度同比增长 24%[14]。

2）人才培养体系和人才评价机制不完善

高等院校与智能汽车技术相关的专业主要分布在机械类、电子信息类、自动化类、计算机类，其中电子信息类、计算机类、自动化类课程与智能汽车研发所需知识匹配度较高，而车辆工程课程体系仍以机械类为主。高等院校的车辆工程专业急需调整课程内容以适应产业人才需求。北京理工大学、清华大学、同济大学的车辆工程专业积极尝试与新的产业需求进行衔接和转型。

在智能驾驶、移动互联等岗位上，主机厂人才呈现净流出趋势，原因在于车企的管理流程、人才评价机制未能适配数字人才特性，即便高薪招聘对口人才，也面临人才流失频繁、离职率高等问题。

8.4　智能网联新能源汽车产业高质量发展战略路径

8.4.1　新时代智能网联新能源汽车产业高质量发展总体思路

新时代智能网联新能源汽车产业高质量发展总体思路如图 8.9 所示，以创新链产业链资金链人才链深度融合为引擎。实现智能网联新能源汽车的人才、技术、资金的有机结合和效益最大化，促进产业结构优化，提高产业竞争力。构建产业链变革、价值链重构、生态链优化的新发展格局，塑造产业新优势。推动智能网联新能源汽车产业规模持续扩大、自主创新能力大幅提高、产业结构不断优化、产业链供应链韧性不断增强、品牌影响力及国际竞争力持续提升，产业整体向高端化、智能化、绿色化发展，实现我国智能网联新能源汽车全面高质量发展。支撑我国“双碳”目标、汽车强国、制造强国、交通强国四大战略目标的实现，成为我国现代化产业体系的名片。

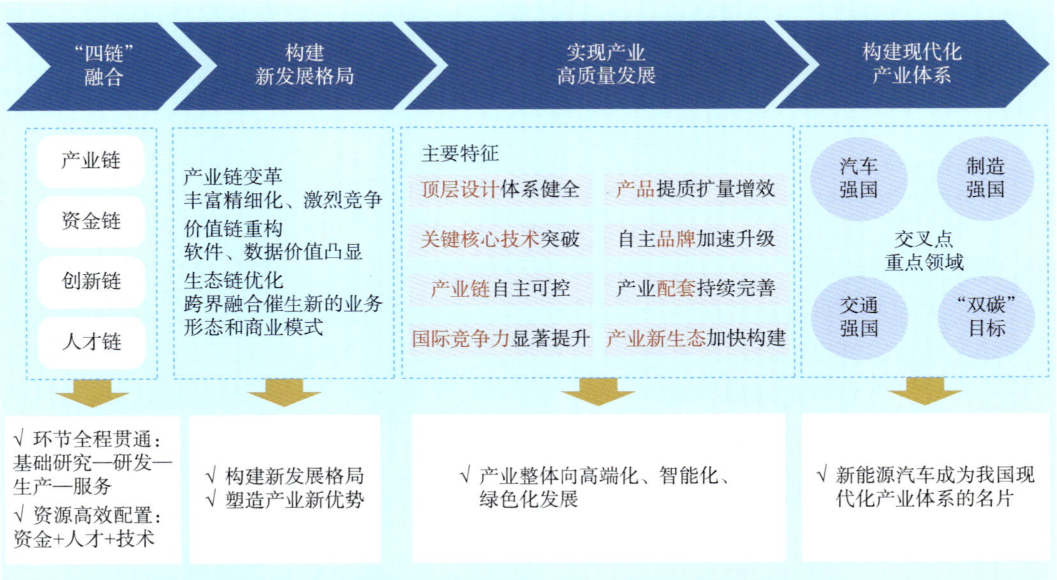

图8.9　智能网联新能源汽车产业高质量发展总体思路

8.4.2　智能网联新能源汽车产业重点发展领域

实现我国智能网联新能源汽车高质量发展，必须在重点领域进行超前布局，针对基础性、颠覆性、竞争性核心关键技术，设立前沿或重点科技攻关专项，强化正向开发，形成中国方案，掌握核心技术和知识产权，塑造国际竞争新优势。

1. 新型（新体系）动力电池与管理系统

以高安全、高比能、低成本、长寿命为导向，围绕正负极、电解液（质）、隔膜、膜电极及封装结构、智能制造、新体系电池等技术开展研究；开发智能电池管理系统，在电池系统全生命周期内实现更精确的状态监测及管理；研究高能量密度全固态锂离子电池的电极材料、固态电解质的设计与批量制备技术，开发全固态锂离子电池并实现产业化装车应用；强化动力电池关键原材料资源保障与开采规划能力；加强动力电池新工艺生产、智能在线检测等核心制造装备的攻关；推动开展动力电池高效无损分选、实现电池系统级及模组级再利用；加快推进动力电池回收管理体系建设。

2. 新一代电驱动系统

开展分布式电驱动系统、高集成高性能电动轮技术、新一代智能动力单元等的开发及应用研究；围绕电驱动系统高集成度、高电压、高功率密度的发展趋势，发展多合一系统集成技术、碳化硅半导体器件、高速低振动低噪声轴承、高密度绕组、高效冷却结构集成等技术；应用无 / 少稀土材料、轻量化集成化结构、高磁阻设计等技术，提升电机性价比与可靠性；开展新型功率器件及其系统集成技术研究，提升电机控制器可靠性、安全性与电磁兼容性能；加快高性能集成化轮毂电机系统的开发，突破轮毂电机的新材料、新结构和新工艺技术，解决轮毂电机与制动、转向、悬架等底盘子系统的深度集成难题，实现产业化装车应用；开展驱动系统智能制造与先进制造工艺的研究，提高主要零部件、关键总成的自主研发与制造能力，提升自主产业链韧性。

3. 零碳混合动力系统

聚焦零碳燃料发动机，加快攻克氢 / 氨发动机机械结构、燃烧控制、燃料储存系统等关键技术，提高发动机热效率和可靠性并实现成本控制，实现我国发动机产业向零碳方向转型升级。开发符合用户工况的智能型先进混合动力系统，研究新型高效混合动力总成构型，开发新型机电耦合机构，优化混合动力系统整车能量管理技术，提升系统效率及可靠性，提高新型混合动力系统的节油效果、全工况适用性和平台通用性。

4. 新型底盘系统

研究具备高灵活、自重构、高智能行驶功能与自管理和自进化能力的新体系模块化自进化底盘系统，围绕关键部件、系统集成、智能控制技术及测试评价等展开全方位布局；研究一体化智能全线控底盘系统的线控悬架、线控转向、线控制动等核心部件技术；研究动力电池、电驱系统与底盘的一体化集成设计，实现底盘与动力域、自动驾驶域的跨域融合，助力我国新型底盘技术的先发领跑。

5. 新型补能体系

加快开发智能有序充电、大功率充电、快速换电、无线充电、自动充电等新型充换电技术及设备，开展无线充电线路及车位示范建设；构建慢充普遍覆盖、快充与换电网点化合理布局的充换电基础设施布局，完善高速公路快充网络，充电桩用户属性实现“公私兼顾”，全面提高全国充换电基础设施保障能力；建设充换电基础设施综合监管服务平台，实现充换电基础设施运行管理、安全监测和故障预警，推动各类经营主体接入平台，实现数据信息互联互通；推动构建智能微电网、虚拟电厂、有序充电、低谷充电等智慧能源应用场景，鼓励探索新型商业模式，实现电动汽车充放电与新能源发电、电网的协同调度。

6. 车能路云协同一体化系统

围绕智能驾驶系统协同感知、决策与控制，进一步推动智能网联汽车关键零部件及系统开发，在多传感器融合技术、车能路云一体化控制架构、高性能车规级芯片及车控操作系统等核心环节推动实现国产化自主可控；开展V2G、源网荷储一体化、光储充换一体站等试点示范，充分发挥电动汽车作为移动式储能单元的作用，电网负荷过高时，向电网馈电，参与电网需求响应，电网负荷低时有序充电；设立智慧城市基础设施与智能网联汽车协同发展试点，加快智能网联汽车道路测试、示范及商业化应用；建立跨领域融合创新平台，系统部署行业交叉融合技术研究，推动路端、云端与车端的融合发展，推动标准制定和产业化落地。

8.4.3 “十五五”智能网联新能源汽车产业高质量发展重点任务

进一步发挥我国智能网联新能源汽车已取得的战略先机和规模优势，根据高质量发展总体要求，研究“十五五”我国智能网联新能源汽车产业持续发展壮大、全面领跑全球需要布局的重点任务。

1. 以市场需求和产业发展为目标，统一“四链”融合价值导向

解决“四链”融合最核心的问题是价值导向的统一。在创新链层面，创新资源和创新活动大部分聚集在高校、科研院所。高校、科研院所对创新需求把握不准确，往往以高水平论文为价值导向，未聚焦产业短板、研发瓶颈等需求，无法及时响应产业链变革，导致研发的创新成果呈现“研而不发、发而不用、用而不灵”的现象。需要以高校、科研院所为主导的基础理论研究，特别是在一些尖端的原创科学思想、重大理论创新方面，仍处于跟踪模仿阶段，如动力电池、复合材料的关键材料机理研究及基础数学模型研究等。底层的基础需要进一步打牢，如工业软件、开发

工具链、车控操作系统等。企业离市场最近，更能找准创新的方向和需求，但多数企业创新能力不足，导致产业的“卡脖子”“短板”问题长期得不到解决。在人才链层面，人才的评价体系和评价机制要以人才的实际能力和创新能力为依据，而不是传统的以学历、工作经验等硬性指标为主的评价体系。目前，汽车行业的人才质量、人才结构与行业需求仍存在差距。具有复合型知识结构的人才、“技术 + 管理”类人才缺乏，引领产业发展的拔尖人才，如战略科学家、一流科技领军人才与团队不足。在资金链层面，我国新能源汽车已经迈入全面市场化发展阶段，市场化的金融资本不同于政府资金，不应以政策为导向蜂拥而上、无序扩张，而应理性分析产业需求。

从以下两个方面，围绕智能网联新能源汽车市场需求及以产业可持续发展为目标，统一“四链”融合的价值导向，让创新、人才、资本转化为生产力，推动产业的高质量发展（图 8.10）。

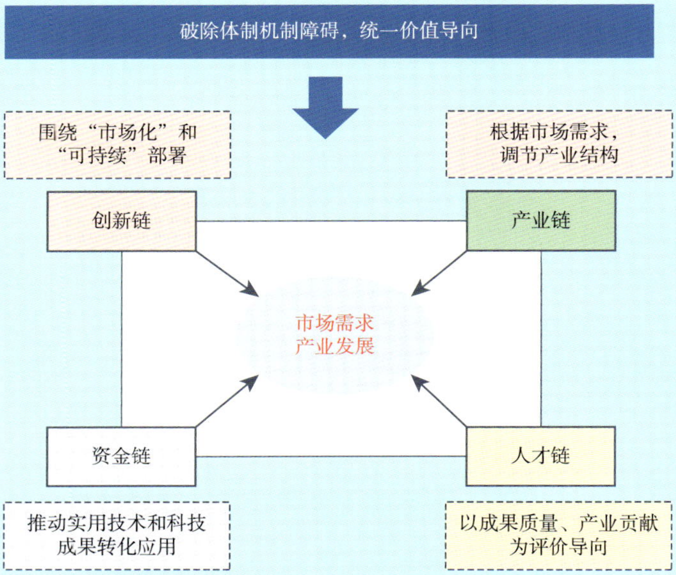

图8.10　“四链”融合价值导向

一是充分发挥企业主体作用，科研项目围绕“市场化”和“可持续”部署。“十五五”期间，智能网联新能源汽车科研项目的规划应紧扣市场需求方向布局。例如，开发高端车规级芯片、车载操作系统、全气候动力电池、电池回收及利用、线控底盘、智能座舱、V2X 技术等；充分发挥企业的主体作用，根据产业可持续发展的需求，布局下一代动力电池、高级别自动驾驶等重大科技任务。充分发挥国家级平台的高端资源，如北京理工大学电动车辆国家工程研究中心、国家新能源汽车技术创新中心、国家智能网联汽车创新中心、新能源汽车国家监测与管理平台等，实现重大项目的突破和引领，产生具有国际重大影响力的科技成果。

二是破除体制机制障碍，人才链和资金链紧跟市场需求。科技人才创新活力能否充分释放，关键在于体制机制，要深化科技体制改革和人才发展体制机制改革，激发人才的创新创造活力。建立科学的人才评价机制，推动高校、科研院所及企业树立正确用人导向、激励引导人才职业发展、调动人才创新创业积极性。高校和科研院所要坚持“破四唯”“立新标”，以成果质量、产业贡献为评价导向，不断探索适合智能网联新能源汽车产业特点的人才评价机制、科研成果评价体系。

智能网联新能源汽车产业发展要融入地方发展战略规划，财政配套资金要紧跟区域产业需求，保障创新研发平台及基础设施建设。资金、人才等创新要素进一步向企业聚集，由企业牵头根据产业发展、市场需求整合创新资源，围绕行业、市场痛点解决“卡脖子”难题，以推动更多实用技术和科技成果转化应用为核心，运用灵活融资手段，通过市场化运营提升研发成果的创投回报。

2. 集群示范，驱动“四链”深度融合落地

重点通过以下四个方面深入推进智能网联新能源汽车产业融合集群发展示范工程（图 8.11）。

深入推进智能网联新能源汽车产业融合集群发展示范工程

产业集群	主要整车企业	主要原材料、零部件及配套服务企业
京津冀	北汽、理想、福田、长城、北方车辆	盟固利、天津力神、亿华通、精进电动、地平线、中科寒武纪、百度地图、经纬恒润、国网电动、商汤科技、小马智行
长三角	上汽、吉利、江淮、奇瑞、蔚来、领跑、哪吒、天际、爱驰、威马	中创新航、蜂巢能源、国轩高科、上海电驱动、重塑科技、芯驰科技、科大讯飞、国电南瑞、星星充电
粤港澳大湾区	比亚迪、广汽、小鹏、飞驰	贝特瑞、弗迪电池、亿纬锂能、欣旺达、格林美、新宙邦、德赛西威、速腾聚创、腾讯、中兴、文远知行、奥动新能源
中部	宇通、开瑞、成功、三一汽车、岚图	中车电气、许继电气、多氟多、武汉力神、豫氢动力
川渝	长安、东风小康、华晨鑫源、赛力斯	天齐锂业、成都巴莫、重庆赣锋、四川有色、英杰电气

集群具有全球影响力
产业规模达到万亿级
具有全球知名的企业
产业链供应链韧性强
产业辐射带动能力强

1 加强集群发展的布局引导
√ 发挥优势
√ 重点布局

2 构建完善的产业培育环境
√ 招商环境
√ 政策环境

3 构建集群创新网络
√ 产业协同创新平台
√ 上下游有机协同

4 推动跨领域融合发展
√ 交叉渗透
√ 构建新业态、新模式

图8.11 智能网联新能源汽车产业融合集群发展示范工程

一是加强集群发展的布局引导。引导智能网联新能源汽车产业向发展基础好、产能利用充分的地区集聚，重点在京津冀地区、长三角地区、粤港澳大湾区、中部地区、川渝地区等打造具有国际竞争力的产业集群。统筹考虑不同地区的产业特色，错位发展，优势互补，实现集群优势整合效应[15]。

二是构建完善的产业培育环境。各地政府部门出台智能网联新能源汽车产业的培育政策，打造适合集群形成和发展的环境，充分运用“资源＋资本＋市场”招商，围绕产业链上游、中游、下游，构建持续性政策体系。

三是构建集群创新网络。在政府的引导下，协调集群内企业研究中心、高校和研究机构等科技资源，构建产业协同创新平台，形成多部门参与的网状结构，由产业协同创新平台统一协调，实现资源向个性化、高端化发力，共享研发资源，减少重复投资，最大限度地提高创新效率。开展“高校院所走进企业，企业走进高校院所”活动，既推动科技成果产业化，又满足科技企业技术需求[16]。

四是推动跨领域融合发展。加大智能网联新能源汽车与新能源、新材料、大数据、人工智能等技术的交叉渗透，加速跨产业深度融合，通过构建新业态、新模式，全面提升协同创新能力。

3. 开展智能网联新能源汽车产业链供应链生态体系建设试点

重点在京津冀、长三角、粤港澳大湾区、中部、川渝产业集群开展智能网联新能源汽车产业链供应链生态体系建设试点，推动区域产业链供应链生态体系迭代升级，形成龙头企业、配套企业、高等院校、科研院所、公共创新平台、金融机构等协同联动、竞合共生的生态发展格局。

一是识别产业链优劣势，围绕产业链部署创新链。要深度梳理智能网联新能源汽车产业链，识别优劣势。新能源汽车产业链中，我国在隔膜材料、电解液、磁体材料、电子元器件、自主设计与仿真平台、测试及智能制造设备及工艺、二手车服务等环节与国际仍有一定差距（图 8.12）。智能汽车产业链中，我国在芯片、操作系统、算法、电子电气架构环节与国际仍有一定差距（图 8.13）。针对底层“卡脖子”技术更需要高校、科研院所的原始创新，零部件企业的重点投入，以及整车企业的应用环境，只有通力合作，才能构筑我国智能网联新能源汽车产业的安全壁垒。同时，持续发挥我国在动力电池、激光雷达、高精地图、云平台等领域建立的竞争优势，打造我国更多靓丽的产业名片。在下一代动力电池、智能全线控底盘、中央计算电子电气架构、车路云一体化融合控制系统、智能汽车计算芯片等领域提前布局，形成竞争优势，引领全球行业发展。

加大关键核心技术的知识产权布局，在高端材料、固态电池、芯片、操作系统、电子元器件、智能控制、自动驾驶、基础软件等方面加大布局力度，通过专利与技术秘密协同保护，提升对产业链供应链自主可控的科技支撑能力。

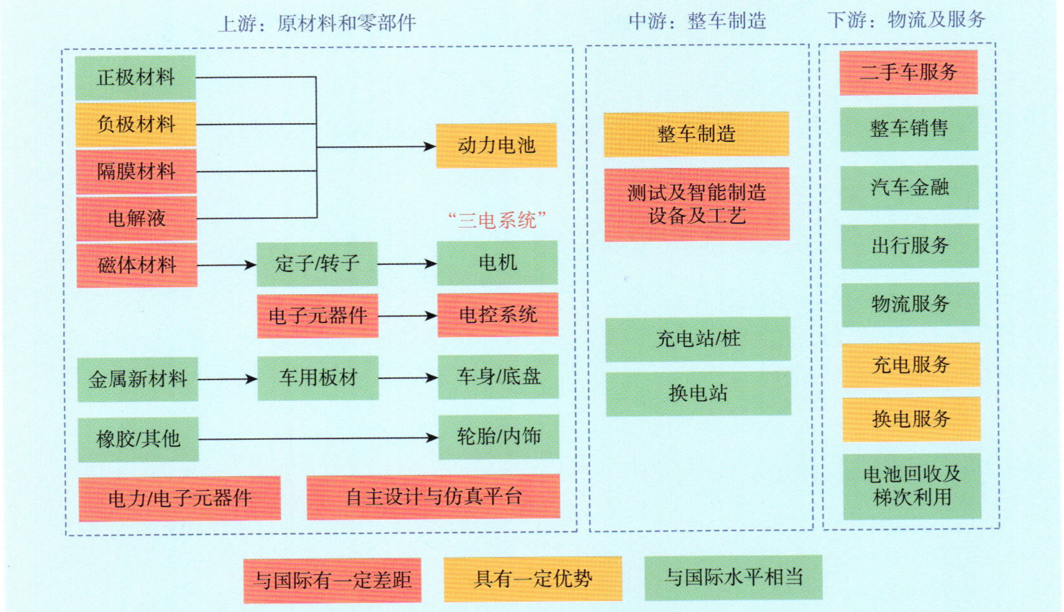

图8.12　新能源汽车产业链优劣势分析

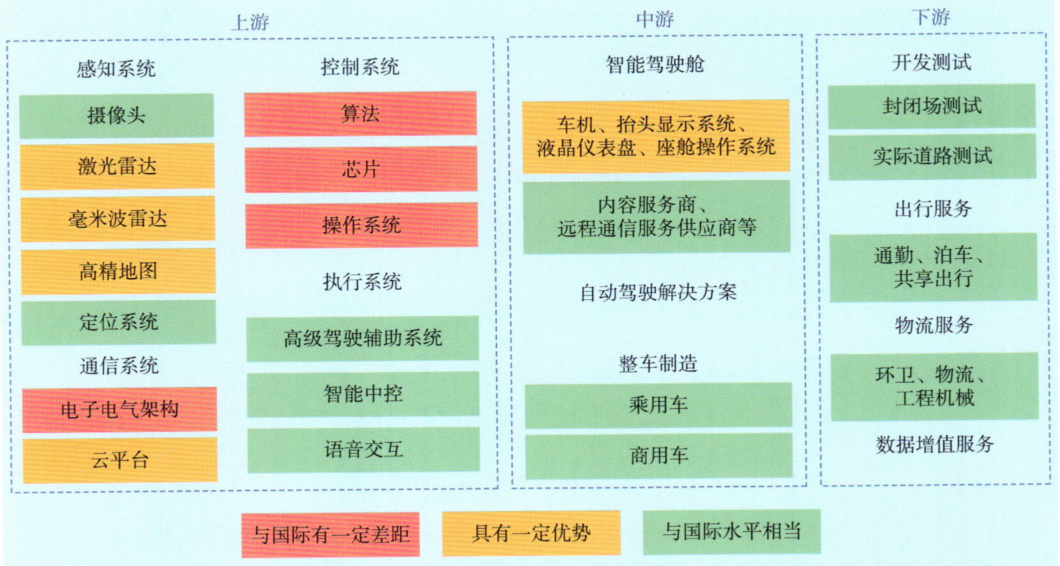

图8.13　智能网联汽车产业链优劣势分析

二是打造完整、高韧性的供应链体系。建立完整、具备强抗风险能力的供应链体系是保障智能网联新能源汽车产业健康发展的基础。针对供应链的短板环节，如芯片、操作系统、高端材料等，在国家层面，由国家部委牵头，出台政策推动核心零部件国产化；在企业层面，需要整车厂与供应商建立贯穿产品全生命周期的深度合作，通过产品的模块化通用设计、研发及产业化应用的同步推进，协力补齐供应链短板，构建完整的、安全可控的关键零部件配套体系。同时，整合集群内供应链，加大本土化生产配套，减少对全球供应链体系的依赖，如在欧洲销售就在欧洲进行生产，并在当地实现供应配套，本土的供应链体系是支撑我国自主品牌车企走向海外的关键[17-19]。

4. 建立新能源汽车碳核算及调控体系

汽车行业是我国交通领域碳排放的重点行业，在应对气候变化、实现“碳达峰、碳中和”的形势下，迫切需要加快建立整车及零部件，特别是动力电池全生命周期碳核算及调控体系（图 8.14）。

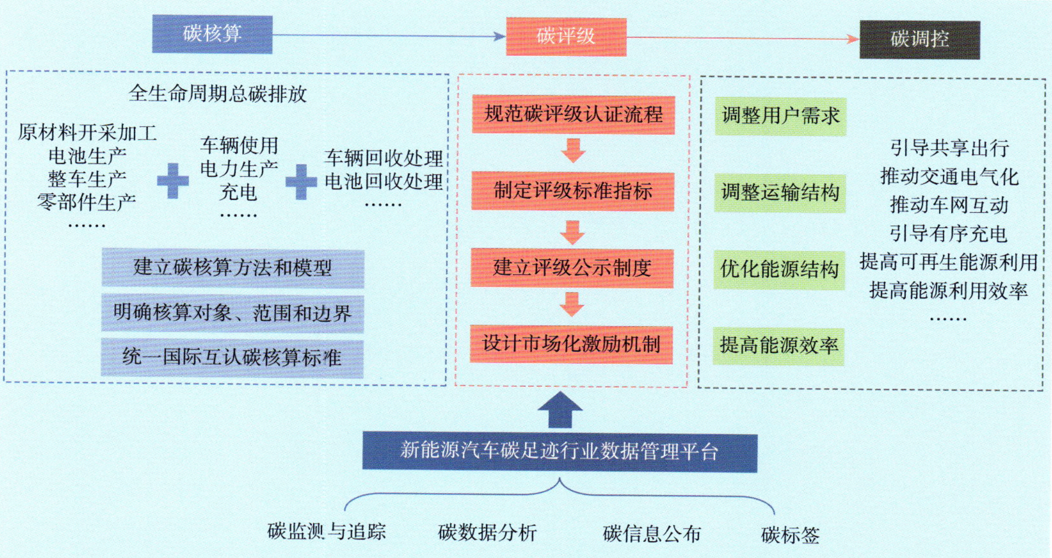

图8.14　新能源汽车碳核算及调控体系

一是建立系统的新能源汽车产业碳足迹管理体系。政府部门应完善顶层设计规划，制定新能源汽车产业链碳减排中长期发展规划，明确各阶段减排路径和目标，制定全产业链碳足迹管理体系，明确政府、企业、行业平台等各主体责任，指导新能源汽车产业低碳发展。

二是制定新能源汽车全产业链碳足迹核算标准，形成规范的碳核算方法。目前，工信部已启动开展新能源汽车碳减排核算标准的预研工作，推进车辆生产企业及产品碳排放核算办法相关标准研究和立项；启动汽车产品碳足迹标识、电动汽车行驶条件温室气体碳减排评估方法标准预研等工作。持续推进新能源汽车领域的标准和法规协同，加强与相关国家和地区低碳发展合作，推动形成互相认可的碳排放、碳足迹核算体系，有助于我国新能源汽车更好地融入国际市场。

新能源汽车碳排放涵盖能源获取、原材料开采、零部件制造、整车制造到行驶使用、报废回收全产业链。目前，我国发布了24个行业的碳核算方法，但尚未覆盖新能源汽车产业。因此，需制定和完善新能源汽车碳足迹核算方法和模型，明确碳足迹核算的对象、范围和边界，确保同一类产品碳足迹核算标准统一。通过统一标准核算汽车产品全生命周期的碳排放，识别碳排放关键过程，从而引导车企和零部件企业从原料采购、生产制造、使用及回收利用方面进行供应链管理和技术创新，减少新能源汽车全流程碳排放[20,21]。

三是建立新能源汽车碳足迹行业数据管理平台。通过平台采集不同车型新能源汽车碳排放信息，并实现数据透明化公布，开展碳标签研究，让消费者更清晰地识别绿色低碳产品。同时，为低碳创新技术研究提供数据支撑，促进汽车工业低碳化发展。

四是建立和完善碳足迹认证、评级及激励机制。尽快出台新能源汽车碳足迹认证标准，规范认证流程；制定评价等级及对应指标，建立新能源汽车低碳产品评级及公示制度；设计市场化的激励机制，引导车企进行低碳产品规划。进一步扩大新能源汽车碳积分的交易范围，提高其碳资产的商业价值，增加新能源车企商业收入。同时，推动新能源汽车碳足迹认证和评级标准国际互认。

5. 搭建智能网联新能源汽车产融平台

近年来，智能网联新能源汽车产业链在资本市场的热度持续升温，搭建智能网联新能源汽车产融平台，从准确把握产业投融资方向，构建安全、畅通的产业投融资体系两方面打造产业金融新生态，为产业高质量发展提供强有力的资金支撑。

一是准确把握产业投融资方向。汽车产业在电动化、智能化、网联化和共享化的转型变革中，出现了大量的投融资方向，逐渐成为资本的热点领域。2022年，新能源汽车产业投融资事件共338起，较2021年增加了91起，已披露融资规模1 314.6亿元，同比增长11.5%。从投资细分领域来看，主要集中在新能源汽车整车、动力电池和自动驾驶三大领域（图8.15）。

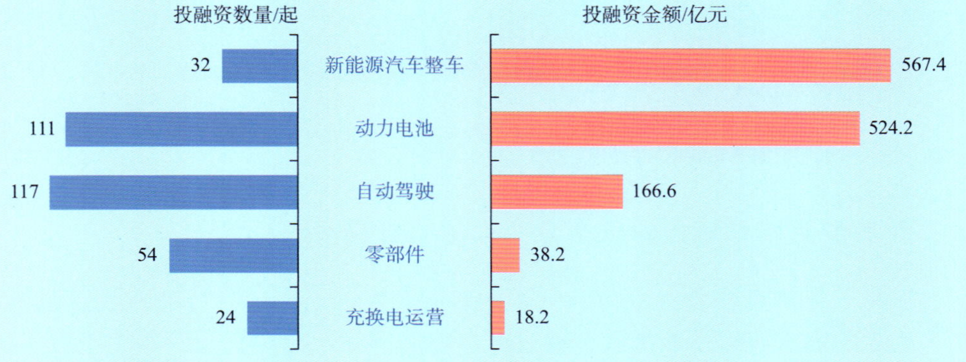

图8.15　2022年我国新能源汽车产业链部分投融资
资料来源：来觅数据

资本布局应紧跟产业链升级，在技术研发、应用示范、商业落地等方面重点引导资金有序跟踪。根据产业链布局建设智能网联新能源汽车投资价值分析数据库，搭建资本方和需求方精准对接平台。智能网联新能源汽车的发展方向及产业投资重点将聚焦在高安全电池技术、自动驾驶、充换电及电池回收再利用等领域。制定智能网联新能源汽车产业链投融资图谱（图 8.16），重点围绕智能网联新能源汽车产业链短板弱项和缺失环节，引进和投资拥有研发实力、关键技术、核心产品、竞争优势的重点企业和重大项目，提升产业链整合度和供应链稳定性。

二是构建安全、畅通的产业投融资体系。智能网联新能源汽车融资体系以政策为基本导向，以市场需求为牵引。政府财税政策的调整说明我国新能源汽车行业发展的宏观调控方向，如免征车辆购置税，鼓励充换电、加氢等基础设施建设等。产融平台打通间接融资、直接融资、跨境金融、保险保障等多元化金融服务体系，丰富金融产品和服务方式，精准匹配产业链上下游企业的需求，促进金融要素与产业链良性互动。

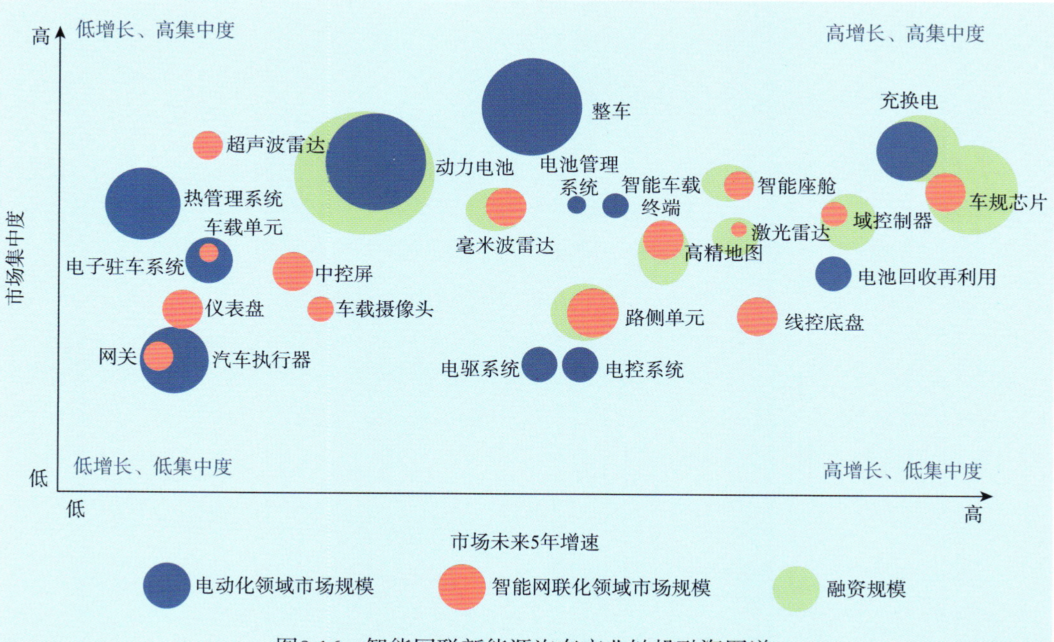

图8.16　智能网联新能源汽车产业链投融资图谱

6. 开展智能网联新能源汽车专业人才培育项目

人才是产业增强核心竞争力的重要的资源和灵魂。当前，智能网联新能源汽车高水平人才的需求规模不断加大，通过开展智能网联新能源汽车专业人才培育项目，实现人才链支撑产业创新发展（图 8.17）。

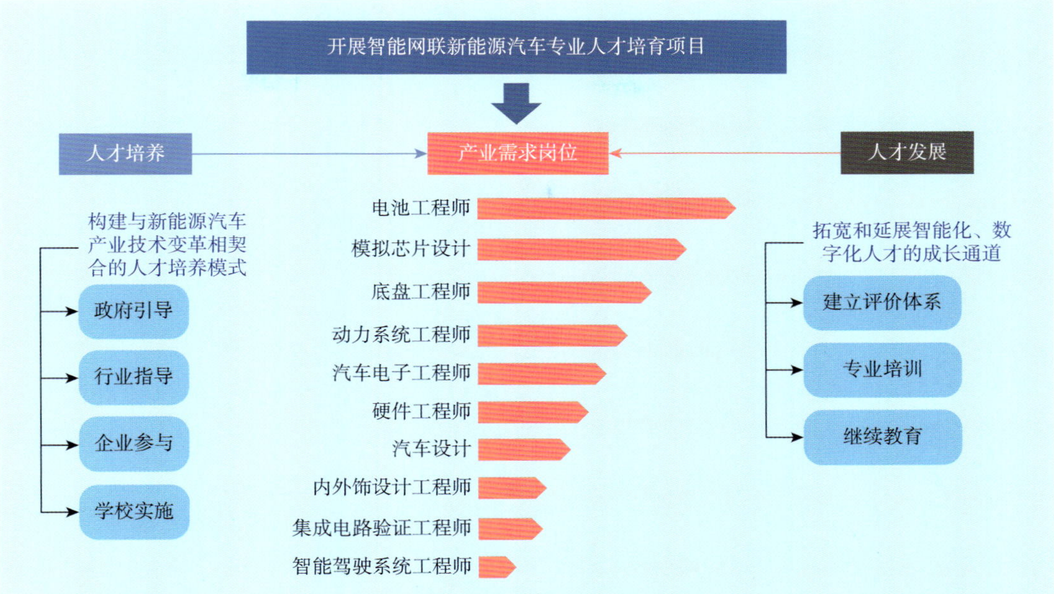

图8.17　智能网联新能源汽车专业人才培育

一是构建与新能源汽车产业技术变革相契合的人才培养模式。建立基于政府引导、行业指导、企业参与、学校实施的多方协同的人才培养模式，实现人才培养目标与智能网联新能源汽车行业需求的统一。

由教育部主导，加快推进中高等教育和职业教育体系的改革，调整现有专业和课程体系，扩大智能化和数字化专业人才的培养。设置跨学科综合课程，促进交叉学科深度融合。面向汽车与交通、能源、信息通信融合发展，构建多学科交叉的新兴课程，致力于提升学生解决工程实际问题的能力，如开设“车用嵌入式系统”“智能汽车概论”“智能车辆控制基础”等课程[22-24]。

学校要加强与企业的交流，紧扣行业发展新趋势，联合企业的高端人才参与到教学体系中，提高人才培养和实际应用的契合度，培养智能网联新能源汽车交叉复合型应用创新人才。

二是拓宽和延展智能化、数字化人才的成长通道。随着智能驾驶、车联网、智能座舱的发展，信息技术、互联网、通信、人工智能等领域人才不断进入智能网联汽车行业。猎聘大数据统计显示，新能源汽车行业是2023届应届硕士需求增长最快的赛道，需求同比上升高达151.06%。脉脉高聘发布的《2023新能源汽车中高端人才趋势洞察》报告指出，新能源汽车行业中人才流入是人才流出的1.65倍，尤其是智能化、数字化人才存在较大的人才供需错位。可通过以下三个方面，拓宽和延展智能化、数字化人才的成长通道，提高人才的稳定性和凝聚力：①由人力资源和社会保障部牵头，强化人才职业发展顶层设计，完善国家新能源汽车和智能汽车职业鉴定工种，建立新工种的评价体系；②为智能化、数字化人才培训车辆工程相关知识，使其在智能网联汽车领域内发挥优势；③通过培训提升车辆专业工程师的数字化及智能化能力，企业与高校共建校企课程提升相关人员的专业能力。

8.5 措施建议

根据以上研究，提出“十五五”时期推动我国智能网联新能源汽车高质量发展的针对性建议。

1. 持续完善政策引导，构建双循环新格局

促进智能网联新能源汽车产业高质量发展，需要持续完善政府的统筹规划和顶层设计，不断深化“一带一路”，坚持国内国际两个市场同步推进，构建双循环的发展格局。具体从以下方面入手。

一是强化税收政策引导。建议进一步发挥税收优惠政策对智能网联新能源汽车整车及零部件企业研发创新的支持，利用碳税（如汽油税）、碳奖励 [CCER（Chinese certified emission reduction，中国核证减排量）]、碳交易、双积分（抵消和交易）等多种政策措施推动智能网联新能源汽车发展。

二是建立碳足迹管理体系。加快建立整车及零部件特别是动力电池全生命周期碳核算及回收利用体系，包括完善顶层设计规划，建立碳核算标准体系，形成规范的碳核算方法，推动智能网联新能源汽车碳足迹认证和评级标准国际互认。建立智能网联新能源汽车和动力电池碳足迹管理平台和全生命周期碳足迹数据库，为全产业链碳足迹评估提供数据基础。

三是推动智能网联新能源汽车出海。从整车和零部件企业的进入策略、产品定位、标准认证、合规风险、品牌建立、本地化运营等方面发力，打造竞争优势，全面加速我国智能网联新能源汽车的出海步伐。

2. 坚持市场应用导向，推动产业正向创新

市场是推动智能网联新能源汽车持续健康发展的最强动力，以市场应用为导向的需求，才是产业创新发展的重点所在。智能网联新能源汽车产业要反对“拿来主义”，走正向创新之路。具体从以下方面入手。

一是创新以市场应用为导向。随着市场需求不断变化，智能网联新能源汽车的关键技术体系也随之变化，“三纵三横”技术不断升级更新。通过完善“政产学研用”衔接融合机制，整合科技资源和市场信息，以转化为现实生产力为创新导向，紧密对接产业发展需求，实现创新技术成果的供求同步。

二是加大正向创新投入。要巩固和扩大智能网联新能源汽车发展优势，需加强纯电整车架构平台化、车能路云协同一体化等技术的正向开发，形成中国方案，掌握核心技术和知识产权，提高国际竞争优势。

三是建立成果转化平台。建立一批以成果转化中试为核心的国家或市级的智能

网联新能源汽车技术中试服务平台，对原始成果或技术理论进行概念验证，提供模具和样机研制、检测认证和中小批量生产的服务，帮助企业加速完成“技术—中试—产品”的转化。

3. 以市场需求为牵引，优化资本要素配置

根据市场切实需求优化资本要素配置，将政府资金及社会资本更有效地集中到新能源汽车和智能汽车科技创新领域、产业发展瓶颈环节，实现经济效益最大化。具体从以下方面入手。

一是聚焦薄弱环节和新兴赛道。鼓励利用社会资本设立汽车产业发展基金，综合运用信贷、债券、保险等各类金融工具，聚焦先进动力电池与运维、车载电子电气架构、自动驾驶与车路协同、车载电源和车电互联系统、整车轻量化与国产基础软件等关键技术，抢占新兴赛道，培育产业新动能。

二是拓宽成果转化融资渠道。建议投资机构、技术转移机构等投资智能网联新能源汽车领域科技创新成果，设立科技成果转化孵化引导基金，支持初创期科技成果转化和产业化平台建设。

4. 完善人才培养体系，紧跟产业升级需求

随着智能驾驶、车联网、智能座舱的发展，传统汽车人才已无法满足行业需求，需要多方协同建立智能化和数字化复合型人才培养体系。具体从以下方面入手。

一是准确把握产业人才需求方向。坚持产业需求导向，明确新能源汽车产业适配人才特性。加大智能网联新能源汽车产业人才调研和专业分析，如汽车本身与产业关联领域的专业技术人才、高技术技能人才等，加强各类人才培育和产业发展需求的对接，准确把握产业对所需人才核心素养的要求。

二是优化复合型人才培养机制。鼓励产业人才和高校人才“双向流动”，通过建立企业大学、实训中心，提高新能源汽车人才的创新能力和工程实践能力；支持企业参与到高校专业课的优化设置中，及时传递新岗位与新人才需求，侧重构建智能驾驶、车联网、智能座舱等产业交叉融合型的课程体系，共同打造理论和实践、创新和产业相结合的人才培养方案。

参考文献

[1] International Energy Agency. Global EV Outlook 2023[R]. 2023.

[2] 长城证券产业金融研究院 . 2023 全球新能源汽车行业发展空间及头部企业出海市场机会优劣势与挑战分析报告 [R]. 2023.

[3] 李川鹏，郭宇辰 . 浅析自动驾驶技术发展现状、趋势及挑战 [J]. 时代汽车，2022，(14)：4-6.

[4] 付甜甜，任杰，万力，等 . 欧盟新电池法对我国锂离子电池行业制造和出口的启发 [J]. 电源技术，2023，47（7）：834-837.

[5] Marketa Pape. Sustainable and smart mobility strategy[R]. European Parliamentary Research Service，2021.
[6] 柯婉萍．“双碳”背景下我国新能源汽车产业国际竞争力分析 [J]. 全国流通经济，2023，(20)：40-43.
[7] 公丕明．中国新能源汽车产业国际竞争力：影响因素、特征表现与提升路径 [J]. 现代管理科学，2022，(4)：63-72.
[8] 王震坡，黎小慧，孙逢春．产业融合背景下的新能源汽车技术发展趋势 [J]. 北京理工大学学报，2020，40(1)：1-10.
[9] 中国汽车工程学会．2023 节能与新能源汽车技术路线图年度评估报告 [R]. 2023.
[10] 我国牵头的首个自动驾驶测试场景国际标准正式发布 [J]. 自动化博览，2022，(10)：3.
[11] 马艳．“缺芯贵电”成痛点　新能源汽车产业链抗风险能力仍不足 [N]. 中国工业报，2022-11-25(004).
[12] 中国电动汽车百人会．中国农村地区电动汽车出行研究 [R]. 2023.
[13] 邵学良．产业链与高校教育人才链互动发展研究——以新能源汽车行业为例 [J]. 时代经贸，2022，(11)：157-160.
[14] 2023 新能源汽车中高端人才趋势洞察 [R]. 脉脉高聘人才智库，2023.
[15] 吴红迪，何赟，张晓丽．新能源汽车产业集群协同创新研究现状分析及研究趋势 [J]. 科技视界，2022，(5)：161-163.
[16] 章秀琴，孔亮，吴琼，等．新能源汽车创新型产业集群路径升级研究——以芜湖市为例 [J]. 科学管理研究，2020，(1)：78-82.
[17] 马佳莹．新能源汽车新型产业生态链构建路径分析 [J]. 产业创新研究，2022，(12)：28-30.
[18] 戴强，王蕾．新能源汽车产业链创新效率及要素投入差异性研究——基于两维度创新驱动视角 [J]. 铜陵学院学报，2021，(1)：19-23.
[19] 韩纪琴，余雨奇．政策补贴、研发投入与创新绩效——基于新能源汽车产业视角 [J]. 工业技术经济，2021，40(8)：40-46.
[20] 康泽军，任焕焕，程明，等．新能源汽车使用环节碳减排方法学研究 [J]. 石油石化绿色低碳，2022，7(4)：20-25.
[21] Fan R G，Dong L L. The dynamic analysis and simulation of government subsidy strategies in low-carbon diffusion considering the behavior of heterogeneous agents[J]. Energy Policy，2018，117：252-262.
[22] 张佩，颜伏伍，侯献军，等．面向产业变革的新能源汽车人才培养模式改革 [J]. 武汉理工大学学报（信息与管理工程版），2022，44(4)：669-673.
[23] 秦俊，肖静．基于 OBE 理念的高校创新型工程人才的培养路径 [J]. 武汉理工大学学报（社会科学版），2021，34(4)：149-153.
[24] 陈庆樟，许广举，杨保成，等．新能源汽车技术产教融合型课程建设探索与实践 [J]. 高教学刊，2023，(31)：107-110.

本章撰写人员名单

专家咨询组

李　骏　清华大学　中国工程院院士
丁荣军　中车株洲电力机车研究所有限公司　中国工程院院士
孙逢春　北京理工大学　中国工程院院士
吴　锋　北京理工大学　中国工程院院士
王云鹏　北京航空航天大学　中国工程院院士
李克强　清华大学　中国工程院院士
李光耀　湖南大学　教授
李　泓　中国科学院物理研究所　研究员
王震坡　北京理工大学　教授
王德平　中国第一汽车集团有限公司　正高级工程师
张晓宇　重庆长安汽车股份有限公司　正高级工程师
吴志新　中国汽车技术研究中心有限公司　正高级工程师
李开国　中国汽车工程研究院股份有限公司　正高级工程师
原诚寅　国家新能源汽车技术创新中心　正高级工程师
付炳锋　中国汽车工业协会　正高级工程师
张进华　中国汽车工程学会　正高级工程师
廉玉波　比亚迪汽车工业有限公司　正高级工程师
凌和平　比亚迪汽车工业有限公司　正高级工程师
孟祥峰　宁德时代新能源科技股份有限公司　正高级工程师
王文伟　北京理工大学深圳汽车研究院　教授
房　亮　北京国科天迅科技股份有限公司　正高级工程师
陶　喆　上海拿森汽车电子有限公司　正高级工程师

课题组主要成员：

孙逢春　北京理工大学，北京理工大学深圳汽车研究院　中国工程院院士
李克强　清华大学　中国工程院院士
廉玉波　比亚迪汽车工业有限公司　教授级高级工程师
王文伟　北京理工大学，北京理工大学深圳汽车研究院　教授
孙　超　北京理工大学，北京理工大学深圳汽车研究院　特别研究员
陈晓慧　北京理工大学　助理工程师
刘坚坚　比亚迪汽车工业有限公司　高级工程师
边明远　清华大学　副教授
宋明哲　比亚迪汽车工业有限公司　助理工程师

第 9 章

节能环保产业

战略性新兴产业“品牌项目”绿色环保产业课题组

【内容提要】绿色发展是高质量发展的底色，新质生产力本身就是绿色生产力。在加快发展新质生产力的大背景下，推进协同降碳减污、资源高效循环利用成为节能环保产业发展的重要方向，对实现“双碳”目标和美丽中国目标都具有重要意义。本章聚焦环保、节能、循环利用三大产业，分别论述了各子产业主要细分领域国内外最新发展动态及趋势，阐释了节能环保产业在服务传统产业、新兴产业和未来产业发展模式的差异，重点分析了以碳管理为核心的节能环保产业“四链”融合情况，并整体剖析我国节能环保产业高质量发展存在的资金保障不足、颠覆性技术储备不足和复合型人才储备不足等问题，最后提出节能环保产业应逐渐形成具有市场竞争力的产品，强化技术创新驱动，优化政府资金引导，构建绿色低碳高质量发展空间格局，为顺应全球绿色低碳转型趋势提供有力支撑。

9.1 世界级节能环保产业高质量发展规律及趋势

发达国家的经济发展道路大多为“先污染后治理”的模式，其早期的经济发展伴随着严重的环境污染，污染的日益加重使环保问题逐渐受到社会重视。随着国外环保政策实施力度的加强，节能环保产业得到了长足发展，成为国家高质量发展的重要支撑产业，一些发达国家已经实现了环境改善与经济增长共同进步的目标。现阶段发达国家为应对气候变化和实现经济社会低碳发展，推行了一系列改善环境质量、促进废弃物循环利用和经济绿色转型的政策和措施。

1. 欧盟的政策措施

欧盟是世界上节能环保和绿色转型的典范。为促进环境保护与节能减排，欧盟于 1994 年成立欧盟环境委员会，负责为各成员国提供环保信息，并监督各成员国环保政策实施及监测其环保成果。1973 年欧盟开始制定环境行动计划，督促各成员国环保行动的部署，至今已有 7 个环境行动计划出台。2019 年 12 月欧盟启动了具有里程碑意义的《欧洲绿色协议》，表达了欧洲到 2050 年成为第一个碳中和大陆的承诺，拉开了欧盟绿色新政大幕，绿色转型加速推进。《欧洲绿色协议》在一定程度上是欧盟绿色转型“‘1+*N*’政策体系”中的“1”。该协议颁布至今，欧盟围绕其制定/修订了一系列涉及经济、能源、工业、生产和消费、基础设施建设、金融的支持政策，形成了政策体系中的“*N*”，并且还在不断地更新和出台新的政策（图 9.1）。尽管中国与欧盟在发展阶段、发展基础、资源禀赋和国情方面有所不同，在政策的激励约束、协同互补、市场机制建设等方面也存在一定的差异，但是双方在转型路径和方式上有较大的相似性，在绿色发展政策体系上有共通之处。

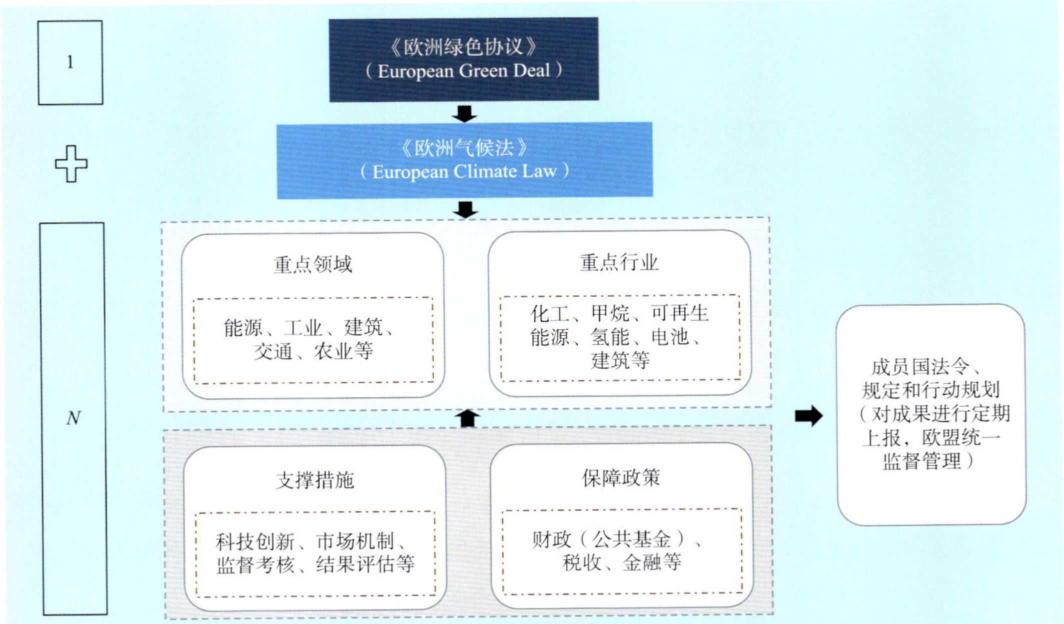

图9.1 欧盟绿色转型政策框架

2. 美国的政策措施

自洛杉矶光化学烟雾事件以来，美国陆续出台了较多的环保法律法规，同时辅以经济手段激励，通过严格的法律限制与市场化的环保运作体系，落实环保理念与实践。在环保法律法规与市场化手段的双重影响下，美国工业结构也产生了相应的变化。首先，表现为能源消费结构与效率的变化。能源消费结构从源头上影响着能源使用过程中的污染程度，清洁能源占比越高，行业污染排放越低；能源效率的提高有助于企业降低运营成本并保持竞争力。由于美国天然气资源丰富，美国化工行业对天然气的消耗一直处于较高水平。美国化学理事会数据显示，美国化工行业能源消费以天然气与电力为主，2019 年天然气占比 61.59%，较 2015 年提升 1.74%；电力占比 16.35%，较 2015 年降低 0.81%；煤炭占比 3.43%，较 2015 年下降 1.06%，其中 2019 年美国化工行业煤炭使用量不足天然气的 1/17。其次，表现为减排技术的变化。技术研发更多需要企业自主行动，无法制定统一的标准进行强制实施，因此政策主要通过经济型手段影响企业内部创新研发。一方面，通过类似环境规制的手段，如排污费、排污许可证、污染罚款等，将化工企业环境污染的外部成本内部化，促使化工企业主动减少排放；另一方面，由于减排技术与能源清洁使用技术的研发投入较大，且研发成果具有不确定性，不符合企业经济利益，政府便利用财政补贴、为技术研发进行贷款担保等措施来缓解该问题。资金支持下企业负担的研发成本减少，研发活动相应增加。美国化学理事会 2019 年年报显示，自 1990 年开始，美国化工行业的研发创新几乎都保持着每年大于 70 亿美元的投入，其中 2018 年化工行业研发投入高达 96 亿美元。在此背景下，2018 年美国化工行业二氧化碳减排较 1990 年下降 18.88%，挥发性有机化合物（volatile organic compounds，VOC）排放量较 1985 年下降 90%。

3. 日本的政策措施

日本政府一贯重视能源节约和能源效率的提高，并注重通过专门立法来保障节能措施的执行力。日本环保政策具体措施与美国类似，主要是改善能源结构，优化能源消费，从源头上减少污染排放；以法律手段与经济手段鼓励企业技术创新，从生产阶段促进减排技术及污染物回收利用技术的进步。不同于美国环保措施，日本建立了许多独有的创新性制度：①领跑者制度。按照行业内最先进的水平制定领跑者标准，企业需要在 5 年内达到领跑者标准，5 年后领跑者标准变成强制性标准，未达到标准的企业不允许销售商品，同时领跑者标准再次更新。领跑者制度通过确立行业标杆，要求其他企业向领跑者看齐，使企业节能标准不断上升至行业先进水平。②能源管理师制度。政府组织能源资格考试，能源管理人员须通过考试才能获得认证。政府根据企业能源消耗量对企业进行划分，不同类型的企业需要配备指定数量的能源管理师。能源管理师需要维护消费能源的设备，提出能源使用的改进方法，对于与节能环保有关的所有业务具有指挥与监督的权力。

由于日本能源消费有较高的对外依存度，其化工行业对节能减排技术的研发十分重视。在世界几大主要经济体中，日本的化工企业研发支出占行业销售收入比例最高。欧洲化学工业理事会 2021 年统计数据显示，2019 年欧盟化工行业研发支出占销售收入的 1.71%，美国为 1.69%，中国为 0.99%，而日本为 4.05%，且多年保持在 4% 左右。2019 年日本化工行业研发投入项目中，能源节约与二氧化碳减排技术占比最高，为 38%；水污染治理项目次之，占比 17%。在高研发投入情况下，日本化工行业减排效果显著。日本化学工业协会 2020 年年报显示，自 2013 年提出“低碳社会承诺”之后，日本化工行业二氧化碳排放量逐年减少。2019 年，日本化工行业碳排放量相较于 2005 年减少 15.8%；VOC 排放量为 21 900 吨 / 年，不足 2000 年 VOC 排放量的 1/4；二氧化碳与 3 种氟利昂替代品排放总量较 1990 年减少 14%；工业废物排放量相较于 2000 年减少 36%；废物利用率从 2000 年的 44% 提升至 69%。

4. 各国的应对策略

随着全球环境问题日益严重，节能环保产业的发展已成为各国政府和企业关注的焦点。需要深入分析国际发展环境，探讨国际环境变化对节能环保产业高质量发展的影响，并提出相应的应对策略，以提高战略研判的系统性和准确性。随着全球气候变化问题日益严重，各国政府纷纷出台相关政策，推动环保产业的发展。例如，欧盟提出了“绿色新政”，旨在促进绿色经济发展，减少碳排放。美国拜登政府上台后，也加大了对环保产业的支持力度，提出了一系列气候变化应对措施。随着全球经济的发展，各国对环保产业的投资不断增加。据统计，近年来全球环保产业规模持续增长，市场前景广阔。同时，新兴经济体在环保产业领域的发展潜力巨大。随着科技的不断进步，环保技术不断创新，为环保产业的发展提供了有力支持。例如，清洁能源技术、碳捕获和储存技术、废弃物处理技术等领域的突破，为解决环境问题提供了更多选择。国际环境变化为节能环保产业带来了巨大的发展机遇。随着各国政府对环保问题的重视程度不断提高，节能环保产业的市场需求将进一步扩大。同时，技术的不断创新也为产业发展提供了更多可能性。此外，国际环境变化对节能环保产业的发展也带来了一些挑战。例如，全球贸易保护主义抬头，可能会影响环保产业的全球化发展。不同国家间的环保标准差异也会给企业带来一定的困扰。可以采取以下应对策略：各国政府应加强政策协调，制定更加科学、合理的环保政策，为节能环保产业的发展提供有力支持。同时，应加大对环保产业的投资力度，推动产业高质量发展。企业应加强技术创新，提高产品和服务的质量与竞争力。同时，应积极参与国际合作，共同应对环境问题。在应对国际环境变化带来的挑战时，企业应加强市场调研和风险评估，制定针对性的应对策略。行业协会应发挥桥梁纽带作用，加强产业协作和信息共享。同时，应积极参与国际交流与合作，推动全球环保产业的共同发展。社会各界应加强对环保产业的关注和支持，提高公众的环保意识和参与度。营造良好的社会氛围，推动节能环保产业的高质量发展。为了实现产业的高质量发展，需要政府、企业、行业协会和社会各界的共同努力。

9.1.1　世界级节能环保产业高质量发展历程

1. 法国节能环保产业高质量发展历程

环保企业虽发展迅速，但是更迭很快，一些环保类型企业在发展过程中遇到了包括资金、技术、管理等各种问题，最后倒闭或被并购，逐渐消失在大众的视线中。究其原因是这些企业的核心竞争力在发展过程中并没有持续更新或保持，没有顺应历史潮流及时调整战略重心和经营策略。那么全球又有哪些企业屹立于市场百年而不倒？环保巨头威立雅水务集团（简称威立雅）就是这样的企业，起源于法国并从法国逐步向欧洲、美洲、亚洲扩张，进而成长为一个全球性的环保巨头[1]。

威立雅自 1853 年在法国成立以来（成立之初是法国通用水务公司），从经营法国里昂市的供水业务起步，通过兼并收购的方式不断扩大其供水业务的服务版图，同时陆续涉足废物管理、能源、运输等多元化行业，目前已成为全球供水和污水处理领域的领导者，专注为市政和工业提供长期外包服务，业务范围广泛，涵盖技术、研发、设计、投融资与运营。威立雅拥有 170 年历史，业务遍及 130 多个国家和地区。威立雅的业务分为法国、欧洲、世界和国际业务四个板块，除法国外，欧洲业务是其发展核心，占比 35%，如图 9.2 和图 9.3 所示。

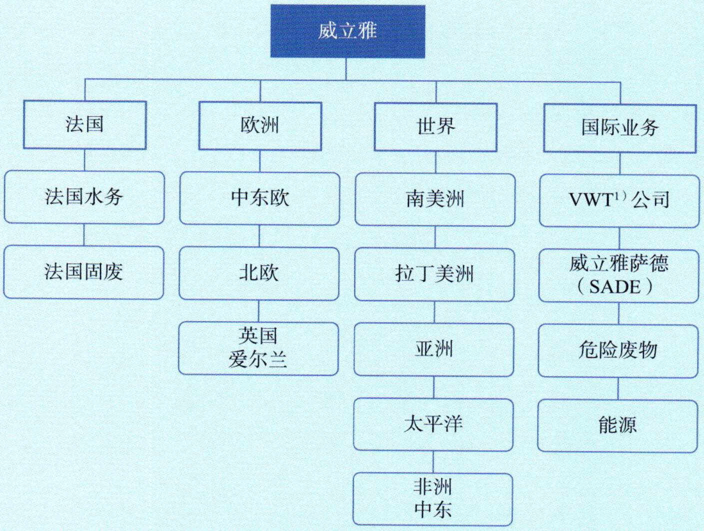

图9.2 威立雅业务构架

1）VWT：Veolia Water Technologies，威立雅水务技术

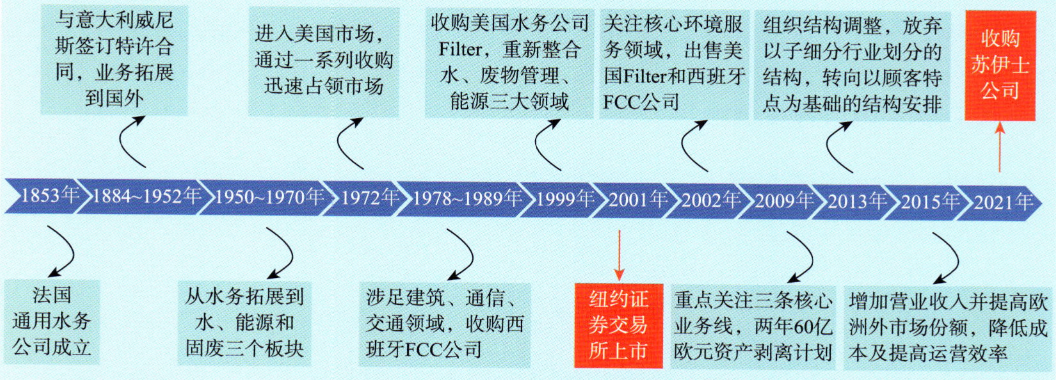

图9.3 威立雅发展史重大事件

从发展重心和发展轨迹来看，威立雅遵循了从城市供水、污水到工业园污水，从水处理到固废处理，从重资产到轻资产，从国内到国外，从单一水处理到环境综合服务的拓展和转变。从全球发展战略来看，一方面，威立雅通过技术创新及运营能力的改善来提高企业的核心竞争力，通过横向不断拓展规模推动体量的快速扩充；另一方面，发展相关业务多元化促使企业形成从供水、污水到固废的完整产业链，同时利用灵活多变、顺应时代潮流的政策帮助企业打破壁垒，快速占领市场（图 9.4）。就其在中国发展路径来看，自改革开放以来，作为较早伴随政府和社会资本合作（public-private partnership，PPP）、建设–运营–移交（build-operate-transfer，BOT）模式进入中国的外资企业，威立雅目前已成为中国市政和公共设施服务建设的重要力量。从在中国发展战略来看，通过并购、投资、参股、入股等形式进入中国市场后，威立雅利用自身的技术、工程和运营优势打破行业壁垒，并根据市场需求的变化及时调整策略，实现了从供水、污水到工业园污水，从水处理到固废处理的华丽转身。

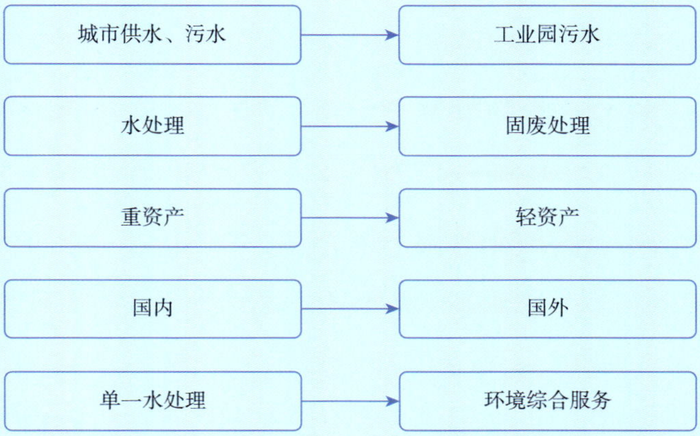

图9.4　威立雅全球发展战略

威立雅的全球发展战略分为四个阶段：①诞生。见证市政环保产业从无到有。合并重组强强联合，综合服务能力开始发力。②扩张。初步形成水、废物管理、能源和运输四大模块。通过并购不断完善业务板块并实现地域扩张。③调整。在欧美两地上市，股权融资为公司业务发展增添动力。调整业务结构，剥离非核心业务，聚焦环境综合服务。④未来。简化层级结构，从业务线企业变成集成企业。组织结构调整，平衡市政及工业客户，增加营业收入并提高欧洲外市场份额，追求降低成本及改善运营效率的战略。

无论处于哪个阶段，威立雅在制定战略的过程中始终坚持以下策略。

第一，立足于技术创新并将技术用于运营，而运营反过来推动技术优化。在水处理领域，威立雅设立了 VWT 公司并在全球范围内设立分部，目前已拥有超过 350 项专利技术来应对管理不同形式水资源的挑战。在废弃物处置领域，威立雅的业务范围涵盖液体、固体、危险废弃物领域，覆盖废弃物收集至最终处置再到回收利用的全生命周期，并发展出创新性的解决方案来提高废弃物收集及回收率。不仅如此，威立雅将科技成果充分运用于实际的运营实践中并不断优化其处理技术。在水务领域，威立雅共运营 3 603 家饮用水处理厂，为 9 500 万人提供水资源供应，管理 2 667 家污水处理厂，使 6 300 万人可以实现污水处理系统的使用；而在废弃物处置领域，威立雅共运营 655 个废品处置设施，处理 4 900 万吨废品。威立雅始终立足于环保处理技术研发的不断投入和创新，这不仅是企业的核心竞争力，也是企业可以持续发展和突破新兴市场壁垒的决定性要素。随着技术的不断进步和运营项目的经验累积，威立雅正在向循环经济体系的建立和完善不断迈进。

第二，充分把握时机，抢抓不同经济体发展机会。威立雅在发展早期主要立足于法国本土，随着欧洲工业化和城镇化的发展及水务私有化的推进，其逐渐将发展目光转向欧洲其他国家的水务市场。20 世纪 70 年代，美国《清洁水法案》颁布，政府进一步提升水质标准，威立雅适时进入美国市场并通过一系列收购活动迅速占领市场。威立雅较好地抓住不同国家和地区经济发展带来的环保需求提升，利用各国家和地区城镇化、工业化周期景气之际适时切入，抢抓不同经济体发展机会，在实现业务领域扩大的同时也为其经营业务范围的扩张打下基础。

第三，积极拓展产业链，解决社会发展中的环境痛点，并推行全方位的全球扩张战略。在发展早期威立雅主要借助法国特色的委托运营模式发展供水和市政污水业务，随着城市化和工业化的发展，威立雅以水为起点，积极布局固废、工业废水领域形成完整产业链，找到并解决社会发展中的环境痛点。威立雅抓住需求的释放周期，即城镇化和工业化周期，以法国为起点，推行全方位的全球扩张战略，将业务向欧洲、美洲和亚洲扩张并将着力点主要放在德国、美国、英国、智利、澳大利亚、意大利等国家，进一步提高了其在全球的市场份额。威立雅作为世界级的环保巨擘能屹立市场百年而不倒，兴盛至今是有其过人之处的。威立雅作为叱咤行业的巨头，在体量、营业收入、经营的结构性方面优于国内环保龙头企业，而国内环保龙头企业在伴随中国环保行业高速发展之路上，也做出了巨大的贡献。威立雅给中国环保行业的启示如下。

（1）坚持可持续发展，致力于提供环境问题综合解决方案。威立雅在发展过程中始终坚持可持续发展理念，从人与自然和谐相处、保护环境、合理利用资源出发，不只单纯地关注如何解决某类污染问题，而是通过综合统筹治理创造协同价值，致力于成为环境问题综合解决方案提供商，着力打造循环经济模式。中国的环保龙头企业短期可以通过生态 PPP 项目保持高速成长，但长期来看需要进一步成为环境资源整合者或环境问题综合解决方案提供商。

（2）打造核心技术或成本优势，并购整合扩大体量。通过威立雅的全球水务龙头的发展轨迹可知，体量和技术是协同发展的，要想成为全球一流环保企业，首先要有足够的技术储备。中国当前细分领域的环保龙头企业在通过环保处理技术研发的不断投入和创新获取足够的核心技术和成本优势的同时，也将走一条类似威立雅的道路，即扩大体量。若想快速扩大体量，并购战略是不可或缺的，威立雅就是通过高数量、大手笔的收购打开固废市场并成功占据市场份额的。扩大体量一方面可以实现规模效应、降低成本，另一方面可以快速获取标的企业的先进技术，反过来促进企业技术的进一步提升和成本优势的发挥，最终实现体量和技术的协同发展。

（3）聚焦相关多元发展，寻找新的利润增长点。威立雅以水务起家，并逐步涉足固废、垃圾发电、能源、污泥处置、垃圾分类等领域，最终成为覆盖整个生态环境价值链的环境问题综合解决方案供应商。中国的环保龙头企业在业务大类结构上不应只局限于水务板块，而应积极寻找新的利润增长点，向其他相关领域，如固废、污泥处理、资源回收与利用等领域扩张。相关多元化发展不仅能给企业带来新的盈利增长点，也能发挥不同板块的协同效应，分散企业的运营风险。同样的环保及市政属性可减少技术壁垒，而相关领域的协同效应则可使不同板块共享技术成果，节约运营成本，发挥市场联动，实现资源的优化配置，进而形成完整的资源与环境处理的价值链。

（4）聚焦专业发展，促进核心业务能力提升。威立雅在发展过程中一直都在尝试多元化的发展路径，交通运输业曾经是威立雅四大业务模块之一，但多元化也容易让企业陷入高负债的泥淖，威立雅最终将这些不相关业务剥离，重新关注核心业务，聚焦水、固废、垃圾、能源等相关领域，并致力于提供环境服务综合解决方案。中国的环保龙头企业应总结经验教训，避免因过度扩张和多元化，将大量资金、资源等投入不熟悉领域而导致企业财务指标恶化、营利能力下滑和管理效率下降，甚至拖垮整个企业。中国的环保龙头企业应聚焦专业发展，深耕环保领域，促进内生增长能力和核心能力的提升，打造属于中国环保企业自己的品牌。

（5）适时调整商业战略，主动革新求变。在百年的企业发展中，威立雅始终顺应时代和环境的更迭，引领环境产业的发展步伐，灵活调整商业模式，及时适应体制的不断变化并持续扩大经营业务范围，最终实现了从水务巨头到全球资源引领者的成功转型。环境产业经历 1.0、2.0、3.0 时代，未来常规环保问题将会基本解决，环保龙头企业应不断适应新的问题、新的市场，积极调整战略，更加理性地面对市场变化。立足于国家政策、经济环境状况和市场竞争情况适时调整业务范围和商业模式，敢于自我革新、主动求变、适时转型，实现企业的长久繁盛和可持续发展。

（6）积极利用行业政策，择机而动。纵观威立雅的地域扩张历程，其进入新市场的时机选择无一不与行业政策、宏观经济息息相关。随着国家对环境治理的重视不断加强，环保产业得到全面发展，同时环保标准的提升也为环保行业带来了新的市场空间。当前国内环保企业应充分借力有利政策，实现在环保领域的新突破。

（7）努力从重资产模式向轻资产模式转变，提高运营能力和运营效率。环保行业具有区域垄断性、地域局限性、产品或服务的需求弹性小、社会公共性等特点，中国目前虽然仍处于行业快速成长阶段，但可以预见的是在三五年之后，各细分领域将逐渐从“攻城略地”的环境工程设施投资阶段相继进入“守城经营”的工程运营维护阶段，环保企业的资产运营能力和运营效率将成为环保企业制胜的法宝。随着水务基本设施建设及生态类设施逐渐达到饱和，中国环保龙头企业需要实时调整战略，通过提高运营能力和运营效率来为企业创造价值。

（8）控制资产负债率水平，关注财务指标健康发展。威立雅为了应对高资产负债率带来的财务危机，积极发展轻资产业务，主动剥离部分业务，近年来的营利能力和其他各项指标有了显著改善。

（9）共同打造生态转型的全球领军企业。2022 年，以成功收购苏伊士公司为标志，威立雅逐步适应经济、能源等方面的诸多挑战，为集团创造了历史性成就，同时成功吸纳了苏伊士公司 4 万多名员工，使其成为与威立雅并肩作战的同仁。威立雅已经从中收获了第一批丰硕果实，合并的协同效应远超预期。

2. 德国节能环保产业高质量发展历程

德国环境部成立于 1974 年，德国是第一个建立环境机构的欧洲国家。除了节约能源、促进可再生能源使用、改善污染排放、促进废物回收等措施外，德国是最早建立碳排放交易制度的国家之一，其交易制度中对于排放权的确定与发放，排放交易的登记、开户和管理、处罚等措施都对世界各国起到一定借鉴作用。

德国化工行业的环保措施首先便是淘汰落后产能，逐渐关闭国内所有煤矿，推进天然气的使用；其次，为达到政策规定的能耗标准及排放标准，行业内部能耗技术与减排技术的研发愈发受到重视，这两方面分别从绝对量与利用效率方面减少对能源的消耗与污染排放。德国化学工业协会 2019 年数据显示，天然气和电力在德国化工行业占比最大，分别占比 42% 与 28.3%，其中可再生能源在发电中占据 44%，且德国计划于 2030 年将此比例提高至 65%，至 2050 年提高至 100%。在化工行业产量相较于 1990 年增加 63% 的同时，德国化工行业 2019 年二氧化碳排放相较于 1990 年下降 54%，能源消耗减少 19%。

除了化工行业宏观方面的措施外，德国的大型化工企业在绿色转型方面也起到了世界级模范的作用。例如，德国大型化工集团巴斯夫，将环境保护与企业经营理念深度结合，是世界上第一个成立企业可持续发展委员会，第一个公布全部产品碳排放数据的化工企业，且其每年投入约 20 亿欧元进行碳排放与循环经济的技术研发。2020 年巴斯夫废物回收利用率高达 72%，处于世界顶尖水平。

在废弃物循环利用等方面，以德国为代表的欧洲化学工业园区的产业链一体化循环生产模式较为突出。例如，德国的路德维希港化工区由巴斯夫投资建成，其生产装置互相连通、上下游产品互相供应、运输管道互通、投资业相互渗透，达到了产业链生产的高度一体化。高度一体化的工业园区，能对废弃物进行最大限度的利用，对无法利用的废弃物也可进行环保处理，不仅能大幅度减少运输成本、节约资源，而且能极大提高生产效率，加大废弃物的利用，促进循环经济的发展。

在这种完善的权责体系下，德国各级环保部门各司其职，对环境进行了有效的管理，加之对民众的广泛宣传，从而保证了高标准节能环保计划的实施和环保事业的顺利发展。德国政府从法律、经济政策上大力支持环保产业的发展（表 9.1）。德国所有与能源使用相关的法律法规，在近年的立法或修订中，都设立相关优惠和促进可再生能源使用的条款。不仅从法律法规建设上，而且在新技术开发应用、财税支持等方面，德国政府和各节能环保部门都对可再生能源的开发利用提供支持和保障。联邦政府每年的环保贷款达到近百亿欧元，企业每年的环保投资在 30 亿 ~40 亿欧元。德国政府还拿出 30 亿欧元，用于补贴老式建筑节能改造，同时为建筑节能改造项目提供低息贷款，而且能耗降得越低，贷款利息越低。

表 9.1　德国节能环保产业相关政策

时间	环保政策	主要内容
1974 年	《联邦排放控制法》	目标为促进空气污染、噪声、振动和辐射的防护，该法首次系统地规范排放标准，成为德国环境保护的基石
1977 年	《联邦自然保护法》	建立保护、维护和开发自然和景观的原则，要求公民根据自己的能力为实现自然保护和景观管理做出贡献，对破坏自然景观的行为进行处罚
1983 年	《控制燃烧污染法》	1984 年生效，对大型焚烧厂烟气排放施行限制性法令，计划削减 70% 以上二氧化硫排放
1994 年	《德意志联邦共和国基本法》（修订）	环境保护成为国家级目标，国家有责任在宪法秩序的框架内通过立法保护子孙后代的自然生活基础，并通过行政和司法机构实现正义
1994 年	《环境信息法》	将工厂环境信息向公民公开，加大公民监督力度，保护公共利益
1996 年	《循环经济和废物管理法》	目的是减少垃圾排放，增加垃圾回收利用，并将其用于产能，永久节约自然资源
1997 年	《污水条例》	所有废水排放都必须按照欧洲共同体法律要求的“最新技术”进行清洁
2000 年	《可再生能源法》	建立气候与环境保护，实现能源供应的可持续发展目标，具体目标如下：2025 年可再生资源提供 40%~45% 的电力，2035 年和 2050 年的目标分别设定为 55%~60% 和至少 80%
2004 年	《温室气体排放交易法》	碳排放交易开始实行，联邦政府根据固定标准分配碳排放权，企业需购买证书进行排放或者在国内国际市场交易
2010 年	《2010 年能源方案》	到 2020 年前降低 40% 的温室气体排放，联邦政府于 2007 年决定从 2018 年后不再补贴石煤矿
2014 年	《2020 年气候保护行动计划》	制定目标：2020 年比 1990 年减少至少 40% 的温室气体排放，并详细制订各行业行动计划

目前，全球有超过 2 000 家上市企业承诺实现“净零”目标，越来越多的企业正在出招应对“脱碳”大考。来自德国的巴斯夫是世界上最大的化工企业之一，2022 年的销售额达到 873 亿欧元，在全球 90 个国家经营 6 个一体化基地和 232 个生产基地，是名副其实的化工巨头。巴斯夫在 2018 年与 Citrine Informatics 合作，利用人工智能发现新的温室气体捕获材料。2021 年，巴斯夫与 Linde 和 SABIC 合作开发一种电加热蒸汽裂解装置，据称这将是同类产品中的第一款。此外，还与意大利能源企业 Eni 合作，将利用生物柴油生产的副产品甘油生产生物丙醇——可用作生物燃料。

近年来，巴斯夫在塑料废弃物回收上所做的努力，大部分通过其 ChemCycling 项目实现——变废为宝的“化学循环”项目（图 9.5），旨在使用化学回收的塑料废弃物工业化生产产品[2]。巴斯夫投资了化学回收企业 QuantaFuel 和 Pyrum Innovations（它们生产热解油），使用混合塑料废弃物生产热解油原材料，为热解油建立了广泛的供应基础，并向客户供应化学回收塑料废弃物原料生产的商业产品。

消费者使用并丢弃塑料制品（如包装、轮胎）
01
废品回收企业收集垃圾并将垃圾分类，提供给巴斯夫的合作伙伴
02
巴斯夫的合作伙伴通过热化学过程将废弃塑料转化为热解油
03
经过提纯的热解油被送入巴斯夫一体化体系用作生产原料
04
通过经认证的质量平衡法，巴斯夫将回收原料分配给一体化体系生产的所有化学产品
05
客户使用这些化学产品来制造自己的产品
06
巴斯夫
“化学循环”
项目

图9.5　巴斯夫的ChemCycling项目

此外，巴斯夫投资并与 LanzaTech 合作，开发了一种从工业废气中生产正辛醇（一种用于化妆品的高价值化学品）的工艺。2021 年，巴斯夫还与日本三井化学公司合作，探索在日本实现化学品回收的商业化。除塑料外，其于 2021 年收购了 Zodiac Enterprises，增强了从工业废料中回收贵金属的能力。

传统工业的转型升级并非在朝夕间可以完成，新产业的孕育、萌生与成长壮大，教育和科研机构的设立、形成创新能力并融入当地经济，修复被破坏的生态环境等都需要时间。作为德国工业心脏的鲁尔工业区也在其经济发展过程中经历了由资源开发到资源枯竭、由钢铁振兴到企业没落的经济阵痛，并通过漫长的综合整治和产业结构调整，逐渐走出低谷，转变为以电子计算机和信息产业技术为龙头，多种行业协调发展的新型经济区。如今的鲁尔工业区风景如画，被人们誉为花园工业区。

德国鲁尔工业区在德国西部北莱茵-威斯特法伦州境内，位于莱茵河下游支流鲁尔河与利珀河之间，占地 4 000 余平方千米，人口超过 500 万人。鲁尔工业区并非独立的行政单元，而是由 11 个区级城市和 4 个农业区组成的具有一定的经济、人口和历史关联性的地理空间。鲁尔工业区是德国也是世界最重要的工业区之一，但曾经以产业结构单一、环境污染、生态破坏、居民生活质量差而广为人知。今天的鲁尔工业区已经成为生命力顽强的产业和人口聚集区，有着特殊的工业遗产、丰富的文化产品、广袤的公园和绿地及高品质的居民生活，其作为转型发展成功的地区受到全球的关注。

经历了一个多世纪的繁荣发展后，鲁尔工业区在 20 世纪五六十年代，由于廉价石油的竞争，先后遭遇“煤炭危机”和“钢铁危机”，煤炭的能源地位下降，世界性的钢铁过剩使其经济受到严重影响，重型工业经济结构日益暴露弊端[3]。鲁尔工业区开始出现逆工业化趋势，本地制造业竞争力持续下降，大批工厂破产、倒闭、外迁，数十万人失业，工业污染严重。

针对鲁尔工业区的产业转型发展，德国推出了“制定有利于可持续发展的实施战略规划”，变革历经阵痛，曲折而漫长，大致分为三个阶段。

第一阶段：20 世纪 60 年代，启动转型，但非系统转型。20 世纪 60 年代，鲁尔工业区通过创建大学来启动产业转型。采取的主要措施包括：制订调整产业结构的指导方案，通过提供优惠政策和财政补贴对传统产业进行清理改造，并投入大量资金来改善当地的交通基础设施、兴建和扩建高校和科研机构、集中整治土地等，为下一步的发展奠定基础。

第二阶段：20 世纪 70 年代，徘徊等待，导致经济陷入困境。尽管在 20 世纪六七十年代，鲁尔工业区采取了建设新的基础设施、开展教育培训、加强社会保障等措施，但是 20 世纪 70 年代的两次石油危机又唤回了煤炭作为国家替代能源的“梦想”。这使得实施系统的应对结构变化的区域战略和政策在相当程度上晚于经济开始衰退之时，导致鲁尔工业区在 20 世纪 80 年代陷入了更为严重的困难之中。

第三阶段：20 世纪 80 年代，系统转型，实施系统的转型战略和政策。20 世纪 80 年代至今，德国启动和发展了鲁尔工业区的更新计划。德国联邦政府和各级地方政府充分发挥鲁尔工业区内不同地区的区域优势，形成各具特色的优势行业，实现产业结构的多样化。鲁尔工业区基本完成转型，发展成现在既有强大传统工业做基础，又有新兴产业为增长点的新型综合工业区。

传统产业重在转型升级，不是一关了之。传统产业承载着大量的就业人口，人类的生存和发展始终需要传统产业提供的产品和服务，因此，传统工业转型升级的核心在于以什么样的技术和方式生产产品和提供服务。鲁尔工业区推动传统产业升级，主要采取了三大方略。

（1）增进规模经济性，尽可能采取最有效率的技术降低成本。例如，德国蒂森克虏伯集团对于鲁尔工业区最大的杜伊斯堡钢铁生产联合体进行了根本性技术改造投资，包括 2007 年建成当时世界上最大的顶吹炉，升级热带连轧系统，提高相关设备的环境友好度等。

鲁尔工业区从投资于扩大产能到投资于在其他国家和地区制造生产设备，延展了生产经营的产业领域。聚焦于生产专业性的高附加值产品，包括产业链下游客户需要的产品。

（2）科技创新能力培育起到关键作用。到 20 世纪 50 年代时，鲁尔工业区还没有一所大学。为了提升创新能力，从 20 世纪 60 年代开始，鲁尔工业区在多特蒙德、杜伊斯堡等城市陆续建立了多特蒙德大学等 22 所高等院校。现在，鲁尔工业区已经成为欧洲高校密度最大的地区。2015 年，有超过 22 万名学生在鲁尔工业区的大学和技术学校读书。同期，鲁尔工业区还建立了许多研究所、跨学科的研究中心和促进技术转化的科技中心。这些教育和研发机构，培养了创新人才，加强了鲁尔工业区与其他地区在技术交流方面的联系，厚植了创新的土壤，有力地推动了鲁尔工业区的转型发展。例如，在多特蒙德应用技术大学建立的新技术中心就为1988年建立的多特蒙德科技园区孵化了大量企业。

（3）大力培育新兴产业，调优产业结构。鲁尔工业区将极具发展潜力的高新技术产业和第三产业作为发展重点，以此来提高区域产业的竞争力。鲁尔工业区规定，凡是生物技术、信息技术等新兴产业到北莱茵-威斯特法伦州来落户，将给予大型企业投资者28%、小型企业投资者18%的经济补贴。强有力的优惠政策扶持，使得生物医药、信息技术、环保技术、文化旅游等新兴产业取代煤炭、钢铁业成为北莱茵-威斯特法伦州的支柱产业。北莱茵-威斯特法伦州仅从事数据处理、软件及信息服务的企业就超过11万家，电信企业380多家。鲁尔工业区经济结构得到明显的调整、充实和提升，第三产业部门比重大幅提高。

3. 美国节能环保产业高质量发展历程

美国陆续出台了较多的环保法律法规，同时辅以经济手段激励，通过严格的法律限制与市场化的环保运作体系，落实环保理念与实践（表9.2）。

表9.2 美国节能环保产业相关政策

时间	环保政策	主要内容
1969年	《国家环境政策法》	成立环境质量委员会，确立国家级环境保护目标，提倡在保护环境前提下实现环境资源利用的最大化，并建立对可能影响环境的活动和项目的环境影响评价制度
1970年	《清洁空气法案》	建立国家空气质量标准，制定污染源排放标准，要求每个州政府制定环境计划，确保达到并持续符合环保标准
1975年	《能源政策与节约法案》	针对1973年石油危机，制定用能产品的能效标准，目标是促进能源节约，提高能源使用效率
1978年	《国家节能政策法案》	鼓励政府及其他机构参与电力需求管理，对参与机构进行经济补偿，促进节能
1988年	《联邦能源管理改进法》	在融资、技术支持、拓展活动、相关政策等方面提供节能支持，并确定具体的节能目标
1990年	《污染预防法》	针对之前法案主要聚焦于污染物处理，没有针对污染源做更多措施等问题，该法案重点在于污染预防，主要包括提高能源、水或其他自然资源的使用效率
1992年	《国家能源法》	是能源供应和使用的综合性法律文本，也是美国历史上第一部能源方面的基本法
2002年	《晴朗天空与全球气候变化行动》	设定减排目标：2012年温室气体密度排放较2002年减少18%
2003年	《能源战略计划》	“提高能源利用率”上升到“能源安全战略”高度，提出四大能源安全战略目标，提供200亿美元支持能源技术
2005年	《2005年国家能源政策法》	涉及能源使用效率、可再生能源与清洁能源等，具体手段包括优惠政策辅助科研，未来10年提供145亿美元减免税，该法案为开发或使用创新技术以避免温室气体副产品的实体提供贷款担保
2009年	《2009年美国清洁能源与安全法案》	提出减排目标：2020年温室气体排放降低到1990年的水平，2050年在1990年水平的基础上降低80%。为此，美国确定了“总量管制和交易”制度，且对高碳经济征税以补贴新能源
2016年	《弗兰克劳滕伯格21世纪化学物质安全法》	所有与化学物质投产前相关的项目，必须经美国环境保护署审批方能正式开始生产；业界需要向美国环境保护署汇报过去10年制造或加工的化学物质

根据美国《工程新闻记录》(Engineering News-Record)2022年度“工程设计企业国际营收(海外收入)225强”前十强企业海外营业收入，美国嘉科工程集团公司(Jacobs Engineering Group Inc.，简称嘉科)2021年海外营业收入为3 582亿美元。嘉科创立于1947年，总部位于美国加利福尼亚州帕萨迪纳，员工约48 000人，是一家提供技术咨询和建筑服务的公司。嘉科业务范围包括规划、工程设计、室内设计和环保服务，以及系统检测、分析和咨询、通信技术、系统工程和整合服务。该公司客户涵盖产业广泛，包括石油及天然气探勘、生产及提炼、航天军工及环保、化学工业、矿物采掘业、制药及生物技术、能源、造纸业、制造业、食品及消费产品等。该公司通过北美洲、南美洲、欧洲、大洋洲、非洲和亚洲等地约200间办事处提供全球服务。

第一阶段(1947~1974年)：依托重大合同快速成长并成功上市。

1947年，约瑟夫·雅各布斯(Joseph J. Jacobs)博士创立嘉科，主要从事工程咨询设计及设备制造商的代理，此后，公司业务借助几个重大项目快速增长。1956年，嘉科完成了第一个重大化工工程设计项目——位于路易斯安那州的恺撒铝业的烧碱氯气厂工程；1964年，获取阿拉伯钾盐公司在约旦从可行性研究到投资的咨询合同，这项工程为嘉科贡献了5亿美元的收入；1967年开始为美国硼砂公司提供设计、建造服务，并与其建立了长期合作关系，此时，嘉科已拥有300名员工，并在新泽西州设立了第一家分支机构；嘉科于1971年在美国股票交易所成功上市。

第二阶段(1974~1995年)：涉足政府项目，并积极拓展国际市场。

1974年，嘉科在爱尔兰承担了一项2 500万美元制药厂的E&C(engineering and construction，工程与建筑)管理项目，该项目开辟了国际项目的先河，随后为支持公司的海外业务发展，嘉科在都柏林、爱尔兰及墨西哥湾沿河区域设立了分支机构。嘉科利用十年时间完成了美国三分之一铀矿项目的设计、建造，此时的嘉科已拥有1 600名员工。嘉科于1982年开始了第一个和美国联邦政府合作的能源项目，此次合作为获得政府业务打下了坚实的基础。随着嘉科业务的不断扩展，1995年嘉科的分支机构遍及英国、印度、墨西哥、法国、西班牙和意大利，业务模式也由原来的咨询设计，发展到工程总承包、设计施工一体化等。

第三阶段(1995年至今)：通过兼并收购快速扩张，铸就行业霸主地位。

进入21世纪以后，嘉科更为关注企业扩张，通过一系列大手笔的收购实现了规模上的高速膨胀和业务领域的快速拓展。2004~2011年，嘉科平均每年收购2~3家公司，被收购公司的业务涵盖基础设施、航空咨询、工业服务、商务咨询、化学和生物技术、信息技术等。一系列的兼并收购使得嘉科业务迅速扩张到全球20个国家，拥有160多个分支机构，其业务也由最初的石油化工扩张到交通、建筑、石油化工、基础设施、通信、工业自动化及能源等领域。

嘉科作为全球领先的工程设计服务提供商，其业务涵盖建筑、基础设施、交通运输、环境、能源等多个领域。善于抓住时代潮流的嘉科早年获得了政府订单，将其发展成公司特色，并通过不断地兼并收购，在业务拓展和地域扩张上不断发展，成为国际工程设计领域的领导者。面对变化的外部环境，嘉科审时度势，开展了技术引领的转型升级之路，致力于成为全球技术领先的解决方案公司。嘉科的发展思路，可以为我国优秀工程设计公司的发展提供借鉴。嘉科成功的原因如下。

（1）剥离传统低利润率业务，聚焦核心业务发展。嘉科持续优化各板块业务，聚焦核心优势业务，淘汰营业利润率低的业务。2019 年嘉科将其能源、化学和资源业务出售给 Worley Limited，这是一家在澳大利亚成立的公司，售价为 34 亿澳元。此次出售，嘉科基本上出售了所有与能源、化学和资源业务相关的资产和负债。通过剥离传统低利润率业务，减少不必要成本支出，嘉科直接提高整体毛利率 1.5 个百分点，为公司再投资提供了充足的现金流。

（2）收购与研发双管齐下，专注创新和持续转型。嘉科深切地认识到以技术变革为引领的转型升级是公司发展的重点，其通过自主研发和兼并收购双管齐下的方式推动科技创新和转型升级。在自主研发方面，嘉科建立了五个创新中心，分别是地理空间科学、网络安全、自动化设计、物联网（包括 5G 和边缘计算）和预测数据分析（包括人工智能和机器学习），以研究更高价值的方案解决未来最紧迫的问题。未来，嘉科将继续通过参与区块链、量子计算等新兴技术的研究，不断增强其技术实力。

（3）有效的组织管理。在人才培养方面，嘉科通过课堂培训、在线学习、“Jacobs 大学”等各种方式为员工提供持续性的专业培训。嘉科的业务发展目标是保持每年 15% 的增长率，这就意味着有更多的项目和更多的发展机会，同时全球化的业务为员工提供了更具挑战性的工作，丰富了他们的专业经验。

在客户管理方面，嘉科采取“多地域”和“无边界”的工作方式支撑其业务的有效运作。“多地域”的工作方式主要是指分布在不同国家、不同地区的员工通过标准化的工作流程、虚拟网络平台共同提供对客户的专业服务。“无边界”的工作方式是指在给客户提供服务时，公司都会提供给客户最先进的技术知识和最专业的人才，从而为客户提供最佳解决方案。嘉科通过“多地域”和“无边界”的工作方式，在充分利用公司人力资源的同时，也能为客户提供定制化的高水平服务。通过高效的客户管理，嘉科来自老客户的收入高达 65%，远超一般公司的水准。

在组织结构方面，嘉科采取矩阵式组织结构，通过高效的项目管理为客户提供各种技术、设计、工程、建筑服务；通过各地办事处和服务部门提供项目控制和采购服务。

在企业文化方面，嘉科以员工的心理健康为重中之重，以保障员工可以全力以赴地工作。嘉科已培训了 1 600 多名积极的心理健康倡导者，他们将帮助有心理健康问题的员工，并在整个公司营造积极健康的文化氛围。

（4）保持与政府机构的长期合作关系。加强与政府机构的合作是嘉科成功的关键要素之一，其从政府机构获得的业务一直占总营业收入较高的比重。与政府机构的长期合作关系也是嘉科的核心竞争力之一。

4. 日本节能环保产业高质量发展历程

日本环保产业的快速发展始于20世纪70年代，经历了由工业污染集中治理到生活污染提标改造的发展期，再过渡到20世纪90年代后期的成熟期。因此，可将日本的环保产业发展分为三个阶段：20世纪60~70年代末的工业源污染集中治理阶段，20世纪80~90年代生活源污染集中治理与提标改造阶段，2000年以来大规模集中建设期结束后的综合环境质量改善阶段。

日本节能环保产业相关政策见表9.3。

表9.3 日本节能环保产业相关政策

时间	环保政策	主要内容
1967年	《公害对策基本法》	第一个环境基本法，致力于维护公民健康与环境保护，防止公害、建立环境标准、污染物排放控制、土地利用控制
1972年	《自然环境保全法》	设定环境保护的基本构想，建立环境保护调查基本制度、自然环境保全措施，将自然保护措施具体化和深化
1979年	《节约能源法》	推进工厂、运输、建筑物及机械器具等方面能源的合理使用，详细规定其能源使用具体措施，提高节能标准
1991年	《再生资源利用促进法》	呼吁全民参与节能，国家、地方自治体、事业单位及消费者分担各自应负的社会责任，共同控制工业垃圾的产生，保护环境卫生
1993年	《合理用能及再生资源利用法》	设定日本国内的节能工作、国外的二氧化碳排放控制工作，如回收、再利用、减少废弃物等再生资源的有效利用、氟等特定物质的合理利用等，且于2003年进行修订
1993年	《环境基本法》	建立环境基本计划与环境影响评价制度，制定详细环境基准，健全监督制度，利用经济措施治理环境污染，污染者与受益者共同负担
1998年	《关于地球温暖化对策之推进法律》	明确国家、地方、企业与国民的责任和义务，建立防止地球温暖化的基本方针，要求国家和地方政府制定具体的目标，各企业进行能源的高效管理
1998年	《2010年能源供应和需求的长期展望》	强调通过采用稳定的节能措施来控制能源需求
2000年	《循环型社会形成推进基本法》	以建立循环型社会为目标，主要有确立排放者责任原则和扩大生产者责任原则，尽可能实现生产消费的可循环利用，降低环境负荷
2002年	《日本能源政策基本法》	环境保护与高效率相对应，同时实现能源稳定供给的目标，降低不可再生能源的过度依赖，推进能源资源的开发、能源输送体制的完善、能源储备及能源利用的效率化，并不断改善政策措施
2006年	《新国家能源战略》	提出八大节能减排措施及开发新能源措施，制定2030年前推行新能源的六个战略目标，如大力发展节能、促进可再生能源使用等

20世纪90年代，日本泡沫经济破灭，经济持续低迷，原材料工业出现大面积萧条。为了系统解决废物激增、垃圾处理设施布局困难、非法丢弃等问题，日本开始从“大量生产、大量消费、大量废弃”的线性经济型社会向循环型社会转变，逐步形成政府、企业、居民三方主体合作推进的循环经济法律体系。

爱知县发展生态城镇的经验体现了政府、企业、居民三方主体共同推进区域循环经济体系建设的特点。宏观层面，国家制定了基本法、综合法、专项法、特别法等13部法律，构成了全面的循环经济法律法规体系。中观层面，地方政府结合自身的特点，突出地方产业集群优势，出台相应的实施计划和产业政策，利用财政补助鼓励技术研发与合作。微观层面，当地企业和居民积极参与，开展环保实践创新。

爱知县地处日本中部都市圈中心，工业基础雄厚。截至2018年，爱知县工业产值连续42年位居日本第一，2018年其工业产值占全国工业总产值的14.7%，是日本最具代表性的工业区域。当地工业以组装加工业为主，爱知县被称为“制造之县”。其中，以丰田汽车为代表的汽车制造业占当地工业总产值比重高达52.9%，是名副其实的地方支柱产业。作为全国汽车制造中心，爱知县2018年生产汽车167万辆，占日本汽车生产总量的33.5%。

爱知县作为日本工业第一强县，资源投入量高，工业产品数量多，产业废弃物排放量大。为了推动循环经济转型，爱知县以丰田汽车为龙头，着力发展高附加值制造业和先进的产业废弃物处理回收技术。1997年爱知县取得了世界博览会的举办权，以“自然的睿智”为主题，聚焦环境问题。以此为契机，爱知县走上了生态城镇发展之路。2003年，爱知县制定了《爱知资源循环型社会规划》，并于2004年基于该规划颁布了“爱知生态城镇计划”，以“环境和经济良性循环的制造之县”为目标，通过产学交流、县民参与和企业合作，努力创建新的、高附加值的资源回收产业，积极推动资源回收产业与现有制造业在社会经济体系中紧密结合、互促共进。2012年，为了进一步促进爱知县以制造业为主的“动脉产业”和废物回收再利用的“静脉产业”交互发展，爱知县颁布了“新爱知生态城镇计划”，确保资源回收产业在盈利的基础上实现可持续发展。2017年，为了发挥地区潜力，实现不同地域、多种资源的协调发展，爱知县提出了以“地域共同体再生”为目标的“爱知地域循环圈形成计划”。可以看出，循环经济转型是一个系统工程。爱知县生态城镇发展之路从聚焦生产制造环节、鼓励当地企业积极发展循环利用实践，到强调消费模式和生活方式改变的重要性，体现了对产品全生命周期各个主体的重视。

“爱知生态城镇计划”实施以来，当地废物减量化的效果持续显现，社会一般废弃物产生量持续下降，但经过十多年的发展，继续减量已经面临瓶颈。资源再利用率在2010年达到峰值23.6%后有所下降，稳定在22%左右。产业废弃物占废弃物总量超过80%，其产生和再利用都深受市场波动影响。尽管产业废弃物的资源再利用率到2013年达到74.0%的峰值，但此后难有进一步突破，维持在70%左右。仅仅在现有生产模式和技术范式下推进循环经济发展的空间已然受限，为此，将循环型社会与低碳转型相结合，探索新的发展道路成为生态城镇发展的新课题。

“新爱知生态城镇计划”旨在进一步促进爱知县主导的制造业（从自然中提取资源，进行产品的设计、生产、物流、销售、消费等经济活动相关的产业，即“动脉产业”）和废物回收再利用（从生产和消费活动中排出的废弃物的分类、回收、物流、中间处理、再利用、再资源化、最终处理等相关产业，即“静脉产业”）的交互发展，确保资源回收产业在盈利的基础上实现可持续发展。“新爱知生态城镇计划”

以激励当地企业发展循环经济产业集群为主，主要包括五大措施：①在行政体制方面，通过提供各类相关信息和环境培训，挖掘和创造新的资源循环产业；②在制度建设方面，继续扩充资源循环评价、认定制度，协助企业开展相关业务；③在法律支持方面，考虑在现行法律制度下制定特殊政策，为资源循环企业应用该制度提供支持，并深化与国家政府、其他地方政府、行业团体等的合作；④在财政补助方面，通过向资源循环企业提供资金，减轻其负担，提高资源循环企业的积极性；⑤在技术研发方面，通过发展回收、能源转换技术，将被排放出的未使用资源开发成新的地方资源，构建区域循环系统，推进零排放事业。

在“新爱知生态城镇计划”的鼓励下，以丰田汽车为中心的支柱产业集群通过与关联企业合作开展资源回收、以旧制新，推动建立区域内循环利用系统。丰田汽车作为爱知县汽车制造业龙头企业，2010 年 10 月以来建设了世界上第一个“电池到电池”回收项目：从旧的混合动力汽车镍氢电池中提取镍、钴等稀有金属，并将其作为电池原料进行回收，实现了废弃电池的闭环管理和稀有金属的循环利用（图 9.6）。丰田汽车在 2015 年 10 月发布的“丰田环境挑战 2050”战略中，公布了构建汽车循环利用系统的挑战目标 [4]。

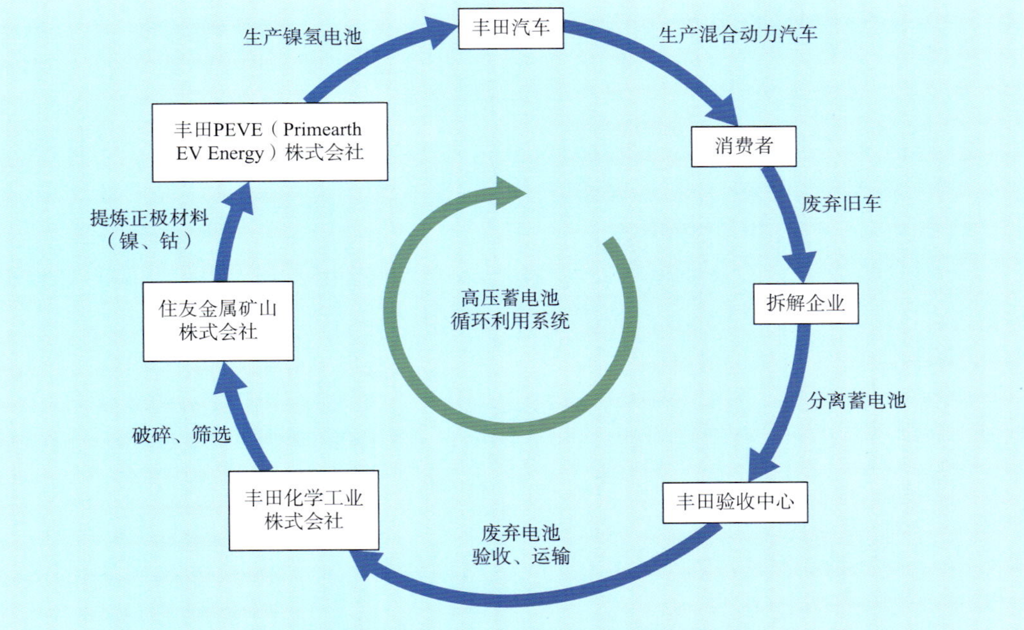

图9.6　丰田汽车的高压蓄电池循环利用系统

在联合国可持续发展目标要求提高资源效率、建设低碳型社会的背景下，爱知县的生态城镇计划进一步将范围扩展到整个经济社会，实施重点也从生产端扩展到消费端，以实现市民日常生活的全生命周期低碳化。2017 年，为了发挥地区潜力，实现不同地域、多种资源的协调发展，同时考虑到生物多样性、碳减排、地区活化、老龄化等多种问题，爱知县提出了以“地域共同体再生”为目标的“爱知地域循环圈形成计划”。在全国层面，2013 年 5 月日本环境省制定的《第三次循环型社会形成推进基本计划》提出，为了改善当地资源循环利用状况，最大限度发挥各地域潜力和特性，推动建设循环型社会，应当大力发展“地域循环圈”。2016 年以来，不只爱知县，日本各地的生态城镇计划都逐渐被地域循环圈计划取代。

“爱知地域循环圈形成计划”主要包括三大措施：①在已有基础上，利用先进的回收处理技术和设施，继续开展“减少、再利用、回收”活动；②高效利用生物质能（如食品废弃物、动物排泄物、未利用间伐材、下水污泥），构建低碳社会和自然共生社会；③以爱知县资源循环推进中心为主，继续推进企业、地区团体、居民之间的合作。

日本爱知县的生态城镇建设历程对于我国当前探索地方可持续转型具有借鉴意义。首先，爱知县围绕当地的特色产业集群——汽车制造业集群，推动区域资源循环体系建设。其中，生产者责任延伸制度对于鼓励集群龙头企业积极参与产业链重塑，合作推动技术进步非常重要。其次，爱知县的生态发展之路从生产环节向消费环节，乃至全生命周期地域循环圈拓展，其中涉及能源结构、基础设施等社会经济长期性投入。上述两方面都需要立足于地方多元主体的积极参与，通过循环经济发展为地方社会注入新的活力。

9.1.2 世界级节能环保产业高质量发展规律

发达国家引领节能环保产业发展，但领先优势逐步减弱。当前，绿色低碳循环经济和节能环保发展模式正在全球范围内兴起。2019 年，全球环保产业规模达到 11 682 亿美元，同比增长 3.60%。

从细分领域来看，水处理领域规模最大，达到 6 606.20 亿美元，占比 56.60%；固废处理和环境服务领域规模位列其后。3 个领域规模合计超过 1 万亿美元，总占比为 87.80%。

从区域分布来看，北美洲和欧洲凭借自身产业先发优势和技术积累优势，在节能环保产业发展过程中不断创新，持续占据全球节能环保产业领先地位。2019 年，美国和欧洲节能环保产业规模分别达到 4 386.90 亿美元和 3 710.00 亿美元，占比分别为 37.56% 和 31.77%。日本则是亚太地区节能环保产业发展的龙头，2019 年节能环保产业规模达到 1 893.30 亿美元，占据亚太地区总规模的 60% 以上，位居全球第三。

从企业发展情况来看，全球国际巨头纷纷通过战略并购应对新兴国家挑战。其中，并购、重组是国际节能环保巨头发展过程中的成功经验，但面对后继追赶的新兴国家，这也成为这些昔日巨头的无奈之举。例如，威立雅通过不断并购将业务范围拓展至水、固废、运输、能源服务等领域，已成为全球名列前茅的节能环保巨头；苏伊士公司联合加拿大养老基金公司，以 323 亿欧元的价格收购美国 GE 的水处理业务，以弥补苏伊士公司缺乏膜组件生产能力。

在全球经济一体化背景下，国家之间的竞争已由企业之间、产业链之间的竞争逐渐转变为产业集群之间、产业生态系统之间的竞争。制造业集群化发展是产业发展的基本规律之一，也是制造业结构调整和转型升级的必由之路，相应发展水平在一定程度上代表了国家的产业竞争力。先进制造业集群必然是高科技产业集群，构建产业集群科技支撑体系是增强产业集群创新能力、提升产业核心竞争力的本质要求，也是制造业产业集群发展壮大的核心要素。

有关制造业集群科技支撑体系研究集中在三方面：从制造业集群创新体系构建角度出发，侧重研究创新体系特征、政府对创新体系的治理等；从战略性新兴产业宏观发展角度出发，侧重研究创新资源区域布局、区域创新系统与战略性新兴产业集群之间的关系等；从典型产业发展角度出发，侧重研究集群网络化协作组织、开放创新、产业链协同创新等。

先进制造业集群科技支撑体系是以产业集群为基础形成的创新网络，由企业、科研机构、创新环境等核心要素组成。企业是创新主体，科研机构是核心支撑，创新环境（如科技中介服务、体制机制和政策环境、文化氛围等）是集群壮大的关键，三者以企业为核心形成创新网络并共同支撑先进制造业集群发展。先进制造业集群科技支撑体系具有以下特征：企业、高校、科研院所、新型创新组织等主体活跃，在掌握某一领域关键核心技术的同时还拥有持续创新能力；拥有良好的产学研协同创新、产业链上下游协同创新机制，形成以企业为主体的技术创新体系；科技中介服务水平满足集群创新需求，支持创新的政策和制度优越，具有宽容、开放、信任的创新文化氛围。

1. 德国先进制造业集群科技支撑体系

（1）建立网络化的互动交流机制。德国政府积极推动地理空间邻近且集聚的企业和各类机构之间形成高度网络化的本地互动/交流机制。德国“领先集群竞赛计划”中的能源效率创新集群集中分布在萨克森州，聚集的110多个集群伙伴（含17家大型企业、61家中小型企业、33家高校及研究机构）基于技术联盟共同开发节能信息通信技术，为数字社会建设奠定了基础。

（2）采取分类支持与培育的方式推动集群创新发展。一方面，德国政府采取差异化的政策支持集群发展：以单个产业为主，如“生物区域计划”旨在促进生物技术的产业化；以创新发展为主，如“创新竞争力集群计划”倡导跨产业、跨区域协同创新；以集群合作为主，如“走向集群计划”支持地区间的合作并建立集群与集群间的相互合作机制。另一方面，德国政府根据制造业集群的不同发展阶段采取分类管理方式进行建设，针对薄弱的技术与产业、落后领域设立专项扶持计划，对于发展良好的技术与产业则采取竞争性政策。

2. 美国先进制造业集群科技支撑体系

（1）依托区域优势推动科技资源集聚。区域的要素禀赋、交通基础设施、科研机构密度、技术研发实力等优势促成了美国制造业集聚，相应的技术、资本、人才、产业集聚形成较完整的科技支撑体系。加利福尼亚州凭借区域内斯坦福大学、加利福尼亚理工学院等高校的计算机、信息技术研发优势，形成了以信息技术、互联网服务、软件开发为主的产业集群。休斯敦市依托墨西哥湾畔丰富的石油储量和便利的交通条件形成了石化产业集群，集聚了美国30余家大能源企业中的29家企业总部，以及1 000多家石油设备制造商和供应商，带动了石油开采、精炼加工等关联产业成长。

（2）构建产学研协同创新机制。硅谷的高新技术产业集群在发展过程中特别注重与斯坦福大学进行产学研合作，将斯坦福大学具有市场应用前景的先进技术转化到集群企业中。波士顿生物医药产业集群在发展过程中特别注重与波士顿大学、麻省理工学院、哈佛医学院等周边高校建立校企合作机制，为产业集群发展输送了大量技术。同时，麻省理工学院鼓励优秀教师创办企业，由校友创建的企业超过3万家。

3. 日本先进制造业集群科技支撑体系

（1）创新机构在集群中起到核心枢纽功能。各类高校、科研院所等创新机构在日本先进制造业集群中占据核心位置。集群创新活动以研发机构的科学家和研发团队为基础，以技术研发为中心，以技术转移转化、金融机构等为中介，以技术研究开发型企业为最终培育目标。

（2）注重建设集群发展长效机制。日本政府在推动制造业集群形成及发展进程中，根据发展目标制定具有衔接性、时效性的政策，重视相关政策的延续性。通过减免税收、设立国家级科技项目等延续性政策支持企业开展技术创新活动；着眼于制造业集群未来发展，在集群内建设众多关键共性技术创新平台；保持科研机构、企业、高校、行业协会、管理部门之间的紧密联系并进行协同创新。

9.1.3 产业高质量发展趋势变化

1. 产业需求

随着环境保护和可持续发展理念的广泛普及，世界环保市场呈现迅速发展的势头，世界各国特别是发达国家纷纷出台相关政策并加大资金投入，加大对环保市场的扶持力度。2019年全球环保市场规模达到12 649.70亿美元，同比增长3.20%，预计全球环保市场继续保持稳步发展态势。目前世界上环保产业发展最具有代表性的是美国、欧洲和日本。美国是当今环保市场最大的国家，占全球环保市场规模的1/3以上；欧洲在环保领域处于世界次席地位。

如今的环保产业已超出原来环境保护的单纯意义和范畴，在能源供应危机和应对气候变化的共同目标下，环保产业的内涵和外延不断扩展，新一轮的环保产业革命悄然兴起，以低碳发展、新能源及提高能效为主要特征，显示出无比强大的生命力，得到持续发展，成为各国促进经济发展的新增长点和经济结构转型的新抓手。

美国、日本、德国的环保技术专利申请量远远超过其他国家。我国的环保技术专利申请量相比其他发达国家较少，但年增长率相对较高，发展速度很快。我国的环保技术专利申请量上升速度加快，新型材料技术、能源技术、生物工程技术等被源源不断地引进环保产业。发达国家由于国内市场日趋饱和，环境标准制定愈加严格，发展环保产业的成本变得更加高昂，发展速度放缓。

2. 创新需求

随着环保技术的精细化、高端化需求不断增强和应用场景的不断延展，在目前广泛使用的水处理、大气治理、固废处理技术的基础上，环保技术创新聚焦于新兴科技的交叉领域，以与现代生物技术、新材料、新一代信息技术等领域的渗透融合为核心驱动力，进一步改善强化环保产品的处理能力，促进环保技术创新突破瓶颈，加速环保产业的转型升级。

在全球范围资源约束趋紧和环境污染加剧的背景下，及时精准的环境监测和检测数据将成为辅助环境管理和科学决策的重要基础，以及评价环境质量和污染治理成效的重要依据。环保技术装备正加快向高端化和精密化方向发展，进一步提升环保数据的可靠性、精确性和稳定性。光谱、色谱、电子信息等技术的进步，大幅提升了环保仪器装备的灵敏度和准确度，成为加速环保技术应用效能扩增的重要依托。大数据、人工智能、物联网等技术在全球范围内兴起，智能化技术加快融入环保领域，通过在线监测设备监测污染源数据信息，并借助网络传输至数据中心进行汇总分析等工作，实现实时监测、应急响应和科学决策等功能，成为环保技术应用及监督管理的主要发展趋势。

3. 政策需求

2015 年 9 月，联合国所有会员国一致通过了可持续发展目标。这是全世界人民都希望实现的目标，包括消除贫穷、消除不平等和应对气候变化等。联合国可持续发展目标包括 17 个目标和 169 个具体目标，与现有的联合国千年发展目标相比，在环境与可持续消费与生产，以及应对气候变化等领域的作用尤为显著，将成为促进企业环境、社会责任、治理（environment，social responsibility，governance，ESG）活动的基础。

2019 年，为克服气候变化及环境危机，保障区域内工业的竞争力，欧盟颁布《欧洲绿色协议》，宣布了“2050 年前实现温室气体净零排放”的目标，标志着联合国可持续发展目标在工业领域开始发力。在该项政策的 8 项目标中，工业领域政策的核心是“循环经济”，首要任务就是推动立法，引导可持续产品开发，直接影响境外出口企业。

2022 年 3 月，欧盟继续颁布了“循环经济配套”政策，公布了《可持续产品生态设计法规》的立法计划，宣布从 2024 年开始，将依次按目标产品和材料类别进行监管，初步选定了钢、铁、铝等九大候选产品。作为现有的欧盟生态设计法规，《能源相关产品》(Energy-related Products) 对电气电子系列产品进行监管，监管的核心是产品的资源效率和环境足迹。因此，展开必要的先行活动势在必行。

《欧洲绿色协议》指出，要将企业的 ESG 活动与投资挂钩。除了这些全球产品环境政策之外，工业领域的 ESG 问题愈发明显，与企业环保产品及材料方面的成果密切相关。因此，工业领域将迫切需要研究碳减排技术，以求最大限度地提升环境绩效，同时对产品和材料的使用效率和碳足迹进行系统化管理，以及对数据进行获取和沉淀。

9.2 中国节能环保产业“四链”融合发展现状及面临的挑战

9.2.1 中国节能环保产业“四链”融合的发展历程

节能环保产业是指为节约能源资源、发展循环经济、保护环境提供技术基础和装备保障的产业，是国家加快培育和发展的七个战略性新兴产业之一，主要包括节能技术和设备、高效节能产品、节能服务产业、先进环保技术和装备、环保产品及环保服务等。

如图 9.7 所示，节能环保产业的上游主要是包括钢铁、化工、设备、有色金属在内的原材料供应商，这些行业为环保产品的生产及工程实施提供原材料，其价格波动直接影响环保行业的成本，进而对细分行业的利润产生影响。

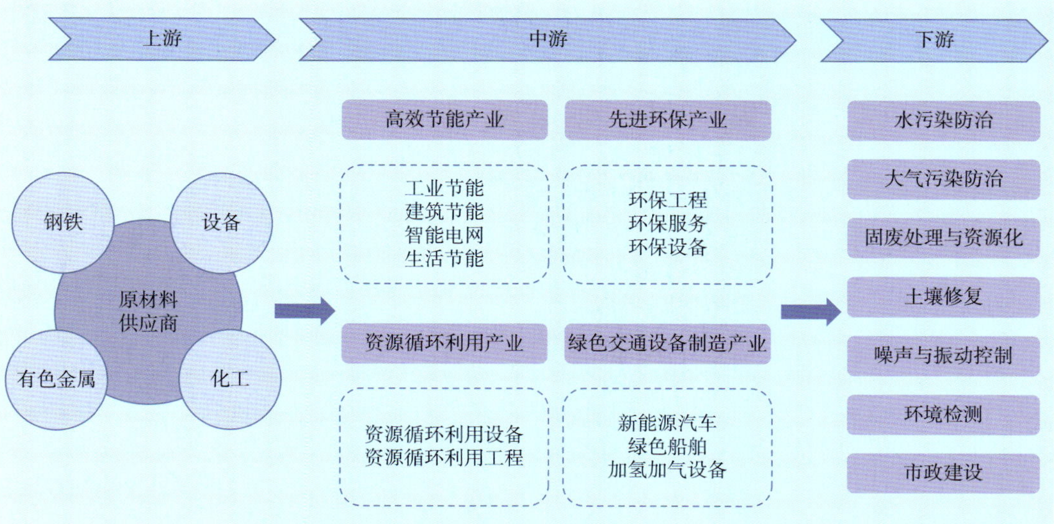

图9.7 节能环保产业链

节能环保产业的中游主要为四大子产业，即高效节能产业、先进环保产业、资源循环利用产业和绿色交通设备制造产业。其中，高效节能产业和先进环保产业涉及节能环保技术与装备、节能环保产品与服务等。

节能环保产业的下游主要包括水污染防治、大气污染防治、固废处理与资源化、土壤修复、噪声与振动控制、环境检测、市政建设等行业。政府部门是环保治理的重要需求方，这是因为环保行业具有很强的公益属性，其需求变化在很大程度上取决于产业政策。

节能环保企业产业链见图 9.8。

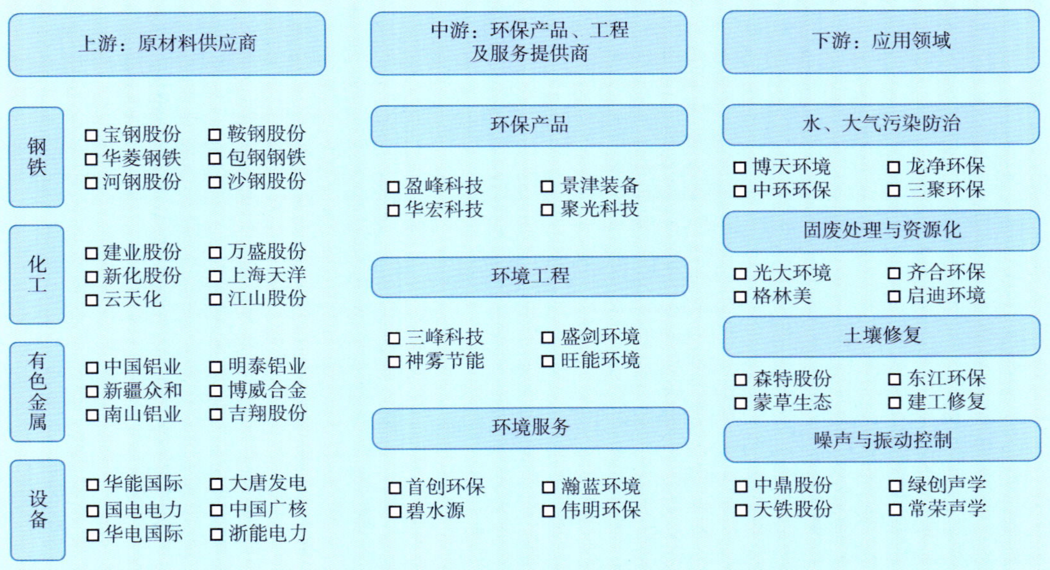

图9.8　节能环保企业产业链

我国节能环保产业历经五个阶段，从初期的以“三废”治理为主，发展为包括节能环保产品、环境服务、洁净产品、废物循环利用，跨行业、跨地区，产业门类基本齐全的产业体系。“十五”以来，国家加大了对电力、水泥、钢铁、化工、轻工等重污染行业的治理力度，加强了对城镇污水、垃圾和危险废物集中处置等环境保护基础设施的建设投资，有力拉动了节能环保产业的市场需求，产业总体规模迅速扩大，领域不断拓展、结构逐步调整、整体水平有较大提升，运行质量和效益进一步提高。

1. 萌芽阶段：20世纪60年代中后期至1972年

在该阶段，我国开始研制污染控制设备，环保产业尚在孕育过程中。20 世纪 60 年代中后期，我国在北方重工业城市设立了“三废”治理办公室，开展了“三废治理”工作。

2. 初步发展阶段：1973~1989年

1973年召开的全国环境保护会议确定了“环保32字方针”，标志着我国环境保护事业的起步，环保产业由此诞生。1979年颁布的《中华人民共和国环境保护法（试行）》确定了环境保护的基本方针和“谁污染，谁治理”的政策，从立法角度进行环境保护，增强环保产业发展推动力。1983年底召开的第二次全国环境保护会议，将环境保护作为我国的一项基本国策，此外，以《中华人民共和国环境保护法》为代表的法律法规政策体系初步建立，为环保产业的发展奠定了坚实的制度基础。

3. 稳步发展阶段：1990~2000年

在该阶段，环保产业逐步扩展到环保技术开发、工程设计施工、环境咨询等环保服务、“三废”综合利用、自然生态保护等领域。环保市场以政府引导、企业自我发展和调整结合推动发展，产业初具规模。1992年全国环境保护产业工作会议召开，确定了我国环保产业发展的指导思想和基本方向。1996年《国务院关于环境保护若干问题的决定》提出，大力推进“一控双达标”等工作。为适应环境保护新形势要求，国家对部分环保法律法规进行修订，并出台了多项环境法律法规和环境标准，同时加大对环境污染治理的投资力度。我国环保产业发展驶入快车道。

4. 快速发展阶段：2001~2020年

在该阶段，环保产业内涵不断丰富，领域进一步延展，逐步形成综合性行业，同时产业结构不断调整优化。这一时期，仍以政府引导为主，但市场机制在环保产业发展中的作用逐步显现，政策推动下市场化进程加快。“十五”期间，国家采取一系列加强环境保护的对策措施，市场化机制开始进入环保领域。“十一五”期间，国家把主要环境污染物减排列入约束性指标并制定污染治理和资源综合利用的相关政策法规，将节能环保产业列为战略性新兴产业。“十二五”以来，国家环境政策持续加码，进一步修订和完善了相关法律法规、环境标准等，加强环境执法监督，加大环境保护投资力度。

5. 高质量发展阶段：2021年至今

我国将碳达峰、碳中和纳入生态文明建设整体布局，有利于推动污染源治理，实现降碳与污染物减排、改善生态环境质量协同增效，有利于减缓气候变化特别是由此造成的极端天气带来的不利影响，减少对人民生命财产和经济社会造成的损失，有利于促进生物多样性保护，提升生态系统服务功能。实现碳达峰、碳中和目标是一场广泛而深刻的经济社会系统性变革，将推动我国走出一条生态和经济协调发展、人与自然和谐共生的可持续发展之路。

《“十三五”节能环保产业发展规划》提出，“十三五”期间，“做大做强节能服务产业，创新合同能源管理服务模式，健全效益分享型机制，推广能源费用托管、节能量保证、融资租赁等商业模式，满足用能单位个性化需要”，“到2020年，节能服务业总产值达到6 000亿”。

在“双碳”目标下，《中华人民共和国国民经济和社会发展第十四个五年规划和2035年远景目标纲要》提出推动绿色发展、持续改善环境质量、提升生态系统质量和稳定性、全面提高资源利用效率。因此，需要培育壮大节能环保新兴产业，提高产业链、供应链现代化水平，强化经济高质量发展的战略支撑，实现战略性新兴产业集群发展工程，在节能环保领域，培育一批特色鲜明、优势互补、结构合理的战略性新兴产业集群，加快补齐生态环保领域短板。在此期间，节能环保产业成为国民经济新支柱产业。

我国推进节能环保产业发展相关重要政策及文件见表9.4。

表9.4　我国推进节能环保产业发展相关重要政策及文件

发布时间	政策文件	主要内容
2013年	《国务院关于加快发展节能环保产业的意见》	节能环保产业产值年均增速在15%以上，到2015年，总产值达到4.5万亿元，成为国民经济新的支柱产业。对四大重点领域都提出具体的要求和发展方向，特别提到要“推动垃圾处理技术装备成套化”
2016年	《“十三五”生态环境保护规划》	到2020年，生态环境质量总体改善，强化源头防控，坚持绿色发展、标本兼治
2016年	《“十三五”节能减排综合工作方案》	到2020年，全国万元GDP能耗比2015年下降15%，能源消费总量控制在50亿吨标准煤以内
2016年	《能源发展“十三五”规划》	实施工业节能、绿色建筑、绿色交通等清洁节能行动。健全节能标准体系，大力开发、推广节能高效技术和产品，实现重点用能行业、设备节能标准全覆盖
2016年	《“十三五”节能环保产业发展规划》	做大做强节能服务产业，创新合同能源管理服务模式，健全效益分享型机制。到2020年，节能服务业总产值达到6 000亿元
2017年	《国家环境保护“十三五”环境与健康工作规划》	提高国家环境风险防控能力、保障公众健康，有序推进环境与健康工作
2018年	《打赢蓝天保卫战三年行动计划》	经过3年努力，大幅减少主要大气污染物排放总量，协同减少温室气体排放，进一步明显降低颗粒物（PM2.5）浓度，明显减少重污染天数，明显改善环境空气质量。健全法律法规体系，完善环境经济政策
2020年	《关于构建现代环境治理体系的指导意见》	以强化政府主导作用为关键，以深化企业主体作用为根本，以更好动员社会组织和公众共同参与为支撑，实现政府治理和社会调节、企业自治良性互动，完善体制机制，强化源头治理，形成工作合力，为推动生态环境根本好转、建设生态文明和美丽中国提供有力制度保障
2020年	《中共中央关于制定国民经济和社会发展第十四个五年规划和二〇三五年远景目标的建议》	构建一批各具特色、优势互补、结构合理的战略性新兴产业增长引擎
2022年	《“十四五”节能减排综合工作方案》	大力推动节能减排，深入打好污染防治攻坚战，加快建立健全绿色低碳循环发展经济体系，推进经济社会发展全面绿色转型，助力实现碳达峰、碳中和目标

9.2.2 中国节能环保产业“四链”融合的发展现状①

1. 产业集群分布情况

根据《中国环保产业发展状况报告（2022）》，从产业集群规模来看，我国环保企业在数量上仍以微型企业为主。17 943 家企业中规模以上企业占比 26.7%，规模以下企业占比 73.3%。根据国家统计局《统计上大中小微型企业划分办法》，2021 年，17 943 家企业中共有大型企业 557 家、中型企业 4 241 家、小型企业 5 965 家和微型企业 7 180 家（表 9.5）。其中，大型企业中，营业收入 100 亿元及以上、营业收入 50 亿 ~100 亿元、10 亿 ~50 亿元、4 亿 ~10 亿元的企业占调查范围内企业数量的比重分别为 0.2%、0.3%、1.1%、1.5%；中型企业中，营业收入 1 亿 ~4 亿元、5 000 万 ~1 亿元、2 000 万 ~5 000 万元的企业占调查范围内企业数量的比重分别为 6.3%、6.0%、11.3%。

表 9.5　2021 年列入统计的不同营业收入规模的企业数量占比

企业类型	企业规模	企业营业收入	企业数量 / 家	占比
规模以上企业	大型企业	100 亿元及以上	36	0.2%
		50 亿 ~100 亿元	47	0.3%
		10 亿 ~50 亿元	199	1.1%
		4 亿 ~10 亿元	275	1.5%
	中型企业	1 亿 ~4 亿元	1 127	6.3%
		5 000 万 ~1 亿元	1 085	6.0%
		2 000 万 ~5 000 万元	2 029	11.3%
规模以下企业	小型企业	300 万 ~2 000 万元	5 965	33.2%
	微型企业	小于 300 万元	7 180	40.0%
总计			17 943	100.0%

注：由于舍入修约，数据有偏差

从产业的营业领域来看，列入统计的 17 943 家企业分布在水务、大气污染防治、固废处理处置与资源化、土壤与地下水修复、环境监测与检测、噪声与振动控制、其他领域。其中，环境监测与检测、水务领域企业数量较多，分别为 6 265 家、4 973 家，合计占比达 62.6%；大气污染防治、固废处理处置与资源化的企业数量分别为 2 091 家和 3 036 家；土壤与地下水修复、噪声与振动控制、其他的企业数量分别为 289 家、66 家和 1 223 家（图 9.9）。

① 本部分数据来自《中国环保产业发展状况报告（2022）》。

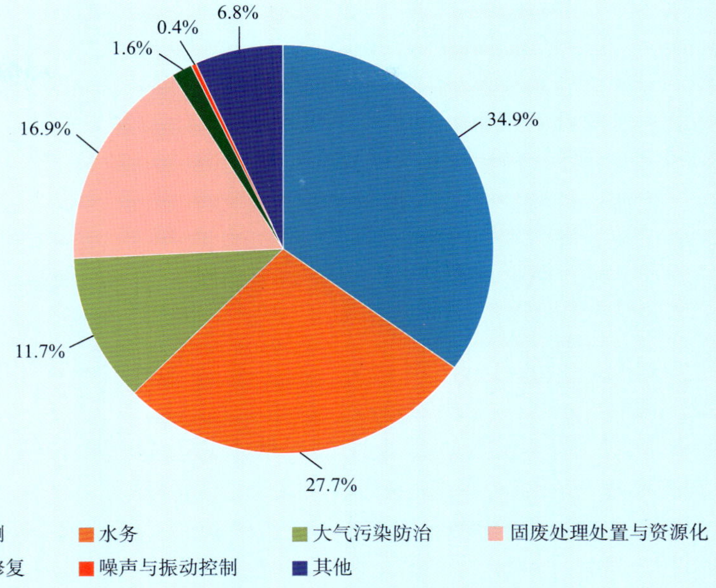

图9.9 各领域节能环保产业企业数量

从我国节能环保产业企业区域分布来看，节能环保产业企业主要分布在以山东、江苏、浙江和广东为主的东南沿海地区，以及以河北、山西和辽宁为主的环渤海地区；江西、河南、湖南和四川等地也有数量较多的环保产业企业分布（图 9.10）。

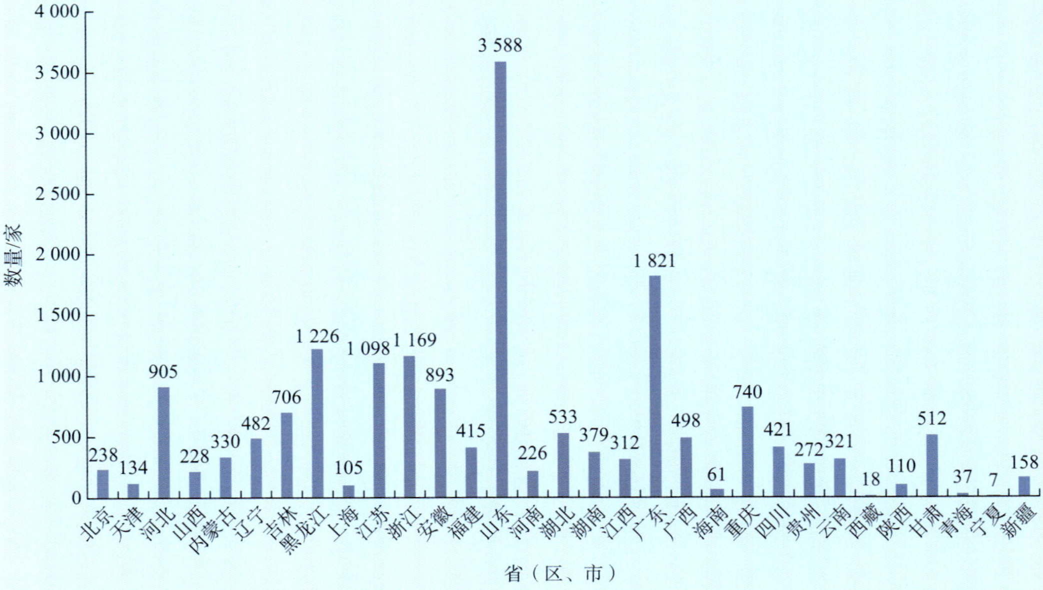

图9.10 我国节能环保产业企业区域分布

从各省（区、市）的环保企业数量来看，列入统计的 17 943 家企业分布在我国 31 个省（区、市）（不含港澳台地区），南方 16 省（区、市）和北方 15 省（区、市）[①] 的企业数量占比分别为 50.5% 和 49.5%。其中，企业数量排名前 5 位的依次为山东、广东、黑龙江、浙江、江苏，5 省企业数量分别为 3 588 家、1 821 家、1 226 家、1 169 家、1 098 家，合计占比达 49.6%。企业数量排名后 5 位的省（区、市）为上海、海南、青海、西藏、宁夏，合计占比不足 2.0%。

从各省（区、市）企业规模来看，北京、上海的节能环保企业主要以大中型企业为主，占比分别为 67.2%、64.8%，这也是全国仅有的大中型企业占比超过一半的地区。大中型企业占比在 30%~50% 的为天津、江苏、浙江、福建、陕西、河南、湖南、广东、云南、宁夏。大中型企业占比不足 20% 的为河北、内蒙古、吉林、黑龙江、广西、海南、重庆、贵州、西藏、甘肃、青海。

从各省（区、市）节能环保企业中 A 股上市及新三板挂牌情况来看，超过一半的 A 股上市节能环保企业分布在北京、江苏、浙江、广东，4 省（市）A 股上市企业数量占我国 A 股上市环保企业数量的比重均超过 11%，合计占比为 54.4%。山西、海南、西藏、青海、宁夏、新疆 6 省（区）无 A 股上市节能环保企业。新三板挂牌节能环保企业中，企业数量排名前 5 位的依次为广东、江苏、北京、浙江、山东，5 省（市）合计占比为 54.0%，内蒙古、吉林、黑龙江、广西、甘肃、青海 6 省（区）无新三板挂牌环保企业。

从企业经营存续时间来看，成立时间超过 10 年的企业在北京、上海、福建、云南、宁夏 5 省（区、市）占比相对较高，均超过了 50%，其中，北京近 75% 的企业经营存续时间超过 10 年；成立时间 10 年以下的企业在内蒙古、黑龙江、海南、西藏、甘肃、新疆等 6 个省（区）占比相对较高，上述地区超过 80% 的节能环保企业经营存续时间均不足 10 年。

2. 产业集群发展水平

1）各省（区、市）产业经营状况

2021 年我国环保产业营业收入约 2.18 万亿元，较 2020 年增长约 11.8%，增速同比提高 4.5 个百分点。其中，环境服务营业收入约 1.42 万亿元，同比增长约 18.3%，增速同比提高 8.6 个百分点。2017~2021 年，节能环保产业营业收入年均复合增长率为 12.8%。

2021 年列入统计的 17 943 家企业年营业收入合计为 23 637.3 亿元，南方 16 省（区、市）和北方 15 省（区、市）的营业收入占比分别为 65.0% 和 35.0%。营业收入排名前 5 位的依次为广东、北京、山东、浙江、安徽，合计占比为 62.9%。其中，

① 南方：江苏、安徽、湖北、重庆、四川、西藏、云南、贵州、湖南、江西、广西、广东、福建、浙江、上海、海南。北方：山东、河南、山西、陕西、甘肃、青海、新疆、河北、天津、北京、内蒙古、辽宁、吉林、黑龙江、宁夏。

广东和北京营业收入均超过 3 800 亿元，广东营业收入接近 4 400 亿元，营业收入排名后 5 位的为山西、海南、宁夏、青海、西藏，合计占比为 0.4%。与 2020 年相比，2021 年相同样本企业营业收入同比增长 13.8%，其中，南方 16 省（区、市）企业合计营业收入同比增长 13.2%，北方 15 省（区、市）企业合计营业收入同比增长 14.8%。28 个省（区、市）营业收入保持增长，内蒙古、黑龙江、上海、浙江、福建、江西、山东、河南、湖北、湖南、四川、西藏、甘肃、宁夏 14 个省（区、市）的营业收入增长率均大于 13.8%，陕西、青海、新疆 3 省（区）的营业收入同比下降。

从从业单位平均营业收入来看，2021 年列入统计的 17 943 家企业营业收入平均值为 13 173.6 万元 / 家，南方 16 省（区、市）和北方 15 省（区、市）企业的平均营业收入分别为 16 964.6 万元 / 家、9 310.5 万元 / 家。北京、天津、上海、江苏、浙江、安徽、河南、湖南、广东、云南、陕西、宁夏 12 个省（区、市）均超过该平均值。其中，北京的节能环保企业营业收入平均值与 2020 年一样，依然位列第一，达 160 241.6 万元 / 家，是排名最后一位青海的近 123 倍。

从节能环保业务营业收入来看，2021 年列入统计的 17 943 家企业的节能环保业务营业收入合计为 13 143.2 亿元，南方 16 省（区、市）和北方 15 省（区、市）的营业收入占比分别为 66.8% 和 33.2%。排名前 5 位的为广东、北京、浙江、山东、江苏，合计占比为 57.8%，其中广东、北京的节能环保业务营业收入均超过 1 800 亿元；排名后 5 位的为山西、海南、宁夏、青海、西藏，合计占比为 0.5%。与 2020 年相比，2021 年相同样本企业的节能环保业务营业收入同比增长 11.8%，其中，南方 16 省（区、市）企业的合计营业收入同比增长 13.4%，北方 15 省（区、市）企业的合计营业收入同比增长 8.9%。

2）各大区域产业经营状况

从区域产业发展来看，华东地区人口、加工企业密集，城市化、工业化快速发展，经济发展与资源环境的矛盾突出，公众环保意识相对较高，环境管理要求相对严格，有效地刺激了环保产品和环保服务市场需求，是我国较早发展环保产业的地区，也是最早孕育环保企业的摇篮。2021 年，列入统计的 17 943 家企业中，40.5% 的企业集聚在华东地区，远远超过华北、东北、华中、华南、西南、西北六大地区。华东地区的节能环保企业主要分布在山东、江苏、浙江 3 地，上述 3 省的企业数量占华东地区企业数量的 80.6%。七大地区中，西北地区产业起步较晚，节能环保企业数量相对较少，仅占全部企业数量的 4.6%。

华东地区以 40.5% 的企业数量占比贡献了 39.4% 的营业收入、42.2% 的节能环保业务营业收入。华南地区次之，以 13.3% 的企业数量占比贡献了 20.2% 的营业收入、17.2% 的节能环保业务营业收入。华北地区虽然企业数量占比仅为 10.2%，但由于北京集聚了较多的上市企业、央企、国企等大中型节能环保企业，其产业贡献与华南地区基本相当。东北地区虽然企业数量占比达 13.5%，但由于企业规模普遍较小，其节能环保业务营业收入占比仅为全国的 2.9%。西北地区则无论企业数量还是产业贡献都位列最后。

从产业效益来看，华北地区从业单位营业收入平均值最高，达 24 907.0 万元 / 家；华南、华中地区次之，分别为 20 093.1 万元 / 家、137 817 万元 / 家，华东地区则为 12 809.5 万元 / 家，约为华北地区的一半。从业单位营业收入平均值最低的为东北地区，仅为 2 792.9 万元 / 家。从业单位营业收入平均值越小，反映该地区企业平均规模越小。

从盈利情况来看，列入统计的 17 943 家企业营业利润合计为 1 808.5 亿元。其中，华东地区贡献最大，其营业利润占比达 33.0%；华南、华北地区次之，营业利润占比分别为 24.8% 和 22.0%；东北地区营业利润贡献最小，仅 0.3%。与 2020 年相比，2021 年华东、华中、东北 3 个地区相同样本企业营业利润均全部保持增长。其中，华东地区营业利润涨幅为 32.2%，位居地区之首；东北地区营业利润由负值转正值，在减亏 100% 后，增盈 78.8%；在营业利润同比下降的 4 个地区中，华南地区降幅最大，达 9.9%，西北地区次之，同比下降 5.8%。

作为我国最大的环境企业、亚洲环保领军企业、全球最大垃圾发电投资运营商及世界知名环境集团，光大环境占据我国节能环保行业主要市场份额。该公司同国内营业收入较高的北控水务、首创环保和中国天楹等共同组成了我国节能环保行业竞争第一梯队。位于第二梯队的是格林美、盈峰环境、瀚天环境和龙净环保等企业，它们经过长期的技术积累，培养出具有竞争力的代表性环保业务及产品。碧水源及重庆水务等营业收入规模在 100 亿元以下的企业领衔我国节能环保行业的第三梯队。但是，我国依然缺少龙头级的节能环保企业，与国外龙头企业相比差距较大。

我国主要的大中型节能环保企业地域分布见表 9.6。

表 9.6　我国主要的大中型节能环保企业地域分布

省（区、市）	代表性企业	省（区、市）	代表性企业
北京	首创环保、碧水源、金科环境、北控水务	浙江	盈峰环境、德创环保、楚环科技、理工能科、兴源科技
河北	新动力	福建	龙净环保、圣元环保、福龙马
内蒙古	内蒙一机、蒙草生态	广东	瀚蓝环保、格林美、东江环保、绿色动力、瀚天环境
山东	国林科技、青达环保	江西	华琪科技、劲旅环境、通源环保、洪城环境
河南	中原环保、汉威科技	四川	中自环保
江苏	中国天楹、海力风电	湖南	永清环保
上海	上海洗霸、巴安水务	重庆	远达科技、重庆水务

9.2.3 中国节能环保产业“四链”融合发展面临的挑战

1. 国内外政治形势

2019~2022 年，新冠疫情使得全球经济发展整体呈下降趋势，同时我国局部地区受到不同程度自然灾害的影响。为缓解疫情等对经济的冲击，世界主要经济体先后开启超宽松货币政策，随着全球通胀压力的持续上升，物价上涨幅度超出预期。部分中小型节能环保企业出现了营业收入困难的资金难题。中等规模企业利润额下降、成本增长、应收账款增加情况较其他规模企业更明显，规模较小企业营业收入下降、员工数量减少，民营企业困难大于国有企业。受地方政府财力紧张等因素的影响，企业应收账款有所增加，超过 50% 的中等规模企业出现应收账款增加的情况，甲方拖欠款、供应商款项支付等多重压力对企业经营造成很大的影响。

主要经济体为降低产业链供应链风险，纷纷强调增强本国对重点产业链的自主可控性和提高关键供应链的弹性，将风险、安全等因素作为产业布局的重要考量，从而提高了全球产业链供应链运行成本。全球所有产业，包括节能环保产业均遇到原材料涨价、物流不通畅等问题。2021 年，有 20% 左右的节能环保企业因疫情、灾情关停项目，工程类企业受疫情影响较大，部分设备制造类企业出现缺货限产的情况。

俄乌冲突升级使能源供应不确定性进一步提高，欧洲能源困境加剧，荷兰、德国、意大利、奥地利等欧洲国家苦于寻找替代能源，一些国家计划重启传统能源供应，全球能源低碳转型步伐被打乱。尽管我国工业能力基本恢复到疫情前水平，发挥了稳定经济增长的基础性作用，但受疫情影响，消费增速波动明显加大，使得对于环保行业的需求随之起伏。

随着后疫情时代的到来，我国政府开始将工作重心重新调整至节能环保产业的发展建设之中。我国政府逐渐加大环境保护力度，相关法律法规不断完善，产业政策持续出台，推动环保行业快速发展。

首先，“双碳”目标力求打造绿色低碳循环发展经济体系。2021 年 8 月，习近平总书记在中央全面深化改革委员会第二十一次会议上强调，“以高水平保护推动高质量发展、创造高品质生活，努力建设人与自然和谐共生的美丽中国”[①]。自“双碳”目标提出后，“双碳”工作被纳入生态文明建设整体布局和经济社会发展全局。“双碳”工作的进一步开展，将有力推动传统产业转型升级，带动绿色相关投资，为经济发展带来新增量、释放新动能。2021 年，金融领域先后设立煤炭清洁高效利用专项再贷款，中国人民银行推出碳减排支持工具等，带动节能环保、清洁生产、清洁能源等绿色相关产业投资。因此，作为改善生态环境质量、加强生态文明建设的重要基础，节能环保产业将迎来重要的发展机遇。

① 加强反垄断反不正当竞争监管力度 完善物资储备体制机制深入打好污染防治攻坚战 [EB/OL]. http://cpc.people.com.cn/n1/2021/0831/c64094-32212905.html，2021-08-31.

其次，污染防治攻坚战要从“坚决打好”转变到“深入打好”，将节能环保产业从“量多”转变成“质好”，解决污染防治中更深层次的问题，要求节能环保产业不断提升自身支撑能力。2021 年 11 月，《关于深入打好污染防治攻坚战的意见》从总体层面统筹污染治理、生态保护、应对气候变化，以更高标准打好蓝天、碧水、净土保卫战，以高水平保护推动高质量发展、创造高品质生活，该意见同时提出了对大气、水环境、土壤污染防治的具体指标。

再次，财税、价费等相关政策不断完善，节能环保产业政策红利进一步呈现。《2021 年中央一般公共预算支出预算表》显示，2021 年节能环保支出预算数为 228.6 亿元，较 2020 年执行数减少 115.66 亿元，下降 33.6%，因疫情压减非刚性非重点项目支出。2021 年中央财政安排环保专项资金 572 亿元，较 2020 年增长 9.4%。2021 年，新增地方政府专项债券额度 3.65 万亿元，其中，生态环保领域占比为 4.07%，主要用于污水与垃圾处理。2021 年印发的《关于深化生态保护补偿制度改革的意见》对未来 15 年生态保护补偿制度进行了全局谋划和系统设计，清晰描绘出我国生态保护补偿制度改革路线图。2021 年，环境资源价格，如水价、电价的收费政策取得积极进展，市场化机制进一步健全。

最后，规范政策体系不断完善，引导环保产业有序发展的制度基础更加稳固。2021 年，生态环境部印发的《“十四五”生态环境监测规划》，明确到 2025 年，监测评价制度不断健全，监测数据真实、准确、全面得到有效保证，新技术融合应用能力显著增强，生态环境监测现代化建设取得新成效。《关于优化生态环境保护执法方式提高执法效能的指导意见》（环执法〔2021〕1 号）的印发，为各地执法工作给出了明确的思路方向和具体的制度指引，同时推动差异化执法监督，精细化开展专项督察工作。2021 年 5 月，作为《中央生态环境保护督察工作规定》的配套办法——《生态环境保护专项督察办法》的发布实施，标志着我国生态环境保护专项督察工作进一步规范，向着纵深持续发展。为了规范企业环境信息披露与市场环境，生态环境部印发《环境信息依法披露制度改革方案》和《企业环境信息依法披露管理办法》（生态环境部令第 24 号），从披露主体、披露内容、披露信息、披露形式、企业管理等方面，明确建立健全环境信息依法强制性披露规范要求的工作任务，落实企业环境治理主体法定义务。

2. 经济发展需求

《“十四五”节能减排综合工作方案》等使得节能减排政策机制更加健全，重点行业能源利用效率和主要污染物排放控制水平基本达到国际先进水平，经济社会发展绿色转型取得显著成效。

我国已初步建立起较为完善、可有力支撑和引领能源绿色低碳转型的能源标准体系，能源标准从数量规模型向质量效益型转变，标准制定体系进一步完善。在绿色转型方面，我国强化绿色发展的法律和政策保障，发展绿色金融，支持绿色技术创新，推进清洁生产，发展环保产业，推进重点行业和重要领域绿色化改造。推动能源清洁低碳安全高效利用。发展绿色建筑。开展绿色生活创建活动。加快发展现代产业体系，推动经济体系优化升级。有效推动能源绿色低碳转型、节能降碳、技术创新、产业链碳减排。锻造产业链供应链长板，立足我国产业规模优势、配套优势和部分领域先发优势，打造新兴产业链，推动传统产业高端化、智能化、绿色化，发展服务型制造。

《节能环保产业“十四五”发展战略规划（2021—2025 年）》提出，作为战略性新兴产业之一，“环保产业是环境保护的物质基础和技术保障，是推进节能减排的重要支撑。环保产业涉及技术、装备、产品、材料、工程、服务等各方面，与国民经济的很多行业具有全方位、多层次的关联作用”。节能环保产业的发展，一方面提高了污染治理能力，为改善环境质量提供了条件，降低了能源消耗，创造了绿色低碳可循环的运行方式；另一方面，由于节能环保产业渗透于国民经济的各个环节，具有产业链长、涉及面广、影响力大等特点，其发展也带动了相关产业技术升级和产业结构调整，增加了就业机会，促进了社会的稳定与和谐。

国务院发展研究中心研究显示，2015~2020 年绿色相关发展相应投资需求约为每年 2.9 万亿元，其中政府出资比例占 10%~15%，超过 80% 的资金需要社会资本解决。“十三五”时期，我国节能环保产业总产值逐年稳步增长，由 2015 年的 4.5 万亿元上升到 2020 年的 7.5 万亿元左右，年均增速约 10.8%。

3. 产业发展规律需求

随着我国经济的持续快速发展，城镇化与工业化进程不断深化，经济发展与环境保护的矛盾愈加显现，国家对节能环保产业的重视程度也不断加深。在“双碳”等一系列政策支持节能环保产业建设的大背景下，加快发展节能环保产业，成为调整经济结构、转变经济发展方式的内在要求，更是推动节能减排，发展绿色经济和循环经济，建设资源节约型环境友好型社会，积极应对气候变化，抢占未来竞争制高点的战略选择。

从产业政策环境影响来看，我国节能环保产业体现为政策型主导产业，对政策和宏观管理具有很强的依赖性。但现阶段我国节能环保产业的发展缺乏统筹规划的指导，处于相对盲目的发展状态。由于缺乏政府政策和宏观管理，节能环保产业的标准体系一时难以建立。缺乏特殊的激励和支持措施，不能有效调动企业投资环保的积极性，环保设备低水平重复建设尚未得到有效的约束和引导，产业管理体制不完善，管理分散难以达到统一管理的效果，这些导致节能环保企业的竞争表面化，不存在深层次的真正竞争。这也是节能环保产品从未登上舞台，一些粗制滥造的设备进入市场的原因，严重阻碍了节能环保产业市场的发展。因此，政府各部门应出台多项规定和工作指导意见，逐步完善节能环保产业政策体系，保障节能环保产业有序发展；在财税金融、产业集聚、人才补贴、平台建设等方面出台相应的规划文件与行动计划，为节能环保产业发展提供有力保障；同时开展常态化环保督察，不断完善环境管理机制，推动节能环保市场需求快速释放。

从产业结构调整和产业链来看，截至2022年，工信部针对“十四五”规划和“双碳”目标印发了一系列关于推动钢铁、有色金属、化工和设备等产业高质量发展的指导意见。节能环保产业链的上游产业应大力推进“低碳、零碳”技术创新，高质量发展实现业务新增长、创新新突破、运营新成效，实现绿色低碳的运行模式。节能环保产业链的下游产业也到了产业转型升级的特殊时期，行业进入精细化运营期，降本增效将成为主旋律。越来越多的生态环保项目进入运营阶段，正面临监管标准趋严、运营成本趋高、运营压力趋增的不利局面。过去粗放式的运营模式转型升级为更精细化、差异化、规范化的运营模式成为行业趋势，对运营过程的精准管理和对成本的有效控制成为节能环保企业脱颖而出的关键之一。加强产业自主可控需要加强企业在产业链供应链的关键环节中的把控力。“可控”在本质上就是确保安全，体现为产业链供应链风险在可控范围内，对链条上的各环节、各主体、各要素具有一定的控制力和影响力，能确保产业链供应链平稳运行，在特殊时期保障基本安全。这既涉及原料、零部件、生产设备、机械装备等实物资产的供应，也涉及技术、软件、知识产权等无形资产的供应。“自主可控”就是通过“自主”的方式达到“可控”的目标。产业链是否可控，取决于所面临风险水平的高低，即产业链各个环节遭到破坏或中断供应的风险有多大，一旦出现供应中断对整个产业链的影响有多深，以及寻找替代供应源以恢复供应的时间有多长、效果如何，等等。节能环保产业因其产业链的特殊性，生产设备的原材料供应稳定，因此技术的自主创新是发展节能环保产业的重要一环。在技术攻关方面，需要加大对节能环保技术的研发投入，特别是在清洁能源、环保设备和环境修复等领域，如寻找无二次污染的清洁能源，设计高效的一体化反应器，开发实惠的环境修复试剂。此外，还需要加强与高校和科研院所的合作，吸引更多的人才投入节能环保产业的研发工作中。

从产业升级来看，随着科技的不断发展，节能环保产业的发展已经不再局限于传统的领域。例如，新能源、清洁能源、智能制造、环保建材、自动控制等领域成为未来发展的重要方向。在新能源和清洁能源方面，太阳能、风能等可再生能源将成为未来主要的能源来源。因此，加大对这些领域的投入和支持，推动新能源技术的创新和应用，将有助于开辟新的发展领域。同时，智能制造也是未来的发展趋势，通过引进先进的制造技术和智能设备，提高生产效率，降低能源消耗，实现可持续发展。环保建材则是绿色安全、环保安全的建筑材料，通过合理的加工合成手段可以控制有毒有害物质的积聚和释放，该领域的发展能引领建材高质量发展、保障建筑品质提升。此外，未来节能环保产业自动化已提上日程，通信、互联网行业巨头，如中国电信、中国移动等企业均与节能环保企业签订了战略合作框架协议，在智慧电厂、智慧水务、设备自动化控制等领域开展战略合作，创新发展。这样的产业融合升级是因为节能环保市场信息化水平依然处于较低的状态，受到经济水平下滑的影响，各行业力求拓展新的市场，寻找新的第二增长曲线。拥有大量产业升级需求，且随着生态文明建设进程加快，战略地位不断提升的节能环保产业就成为其他行业合作的不二之选。同时，在财政部和工信部的政策扶持下，“专精特新”科技型企业将迎来更多的发展机会，该类型企业以科技创新为核心，发展科技，巩固企业核心竞争力，将吸引更多的社会资金来创建专业化、精细化、特色化、有创新水平的中小型企业。

9.3　“四链”融合下节能环保产业特色案例分析

9.3.1　节能产业“四链”融合特色案例[5，6]

神雾节能股份有限公司（简称神雾节能）是一家以综合利用资源为主的研发供应企业，也是国内工业节能及资源综合利用率提升方面的最大技术供应商。在节能环保技术方面，神雾节能创新了三种节能技术；在综合利用资源方面，神雾节能率先对黑色矿产资源及产生的废弃物的利用处理进行创新改革。因此，神雾节能的全面发展使其成为行业内最大的技术供应商，遥遥领先于其他企业。

2017年，神雾环保技术股份有限公司（简称神雾环保）被质疑存在不良关联交易，神雾科技集团股份有限公司（简称神雾集团）债务危机一触即发，引起社会各界的关注。2017年7月，神雾集团两家核心公司神雾节能和神雾环保的股票接连跌停，市值蒸发57亿元。随后，神雾集团拖欠员工工资、债券违约、办公楼租金逾期等负面消息频频曝出，给市场传递出不良信号。

外部融资环境不利是这次债务危机的外部原因。在“去杠杆、强监管”的大背景下，债务违约常态化，大量债券发行主体陷入偿债危机。此外，为了防范金融风险，中国证券监督管理委员会限制了非公开发行新股票的频率，融资门槛进一步提高，造成部分企业面临再融资难的问题。另外，环保企业2016年大量发债，两年后面临巨大偿还压力。不少大型企业，如盛运环保、凯迪生态等均面临融资难题，屡遭债务危机。神雾集团作为环保行业的领头羊，也难逃一劫。

资本结构的不合理和商业模式的局限性是这次债务危机的内部原因。神雾集团在此期间的流动比率和速动比率较小，现金债务比和利息保障倍数常年为负值，说明神雾集团流动性风险较大，连偿还利息都变得困难。环保工程及服务行业常常采取设计-采购-建设（engineering-procurement-construction，EPC）、BOT、PPP等固有商业模式，这种模式的特征如下：一方面，项目建设周期长，导致流动性风险增大；另一方面，这些商业模式对承包方的资金提出更高要求。即使委托方前期支付了一定数额的预付款，但大部分资金需要受托方在项目进行过程中不断投入，以保证项目正常推进。截至2018年末，神雾集团正在推进的重大在建项目有8个，全部为EPC模式，给神雾集团带来巨大的资金压力。

尽管神雾集团对资金链短缺做出了多项补救措施，如与青岛伯勒投资中心达成合意签署《投资合作框架协议》，获得35亿元资金并由其对神雾集团下属子公司或相关项目投资。另外，神雾集团与重庆环保投资集团有限公司、北京光元盛大资产管理有限公司、新疆能源（集团）有限责任公司等签署了投资意向书或投资合作协议，获得大量投融资机会。同时，神雾集团还积极与地方政府接洽商谈，于2018年11月7日和江西省南昌市人民政府签订了《项目投资合作协议书》，获得60亿元的环保行业发展基金，在地方政府的支持下投资建设神雾环保产业园基地、大型节能减排科研基地和实验平台。由此可见，当集团旗下子公司纷纷受到债务违约风险传染而陷入困境时，母公司神雾集团试图采取引入战略投资者的方法来缓解紧迫的资金需求，使旗下子公司的财务状况有了好转。但是，由于风险传染迅速，神雾集团本身的资金缺口大、资金链脆弱，神雾节能离退市仅仅“一步之遥”。

9.3.2 环保产业“四链”融合特色案例

1. 北控水务轻资产运营模式转型[7]

北控水务是国内大型水务集团，属于北京控股集团旗下。2008年1月北京控股集团收购上华控股有限公司，更名为北控水务，同年6月，收购中科成环保集团有限公司实现重组上市，登陆香港资本市场。

北控水务涉及的业务十分广泛，除了水务业务和水环境综合治理业务两个主营业务之外，还涉及科技、金融、清洁等多个领域。两个主营业务的营业收入占比超过90%。从行业地位来看，北控水务总资产、总收入和水处理规模均位居国内水务行业第一。2010~2020年，北控水务连续11年跻身“中国水业十大影响力企业”之首，在全球水务行业具有很高的影响力；2016~2021年，入选《财富》中国500强；2014年，入选全球十佳水务企业，也是唯一的中国企业。北控水务在国际水务行业具有很强的品牌影响力，先后荣获多项国内外权威大奖。

北控水务的发展历程可以分成三个阶段：第一个阶段是2008年重组上市至2013年，这一阶段主要以重资产运营模式进行管理运营，大规模进行企业扩张；第二个阶段是2014~2017年，这一阶段企业开始逐渐摒弃重资产运营模式，不断向轻重并举运营模式进行转型；第三个阶段是2018年初至今，这一阶段企业开始加速向轻资产运营模式转型。

在前两个阶段，北控水务经收购重组上市后，依靠政府的影响力，借助雄厚的海外资本，在水务行业实现快速发展，广阔的海外市场及自身的经验和技术助力其在水务行业占有一席之地。但是，当时各个水务企业单独布局，水务企业中没有向龙头企业发展的趋势，行业整体集中程度低，布局分散。鉴于当时行业分散的特点及政府不断鼓励并购，北控水务考虑到自身拥有充足资本，且企业战略就是向规模化发展，于是开始进行大规模并购活动（表9.7）。

表 9.7 北控水务 2008~2015 年部分并购事件

并购时间	并购事件
2008 年	收购华强创业投资有限责任公司全部股权
2008 年	收购贵港市供水有限责任公司 80% 股权
2010 年	收购贵阳市供水总公司 45% 股权，向供水领域发力
2012 年	收购漳州市平和县污水处理厂特许经营权
2013 年	收购东莞市 7 家污水处理厂
2013 年	收购法国威立雅旗下葡萄牙水务公司下属的两家全资子公司 100% 股权
2013 年	收购北京建工环境发展有限责任公司 60% 股权和标准水务有限公司、实康水务（亚洲）有限公司多个水务项目
2013 年	收购水晶水务有限公司（香港）和中国水务控股有限公司（新加坡）
2014 年	收购南京市市政设计研究院有限责任公司
2015 年	控股湖南北控威保特环境科技股份有限公司，收购淮安市水利勘测设计研究院有限公司

北控水务不仅利用本土资本，还增加海外资本的使用数量和效率，仅用两年时间就完成了大规模的并购，掌握了多区域的水务资源，这种并购方式无论是在规模上还是在效率上都优于投资单一水务项目，具有绝对的竞争优势，形成了北控水务史上绝无仅有的发展规模。但是，北控水务并没有拓展产业链，仅仅整合了多地水务资源，因此北控水务仍属于依靠投资扩张营运的重资产运营模式企业。而且，由于被并购企业的规模大小、业务布局和资产状况等方面水平不一，这就要求企业在业务、管理和文化等层面进行系统整合，也对企业整体运营管理能力提出更高的要求。

2015 年国家正式出台 PPP 项目，这是一类由社会资本承包建设社会基础设施，竣工后由政府付费实现收益的建设模式。但 PPP 项目往往具有体量大、资金需求量大、项目周期长、不利于短期回收项目资金的特点。北控水务作为水处理行业的龙头企业积极响应政府号召，在承接 PPP 项目后企业现金流净额出现大幅度下降，从而影响企业日常运营的稳定。

总的来说，北控水务在向轻资产运营模式转型前，面临着高资产负债率、低资产流动性等财务问题，以及对于庞大体量的运营能力有待加强的管理问题。针对以上问题，北控水务主要从战略、运营和融资三个层面实施了对应的转型路径。

（1）从战略层面看，企业战略转型并优化产业布局。从单纯依靠并购外生发展，转变为依靠获取市场项目能力提升的内生式增长，通过调整及优化业务布局加速综合布局产业链，从高速度发展转变为高质量发展。

将大规模投资建设传统业务转变为更精细、更高效的内生性发展，加强对于新领域、新业务的扩张，积极探索并重点发展具有高潜力价值的城市，加大对这些城市区域的投入比例。对于水环境综合整治业务，除依靠前期承接业务项目所获得收入外，加大对企业现有资源的利用率，增加增值业务的多样性，延伸对污水厂的服务范围，除了向污水厂提供设备租赁服务外，还争取污水厂的特许经营权。同样，对于公共资源不仅仅局限于设备服务，还争取公共资源的经营权，这样才能保证获得持续性的长期收益。北控水务一边推动主营业务向轻化调整，一边积极向新兴产业拓展，如海水淡化产业、膜处理产业等，抓住政策机遇积极探索有发展潜力的环卫业务和清洁能源业务，延伸产业链，向高价值和具有发展潜力的领域投入更多资源，因为这部分产业往往具有较高的投资回报率，可以实现资产的保值和增值。

北控水务收购了多家轻资产企业，以此增加更多专利技术，使得企业技术体系更加完善，为日后企业向新领域拓展业务提供了技术支撑；收购了多家设计研究院，在获得技术资质的同时引进了更多技术人才。同时，北控水务分别在北京和唐山构建了两个技术研究中心，攻克专项技术研究，并于2016年在北京建立了一家水环境研究院，致力于提供水环境综合治理方面的解决方案。通过这一系列战略布局，北控水务凭借其强大的技术因素和专业化技术服务在行业内成功打造出水环境领域的技术品牌，从而使“资本 + 技术 + 人才”共同驱动转型落地。

（2）从运营层面看，北控水务采用双平台战略，将企业轻化为运营管理平台，通过培养人才团队、创新技术、开发智慧水务系统、成立集中采购中心等措施，提高企业的运营水平和效率。在人才队伍方面，积极采用先进的管理办法进行管理变革，积极引进复合型人才，增强团队竞争力，并从专业程度上对员工进行分类管理，提高管理效率，提升人才的留任率，创新企业所有制，推出事业合伙人制度，优化资源配置，为各层级各项目提供充足资源。同时，完善员工奖励机制及薪酬体系，积极探索股权激励措施，建立管理层股权激励制度，大大提高员工的积极性。

（3）从融资层面看，北控水务针对重资产下融资难度大的问题，采用绿色资产证券化和搭建产业基金的方式。绿色资产证券化使得企业在能够获得项目融资资金的情况下稳定资产负债率，同时还能盘活存量资产。搭建产业基金能够降低企业的融资成本。针对PPP项目占用资金量多的问题，北控水务采用搭建产业基金方式实现项目的投资，如在赤峰市PPP项目中，北控水务共出资2亿元，占基金总额的五分之一，占项目总投资额不到十六分之一，实现小资金撬动大项目，仅用自有的2亿元资金就完成了总投资额高于32亿元的大项目。北控水务在以往发展过程中资产负债率居高不下，应用产业基金的方式可以在获得融资的基础上节约表内资金，稳定资产负债率水平，可以将企业有限的资金投入更多项目建设，以此可以形成PPP项目的良性循环。

2. 东方园林[8]

北京东方园林环境股份有限公司（简称东方园林）成立于1992年，于2009年上市。东方园林主要聚焦生态、环保及循环经济三大核心业务，该企业已在规划设计、工程建设、投资运营、技术研究等方面，形成了一个完整的生态环境价值链。

从 2014 年开始，东方园林借助 PPP 模式走向转型之路，不断通过超越自身资本实力的融资加杠杆方式大量中标 PPP 项目，并大举收购上海立源水处理技术有限责任公司、中山市环保产业有限公司等企业。据统计，2015~2018 年是东方园林参与 PPP 项目最狂热的时期，合计中标 PPP 项目 113 个，总中标金额 1 693 亿元，是生态环保行业 PPP 项目拿订单最多的民营企业。但是，由于 PPP 项目投入产出周期长，东方园林在 PPP 中标项目大增的同时也带来了债务快速上涨、短期债务规模不断增加、融资需求迫切等问题。越是经济不发达的地区，对 PPP 项目的需求越大，但这样的地区往往财政条件较差，政府债务较高，银行等金融机构不愿意放贷。多种因素叠加，导致银行等金融机构对 PPP 项目融资保持了极大的谨慎态度。由于项目资金回收期延长，加之发债不顺，东方园林落入无法偿付巨额到期债务的窘境。尽管东方园林采取了债转股、引入战略投资者等多种措施，但也只解决了部分资金问题，依然面临融资难、现金流紧张的问题。

最终东方园林资金危机爆发。2018 年 5 月 20 日 16 时，东方园林发布公告，计划发行的规模 10 亿元的公司债券，实际最终发行规模仅 5 000 万元。在此后数小时内，东方园林发债失利的消息迅速流传，市场震惊。在短短的数月时间内，公司股价一落千丈，东方园林的市值蒸发了 320 亿元。为挽救自身，东方园林迫切需要获得外部帮助来抵御危机。

自北京市朝阳区人民政府国有资产监督管理委员会（简称朝阳国资）入主后，东方园林一手调整业务，一手调整财务结构，开始从 PPP 园林业务转型为工业危险废弃物综合处置服务业务公司。东方园林与金融机构谈判，要求将到期债务进行展期，并且朝阳国资为公司担保，东方园林外部评级仍为 AAA 级，暂时稳住局面，随后开始公司财务上的调整。在朝阳国资入主前，2018 年年报显示，东方园林有息债务约 60 亿元，其中短期有息债务 40 亿元，长期有息债务 20 亿元，短期有息债务占比为 67%。朝阳国资入主后的第一年，东方园林便增加长期有息债务，使短期有息债务占比降为 58%。随后的 2020~2022 年，短期有息债务比例分别为 44%、30%、61%。东方园林有息债务规模总体保持稳定，2022 年短期债务占比较 2021 年大幅度增加的主要原因是长期债务即将到期，公司将其划分为一年内到期的流动负债。东方园林整体债务规模稳定，短期有息债务占比一直主动维持低位，利用国有资本的优势，协同发展。

为了全力转型新业务，不让曾经的业务拖累公司未来的发展，东方园林通过资产减值损失、信用减值损失的方式大幅度计提损失，导致公司连续 3 年巨额亏损，账面显示亏损较为严重，其股价在 2023 年 6 月创新低，东方园林的营业收入逐年减少。

从“2020 年收入突破千亿元”的目标，到面临退市的尴尬，没有充足的现金流、原有的主业成为边缘，即使登上了环保产业的高速列车，东方园林依然面临不少困扰。

9.3.3 资源循环利用产业“四链”融合特色案例[①]

从 2001 年以废旧电池回收起家，到 2012 年收购江苏凯力克钴业股份有限公司转型跨入新能源电池材料行业，再到 2017 年新能源电池材料制造业务收入一举超过传统废弃资源综合利用业务，直至 2022 年实现近 300 亿元同比大增 52.3% 的收入规模，历经二十多年的快速发展，格林美已经发展成为中国资源循环利用及新能源电池材料领域的头部企业。格林美于 2018 年荣获达沃斯“全球循环经济跨国公司奖”，并在 2020 年中国企业专利实力 500 强榜单中，位居第 159 名，排在中国商飞、科大讯飞之前。

在新能源材料制造和城市矿山开采两大业务协同发展的背后，格林美的成功一方面是抓住了中国新能源行业快速发展的机遇，另一方面是其在资源循环利用行业数十年的坚守。格林美从一家以废旧电池回收起家的“环保老兵”，成功转型为新能源电池材料的领军企业，背后的制胜秘籍可总结为“三三三”策略，这些经验可以为那些正寻求第二增长曲线的传统环保企业提供借鉴。

1. “三项措施”

科技链的“三项措施”是格林美立身的根本。格林美的创始人十分重视技术创新，这成为格林美的固有基因。“三项措施”让格林美敢于攻坚技术难题，奠定了其城市矿山与新能源电池行业的技术领导者地位。

1）舍得投入研发费用

自 2017 年实施“创新优先与质量优先战略”以来，格林美每年投入 5% 左右的收入用于研发和技术创新，研发费用达到 6 亿元以上，且研发费用投入不断上升，尤其是 2021 年，投入研发费用约 10 亿元，较 2020 年的研发费用增加了 61%，占营业收入的比例达到 5.16%（表 9.8）。

表 9.8 格林美与其他企业研发投入对比

企业名称	2020 年研发投入 / 亿元	2021 年研发投入 / 亿元	2022 年研发投入 / 亿元	2022 年研发投入占营业收入的比例
格林美	6.18	9.96	14.76	5.02%
启迪环境	1.35	1.87	1.01	1.42%
福龙马	0.46	0.58	0.57	1.12%
盈峰环境	2.55	2.63	3.41	2.78%
中伟股份	2.70	7.69	9.29	3.06%
容百科技	1.46	3.60	4.87	1.62%
华友钴业	3.71	8.16	17.09	2.71%

① 资料来源：格林美 2022 年年报。

2）发挥领军人才“头雁”效应

格林美斥巨资引进和培育了一批具有国际化视野、突破关键技术、产生重大成果、引领行业发展的领军人才。格林美集聚国内外高水平的专家团队，建立领军人才领头激发“头雁”效应、优秀人才提供技术支持、技能人才提供业务保障的三级创新人才体系。这些领军人才每年可支配200万元科研经费，享有包括自主审批经费、自主选题、自主组建研发团队、自主出国学术交流和自我署名成果五大自主权，极大地激发了领军人才团队的创新动力，让“头雁”推动公司在废物再生及新能源电池材料领域形成更强大的技术研发和创新实力。

3）创新研发激励制度

“做研发就有奖励，成果转化就有分红”是格林美特有的奖励机制，从两个方面充分激发创新人才的创新动力。在研发奖励方面，格林美自2017年推行每年1 000万元重奖领军人才的创新战略，根据研发项目大小，项目负责人和参与人在研发项目结题后将会获得20万~30万元的创新奖励。2022年，格林美向领军人才累计发放奔驰、宝马等汽车28辆，以及为21名领军人才奖励高级人才公寓；在成果分红方面，格林美启动“创新合伙人计划”向全球招贤，技术团队只要实现研发成果产业化，均可分红，研发团队或者个人将会享受到成果产业化利润最高20%的分红，享受时长最长可达10年。此外，格林美还通过合伙人制度、虚拟股权分红、利润分享递延支付等中长期激励工具的方式，进一步激励创新人才的研发和创新工作，确保核心人才不外流。

2. “三个坚持”

产业链的“三个坚持”是格林美转型的基础。“三个坚持”不仅让格林美成功转型，也让格林美的三元前驱体业务获得了比竞争对手更稳、更高的盈利水平。

1）坚持做熟悉的领域

自2012年以来，无论外部环境如何变化，格林美始终坚持在资源回收利用行业深耕，除资源回收和新能源电池产业链以外，格林美几乎没有在其他领域进行投资。

格林美精通城市矿山开采和新能源电池材料制造业务，这两者的领域跨度小，同属于产业链的上下游关系，具有很强的产业链协同效应。城市矿山开采与新能源电池材料制造可以协同发展，不断拓宽产业链布局，在原材料、技术、生产、市场等方面都可实现产业链的高效协同运转。

2）坚持在熟悉的领域做到极致

无论是城市矿山开采还是新能源电池材料制造业务，格林美都凭借强劲的竞争能力，致力于在这些领域的多个细分市场占据领先地位，逐渐成为全国乃至全球的头部企业。

在新能源电池材料制造领域，格林美生产的超细钴粉位居全球市场第一，占据全球 50% 以上的硬质合金市场，全球 60% 以上的硬质合金工厂使用了该公司循环再造的超细钴粉。

在城市矿山开采领域，格林美也有不错表现。目前，其回收处理的退役动力电池与电子废弃物各占中国总量的 10% 以上，回收的镍资源占中国原镍开采量的 13%，回收的钨资源占中国原钨开采量的 6%，回收利用的钴资源超过中国原钴开采量的 340%。

3）坚持把控产业链的关键环节

格林美最早切入的是三元前驱体的中游生产环节，经过多年发展，已完成上下游渗透，最终目标是上游环节原材料自给自足，下游环节产品全产全销。

上游环节，三元前驱体的原材料主要是镍、钴、锂等能源金属和化合物等，价格波动很不稳定。稳定、持续且有保障的原材料供给因此变得至关重要。为此，格林美一方面从原材料开采端把控矿产的开采和冶炼；另一方面，从回收端加强镍、钴、锂等原材料的回收范围和效率，拓宽渠道，确保供应。通过原材料开采端与回收端的两端发力，格林美保障了三元前驱体的原材料供应。目前，新能源市场处于快速增长期，原矿资源作为补充能够保障当前市场需求，等新能源市场到了存量市场，更多的资源将来自回收端。

下游环节，基于对主流厂商的产能规划，同时考虑到有更多的新参与者入场，三元前驱体产能过剩的状态预计将一直存在。对此，格林美在销售环节下大功夫，通过提前锁单锁价，做好产能规划、及时投产，以确保供需相匹配。一方面，格林美持续做深、做透大客户市场；另一方面，格林美与 630 多家整车厂及电池厂建立了紧密合作关系，在确保产品销路的同时，还增加了回收来源。

3. “三个法宝”

资金链的“三个法宝”是格林美运营成功的原因。

（1）打造了一支专业的资本运作团队，得到北京京能同鑫投资管理有限公司等机构的专业支持。与其他新能源电池材料企业对比，有着环保底色的格林美留存收益占总资产的比重份额较小，因而更加需要对外融资与资本运作来筹资。为此，格林美打造了一支专业团队，通过财务部、资金部、投资部、证券部、内审部五个部门通力合作，开展了一系列资本运营工作。

（2）对内开展资产重组，剥离非相关业务，强化其“新能源材料”的价值定位，提高估值。格林美通过资产重组，剥离废弃电子等高度依赖补贴、估值不高的业务，将江西格林循环产业股份有限公司（简称格林循环）进行分拆上市，以及推动参股公司江苏宁达环保股份有限公司上市等，目标是将“新材料”作为格林美的估值中枢，而非传统的环保企业。格林循环是格林美旗下经营电子废弃物循环利用业务的主体，主要从事电子废弃物的回收、拆解与综合循环利用，以及废塑料的改性再生等，其中废弃电子业务主要依靠政府补贴，而补贴已经退坡，且发放速度慢，影响公司现金流回款，拉低纯动力电池业务估值。格林循环经过分拆上市，有利于格林美将新能源电池材料业务作为公司核心，建立新能源材料企业形象，提高估值中枢，拓宽融资渠道。

（3）对外灵活运用定增、基金、债券、全球存托凭证（global depository receipts，GDR）、战略投资等多种手段，解决发展过程中的资金缺口问题，同时成立 ESG 品牌推广中心，持续输出“循环经济领军企业”的品牌形象。

格林美成立了“双碳”战略研究部，负责全面规划管理“双碳”工作，定期汇报工作进度与相关信息。格林美对资源循环产业进行全球化布局，通过固废资源化处置工作减少新能源及塑料行业对原生材料的依赖，降低产品生命周期碳排放。格林美建立了专业的环保管理队伍，建设了可靠的环保设施，有效减少了污染物排放，保障了生态环境的安全。

格林美积极开展新建、改建及扩建项目的安全评价工作，建立职业健康安全管理体系，确保项目的安全及职业健康；建立多层次的人才培养体系，通过开展多种培训提高员工技能水平，增强员工职业素养；严格按照相关法规制度，完善公司内部法人治理结构，健全内部管理和控制制度。

9.4 节能环保产业“四链”融合发展措施建议

9.4.1 科技创新建议

1. 绿色科技助力生态环保

中国的生态环保面临着日益严峻的挑战，科技创新在提升环境质量方面起到至关重要的作用。建议加大对环境监测和治理技术的研发力度，引入先进的传感技术、卫星遥感技术及大数据分析技术，实现对大气、水质和土壤等方面的实时监测。智能化的环境监测系统将有助于更准确地评估环境状况，为环境治理提供科学依据。

2. 低碳科技助力绿色低碳发展

中国以低碳发展为目标，在交通领域推动电动汽车技术创新，提高电池技术能量密度，降低成本，以推动电动汽车的普及。同时，发展绿色交通管理系统，通过物联网和智能算法优化交通流，减缓城市交通拥堵，降低交通能耗。

3. 生态产业链科技升级

中国的产业结构正经历深刻的调整，而生态产业链的科技升级将是未来发展的关键。建议加大对清洁生产技术和循环经济模式的研发投入，推动工业过程的绿色化。通过引入智能制造技术，实现生产过程的高效能耗监控和调整，降低资源浪费，实现产业链的可持续发展。

4. 数字化节能建筑

通过数字化技术，如建筑信息模型、智能化能源管理系统等，提高建筑设计和运营的能效。政府可以制定激励政策，鼓励企业采用先进的建筑科技，建设更加智能、节能的建筑。这不仅有助于减少建筑能耗，还能提高居住和工作环境的舒适性。

5. 跨界合作促进创新

中国的科技创新发展正逐渐从单一领域走向跨界融合。建议加强不同行业之间的合作，推动产业链的深度融合。政府可设立创新基金，支持不同领域企业的联合研发项目。同时，鼓励高校、科研机构与企业之间的协同创新，形成更为开放和有活力的创新生态。

6. 小结

我们需要更加紧密地依赖科技创新来推动产业发展。在实现节能环保产业“四链”融合发展的过程中，科技创新不仅是手段，更是关键动力。通过全面深入的科技创新，中国将能够更好地应对生态环保问题，实现可持续发展，为全球环境治理事业做出积极贡献。

9.4.2 人才培养建议

1. 建立多层次、多领域的人才培养机制

中国的节能环保产业需要不同层次、不同领域的人才支持。政府可以制定政策，建立包括技工、技师、工程师、博士等多层次的人才培养机制。通过多领域的培养，使人才更好地适应不同层次的技术需求，满足产业的多元化发展。

2. 强化实践性培训，提高从业人员专业水平

在人才培养中，实践经验是至关重要的。建议强化实践性培训，通过与企业合作、设立实训基地等方式，提高学生和从业人员在实际操作中的技能水平。政府可以提供奖励，激励企业为人才培养提供更多的实践机会。

3. 制订精准的专业培训计划

由于节能环保领域的多元性，建议政府制订更为精准的专业培训计划。通过与行业协会、企业等机构合作，制定具体的课程体系，确保培养出更加符合市场需求的专业人才。这有助于提高人才的竞争力，更好地满足行业发展的要求。

4. 推动高校与企业的深度合作

高校与企业的深度合作对于人才培养至关重要。政府可以加强高校与企业之间的合作机制，鼓励企业参与课程设置、实习基地建设等方面。这种合作不仅有助于学生更好地理解产业需求，也可为企业提供更多的用人机会。

5. 国际化人才培养视野

推动中国节能环保产业人才培养国际化是迎接全球化竞争的关键。建议通过设立国际化人才培养计划，引进国外优秀教育资源，促使学生在全球范围内接受更为广泛的知识和经验。这有助于提高中国节能环保产业在国际市场上的竞争力。

6. 建立奖励机制，激励人才创新和贡献

政府可以建立奖励机制，鼓励人才在节能环保产业领域取得创新成果。这不仅可以提高从业人员的积极性，也有助于形成一种创新氛围。奖励可以包括科技成果奖、专利奖等，从而激发更多人才投身科技创新的实践中。

7. 促进产学研用深度融合

推动产学研用深度融合是培养高层次人才的关键。政府可以提供更多的支持政策，鼓励高校和科研机构积极参与产业创新项目。企业可以提供更多的实践机会，让学生在实际项目中锻炼自己，更好地适应产业发展的需求。

8. 小结

中国节能环保产业要实现“四链”融合发展，离不开人才的培养和储备。通过建立多层次的培养机制、加强实践性培训、推动高校与企业深度合作等手段，中国可以培养更为适应产业发展需要的高素质人才，为节能环保事业的可持续发展提供强有力的支持。

9.4.3　政策引导建议

1. 制定长期稳定的产业政策

为了支持中国节能环保产业发展，政府可以制定长期稳定的产业政策。这包括提供税收优惠、财政补贴等激励措施，以鼓励企业加大对清洁技术研发和应用的投入。政策的稳定性将有助于企业形成长期的发展战略，提高投资的预期回报。

2. 设立专项资金，支持创新型企业和项目

为了推动技术创新，政府可以设立专项资金，支持创新型企业和项目。这些资金可用于研发经费、科技成果转化等方面，激励企业在清洁能源、环境监测等领域取得突破性进展。这有助于提高产业技术水平，推动节能环保产业的升级。

3. 制定绿色金融政策，引导资金流向环保产业

通过制定绿色金融政策，政府可以引导资金流向环保产业。建议设立绿色信贷、绿色债券等金融工具，为符合环保标准的企业提供更便利的融资渠道。这有助于解决环保产业融资难题，促使更多资金投向可持续发展领域。

4. 强化环境监管，确保政策执行和效果

政府需要强化环境监管力度，确保环保政策的执行和效果。建议建立健全的监管机制，加大对环境违规行为的惩罚力度，确保企业履行环保责任。同时，鼓励企业自主监测和报告环境数据，形成合力，推动产业的绿色转型。

5. 完善绿色技术标准和认证体系

政府可以推动建立完善的绿色技术标准和认证体系，促进清洁技术的应用。建议设立专门的机构，制定并更新清洁技术的行业标准，为企业提供技术规范和认证服务。这有助于提高产品和服务的绿色水平，推动产业向高质量发展。

6. 推动绿色供应链建设

通过政策引导，推动建设绿色供应链，强调对环保型原材料、清洁生产技术等的需求。政府可以设立奖励措施，鼓励企业加入绿色供应链，提高整个产业链的环保水平。这有助于形成全产业链的环保共识，推动绿色转型。

7. 制定可行的排放权交易制度

为了减少排放，政府可以制定可行的排放权交易制度，设立二氧化碳排放权市场。这有助于形成企业间的排放减量合作机制，鼓励企业自发采取更为环保的生产方式。政府的政策引导将为企业提供更清晰的减排路径和经济激励。

8. 小结

通过科学合理的政策引导，中国可以促进节能环保产业“四链”融合发展，实现经济增长与环保的双赢。政策的科学制定和有效执行将为企业提供清晰的方向，

激发产业创新活力，推动中国成为全球绿色发展的引领者。

9.4.4　措施落地建议

1. 制定激励政策，推动技术创新和应用

为促进技术创新，政府可制定激励政策，鼓励企业增加对清洁技术研发的投入。建议设立科技创新奖励基金，对在环保技术领域取得突破的企业和科研团队予以奖励。这将鼓励更多企业加大创新力度，推动先进技术的广泛应用。

2. 建设智能化监测与治理平台

智能化监测与治理平台是实现环保目标的关键。建议政府投资建设全国范围的环境监测与治理平台，整合先进的传感技术、大数据分析等手段，实现对空气、水质、土壤等多方面的全面监测。这有助于实时了解环境状况，提高治理的科学性和精准性。

3. 加强产业链协同，推动企业合作

产业链的协同发展对于提升整个产业水平至关重要。建议政府鼓励企业加强合作，形成上下游产业链的协同创新网络。政府可以设立产业联盟，促进企业之间的信息共享和资源整合，推动更高效的产业链协同发展。

4. 推动绿色金融机制建设

为解决节能环保产业融资难问题，政府可以推动绿色金融机制的建设。建议设立专门的绿色信贷机构，为符合环保标准的企业提供低息贷款。此外，可以引导金融机构发行绿色债券，吸引社会资本投入环保产业领域。

5. 制定奖惩机制，引导企业社会责任

为激励企业更积极地履行社会责任，建议政府制定奖惩机制。对于达到或超过环保标准的企业给予奖励，如税收优惠或财政奖励；对于未达标或环保责任不力的企业采取相应的处罚措施。这将促使企业更加自觉地履行环保责任。

6. 加大培训力度，提高从业人员素质

为确保节能环保产业“四链”融合发展中的从业人员具备足够的专业素质，政府应加大培训力度。建议设立专业培训中心，为从业人员提供系统的培训课程，包括新技术应用、环保法规等方面的知识。这有助于提高从业人员的整体素质水平，推动产业向更高水平发展。

7. 小结

通过切实可行的措施，政府可以推动中国节能环保产业“四链”融合发展。政策的明确与执行将为企业提供清晰的发展方向，推动产业向绿色低碳、数智化、可持续发展的方向迈进。这一系列措施的贯彻执行，将为中国打造更加环保可持续的产业体系，为未来的发展注入活力。

参考文献

[1] 李建林 . 试析轻资产模式下环保企业财务管理变革 [J]. 中国农业会计，2020，(11)：30-31.

[2] 王晨 . 巴斯夫、Quantafuel 和瑞曼迪斯有望就塑料废弃物的化学回收开展合作 [J]. 精细与专用化学品，2021，29 (5)：51.

[3] 黄天航，赵小渝，陈劭锋 . 多层次视角方法分析创新发展的可持续转型研究——以德国鲁尔区转型发展为例 [J]. 行政管理改革，2021，(12)：76-84.

[4] 彭小鹏 . 丰田发布“丰田环境挑战 2050”战略 [J]. 汽车与社会，2015，(36)：58-61.

[5] 龚凯颂，焦菲 . 企业风险与财务困境预警分析：基于 ST 德棉的案例分析 [J]. 财会通讯，2012，(27)：111-113.

[6] 李俊英 . 股权质押触发债券信用违约的传导逻辑——以神雾环保“16 环保债”违约为例 [J]. 财会通讯，2021，(24)：87-90.

[7] 何靖，李娟 . 环保上市公司债务违约潮及北控水务在环保新形势下的应对策略 [J]. 营销界，2019，(24)：122-123.

[8] 李四海，欧冬妮 . PPP 模式下合并报表范围选择研究——基于东方园林的案例分析 [J]. 中国经济报告，2020，(6)：106-123.

本章撰写人员名单

主要执笔人：

张婷婷　北京化工大学　教授
许嘉钰　清华大学　副教授
任慕华　清华大学　助理教授
张　盛　清华大学　助理教授

课题组主要成员：

郝吉明　清华大学　中国工程院院士，教授
高　翔　浙江大学　中国工程院院士，教授
许嘉钰　清华大学　副教授
张婷婷　北京化工大学　教授
朱小彪　北京化工大学　副教授
彭　猛　中国电子信息产业发展研究院　副研究员
张　盛　清华大学　助理研究员
任慕华　清华大学　助理研究员
张　琨　清华大学　助理研究员

第 10 章

新兴服务业

战略性新兴产业“品牌项目”新兴服务业课题组

【内容提要】新兴服务业作为驱动我国经济高质量发展和产业创新集群的核心策略，正日益展现其重要性。本章聚焦于数字创意服务领域中的人工智能生成式内容（artificial intelligence generated content，AIGC）融合服务、VR/AR 服务及智慧城市服务这三大领域。本章揭示了这些领域在推动创新链产业链资金链人才链深度融合的发展现状、融合问题和措施建议。

本章系统梳理了这三项服务的国内外政策环境、市场动态及领军企业产品概况。随后，深入分析了我国重点区域在集群部署、财政支持、人才集聚等方面的政策措施，以及研究机构、高校实验室的技术积累，相关企业的核心产品、技术应用及市场拓展情况，并绘制出产业图谱。鉴于新兴服务业技术迭代迅速，硬件软件更新频繁，产业链各环节间的协调与整合成为关键挑战。本章认为，我国 AIGC 融合服务、VR/AR 服务、智慧城市服务“四链”深度融合建设虽取得初步成效，但与发达国家相比仍有差距。

为推动新兴服务业发展，本章建议：制定阶梯化发展规划，完善政策体系；深化产学研合作，打造标杆案例引领产业的创新应用；加强数字平台与大模型的研发，构建产业合作生态圈。

国家统计局 2023 年 2 月 28 日发布的《中华人民共和国 2022 年国民经济和社会发展统计公报》[1] 显示，全国 GDP 第三产业增加值 638 698 亿元，增长 2.3%，其中新兴产业全年规模以上服务业中，战略性新兴服务业企业营业收入比 2021 年增长

4.8%。2022 年全年服务业增加值同比增长 2.3%。其中，信息传输、软件和信息技术服务业，金融业增加值分别增长 9.1%、5.6%，说明新兴服务业依然是加强两业互动和经济社会发展的重要引擎 .

新兴服务业作为数字经济时代下服务发展的新格局，不仅促进了产业结构的优化升级，还成为实现产业创新集群发展的重要举措。2023 年 9 月，世界知识产权组织（World Intellectual Property Organization，WIPO）发布的《2023 年全球创新指数》报告中显示[2]，我国在全球创新指数中的排名由 2012 年的第 33 位显著提升至 2023 年的第 12 位，这一跃升不仅体现了我国在科技创新方面的飞速进步，也彰显了创新政策的有效实施。在参与评估的 132 个经济体中，我国凭借最多的科技集群数量稳居全球首位，这不仅标志着我国区域创新能力的全面提升，也说明我国区域创新发展策略取得了显著成效，为新兴服务业的蓬勃发展提供了坚实的支撑和广阔的空间。因此，持续推动新兴服务业与科技创新的深度融合，将是我国未来经济高质量发展的关键路径。

10.1 新兴服务业综述

新兴服务业是基于现代信息技术和服务模式发展起来的现代服务业[3]，在新兴服务业分类中，数字创意产业、设计服务、数字创意与融合服务占有显著比例。技术的更迭和发展会使服务的生产方式、生产内容和呈现媒介等发生重大变化。在本章中，我们根据往年项目调研的重点主要聚焦于 AIGC 融合服务、VR/AR 服务和智慧城市① 服务三种类型[4]。

2022 年引爆全球的聊天生成预训练转换器（chat generative pre-trained transformer，ChatGPT）作为 AIGC 的典型代表掀起了第四次人工智能浪潮，是新一轮的范式转移，预示着新一轮内容生产革命的到来。*Science* 将 AIGC 列为 2022 年度十大科学突破，《麻省理工科技评论》（*MIT Technology Review*）将 AIGC 称为人工智能领域过去十年最具前景的进展，Gartner 公司也将 AIGC 列为年度五大影响力技术之一。

AIGC 融合服务主要包含以下层次：使用 AIGC 技术对新兴服务业的内容创作模式的流程再造，如让用户通过自然语言的描述转化为提示词后能很快生成视觉方案，并且一次性可以生成多个方案，更改速度也很快，而不需要经过复杂的用户调研和需求转化后花费较长的时间来绘制；使用 AIGC 技术对新兴服务业中内容质量及成本的改变，如视觉方案的快速产生可以减少设计师的工作量，在相同的时间内工作效率大幅提升；AIGC 扩大了原来新兴服务业中“内容”的含义，凡是可以数字化的内容形式都可以转化为对象，目前 AIGC 大部分可生成的“内容”以图片、文字、视频等为主，随着技术和应用行业数据的融合，未来的内容可以是决策意见、问诊建议、金融方案等。AIGC 的主要应用领域如图 10.1 所示。

① 智慧城市（smart city）更侧重于群体智能、知识和策略的整合。这里的“智慧”是人本导向的，强调综合性和策略性。智慧城市强调全局策略、远景规划、社区参与和系统间协同，旨在运用数据和集体智慧实现可持续、和谐的城市生活。

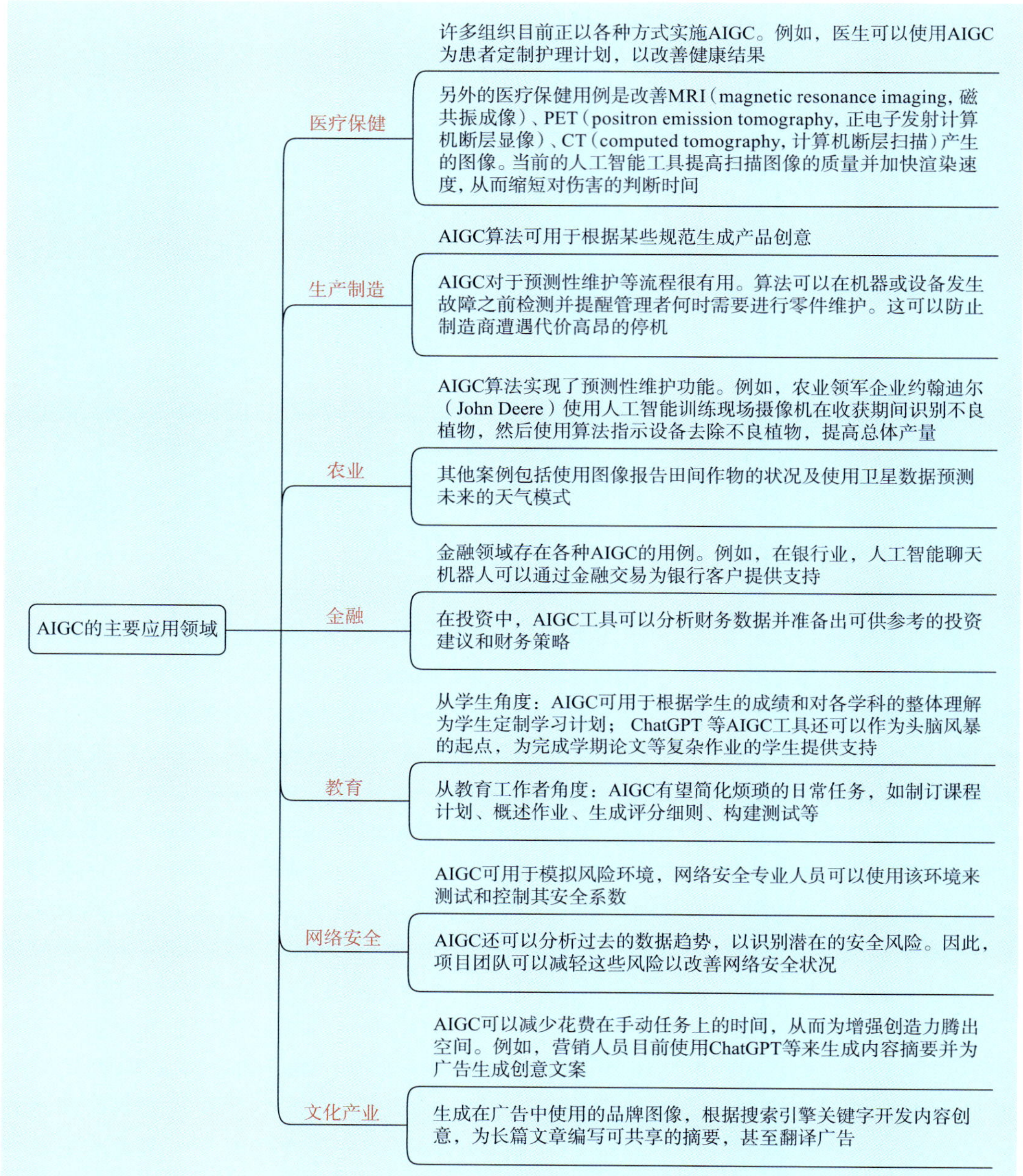

图10.1　AIGC的主要应用领域

VR/AR 技术利用计算机及其他高新技术模拟构建 3D 的虚拟世界，为用户提供包含视觉、听觉、触觉等感官的模拟感受，通过 3D 显示器和姿势追踪等设备使用户获得沉浸式交互体验[5]。VR/AR 技术为新兴服务业提供了重要技术支撑，衍生出新兴服务业态，并以新服务模式赋能传统行业改造升级，有助于服务业的现代化和智能化建设，同时也为全球经济发展注入新的活力。VR/AR 技术赋能的新兴服务业呈现出多种类型：在沉浸式虚拟环境搭建方面，VR 技术通过模拟真实环境创建更加逼真的服务场景，如虚拟试衣间、在线教育平台和远程医疗服务，在提升用户体验的同时拓展了服务的可达性和便利性；在知识赋能方面，VR 技术被用于丰富的模拟训练和专业技能培训场景，提供高质量、安全可靠和个性化的服务模式；在促进传统行业升级转型方面，虚拟展示和体验为传统零售业带来更多线上客户，虚拟产品设计和原型测试缩短了制造业的产品开发周期。VR/AR 技术通过创新服务模式提升了服务效率和质量，推动了传统行业与现代技术的融合，正在成为服务业创新发展的重要驱动力。

在数字智能化的时代，智慧城市的建设成为城市发展的重要趋势，这不仅是技术应用的集合，更是对未来的战略性布局。战略性思维要求我们超越现状，从全局性、长远性的视角规划和预测未来的挑战与发展方向。智慧城市服务依托于实时感知、移动网络、虚拟现实和人工智能等核心技术，强调想象力和创新在应用场景的重要性。通过国内外优秀案例的对比分析，我们可以提升认知、明确优势和发展路线。智慧城市的总体规划与实施需要明确竞争战略，加强攻防训练和博弈思维，提升方案的韧性和竞争力，这不仅是技术的竞争，更是智慧和战略的较量，体现了“战”的深刻内涵。智慧城市服务的发展要求战略性认识、创新思维的锻炼，以及对竞争共赢关系的深刻理解，从而驱动城市向着更便捷、安全和舒适的方向发展。

10.2 国外新兴服务业高质量发展现状及启示

10.2.1 AIGC 融合服务

1. 划时代的文本生成视频模型相继出现

过去半年间，以文本生成视频的模型层出不穷（表 10.1）。尤其是在 2023 年 11 月底，由美国初创公司 Pika Labs 带来的视频内容生成应用产品 Pika 1.0 的推出给世界带来不小的震撼。预计在不久的将来，更具颠覆性的产品将会出现。

表 10.1 2023 年以来突破性文本生成视频模型汇总

模型	开发团队	推出时间	是否开源	特点	生成视频表现		
					长度	每页帧数	分辨率
Gen-2	Runway	2023 年 6 月	否	画面精美清晰度高，最新版本可生成 4K 画质	4~16 秒	24	24 768 × 448（免费）；1 536 × 896（付费）；4 096 × 260

续表

模型	开发团队	推出时间	是否开源	特点	生成视频表现		
					长度	每页帧数	分辨率
Pika 1.0	PIKA Labs	2023 年 11 月	否	语义理解能力强，画面一致性佳	3~7 秒	8~24	1 280 × 720；2 560 × 440
Stable Video Diffusion	Stability ai	2023 年 11 月	是	第一个基于的 Diffusion 的基础模型	2~4 秒	3~30	567 × 024
Emu Video	Meta	2023 年 11 月	否	文本忠实度上表现较好	4 秒	16	512 × 512
W.A.L.T	李飞飞团队和 Google	2023 年 12 月	否	基于 Diffusion+Transformer。改善了计算成本和数据集问题	3 秒	8	512 × 896

2. AIGC融合服务的国外相关政策措施

2023 年 3 月 29 日，美国生命未来研究所（Future of Life Institute，FLI）公布了《暂停巨型人工智能实验公开信》[6]，信中包括伊隆·马斯克（Elon Musk）在内的 100 多名人工智能专家和行业高管呼吁暂停半年开发比 ChatGPT-4 更强大的系统。7 月 12 日，马斯克宣布成立人工智能公司 xAI，并表示成立目的在于防止 OpenAI 公司一家独大，目标是理解宇宙的真正本质。

根据麦肯锡全球研究院的报告《生成式人工智能和美国工作的未来》（Generative AI and the future work of America），2020~2022 年新冠疫情期间，美国劳动力市场发生了 860 万次的职业变动，比 2020 年前的变动增加了 50%。大部分工作人员离开了食品服务、面对面的销售和需要办公驻地的职业[7]。麦肯锡全球研究院预测到 2030 年，职业转变人数将增加 1 200 万人。目前占美国经济工作时间 30% 的活动可能会实现自动化。随着人们离开日益萎缩的行业，酬劳可能会重新转向工资更高的工种。从事低工资岗位的工人需要更换职业的可能性是高工资岗位工人的 14 倍，而且大多数人需要额外的技能才能成功地做到这一点。

2023 年 7 月，英国罗素大学集团 24 所高校共同制定人工智能五项指导原则，以确保学生和教职人员在使用人工智能时的素养，并积极调整教学和评估的方法，以应对人工智能日益增长的使用[8]。

日本文部科学省 2023 年 8 月公布了开发本土人工智能项目的计划，其目的在于利用理化学研究所积累的庞大研究数据存储库进行与化合物和诊断图像相关的模型训练，使其成为医学和材料领域研究的理想工具。该项目从 2023 年开始，时间跨度预计 8 年，更为广泛的研究预计从 2031 年开始，致力于在日本全国范围内的普及。除此以外，2023 年 8 月软银集团宣布开启一项帮助日本建立自己的 OPenAI 的计划，开发基于日本本土的大型语言模型（large language model，LLM）和 AIGC 服务[9]。

新加坡政府在 2023 年 7 月与 Google Cloud 签订合作协议开展 AI Trailblazers 计划[10]，旨在 100 天内确定政府和行业的 100 个人工智能生成用例。多达 100 个企业可以在这个期限内免费访问和使用 Google Cloud GPU（graphics processing unit，图形处理器）和 Vertex AI 平台，通过访问这些人工智能的工具集，企业可以在基于云的环境中构建和测试自己的解决方案。第一个沙盒计划由新加坡智慧国家和数字政府办公室通过人工智能政府云集群进行管理，专门供新加坡政府机构使用；第二个沙盒计划则由新加坡数字产业局管理，供企业使用。

多国在积极探索 AIGC 应用的同时，对其相关风险并未忽视，表 10.2 是 2023 年 3 月以来部分国家 / 机构出台的 AIGC 相关政策措施。

表 10.2　2023 年 3 月以来部分国家 / 机构出台的 AIGC 相关政策措施

时间	国家 / 机构	措施	备注
2023 年 3 月 31 日	意大利	意大利个人数据保护局宣布从 2023 年 3 月 31 日起禁止使用聊天机器人 ChatGPT，限制 ChatGPT 的开发公司 OpenAI 处理意大利用户信息	是首个明确禁用 ChatGPT 的国家
2023 年 4 月 11 日	美国	美国商务部就 ChatGPT 等人工智能技术相关问题的问责措施征求意见	
2023 年 4 月 30 日	G7（美国、日本、英国、德国、法国、意大利、加拿大）	G7 的数字与技术部长同意“基于风险”推出一项针对人工智能的监管方案	G7 虽同意出台相应的监管政策，但重申监管也应该为人工智能技术“保持一个开放有利的环境”
2023 年 5 月 3 日	英国	英国竞争和市场管理局宣布，将对人工智能市场展开审查，涉及 ChatGPT 等工具背后的技术	
2023 年 5 月 4 日	美国	发布首个人工智能监管计划	白宫公告称，美国国家科学基金会计划拨款 1.4 亿美元，用于启动 7 所新的国家人工智能研究院
2023 年 5 月 9 日	日本	拟设置磋商制定利用人工智能相关规则等的“人工智能战略会议”	
2023 年 5 月 11 日	欧洲议会	欧洲议会两个委员会通过《人工智能法案》提案的谈判授权草案	该草案为世界上第一部综合性人工智能法律铺平道路。这一草案于 2023 年 6 月中旬提交欧洲议会全会表决，之后欧洲议会将与欧盟理事会就法律的最终形式进行谈判

3. AIGC融合服务发展相关商业案例

AIGC 是一种经过训练可生成原创内容的人工智能，在市场场景中的用例都在增加，它在商业中可以快速自动化和简化项目流程；减轻员工的重复性工作；帮助企业保持高质量和大批量的生产标准。麦肯锡全球研究院在《探索生成式人工智能的价值链中的机会》中指出，AIGC 应用市场是价值链中预计增长最快的部分，并为现有科技公司和新市场进入者提供重要的价值创造机会。使用专门或专有数据来微调应用程序的企业可以比不使用专门或专有数据的企业获得显著的竞争优势。表 10.3 是对 AIGC 不同领域内应用商业方案的部分汇总。

表 10.3　AIGC 融合服务主要功能及商业方案

主要功能	说明	已有方案
代码生成、文档和质量检测	对于软件开发人员和程序员来说，AIGC 可以编写、完成和审查软件代码集。软件代码类产品的质量检测服务会成为该领域最重要的新兴用例，AIGC 模型可处理错误修复、测试生成和各种类型的文档	Code Snippets AI、ChatGPT、Google Bard、Tabnine
产品和应用程序开发	AIGC 现在被用来编写各种类型的应用程序并为这些应用程序编写产品文档，也正在进入半导体芯片开发和设计等项目。AIGC 基础模型和 API[1)] 也被用于开发新的、经过微调的 AIGC 模型和产品。例如，基于 OpenAI 基础模型构建了许多客户服务和聊天机器人 AIGC 工具	MOSTLY AI、Stability AI、AI21 Labs、GPT-4
博客和社交媒体内容写作	通过正确的提示和输入，大型语言模型能够为博客、社交媒体账户、产品页面和商业网站创建适当且富有创意的内容	Jasper、Notion AI、Phrasee、HubSpot Content Assistant
入站和出站营销沟通	入站和出站营销活动经常要求员工每天向潜在客户和现有客户发送情境化电子邮件和聊天线索。AIGC 解决方案可以创建并发送这些通信的内容	Twain、Salesforce Einstein GPT、HubSpot ChatSpot
平面设计和视频营销	可用于图形设计和视频营销项目的逼真图像、动画和音频。一些 AIGC 供应商还提供语音合成和人工智能化身，因此无须演员、视频设备或视频编辑专业知识即可创建营销视频。该领域是 AIGC 企业用例的快速增长来源	Diagram、Synthesia、Lightricks、Rephrase.ai
娱乐和多媒体生成	随着人工智能生成的图像、动画和音频变得越来越逼真，此类技术被用来创建电影、视频游戏的图形、音乐、播客生成的音频，以及虚拟故事讲述和 VR 角色。AIGC 将构成未来电影内容和剧本创作的大部分，目前，这些工具主要用于补充现有脚本并创建更具互动性的非玩家角色（non-player character，NPC）	Stability AI 公司的 Stable Diffusion、Plask、Charisma、Latitude Voyage
绩效管理与辅导	可用于多种业务和员工辅导场景。企业领导者可以使用 AIGC 工具来为员工提供信息甚至构建绩效评估，而员工可以使用对话式人工智能工具来获取有关其绩效和需要改进领域的反馈	Anthropic Claude、Gong、CoachHub AIMY
业务绩效报告与数据分析	可以通过大量文本和数据快速总结要点，因此它正在成为商业智能和绩效报告的重要组成部分。它对于非结构化和定性数据分析特别有用，因为这些类型的数据通常需要更多处理才能得出见解。正在探索的最有趣的领域之一是数据叙述，这是对数据集的高度情境化的人工智能解释。这超越了传统静态的可视化图表展示，变成了可解释的数据	SparkBeyond Discovery、Dremio、Narrative BI
客户支持与体验	对于许多直接的客户服务活动，AIGC 聊天机器人和虚拟助理可以全天候处理客户服务问题。客户服务 AIGC 解决方案的例子正在极大地改变聊天机器人的格局，以更低的成本提供更长的服务时间	Gridspace、IBM Watson Assistant、UltimateGPT、Zendesk Advanced AI、Forethought SupportGPT
药物发现与设计	AIGC 技术被用来提高新药的药物发现和设计过程的效率。随着这一新进展，科学家开始生成新分子，更有效地发现无序蛋白质，并设计和预测临床试验结果	Insilico Medicine、Entos、Aqemia、New Equilibrium Biosciences
医疗诊断与成像	图像生成和编辑工具越来越多地用于优化和放大医学图像，使医疗专业人员能够更好、更真实地观察人体的某些区域。有些工具甚至可以自行执行医学图像分析和基本诊断。ChatGPT 通过了美国执业医师资格考试，并被证明在识别提交的病理图像中的疾病方面相当有效	Paige.ai、Google Med-PaLM 2、ChatGPT、GPT-4
生成消费者友好综合指数	AIGC 可用于创建实际敏感数据的合成数据副本，使分析师能够分析副本并从中获取见解，而不会损害数据隐私或合规性	Syntho Engine、Synthesis AI、MOSTLY AI、Infinity AI

续表

主要功能	说明	已有方案
智能制造和预测性维护	AIGC 正在迅速成为现代制造业的主要内容，帮助工人创造更多创新设计并实现其他生产目标。在预测性维护领域，生成模型可以生成待办事项列表和时间表，提出工作流程和维修建议，并简化评估来自传感器和装配线其他部分的复杂数据的过程。通过逆向设计，AIGC 可以评估流程中缺失的材料，并生成满足该环境所需属性的新材料	Biomatter、Clarifai、C3 Generative AI Product Suite
欺诈监测和风险管理	可以分析大量交易或索赔数据，快速总结和识别该数据中的任何模式或异常情况。凭借这些能力，AIGC 成为金融和保险场景中欺诈监测、承保和风险管理的强大支撑工具	Simplifai InsuranceGPT、Docugami、ChatGPT
优化企业搜索和知识库	对于员工和业务工具的其他内部用户来说，当用户搜索有关其工作或项目的某些信息时，可以使用 AIGC 模型来搜索、识别和 / 或总结企业资源。同样，AIGC 模型可以嵌入企业网站和其他面向客户的资产中，为访问者提供自助服务解决方案来寻找其品牌问题的答案	Glean、Coveo Relevance Generative Answering、Elasticsearch Relevance Engine

1）API：application programming interface，应用程序编程接口

注：部分数据来源于华安证券研究所[11]

在商业变现方面，AIGC 服务的商业化程度随着 ChatGPT 的推出激发了更多的应用场景[12]。ChatGPT 在推出的 2 个月内就实现了用户过亿人，于是世界各大知名科技企业纷纷加码了对该领域的投资，微软对 OpenAI 注入了百亿美元的投资，迅速将 ChatGPT 接入旗下的 Azure 和必应（Bing）搜索中[11]。与传统的人工智能工具的变现方式不同，ChatGPT 采用的是软件即服务（software as a service，SaaS）的订阅模式，拓宽了人工智能产品未来的商业模式。目前实现商业变现的产品如表 10.4 所示，其中以文字类和图片类的产品变现最为成熟。

表 10.4　AIGC 融合服务主要企业产品及变现方式

分类	应用场景	模型名称（公司）	功能	商业变现模式
文字类	直接生成应用性文本，新闻撰写为核心场景；直接生成创作性文本，适用于剧情续写、营销文本等细分场景；生成交互性文本，典型场景为智能客服 / 聊天机器人 / 虚拟伴侣 / 游戏中的 NPC 等；文本辅助生成，是目前国内外工具落地最广泛的场景	Notion AI	智能写作助手，可以规划出行流程、撰写学习笔记	10 美元 / 月，年付打八折
		Jasper.AI	人工智能文字生成为其主打产品，通过该功能可以生成 Instagram 标题，编写 TikTok 视频脚本、广告营销文案	成立于 2021 年，已实现商业变现，估值达 15 亿美元。2022 年收入翻倍达到 9 000 万美元。2021 年已有 7 万名付费用户通过 SaaS 付费模式，适用于个人 / 小团队的 Boss 版（99 美元 / 月，年付 82 美元 / 月），适用于大团队的商业版本（499 美元 / 月起，定制）
		ChatGPT（OpenAI）	聊天机器人软件。通过聊天提出需求，实现文章创作、代码创作和回答问题	2023 年 1 月末，推出两个月后月活用户突破 1 亿名。微软将 OpenAI 的工具商业化，如 Vista 进行简易的回复；2 月推出 OpenAI 模型支持的必应搜索引擎与 Edge 浏览器；推出由 ChatGPT 提供技术支持的高级 Teams 产品，自动生成会议记录、推荐任务和智能回顾等内容；6 月起 7 美元 / 月，7 月增加到 10 美元 / 月

续表

分类	应用场景	模型名称（公司）	功能	商业变现模式
图片类	根据文字的简单描述、提示词或图片参考自动生成图像	Midjourney（Midjourney Lab）	不开源，文生图	2022 年 4 月推出，艺术性强，擅长环境效果。首次加入可获 25 分钟大致 25 次的免费生成服务。10 美元 / 月（约 200 次）；30 美元 / 月（无限制）；0.05 美元 / 次
		Stable Diffusion（Stability AI）	免费开源，文生图	2022 年 8 月推出，细节更丰富。首次注册可获得 200 次单张图免费生成。10 英镑 1 000 次生成，0.01 英镑 / 次
		DALL-E2（OpenAI）	不开源，文生图	2022 年 4 月推出，语义理解更准确，风格更广泛。首次访问可获得 50 个免费积分，接下来每月可获 15 个免费积分，一次生成消耗 1 个积分。15 美元 115 次生成，0.13 美元 / 次
音频类	有着相当成熟的语音合成场景和音乐创作功能。该类型可以提高歌曲、乐曲、有声书、配音等内容的创作效率，实现有声内容的规模化生产	Amper Music	基于云算法平台，帮助简化电影和视频游戏的音轨制作	可免费生成 2 个作品，14.99 美元 / 月
		FM Mobile（索尼计算机科学实验室）	利用人工智能技术辅助音乐制作，能够根据创作者选择的风格提示旋律、和弦和贝斯线，生成音乐	登录 App Store，可以用于 iPad
视频类	视频自动剪辑、属性编辑、视频到视频的自动生成等	Gen-1（Runaway）	基于文本和参考图像制定设计风格，可将现有视频转化为新视频	12 美元 / 月 625 个积分点，能生成 44 秒视频
		Make-A-Video（Meta）	根据文字提示词生成视频，不需要成对的文本–视频数据；视频具有多样性，艺术风格丰富	普通版免费，但功能少
		Adobe Firefly（Adobe）	与 Midjourney 类似，但功能较弱。通过提示词给视频调色，添加背景音乐和声音效果。一键分析剧本，生成分镜	
代码类	帮助程序员节省阅读软件文档的时间，快速浏览不熟悉的编码框架和语言	GitHub Copilot（GitHub & OpenAI）	可以支持十几种语言，特别是与 Python、JavaScript、TypeScript 等主流语言配合效果最好。可以将注释转为代码。只需要描述需求逻辑，能自动理解生成代码，也能自动填充重复代码	60 天免费试用，10 美元 / 月，100 美元 / 年
数字人	创建虚拟角色，可减少培训中教学内容的重复劳动，交互式对话场景	D-ID（D-iD Studio）	具有视频化照片功能，从而创造一个能够表达情感的多语言电视主播，或者支持互动的虚拟聊天机器人。整合了 ChatGPT 技术，营造身临其境的感受	注册后免费使用 14 天，有 20 个免费信用点可用，通常几秒的视频用 1 个信用点

4. 美国旧金山湾区的AIGC融合服务

AIGC 的发展离不开强大的底层技术支撑，其中算力、算法和数据构成了其领域发展的基础设施。目前，全球 AIGC 算力格局主要由中美两国遥遥领先，美国位居第一，中国位居第二[13]。

旧金山湾区是美国人工智能技术的高度集中区，被称为“全球的人工智能之都”，美国1/4的人工智能公司、专利和论文发表集中在该区域。该区域内聚集了诸如谷歌、Facebook、惠普、英特尔、苹果、思科、英伟达（NVIDIA）、甲骨文、特斯拉、雅虎等一众大牌公司及诸多优秀初创企业。湾区内有5个世界级的研究型大学——斯坦福大学、加利福尼亚大学伯克利分校、加利福尼亚大学戴维斯分校、加利福尼亚大学旧金山分校、加利福尼亚大学圣克鲁兹分校，还有5个国家级研究实验室，教育、人才优势使旧金山湾区成为毋庸置疑的人工智能中心。发表于《哈佛商业评论》中的文章《50个全球顶尖人工智能人才中心》介绍了全球人工智能人才库最多的50个城市，使用Tide框架对不同地点的人工智能人才库的集中度、质量和多样性进行评分，来确定人工智能人才采购选择的优先顺序；经过评估，美国旧金山在人工智能人才方面遥遥领先[14]。

CB Insights公布了13家总部位于美国的人工智能独角兽企业，如表10.5所示。

表10.5　13家美国人工智能独角兽企业

公司名称	成立时间	市场估值	主要产品
OpenAI	2015年	290亿美元	聊天机器人ChatGPT、影像生成DALL·E、语音辨识Whisper
Anthropic	2021年	44亿美元	聊天机器人Claude
Inflection	2022年	40亿美元	聊天机器人Pi
Cohere	2019年	20亿美元	为企业提供改善人机互动的自然语言处理模型
Hugging Face	2016年	20亿美元	人工智能开源社区平台
Lightricks	2013年	18亿美元	影像和图像编辑应用程序
Runaway	2018年	15亿美元	视频编辑软件
Jasper AI	2021年	15亿美元	内容生成工具
Replit	2016年	12亿美元	线上程序开发平台
Adept	2022年	10亿美元	将文字指令转化为一连串人工智能模型
Character.AI	2021年	10亿美元	聊天机器人
Stability.AI	2019年	10亿美元	Stable Diffusion和Dream Studio图像生成模型
Glean	2019年	10亿美元	基于人工智能的企业搜索与知识管理平台

资料来源：CS Insights，数据截至2023年第二季度

通过以上企业案例可以发现，AIGC系统比大多数传统人工智能系统要复杂得多。因此，与交付周期相关的时间、成本和专业知识给整个价值链的新进入者和小企业带来了巨大的阻力。虽然整个领域都存在价值，但麦肯锡全球研究院的研究表明，在可预见的未来，许多领域将继续由科技巨头和现有企业主导[15]。

自 2022 年 AIGC 出现后投资人带着上百亿美元投向新兴的人工智能行业，再次推动了旧金山的创业热潮。但路透社的采访表示，人工智能业务的快速增长与旧金山过去的科技热潮不同，AIGC 热潮带来的就业机会较少，因为人工智能企业擅长保持精简和自动化工作。《50 个全球顶尖人工智能人才中心》指出，虽然旧金山为世界排名第一的人工智能人才库，但它的领先地位有被夸大的嫌疑。因为人工智能领域是动态发展的过程，其人才遍布全球，就发展中国家而言，未来的人才库可能随时会发生变化。

10.2.2 VR/AR 服务

作为技术发源地，美国的 VR/AR 产业生态发展已经相对成熟。目前，美国的 VR/AR 市场规模已经超过 200 亿美元，预计到 2025 年将达到 460 亿美元。除了游戏领域外，美国的 VR 应用场景还包括电影、医疗等多个领域。在商业模式方面，美国的 VR 企业主要通过硬件设备销售、内容付费、广告收入等方式获得收入。表 10.6 展示了美国、日本、韩国地区的代表性 VR/AR 企业。

表 10.6 美国、日本、韩国地区的代表性 VR/AR 企业

企业	主营行业	主要产品	地区
Meta	软件开发，内容平台，消费电子	VR 头显 Meta Quest Pro，VR 头显原型机 Butterscotch、Starburst、Half Dome 等，VR 一体机 Oculus Quest 2，VR 软件平台 Horizon Worlds	美国加利福尼亚
苹果	消费电子，软件开发，内容平台	VR/AR 头显 Apple Vision Pro，VR/AR 软件可立拍、ARki、JigSpace、Museum Alive 等，VR 操作系统 Vision OS、Reality OS 等	美国加利福尼亚
微软	操作系统，内容平台，消费电子	MR 头显 Microsoft Hololens，MR 通用平台 Windows Mixed Reality 等	美国华盛顿
英伟达	消费电子	开发者平台 GameWorks VR，Omniverse 等	美国加利福尼亚
Google	操作系统，消费电子	VR 系统 Google Cardboard，VR 眼镜 Google Glass 等	美国加利福尼亚
Unity	软件开发	VR 内容开发平台、开发引擎	美国加利福尼亚
Unreal	软件开发	游戏开发平台、游戏引擎 Unreal Engine	美国新奥尔良和西得克萨斯
Value	消费电子	VR 平台 SteamVR，VR 头显 Value Index 等	美国华盛顿
Qualcomm	消费电子	定制 VR 芯片组骁龙 XR1、XR2、845、835、821 等，高通分体式 VR 头显等	美国加利福尼亚
索尼	消费电子，内容平台	VR 头显 PlayStation VR 等，VR 游戏，VR 平台等	日本东京
三星	消费电子	VR 头显 Gear VR 等	韩国首尔
LG Display	消费电子	VR 头显 LG 360 VR 头盔，OLED 显示屏、VR 骑行产品 LG Virtual Ride 等	韩国首尔

在产业链层面，Meta 作为目前 VR/AR 行业的标杆企业，其从基础设施到应用的整个产业链，包括硬件、软件、内容等领域的前瞻性结构布局将直接影响行业的发展。Facebook（现更名为 Meta Platforms Inc.）的创始人马克·扎克伯格（Mark Zuckerberg）将元宇宙视为下一个计算平台，它将继移动互联网之后成为主要的社交和经济交流场所。在这个虚拟世界中，人们可以通过数字化身（avatars）参加会议、游戏、购物、创作艺术作品等。Meta 一直致力于 VR 硬件和软件的开发与推广，如 Oculus Quest 和 Oculus Rift，以及支持 VR 的社交平台，如 Horizon。Meta 旗下的 Oculus Quest 2 是全球目前主流的 VR 头显，市场占有率独占鳌头。2023 年 11 月发售的 Quest 3 是 Meta 首款消费级 MR 硬件，相对于 Quest 2 的体验来说，是一次飞跃式的提升。美国高科技苹果公司于 2023 年 6 月研发出一台革命性的空间计算设备 Apple Vision Pro，搭载全球首创的空间操作系统 Vision OS，通过用户与数字内容互动的模式，让数字内容如同存在于真实世界。同时，苹果公司与迪士尼就新款 Vision Pro 混合现实头显达成合作，将推动 Disney+ 接入 Vision Pro 内容生态。2023 年 12 月，苹果公司发布 iOS 17.2 系统，升级至新系统的 iPhone 15 Pro 可通过主摄和超广角摄像头直接录制空间视频，并传输到 Apple Vision Pro 上进行观看。自 iPhone 15 Pro 系列发售后，Rokid 和 XREAL 也先后宣布了各自平台对苹果空间视频的观看支持。英伟达在 2021 年推出全球首个为元宇宙建立的基础模拟平台 Omniverse，该平台连接支持 Adobe、Autodesk、Bentley Systems 等大量专业软件，并实现了娱乐游戏、建筑、汽车、制造等多领域的应用。目前，Omniverse 拥有 15 万余名个人用户和 300 余家企业用户。此外，英伟达也推出了基础设施即服务（infrastructure as a service，IaaS）产品 Omniverse Cloud，可连接在云端、边缘设备或本地运行的 Omniverse 应用，实现在任何位置设计、发布和体验元宇宙应用[16]。

在创新链层面，Meta 已经在内容产生、技术更迭、终端放量间形成技术生态闭环。苹果首款 MR 产品 Apple Vision Pro 搭载了双芯片、单眼 4K① Micro OLED、眼球追踪及手势追踪交互等核心技术，能够实现 VR/AR 模式平滑切换、EyeSight 双向透视等创新功能，有望为用户带来全新的 VR 体验，引领行业发展。Apple Vision Pro 搭载革命性的 3D 交互界面，仅用眼睛 / 手 / 声音便可控制，通过手指拖动、视线改变可以在应用程序间自由切换，打破虚拟和物理空间界限，为用户带来沉浸式体验。苹果已有 330 多项公开可查的 VR/AR 关键专利，18 起已知 VR/AR 相关投资并购事件。2023 年 8 月，美国 IT 公司皮克斯、Adobe、苹果、Autodesk 与 Nvidia 成立 OpenUSD 联盟，OpenUSD 技术是英伟达 Omniverse 平台的基础，有望成为“元宇宙”的 3D 图形标准。英伟达在 SIGGRAPH② 2023 会议上宣布对其 Omniverse 平台进行全面升级，主要新功能包括对 OpenUSD 的支持、新应用程序和集成、加持 AIGC 功能及增强空间计算能力。除此之外，该次更新升级还增加了对科纳斯组

① K 指的是水平方向每行像素值达到或接近的数量，1K=1 024 个。

② SIGGRAPH：Special Interest Group on Computer Graphics and Interactive Techniques，计算机图形图像和交互技术特别兴趣小组。

织（Khronos Group）的OpenXR开放标准的支持，并增加了与Luma AI、Convai、Inworld AI和其他平台的外部连接，以集成其数字内容。

在资金链层面，头部企业仍然处于大力投入研发阶段。根据路透社消息，扎克伯格在员工谈话中表示Meta大约20%的支出预算被用于统筹AR/VR元宇宙业务的Reality Labs。根据Meta披露的2022年财报，Reality Labs有50%以上的预算用于AR眼镜的研发，而大约40%用于VR，大约10%用于未来的元宇宙社交平台，如Horizon Worlds[17]。Meta首席财务官表示尽管2022年Reality Labs亏损达137亿美元，并且2023年亏损会进一步增加，但是Meta仍会继续在这一领域进行有意义的投资。据不完全统计，2022年美国在VR/AR行业投融资总额达34.90亿美元，其中最受投资者青睐的是硬件、整机板块，占全年融资总额的30%，数字人和医疗板块分别占比17%和8%，位列第二和第三。

在人才链层面，美国的VR/AR企业在建立产业生态过程中纷纷开启高薪引才抢才战略，使人才市场经历从未有过的火热。尽管大企业争抢人才并不是什么新鲜事情，但是大企业在新方向发力、扩大规模的同时，导致人才的市场价格被逐步推高，最终导致资金规模较小的企业在这场人才战中失去了竞争力。这种小企业失去竞争力的结局，很可能会在某种程度上抑制整个产业创新力的萌发。

对比美国地区，日本、韩国地区的VR/AR产业链、创新链、资金链发展较慢。其中，日本索尼的VR头显更新迭代速度较慢，2016年10月PlayStation VR开始发售，比Rift和Vive大概晚6个月，但PlayStation VR使用了OLED屏幕、更高的刷新率、更领先的人体工学设计，以及最重要的PlayStation 4主机内容支持，使得其销量表现不俗。2023年2月，索尼发售PlayStation VR2，搭载中国台湾联发科技股份有限公司的首颗VR芯片，拥有独特的振动反馈和具有先进触觉的控制器，搭载OLED显示屏，支持4K分辨率、高动态范围（high-dynamic range，HDR）选项、110度广角视野、眼球追踪技术、3D环绕音效，以及自适应扳机与触觉回馈等功能。截至2023年4月，PlayStation VR2已售出近60万台，比PlayStation VR的同期销量高出8%。韩国三星与Oculus早在2014年合作推出了其首款VR头显Gear VR。SuperData数据指出，2016年VR设备总销量为630万台，其中Gear VR卖出了450万台，基本上占据市场销量的70%。此前，有很多消息透露三星将于2023年发布其首款XR设备，但是三星的计划因为苹果Apple Vision Pro的发布而出现了变数。有消息透露，三星System LSI（large scale integrated circuit，大规模集成电路）部门计划为XR设备生产专用的处理器，前期主要专注于调整现有的Exynos系列处理器以适应XR设备的需求[18]。2023年5月，三星旗下的三星显示斥资2.18亿美元收购美国Micro OLED显示器制造商eMagin，并从中获得了eMagin领先的直接图案显示（direct patterned display，DPD）技术[19]。此外，三星还相继发布了一系列与XR设备相关的模组或产品。三星未来完全有实力研发出具有顶级显示效果、优秀处理能力及强空间交互效果的新一代XR产品。三星在VR/AR市场具有一定的供应链优势，它的产品也具有更强的代际及成本控制优势。

日本、韩国的VR/AR市场规模较小，但在不断增长。目前，日本的VR/AR市场规模约为130亿日元。在应用场景方面，日本的VR/AR主要应用于游戏、医疗、教育等领域。在商业模式方面，日本的VR/AR企业主要通过硬件销售、内容付费、广告收入等方式获得收入。韩国《亚洲经济日报》的相关报道指出，韩国VR/AR产业委员会表示，韩国VR/AR市场的增长大部分都是由游戏产业主导实现的，目前市场规模较小。NR Studio董事主席表示无论投资环境还是软件、硬件的发展，韩国的企业都表现欠佳，韩国VR/AR市场将被强有力的海外企业占据。

10.2.3 智慧城市服务

1. 发达国家代表——美国

1）发展现状

（1）技术集群的集结。全球范围内的技术产业集聚呈现显著趋势，如硅谷、西雅图和波士顿等地形成了密集的技术集群。以硅谷为例，其汇聚了逾4 000家科技企业，包括苹果、谷歌和Facebook等，形成了卓越的创新生态。

（2）智慧基础设施的先进程度。智慧基础设施的最新应用正在各地显现。以洛杉矶为例，美国电话电报公司（American Telephone & Telegraph Company，AT&T）与政府的合作已经启动了智能照明系统的部署，该系统利用传感器数据来实现交通管理与控制。这种高级技术的应用将进一步提升城市的基础设施效能和运营效率。

（3）公私合作模式。公私合作模式在推动城市技术创新方面发挥着重要作用。以纽约市政府与西门子的合作为例，它们共同引入智能电网，以提升城市电力网络的效率和稳定性。这种合作模式加强了公共和私人部门之间的协同作用，从而实现了城市基础设施的升级和优化。

2）发展趋势

（1）数据驱动决策。波士顿的“城市评分”（CityScore）项目利用大数据分析来评估城市运行，提高决策的科学性。该项目通过整合交通、环境等相关数据，以仪表板注释（dashboard note）的形式展示城市的综合状况，帮助政府及时了解问题并优化城市管理。这种智能城市[①] 管理方法增强了政府决策，促进了城市的可持续发展。

（2）5G和物联网。华盛顿特区与Verizon合作部署5G基础设施，促进物联网在城市管理中的应用。5G提供高速、低延迟的连接，加强了物联网设备的支持，从交通优化到资源管理都有潜在影响。这种合作将推动城市创新，提高城市效率和居民体验。

---

① 智能城市（intelligent city）注重具体的计划、行动和任务。这里的“智能”是技术导向的，强调技术的应用。智能城市专注于单一智能体，如智能交通、智能建筑的发展和自主性，这些系统可以独立发展或与其他系统合作。

（3）公众参与和透明化。圣弗朗西斯科的“开放数据”（OpenData）计划鼓励公众获取、利用和分享公开数据。该计划提供开放的数据资源，让公众可以更轻松地访问城市信息，促进创新和提高透明度。这种开放数据政策为公众和企业提供了丰富的信息，支持更好的决策和发展。

3）政策措施及启示

（1）财政支持的战略性注入。美国联邦通信委员会授权204亿美元的“农村数字机会基金”（Rural Digital Opportunity Fund）计划，旨在财政支持农村宽带普及，弥合数字鸿沟，强调财政在数字城市长期发展中的重要作用。该举措将扩展农村宽带基础设施、促进数字连接、创造就业、提升居民生活水平，凸显政府在推动可持续发展和城市智能化机遇中的关键地位。

（2）统一规范与标准的制定。美国国家标准与技术研究院（National Institute of Standards and Technology，NIST）的智慧城市框架旨在通过规范和标准引导数字化城市建设，促进合作，明确智能城市关键组件，确保互操作性。该框架分为基础设施、平台和服务三个层次，旨在促进城市的可持续发展、提高效率和保障安全；通过持续地测量和评估城市可以相应地调整其发展策略。此框架为智慧城市提供了统一的指导方针，进而推动其创新和可持续的进步。

（3）公私合作的进一步推广与鼓励。底特律市政府与Quicken Loans的合作充分体现了公共和私人部门合作的潜力。它们通过数字技术成功优化了公共交通系统，并引入了差分隐私技术以保护个人隐私。这个案例强调了数字化城市发展中公私合作的价值，不仅能够提升城市效率和创新，还能平衡隐私保护的需求，为未来的城市发展提供了有益的范例。

综上所述，美国智慧城市产业的成功得益于持续的创新、开放的合作方式及对数据安全和隐私的高度关注。

2. 新兴国家代表——新加坡

1）发展现状

新加坡在智慧城市领域取得了显著成就。新加坡自2014年推出“智慧国家2025”计划后，在公共和私营部门广泛应用了先进技术。例如，新加坡在交通领域引入了智能交通管理系统，通过实时监测交通流量和数据分析，优化了交通信号，减少了交通拥堵，提高了出行效率。此外，新加坡在能源管理方面也取得了突出成就，推动了可持续能源的发展，通过智能电网监测和能源优化技术，提高了能源利用效率。

2）发展趋势

新加坡在智慧城市领域的发展趋势将持续朝着可持续性和创新方向发展。新加坡将进一步推动智能交通系统的应用，如继续优化交通信号，引入自动驾驶技术，提升交通运输效率。此外，智能城市解决方案在新加坡的住宅、商业和公共设施等领域的应用也将增加，实现更智能、高效的城市生活。

3）政策措施及启示

新加坡政府通过“智慧国家 2025”计划为智慧城市产业提供政策支持。政府积极鼓励科技创新和数字化应用，推动智慧城市的发展。此外，新加坡政府在数字化基础设施方面也有投资，如推动 5G 网络的部署，为智慧城市提供更强大的连接能力。这些政策和措施为智慧城市的发展提供了良好环境。

10.3　国内新兴服务业高质量发展现状及存在的问题

10.3.1　AIGC 融合服务发展现状及存在的问题

1. 发展现状

中国人工智能产业已经迈入快速发展阶段。核心产业规模已经达到 5 000 亿元，企业数量超过 4 300 家[20]。据 IDC 的最新预测，到 2027 年，中国人工智能市场的投资规模预计将达到 381 亿美元。在 2022 年中国人工智能城市排行中，北京、杭州、深圳继续保持前三名，上海和广州分列第四、第五名。中国算力规模居全球前列。算力作为预训练大模型的底层动力源泉，一个优秀的算力底座能够让大模型的训练和推理具备强大的优势。OpenAI 数据显示，模型计算量增长的速度远远超过了人工智能硬件算力的增长速度。过去几年间大模型发展已经超过万亿级别参数，全球对算力的需求急速攀升。2023 年 7 月 12 日，IDC、浪潮电子信息产业股份有限公司、清华大学全球产业研究院联合编制的《2022-2023 年全球计算力指数评估报告》，通过综合计算能力、计算效率、应用水平和基础设施支持四个维度的评估得出评分，美国和中国依然分列前两位，同处于领跑者位置；追赶者国家包括日本、德国、新加坡、英国、法国、印度、加拿大、韩国、爱尔兰和澳大利亚；起步者国家包括意大利、巴西和南非。

AIGC 的发展离不开强大的底层技术支撑，其中算力、算法和数据构成了其领域发展的基础设施。目前，全球 AIGC 算力格局主要由中美两国遥遥领先，美国第一、中国第二。算力的成本主要由人工智能芯片、内存和硬盘等构成，其中人工智能芯片是算力的核心。短期内算力的成本占据生态圈的核心，算法和数据的价值在远期凸显。中国自主芯片研发起步晚，发展水平与国际有较大差距，加之中美两国关系紧张，芯片之路举步维艰。

（1）国产生态逐步繁荣，百度打响挑战 ChatGPT 第一枪。百度作为国内罕有的具有预训练模型语言训练能力的公司，在算力、算法、数据、生态、平台 5 个方面皆有储备。2023 年 3 月 16 日，百度正式发布了国产版 ChatGPT——文心一言，展示了文心一言在文学创作、商业文案创作、数理推算、中文理解和多模态生成5个使用场景的表现。2023年8月上旬，清华大学新闻与传播学院教授、博士生导师沈阳所在团队发布了《大语言模型综合性能评估报告》，该报告显示百度文心一言在4个维度20项指标中综合评分国内领先，优于ChatGPT，其中中文语义理解排名靠前，部分中文能力优于GPT-4。2023年8月12日，新华社研究院中国企业发展研究中心发布了《人工智能大模型体验报告2.0》，该报告选取360智脑、百度文心一言、澜舟科技MChat、商汤商量、讯飞星火、阿里通义千问、昆仑万维天工、智谱ChatGLM共8种大模型产品进行评测，根据基础能力、智商能力、情商能力、工具提取4个维度计算总分。结果显示讯飞星火"在工作提效方面优势明显"，百度文心一言"地基深厚，基础能力仍处领军水准"，商汤商量则"在情商方面表现优秀"，智谱ChatGLM整体表现优秀。

（2）平台经济领域成为AIGC下人工智能大模型竞争的重要战场。2022年12月，中央经济工作会议提出，"要大力发展数字经济，提升常态化监管水平，支持平台企业在引领发展、创造就业、国际竞争中大显身手"。《2023中国数字经济前沿：平台与高质量充分就业》也指出我国平台企业创造就业约2.4亿。2020~2022年我国市值排名前10位的平台企业累计研发投入超5000亿元。2023年11月8日，阿里巴巴确定新定位，即人工智能时代的科技平台企业，并且经营中国最大的人工智能模型开源社区"魔搭"。

（3）中国是世界上最早针对ChatGPT等AIGC服务进行监管的国家之一。国家互联网信息办公室联合国家发展和改革委、教育部、科技部、工信部、公安部和国家广播电视总局发布的《生成式人工智能服务管理暂行办法》于2023年7月13日正式对外公布，并自2023年8月15日起施行。作为中国首份AIGC监管文件，该暂行办法体现了现阶段监管机构的态度，即"既要重视发展，也要重视风险"。2023年10月18日，习近平主席在第三届"一带一路"国际合作高峰论坛开幕式主旨演讲中提出《全球人工智能治理倡议》，是继2023年7月出台全球首部生成式人工智能规范性政策文件《生成式人工智能服务管理暂行办法》后，在人工智能治理领域的又一重大举措。《全球人工智能治理倡议》提出了构建开放、公正、有效的全球人工智能治理机制，为相关国际讨论和规则制定提供了蓝本，对于促进人工智能技术造福全人类，推动构建人类命运共同体具有重要意义。

表10.7为2022年以来部分地区颁布的人工智能相关政策。

表10.7　2022年以来部分地区颁布的人工智能相关政策

时间	地区	政策名称	主要内容
2022年7月	合肥	《合肥市加快建设国家新一代人工智能创新发展试验区促进产业高质量发展若干政策》	通过支持产业技术研发、支持自主创新产品推广应用、支持头部企业招引培育、支持产业载体建设、支持创新服务平台建设、支持设立投资基金、支持生态体系建设，进一步强化政策

续表

时间	地区	政策名称	主要内容
2023 年 2 月	青岛	《青岛市人民政府办公厅关于印发青岛市人工智能产业园发展若干政策的通知》	明确以崂山区为核心，规划建设青岛市人工智能产业园智算谷，加快推进人工智能计算中心建设，搭建公共算力中心
2023 年 5 月	北京	《北京市促进通用人工智能创新发展的若干措施（2023—2025 年）（征求意见稿）》	针对五大方向，提出 21 条具体措施：加强算力资源统筹供给能力；提升高质量数据要素供给能力；系统布局大模型技术体系，持续探索通用人工智能路径；推动通用人工智能技术创新场景应用；探索营造包容审慎的监管环境
2023 年 5 月	深圳	《深圳市加快推动人工智能高质量发展高水平应用行动方案（2023—2024 年）》	提出从建设城市级智能算力平台、打造大湾区智能算力枢纽、建设企业级智能算力平台三个层次，着力解决算力紧缺问题。提出聚焦通用大模型、智能算力芯片、智能传感器、智能机器人、智能网联汽车等领域，实施人工智能科技重大专项扶持计划，重点支持打造基于国内外芯片和算法的开源通用大模型
2023 年 5 月	苏州	《关于进一步支持国家新一代人工智能创新发展试验区、国家生物药技术创新中心、国家第三代半导体技术创新中心（苏州）的若干政策》	提出十大支持举措，包括支持区域协同联动创新、支持创新载体布局建设、支持创新主体引进培育、支持关键核心技术攻关、支持引进高端人才团队、支持科技公共技术服务平台建设、支持应用示范场景建设、支持创新产品推广应用、强化金融资本支撑保障、支持营造产业创新生态
2023 年 7 月	杭州	《杭州市人民政府办公厅关于加快推进人工智能产业创新发展的实施意见》	以促进人工智能与实体经济深度融合为主线，以优质算力普惠供给为基础，以模型即服务（model as a service，MaaS）模式变革为关键，以场景应用为牵引，全力构建从算法模型创新突破到行业转化应用的创新体系，实现大算力孵化大模型、大模型带动大产业、大产业促进大发展的良性循环
2023 年 7 月	上海市徐汇区	《徐汇区关于支持生成式人工智能发展的若干措施（征求意见稿）》	推动产业集聚发展；加快创新体系构建；支持重大项目建设；支持产业生态营造

（4）产业链方面。中国 AIGC 产业链依托于人工智能产业、算力产业的发展，拥有完整的产业链，其细分领域和应用场景不断丰富和完善。麦肯锡全球研究院的《探索生成式人工智能的价值链中的机会》将 AIGC 产业的价值链分为六层，即电脑硬件—云平台—基础模型—模型中心和 MLOps—应用—服务（图 10.2），其中除了基础模型是新增的以外，其他几个环节与人工智能产业是类似的。在腾讯研究院的报告《AIGC 发展趋势报告 2023：迎接人工智能的下一个时代》中，AIGC 产业生态体系被划分为上、中、下三层架构，上游的通用基础层（对应麦肯锡全球研究院中的电脑硬件、云平台和基础模型）主要提供大数据、大模型、大算力等 AIGC 通用基础服务；中游的领域中间层（对应麦肯锡全球研究院中的模型中心和 MLOps）为垂直化、场景化、个性化的模型和应用工具；下游的终端应用层（对应麦肯锡全球研究院中的应用和服务）是面向 C 端的内容生成服务[21]。

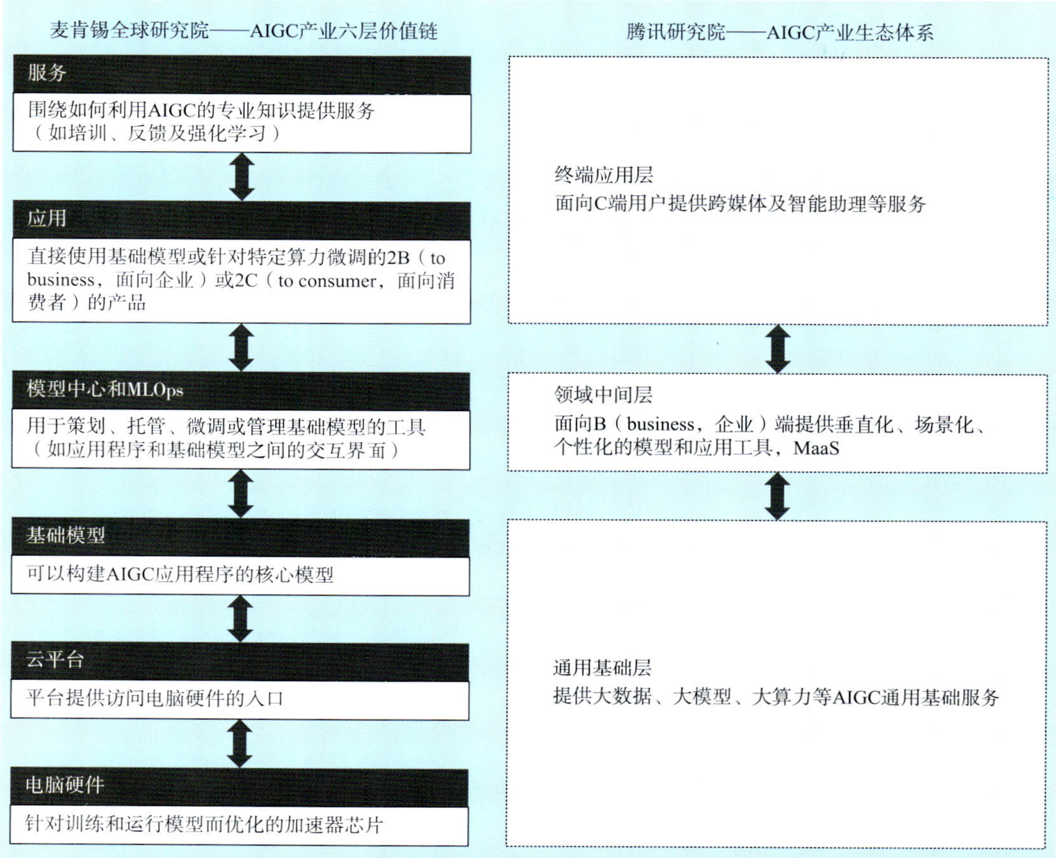

图10.2　AIGC产业链

中国在各领域都有大量企业分布，应用和服务提供也十分丰富，见表 10.8。全国主要 AIGC 企业领域分布如图 10.3 所示。据不完全统计，北京拥有超 1800 家人工智能企业，占全国的 30%。北京人工智能学者数量和论文发表数量全国领先，公开发布大模型的数量约占全国的一半；我国 10 亿参数规模以上的大模型北京共发布 38 个，占全国近一半。但在底层的芯片技术上还受到限制，一旦美国切断台湾积体电路制造股份有限公司（简称台积电）和英伟达对中国的供货，底层的基础设施层就会受到严重影响，中游和下游企业都会受到牵连。除此以外，在基础大模型中，虽然出现了阿里的通义大模型、澜舟科技的孟子大模型、百度的文心大模型等，但其影响力和使用效果与 ChatGPT 相比还有很大差距。大模型中的训练成本和人类智慧成本也是阻碍技术发展的重要原因。大模型背后的工作量是巨大的，GPT 模型从 2018 年 GPT-1 的 1.17 亿参数到 2020 年 GPT-3 的 1 750 亿参数，数据集规模呈指数式增长，这也对前端的数据采集和标定提出了更高的要求 [22]。以 ChatGPT 为例，根据国盛证券的股价，ChatGPT 芯片需求为 3 万多片英伟达 A100 GPU，对应初始投入成本约为 8 亿美元，每日电费在 5 万美元左右；

GPT-3 训练一次的成本约为 140 万美元；对于一些更大的大型语言模型采用同样的计算公式，训练成本介于 200 万 ~1 200 万美元。潜藏在巨大成本之下，还有众多人工智能科学家和工程师在提出理论模型、模型验证和训练迭代等步骤中的人类智慧投入，只有顶级的智力资源和巨大的资金投入相结合才能在高科技应用领域摘得桂冠[23]。

表 10.8　国内 AIGC 基础层产品和地区不完全统计（截至 2023 年 10 月）

企业	模型层产品	地区
Fabarta	ArcNeural 多模态智能引擎、Fabarta 企业智能分析平台、Fabarta 多模态数据编织平台（数据、工具平台）	北京
壁仞科技	壁砺系列产品（算力）	上海
登临科技	Goldwasser（算力）	上海
海天瑞声	覆盖数据集、数据平台、定制化服务及相关应用服务（数据）	北京
寒武纪	思元 270 系列、思元 290 系列、思元 370 系列（算力）	北京
昆仑芯	2 代 AI 芯片、昆仑芯 XPU-R（算力）	北京
浪潮	元脑 AIStore（算力）	济南
墨芯人工智能	大模型算力方案（算力）	深圳
容联云	赤兔大模型（大模型）机器猫（客服、企业服务）	北京
神州信息	基于 Jarvis 大模型打造可私有化部署的 ChatBot、数据管理、云计算稳态和敏态的结合	深圳
天数智芯	天垓 100 芯片、天垓 100 加速卡（算力）	上海
小库科技 Xkool	一站式泛建筑 AIGC 创享平台（数据、建筑）	深圳
星尘数据	星尘 COSMO 大模型数据金字塔解决方案（数据）	北京
星环科技	星环大数据基础平台、星环大数据开发工具（数据）	上海
云测数据	一站式 AI 数据服务（数据）	北京
中科曙光	高性能服务器、云业务、存储、海光 DCU（算力）	北京
360	360 智脑（大模型）	北京
APUS	AiLMe 天燕大模型（大模型）	北京
HiDream.ai	百亿级参数规模的视觉多模态基础模型及服务（大模型）	深圳
Project Al 2.0	AI 2.0 全新平台、Al—first 生产力应用（大模型）	筹组中
阿里巴巴	通义大模型（大模型）、鹿班（内容设计）、塔玑（数字人）、妙鸭相机（图像）、钉钉（办公）、魔搭社区 ModelScope（开源模型平台）	杭州
百川智能	baichuan-7B（大模型）	唐山

续表

企业	模型层产品	地区
百度	文心一言（大模型）、文心千帆（大模型平台）、AIGC 金融行业解决方案（金融）	北京
第四范式	4Paradigm SageGPT 式说（企业服务）、式说（基于多模态大模型的新型开发平台）	北京
和鲸科技	ModelWhale 数据科学协同平台（数据）、气象大模型（大模型）	上海
华为	盘古基础大模型（大模型）、AI for Industries 战略（气象、药物研发等）	北京
京东	言犀大模型（大模型、零售）九章云极 AIFS（人工智能基础软件）、DataPilot DataCanvas 数据领航员	北京
科大讯飞	讯飞星火认知大模型（大模型）	北京
科杰科技	数据科学平台（Keen DSP）	北京
昆仑万维	天工（大模型）、天工巧绘（图像）天工智码（代码）	北京
澜舟科技	孟子 GPT（大模型）	上海
零一万物	专供大模型训练、调优和推理的实验平台（大模型）	北京
潞晨科技	Colossal-AI（工具平台）	北京
美亚柏科	“天擎”美亚公共安全大模型（大模型）	厦门
面壁智能	CPM 大模型（大模型）、露卡（智能对话助手）	北京
启元世界	AI 玩家、AI 角色、AI 设计师、AI 指挥官等产品方案	北京
瑞莱智慧 RealAI	RealSafe3.0（安全）、生成式人工智能内容检测平台	北京
商汤科技	日日新 SenseNova（大模型）	深圳
深势科技	AI for Science 预训练模型	上海
深思考人工智能	Dongni 多模态大模型	北京
深言科技	深言达意（文本）、CPM—3（基于 Transformer Decoder 架构的大规模中文预训练模型）	北京
生数科技	自研产业级的可控多模态通用大模型（大模型）	北京
声智科技	AzeroGPT（大模型）、小易写作（办公）	北京
思必驰	DFM—2 语言大模型（大模型）、DUI2.0（对话式 AI）、语音助手天琴系统（汽车）	北京
思谋科技	思谋 SMore LrMo（工具平台）	上海
拓元智慧	多模态认知 AI 引擎（工具平台）	广州
腾讯	腾讯开悟平台（游戏）、腾讯云智能（行业大模型）、腾讯云智能（小样本数智人）、腾讯智影（AI 智能创作助手）	北京
兔展智能	以图像视觉为核心的兔灵多模态大模型（大模型）	深圳
网易	网易天音（音频）、网易伏羲（内容生成）、网易有道教育大模型（教育）、网易易盾（内容风控）	北京
衔远科技	品商大模型（大模型）	北京

续表

企业	模型层产品	地区
用友	YonGPT（大模型）、用友大易（智能招聘）	北京
元语智能	ChatYuan（大模型）	杭州
月之暗面	Moonshot AI（下一代跨模态大模型）	北京
云问科技	云问问道（大模型）	深圳
云知声	山海大模型（大模型）、智慧医疗解决方案	北京
知乎	知海图 AI（大模型）	北京
智谱	AI ChatGLM（大模型）	北京
中科闻歌	雅意大模型（大模型）	南京
追一科技	博文（垂直领域模型）、小一机器人（企业服务）	深圳
字节跳动	剪映（视频）、火山引擎（工具平台）、豆包（AI 对话产品）	北京
FancyTech	自由训练大模型 FancyGPT（营销）	南京
Nolibox	画宇宙（图像）	北京
智齿科技	Sobot AI（客服）	北京
Tiamat	TiamatAI 生成平台（图像）	上海
ZMO.AI	YUAN 初（图像）	杭州
奥创光年	Mogic Content AI Studio（营销）	杭州
北森	个人领导力教练 Mr.Sen（人力资源）	北京
必优科技	hatppt、Yoo 简历（办公）	深圳
标贝科技	特色语言定制方案（语音）	北京
超参数科技	GAGE（游戏）	深圳
出门问问	魔音工坊（音频）、奇妙元（数字人）	武汉
创客贴	创客贴	北京
达观数据	曹植大模型（大模型）、达观助手（文本）	上海
分子之心	NewOrigin（大模型）	北京
硅基智能	炎帝行业大模型（大模型）硅语平台（元宇宙 / 数字人）	南京
硅心科技	aiXcoder 智能编程机器人（代码）	北京
汉仪股份	汉仪字库（造字）	北京
猴子无限	企业级应用的生成式 AI 平台（工具平台）	北京
汇智智能	行业大模型 CarrotAI（大模型）	南京
即时设计	即时 AI（设计）	长沙
极睿科技	全链路内容运营解决方案（营销、视频）	北京
开普云	开悟大模型（大模型）	东莞

续表

企业	模型层产品	地区
筷子科技	加筷、“DAM+”创意自沉管理与优化平台（营销）	广州
来画科技	数字人制作（数字人）	成都
蓝色光标	销博特（营销）、分身有术（数字人）	北京
乐言科技	乐言基座大模型、行业 GPT 大模型（大模型）	深圳
联汇科技	OmFusion 媒体辅助生产平台、OmBot 自主智能体	杭州
猎户星空	聚言（基于大模型的企业级应用）	北京
灵伴智能	呱呱有声（音频）	北京
灵动音科技 DeepMusic	音乐行业解决方案（音频）	北京
聆心智能	AI 乌托邦（数字人）	北京
蚂蚁集团	蚂蚁链鹊凿	杭州
美图公司	MiracleVision（大模型）、RoboNeo、DreamAvatar、WHEE、开拍、WinkStudio、美图设计室 X-Design（图像、视频、数字人）	厦门
秘塔科技	秘塔写作猫（法律）	上海
蜜度	蜜小豆（图像）	上海
明略科技	实现了机器学习可视化工具 TensorBoard 的 C++ 借口（工具平台）	北京
魔珐科技	三维虚拟内容制作智能云平台、虚拟直播和线下实时互动产品、AI 虚拟人能力平台（数字人）	上海
七牛云	AIGC 全真数字人、文旅元宇宙（元宇宙 / 数字人）	上海
深透医疗	用 AI 加速 MRI、PET 成像速度，并提升成像质量（医疗）	深圳
诗云科技	内容生成引擎 Surreal Engine（传媒）	深圳
世优科技	BOTA 智能数字化员工（SaaS）	北京
水母智能	触手 AI 平台（图像）	杭州
特赞	AIGC STUDIO（内容生成）、MuseDAM（创作者工具）、DAM.GPT（内容管理）	上海
天润融通	微藤大预言模型平台 2.0（SaaS、客服）	北京
万兴科技	万兴爱画（图像）、万兴播爆（视频）、Pixpic（数字人）	深圳
沃丰科技	原心大模型（大模型）	北京
无界 AI	无界 AI（图像）	杭州
小冰	人工智能小冰商业解决方案（数字人）	北京
新华智云	妙笔（文本）、生花（图像）	杭州
新壹科技	新壹视频大模型（大模型）	深圳
行者 AI	AI 美术资产生成、AI 音乐生成、AI 虚拟玩家、AI 内容安全（游戏）	成都
循环智能	千循（大模型）	北京
一览科技	一览运营宝（视频）	北京

续表

企业	模型层产品	地区
印象笔记	印象 AI（办公、生活）	北京
有连云	金融行业 AIGC 应用解决方案（金融）	上海
渊亭科技	天机・军事大模型（大模型、军事）	宜昌
云从科技	从容大模型（通用大模型）、行业精灵（行业大模型）	广州
中文在线	17K 小说网（文本）	北京
竹间智能	1+4 大模型产品体系（工具平台）、竹间精灵（聊天机器人）	上海

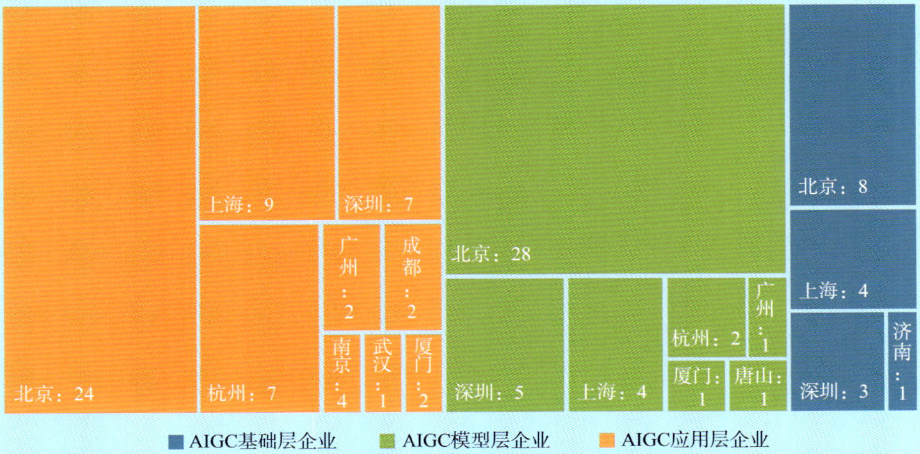

图10.3　全国主要AIGC企业领域分布

（5）创新链方面。中国 AIGC 产业中的芯片研发和大模型开发是难题，这两个层次的创新突破主要依赖于高校、研究院与实验室的研发活动。非高校类型研究院/实验室几乎都有开发出的基础大模型，如北京智源人工智能研究院已经在算力、基础模型、面向场景的微调模型和产品服务方面进行了全生态的布局。

根据智慧芽的统计，2018 年至 2023 年 4 月 10 日，中国在人工智能专利公开数量上处于绝对领先地位（中国占 42.55%），远超美国（14.1%）、日本和韩国等其他国家。2023 年 8 月 3 日，中国移动公布了其在人工智能领域的研发成果：共发表国际顶级会议、顶级期刊论文 96 篇，发明专利 664 项；在网络智能化、人工智能平台、语音、人机对话等领域研发 370 多项人工智能能力，赋能 1 700 多项生产型应用。前瞻产业研究院统计，截至 2023 年 5 月，国内 AIGC 产业的代表性企业中，华为和百度的专利数量遥遥领先其他企业（华为超过 5 万个，百度超过 1.1 万个）[24]。

（6）人才链方面。目前 AIGC 产业的人才链问题主要在于供给结构失衡、人才储备失衡和中高端人才短缺。在国家、企业、资本三方力量的催化下，人工智能逐渐深入千行百业，在此背景下，业界对人工智能领域人才需求飙升，越来越多的

AIGC 相关岗位不断衍生。自 2022 年 11 月 OpenAI 推出 ChatGPT 以来，AIGC 领域人才招聘需求屡创新高。猎聘大数据研究院发布的《AIGC 就业趋势大数据报告 2023》显示，2023 年第一季度 AIGC 相关发布职位数是 2020 年第一季度的 5.63 倍。从人才的地域分布来看，一线、新一线城市汇聚了大量 AIGC 人才，其中 60% 以上聚集在北京、上海、深圳。北京拥有 1/3 的 AIGC 人才，数量超过上海、深圳两城总和，杭州排名第四。拉勾招聘大数据研究院的数据显示，在 2023 年第一季度，人工智能行业的 AIGC 职位发布量占比最高，达 17%。从岗位来看，在 AIGC 技术领域涉及的岗位中，算法工程师、计算机视觉（computer vision，CV）算法工程师（计算机视觉 + 图像）及自然语言处理（natural language processing，NLP）算法工程师等技术人才发布职位量较高，人才需求旺盛。

（7）资金链方面。随着人工智能技术的快速发展和应用领域的不断拓展，资金链的构建和运作方式日益多样化。目前资金链的主要来源可以分为两类：一类来自政府的资金支持；另一类来自企业和投资机构的资金投入。政府在推动人工智能技术发展方面起到了积极的推动作用，通过资金的直接投入或间接支持，为人工智能技术服务的发展提供了有力保障。企业和投资机构则通过投资和合作的方式，为人工智能技术服务提供了丰富的资金来源。有调研机构的调研显示，2022 年，AIGC 赛道上共有 78 笔融资，融资金额为 13.7 亿美元，约合 96 亿元。然而，仅 2023 年上半年，涉及大规模 AIGC 模型及其应用的全球融资就有 51 起，投融资金额超过 1 000 亿元。其中，单笔融资超亿元的有 18 笔。

2. 存在的问题

目前，中国 AIGC 融合服务正处于高速发展阶段，在关键技术攻克、商业应用与落地，以及知识版权保护领域都面临很大挑战，具体来说可以总结为以下几点。

（1）市场竞争激烈，技术门槛高。随着 ChatGPT 的火爆，越来越多的企业和机构涌入 AIGC 领域，形成了激烈的竞争。底层的算力基础搭建对于芯片、云平台和大模型的开发都有很高的要求。在中美两国贸易摩擦的当下，芯片技术研发一直是“卡脖子”难题，对于新市场的进入者来说要面临高昂的启动成本。云平台的提供商能够为企业转移工作负载，但对于这些大规模云平台企业的依赖程度越深，企业就很难有机会获得更多的市场份额。模型训练的时间成本和资金成本高昂，目前只有科技巨头才能承受。AIGC 领域的成果需要长时间的积累和资金投入，对投资者来说有非常大的风险 [25]。

（2）商业模式尚未成熟，应用场景丰富但落地比例有待提高。当前国内大部分 AIGC 服务还没有形成稳定可靠的商业模式，参考国外成熟产品更多使用订阅模式，想要实现 MaaS 模式需要核心技术的支撑。除此以外，针对不同场景也需要其他诸如数字人技术、VR/AR 技术的协同发展才能带来更好的体验。

（3）中文高质量数据欠缺影响中文大模型的开发与应用。全球英文数据占据主导地位，高质量的论文以英文为主，公开标注的数据集和训练用的数据集均以英文为主，中文数据的缺乏会影响中文大模型在知识领域的发挥。需要将国内中文大数据平台之间的通道打通，形成产业间信息数据的统一标准，互通有无才能推动中文大模型和中文产品的开发[26]。

（4）专业人才需求量缺口巨大，人才培养体系结构不合理。对于通用基础层的发展来说，缺乏具有相关 AIGC 硬件设计开发经验的人员；从领域中间层角度来说，针对各行业领域的优化模型开发需要既掌握模型开发能力，也具备某一行业专业知识的人员；从终端应用层角度来说，需要能够识别场景需求懂得与用户沟通的人员[27]。AIGC 的出现对传统人才培养体系，特别是设计专业的培养产生巨大的冲击。技术的发展无法阻止，如何培养出未来 AIGC 时代下的设计专业人才值得思考。

（5）监管政策和法律法规需要进一步完善。AIGC 在知识产权方面的风险在传媒行业已经出现，对于这一领域的政策中国在国际上提出较早，但还存在很多空白与不确定性。整个产业链上企业和组织需要达成共识，形成合力来一起完善法律法规和生态环境。

10.3.2　VR/AR 服务发展现状及存在的问题

《中华人民共和国国民经济和社会发展第十四个五年规划和 2035 年远景目标纲要》将“虚拟现实和增强现实”列入数字经济重点产业，提出“以数字化转型整体驱动生产方式、生活方式和治理方式变革”，“催生新产业新业态新模式，壮大经济发展新引擎”。2022 年 10 月 28 日，工信部、教育部、文化和旅游部、国家广播电视总局、国家体育总局联合印发了《虚拟现实与行业应用融合发展行动计划（2022—2026 年）》，提出到 2026 年，“虚拟现实在经济社会重要行业领域实现规模化应用，形成若干具有较强国际竞争力的骨干企业和产业集群，打造技术、产品、服务和应用共同繁荣的产业发展格局”。这表明经过多年发展，我国 VR 产业初步构建了以技术创新为基础的生态体系，正迈入以产品升级和融合应用为主线的战略窗口期。

1. 发展现状

1）京津冀地区

京津冀地区在 VR 领域以北京为中心引领 VR/AR 技术创新发展，拥有众多经验丰富的基础研究和应用研究基地，研究包括虚拟人合成技术、多媒体分析与处理技术和交互媒体技术等前沿领域。在基础研究层面，主要有北京航空航天大学虚拟现实/增强现实技术及应用国家工程实验室、中国科学院计算技术研究所虚拟现实技术实验室、北京大学视觉与听觉信息处理国家重点实验室等从事 VR/AR 相关领域的基础研究。在应用研究层面，主要有中关村国际 VR 研究院、北京市虚拟仿真与可视化工程技术研究中心、百度 AR 实验室等从事 VR/AR 的应用研究。2023 年 5 月，科技部等 12 部门联合发布《深入贯彻落实习近平总书记重要批示精神 加快推动北京国际科技创新中心建设的工作方案》[28]，明确提出“到 2025 年，北京国际科技创新中心基本形成”，“初步实现高水平科技自立自强”，“形成拥有技术主导权的产业集群。以北京国际科技创新中心为核心和引领，协同京津冀优势产业资源，打造新一代信息技术产业集群，推动大数据、云计算、物联网、区块链、虚拟现实、信息安全等领域领先发展”。

北京地区作为全国 VR/AR 产业发展重心，带动京津冀一体化从科研、企业、产业、政府、创新和人才方面协同发展。虚拟现实产业联盟发布了“2023 中国 VR50 强企业”名单。在这份名单中，北京的企业数量持续领跑全国，江西、深圳、上海稳定形成第二梯队。其中，北京地区有 23 家企业挺进 50 强，如中国动漫集团、京东方、咪咕文化、北京虚拟动点科技有限公司、如你所视（北京）科技有限公司、优奈柯恩（北京）科技有限公司、北京亮亮视野科技有限公司、北京耐德佳显示技术有限公司、北京东方瑞丰航空技术有限公司、众绘、北京百度网讯科技有限公司、北京千种幻影科技有限公司、北京猫眼视觉科技有限公司、众趣、小鸟看看、阿依瓦等。2019~2023 年，中国 VR 50 强企业的产业链分布多以整机设备、开发工具软件、文化旅游应用、教育培训应用为主，分发平台、近眼显示技术、工业生产应用、体育健康应用、智慧城市应用均有涉及。2023 年，中国 VR 50 强企业专利总数排名前十位的企业主要涉及近眼显示、整机设备、开发工具软件等环节，以歌尔、京东方、HTC、创维数字、咪咕文化、科大讯飞、虚拟动点等企业为代表。《2023 中国科幻产业报告》显示，2022 年度科幻影视产业总营业收入 83.5 亿元，同比增长 16.1%；2022 年我国科幻产业总营业收入为 877.5 亿元，北京作为全国科幻产业的龙头，总产值占全国三分之一。北京市石景山区依托虚拟动点等龙头企业加快建设中关村虚拟现实产业园，集聚终端器件、内容应用等产业链各环节企业 120 余家，其中中国 VR 50 强企业 13 家[29]。天津正在从“VR 平台”走向“VR 联盟”，百度智能云、慧科教育科技集团有限公司、北京塞傲时代信息技术有限公司、北京兰亭数字科技有限公司等企业与天津经济技术开发区形成战略合作。冬季奥运会的举办给河北省 VR 体育健身产业带来契机，石家庄、廊坊、保定、邢台等地开展多项 VR 冰雪运动项目。

京津冀地区代表性 VR/AR 企业见表 10.9。

表 10.9　京津冀地区代表性 VR/AR 企业

企业	主营行业	主要产品	地区
百度	计算机软硬件	数字内容制作服务	北京
京东方	电子产品	VR/AR 穿戴设备	北京
咪咕文化	技术开发	影视、直播	北京
贝壳找房（北京）科技有限公司	计算机软件	VR 看房	北京
天津天堰科技股份有限公司	电子与信息	机器人、VR/AR 医疗	天津
微动 Vidoo	传感器	VR/AR、智能 TV	天津
天津东湃互动科技股份有限公司	多媒体设计	互动投影设备	天津

续表

企业	主营行业	主要产品	地区
秦皇岛视翼科技有限公司	智能设备	VR/AR 装备	河北秦皇岛
河北介稳态网络科技有限公司	互联网电商	MR 服务、数字医疗	河北石家庄
张家口奥本先知网络科技有限公司	计算机软件	3D 商品制作	河北张家口

在资金链方面，北京地区 VR 企业融资数量占全国 VR 融资数量的首位，为产业链发展持续注入动力 [30]。在融资金额方面，2023 年第一季度国内市场融资金额最高的是北京梦想绽放技术有限公司（现已更名为青岛梦想绽放科技有限公司）的奇遇 VR，获得 4 亿元 C 轮融资，该轮融资由青岛经济技术开发区投资控股集团有限公司及真知（青岛）私募基金管理有限公司（即真知资本）联合投资 [31]。《北京城市副中心元宇宙创新发展行动计划（2022—2024 年）》、《天津市关于促进文化和科技深度融合的实施意见》、《天津市稳住外贸外资基本盘推进外贸创新发展若干措施》和《加快建设数字河北行动方案（2023—2027 年）》等政策文件的发布将保证 VR/AR 产业资金链的持续供应，为新兴产业发展提速。

《虚拟现实与行业应用融合发展行动计划（2022—2026 年）》指出要深化虚拟现实在行业领域的有机融合，包括教育培训。“在中小学校、高等教育、职业学校建设一批虚拟现实课堂、教研室、实验室与虚拟仿真实训基地，面向实验性与联想性教学内容，开发一批基于教学大纲的虚拟现实数字课程”，“服务国家重大战略，推进‘虚拟仿真实验教学 2.0’，支持建设一批虚拟仿真实验实训重点项目，加快培养紧缺人才”。清华 · 一拍 VR 技术联合实验室推出“VR 教育全产业链产品”，涵盖了从青少年到职业人群，从课程定制、对口招生，到 VR 内容创作和硬件使用培训，最后到人才输出、创业孵化全贯通的一条产业链。2019 年底北京首个 5G 网络下 VR 教学服务项目在北京市朝阳区实验小学幸福校区投入使用。2010 年以来，北京大学人体解剖教学引入“虚实结合”的人工智能教学模式，随着系统不断完善和向前发展，现已发展成为包括 VR 数字人体教学、交互式 AR 教材、个性化医学虚拟诊疗操作教学在内的多元化教学体系。2021 年 6 月，北京理工大学虚拟仿真思政课体验教学中心正式落成，该中心成为全国高校首个实现思政课智能交互、沉浸式的“虚仿”学习平台。天津大学虚拟现实实验教学中心建设基金用于培养更多为国家建设服务的专业人才。志鼎汇（天津）科技有限公司落地天津滨海—中关村科技园建设虚拟现实技术研发中心、人才实训基地和创业孵化平台。河北省衡水大数据 VR 数字小镇为雄安新区及京津冀地区新兴产业发展提供人才支撑。

2）长三角地区

长三角地区的科技创新资源配置占全国三分之一以上，VR/AR 技术创新环境优势突出。长三角地区数字投入能力、创新能力进步快，在关键核心技术的联合攻关上，有一系列支撑政策。科研组织有序，由头部企业牵头，联合高校科研院所组成技术创新团队，形成新发明、新创造的策源地[32]。长三角虚拟现实与人工智能研究院打造“三高型”（高新技术、高附加值、高成长性）研发中心，长三角 XR 产业研究院助力 XR 产业，共同通过人才培养、技术研发、资源合作等方式推动 VR 与人工智能的发展和应用，促进科技创新，产业优化。

长三角地区有规模庞大的应用场景优势，VR 产业集群协同发展现象明显，VR 产品体系丰富且技术路径相对清晰。大鹏 VR、舜宇光学、韦尔股份、水晶光电、长信科技等多家厂商集聚发展，企业成熟度高。长三角地区的地区生产总值占我国 GDP 的 1/4，在数字经济、数字基础等方面位居全国第一方阵。公开数据显示，2022 年长三角地区视觉智能产业营业收入达 6 795.3 亿元，区域内技术、资金、人才等要素资源雄厚，是我国乃至全球视觉智能产业发展的主要引领地。长三角地区视觉智能产业的综合竞争力位居全国前列，其中，上海视觉智能产业营业收入达 421 亿元，在上游的芯片、图片传感器等核心元器件领域具有领先地位；浙江视觉智能产业营业收入达 2 170.96 亿元，在芯片和算法研发、视觉智能设备制造、系统集成应用等方面具有较强竞争优势；江苏视觉智能产业营业收入达 3 070 亿元，在半导体、传感器等产业具有全国竞争力；安徽视觉智能产业营业收入达 1 133.33 亿元，在人工智能、量子通信等方面具有竞争优势[33]。

长三角地区拥有全球范围内最具影响力的会展及活跃的投资环境，如上海世界博览会、G20 杭州峰会、乌镇世界互联网大会及 2021 年世界人工智能大会，同时有“长三角区域经济一体化”的国家战略加持，有助于构建“产学研用投”的新兴产业加速环境。《上海市培育“元宇宙”新赛道行动方案（2022—2025 年）》等利好政策的出台，助力上海打造元宇宙重大应用场景的标杆示范，激发新技术创新，形成良性循环，推动上海成为元宇宙技术创新的策源地。2023 年 2 月，《合肥高新区元宇宙产业发展规划（2023-2028）》正式发布并提出把“元宇宙”纳入未来产业发展战略，建设“长三角元宇宙创新发展第一区”。2023 年 10 月 23 日，《江苏省元宇宙产业发展行动计划（2024—2026 年）》在第十届江苏互联网大会上发布，提出到 2026 年，江苏元宇宙产业规模突破 1000 亿元，年均增速超 20%，引育 5 家生态主导型企业，打造 20 家省级以上细分领域专精特新企业和 100 家融合应用企业。2023 年 5 月，由工信部网络安全产业发展中心（工信部信息中心）、长三角投资（上海）有限公司等主办的长三角数字干线元宇宙创新发展论坛暨首届长三角元宇宙日在长三角绿洲智谷成功举办。

长三角地区以人才培养模式协同应用创新为切入点，全面推进长三角地区人才教培一体化发展。华为联合多家长三角地区院校成立华为开发者创新中心，西北工业大学助力长三角虚拟现实与人工智能研究院，上海市黄浦区和苏州市姑苏区联手打造长三角数字人才双创实训中心，清华大学助建浙江清华长三角研究院技术与工程教育研究中心，推动数字人才培养，加强长三角地区服务资源与创业项目实体的深度共享。

长三角地区 VR/AR 领域重点企业见表 10.10。

表 10.10　长三角地区 VR/AR 领域重点企业

企业	主营行业	主要产品	地区
宏达通讯有限公司	5G 通信	VR 头显	上海
科大讯飞	人工智能	虚拟人	江苏苏州
新国脉数字文化股份有限公司	消费电子	AR 云游戏、图书	上海
闪耀现实（无锡）科技有限公司	智能消费终端	AR、智能眼镜	江苏无锡
南京睿悦信息技术有限公司	数字内容开发	VR/AR 系统及工具	江苏南京
上海乐相科技有限公司	电子终端开发	VR 头盔	上海
上海影创信息科技有限公司	智能硬件	智能眼镜	上海
虹软科技股份有限公司	计算机视觉	AR/VR/MR 智能可穿戴设备	浙江杭州
浙江京华激光科技股份有限公司	光电技术	激光全息商品	浙江绍兴
杭州凌感科技有限公司	人工智能	VR/AR、3D 人机交互	浙江杭州
杭州相芯科技有限公司	计算机图形学和人工智能	VR/AR/ 移动应用	浙江杭州
安徽慧视金瞳科技有限公司	软件开发	3D 视频图像分析	安徽合肥

3）粤港澳大湾区

粤港澳大湾区积极抢抓“风口”上的机遇，发展 VR/AR 产业集群，为企业合作创新和城市经济增长开拓新平台。VR/AR 技术不仅广泛应用于旅游、教育、文化、娱乐等方面，还向工业、医疗、军事等领域延伸，产业链日渐完善。普华永道发布的《粤港澳大湾区数字经济发展报告 2023》显示，2022 年广东数字经济增加值规模达到 6.4 万亿元、连续 6 年居全国首位，香港数字经济规模超千亿港元，数字文旅是澳门数字经济的重要业态。根据撼地研究院的数据，截至 2022 年 6 月，粤港澳大湾区 VR/AR 产业 A 股上市企业数量为 25 家，占全国 A 股上市企业的 23.51%，VR/AR 相关企业营收达 2 352 亿元，占总体上市企业营收的 28.11%。

表 10.11 为粤港澳大湾区代表性 VR/AR 企业。

表 10.11　粤港澳大湾区代表性 VR/AR 企业

企业	主营行业	主要产品	地区
华为	消费电子	元宇宙相关头显、操作系统、芯片	广东深圳
中兴通讯	电信	AR/VR 软件平台、AR 眼镜	广东深圳
OPPO	消费电子	VR 与 AR 头显设备	广东东莞
TCL	消费电子	智能眼镜设备	广东惠州
vivo（维沃移动通信有限公司）	消费电子	VR 头显设备与数字藏品	广东东莞
立讯精密工业股份有限公司	电子元件	AR/VR 零部件及模组	广东深圳
云从科技集团股份有限公司	人工智能	3D 实景 VR 引导技术	广东广州
广电运通集团股份有限公司	软件与数据服务	虚拟数字人及虚拟银行	广东广州

粤港澳大湾区的 VR/AR 产业链包括硬件商、平台商和内容提供商。以雷鸟创新技术（深圳）有限公司（简称雷鸟创新）的 AR 眼镜为例，在硬件层面，深圳市华星光电技术有限公司、TCL 提供 AR 光学显示技术，该团队本身负责 AR/VR 核心的光学领域，雷鸟创新已具备核心光学器件微米级全彩光引擎自研能力和高效的整机交付能力；软件环节则由腾讯、大疆、Meta、OPPO、爱奇艺，以及各类新锐创业公司提供近眼显示光学设计、人工智能算法、空间定位与 3D 建模、多模态人机交互技术。在内容制作与分发环节，腾讯、爱奇艺、优酷和哔哩哔哩等主流平台提供海量的影视资源，720 云则提供 XR 内容生态建设。此外，雷鸟创新还与爱奇艺联合研发智能眼镜，覆盖文旅、会展、家装、教育和游戏等多个消费领域。

在 VR/AR 创新链中，粤港澳大湾区自主研发能力持续提升。其中，独角兽企业多达 66 家，VR/AR 相关企业共计 2 500 多家，VR/AR 行业在硬件、软件、内容等方面都有突出的技术创新[34]。例如，深圳的人工智能企业元象，主打“端云协同”3D 互动技术和融合图形学；广东江门的消费电子企业领益智造，主打 VR/AR 结构件、功能件；格力电器新发布的智能家居终端支持用户实现元宇宙健身；广东奥飞数据科技股份有限公司的算力服务被运用到广州市南沙区新建的医院和学校中；消费电子行业领军品牌华为推出了虚拟化套件——FusionSphere，极大地提升了信息技术资产价值和信息技术运营维护效率。

粤港澳大湾区 VR/AR 的资金链主要包括政府资金、风险投资和上市融资。由于政策扶持、基础设施支撑及应用场景拓展等多方面利好，VR/AR 领域投融资热情高涨，市场空间加速打开。2023 年 3 月，AR 眼镜龙头企业雷鸟创新宣布完成首轮过亿元融资，此轮融资由复星创富、容亿投资领投，三七互娱、润兴锐华、博士眼镜战略投资，野草创投和海南盈添等跟投。融资资金将用于推动 BirdBath 和光波导两条技术路线的消费级 AR 眼镜的技术研发、量产、市场扩容及 AR 人才引进，推动消费级 AR 眼镜的落地和市场普及。

粤港澳大湾区面向 VR/AR 产业建设高水平人才高地，构建粤港澳大湾区人才协同和广东区域人才协同“双协同”融合的人才高地。其中，广州和深圳充分发挥地区优势起到带头作用[35]。2022 年 3 月，广州元宇宙创新联盟在广州市南沙区成立，同年 10 月，深圳成立深圳市计算机学会元宇宙技术专委会，倡议要全面提升元宇宙产业的战略性、系统性、协同性，加速实现 VR/AR、元宇宙等应用落地，聚集大量专业人才建言献策。然而，粤港澳大湾区内各城市为了在引才竞争中取得优势，对人才的扶持多放在物质待遇等方面，一定程度上造成了政策的趋同化现象，出现了政策上互相攀高、待遇加码和脱离地区实际盲目引进的情况，缺乏区域内的协调和差异化定位。

4）成渝地区

根据《成渝地区双城经济圈建设规划纲要》，发展数字经济被作为成渝地区协同建设现代产业体系的重要战略路径之一，数字经济在技术、产业等领域实现创新、融合、跨越发展的重要战略任务被进一步明确。因此，近年来，成渝地区在 VR/AR 产业中迎头赶上，积极布局未来发展（表 10.12）。

表 10.12　成渝地区代表性 VR/AR 企业

企业	主营行业	主要产品	地区
达瓦未来（重庆）影像科技有限公司	软件和数据服务	影像呈现技术与计算机软硬件	重庆
重庆云威科技有限公司	消费电子	VR 头显设备	重庆
汉沙数字科技集团有限公司	电子商务	数字沙盘、全息投影、互动控制	重庆
力方数字科技集团有限公司	科技文创	虚拟仿真、数字文旅	四川成都
入迷（成都）信息技术有限公司	计算机软件	虚拟数字内容制作	四川成都
成都理想境界科技有限公司	电子商务	手机 AR 应用与可穿戴计算	四川成都

如表 10.12 所示，成渝双城经济圈的 VR/AR 产业主要集中在计算服务和内容制造领域。成都着力打造天府数据中心集群，构筑数字经济发展高地，重庆加快打造国家数字经济创新发展试验区和国家新一代人工智能创新发展试验区。双城联动夯实数字基础设施，打造数字化产业集群，加速从区域传统产业数字化转型到战略性新兴产业集群，实现提质增效。2019 年 5 月，虚拟现实国际高层互动峰会在重庆举行，会议上共有 11 家境内外 VR 企业与重庆市签约并正式入驻。2023 年第 13 届西部 VR/AR 技术展分别于 3 月和 6 月在成都和重庆举行，为两城 VR/AR 产业链升级提供了推广平台和专业服务。目前，成渝地区已经聚集了达瓦未来（重庆）影像科技有限公司、重庆云威科技有限公司、汉沙数字科技集团有限公司、力方数字科技集团有限公司、入迷（成都）信息技术有限公司、成都理想境界科技有限公司等数百家 VR/AR 企业，带动 1 000 亿元产值的人工智能及 VR/AR 全产业链。

成渝地区 VR/AR 产业的创新技术生态圈主要包括软件、硬件、应用和服务。目前，成都从事 VR/AR 的企业和创新创业团队有 200 余家，其中 60 余家具有自主研发能力，主要涉及消费电子、软件开发、内容制作、平台开发等领域。此外，落户成都的中国西部虚拟现实产业园及首个面向全球的产业级 VR 产业孵化发布基地也加速了成渝地区下一代信息技术的研发和成果落地，助力了虚实融合渲染、真 3D 呈现、实时定位注册、适人性 VR 技术等一批关键技术的突破。

在资金链方面，成都高新技术产业开发区产业级 VR 产业孵化发布基地设立了总规模高达 20 亿元的 VR 创投基金，面向孵化器内外的 VR 相关产业的优秀创业企业进行股权投资。2023 年 7 月，在重庆网络与数据安全产业大会上，成渝地区集中签约了 22 个数字经济产业项目，总投资 100.72 亿元。签约项目重点围绕数字产业方向，与阿里元境、阿里巴巴设计、国科量子通信网络有限公司、江苏电老虎工业互联网股份有限公司等知名企业开展合作，着力打造全国元宇宙内容生态产业园。

VR/AR 技术的发展给成渝地区带来了新的就业机会，促进了经济的转型和升级。然而，在 VR/AR 人才链方面仍存在人才供给不足等问题。与京津冀地区、长三角地区、粤港澳大湾区相比，成渝地区在人才队伍结构等方面还存在一定的差距。为了提升人才与劳动力市场的适配性，成渝地区需在技术人才、应用人才和管理人才方面培养多元化的 VR/AR 人才，提升对 VR 的应用型人才的培养力度和水平，实现 VR 教育方式与技术产业的协同发展。2023 年 1 月，深圳市人才集团有限公司、四川天府新区科技创业投资有限公司在深圳举行了合作成立四川天府人才服务集团签约仪式，共同推动成渝地区双城经济圈与粤港澳大湾区构建“科技＋人才”双向联动，打造引聚高端人才和科创要素的重要平台，为区域经济社会高质量发展提供人才支持和智力支撑。

2. 存在的问题

目前，我国 VR/AR 产业在创新链产业链资金链人才链深度融合方面存在不足，在技术转化、商业化和创新能力方面存在挑战。具体来说存在技术尚未成熟、内容相对匮乏、用户认知度低、上下游企业合作不足、人才供给不足等问题[36]。但同时，VR/AR 产业具有巨大的市场空间和发展前景，为整个产业链带来了广阔的机遇和发展优势。

（1）虽然 VR/AR 技术已经取得了一定的进步和突破，但仍然存在技术难点和瓶颈。随着 5G 网络、云计算、人工智能等新技术的推广和应用，VR/AR 技术将获得更强大的支撑和驱动，从而提升技术水平和用户体验。但部分 VR/AR 关键技术仍存在很大的改进空间，如显示技术、光学系统、交互方式等，在硬件设备、软件平台、内容生产、网络传输等方面仍有待提升和优化。

（2）供给端与需求端匹配度低，一方面内容缺口较大，另一方面用户对 VR/AR 的认知度和普及率较低。大多数用户对 VR/AR 的了解仍停留在概念层面，对于其应用和潜力的理解有限。企业在做好自己专属标签产品的同时，合作销售将给产品更多的展示机会，平衡产业环境，壮大实力。由于精品 VR 内容较为稀缺，通过同行间的相互宣传将为用户拓宽购买渠道，推动整个行业发展。

（3）VR/AR 领域对于技术、应用和管理人才的需求快速增长，但高质量的多元化人才供给不足。尤其是在跨学科的综合能力和创新思维方面，仍缺乏高水平的人才。例如，粤港澳大湾区内各城市为了在引才竞争中取得优势，对人才的扶持多放在物质待遇等方面，一定程度上造成了政策的趋同化现象，出现了政策上互相攀高、待遇加码和脱离地区实际盲目引进的情况，缺乏区域内的协调和差异化定位。

（4）上游硬件企业和下游内容企业之间缺乏有效的协同合作机制。上游硬件企业开发的新技术和设备往往与下游内容企业的需求和应用不太匹配，导致资源和成果浪费。在产业链上，企业与企业之间“单打独斗”，没有形成有效合力，亟须新的支持方式帮助企业“聚指成拳”，促进产业健康快速发展。

（5）VR/AR 领域对于技术、应用和管理人才的需求快速增长，但高质量的多元化人才供给不足。尤其是在跨学科的综合能力和创新思维方面，仍缺乏高水平人才。

10.3.3 智慧城市服务发展现状及存在的问题

1. 发展现状

近年来，中国智慧城市产业正处于快速发展阶段，为全球范围内的城市智能化转型提供了重要的示范和引领。智慧城市产业在技术创新、产业融合、政策支持等方面取得了显著进展，不仅推动了城市智能化建设，也在一定程度上推动了相关领域的升级和创新。京津冀地区、长三角地区、粤港澳大湾区和成渝地区是中国智慧城市建设的重要区域，各自在智能化发展方面取得了显著的成就和进展。

1）京津冀地区

京津冀地区作为中国经济发展的关键区域，在智慧城市产业领域蓬勃发展，成为智能化转型的引领者。随着京津冀协同发展战略的深入实施，人工智能城市的发展在该区域得到了积极支持和推动，所取得的成就显而易见。

在这一区域内，北京、天津和河北纷纷采取行动提升智能化水平，为区域智慧城市的蓬勃发展做出了显著贡献。北京建设了创新型的“智慧城市公共服务平台”，不仅有效提升了城市交通、环保、公共安全等领域的管理效率，也为居民提供了更智能、更便捷的公共服务。天津则通过推出“数字天津”行动计划，将智慧产业置于重要支柱产业之列，加速了智能化水平较高的装备制造业和新一代信息技术产业的蓬勃发展。河北也不甘落后，“数字河北”建设致力于智能化的全面渗透，各个产业领域均展现出积极的智能化发展态势。

智能化的浪潮加速了京津冀地区各个产业的智能化转型升级。在北京，人工智能城市已经崭露头角，成为引领经济发展的重要引擎，智慧文化产业、智慧医疗产业、智慧制造产业等快速壮大，为经济结构的升级注入了活力。天津的智能产业不断壮大，尤其在装备制造业和新一代信息技术领域，智能化水平显著提升，为经济增长注入了新动力。河北各产业领域的智能化逐渐深入，智慧经济发展态势喜人，为区域的可持续发展提供了有力支撑。

跨区域智能化合作更是推动了京津冀地区人工智能城市建设的协同发展。区域内的合作愈发紧密，以构建“数字京津冀”为例，北京与河北的合作为人工智能城市的共同建设提供了有力保障，而天津与河北的协作更是在智能化领域迈出了坚实的步伐，推动智能化协同发展取得了显著成效。这种跨区域的智能化合作不仅加强了资源共享和技术创新，也为京津冀地区人工智能城市产业的未来发展奠定了坚实基础。

综上所述，京津冀地区作为中国智慧城市发展的重要区域，通过政策支持、智能化升级和跨区域合作等多方面的努力，正迅速崛起为引领全国人工智能城市产业发展的重要力量，展现出极具活力和潜力的发展前景。

2）长三角地区

长三角地区作为中国经济最为发达和具有广泛国际影响力的区域之一，成为智慧城市产业发展的重要区域。在长三角地区，一系列先进城市，如上海、杭州、南京、苏州等，正以引领地位积极推动智慧城市建设，成为人工智能技术与经济融合的卓越范例。

上海作为中国的繁华大都市，不仅在经济上具备强大的影响力，也在智慧城市建设方面展现出领先地位。上海已构建智慧城市大数据平台，为智慧城市应用提供全面支持，涵盖智慧公交、智慧社区、智慧医疗等多领域创新应用。杭州则凭借在智慧经济领域的优势，建立了杭州城市大脑平台，以智慧交通、智慧医疗、智慧旅游等一系列应用丰富人工智能城市景观。南京在智慧城市建设中迅速崛起，通过数字南京平台推动智慧政务、智慧交通、智慧医疗等领域的发展，为长三角地区智慧城市建设贡献重要力量。同时，苏州作为中国最具经济活力城市的代表，也在智慧城市建设方面积极投入，打造苏州智慧城市平台，推出智慧旅游、智慧医疗、智慧教育等应用，为城市智慧化进程注入新动力。

长三角地区智慧城市产业的发展现状昭示着人工智能技术正深刻影响着当地的社会经济格局。城市智慧化与数字化的融合正在成为地区经济发展的新引擎。各城市在智慧交通、智慧医疗、智慧文化等领域的应用，不仅为居民提供更高效便捷的生活方式，也加速了相关产业的创新与发展。长三角地区智慧城市产业的不断壮大，彰显了区域的创新活力和智慧经济的活跃态势。

长三角地区智慧城市产业正积极融合人工智能技术与经济发展，上海、杭州、南京、苏州等城市以其领先地位，为中国智慧城市产业的高质量发展树立了充分的典范。这一现状不仅为地区经济增长注入了新活力，也为中国智慧城市产业在全球范围内的崛起提供了有力支撑。

3）粤港澳大湾区

作为中国经济重要的发展枢纽，粤港澳大湾区近年来在智慧城市建设方面取得了显著成就。随着信息技术与大数据的普及，智慧城市产业逐步渗透到城市管理、公共服务和产业升级领域。作为智慧技术的创新中心，深圳积极推进数字深圳平台，通过整合城市资源，促进智慧交通、智慧医疗等领域的迅速发展，有效促进智慧经济与传统产业的融合。广州以提供高效公共服务为核心，借助数字广州平台提升政务透明度，同时在智慧医疗和智慧文化等领域取得显著成果。珠海强调旅游与人工智能技术的融合，借助珠海数字城市平台，智慧化管理和推广旅游资源，为旅游业提供强有力的技术支持。中山侧重环境与智能技术的结合，在中山智慧城市平台上广泛应用人工智能技术，监测环境、治理污染，为生态环境保护提供有力支持。珠三角地区人工智能城市产业的高质量发展揭示出中国智能化转型的明确趋势。通过精准的策略定位和技术应用，各城市实现了在特定领域的深度融合和优化。然而，面对持续的技术进步和变革，粤港澳大湾区仍需在数据安全、技术更新、人才培养等方面进行深入研究和探索，以保持其在智慧城市产业中的领先地位。

4）成渝地区

作为中西部地区的交通和经济中心，重庆积极推进智慧城市建设。在政府的大力支持下，重庆在信息基础设施、数据管理、智慧交通、智慧医疗和智慧旅游等领域取得了显著成就，其智慧成渝战略为城市管理和居民生活质量提升做出了杰出贡献。

尽管成渝地区在智慧城市建设方面展现出活力，但仍然面临挑战，包括信息基础设施不足、专业人才匮乏和企业创新能力受限。同时，成渝地区具备多方面优势，如资源丰富、市场潜力巨大及政策支持有力等，为智慧城市的进一步发展提供了难得机遇。重庆在智慧城市产业高质量发展方面已经取得显著进展。面对挑战与机遇交织的形势，成渝地区需要进一步整合资源、优化政策并加强人才培养，以确保智慧城市产业持续、健康、高质量发展。

2. 国内智慧城市产业空间分布现状

从地域分布的角度观察，智慧城市领域的相关企业主要集中在北京、上海、广州、深圳和杭州等城市，相关企业数量已经超过全国总量的一半。

在这些城市中，北京在智慧城市相关企业数量方面占据领先地位，其后依次是深圳、上海、杭州和广州。若从企业实力方面分析，北京的智慧城市相关上市公司在全国的占比达到19.7%，遥遥领先，其后是深圳（11.64%）、杭州（10.45%）、上海（8.66%）及广州（8.36%）[37]。

得益于丰富的高等教育资源、举足轻重的总部经济及在科技金融领域的深厚积淀，北京在企业规模和综合实力上均显示出其卓越的地位。尽管杭州在企业总数上稍逊于上海，但在综合实力上略胜一筹。这部分归功于杭州近年来在信息经济领域的策略性布局，强调智慧城市的建设，并率先发布了城市数据大脑的相关规划。广州与深圳两个粤港澳大湾区的中心城市在企业数量和实力上呈现出一定的差异，这与两城市的企业特性及其主导产业领域密切相关。广州偏重汽车产业和商贸服务业，而深圳则主要集中于高端技术产业和金融领域。

3. “四链”布局及融合集群发展现状

1）京津冀地区

在京津冀城市群内，各城市在产业链和创新链的复杂网络中相对独立，与其他城市的关联程度相对较低，从而导致城市间产业链和创新链的节点度值存在明显差距[38]。从“核心—节点—边缘”的空间结构角度来看，京津冀城市群的产业链和创新链呈现出以北京为核心、天津为节点的发展格局。然而，节点城市的数量相对较少，未能在城市群中占据重要比例，使得整体结构存在明显的不均衡情况。因此，有必要进一步促进节点城市的发展，以实现更为平衡的格局。目前，人才一体化环境的进一步改善为京津冀地区的“产才融合”提供了有利机遇。然而，仍然存在一些制约因素，如人才结构性矛盾明显、人才流失问题严重、产业梯度差异明显，以及深层次体制机制矛盾尚未得到根本解决等[39]。这些问题制约了京津冀地区人才链与产业链的有效融合。京津冀地区新一代信息技术产业正在迅速扩大规模，并逐步优化其产业结构，但京津冀地区新一代信息技术产业的耦合度整体较低，耦合协调度也存在失调的情况。但总体趋势是朝着更协调、有序的方向发展。这表明京津冀地区在新一代信息技术产业的协同发展方面仍有巨大的提升潜力，需要加强不同部门和城市之间的合作与协调，以实现更高水平的耦合[40]。

2）长三角地区

长三角城市群构建了以上海为核心、多个城市为重要节点的发展格局。在智慧城市产业链方面，长三角地区呈现出多样化且高度融合的特点[41]。各城市借助智能技术的进步，不仅在特定领域提供新产品和解决方案，还在零售、制造、医疗等领域实现了智能技术与产业的深度交融。区域内智能化基础设施和服务系统的持续强化，推动了商贸、物流、供应链等领域的一体化大市场发展。在创新链方面，长三角地区的创新不仅表现在技术层面，还涵盖了产业与技术的深刻融合。科研机构、高校和企业构筑了相对完整的创新生态系统，助推各行业的创新发展[42]。这种创新链的存在，加速了新一代信息技术与实体经济的深度结合，为区域智慧城市建设提供了坚实支撑。智能技术的发展也在创新链与各行业融合方面发挥了重要作用，促使智能经济快速增长，尤其在零售、制造和医疗领域。作为经济发达区域，长三角地区拥有充足的资金链来支持智慧城市建设。政府拨款、风险投资、银行贷款等多渠道资金促进了数字经济的蓬勃发展。这样的资金链有助于推动新一代信息技术的应用和创新，为智慧城市的发展提供了必要的资金支持。总体而言，长三角地区通过创新链产业链资金链人才链的协同作用，构建了多层次、多维度的智慧经济生态系统。这为区域智能化转型奠定了坚实基础，也为未来高质量发展铺平了道路。然而，仍需持续加强各方面的协同合作，解决潜在问题，以实现智慧城市的可持续繁荣。

3）粤港澳大湾区

在粤港澳大湾区，中心城市的辐射效应已促成新的产业转型格局。党的十八大以来，粤港澳大湾区内各城市积极把握产业转型机遇，特别关注战略性新兴产业的培育，构建以这些新兴产业为支柱的产业体系。新一代通信、半导体、新能源汽车等新兴产业迅速发展，智慧经济、智慧制造、工业互联网成为升级的方向。在互联网、大数据和人工智能的助推下，“互联网+”新兴服务业迅速兴起。在产业链方面，不仅各城市积极融入粤港澳大湾区产业分工，形成区域间的产业链格局，还加速了产业高端化进程。在创新链方面，科技创新成为粤港澳大湾区先进制造业的龙头。在产学研合作的推动下，通过构建“广州—深圳—香港—澳门”科技创新走廊，促进科技成果转化和技术溢出[43]。科技人才跨境流动也受到重视，以增强创新能力。在人才链方面，跨境人才流动逐渐便利化，通过建立特殊区域来吸引国内外高端科技人才，推动知识交流和创新。在资金链方面，为支持产业转型，粤港澳大湾区各城市采取多种手段，如优化投资环境、引进外资等，为创新和升级提供资金支持。整合科研资金流动也在积极推进，以促进创新和科技发展。综合而言，“四链”的协同作用构建了多维度的智慧经济生态系统，为粤港澳大湾区智能化转型与高质量发展提供了有力支撑。

4）成渝地区

成渝地区双城经济圈形成了以成都和重庆为双核心的产业部门与创新部门发展格局。2019 年，成都和重庆均为成渝地区双城经济圈产业部门与创新部门发展的节点城市，在产业链与创新链融合发展过程中具有重要的推动作用[44]。

成渝地区数字城市产业在实现创新链产业链资金链人才链的深度融合方面取得了积极进展。然而，产业高水平协同发展仍面临一些障碍：第一，产业链供应链协同规划滞后，目前的合作更多限于要素合作和项目合作，而产业链优势环节合作较少。第二，产业政策体系一体化程度较低，相对于发达城市群，成渝地区在标准制定、联合研发、市场拓展、金融创新等领域的合作不足，制约了高水平产业协同发展。第三，要素跨区域自由流动仍受限制，人流、物流、资金流、信息流跨区域自由流动程度不高。为克服这些障碍，成渝地区应加强电子信息、汽车制造、装备制造、特色消费品等产业领域的分工协作，推动产业的深度融合。在电子信息产业方面，共建国家数字经济创新发展试验区，以集成电路、新型显示、智能终端等领域为重点，推动“云联数算用”要素集群和“芯屏器核网”全产业链的建设。在汽车制造方面，应以智能网联和新能源为主攻方向，共建高水平汽车产业研发制造基地，加强产业链协作和供应链配套。在装备制造业方面，应联合培育产业集群，协同提升产业基础高级化水平。此外，还应突出成渝地区优势，培育特色消费品产业集群，加强现代服务业合作，促进先进制造业与现代服务业的深度融合。为实现这些目标，成渝地区可以建立规划协调与政策协同机制，创新利益分享机制，促进要素跨区域自由流动。同时，强化舆论宣传，营造有利于产业协同发展的氛围，增强社会各方的参与和支持，从而推动成渝地区智慧城市产业的协同发展，以取得更大的成就。

4. 存在的问题

党的十八大以来，习近平总书记多次就创新链产业链资金链人才链发表重要论述，有力推动了创新驱动发展战略持续深化。“四链”在智慧城市产业中的融合有其内在逻辑。随着中国推进智能化转型，智慧城市的概念已逐渐深入人心，但其在高质量发展过程中依然面临诸多问题和挑战。以下是“四链”深度融合存在的问题及面临的挑战。

1）产业链融合问题

在探究中国智慧城市产业的产业链生态时，观察到该领域的企业数量正持续快速增长。然而，这些企业的分布在地域上呈现不均性，以发达地区的高度集聚为主要特点。伴随行业的快速发展，出现了一系列挑战：首先是系统性的顶层设计缺失，这导致整个行业缺乏一个统一的发展蓝图；其次是关键技术的发展遭遇瓶颈，这在一定程度上抑制了产业的技术创新步伐。此外，产业支撑系统的不完善和实际应用场景开发的不足，显示了产业生态的不成熟。虽然面向复杂应用场景的技术逐渐走向成熟，但跨行业数据的整合和标准化、市场规范化发展及市场格局的稳定性仍旧有较大的提升空间[45]。

2）创新链融合问题

针对创新链，当前智慧城市产业的研发创新能力受到技术门槛和行业壁垒的制约。创新链的不顺畅影响了产业的升级转型，进而影响产业竞争力的提升。因此，推动产学研用的深度融合，强化关键技术的研究与开发，加强顶层设计和跨界合作创新，成为行业亟须解决的问题。

3）资金链融合问题

在资金链方面，尽管元宇宙等新兴概念的兴起吸引了更多的投资关注，并促进了投资规模的迅速增长，但整体资金链在支持初创企业和技术创新方面仍显不足。特别是在风险投资和政府引导基金的分配上，更需加强对处于关键技术突破和市场初期阶段企业的支持。

4）人才链融合问题

就人才链而言，虽然中国在智慧城市领域拥有庞大的人才储备，但高端人才，特别是跨学科的领军人才和创新团队相对短缺。这种人才的匮乏限制了产业创新链的持续发展，降低了研究成果转化为现实应用的效率。

以上只是对智慧城市产业高质量发展中“四链”融合问题的初步分析，实际情况可能更为复杂。需要政府、企业和社会各界共同努力，形成合力，推动“四链”融合，助推智能化城市高质量发展。

10.4 新兴服务业高质量发展战略路径

10.4.1 新时代 AIGC 融合服务发展战略路径

1. 总体思路

AIGC 作为内容生产的颠覆技术，对于推动科技跨越式发展、产业优化升级、生产力整体跃升具有重要推动作用。2023 年 4 月 28 日召开的中共中央政治局会议中强调“重视通用人工智能发展，营造创新生态，重视防范风险”。AIGC“四链”发展依托人工智能产业的发展，其产业链布局基本完善，主要由科技巨头引领，中间层和应用层中小企业发展迅速；创新链中企业和研究院 / 实验室 / 高校人工智能学院是主要研发阵地和创新孵化基地，在国家政策的鼓励下我国相关专利数跃居世界第一，但仍然存在“卡脖子”问题；在人才链方面，需要加大对上游、中游、下游各层次人才的培养，尤其是要加大研究生阶段的高层次人才的培养和引进力度；在资金链方面，AIGC 生态体系的完善是投资者的强心剂，监管和保护方面的政策法规需要进一步完善。为此，AIGC 融合服务发展重点为：夯实三算（算法、算力和数据）基础，提升核心竞争力；加强各行业的应用示范，打造“AIGC+ 行业平台”的生态圈；加快各行业“AIGC+ 操作系统”的成果转化，提升用户体验，强化生态壁垒；优化产业生态，强化公共服务支撑能力。具体来说，在关键技术融合创新方面，要加强三算的支持力度，积极探索算力共享制度和方式。在产业链布局方面，鼓励“AIGC+ 细分行业平台”的研发和应用是强化在各自领域的优势，形成差异化的关键。在地方经济布局方面，以北京、杭州、上海、深圳等地作为典型，形成各具特色的 AIGC+ 产业集群，带动周边地区协同发展。在人才培养方面，应该有计划地针对 AIGC 技术开发的基础层、中间层和应用层培养相应的 AI+ 行业知识的多元人才体系。

2. 重点领域高质量发展产业图谱

图 10.4 为我国 AIGC 服务产业“四链”图谱。图 10.5 为我国 AIGC 产业链上重点研究机构汇总。

3. 发展重点

（1）攻克关键核心技术，夯实算力“底座”，抢占 AIGC 融合服务发展优势。2023 年 7 月 19 日召开的 2023 年上半年工业和信息化发展情况新闻发布会指出，我国算力总规模位居全球第二，保持 30% 左右的年增长率，中西部地区的相关算力设施占全国比例提升至 39%，说明我国的算力基础扎实，能够为 AIGC 的发展提供先发优势。芯片作为算力布局中的核心技术决定着算力的提升空间，然而在中美两国贸易摩擦不断升级的背景下，芯片的短缺在短期内无法有效解决，“卡脖子”问题不解决不仅影响基础层的搭建，也让 C 端的应用受到制约。芯片问题是产业链融合、人才培养和资金支持三方面能力的体现，三者的融合配套问题决定了创新链能带来的影响。除此以外，大模型的锤炼也将是一场持久战，要根据对象、资源和应用场景全盘考虑。在多模态技术的支持下，可以进一步挖掘其内容的多样性，推动 AIGC 融合服务新模式和新业态的创新。

产业链
应用层
中间层
基础层
对话工具
• 讯飞星火 • 360智脑 • 商量SenseChat
• 通义千问 • 天工大模型 • MOSS
办公工具
• 字符狂飙 • 歌者AI • 爱设计
• 美图设计室 • MINDSHOW
虚拟人/数字人
• 倒映有声 • 快手 • 硅基智能
• 魔珐科技 • 世优科技 • 元境科技
图像工具
• TIAMAT • 视觉中国 • 通义万象
• 美图秀秀 • Nolibox • SKYPAINT
• D.Design堆友 • 改图神器 • 悟空图像
• AI画匠 • 言之画 • XINGZHE.AI
文本工具
• 小鱼AI • 智子AI • 有道写作
• 火龙果 • 灵境AI • 水母快写
• 文心一言 • 倩言写作 • 度加创作工具
• 万彩AI • 序列猴子 • 魔撰写作
模型和算法
• 百度 • 华为 • 腾讯
• 澜舟科技 • 阿里巴巴 • 商汤
• 字节跳动 • 搜狗 • 京东科技
• 微软小冰 • 网易伏羲 • 聆心智能
• 西湖心辰 • 智谱AI • INSPUR浪潮
• 衔远科技 • 之江实验室 • 智源研究院
• 微软亚洲研究院 • 上海数字大脑研究院 • 各高校人工智能研究院
芯片
• 英伟达 • 华为 • 百度
• 燧原科技 • 寒武纪科技 • 平头哥
• HISILICON • 沐曦METAX • 赛灵思
云服务
• 阿里云 • 华为云 • 百度云
• 火山引擎 • 天翼云 • 微软Azure
数据
• 海天瑞声 • 标贝壳机 • PingCAP
• SCALE • Appen
创新链
• 基础层核心技术的研发：芯片、GPU服务器、存算一体；中文数据的智能标注
• 基于大模型的研发：微调模型工具的开发；独立模型的开发
• 应用层的研发：新场景、新用户和新需求的挖掘；新模式与新业态的创新；商业变现方式的探索
人才链
• 专业人才需求量飙升（AIGC硬件设计研发人员、复合型人才）
• 人工智能会取代部分工作岗位，加上人工智能公司本身精简的人才构成，故AIGC的繁荣不一定带来就业量的增加
• 供给结构调整、加大人才储备、中高端人才培养与引进
资金链
• 全球AIGC领域融资超1 000亿美元
• 2025年市场规模超260亿元
• 需要更加稳健的生态环境才能增强投资人信心

图10.4　我国AIGC服务产业“四链”图谱

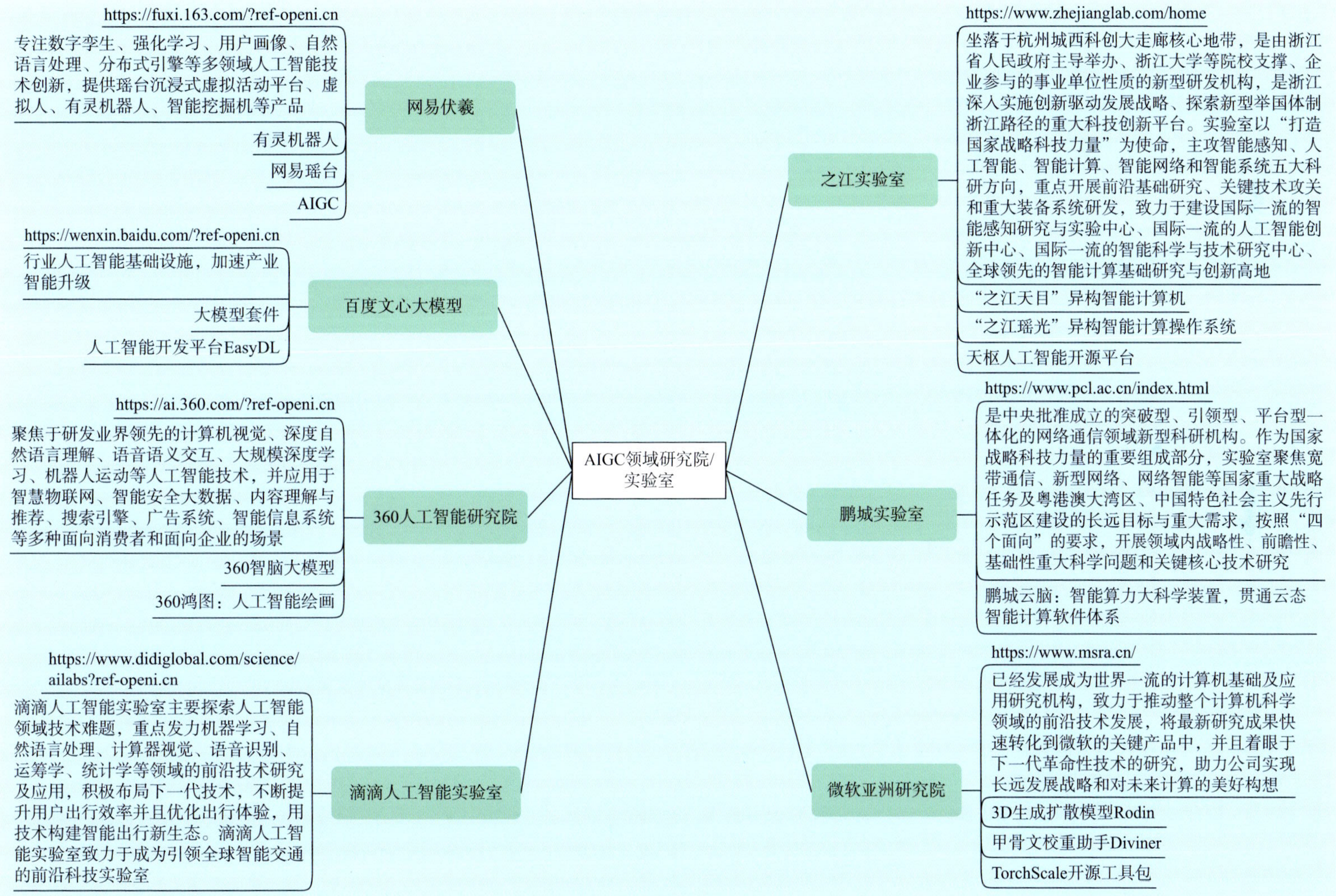
AIGC领域研究院/实验室
网易伏羲
https://fuxi.163.com/?ref-openi.cn
专注数字孪生、强化学习、用户画像、自然语言处理、分布式引擎等多领域人工智能技术创新，提供瑶台沉浸式虚拟活动平台、虚拟人、有灵机器人、智能挖掘机等产品
有灵机器人
网易瑶台
AIGC
百度文心大模型
https://wenxin.baidu.com/?ref-openi.cn
行业人工智能基础设施，加速产业智能升级
大模型套件
人工智能开发平台EasyDL
360人工智能研究院
https://ai.360.com/?ref-openi.cn
聚焦于研发业界领先的计算机视觉、深度自然语言理解、语音语义交互、大规模深度学习、机器人运动等人工智能技术，并应用于智慧物联网、智能安全大数据、内容理解与推荐、搜索引擎、广告系统、智能信息系统等多种面向消费者和面向企业的场景
360智脑大模型
360鸿图：人工智能绘画
滴滴人工智能实验室
https://www.didiglobal.com/science/ailabs?ref-openi.cn
滴滴人工智能实验室主要探索人工智能领域技术难题，重点发力机器学习、自然语言处理、计算器视觉、语音识别、运筹学、统计学等领域的前沿技术研究及应用，积极布局下一代技术，不断提升用户出行效率并且优化出行体验，用技术构建智能出行新生态。滴滴人工智能实验室致力于成为引领全球智能交通的前沿科技实验室
之江实验室
https://www.zhejianglab.com/home
坐落于杭州城西科创大走廊核心地带，是由浙江省人民政府主导举办、浙江大学等院校支撑、企业参与的事业单位性质的新型研发机构，是浙江深入实施创新驱动发展战略、探索新型举国体制浙江路径的重大科技创新平台。实验室以“打造国家战略科技力量”为使命，主攻智能感知、人工智能、智能计算、智能网络和智能系统五大科研方向，重点开展前沿基础研究、关键技术攻关和重大装备系统研发，致力于建设国际一流的智能感知研究与实验中心、国际一流的人工智能创新中心、国际一流的智能科学与技术研究中心、全球领先的智能计算基础研究与创新高地
“之江天目”异构智能计算机
“之江瑶光”异构智能计算操作系统
天枢人工智能开源平台
鹏城实验室
https://www.pcl.ac.cn/index.html
是中央批准成立的突破型、引领型、平台型一体化的网络通信领域新型科研机构。作为国家战略科技力量的重要组成部分，实验室聚焦宽带通信、新型网络、网络智能等国家重大战略任务及粤港澳大湾区、中国特色社会主义先行示范区建设的长远目标与重大需求，按照“四个面向”的要求，开展领域内战略性、前瞻性、基础性重大科学问题和关键核心技术研究
鹏城云脑：智能算力大科学装置，贯通云态智能计算软件体系
微软亚洲研究院
https://www.msra.cn/
已经发展成为世界一流的计算机基础及应用研究机构，致力于推动整个计算机科学领域的前沿技术发展，将最新研究成果快速转化到微软的关键产品中，并且着眼于下一代革命性技术的研究，助力公司实现长远发展战略和对未来计算的美好构想
3D生成扩散模型Rodin
甲骨文校重助手Diviner
TorchScale开源工具包

(a)

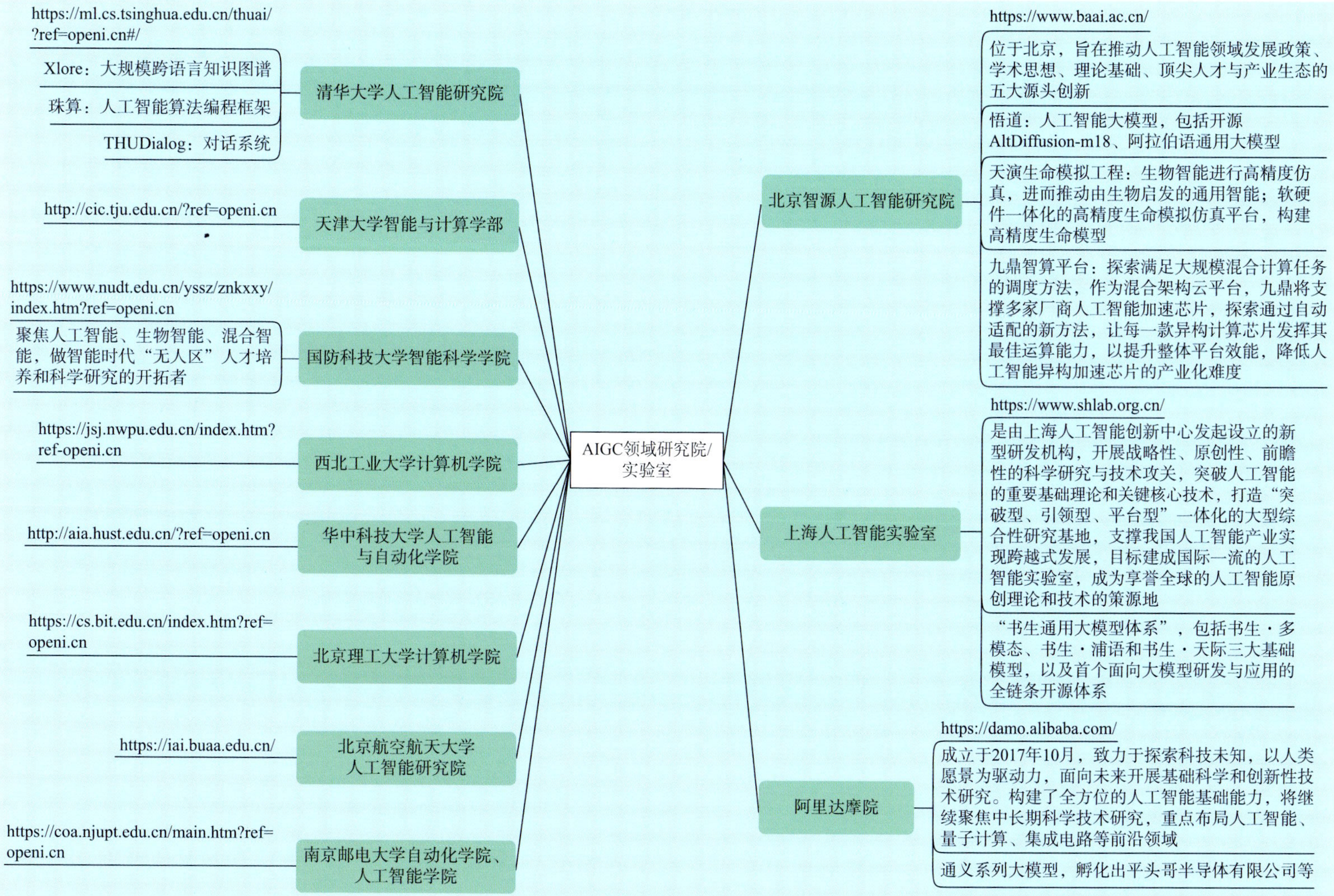
AIGC领域研究院/实验室
清华大学人工智能研究院
https://ml.cs.tsinghua.edu.cn/thuai/?ref=openi.cn#/
Xlore：大规模跨语言知识图谱
珠算：人工智能算法编程框架
THUDialog：对话系统
天津大学智能与计算学部
http://cic.tju.edu.cn/?ref=openi.cn
国防科技大学智能科学学院
https://www.nudt.edu.cn/yssz/znkxxy/index.htm?ref=openi.cn
聚焦人工智能、生物智能、混合智能，做智能时代“无人区”人才培养和科学研究的开拓者
西北工业大学计算机学院
https://jsj.nwpu.edu.cn/index.htm?ref-openi.cn
华中科技大学人工智能与自动化学院
http://aia.hust.edu.cn/?ref=openi.cn
北京理工大学计算机学院
https://cs.bit.edu.cn/index.htm?ref=openi.cn
北京航空航天大学人工智能研究院
https://iai.buaa.edu.cn/
南京邮电大学自动化学院、人工智能学院
https://coa.njupt.edu.cn/main.htm?ref=openi.cn
北京智源人工智能研究院
https://www.baai.ac.cn/
位于北京，旨在推动人工智能领域发展政策、学术思想、理论基础、顶尖人才与产业生态的五大源头创新
悟道：人工智能大模型，包括开源AltDiffusion-m18、阿拉伯语通用大模型
天演生命模拟工程：生物智能进行高精度仿真，进而推动由生物启发的通用智能；软硬件一体化的高精度生命模拟仿真平台，构建高精度生命模型
九鼎智算平台：探索满足大规模混合计算任务的调度方法，作为混合架构云平台，九鼎将支撑多家厂商人工智能加速芯片，探索通过自动适配的新方法，让每一款异构计算芯片发挥其最佳运算能力，以提升整体平台效能，降低人工智能异构加速芯片的产业化难度
上海人工智能实验室
https://www.shlab.org.cn/
是由上海人工智能创新中心发起设立的新型研发机构，开展战略性、原创性、前瞻性的科学研究与技术攻关，突破人工智能的重要基础理论和关键核心技术，打造“突破型、引领型、平台型”一体化的大型综合性研究基地，支撑我国人工智能产业实现跨越式发展，目标建成国际一流的人工智能实验室，成为享誉全球的人工智能原创理论和技术的策源地
“书生通用大模型体系”，包括书生·多模态、书生·浦语和书生·天际三大基础模型，以及首个面向大模型研发与应用的全链条开源体系
阿里达摩院
https://damo.alibaba.com/
成立于2017年10月，致力于探索科技未知，以人类愿景为驱动力，面向未来开展基础科学和创新性技术研究。构建了全方位的人工智能基础能力，将继续聚焦中长期科学技术研究，重点布局人工智能、量子计算、集成电路等前沿领域
通义系列大模型，孵化出平头哥半导体有限公司等

（b）

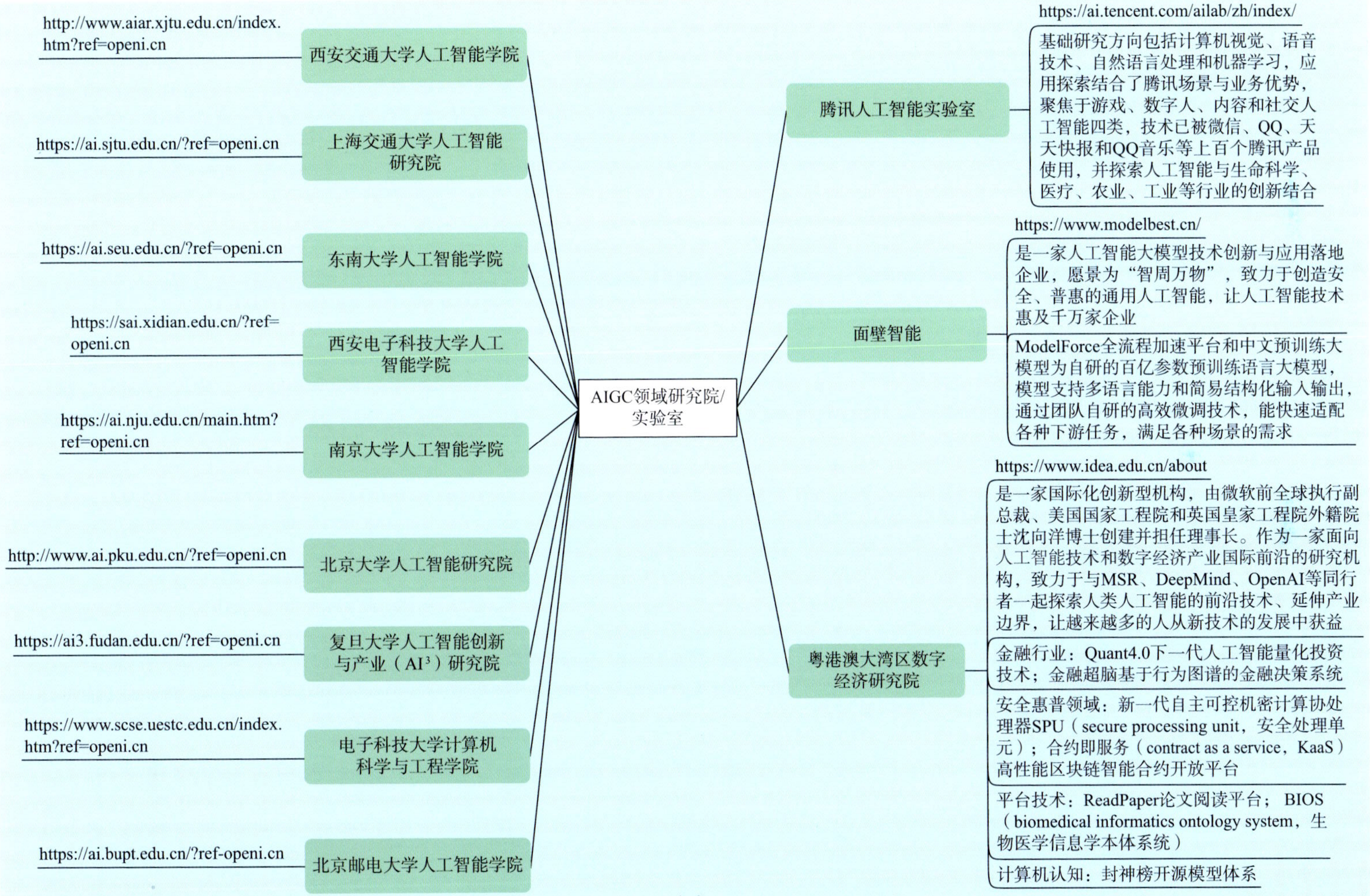
AIGC领域研究院/实验室
西安交通大学人工智能学院
http://www.aiar.xjtu.edu.cn/index.htm?ref=openi.cn
上海交通大学人工智能研究院
https://ai.sjtu.edu.cn/?ref=openi.cn
东南大学人工智能学院
https://ai.seu.edu.cn/?ref=openi.cn
西安电子科技大学人工智能学院
https://sai.xidian.edu.cn/?ref=openi.cn
南京大学人工智能学院
https://ai.nju.edu.cn/main.htm?ref=openi.cn
北京大学人工智能研究院
http://www.ai.pku.edu.cn/?ref=openi.cn
复旦大学人工智能创新与产业（AI³）研究院
https://ai3.fudan.edu.cn/?ref=openi.cn
电子科技大学计算机科学与工程学院
https://www.scse.uestc.edu.cn/index.htm?ref=openi.cn
北京邮电大学人工智能学院
https://ai.bupt.edu.cn/?ref-openi.cn
腾讯人工智能实验室
https://ai.tencent.com/ailab/zh/index/
基础研究方向包括计算机视觉、语音技术、自然语言处理和机器学习，应用探索结合了腾讯场景与业务优势，聚焦于游戏、数字人、内容和社交人工智能四类，技术已被微信、QQ、天天快报和QQ音乐等上百个腾讯产品使用，并探索人工智能与生命科学、医疗、农业、工业等行业的创新结合
面壁智能
https://www.modelbest.cn/
是一家人工智能大模型技术创新与应用落地企业，愿景为“智周万物”，致力于创造安全、普惠的通用人工智能，让人工智能技术惠及千万家企业
ModelForce全流程加速平台和中文预训练大模型为自研的百亿参数预训练语言大模型，模型支持多语言能力和简易结构化输入输出，通过团队自研的高效微调技术，能快速适配各种下游任务，满足各种场景的需求
粤港澳大湾区数字经济研究院
https://www.idea.edu.cn/about
是一家国际化创新型机构，由微软前全球执行副总裁、美国国家工程院和英国皇家工程院外籍院士沈向洋博士创建并担任理事长。作为一家面向人工智能技术和数字经济产业国际前沿的研究机构，致力于与MSR、DeepMind、OpenAI等同行者一起探索人类人工智能的前沿技术、延伸产业边界，让越来越多的人从新技术的发展中获益
金融行业：Quant4.0下一代人工智能量化投资技术；金融超脑基于行为图谱的金融决策系统
安全惠普领域：新一代自主可控机密计算协处理器SPU（secure processing unit，安全处理单元）；合约即服务（contract as a service，KaaS）高性能区块链智能合约开放平台
平台技术：ReadPaper论文阅读平台；BIOS（biomedical informatics ontology system，生物医学信息学本体系统）
计算机认知：封神榜开源模型体系

（c）

图10.5　我国AIGC产业链上重点研究机构汇总

（2）打造高端人才队伍，加强高端人才的培养和引进。MarcoPolo 调研显示，我国是全球人工智能人才输出最多的国家，但我国本科及以上学历的顶级人工智能人才流失较多。AIGC 领域恰恰需要的是高水平人才，因为 AIGC 未来的发展能够替代大部分软件工程师，即“码农”，所以拥有多领域交叉能力的复合型人才是未来该领域最大的需求。AIGC 类企业或实验室的发展需要建立明确的人才理念，构建一个开放包容的人才导向的企业文化；优化招聘和选拔方式，特别是多领域交叉能力和综合素养的考察，这样的人才是未来不会轻易被人工智能取代的关键。

（3）创新设计为 AIGC 技术提供应用场景新思路，助力新兴服务业高质量发展。创新设计集科学技术、文化、艺术、服务业态模式等全面创新于一体，具有绿色低碳、网络智能、开放融合及共创分享等特征。创新设计与 AIGC 技术的融合能够帮助企业更好地识别最终用户的需求；在创新设计思维的指导下企业能够在众多应用场景的产品开发中找到一条可持续的创新发展方向。培育若干 AIGC+ 创新设计融合服务的一流企业，形成一批具有较强国际竞争力的跨国企业和知名设计品牌；形成若干具有全球影响力的设计服务中心城市，打造具有绿色低碳循环发展、深度学习能力的全球领先的数实融合创新设计集聚地。

（4）推进“AIGC+ 领域平台”生态圈的建设。生态圈的打造离不开 AIGC 产业基础层、中间模型层和终端应用层的发展。基础层中算法、算力和数据是上层模型“开花结果”的核心，重视我国人工智能中高端人才的培养，进一步夯实三算基础，研究算力共享机制，提升核心竞争力；中间模型层要深入各行业各领域，打通领域的大数据，形成领域内的“大模型”与“大知识”；搭建在系统平台的应用要找准市场需求，加快各行业“AIGC+ 操作系统”的成果转化，提升用户体验，强化生态壁垒。借助平台的规模效应树立典型示范项目，打造具有引领性的“AIGC+ 领域平台”生态圈。

（5）进一步完善未来人工智能基础设施和监管生态。AIGC 的应用规模快速扩增与知识生成的边际成本降低势必会产生一系列版权问题。要守好版权问题中“人的智力参与”的底线，以包容性的态度来看待 AIGC 成果。我国在提升三算基础核心竞争力的同时，加强对类似超级对齐技术的研究投入。未来人工智能技术的发展将会呈现出更多跨国家、跨文化的特点，加强国际合作也是未来人工智能监管的必然趋势。在监管过程中要规划好技术的超前发展提前量，不应该为了服务应用层的信息内容安全，而影响到基础设施的功能研发。

10.4.2　新时代 VR/AR 服务发展战略路径

1. 总体思路

VR/AR 领域“四链”融合发展是新时代战略性新兴产业发展壮大的重要任务。在关键技术融合创新方面，以近眼显示、渲染处理等关键技术融合创新工程为牵引，强化 VR 与新一代信息技术的深度融合，增强 VR 赋能能力[46]。在产业链布局方面，

VR 是实现各行业数字化转型的支柱型技术，要加速多行业多场景应用落地。在地方产业经济布局方面，国家虚拟现实创新中心落户南昌，形成 VR 产业创新、集聚的高地，北京、上海、深圳、青岛、南京等地作为各具特色的 VR 产业集群将带动周边地区协同发展[47]。在人才培养方面，建设一批 VR 课堂、教研室、实验室与虚拟仿真实训基地，开发 VR 数字课程，强化互动实操，为 VR/AR 产业链提供专业人才，加快高新技术创新发展，强化中国作为科技强国在 VR/AR 领域的领先地位。继续推动 VR/AR 技术的多元场景赋能与实际应用落地，继续发挥其在提供沉浸式体验、丰富创意内容、改进教育培训、促进商业创新、重塑旅游体验方面的作用。特别是在文旅推广方面，为游客带来更加丰富多彩、互动性强、个性化的旅游体验，同时推动旅游业的转型升级和持续发展。

2. 重点领域高质量发展产业图谱

VR/AR 作为新兴技术领域，尚处于探索与发展阶段，其创新链产业链资金链人才链上的问题需要大力推进解决，同时，VR/AR 具有巨大的市场空间和发展前景，为整个产业链带来了广阔的机遇和发展优势。VR/AR 的创新链主要包括基础研究机构和应用研究机构，将基础研究成果转化应用于实际生产中，实现技术与市场的融合是要解决的关键问题。VR/AR 的产业链包括硬件商、平台商和内容提供商，主要存在技术不成熟、内容匮乏、用户认知度低等问题。VR/AR 的资金链主要包括政府资金、风险投资和上市融资，实现 VR/AR 的商业化运作，吸引更多的投资和资本是要解决的关键问题。VR/AR 的人才链包括技术人才、应用人才和管理人才，多元化 VR/AR 人才培养方案将吸引更多人才参与到产业创新与发展中[48]。图 10.6 为 VR/AR“四链”图谱。

VR/AR 产业链主要包括硬件、软件、内容和应用四大板块。硬件板块包括核心元器件、感知交互、终端、配套外设等，其中核心元器件主要包括芯片、显示屏幕、光学器件等。软件板块包括系统软件和工具软件，其中系统软件包括操作系统和用户界面（user interface，UI），工具软件主要是软件开发工具包（software development kit，SDK）、开发引擎、建模工具、渲染软件等。内容板块包括内容制作和分发等。内容制作方面具体包括游戏、影视、直播、社交等。分发主要是指内容分发平台。应用板块包括消费端的应用和企业端的应用。企业端常见的应用主要用于医疗健康、教育培训、军事安防、工业生产等行业。消费端的应用仍然以娱乐为主[49]。

图 10.7 为 VR 产业集群产业链全图谱。

VR/AR 产业链上游包括芯片、光学器件、显示器、感知交互和整机组装。产业链上游的国内头部厂商包括 Pico（北京小鸟看看科技有限公司）、大朋 VR 等（表 10.13）。产业链下游应用场景根据用户群体不同划分为消费级应用市场（ToC）和企业级应用市场（ToB）两类。根据艾瑞咨询的研究报告，ToC 端主要涉及游戏、直播、影视、社交、旅游、娱乐等领域，其中游戏是当前最具潜力的 C 端应用和变现场景；ToB 端主要涉及教育、医疗、军事、房地产和广告等领域，教育培训是当前最核心的 B 端

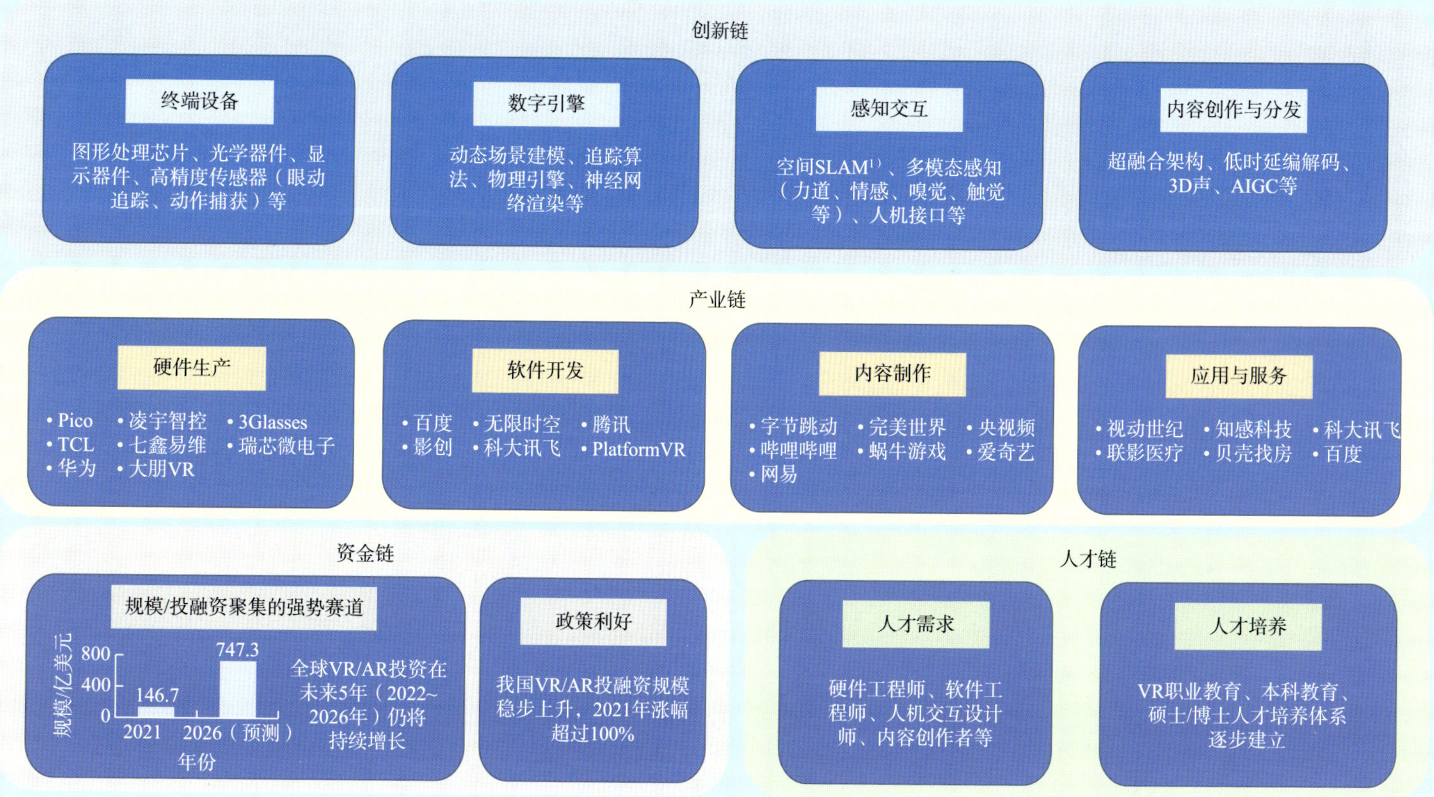

图10.6　VR/AR“四链”图谱

1）SLAM：simultaneous localization and mapping，即时定位与地图构建

资料来源：投资预测数据来源于IDC发布的2022年《IDC全球增强与虚拟现实支出指南》，我国投融资增长数据来源于工信部（初始数据来源于赛迪顾问）

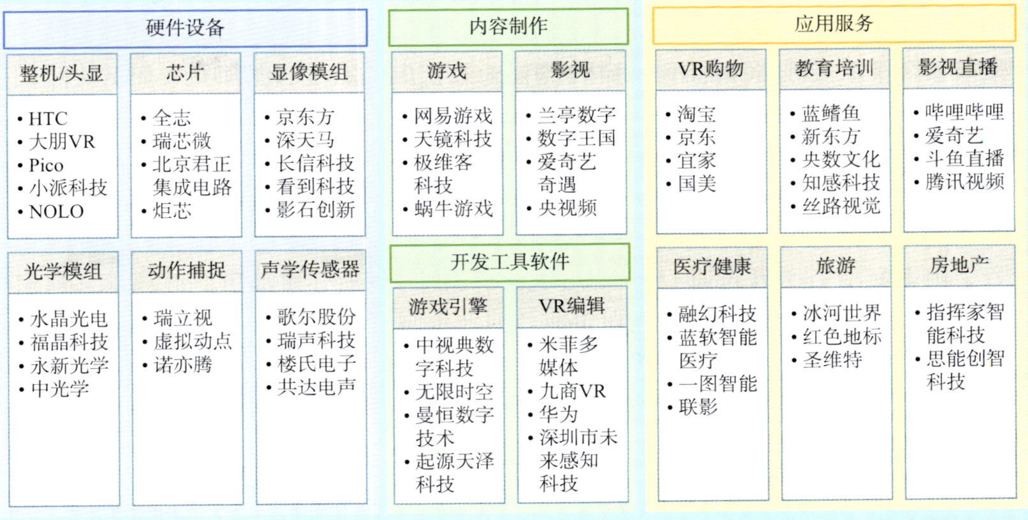

图10.7 VR产业集群产业链全图谱

应用和变现场景。目前，VR/AR 产业的商业模式仍然处于“买用户”的阶段，通过硬件终端帮助企业占领入口，然后依靠内容服务产生盈利并推动商业运转。根据硬件市场规模，估计未来 5 年 AR 出货量增速将大于 VR 出货量增速。根据中国信息通信研究院对未来的预判：全球 VR 市场规模接近千亿元，AR 为首要增长点。IDC 预计 2020~2024 年全球 VR 产业规模年均增长率约为 54%，其中 VR 增速约 45%，AR 增速约 66%。VR 更多的是强调沉浸式体验，替代目前的电脑和主机，而 AR 更讲究实时交互，AR 未来可能会作为手机的替代品，甚至可能是一个向脑机时代发展的过渡产品。

表 10.13 VR/AR 产业链与创新链上的重点企业及研究机构

产业链			创新链			
上游企业	中游企业	下游企业	基础研究	应用研究	技术研发	产业化
歌尔股份	曼恒数字技术	央数文化	哈尔滨工业大学虚拟仿真实验中心	北京师范大学虚拟现实与可视化技术研究所	虚拟现实新技术国家重点实验室（北京航空航天大学）	百度 AR|AR 技术部 DuMix AR
Pico	兰亭数字	丝路视觉	北京航空航天大学虚拟现实 / 增强现实技术及应用国家工程实验室	中山大学传播与设计学院数字媒体研究中心	中国科学院计算技术研究所虚拟现实技术实验室	华为 AR/VR 软件中心
大朋 VR	数字王国	冰河世界	北京大学视觉与听觉信息处理国家重点实验室	山东大学软件学院人机交互与虚拟现实研究中心	国家虚拟现实创新中心（依托南昌虚拟现实研究院股份有限公司组建）	中关村虚拟现实产业园
瑞立视	爱奇艺奇遇	讯飞幻境				

预计 2025 年 AR 各应用领域占比见图 10.8。

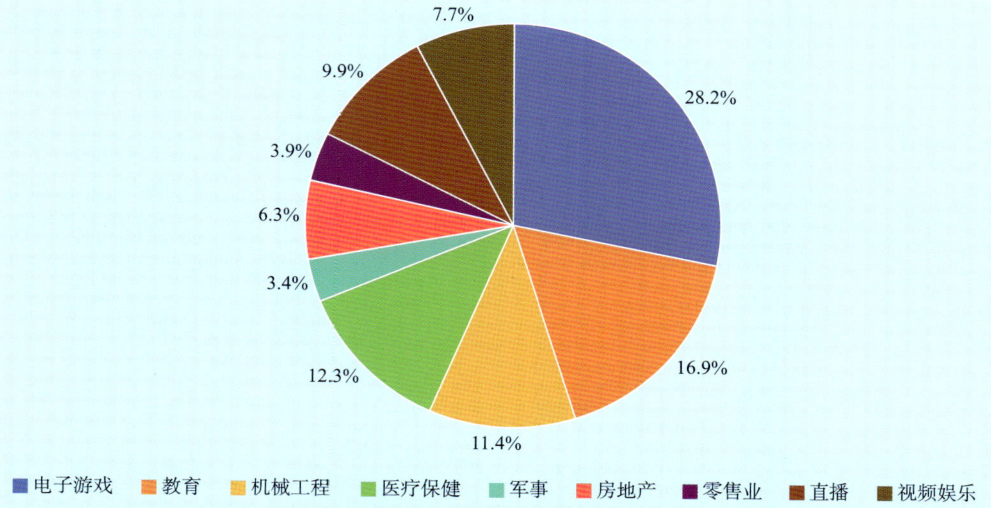

图10.8　预计2025年AR各应用领域占比

资料来源：观知海内信息网

3. 发展重点

VR/AR 硬件、内容及服务市场具有明显增长潜力和广阔的增长空间。在 VR/AR 硬件供给端，增速将长期保持高位；在硬件需求端，随着技术进步，中国 VR/AR 硬件制作技术和质量近年均大幅改善，头显产品价格有所下降，消费级的 VR 产品陆续在市场出现。随着 VR 硬件技术水平日益精进，优质内容成为未来 VR 产业破局的关键[50]。中国 VR/AR 内容及服务市场近年来迎来了高速发展，VR/AR 服务市场正变得越来越重要（图 10.9 和图 10.10）。

（1）强化应用需求，扩大 VR 产品高质量供给。党的二十大报告指出，“要坚持以推动高质量发展为主题，把实施扩大内需战略同深化供给侧结构性改革有机结合起来”①。现阶段 VR 产品形态功能与行业应用联系不紧密，VR 产品的技术指标与消费者的高质量体验尚有差距，需要进一步提升 VR 软硬件产品品质。内容方面，中国 VR 领域优质内容匮乏问题依然存在，需要推动高品质、大众化、低门槛 VR 内容同步发展，形成内容、终端互相促进的正向循环产业生态。要持续丰富 VR 硬件产品和内容供给，以创新驱动、紧扣应用、高质量供给引领和创造新需求。

① 习近平. 高举中国特色社会主义伟大旗帜　为全面建设社会主义现代化国家而团结奋斗——在中国共产党第二十次全国代表大会上的报告（2022 年 10 月 16 日）[EB/OL]. http://cpc.people.com.cn/n1/2022/1026/c64094-32551700.html，2022-10-26.

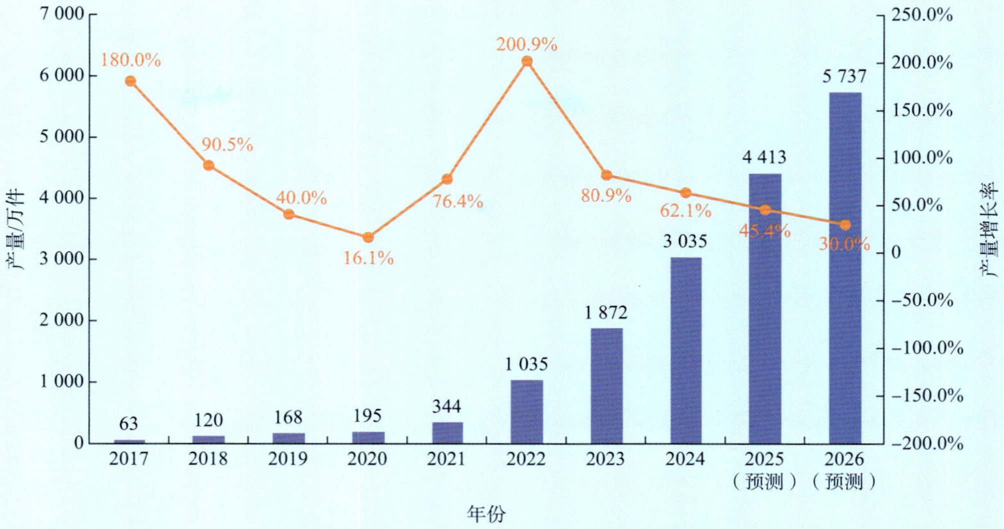

图10.9　2017~2026年中国VR/AR头显产品产量及增速

资料来源：艾瑞咨询、中信建投证券

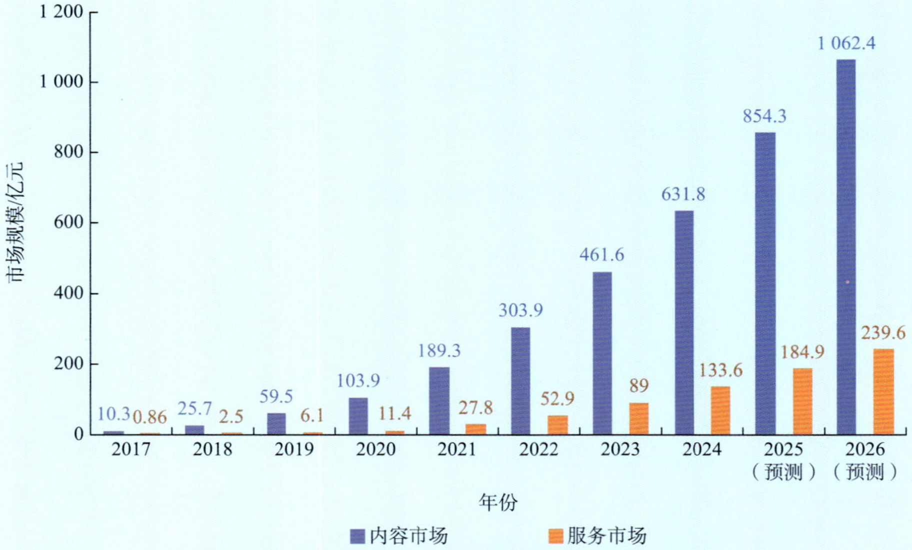

图10.10　中国VR/AR内容及服务市场规模（按营业收入计）

资料来源：艾瑞咨询、中信建投证券

（2）夯实产业基础，加快提升产业核心竞争力。VR的产业基础能力事关产业发展质量、发展潜力和发展的可持续性。党的二十大报告指出，“坚持创新在我国现代化建设全局中的核心地位，健全新型举国体制”[①]。下一阶段，要科学统筹、集中力量、优化机制、协同攻关，着力补齐产业链短板，不断提升产业核心竞争力。目前，VR产业发展还存在一些共性技术难点和瓶颈问题，需要在VR核心芯片、显示器件、光学器件、传感器等核心器件，以及动态环境建模、人机交互、近眼显示、内容生成等关键技术环节联合攻关，支持关键软硬件开发、产品和系统集成设计。

（3）加强应用示范，打造标杆案例引领产业创新应用。做好《虚拟现实与行业应用融合发展行动计划（2022—2026年）》的宣贯工作，开展重点行业应用试点示范。在工业生产、教育培训、医疗健康、商贸创意、文娱文旅、智慧城市等重点应用领域开展试点示范，形成一批可复制、易推广、有实效的创新应用项目。在有条件的地区，打造一批产业规模大、产业链完善、社会经济效益好的“VR+”融合应用领航城市和产业园区。

（4）优化产业生态，强化公共服务支撑能力。鼓励地方出台支持VR应用创新的具体举措，全面优化VR行业应用发展环境，提高VR产业公共服务的支撑能力。加快建设一批VR技术创新、内容制作、测试验证等公共服务平台。支持地方高校、企业联合建设VR创新平台，充分发挥国家级、省级VR制造业创新中心的产业集聚作用，提升共性技术研发、软硬件和内容产品测试验证、中试孵化等公共服务，推进VR产业链上下游企业配套协作。

（5）加快成果转化，培育梯次优化市场主体。在提高科技成果转化数量与质量上下功夫，加快推动VR技术和应用解决方案成果转移转化。坚持需求牵引和问题导向，强化企业技术创新主体地位，发挥市场在配置创新资源中的决定性作用，激发市场主体创新活力。围绕VR产业链，引培一批具有产业带动力和国际竞争力的VR龙头企业，加快发展VR终端、内容生产等领域的单项冠军和“专精特新”“小巨人”企业。鼓励产业链上下游企业协同，建立优势互补、合作共赢的开放型生态体系[51]。

10.4.3 新时代智慧城市服务发展战略路径

1. 总体思路

1）明确战略定位与目标

认清智慧城市产业在新时代中国经济社会发展中的地位与作用，将其定位为推动经济高质量发展的战略性新兴产业。

2）制定中长期目标

确立智慧城市产业的发展方向，如打造全球领先的智慧城市技术研发中心、建设一批国际级的智慧城市示范区等。

3）加强融合集群发展

重视区域协同，鼓励各地根据自身特色发展智慧城市产业集群，形成一批智慧城市产业强基地。促进企业、研究机构、政府之间的深度合作，推动产业链上下游的集成，构建智慧城市产业生态链。

4）深化“四链”融合

（1）技术链与产业链。鼓励关键核心技术的自主研发，强化与产业应用的结合，打破技术瓶颈，助力产业升级。

（2）创新链与资金链。通过政策激励、投资引导等方式，促进创新资源与资金的有效对接，支持高技术含量、高附加值的项目。

5）构建新型发展引擎

利用人工智能技术，如大数据、物联网等，推动传统产业智能化转型，构建智慧城市新型业态和商业模式。鼓励智慧创新，推进智慧经济与实体经济深度融合，使智慧城市成为经济增长的新动力。

6）人才为本，促进创新

建立完善的智慧城市产业人才培养体系，吸引并培养一批高层次、复合型的智能技术人才和管理人才。建立智慧城市创新平台，鼓励跨学科、跨领域的研究与合作，打破创新壁垒。

7）强化政策支持与引导

出台一系列针对智慧城市产业发展的政策，如资金支持、税收优惠、土地供应等，为产业发展创造有利环境。建立与国际的合作机制，引进先进技术和管理经验，促进智慧城市产业的国际化发展。

综上，新时代中国智慧城市产业的高质量发展需要在明确战略定位的基础上，深化融合、强化创新、促进国际合作，构建新型发展引擎，为经济社会发展注入新动力。

2. 重点领域高质量发展产业图谱

中国的智慧城市产业通过智能技术和创新来提升城市各个领域的发展，包括智能科技与物联网、智能化城市基础设施、智慧民生服务、智慧城市应用、智慧医疗与健康、智慧制造与工业互联网，以及智慧文化与创意产业等。这些领域的发展共同构建了一个智慧、高效、可持续和便捷的城市生态，以提高居民生活质量，推动经济增长和创新发展[52]。

图10.11综合地描绘了智慧城市产业的立体构架和发展动向。该图谱精确地揭示了产业链的上游、中游、下游分布，配以对核心技术——包括但不限于5G、云计算与大数据、人工智能——的翔实描述，同时概括了重点应用场景，如智慧交通和智慧健康，以及所需的基础设施，如智能传感器和数据中心。此外，图谱对政策和标准的变迁，以及其合作伙伴和生态系统的构建也给予了深入的考察，旨在为学界、决策层和产业界提供一个综合性的参考框架。该图谱集结了示范项目和典型案例，为智慧城市实践中的应用和价值提供了有力的实证支持[53]。

	智慧民生服务	智慧城市治理	智慧产业经济	智慧生态宜居
1. 基础设施	智能传感器　光纤网络　数据中心　智能终端　公共Wi-Fi热点……			
2. 上游企业	智慧交通 • 海康威视　• 启明星辰 • 百度Apollo 智慧健康 • 迈瑞医疗　• 乐普医疗 • 诺诚健华　• 清华同方 智慧教育 • 罗博数码科技 • 百度	智慧城市管理 • 华为 • 中兴通讯 智慧能源 • 隆基股份 • 东方电气集团	智慧金融 • 研祥智能　• 好未来 智慧制造 • 灵动微电子　• 沈阳新松 • 华工科技 智慧零售 • 阿里巴巴　• 科大讯飞 • 腾讯　• 北京慧策科技有限公司	智慧家居 • 深南电路 • 中颖电子
3. 中游企业	智慧交通 • 比亚迪 • 吉利汽车 智慧健康 • 平安好医生 • 腾讯医疗AI实验室 智慧教育 • 腾讯 • 作业帮	智慧城市管理 • 腾讯云　• 达观数据 • 阿里云　• 商汤科技 智慧能源 • 华为　• 中国电建 • 中海油　• 中兴通讯	智慧金融 • 腾讯　• 支付宝 • 陆金所控股　• 招商银行 智慧制造 • 浪潮集团　• 华中数控 • 华为云工业 智慧零售 • 京东 • 苏宁易购	智慧家居 • 海尔智家 • 美的
4. 下游企业/组织	智慧交通 • 滴滴出行 • 高德地图 智慧健康 • 和睦家医疗 • 好大夫在线 智慧教育 • 新东方	智慧城市管理 • 上海市人民政府 • 北京公交集团 智慧能源 • 国家电网 • 中石油	智慧金融 • 中国工商银行 • 平安保险 智慧制造 • OPPO　• 出门问问 • 中国中车 智慧零售 • 美的 • 小米	智慧家居 • 苏宁易购
5. 关键技术	5G技术　云计算与大数据　人工智能　物联网　区块链　边缘计算……			
6. 示范项目	华为：开放的智能体生态是实现全场景智慧的关键 腾讯："WeCity未来城市"品牌理念 中国电信：基于"1+2+N"标准范式，助力行业数字化转型、推进新旧动能转换			

合作伙伴与生态系统	标准规范
• 国家信息中心智慧城市发展研究中心 • 万达信息 • 深圳大学智慧城市研究院 • 工业和信息化部电子工业标准化研究院 • 中国电子技术标准化研究院 • 中国信息通信研究院	• 中国电子技术标准化研究院 • 北京航空航天大学 • 全国通信标准化技术委员会 • 中国信息通信研究院 • 全国信息安全标准化技术委员会

图10.11　中国智慧城市产业重点领域高质量发展产业全景图谱[36]

中国智慧城市产业基于应用场景类别的分类图谱见图 10.12。在该图谱中，以智慧城市产业的核心为中心，向外辐射出多个重点领域，涵盖四个主要产业方向。在智慧城市的背景下，人工智能的应用领域极为丰富。从城市功能的角度，应用场景可划分为智慧民生服务、智慧城市治理、智慧产业经济和智慧生态宜居[53]。

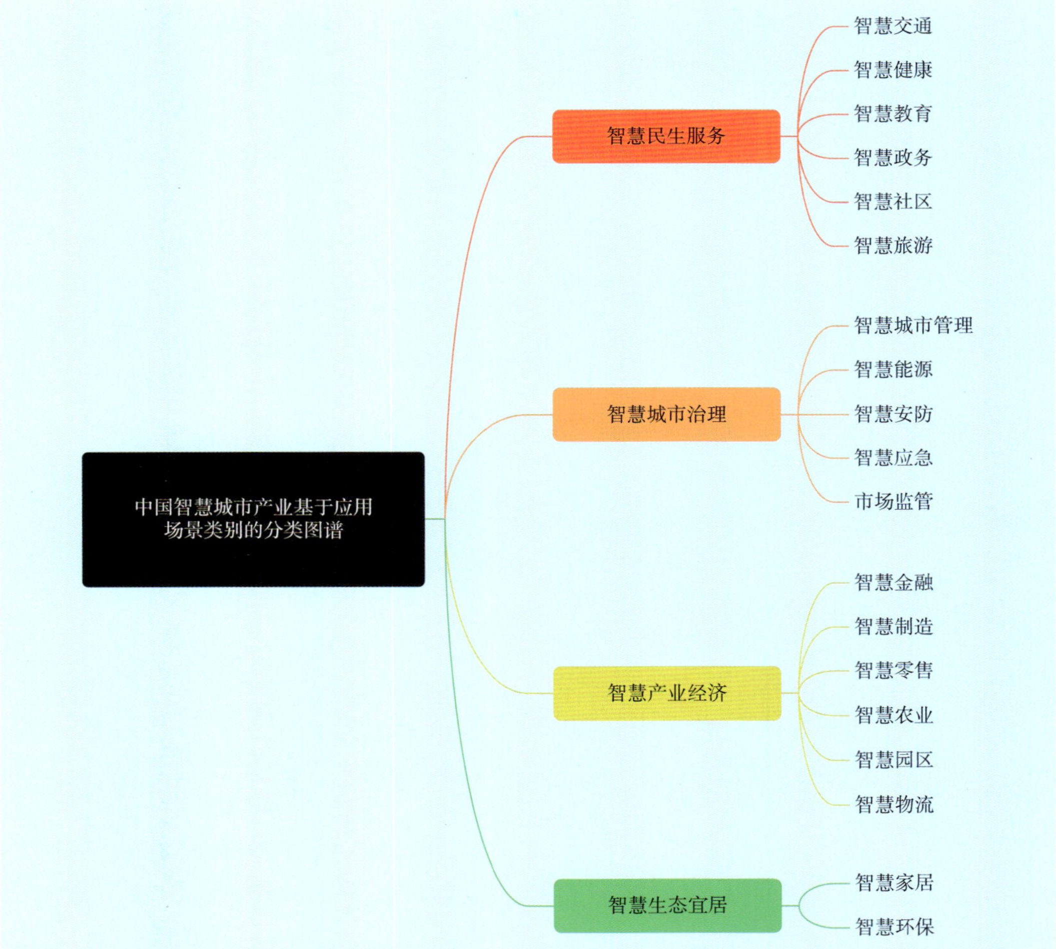

图10.12　中国智慧城市产业基于应用场景类别的分类图谱

在智慧城市重点领域高质量发展产业的人工智能技术应用中，存在四个层级的应用场景：首先是大类，如“智慧民生服务”“智慧城市治理”“智慧产业经济”“智慧生态宜居”；其次是大类下的子类，这些子类基于工程领域进行细分；再次是子类下的小类，这些小类根据用户对象或业务职能进行细分；最后是小类下的细类，它们从行业功能需求的角度被划分。这四个层级共同构建了中国智慧城市产业重点领域高质量发展产业中人工智能应用的完整框架（图 10.13）。在每个主类别下，将选择一个特定的智慧城市产业对其应用场景进行深入描述。

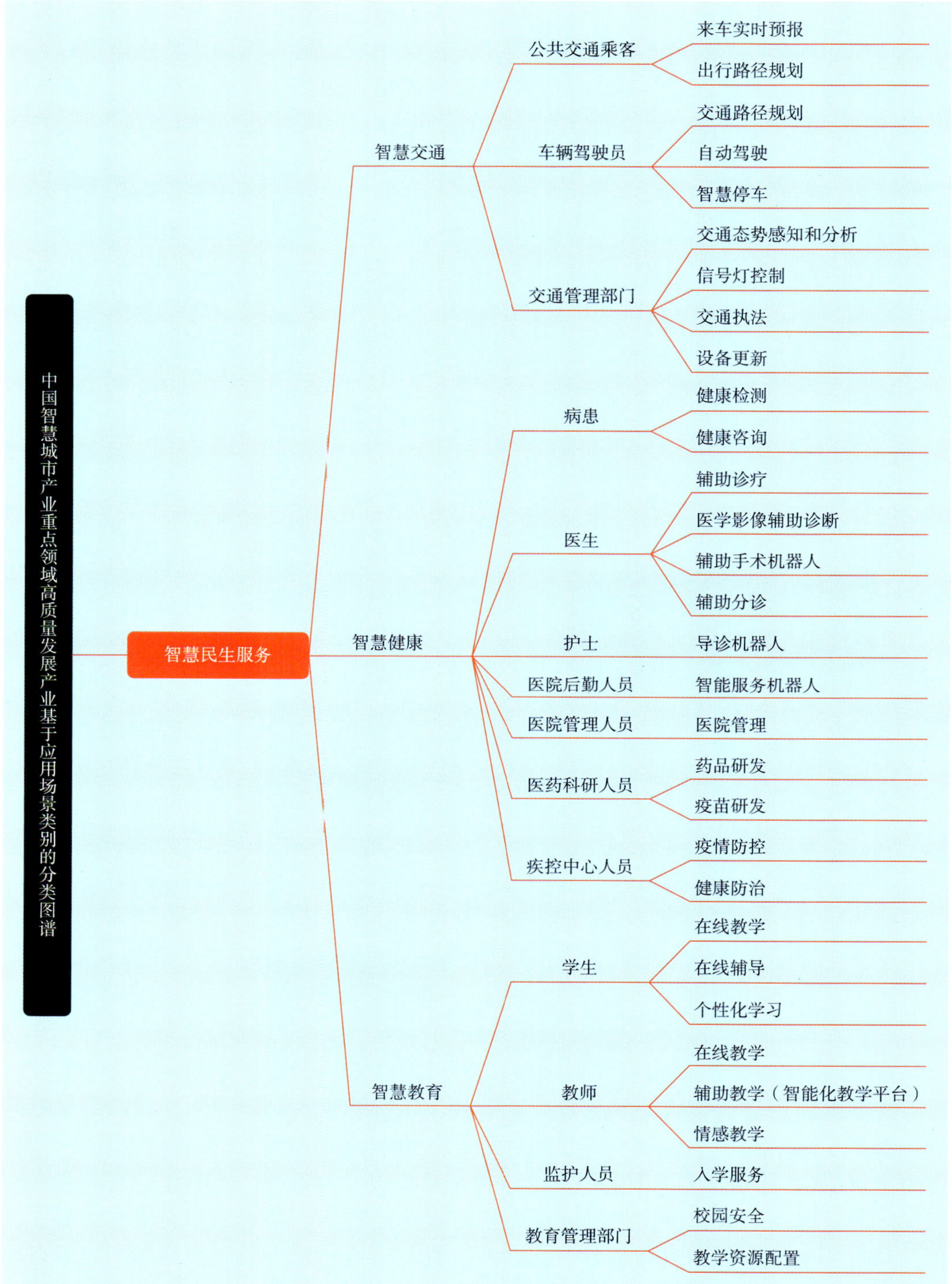
中国智慧城市产业重点领域高质量发展产业基于应用场景类别的分类图谱
智慧民生服务
智慧交通
公共交通乘客
来车实时预报
出行路径规划
车辆驾驶员
交通路径规划
自动驾驶
智慧停车
交通管理部门
交通态势感知和分析
信号灯控制
交通执法
设备更新
智慧健康
病患
健康检测
健康咨询
医生
辅助诊疗
医学影像辅助诊断
辅助手术机器人
辅助分诊
护士
导诊机器人
医院后勤人员
智能服务机器人
医院管理人员
医院管理
医药科研人员
药品研发
疫苗研发
疾控中心人员
疫情防控
健康防治
智慧教育
学生
在线教学
在线辅导
个性化学习
教师
在线教学
辅助教学（智能化教学平台）
情感教学
监护人员
入学服务
教育管理部门
校园安全
教学资源配置

（a）

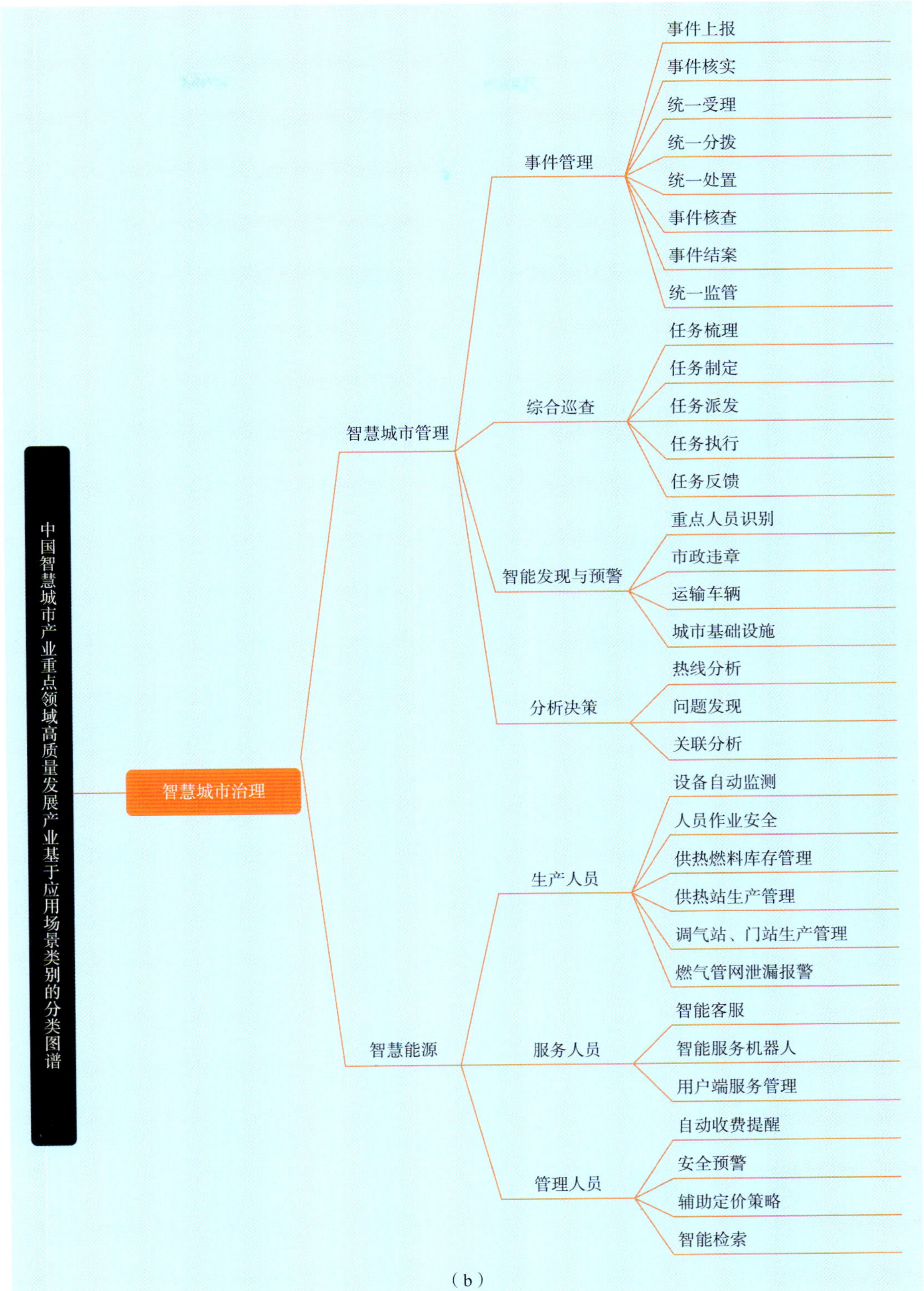
中国智慧城市产业重点领域高质量发展产业基于应用场景类别的分类图谱
智慧城市治理
智慧城市管理
事件管理
事件上报
事件核实
统一受理
统一分拨
统一处置
事件核查
事件结案
统一监管
综合巡查
任务梳理
任务制定
任务派发
任务执行
任务反馈
智能发现与预警
重点人员识别
市政违章
运输车辆
城市基础设施
分析决策
热线分析
问题发现
关联分析
智慧能源
生产人员
设备自动监测
人员作业安全
供热燃料库存管理
供热站生产管理
调气站、门站生产管理
燃气管网泄漏报警
服务人员
智能客服
智能服务机器人
用户端服务管理
管理人员
自动收费提醒
安全预警
辅助定价策略
智能检索

(b)

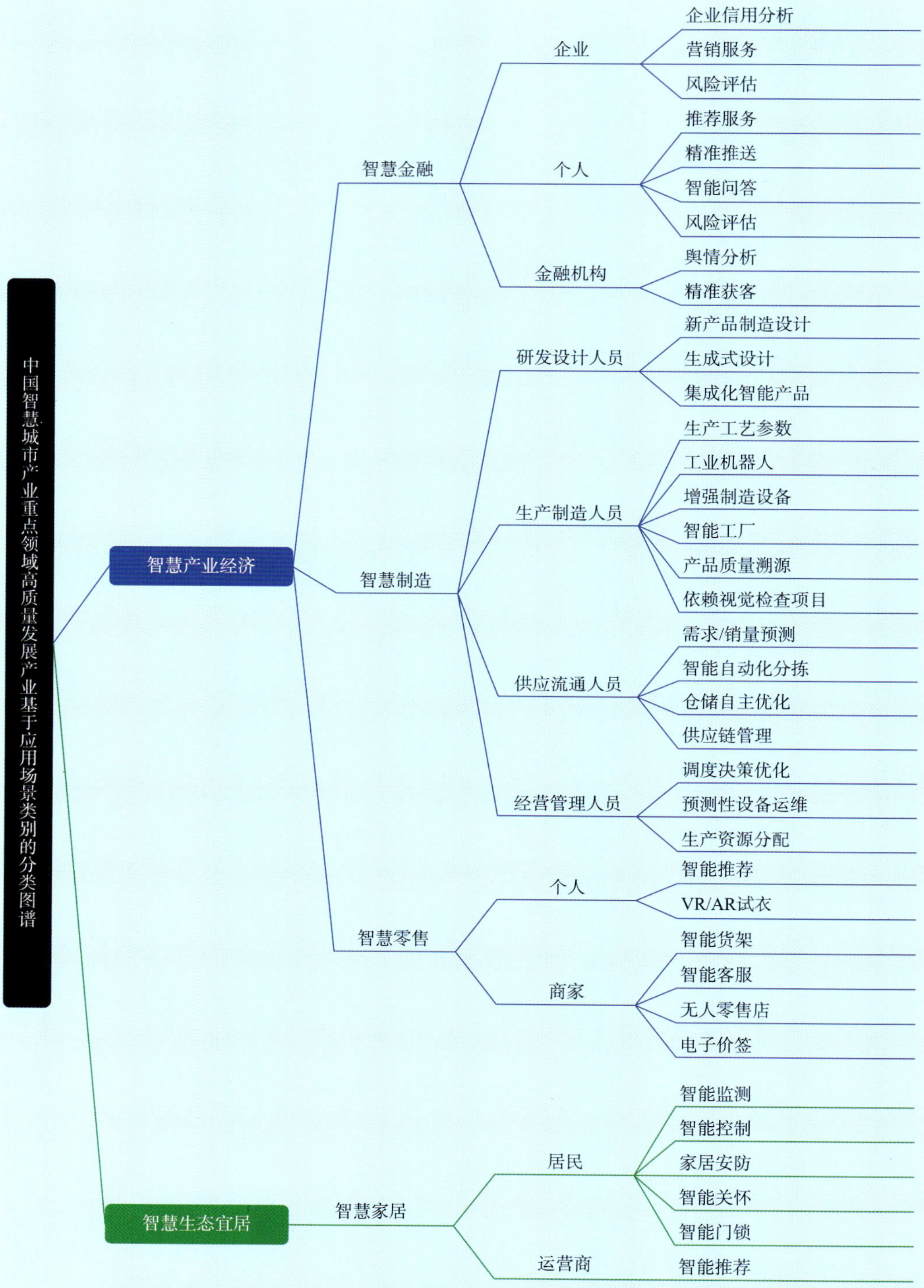

(c)

图10.13　中国智慧城市产业重点领域高质量发展产业基于应用场景类别的分类图谱

1）智慧民生服务

作为智慧城市核心支柱的智慧民生服务，在应用人工智能技术后，能够对教育、医疗等关键民生部门中的症结问题提供高效的解决方案。并且，借助大数据和物联网技术，可进一步强化公共服务的供给能力。在智慧民生服务的范畴中，人工智能技术的应用被视为一级的关键应用场景，其在该领域的主要实践领域涉及智慧政务、智慧交通、智慧健康、智慧教育、智慧社区及智慧旅游等[53]。

智慧民生服务领域（智慧交通）高质量发展产业细分场景描述见表10.14。

表10.14　智慧民生服务领域（智慧交通）高质量发展产业细分场景描述

分类	细分场景	应用场景描述
公共交通乘客	来车实时预报	实时提供公交车辆到达信息，优化等待时长并提高出行效率
	出行路径规划	基于交通数据为居民提供最优出行方案
车辆驾驶员	交通路径规划	提供高效路径规划以减少道路停留时间
	自动驾驶	结合多技术实现车辆自主/辅助驾驶
	智慧停车	综合多功能服务优化停车体验，提供实时停车信息、预约、寻车和支付等功能
交通管理部门	交通态势感知和分析	通过图像技术和分析模型监测和分析交通情况
	信号灯控制	根据交通信息优化信号灯配时，提高通行效率
	交通执法	自动识别并记录驾驶员的违规行为
	设备更新	动态更新交通视频设备算法，确保业务正常运行

2）智慧城市治理

在追求“全民共治”新模式的城市治理中，利用人工智能技术加速智慧城市的发展已成为关键，这不仅增强了城市预警和应急响应能力，还提升了公共决策的准确性及城市管理的精细化水平。在此背景下，人工智能技术在智慧城市治理的各个方面，如智慧安防、智慧城市管理、智慧应急、市场监管及智慧能源等领域，都发挥了不可或缺的作用[53]。

智慧城市治理领域（智慧能源）高质量发展产业细分场景描述见表10.15。

表10.15　智慧城市治理领域（智慧能源）高质量发展产业细分场景描述

分类	细分场景	应用场景描述
生产人员	设备自动监测	监测设备状态，预测故障，预警处理
	人员作业安全	定义安全区，监控作业人员，危险行为预警

续表

分类	细分场景	应用场景描述
生产人员	供热燃料库存管理	评估热源厂指标，计算燃料天数，预警
	供热站生产管理	评估供热温度等，异常预警，上报异常
	调气站、门站生产管理	评估供气量等，异常预警，上报异常
	燃气管网泄漏报警	监控燃气压力，判断泄漏，预警
服务人员	智能客服	全渠道智能服务，业务办理辅助，流程自动化
	智能服务机器人	人机交互，人脸识别，自动充电
	用户端服务管理	分析供回水温差等，发现问题，生成工单
管理人员	自动收费提醒	多渠道收费通知
	安全预警	电子围栏，图像识别，识别危险区，警示越界人员
	辅助定价策略	分析供热等，提供价格策略，节能
	智能检索	模糊查询用户信息

3）智慧产业经济

在城市的生产力结构中，产业经济占据核心地位。当人工智能技术与诸如金融、农业、园区和物流等关键行业深度结合时，通过集聚行业资源和信息数据，可以构建智能产业集群，从而推动产业服务的创新与发展。在智慧产业经济的框架内，人工智能技术的应用被视为首要的应用范畴。具体来说，这种技术在智慧产业经济中的主要应用领域涵盖了智慧金融、智慧制造、智慧零售、智慧农业、智慧园区及智慧物流等关键部分[53]。

智慧产业经济领域（智慧制造）高质量发展产业细分场景描述见表10.16。

表10.16　智慧产业经济领域（智慧制造）高质量发展产业细分场景描述

分类	细分场景	应用场景描述
研发设计人员	新产品制造设计	人工智能助力新产品设计及生产微调，提升数控机床效率
	生成式设计	人工智能基于约束条件自动生成并比较方案
	集成化智能产品	人工智能技术产品化，如智能手机、自动驾驶汽车等
生产制造人员	生产工艺参数	人工智能自动设置机器参数，优化生产工艺
	工业机器人	人工智能驱动机器人实现“感知—决策—行动—反馈”
	增强制造设备	人工智能助力生产复合化、方式柔性化
	智能工厂	打造高效、节能、人性化工厂
	产品质量溯源	人工智能自动识别生产问题步骤，提高质检效率
	依赖视觉检查项目	人工智能建立自动视觉监测系统

续表

分类	细分场景	应用场景描述
供应流通人员	需求 / 销量预测	人工智能支持供应量管理和需求预测
	智能自动化分拣	人工智能驱动机器人实现混杂分拣、上下料及拆垛
	仓储自主优化	机器人自动搬运，提升仓储效率
	供应链管理	实现供应商智能评估、零部件智能选型
经营管理人员	调度决策优化	人工智能支持调度决策与生产需求对齐
	预测性设备运维	人工智能处理设备数据，搭建预警模式
	生产资源分配	人工智能实现柔性生产，快速响应市场需求变化

4）智慧生态宜居

生态文明是影响城市持续发展的核心要素，同时，生态宜居的建设直接关联着居民的生活品质与未来趋势。在这一背景下，人工智能技术的应用对于完善智慧生态环境监测与管理服务体系具有显著意义，致力于为居民创造一个节能且宜居的生活氛围。在智慧生态宜居的框架中，人工智能技术的运用被视为首层级的应用领域。在此范畴，该技术主要融入了智慧环保、智慧家居等关键环节[53]。

智慧生态宜居领域（智慧家居）高质量发展产业细分场景描述见表 10.17。

表 10.17　智慧生态宜居领域（智慧家居）高质量发展产业细分场景描述

分类	细分场景	应用场景描述
居民	智能监测	利用感知技术，监测居民体征和居住环境，如温度、湿度等
	智能控制	用语音等技术实现家居设备远程和智能操作
	家居安防	用机器视觉识别非法入侵并报警，监控老人和小孩的危险行为
	智能关怀	用交互技术陪护和关怀老人和小孩
	智能门锁	用声纹、脸部、指纹技术控制门锁
运营商	智能推荐	用机器学习分析用户兴趣，推荐相关节目和消息

综上所述，图 10.13 揭示了智慧城市产业的核心及其向外延伸的主要领域。这些领域共同推动智慧城市产业的多维发展，促进城市智能化进程，为智慧城市全面发展做出积极贡献。

3. 智慧城市产业代表性企业/组织

在中国智慧城市产业重点领域高质量发展产业代表性企业 / 组织图谱中，一个高度集成的三层结构被呈现（图 10.14），包括上游的基础研究与硬件制造，中游的平台开发与数据分析，以及下游的具体应用场景与服务。这一全方位的产业链从基础科学研究到商业应用形成了闭环，各环节相互依赖、相互促进，共同推动了中国智慧城市产业快速地崭露头角，并在全球范围内具有重要的竞争力。这种多层次、多维度的产业布局不仅激发了技术创新，也为经济结构转型和可持续发展提供了有力的支撑。本章将对每一环节的代表性企业进行详细的分析和概述，以期为学术界和产业界提供全面而深入的视角。

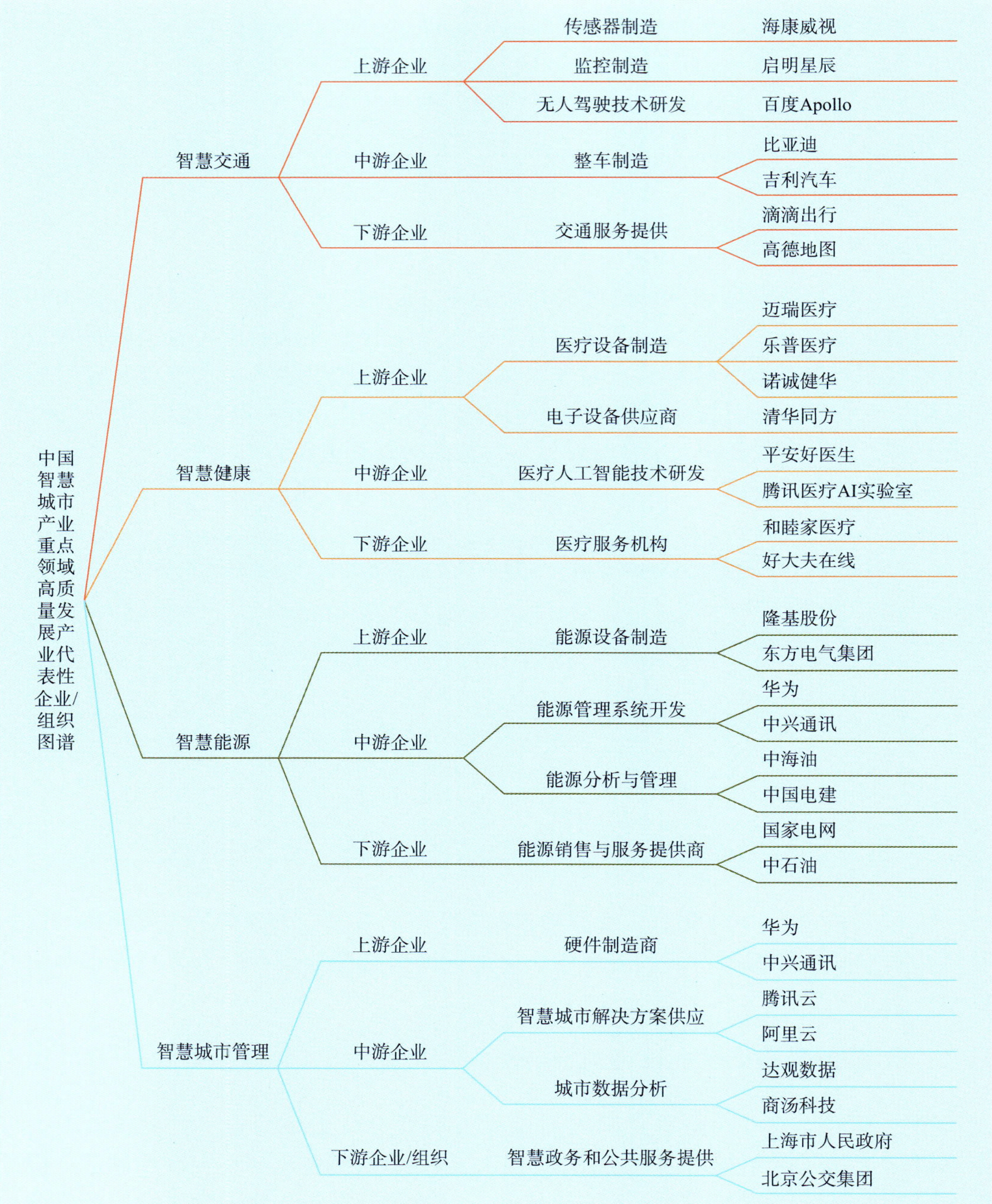

（a）

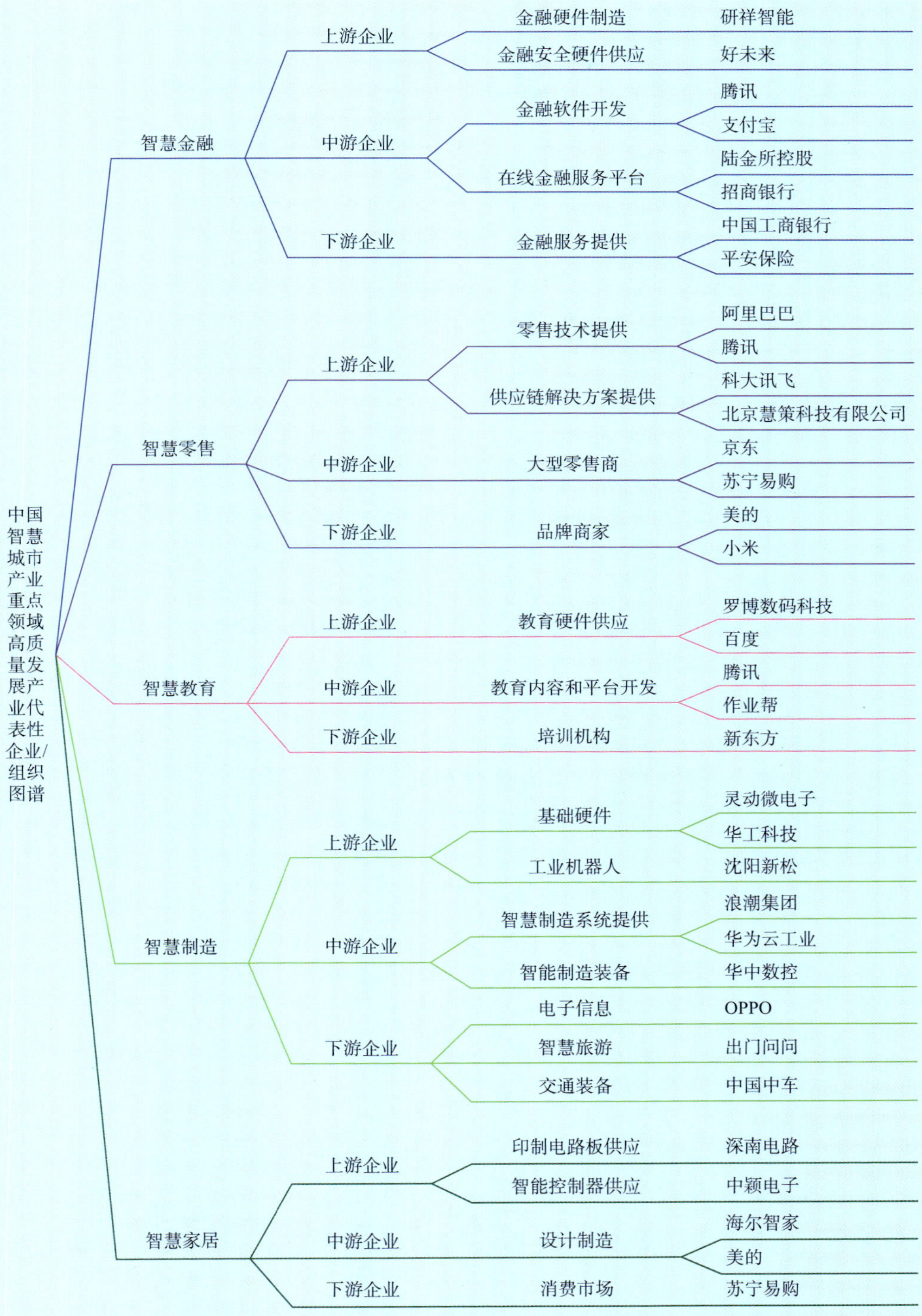

（b）

图10.14　中国智慧城市产业重点领域高质量发展产业代表性企业/组织图谱

1）智慧交通

a. 上游企业

（1）海康威视。海康威视针对交通管理，运用人工智能与大数据，构建了全方位的感知、数据及应用平台体系，以提升交通流动性与安全性。核心工具为“AI Traffic 交通认知引擎”，实现实时交通状况分析、动态调整及信号优化。系统能实时识别并应对交通问题，如车流冲突和违章行为，建立了全面的预警与管理体系。

（2）启明星辰。启明星辰于 2021 年在杭州设立数据安全总部，推出“数据绿洲”安全框架。该框架分 3 个阶段：1.0 阶段针对数据对象安全，如数据库保护；2.0 阶段实现数据全生命周期安全；3.0 阶段采用区块链和隐私计算保障数据流通与共享。随着技术变革，启明星辰也布局云安全和工控安全等领域，并在“十四五”时期制定重点策略。

（3）百度 Apollo。百度 Apollo 在自动驾驶领域建立了一个独特的数据闭环系统，核心为“路测、数据收集、算法反馈、测试、部署”的连续流程，这一流程为自动驾驶算法的优化提供了最直接的路径。此外，5G 云代驾技术为其在各种复杂路况中的测试提供了关键支撑。2021 年下半年，百度进一步推动了其“阿波罗”项目，这是一个从 L4 级[①] 向 L2+ 级过渡的纯视觉自动驾驶技术。该项目背后的技术基石是 Apollo Lite，一个基于 12 个摄像头、12 个超声波雷达和 4 个毫米波雷达的 L4 级自动驾驶解决方案。百度的长远视野在于将智驾、智云和智舱等领域的技术实现大规模量产，并对 Apollo 自动驾驶解决方案进行持续优化。

b. 中游企业

（1）比亚迪。比亚迪在电动车电池技术上领先，成功研发了磷酸铁锂、三元及刀片电池，并对关键参数进行了优化。此外，其永磁同步电机相对异步电机具有更高效性和维护简化性。在智能驾驶领域，比亚迪基于传统配置与自动驾驶辅助系统（advanced driver assistance system，ADAS）技术，预期 2~3 年后转为进行自主软件开发与迭代。

（2）吉利汽车。吉利汽车致力于构建融合卫星通信、高精地图和全栈自主研发的汽车技术体系，计划在 2024~2025 年推出基于 5 纳米工艺的车载超算平台芯片及高算力自驾芯片，预期算力为 256TOPS[②]，适配 L3 级[③] 智能驾驶，且具备整体算力扩展能力以适应更高级自驾需求。

c. 下游企业

（1）滴滴出行。滴滴出行推出的“城市泛化引擎”结合多种模型，应对交通场景挑战并进行交互预测。滴滴出行与合作伙伴共同研发“北曜 Beta”激光雷达和“Orca 虎鲸”计算平台以支持量产。滴滴出行计划与新能源车企合作，预期 2025 年

① L4 级指高度自动驾驶。

② TOPS 是 tera operations per second 的缩写，1TOPS 代表处理器每秒钟可进行一万亿次（10^{12}）操作。

③ L3 级指有条件自动化驾驶。

推出无人驾驶的新能源网约车。

（2）高德地图。高德地图推出了基于前沿技术，如数字孪生和人工智能研发的导航引擎“视界”，将传统平面地图升级为数字与实景结合的视觉体验。高德地图v12提供沉浸式导航、3D视觉和数字领航员等功能，旨在提供更真实且简洁的导航服务。高德地图还推出了名为“小高老师”的数字人，具备情绪识别和自我学习功能，并提供智能问答服务。

2）智慧健康

a. 上游企业

（1）迈瑞医疗。迈瑞医疗推出场景式设备互联的“三瑞生态”解决方案，包括“瑞智联”、“迈瑞智检”和“瑞影云++”，满足智慧医院需求。基于智慧物联技术，该方案为医院提供了全面智慧化的诊疗和管理。

（2）乐普医疗（乐普云智）。乐普云智推出了两款人工智能赋能的心电图机——人工智能数字心电图机和NeoECG系列平板式心电图机，均配备触摸屏，设计新颖，提高了诊疗效率。为应对临床需求，该公司还发布了eCardIoT电生理网络方案，集合了各种心电和电生理数据，支持远程实时预警，旨在优化分级诊疗体系。

（3）诺诚健华。诺诚健华在恶性肿瘤与自身免疫性疾病领域中布局创新药，致力于开发具有协同效应的疗法。同时，该公司主要从事医学影像和放射诊疗设备的研发和销售，包括CT、MRI、数字X射线、超声及放射治疗设备等。

（4）清华同方（清华大学和同方威视技术股份有限公司共同完成）。清华同方针对多行业安全检查需求，基于碳纳米管冷阴极X射线，研究了静态CT成像技术，并提出了新的系统方案。通过数据融合、图像重建及目标识别技术，成功研发了静态CT智能查验系统。

b. 中游企业

（1）平安好医生。平安集团的人工智能技术在医疗应用领域处于领先地位，平安好医生的人工智能系统已获WONCA（World Organization of National Colleges, Academies and Academic Association of General Practitioners/Family Physicians，世界全科医学/家庭医生国立学院、大学和学会组织，简称世界家庭医生组织）最高级别认证，并在国际医疗影像竞赛中6次夺冠。平安好医生在线人工智能辅助诊疗覆盖2 000多种疾病，准确率高达95%，人工智能导诊准确度达99%。

（2）腾讯医疗AI实验室。腾讯医疗AI实验室主攻自然语言理解、医学知识图谱、深度学习等技术，构建医学知识、推理、辅助诊断和问诊对话智能平台。已推出帕金森病评估系统、面向脑卒中等疾病的决策支持系统，以及心电图智能分析软件。

c. 下游企业

（1）和睦家医疗。和睦家医疗从2017年开始涉足人工智能领域，着重于3D医学影像的可视化技术，这些人工智能技术在医院中得到了大规模的实施和应用。

（2）好大夫在线。好大夫在线的大数据与人工智能部门专注于医学自然语言处理和图像分析，支持公司技术应用。它的人工智能功能包括智能分诊、病历管理及皮肤病识别。其中，智能分诊依据患者病情进行分级，实现医患匹配。

3）智慧能源

a. 上游企业

（1）隆基股份。隆基股份加强在“光伏 + 氢能”领域的研发，目标是降低电解水制氢成本，进一步推进清洁能源生产，与国家的“双碳”目标相一致。该公司已构建了单晶硅片、电池组件、分布式解决方案、绿色能源及氢能装备五大业务，旨在为全球零碳发展提供“绿电”与“绿氢”综合方案。

（2）东方电气集团。东方电气集团自主掌握从膜电极至燃料电池系统的核心技术。它的子公司东方电气集团东方汽轮机有限公司研制的 300 千瓦有机朗肯循环（organic Rankine cycle，ORC）试验电站已满负荷运行，显示其在 ORC 发电领域的专长。ORC 发电模块利用磁悬浮和一体化透平技术，实现零泄漏，适合地热发电和能源综合应用，有助于国家实现绿色低碳发展。该公司持续推进环保高效的汽轮机产品研发。

b. 中游企业

（1）华为。华为致力于实现家庭、园区、县域和城市的智慧能源管理，推进低碳和数字化转型。目前，华为对能耗数据（水、电、气）实现实时可视化，并通过人工智能进行能耗分析和节能策略生成。此外，华为实现发、储、用的一体化调度，支持全生命周期的精确减碳策略。华为从被动节能到主动节能，融合数字技术，晋升国际低碳城市的智能能源管理。

（2）中兴通讯。中兴通讯采用数据处理单元（data processing unit，DPU）定制芯片，实现云网的高效和可信赖性，克服了内存墙的限制并提高了能效。依托第五代精简指令集计算机（reduced instruction set computer-Ⅴ，RISC-Ⅴ）的开放性，中兴通讯积极推动算力基础设施变革。该公司与运营商及其他合作伙伴合作构建解耦的智算体系，致力于智算产业生态圈的建设。

（3）中海油（中国海洋石油集团有限公司）。中海油通过无人机和机器人技术，在海上油田进行巡检、低空运输和实时监控，提升了效率与安全性。秦皇岛 32-6 油田代表了国内智能油田建设的新高度，采用先进的超宽带（ultra wideband，UWB）定位和人工智能技术，确保了员工安全和实时监控。

（4）中国电建（中国电力建设集团）。中国电建在其最新工程项目中成功地应用了数字化技术，创建了“数字工地”。这一创新遵循该公司的整体数字化战略，着眼于提高管理效率和降低成本。项目从设计初期就考虑整合物联网、人工智能等技术来自动化数据采集和业务调度。

c. 下游企业

（1）国家电网。国家电网通过加大科研投资，在特高压输电、大电网控制、柔性直流技术、新能源并网、智能电网及高压电缆绝缘材料等领域取得了领先的技术成果，均拥有自主知识产权，并为全球电网技术发展设定了新标准。

（2）中石油（中国石油天然气集团公司）。中石油致力于2030年前实现智慧油田的目标，采取“三步走”战略：从数字油田到智能油田，再到智慧油田。其中，数据被视为核心生产要素，旨在打造一个全面的数据流程体系，从采集、传输到分析和决策。

4）智慧城市管理

a. 上游企业

（1）华为。华为云的“城市一朵云”方案在推动智慧城市发展方面取得了显著成就，其高度集成和标准化的云架构解决了数据割裂问题，实现了跨部门的数据流通和应用。该方案不仅在东南部地区的经济发达城市得到实施，还扩展到多个中部、西部、北部城市及二三线城市，入选了“2023年数字城市产品技术创新类”成果案例。通过这一解决方案，城市管理变得更为精细化，为全球城市提供了一个高效、可靠的智能化转型途径。

（2）中兴通讯。在当前信息技术与工业整合的大背景下，中兴通讯积极探索泛5G和工业互联网的应用，推动制造业进一步走向数字化和智能化。作为数字经济的先行者，中兴通讯不仅进行自身的数字化转型，还为各行业提供有针对性的解决方案。遵循合作与共赢的原则，中兴通讯与伙伴合作，推广5G的创新应用，助力各行业的数字化转型，共同塑造一个繁荣的数字经济生态。

b. 中游企业

（1）腾讯云。腾讯研究院发布的《2023年十大数字科技前沿应用趋势》报告强调了时空人工智能在智慧城市和交通领域的潜力，特别是在实时数据管理、资源高效匹配和决策支持方面。腾讯云的数字孪生云平台不仅助力城市交通规划和运营，还有望扩展至海洋、农业、校园等多个领域。这些进展预示着中国在城市智能化方面将实现更大的突破。

（2）阿里云。阿里云的城市大脑和“天曜”视觉人工智能产品通过大数据和人工智能技术，为城市交通治理带来了具有创新性的解决方案，包括实时预警、交通仿真和视频分析等功能。这些技术在杭州等城市得到应用，实现了交通流量的高效管理和事件的快速处置，同时通过支付宝的交管服务简化了公众的办事流程。这标志着城市治理正向智能化迈进。

（3）达观数据。达观数据推出的“曹植”模型针对长文本写作进行优化，能自动起草各类文档格式，并预期在将来实现表格、图表及图片的生成功能。与传统的问答模型不同，该模型更侧重于内容生成，并特别为各种应用场景设计了界面。

（4）商汤科技。商汤科技发布了在新药研发与精准医学领域的关键研究成果，涵盖药物发现至上市后的全流程。目标是利用人工智能技术优化新药的研发流程，以缩减周期、减少成本并增加成功率。

c. 下游企业 / 组织

（1）上海市人民政府。上海市人民政府致力于在智能城市建设中确立数字时代的城市角色，加强数字化公共资源的硬软结合，推进城市数字孪生发展，目标是实现城市的“七可”能力（可视化、可验证、可诊断、可预测、可学习、可决策、可交互），为城市数字化转型打造坚实基础。

（2）北京公交集团。北京公交集团持续融入技术创新，提升服务质量与效率。该集团引进的模拟驾驶器可以仿真各类天气路况，助力驾驶员培训。同时，“云游1路”和驾驶员操作语音提示器等创新工具已投入使用，进一步智能化服务流程。

5）智慧金融

a. 上游企业

（1）研祥智能。作为国内特种计算机领域先锋，研祥智能持续推进科技独立和工业互联网深化应用，以智能制造为核心，助力提升生产与能源效率。注重绿色经济，2022年8月，其人工智能驱动的金码智能读码器因卓越技术获“全国质量信誉保障产品”荣誉。

（2）好未来。好未来在人工智能与教育结合方面得到了联合国教育、科学及文化组织等国际机构的高度认可，成为人工智能＋教育的“中国方案”。2021年，其人工智能＋教育实践被联合国教育、科学及文化组织引为政策参考；2021年6月，其GodEye课堂监测系统和小猴启蒙方案被联合国儿童基金会列入《人工智能为儿童》报告。

b. 中游企业

（1）腾讯。腾讯金融云推出金融数字化蓝图，分为三方面：①构建新基建，推动金融科技应用、基础设施及数据生态演进；②提供创新服务，提高业务体验与效率；③建立新连接，刷新用户接触，实现低成本获客与高效数字运营。

（2）支付宝。支付宝自研的“可信原生技术构架”是其领先的云计算基础架构，可解决安全和效率问题。自2017年起，该架构在支付宝和网商银行广泛应用，部分成果已服务50多家金融机构，实现了人力、电力和存储成本的节约，填补了国内技术空白。

（3）陆金所控股。陆金所控股利用其科技布局和运营经验，采用人工智能、大数据和区块链技术优化金融服务。该公司的人工智能贷款解决方案“行云”降低了31%的流程中断，提升了4倍的处理能力，优化了用户体验。该公司的审核机器人实现了90%的初审自动化，将审核时间缩短至1分钟，迅速响应用户需求。

（4）招商银行。招商银行借助云计算、物联网、大数据等技术，为企业提供高效金融科技服务，其薪酬福利管理系统整合了财税、人事、福利等多个方面，优化了企业内部管理。E招通平台作为费控全能管家，简化企业差旅预定和费用报销，为企业减少开支。招商银行在金融科技领域的探索已展现出初步成效。

c. 下游企业

（1）中国工商银行。为提高客户服务，中国工商银行推出“云工行”品牌，整合线上服务场景，如“云客服”。中国工商银行通过企业级数字化策略，实现客户精准触达和全流程闭环，增强线上经营活力。例如，根据客群需求，中国工商银行推出数字化运营机器人，提高了客户满意度。同时，中国工商银行融合人工智能技术，创新打造“极智”远程银行服务。

（2）平安保险。通过科技驱动，平安保险建立了数据驱动的风控体系，针对小微企业的经营和风险识别难题提供解决方案。平安保险利用云计算、人工智能、区块链等技术进行数字化转型，从而不断提高其服务质量。平安保险的主要营业收入来源，如产险、寿险和银行业务等，在该转型中占有重要地位。

6）智慧零售

a. 上游企业

（1）阿里巴巴。阿里巴巴推出数智化 SaaS“翱象”，助力实体零售行业实现线上线下融合和效率提升。该工具允许商家轻松接入多个第三方服务平台并优化私域流量运营，响应日益本地化和精细化的运营需求。

（2）腾讯。腾讯智慧零售推出四大产品，旨在整合交易、营销和连接。腾讯利用“千域计划”并结合技术、方法论和流量资源，与 200 多家服务商合作，构建私域生态。通过四大产品引擎，加上丰富的流量矩阵和完善工具，腾讯智慧零售旨在推动商业增长和产业互联，加强生态合作。

（3）科大讯飞。科大讯飞结合核心算法与场景理解，创建了“A.I. 科技树”技术体系，致力于拓展智能生活应用。科大讯飞专注于人工智能商务办公与学习教育产品线，在 2021 年中国家电及消费电子博览会上展示的虚拟主播、智能魔镜、熊大送餐机器人等，都是其技术成果的体现。受芯片国产化趋势影响，科大讯飞与聆思科技合作，研发高性价比人工智能物联网（artificial intelligence & internet of things，AIoT）场景的人工智能技术芯片，目标是提供更高算力和市场竞争力。

（4）北京慧策科技有限公司。该公司是以技术驱动的智能零售服务商，利用云计算平台即服务（platform as a service，PaaS）、SaaS，为零售企业提供数字化和智能化的一体化解决方案。主打产品旺店通 ERP，以及其他 SaaS 产品，满足从国内到跨境的电商需求，涵盖从审单到发货的全链路数智化。

b. 中游企业

（1）京东。京东自主研发的京东零售北极星商业操作系统，汇集多年技术与业务经验，输出其行业解决方案与方法论。该系统专注于数据平台、数智供应链和数智交易三大核心，为泛零售行业提供全面的技术与服务，促进数智化转型。京东的“采购大脑”作为企业采购智能决策系统，在多家央企中助力商品治理、运营、合规风控及决策辅助。

（2）苏宁易购。在苏宁易购智慧零售中，5G 技术使消费者能随时随地轻松获取商品信息并完成交易。以苏宁无人店“SUNING GO”为例，结合5G、人工智能和物联网技术及金融支付，可以为消费者提供无缝购物体验。苏宁易购通过视觉识别和重力感应技术实现了“拿了就走”的购物模式，确保毫秒级清算，实现了高效消费。

c. 下游企业

（1）美的。自2020年起，美的采取“全数字化、全智能化”策略，达到了100%业务运行和70%决策数字化。美的以用户为核心，构建数字化营销体系，融合渠道云和新零售，连接用户、渠道商及零售门店，实现高效、整合的用户接触。

（2）小米。自2017年起，小米开始聚焦AIoT，并于首届小米开发者大会宣布为全球最大物联网平台。小米推进“手机+AIoT”战略，以手机为中心，推广智能生活，并频繁发布AIoT产品，取得显著业绩。在AIoT市场中，小米的智能电视和其他智能家居产品占据领先地位。为进一步支持生态链公司，小米推出了专为智能家居服务的人工智能开放平台，提供全方位支持。

7）智慧教育

a. 上游企业

（1）罗博数码科技。基于智能纸笔的物联网硬件，罗博数码科技利用罗博智慧笔构建了一个从题库、试卷到学生作答的完整闭环系统，在教学云中分析学习数据并为老师和家长生成看板。该公司将持续优化基于智能手写笔的智慧作业与互动课堂解决方案，提高服务效率。

（2）百度。借助强大的人工智能技术能力和独特的软硬件一体化模式，小度智能硬件产品已成为大众生活的“标配”。2021年，百度旗下的小度科技进一步扩展影响力，推出年轻化品牌“添添”，推出多款创新产品，如智能屏、智能电视、智能词典笔、智能耳机和学习平板，实现了技术能力在多维场景中的延伸。

b. 中游企业

（1）腾讯。腾讯教育融合人工智能助教等技术，实现线上作业智能化和学科辅导，为师生提供轻松的学习体验和自动分析反馈。腾讯教育以云为基础、数据为支撑、人工智能为助力，聚焦教学、考试、家庭、管理四大核心场景，推出全面的基础教育解决方案，实现家校协同和教育管理的无负担。

（2）作业帮。作业帮将语音技术、自然语言处理技术、机器学习技术等人工智能技术广泛应用于教学实践中。特别是在课堂语音弹幕应用方面，语音人工智能技术成功地识别老师的语音并匹配互动内容，通过特殊颜色等方式吸引学生关注，有效提升课堂互动效果和积极性。

c. 下游企业

新东方通过师资培训和双师课堂等方式，将高质量教育资源传递至需求大的地区，获得了师生的广泛认可。2022年，新东方响应国家教育数字化和创新人才培养战略，成立了智慧教育事业部，致力于推动科技创新教育和数字化对公服务。在新东方的教育品牌基础上，智慧教育事业部持续以“教育＋科技”为主线，深化业务拓展和整合，与高校开展合作，不断加强科技实力，完善产品和服务体系。

8）智慧制造

a. 上游企业

（1）灵动微电子。灵动微电子推出的两个微控制器单元（microcontroller unit，MCU）系列均采用高性能的英国ARM公司的Cortex-M0内核，覆盖了汽车、工业、消费及物联网等多个应用领域。这些系列共涵盖了20多款产品，根据不同资源进行划分，满足了不同客户群体的需求。

（2）华工科技。华工科技通过构建智能制造生态系统和整合软硬件解决方案，积极推进智能制造体系的建设。凭借在高端激光智能装备、新能源、制造系统集成等领域的产业优势，华工科技专注于为桥梁、军工、工程机械、汽车零部件、钣金加工等重要行业提供全面的智能制造解决方案。

（3）沈阳新松。沈阳新松在核工业领域创新研发了探龙系列蛇形臂机器人等智能装备，为核从业人员提供了相对安全的工作环境，使其远离恶劣危险的条件。此外，在基建领域，沈阳新松工业机器人中的厚板智能焊接系统被大规模应用于深中通道、葛洲坝集团水电工程等国家重点项目，为这些重大国家工程提供了坚实的支持。

b. 中游企业

（1）浪潮集团。浪潮集团积极参与新型基础设施建设，如数据中心体系、5G网络和工业互联网，为数字经济与实体经济的深度融合提供稳固的“数字底座”。在高能效AIoT系统方面，浪潮集团突破了关键技术，通过软硬协同设计在控制、计算和存储三方面取得了重要成果。结合数据流优化和计算通路复用等技术，浪潮集团提供了低功耗、高实时性的AIoT系统解决方案。

（2）华为云工业。华为云工业智能体汇集了基于Atlas900的“华为云EI① 集群”服务和全流程模型生产服务ModelArts。ModelArts模型通过不断迭代的人工智能框架，提供端边协同能力，极大地加速了企业的人工智能化进程。随着华为云工业智能体的推出，华为人工智能战略的实施迈入全新阶段。

（3）华中数控。华中数控响应制造业智能化趋势，积极布局“智能＋”策略，其新发布的华中9型数控系统集成了人工智能技术，为机床行业的智能转型开辟了道路。这款系统结合人工智能和机床，具备自我感知与学习能力，从而优化了加工效果。

c. 下游企业

（1）OPPO。OPPO已针对6G组建预研团队，进行初步研究并建立了人工智能仿真训练平台。6G网络预计将深化人—人工智能交互，使人工智能成为普遍的基础设施。智能终端将在此过程中发挥关键作用，为用户提供沉浸式体验，同时助力人工智能模型的完善。OPPO提出“AI-Cube”概念，强调人工智能、控制面（control plane，CP）功能和用户面（user plane，UP）功能组成的6G智能网络，目标是打造

① EI：enterprise intelligence，企业智能。

自我优化、动态调配的网络。OPPO 将持续研发 6G 技术，助力未来的全球标准制定。

（2）出门问问。在促进语音语言技术在实际应用中的落地方面，出门问问进行了大胆的尝试和开创性的工作，在技术和商业方面取得了成功。该公司是国内将前沿语音语言学术研究转化为技术和商业的开拓者之一。

（3）中国中车。中国中车深度探索轨道交通智能化技术，推动人适应车向车适应人，生产范式向服务范式，被动服务向智能服务转变。中国中车为多式联运和智慧重载提供了支持。在城市轨道交通领域，中国中车提供了立体化、多层次的智能化轨道交通客运车辆产品，智能化的信号、供电系统，以及配套的车辆、设备检修和维护等智能化运维服务。

9）智慧家居

a. 上游企业

（1）深南电路。深南电路成立于 1984 年，是中航国际先进制造业板块的核心企业。该公司在电子电路行业中被认为是技术创新的领军者，是国内最强大的印制电路板（printed circuit board，PCB）制造和研发企业之一，主要专注于高端通信印制电路板和倒装芯片级封装的研发。作为广东省的技术研究中心，该公司已经成功研发了一系列用于移动终端的高密度超薄多层电路板核心技术。

（2）中颖电子。中颖电子是一家专注于集成电路芯片的研发、设计与销售的公司，提供完整的系统解决方案及技术支持。中颖电子的 32 位高级精简指令集计算机内核变频电机控制芯片已广泛应用于家电，如空调和冰箱，并将在未来几年进一步扩展至其他变频智能家电。该公司在家电微控制器领域处于领先地位。

b. 中游企业

（1）海尔智家。海尔智家为家电行业的领军企业，凭借其前瞻性战略，如多品牌策略，稳定引导行业发展。作为智能家居的领先者，其持续的智能化产品与生产助其在未来家电市场中保持领先地位。海尔智家以用户为中心，推进家电的智能化，使设备具备主动服务能力。这一智能化在硬件上体现为集成智能与互联模块，结合人工智能、大数据等技术，使设备由被动服务向主动服务转变。同时，COSMOPlat 智能制造平台提高生产效率并满足用户的个性化定制需求。

（2）美的。美的始创于 1968 年，已经成为一个拥有五大板块的全球科技集团。2014 年，美的发布了 M-Smart 智慧家居战略，标志着其家电产品的智能化转型。截至 2019 年底，美的已在全球销售超过 7 000 万台智能家电。美的推出的物联网操作系统，是首个基于鸿蒙 OpenHarmony 2.0 的系统，系与开放原子开源基金会合作开发。美的采用基于场景的研发策略，其物联网架构涵盖了从智能家居到智慧医疗的多个领域。该架构不仅整合了物联网开放平台，还融入了人工智能核心技术和数据安全手段。例如，美的在连接技术上，借助特定的芯片和模组，实现了家庭的全方位连接。

c. 下游企业

苏宁易购：苏宁易家旗舰店标志着苏宁易购零售服务的进阶，从传统电器销售转向提供根据各种购买场景和用户需求定制的家庭场景解决方案。这要求超越传统销售模式，将家电与家居环境紧密结合，如电视与背景墙的融合和家电的智能控制集成。截至 2021 年底，苏宁易购拥有超过 11 000 家门店，为融合家居与家电的体验式消费提供实体支持。

10.5 政策措施和建议

新兴服务业相关技术发展日新月异，硬件和软件设备的更新换代速度较快，因此处理好产业链上不同环节之间的协调和整合是一个基础且关键的问题。国内的 AIGC 融合服务、VR/AR 服务和智慧城市服务产业“四链”处于初级阶段，虽然取得了一定的进展，但与一些发达国家相比，仍有一定的差距。

10.5.1 制定阶梯化发展规划，完善政策体系

美国政府的各大部门均制定了具体的 VR/AR 技术发展计划，从上到下形成了粗细得当、层次合理的政策体系。我国对重点和热点领域尚缺少具体的发展计划。因此，我们应结合本国国情从策略层面对具体的技术领域进行布局和计划，完善政策体系，加强标准建设，借鉴国际标准，建立适用于本国市场的 VR/AR 标准，推动行业的规范化和统一。我国是制定 AIGC 管理办法最早的国家之一，目前没有其他国家的成熟标准可以借鉴，在重重困难下《生成式人工智能服务管理暂行办法》的制定为 AIGC 行业的发展指明了大方向[54]。但由于 AIGC 技术还在发展中，过松或过紧的政策办法要么增加行业风险，要么过多抑制其创新发展，需要紧跟技术、大环境的变化有节奏地制定阶梯化的发展规划。构建协同政策与市场驱动的智慧城市支持系统，设立国家至地方的智慧城市发展指导小组，负责制定、实施和优化政策，确保各级政府和部门的行动一致。为此，可以建立一个全国性的智慧城市信息共享平台，用于分享最佳实践、经验和技术突破；利用税收优惠、直接补助和投资引导等手段，激励企业和研究机构进行智慧城市的研发和应用。同时，鼓励并引导民间资本参与，通过公私合作模式投资于基础设施和技术创新，确保资金向最有价值的领域流动。

10.5.2 深化产学研结合，打造标杆案例引领产业的创新应用

美国 AIGC 技术和 VR/AR 技术是产学研结合的典范，而我国 AIGC 和 VR/AR 技术的应用还存在明显差距，在技术的商业化、市场化等方面较为落后。因此，我们要加强学科和部门之间的合作与协调，整合力量、优势互补、共同发展，防止重复研发，减少资源浪费，注重技术应用，促进产学研结合。建设或升级多个国家级

的智能技术研发中心，集中研发具有自主知识产权的核心技术，并与产业界紧密合作，确保技术转化速度和效果。AIGC 技术和 VR/AR 技术的发展与应用需要上下游企业、技术研发机构、应用研究机构和产业化机构之间的协作与配合，共同推动技术及市场进步，共同推动构建服务产业的完整生态。建设或升级多个国家级的数字技术研发中心，集中研发具有自主知识产权的核心技术，并与产业界紧密合作，确保技术转化速度和效果。与研究机构合作，设立智慧城市研究院或培训中心，定期举办培训课程、研讨会和工作坊，提升行业人才的综合能力。另外，推出具有国际竞争力的人才引进政策，吸引全球顶尖人才参与我国的智慧城市建设。目前，全球高校已有的虚实交互创新平台包括加利福尼亚大学伯克利分校的 FHL Vive Center for Enhanced Reality、华盛顿大学的 Reality Lab、东京大学的 Cyber Interface Lab、新加坡国立大学的混合现实实验室等，它们在推动技术创新、造福民众、助力国家发展方面功不可没。我国目前虽有高校设立了混合现实研究室，但数量太少，还需在该领域全方位地加大建设力度。

10.5.3 加强数字平台与大模型的研究，构建产业合作生态圈

数字平台将实体制造业、信息技术和商业贸易结合，正在推动新一阶段的数字化、智能化产业转型。我国的数字平台不但在国内进行，并走向全球化，因此数字平台的通用架构、行业生态、平台治理研究需要加大、加深。夯实产业基础层的三算基础，提升中间模型层的领域渗透力，实现终端应用层与市场需求的精准对接，加快成果转化，从而提升用户体验，以强化生态壁垒。支持企业、科研机构、高校等设立多方协同的新型研发机构，破除存量竞争、零和博弈的思维模式，探索与智慧城市技术虚实互动、快速迭代特点相适应的研发、试验、应用一体化模式。

参 考 文 献

[1] 国家统计局 . 中华人民共和国 2022 年国民经济和社会发展统计公报 [EB/OL]. https://www.gov.cn/xinwen/2023-02/28/content_5743623.htm，2023-02-28.

[2] WIPO. 2022 年全球创新指数 [EB/OL]. https://www.wipo.int/global_innovation_index/zh/2022/，2022-09-29.

[3] 夏杰长 . 加快发展新兴服务业的意义与战略思路 [J]. 新理财（政府理财），2019，（9）：45-47.

[4] Xia J C，Xu Z Y. China's service sector towards 2035：outloo，strategic position and policy advice[J]. China Economist，2021，16（1）：58-75.

[5] LaValle S M. Virtual Reality[M/OL]. Cambridge：Cambridge University Press. http://www.lavalle.pl/vr/，2023.

[6] FLI. Pause giant AI experiments：an open letter[EB/OL]. https://futureoflife.org/open-letter/pause-giant-ai-experiments/，2023.

[7] McKinsey Global Institute. Generative AI and the future of work in America[R]. 2023.

[8] Russell Group. New principles on use of AI in education[EB/OL]. https://russellgroup.ac.uk/news/new-principles-on-use-of-ai-in-education/，2023-07-04.
[9] SoftBank. SoftBank Corp. launches new company to develop homegrown large language models（LLM）[EB/OL]. https://www.softbank.jp/en/corp/news/press/sbkk/2023/20230804_02/，2023-08-04.
[10] Smart Nation Singapore. Launch of the AI Trailblazers Initiative[EB/OL]. https://www.smartnation.gov.sg/media-hub/press-releases/24072023/，2023-07-24.
[11] 金荣 . AIGC 行业研究框架与投资逻辑 [R]. 华安证券研究所，2023.
[12] 倪爽 . AIGC 最新应用与场景研究 [R]. 华金证券股份有限公司，2023.
[13] 北京广播电视台北京时间京融智库，北京上奇数字科技有限公司 . 人工智能产业分析报告（2023）[R]. 2023.
[14] Chakravorti B，Bhalla A，Chaturvedi R S，et al. 50 Global hubs for top AI talent[EB/OL]. https://hbr.org/2021/12/50-global-hubs-for-top-ai-talent，2021-12-21.
[15] Härlin T，Rova G B，Sin A，et al. Exploring opportunities in the generative AI value chain[R]. McKinsey Global Institute，2023.
[16] NVIDIA. NVIDIA releases major omniverse upgrade with generative AI and OpenUSD[EB/OL]. https://nvidianews.nvidia.com/news/nvidia-releases-major-omniverse-upgrade-with-generative-ai-and-openusd，2023-08-08.
[17] Dave P，Paul K. Zuckerberg says whatsapp business chat will drive sales sooner than metaverse[EB/OL]. https://financialpost.com/pmn/business-pmn/zuckerberg-says-whatsapp-business-chat-will-drive-sales-sooner-than-metaverse-2，2022-11-17.
[18] Hwang J S. Samsung takes steps toward XR device processor chips[N/OL]. https://www.kedglobal.com/korean-chipmakers/newsView/ked202305280002，2023-05-28.
[19] eMagin. eMagin Enters into Definitive Merger Agreement with Samsung Display[EB/OL]. https://emagin.com/investors/press-releases/news-2023/607-eaginntersntoefinitiveergergreementithamsung20230517130503，2023-05-17.
[20] 周琳，龚雯 . 我国人工智能蓬勃发展 核心产业规模达 5000 亿元 [EB/OL]. http://news.sdchina.com/show/4819717.html，2023-07-07.
[21] 腾讯研究院 . AIGC 发展趋势报告 2023：迎接人工智能的下一个时代 [R]. 2023.
[22] 卢翌 . AIGC 深度报告：颠覆人机交互模式，内容生产进入新时代 [R]. 中银国际证券股份有限公司，2023.
[23] 中国信息通信研究院，京东探索研究院 . 人工智能生成内容（AIGC）白皮书 [R]. 2022.
[24] 前瞻产业研究院 . AIGC 行业产业链全景梳理及区域热力地图 [EB/OL]. https://www.qianzhan.com/analyst/detail/220/230602-3b23403b.html，2023-06-02.
[25] 史占中，郑世民，蒋越 . ChatGPT 与 AIGC 产业链 [J]. 上海管理科学，2023，45（2）：12-14.
[26] 张晓兰，黄伟熔 . 我国产业链创新链融合发展的趋势特征、经验借鉴与战略要点 [J]. 经济纵横，2023，（1）：93-101.

[27] 赖俊明，王文青．ChatGPT-AIGC 对创新价值链升级的影响 [J]. 中国流通经济，2023，(5)：16-27.

[28] 科技部，北京市人民政府，国家发展改革委，等．科技部等印发《深入贯彻落实习近平总书记重要批示精神 加快推动北京国际科技创新中心建设的工作方案》的通知 [EB/OL]. https://www.gov.cn/zhengce/zhengceku/202305/content_6874557.htm，2023-05-08.

[29] 孙云柯．石景山副区长李文化：全区建成 4 个高品质特色化产业园区 [EB/OL]. https://new.qq.com/rain/a/20230705A09AOI00.html，2023-07-05.

[30] 前瞻产业研究院．中国数字人产业发展前景预测与投资战略规划分析报告 [R]. 2023.

[31] R 星人．2023 年第一季度全球 VR/AR 行业融资分析：AR 硬件最受青睐 [EB/OL]. https://www. 163.com/dy/article/I3DD0LRG0552QC3F_pdya11y.html，2023-04-28.

[32] 王振．长三角数字经济发展现状及未来 [R]. 长三角与长江经济带研究中心，2023.

[33] 浙江省经济和信息化厅．长三角视觉智能产业链发展报告 [R]. 2023.

[34] 长城战略咨询．中国潜在独角兽企业研究报告 2023[R]. 2023.

[35] 央视网．粤港澳大湾区融合发展进入新阶段 [EB/OL]. https://www.gov.cn/xinwen/2022-02/22/content_5675078.htm，2022-02-22.

[36] 华经产业研究院．2023—2028 年中国 AR/VR 行业市场全景评估及投资前景展望报告 [R]. 2022.

[37] 中国信息通信研究院产业与规划研究所，中国信息通信研究院广州智慧城市研究院．新型智慧城市产业图谱研究报告（2021 年）[R]. 2021.

[38] 叶堂林，刘莹．中国四个主要城市群产业链与创新链融合发展的对比研究 [C]// 叶堂林，李国梁，等．京津冀发展报告（2021）：产业链与创新链融合发展．北京：社会科学文献出版社，2023：54-75.

[39] 叶堂林，李国梁，等．京津冀发展报告（2021）：产业链与创新链融合发展 [M]. 北京：社会科学文献出版社，2023.

[40] 耀文．落实惠企政策 推动创业创新 工业和信息化部中小企业局有关负责同志就小微企业政策宣传月活动答记者问 [J]. 中国中小企业，2015，(10)：24-27.

[41] 致公党中央经济委员会，张杰斐．致公党中央关于长三角数字经济产业链供应链现代化调研报告 [J]. 中国发展，2021，(6)：37-51.

[42] 甄茂成，党安荣，阚长城．基于大数据与网络分析的长三角城市群识别研究 [J]. 上海城市规划，2019，(6)：8-16.

[43] 申明浩，杨永聪．粤港澳大湾区蓝皮书：粤港澳大湾区协同发展报告（2022）[M]. 北京：社会科学文献出版社，2023.

[44] 中共中央 国务院印发《成渝地区双城经济圈建设规划纲要》[EB/OL]. https://www.gov.cn/zhengce/2021-10/21/content_5643875.htm，2021-10-21.

[45] 中国信息通信研究院产业与规划研究所，苏州工业园区数字孪生创新坊，中国互联网协会数字孪生技术应用工作委员会．数字孪生城市产业图谱研究报告（2022 年）[EB/OL]. http:// www.caict.ac.cn/kxyj/qwfb/ztbg/202302/P020230227661738927755.pdf，2023.

[46] 工业和信息化部，教育部，文化和旅游部，等 . 虚拟现实与行业应用融合发展行动计划（2022—2026 年）[EB/OL]. https://www.gov.cn/zhengce/zhengceku/2022-11/01/content_5723273.htm，2022-10-28.
[47] 刘艳 .“虚拟现实 +”释放传统行业创新活力 [EB/OL]. https://www.szzg.gov.cn/2022/xwzx/fhzx/202212/t20221207_6074791.htm，2022-12-07.
[48] 中国移动研究院 . AR 行业应用场景及关键技术白皮书 [R]. 2023.
[49] 观知海内信息网 . 2023 年中国 AR/VR 行业市场竞争格局及未来五年发展规划研究报告 [R]. 2023.
[50] 中信建投证券 . ARVR 行业深度研究：政策加码，虚拟现实加速融合，走向世界 [R]. 2022.
[51] 张立 . 虚拟现实产业发展白皮书 [R]. 中国电子信息产业发展研究院，2022.
[52] 中国工程科技发展战略研究院 . 中国战略性新兴产业发展报告（2023）[M]. 北京：科学出版社，2022.
[53] 国家市场监督管理总局，国家标准化管理委员会 . 智慧城市 人工智能技术应用场景分类指南 [R]. 2023.
[54] 国家网信办等七部门联合公布《生成式人工智能服务管理暂行办法》[EB/OL]. http://www.cac.gov.cn/2023-07/13/c_1690898326795531.htm，2023-07-13.

本章撰写人员名单

主要执笔人：

潘云鹤　中国工程院　院士
丁文华　中国工程院　院士
吴志强　中国工程院　院士
孙守迁　浙江大学　教授
冯大权　深圳大学　副教授
梁　靖　同济大学　副教授
陈　晞　云南大学　讲师
　　　　浙江大学　博士研究生

课题组主要成员：

王振中　中央广播电视总台　教授级高级工程师
徐国仙　浙江大学　工程师
吕星月　深圳大学　科研助理
刘福龙　西安建筑科技大学　副教授
　　　　浙江大学　访问学者
陈　帆　同济大学　博士后
张少涵　同济大学　助理工程师
冯晨远　深圳大学　博士后
叶晓云　浙江大学　工程师
袁茜茜　深圳大学　博士后
罗凌颖　浙江大学　硕士研究生
贾蔚怡　同济大学　硕士研究生

政策篇

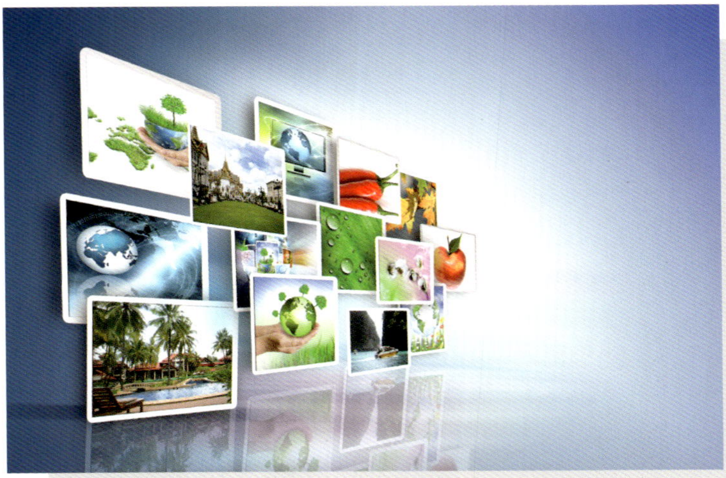

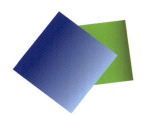

第 11 章

战略性新兴产业集群政策的演化及区域比较研究

战略性新兴产业“品牌项目”政策创新课题组

【内容提要】党的二十大报告中明确指出要“推动战略性新兴产业融合集群发展”[1]。目前，在相关政策的指引和推动下，我国涌现出大量具有创新能力、发展潜力和带动作用的战略性新兴产业集群。本章收集了 2006 年 1 月至 2023 年 3 月期间我国省级及市级战略性新兴产业集群政策，分析了集群政策的总体概况，包括产业分布、政策主题、政策主体等，并总结了战略性新兴产业集群政策演化规律，为深入推进国家战略性新兴产业集群发展提供有价值的理论指引和政策启示。

2022 年党的二十大报告明确指出，推动战略性新兴产业融合集群发展，构建新一代信息技术、人工智能、生物技术、新能源、新材料、高端装备、绿色环保等一批新的增长引擎[1]。《中华人民共和国国民经济和社会发展第十四个五年规划和 2035 年远景目标纲要》也强调，培育先导性和支柱性产业，推动战略性新兴产业融合化、集群化、生态化发展。因此，梳理和总结战略性新兴产业集群政策的演化规律，对促进地区政策高水平制定和推动区域产业高质量发展具有重要意义。

本章基于北大法宝数据库、我国省政府及其他部门官方网站等途径，立足于建设国家战略性新兴产业集群发展工程，对我国各省级和京津冀、长三角、珠三角三大城市群的战略性新兴产业集群政策的总体概况、产业分布、政策主题、政策主体进行系统分析，总结政策演化规律，研判战略性新兴产业集群政策的未来走向和推进方略，以期为三大城市群与其他地区深入推进国家战略性新兴产业集群发展提供政策参考。

11.1 全国省级战略性新兴产业集群政策演化分析

11.1.1 全国省级战略性新兴产业集群政策数量及演化

基于北大法宝数据库和其他官方渠道检索，2006~2023 年我国 22 个省、5 个自治区、4 个直辖市（不含港澳台地区）共发布了 333 项战略性新兴产业集群政策。2006~2023 年战略性新兴产业集群相关省级政策数量情况如图 11.1 所示。我国省级战略性新兴产业集群政策数量总体保持增长态势，仅仅在“十三五”规划期间（2016~2020 年），政策数量有所减少。但是，在“十三五”规划后期及进入“十四五”规划期间（2021 年至今），政策数量增长明显。这反映出在“十四五”规划明确提出要“推动战略性新兴产业融合化、集群化、生态化发展”后，区域政府更加重视战略性新兴产业集群培育和建设，将战略性新兴产业作为区域发展的“主线”之一。

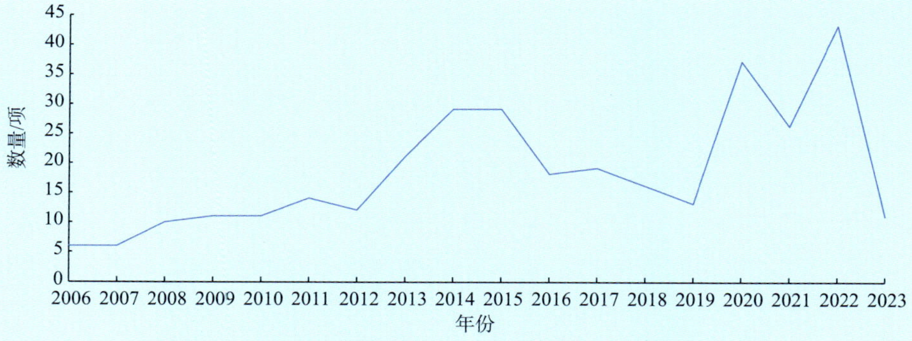

图11.1 2006~2023年战略性新兴产业集群相关省级政策数量

2006~2023 年各省（自治区、直辖市）发布的战略性新兴产业集群相关政策数量情况如图 11.2 所示。分年份各省（自治区、直辖市）相关政策发布数量如图 11.3 所示。2006~2023 年广东和河北的政策数量最多，均为 48 项，远远领先于其他省（自治区、直辖市）；山东次之，政策数量为 29 项；青海、西藏、新疆、天津的政策数量最少，均为 1 项。此外，广东、河北每年出台的相关政策数量普遍较其他地区多。从城市群的角度看，京津冀城市群（北京、天津、河北）、长三角城市群（上海、浙江、江苏、安徽）、珠三角城市群（广东）所发布的战略性新兴产业集群的相关政策数量较其他城市群多。

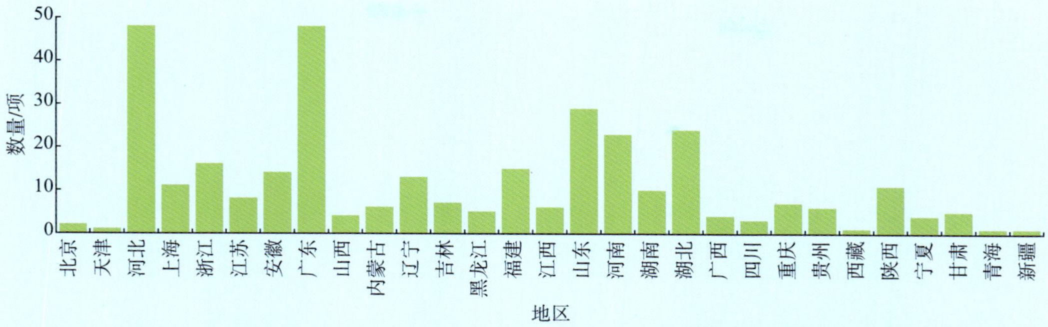

图11.2　2006~2023年各省（自治区、直辖市）发布的战略性新兴产业集群相关政策数量

云南与海南无相关政策数据

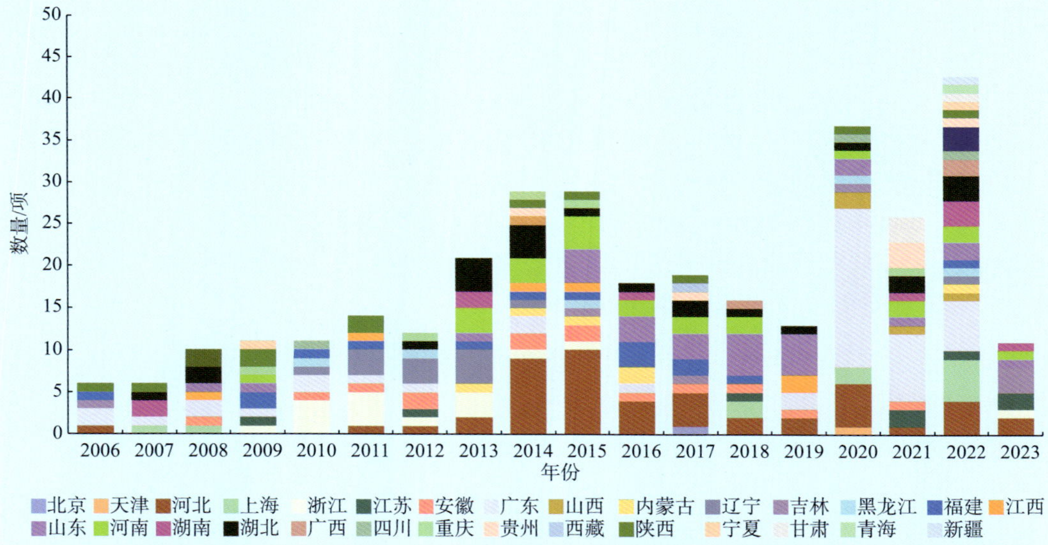

图11.3　2006~2023年各省（自治区、直辖市）发布的战略性新兴产业集群相关政策数量及演化

云南与海南无相关政策数据

11.1.2　全国省级战略性新兴产业集群产业分布情况及演化

本部分进一步对战略性新兴产业集群产业分布情况进行分析，从新一代信息技术、高端装备制造、新材料、生物、新能源汽车、新能源、节能环保、数字创意八个产业展开。

2006~2023年各省（自治区、直辖市）发布的战略性新兴产业集群政策产业分布情况如图11.4所示。其中，综合类政策最多，远远大于具体产业领域的相关政策。在具体产业领域中，新一代信息技术、高端装备制造、生物等方面的产业政策较多。

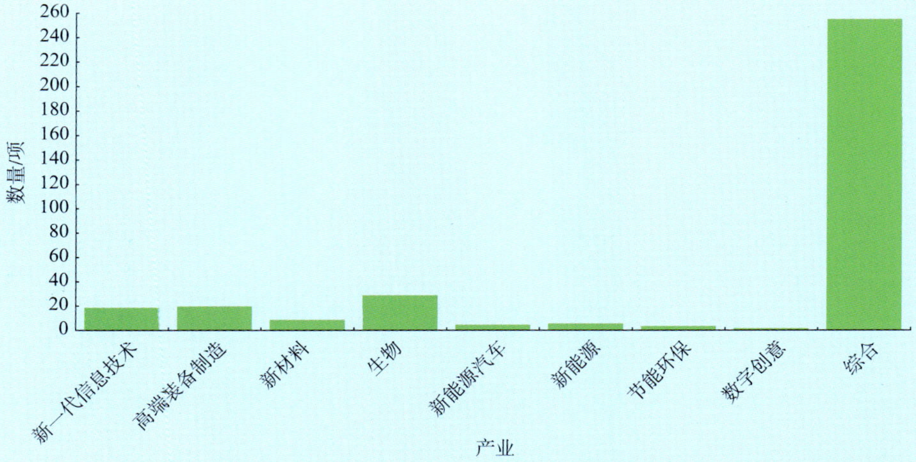

图11.4　2006~2023年各省（自治区、直辖市）发布的战略性新兴产业集群政策产业分布情况

2006~2023 年我国省级战略性新兴产业集群政策中体现的产业分布演变情况，如图 11.5 所示。综合类政策呈现出先增后减再增的趋势。“十一五”规划期间（2006~2010 年），具体产业政策主要集中在高端装备制造和生物产业领域。“十二五”规划期间（2011~2015 年），具体产业政策主要集中在生物产业领域。“十三五”规划期间（2016~2020 年），具体产业政策主要集中在新一代信息技术产业领域，在后期具体产业政策开始丰富起来。“十四五”规划期间（2021 年至今），具体产业政策数量和丰富度都保持较高水平。

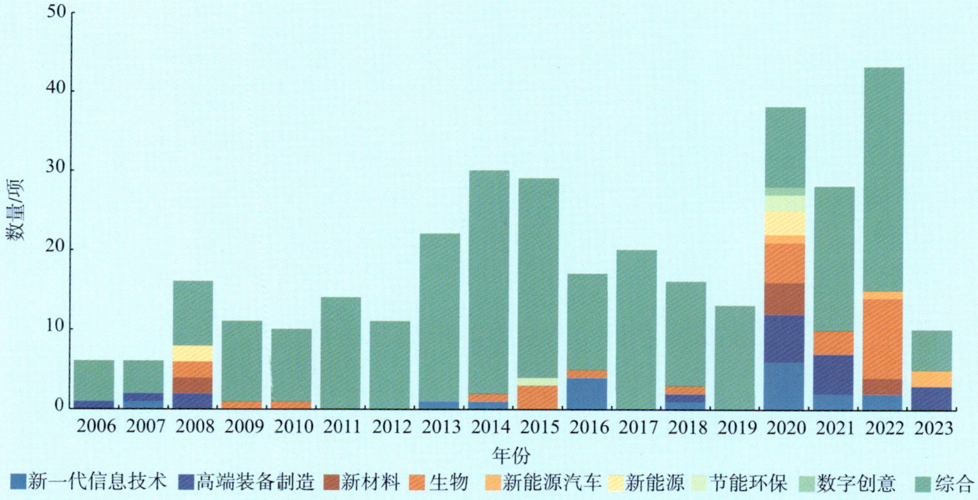

图11.5　2006~2023年我国省级战略性新兴产业集群政策产业分布演化

11.1.3　全国省级战略性新兴产业集群政策主题导向及演化

2006~2023 年省级战略性新兴产业集群政策主题分布情况，如图 11.6 所示。省级战略性新兴产业集群政策中最重要的六大政策主题分别是乡村振兴、资源集聚、品牌建设、金融信贷支持、高端制造、数字化转型。其中，资源集聚的政策主题强度最高，为 29.59%。高端制造的政策主题强度次之，为 17.80%。之后政策主题强度从高到低依次是品牌建设，强度为 17.55%；数字化转型，强度为 14.35%；金融信贷支持，强度为 11.10%；乡村振兴，强度为 9.62%。

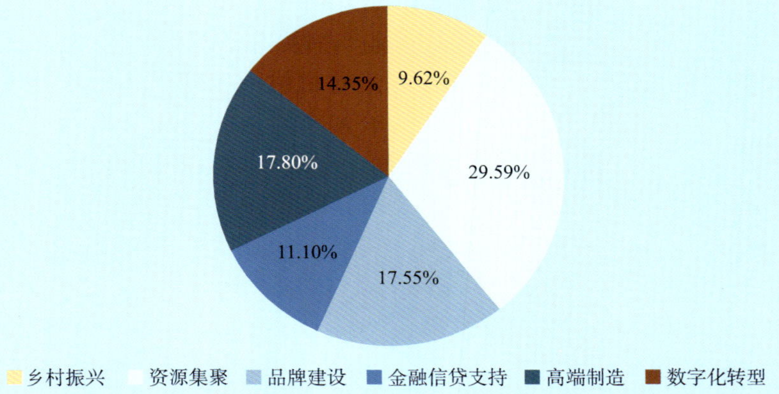

图11.6　2006~2023年省级战略性新兴产业集群政策主题分布情况
由于舍入修约，数据有偏差

进一步分析战略性新兴产业集群的主题导向的变迁与演化。通过潜在狄利克雷分布（latent Dirichlet allocation，LDA）主题模型汇总政策主题，根据主题中的关键词信息及结合专家判断，划分主题类别，测算主题强度，并基于 JS（Jensen-Shannon）散度分析战略性新兴产业集群主题导向的变迁与演化。2006~2023 年省级战略性新兴产业集群政策主题强度热力变化情况如图 11.7 所示。“十一五”规划期间（2006~2010 年），我国省级战略性新兴产业集群政策制定以“资源集聚”为主要的政策主题。“十二五”规划期间（2011~2015 年），“品牌建设”的政策主题强度提高，“资源集聚”的政策主题强度减弱。“十三五”规划期间（2016~2020 年），“高端制造”和“数字化转型”政策主题强度提高，逐步成为重要的政策主题。“十四五”规划期间（2021 年至今），“数字化转型”的主题强度依然保持较高水平，“乡村振兴”政策主题强度有明显提升。

2006~2023 年省级战略性新兴产业集群政策主题强度总体演化趋势如图 11.8 所示。

2006~2023 年省级战略性新兴产业集群政策主题导向演化如图 11.9 所示。从总体演化上来看，政策主题导向波动指数从 2007 年的 19.62% 发展到 2023 年的 18.07%，政策主题导向波动指数均值为 23.50%，政策主题导向波动指数在 2020 年达到峰值，为 37.06%，该年各政策主题变化贡献度大小依次为高端制造（39.53%）、数字化转型（29.57%）、资源集聚（11.99%）、乡村振兴（10.11%）、金融信贷支持（5.12%）及品牌建设（3.69%）。

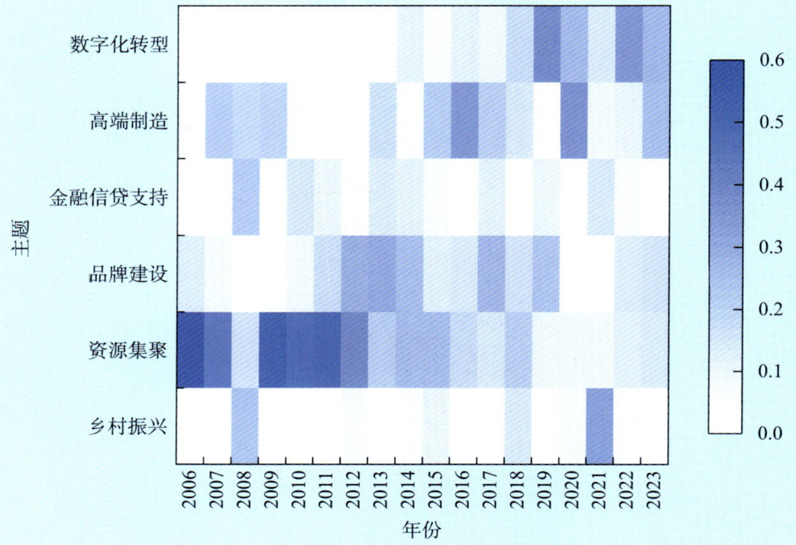

图11.7　2006~2023年省级战略性新兴产业集群政策主题强度热力变化情况

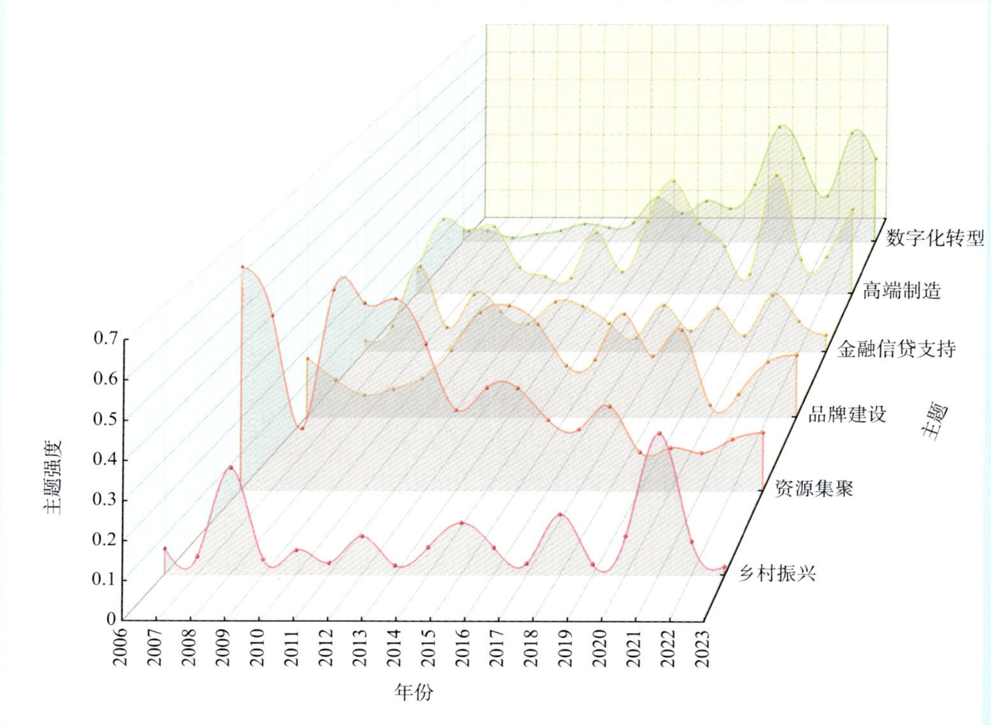

图11.8　2006~2023年省级战略性新兴产业集群政策主题强度演化趋势

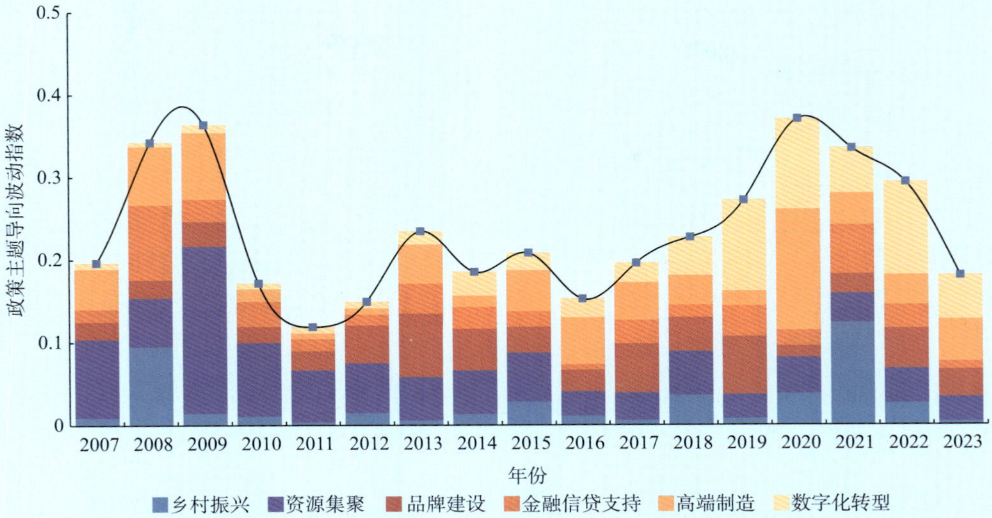

图11.9　2006~2023年省级战略性新兴产业集群政策主题导向演化
该部分每年分析时需要两年的数据，故没有 2006 年的数值

11.1.4　全国省级战略性新兴产业集群政策主体数量及演化

汇总全国省级战略性新兴产业集群政策文本的政策主体，得到政策主体的数量情况如表 11.1 所示。

表 11.1　2006~2023 年全国省级战略性新兴产业集群政策主体数量

政策主体	数量 / 项	政策主体	数量 / 项
人民政府	60	工商行政管理局	3
促进产业集群发展联席会议办公室	2	市场监督管理局	17
地方金融监督管理局	2	中小企业局	2
科学技术厅（局）	50	体育局	1
工业和信息化厅（局、委员会）	111	通信管理局	1
工业转型升级领导小组办公室	4	应急管理厅	2
省委网络安全和信息化委员会办公室	1	省委宣传部	1
发展和改革委员会	33	文化和旅游厅	2
政务服务数据管理局	2	广播电视局	1
科学技术委员会	4	银行分行	6

续表

政策主体	数量 / 项	政策主体	数量 / 项
经济和信息化厅	3	区人民政府	4
经济和信息化委员会	52	科技园管委会	1
经济贸易委员会	9	自由贸易试验区管理委员会	2
教育厅	7	卫生和计划生育委员会	2
能源局	4	农业农村委员会	3
农业农村厅	16	质量技术监督局	3
人力资源和社会保障厅	3	知识产权局	1
自然资源厅	3	小企业发展促进局	1
生态环境厅	5	国土资源厅	1
财政厅（局）	32	卫生健康委员会	1
商务厅	16	自主创新体系建设领导小组	1
税务局	1	民营科技促进会	1

全国省级最主要的政策主体为各省级人民政府、发展和改革委员会、工业和信息化部门、经济和信息化部门、科学技术部门及财政部门。其中，工业和信息化厅（局、委员会）在战略性新兴产业集群政策发布过程中的参与较其他部门来看最为积极。除政府官方部门，银行和社会团体也是战略性新兴产业集群政策重要的政策主体之一。

2006~2023 年全国省级战略性新兴产业集群政策主体的数量演化情况如表 11.2 所示。

表 11.2　2006~2023 年全国省级战略性新兴产业集群政策主体的数量演化情况

政策主体	数量 / 项			
	“十一五”时期（2006~2010 年）	“十二五”时期（2011~2015 年）	“十三五”时期（2016~2020 年）	“十四五”时期（2021 年至今）
人民政府	18	15	13	14
促进产业集群发展联席会议办公室	1	0	1	0
地方金融监督管理局	0	0	1	1
科学技术厅（局）	1	11	23	15
工业和信息化厅（局、委员会）	0	29	50	32
工业转型升级领导小组办公室	0	2	2	0
省委网络安全和信息化委员会办公室	0	0	1	0
发展和改革委员会	3	0	23	7
政务服务数据管理局	0	0	2	0
科学技术委员会	1	3	0	0
经济和信息化厅	1	1	1	0

续表

政策主体	数量 / 项			
	“十一五”时期（2006~2010 年）	“十二五”时期（2011~2015 年）	“十三五”时期（2016~2020 年）	“十四五”时期（2021 年至今）
经济和信息化委员会	3	29	18	2
经济贸易委员会	9	0	0	0
教育厅	0	6	0	1
能源局	0	0	1	3
农业农村厅	0	2	5	9
人力资源和社会保障厅	0	0	0	3
自然资源厅	0	0	1	2
生态环境厅	0	0	3	2
财政厅（局）	3	9	9	11
商务厅	0	2	11	3
税务局	0	0	0	1
工商行政管理局	0	1	2	0
市场监督管理局	0	0	14	3
中小企业局	0	2	0	0
体育局	0	0	1	0
通信管理局	0	0	1	0
应急管理厅	0	0	2	0
省委宣传部	0	0	1	0
文化和旅游厅	0	0	1	1
广播电视局	0	0	1	0
银行分行	0	0	0	6
区人民政府	1	0	3	0
科技园管委会	0	1	0	0
自由贸易试验区管理委员会	0	0	1	1
卫生和计划生育委员会	0	0	2	0
农业农村委员会	0	0	0	3
质量技术监督局	1	0	2	0
知识产权局	0	1	0	0
小企业发展促进局	0	0	0	1
国土资源厅	1	0	0	0
卫生健康委员会	0	0	0	1
自主创新体系建设领导小组	0	0	1	0
民营科技促进会	1	0	0	0

“十一五”规划期间（2006~2010年），省级人民政府是战略性新兴产业集群政策最主要的政策主体，经济贸易委员会等是重要的政策主体。“十二五”规划期间（2011~2015年），省级人民政府作为政策主体颁布政策的数量有所减少，工业和信息化厅（局、委员会）、经济和信息化委员会及科学技术厅（局）作为政策主体颁布政策的数量增加，逐渐占据主导位置。“十三五”规划期间（2016~2020年），政策主体逐渐丰富，工业和信息化厅（局、委员会）作为政策主体颁布政策的数量远远领先于其他主体，发展和改革委员会在颁布战略性新兴产业集群政策方面的积极性有所提升。“十四五”规划期间（2021年至今），政策主体的丰富度增强，非政府部门的参与积极性逐步提升。

11.2 三大城市群战略性新兴产业集群政策比较

通过对比内容的相关程度和排除重复文件，对政策文本数据进行数据清洗和筛选，最终保留与战略性新兴产业集群密切相关的政策。其中，京津冀城市群省级及市级政策73项，长三角城市群省级及市级政策136项，珠三角城市群省级及市级政策136项，以进一步开展深入分析。

11.2.1 三大城市群战略性新兴产业集群政策总体概况的比较

2006~2023年京津冀、长三角、珠三角三大城市群的战略性新兴产业集群政策数量，如图11.10所示。2006~2023年，我国三大城市群的战略性新兴产业集群政策共有345项，其中，2006~2014年，战略性新兴产业集群政策数量整体呈现上升趋势，由2006年的6项政策发展至2014年的21项政策；自2015年起，相关政策数量有所减少，但在2020年，三大城市群的战略性新兴产业集群政策数量出现急剧增长，为42项。在2022年，三大城市群的战略性新兴产业集群政策数量出现爆发式增长，达到峰值，为85项，且各城市群政策数量均在该年达到最高值。

2006~2023年京津冀、长三角、珠三角三大城市群发布的战略性新兴产业集群相关政策数量如图11.11所示。珠三角城市群和长三角城市群发布的政策数量最多，为136项；京津冀城市群发布的政策数量最少，为73项。从京津冀、长三角、珠三角三大城市群战略性新兴产业集群政策发布数量上来看，长三角城市群和珠三角城市群政策发布数量明显多于京津冀城市群。这种数量上的差异体现了长三角城市群和珠三角城市群对战略性新兴产业集群的重视，同时也印证了现阶段长三角城市群和珠三角城市群的战略性新兴产业集群形态更加成熟、区域集群水平更高。具体而言，长三角城市群每年出台的相关政策数量普遍较其他城市群多，其战略性新兴产业集群发展较早，依托区域优势，在战略性新兴产业集群建设中处于全国领先地位，并保持持续稳定发展。珠三角城市群作为中国科技创新最活跃、城市发展最有活力的地区之一，其战略性新兴产业集群政策数量在2019年之后整体呈现急剧增长趋势，彰显出建设成为世界级产业集群聚集地的强劲动力。

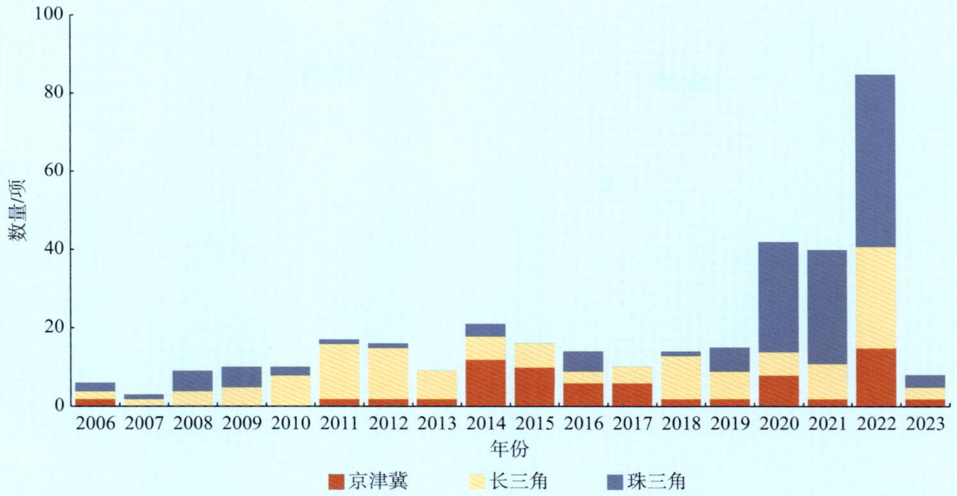

图11.10　2006~2023年京津冀、长三角、珠三角三大城市群的战略性新兴产业集群政策数量

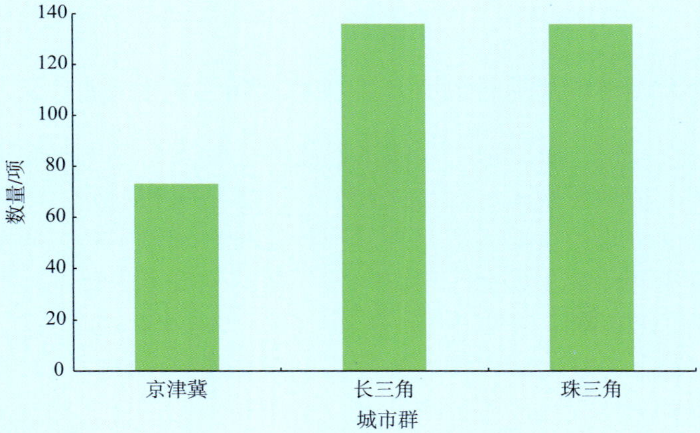

图11.11　2006~2023年京津冀、长三角、珠三角三大城市群发布的战略性新兴产业集群相关政策数量

11.2.2　三大城市群战略性新兴产业集群政策产业分布的比较

对京津冀、长三角、珠三角三大城市群战略性新兴产业集群政策产业分布的情况进行全面梳理和分析后，发现我国重点培育的战略性新兴产业集群不断壮大，京津冀、长三角、珠三角三大城市群都打造出多个有特色优势的产业集群。三大城市群中的绝大多数省（自治区、直辖市）将新一代信息技术、高端装备制造、新材料、生物、新能源汽车、新能源、节能环保及数字创意列为重点发展的产业。

在特定产业领域，京津冀城市群在高端装备制造、新一代信息技术、生物等领域培育了一批影响力较大的产业集群。长三角城市群在生物、新一代信息技术、高端装备制造、新材料与新能源等领域成功打造出众多具有实力的龙头企业。珠三角城市群在新一代信息技术、生物、高端装备制造、数字创意等领域的产业蓬勃快速发展。珠三角城市群借助其出色的技术研发能力和创新文化环境，使其数字创意产业集群发展在三大城市群和全国范围内名列前茅（图 11.12）。

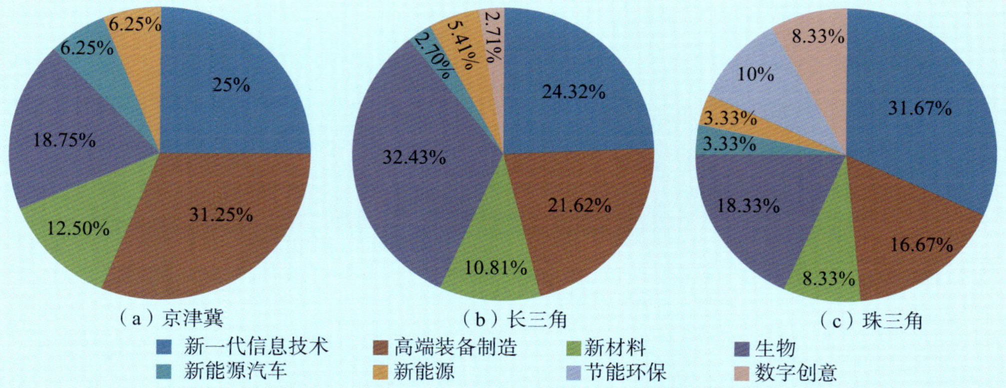

图11.12　京津冀、长三角、珠三角三大城市群战略性新兴产业集群具体政策产业占比

11.2.3　三大城市群战略性新兴产业集群政策主题的比较

对京津冀、长三角、珠三角三大城市群战略性新兴产业集群政策主题分布和演化情况进行系统分析后发现，“金融信贷支持”“数字化转型”“乡村振兴”“高端制造”在三大城市群中均为重要的战略性新兴产业集群政策主题，同全国范围内省级战略性新兴产业集群政策主题分布情况一致，而且“数字化转型”的政策主题强度均在近几年出现快速攀升。

相同政策主题下，三大城市群的关键词也存在差异。在“高端制造”的政策主题下，三大城市群仍然表现出不同的特点。京津冀、长三角、珠三角三大城市群战略性新兴产业集群政策主题关键词及词频的情况分别如表 11.3、表 11.4、表 11.5 所示。发展我国高端制造产业的路径轨迹主要包含两个方面：一是瞄准世界生产体系的高端，大力发展具有较高附加值和较高技术含量的高端装备制造产业及战略性新兴产业；二是立足中国现有的制造业的基础，努力推动传统制造业由加工制造向价值链高端迈进。三大城市群中，京津冀城市群较长三角城市群和珠三角城市群更加注重发展具有较高附加值和技术含量较高的高端制造产业。京津冀城市群在“高端制造”主题词下的“航空”关键词词频高达 143，远超于长三角城市群和珠三角城市群。这也从侧面反映出京津冀城市群拥有雄厚的科技力量和显著的科研优势，科研院所和高校的集中使得京津冀城市群在战略性新兴产业集群发展中更加注重高技术含量和高附加值的高端制造产业发展。长三角城市群和珠三角城市群在“高端制造”方面更加注重推动汽车工业等传统制造业持续不断地向价值链高端延伸，发展先进制造业。在“金融信贷支持”主题词下，京津冀城市群强调“特色产业”“中小企业”“奖励”，长三角城市群侧重于“贷款”，珠三角城市群侧重于“资助”和“补贴”，帮助战略性新兴产业和集群发展拓宽融资渠道，减轻负担。京津冀城市群创新整体结构发展不均衡，城市间及产业间存在较大差距，对特色产业和中小企业的奖励与扶持，是实现区域协同及培育高精尖战略性新兴产业集群发展的重要方式。长三角城市群因为区域金融发展相对成熟，尤其是上海是我国重要的金融中心，在战略性新兴产业集群发展中不断寻求贷款等金融政策先行先试。珠三角城市群因为临近香港和澳门，且大部分城市拥有居于粤港澳大湾区的独特地理优势，战略性新兴产业集群得到数量更多、力度更大的补贴和资助政策支持。“环境治理”政策主题是长三角城市群特有的政策主题，在“环境治理”的主题词下，“环境”“整治”“治理”关键词的词频分别是67、61和19。这可能是长三角城市群制造业基础雄厚、工业化时间长久，生态环境资源遭受一定破坏，因此在战略性新兴产业集群发展过程中尤其重视环境的整治与保护。而且长三角城市群涉及三省一市（江苏、浙江、安徽、上海），在战略性新兴产业集群发展过程中面临着更加突出的系统性、区域性、跨界性的生态环境问题，需要更为完备的环境政策推动协同治理。

表 11.3　京津冀城市群战略性新兴产业集群政策主题关键词及词频

乡村振兴	词频	资源集聚	词频	高端制造	词频	金融信贷支持	词频	节能环保	词频	数字化转型	词频
品牌	257	集群	1 754	信息化	520	集群	1 754	集群	1 754	集群	1 754
市场	196	创新	482	数据	485	信息化	520	技术	409	信息化	520
龙头企业	161	技术	409	创新	482	特色产业	300	制造	316	创新	482
质量	118	品牌	257	技术	409	中小企业	248	产业链	278	技术	409
农业	92	中小企业	248	制造	316	专项资金	54	装备	210	制造	316
产业化	89	市场	196	研发	295	融资	54	龙头企业	161	特色产业	300
食品	71	转型	167	产业链	278	扶持	52	依托	155	研发	295
品种	69	龙头企业	161	装备	210	战略性	38	配套	153	产业链	278
蔬菜	65	配套	153	汽车	182	奖励	37	资源	144	中小企业	248
种植	58	带动	141	智能	171	产业政策	36	引进	132	数字化	205
安全	50	科技	132	高端	148	财政	30	设备	111	转型	167
标准化	44	公共服务	125	航空	143	担保	21	环保	101	互联网	158
布局	34	人才	104	基础	124	银行	14	节能	86	管委会	141
农产品	22	竞争力	66	融合	113	绩效	13	能源	45	上市	134

续表

乡村振兴	词频	资源集聚	词频	高端制造	词频	金融信贷支持	词频	节能环保	词频	数字化转型	词频
现代农业	10	集聚	60	人才	104	贷款	8	产业基地	36	协同	129
乡村	9	技术创新	58	新能源	62	额度	5	煤化工	35	绿色	116
出口	8	扶持	52	新兴产业	51	验收	5	化工	30	金融	92
巩固	8	突出	45	软件	50	市场主体	3	信息产业	27	供应链	74
农民	6	创新型	25	战略性	38	成长型	2	循环	21	链	46
种子	5	主导产业	18	人工智能	35	建设项目	2	电力	8	区块	21

表 11.4　长三角城市群战略性新兴产业集群政策主题关键词及词频

金融信贷支持	词频	高端制造	词频	数字化转型	词频	环境治理	词频	乡村振兴	词频	品牌建设	词频
集群	2 577	集群	2 577	集群	2 577	技术	472	集群	2 577	集群	2 577
贷款	286	技术	472	创新	884	智能	251	品牌	411	创新	884
中小企业	242	研发	388	技术	472	资源	163	市场	303	技术	472
信息化	237	产业链	291	研发	388	电网	99	全市	141	品牌	411
担保	211	智能	251	产业链	291	开发区	98	龙头企业	121	市场	303
特色产业	185	信息化	237	人才	255	设备	87	质量	106	转型	292
扶持	180	制造	222	科技	255	能源	70	布局	90	科技	255
专项资金	159	装备	204	智能	251	环境	67	产业化	76	现代	250
融资	104	集聚	170	信息化	237	整治	61	带动	72	块状	243
战略性	98	高端	168	制造	222	安全	56	农业	59	中小企业	242
宁波市	89	配套	145	特色产业	185	环保	55	农业产业	46	扶持	180
银行	76	引进	126	融合	177	链	49	标准化	39	集聚	170
创新型	60	新兴产业	112	知识产权	152	一体化	46	农产品	37	商标	146
主导产业	59	生物医药	100	协同	138	电力	39	食品	25	配套	145
验收	53	新能源	90	战略性	98	治理	19	出口	23	检测	129
绩效	45	设备	87	人工智能	89	发电	12	农民	10	奖励	125

续表

金融信贷支持	词频	高端制造	词频	数字化转型	词频	环境治理	词频	乡村振兴	词频	品牌建设	词频
科学技术	37	汽车	86	数据	84	区块	10	蔬菜	9	竞争力	125
建设项目	27	依托	85	金融	67	煤化工	0	品种	5	龙头企业	121
成长型	19	零部件	69	互联网	66	煤炭	0	种植	2	带动	72
市场主体	8	电子	44	数字化	40	煤矿	0	种子	1	公共服务	65

表 11.5　珠三角城市群战略性新兴产业集群政策主题关键词及词频

乡村振兴	词频	高端制造	词频	节能环保	词频	金融信贷支持	词频	数字化转型	词频	资源集聚	词频
产业链	603	集群	2 305	集群	2 305	集群	2 305	创新	1 378	集群	2 305
市场	437	创新	1 378	信息化	1 260	信息化	1 260	信息化	1 260	创新	1 378
品牌	283	信息化	1 260	技术	945	产业链	603	技术	945	信息化	1 260
资源	235	技术	945	制造	716	战略性	541	制造	716	技术	945
质量	193	制造	716	研发	651	融资	429	研发	651	科技	499
布局	191	研发	651	产业链	603	协同	411	智能	544	中小企业	442
依托	180	产业链	603	装备	578	资助	382	协同	411	市场	437
农业	160	装备	578	市场	437	扶持	291	人才	398	集聚	293
产业化	126	智能	544	设备	418	特色产业	218	数字化	313	扶持	291
龙头企业	123	战略性	541	高端	397	贷款	195	软件	278	品牌	283
现代	94	设备	418	安全	350	补贴	161	数据	249	转型	237
食品	90	高端	397	配套	223	验收	141	转型	237	配套	223
现代农业	43	汽车	249	环保	207	担保	132	生物医药	224	特色产业	218
品种	41	配套	223	绿色	192	信用	98	互联网	198	公共服务	179
标准化	36	引进	221	依托	180	财政	94	融合	195	技术创新	167
农产品	31	新兴产业	211	支柱产业	120	建设项目	76	供应链	135	竞争力	160
出口	17	新能源	207	生态环境	112	专项资金	68	智慧	116	带动	125
蔬菜	12	零部件	158	节能	112	银行	41	链	108	龙头企业	123

续表

乡村振兴	词频	高端制造	词频	节能环保	词频	金融信贷支持	词频	数字化转型	词频	资源集聚	词频
种子	2	电子	146	纺织	65	绩效	16	人工智能	93	创新型	30
煤化工	0	航空	19	化工	46	成长型	4	区块	47	主导产业	17

11.2.4 三大城市群战略性新兴产业集群政策主体的比较

对京津冀、长三角、珠三角三大城市群战略性新兴产业集群政策主体数量和协同情况进行统计和分析后发现，京津冀、长三角、珠三角三大城市群的人民政府、发展和改革委员会、工业（经济）和信息化部门、科学技术部门及财政部门为其战略性新兴产业政策的主要发布者和推动者。同时，各市（区）政府及相关部门也是重要的政策主体。其中，人民政府在建设战略性新兴产业集群的重大决策中发挥了主导作用；发展和改革委员会、工业（经济）和信息化部门主管战略性新兴产业集群政策的具体制定和实施；科学技术部门和财政部门为推进战略性新兴产业集群建设提供相应的支持。在政策主体的协同方面，京津冀、长三角和珠三角三大城市群较少有跨区域政策主体的协同。

从政策主体的数量上来看，长三角城市群和珠三角城市群的政策主体数量多，政策主体的覆盖面广、积极性高。京津冀城市群战略性新兴产业集群政策最主要的政策颁布主体均为各省级工业和信息化部门。长三角城市群战略性新兴产业集群政策最主要的政策颁布主体为各省级人民政府及经济和信息化部门。珠三角城市群的政策颁布主体为省级发展和改革委员会、工业和信息化部门及科学技术部门。在市级政策中，深圳、惠州、中山、广州、汕头的政策主体数量和政策主体的发文量较其他城市多。珠三角城市群相较于京津冀城市群和长三角城市群，除政府及其他官方部门作为重要的政策颁布主体，还存在银行等非政府机构的参与。相较于京津冀城市群和长三角城市群，珠三角城市群在非政府部门参与积极性上整体表现更强，而且政策主体参与广度优于另外两大城市群。

三大城市群政策发布主体协同网络如图 11.13 所示。从政策主体的协同性上来看，京津冀城市群的政策主体之间几乎不存在协同，主要以单一部门的独立发文为主。长三角城市群的联合发文数量虽然多于京津冀城市群，但协同性依然较弱。长三角城市群政策主体的协同主要存在于省级少量部门之间，市级层面的政策主体联合发文数量不高。相较之下，珠三角城市群战略性新兴产业集群政策主体之间的协同性要远远优于京津冀城市群和长三角城市群，联合发文数量远远高于京津冀城市群和长三角城市群。珠三角城市群除了形成以省发展和改革委员会、省工业和信息化厅和省科学技术厅为主的较为完备的省级政策主体协同网络外，深圳市、惠州市、汕头市也都有其市级的政策主体协同网络。

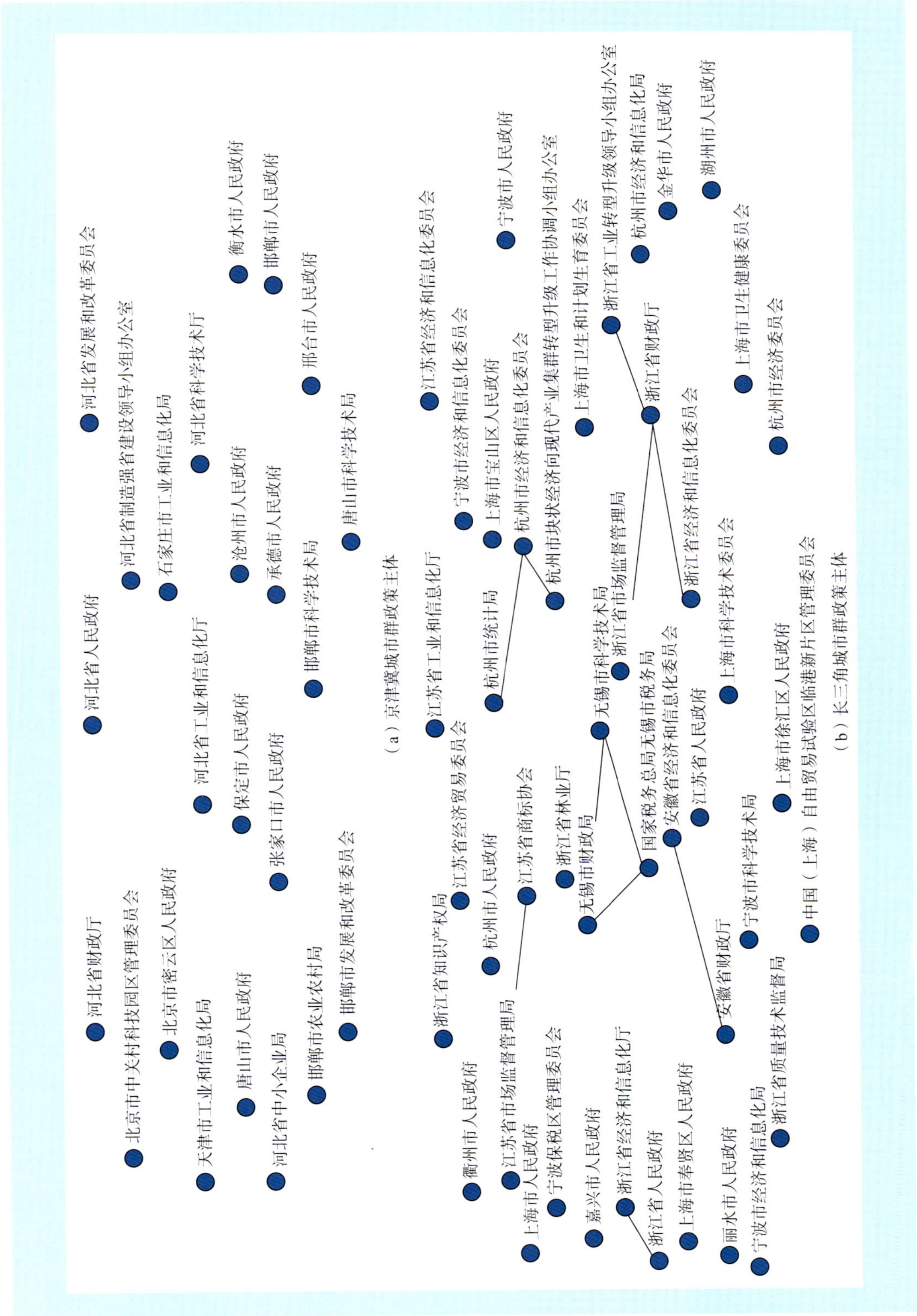

（a）京津冀城市群政策主体

（b）长三角城市群政策主体

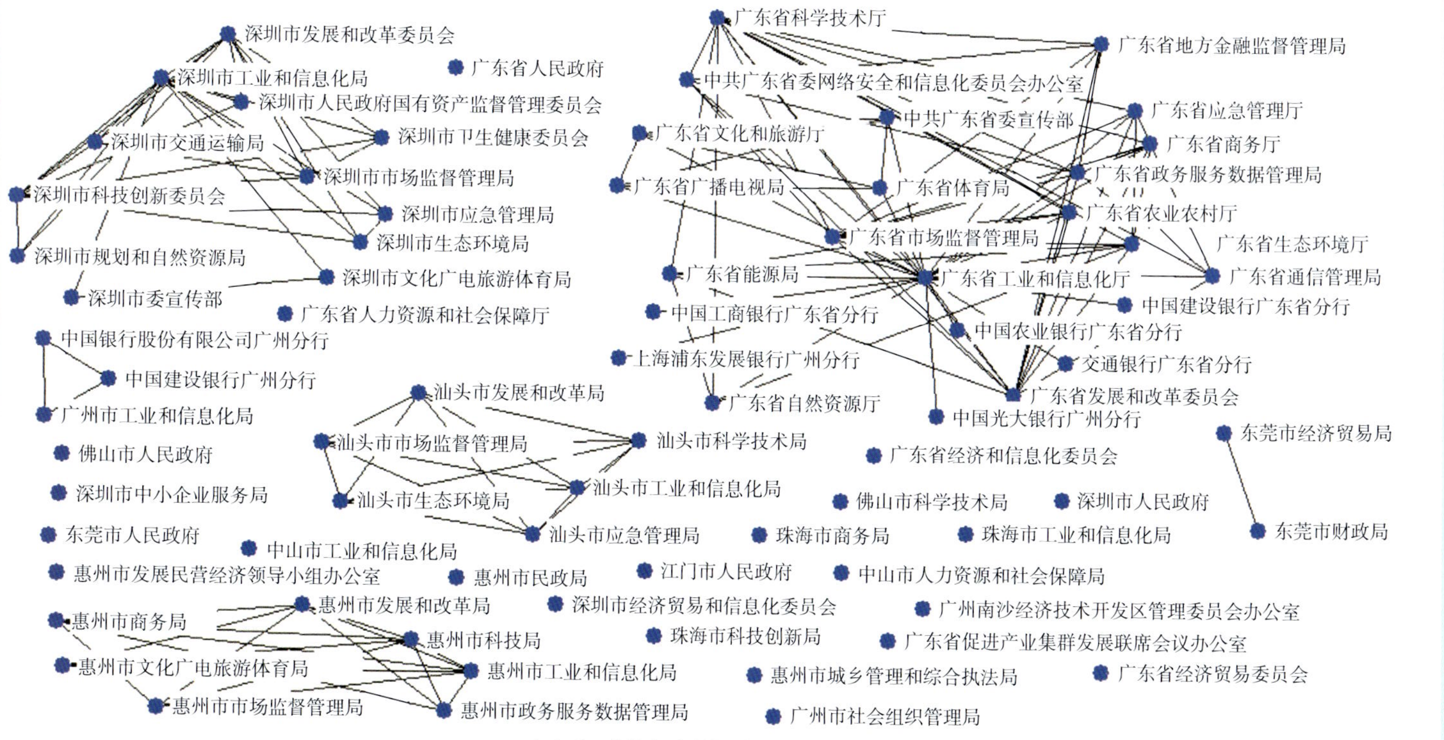

（c）珠三角城市群政策主体

图11.13　三大城市群战略性新兴产业集群政策发布主体协同网络

11.3　总结

全球范围内新一轮科技革命和产业变革正步入加速推进的关键阶段，战略性新兴产业发展将为中国提供创新追赶的重要机会。培育和发展战略性新兴产业集群，对于加强产业链的完整性，提高创新链的自主性，促进产业升级和区域创新提供难得的机遇，对增强发展中国家经济竞争的战略力量意义重大。本章梳理了战略性新兴产业集群政策的发展脉络演化规律，并进一步挖掘了战略性新兴产业集群政策的区域差异。

在对2006~2023年中国省级战略性新兴产业集群政策进行系统全面的分析研究后，发现省级战略性新兴产业集群政策存在一定的演化规律：首先，省级战略性新兴产业集群政策数量整体呈现上升趋势，“十三五”规划期间，相关政策数量有明显减少。但是《中华人民共和国国民经济和社会发展第十四个五年规划和2035年远景目标纲要》提出“推动战略性新兴产业融合化、集群化、生态化发展”[2]后，地方政府更加重视战略性新兴产业集群发展，政策数量明显回升。其次，产业分布的演变上，综合类政策呈现出先增后减再增的趋势，具体产业政策总体上同样呈现先增后减再增的趋势。战略性新兴产业集群在初具规模之后，相关集群政策逐渐向细分领域深耕，表现为具体产业政策数量增多且涉及细分产业更为丰富和全面。再次，政策主题的演化上，政策主题在不同的发展规划期呈现不同的主题侧重。最后，政策主体的演化上，政策主体的丰富度逐步增强，非政府部门的参与积极性逐步提升，逐渐形成以工业和信息化部门为主导政策颁布者，以人民政府、发展和改革委员会、经济和信息化部门、科学技术部门及财政部门为重要政策主体的结构体系。

在对京津冀、长三角、珠三角三大城市群的战略性新兴产业集群政策进行系统全面的比较研究后，发现三大城市群在总体数量概况、重点产业领域、政策主题导向、政策主体协同等方面均存在明显差异。三大城市群战略性新兴产业集群政策中所体现的重点产业和产业领域均根据自身优势体现出明显的区域性。京津冀城市群的战略性新兴产业集群政策主要围绕高端装备制造产业、新一代信息技术产业、生物产业展开；长三角城市群的战略性新兴产业集群政策主要围绕生物产业、新一代信息技术产业、高端装备制造产业、新材料产业、新能源产业展开；珠三角城市群的战略性新兴产业集群政策主要围绕新一代信息技术产业、生物产业、高端装备制造产业、数字创意产业展开。从政策主体上来看，京津冀城市群主要以单一部门的独立发文为主。长三角城市群的政策主体协同性较弱且主要存在于省级少量部门之间。珠三角城市群政策主体协同性强且省级和市级形成较为完备的协同网络。相较于长三角城市群和珠三角城市群，京津冀城市群的战略性新兴产业集群政策主体协同的全面性不足，协同性表现不够理想。京津冀城市群、长三角城市群战略性新兴产业集群政策的政策主体类型主要集中于政府机构，缺乏非政府部门的多元参与。

珠三角城市群政策主体的协同程度及参与积极性远远领先于京津冀城市群和长三角城市群，并且对非政府部门的参与十分重视，着力于发挥资源优势，不断推动政策制定和实施下沉性。三大城市群的地方政府依托自身优势产业和特色资源引导和培育了具有竞争力和影响力的战略性新兴产业集群。

参考文献

[1] 高举中国特色社会主义伟大旗帜 为全面建设社会主义现代化国家而团结奋斗——在中国共产党第二十次全国代表大会上的报告 [EB/OL]. http://hb.people.com.cn/n2/2022/1026/c194063-40169552.html，2022-10-26.

[2] 中华人民共和国国民经济和社会发展第十四个五年规划和 2035 年远景目标纲要 [EB/OL]. https://www.gov.cn/xinwen/2021-03/13/content_5592681.htm，2021-03-13.

本章撰写人员名单

主要执笔人：

许冠南　北京邮电大学　教授
王彦萌　北京邮电大学　博士研究生
肖海晨　北京邮电大学　硕士研究生
刘辉蕾　北京邮电大学　本科生
周　源　清华大学　长聘副教授

课题组主要成员：

薛　澜　清华大学　教授
周　源　清华大学　长聘副教授
冯记春　中国工程科技发展战略研究院　首席研究员
柳卸林　中国科学院大学　教授
黄鲁成　北京工业大学　教授
穆荣平　中国科学院科技战略咨询研究院　研究员
陈　劲　清华大学　教授
刘培林　浙江大学　研究员
蔡跃洲　中国社会科学院　研究员
沙　勇　南京邮电大学人口研究院　教授
许冠南　北京邮电大学　教授
李　欣　北京工业大学　教授
张振翼　国家信息中心　高级工程师

第 12 章

数字经济下战略性新兴产业创新生态系统演化模式分析①

战略性新兴产业“品牌项目”政策创新课题组

【内容提要】创新主体间互动方式在数字经济时代进入系统性重构期，呈现多维化、虚拟化、高动态的发展趋势，如何优化主体间共生关系，构建协同联动、错位互补的创新生态系统对于发展壮大新兴产业、充分释放其创新活力具有重要意义。本章基于多重制度逻辑视角，利用 1998~2019 年全球 3D 打印产业专利数据，探索数字经济下新兴产业创新生态系统中主体集聚形成的创新群落的演化趋势，结果表明，随着时间推移，新兴产业创新生态系统中主体不断增多，且联系密切的主体间形成多个虚拟化的创新群落，其演化模式包括科技逻辑主导的利基发展模式、科技逻辑主导的平台发展模式和市场逻辑主导的发展模式。本章为探索数字经济下新兴产业创新主体互动关系优化、生态系统高效配置提供了新思路。

① 基金项目：国家自然科学基金面上项目“后发国家新兴产业创新生态系统发展中的联动机制研究：基于多源异构数据实证分析”（71872019），国家自然科学基金面上项目“数智创新生态系统嵌入对企业创新的作用机制研究：基于多重网络子群视角”（72272017），国家自然科学基金面上项目“基于多源异构网络视角的新兴产业创新扩散作用机制研究”（71974107），国家自然科学基金专项项目“面向 2040 数字经济新生态下的工程科技路线图应用研究”（L2224047），国家自然科学基金专项项目“面向 2035 的产业优势型路线图绘制方法研究”（L1924062），国家自然科学基金应急管理项目“面向 2035 的新一代信息技术路线图研究”（L1824040）。

2022年1月习近平总书记在《求是》发文《不断做强做优做大我国数字经济》，文章指出“数字经济发展速度之快、辐射范围之广、影响程度之深前所未有，正在成为重组全球要素资源、重塑全球经济结构、改变全球竞争格局的关键力量”①。数字赋能形成了新的生产函数，创新发展规律发生颠覆性变迁，主体间地域边界逐渐被模糊、既定互动方式被重塑，其关系呈现高动态、多维度、虚拟化的发展趋势。《“十四五”数字经济发展规划》也指出要“探索发展跨越物理边界的‘虚拟’产业园区和产业集群，加快产业资源虚拟化集聚、平台化运营和网络化协同，构建虚实结合的产业数字化新生态”。同时，新一轮科技革命和产业变革加速演进，站在“百年未有之大变局”的新起点，发展壮大战略性新兴产业，构建主体协同共生、要素高效配置的新兴产业创新生态系统，加速形成新质生产力，是占领全球竞争制高点的关键。在双重背景的叠加下，探索数字经济下新兴产业创新生态系统中主体虚拟集聚形成的创新群落的演化规律，对于优化主体间互动关系、构建数字化发展新生态具有重要意义。

回顾已有文献，现有关于创新生态系统演化的研究多涉及宏观和微观两个层面，而对于数字经济下创新主体虚拟集聚形成的中观层面创新群落讨论有限。宏观层面研究从整体网视阈出发，关注整体生态系统[1~3]。微观层面研究则从个体网视阈出发，关注生态系统中的平台领导者与核心企业[4, 5]，这两方面未能对创新生态系统进行全景描绘。特别是数字经济背景下，创新主体在网络空间集聚形成了中观层面虚拟化的创新群落，不仅具有地理集聚的功能，还在优化资源配置、共享信息知识方面具有独特优势，是数字经济赋能新兴产业创新的重要抓手。需要对中观层面创新群落的演化模式进行探索，在宏观整体研究和微观个体研究间架起桥梁。

此外，对于创新生态系统的深层运行逻辑，已有研究探讨了科技逻辑、市场逻辑等带来的影响[6]，未对其交互耦合进行充分讨论[7]。科技逻辑属于科技驱动的研究经济，相关研究强调通过产学研模式来进行科技知识的创造、转移和扩散。市场逻辑属于市场驱动的商业经济，相关研究讨论企业如何投入资源和能力开发新技术，进行商业价值创造与捕捉。但在数字经济背景下，新兴产业创新生态系统中的科技逻辑与市场逻辑的交互耦合更为复杂、动态，需要从制度逻辑耦合视角对新兴产业创新生态系统的演化模式进行深入探索。

为此，本章基于多重制度逻辑，研析数字经济下新兴产业创新生态系统中多重生境的演化规律，探讨创新主体的虚拟集聚演化模式与路径。本章以3D打印产业为例，利用专利数据构建组织间网络，借助网络拓扑聚类算法根据组织间实际存在的合作关系识别虚拟化的创新群落，研究其各个阶段的发展规律与代表性演化路径，为新发展格局下有效疏通应用基础研究与产业化连接的“快车道”，营造良好新兴产业创新系统，促进科技成果转化提供政策建议。

---

① 不断做强做优做大我国数字经济 [EB/OL]. https://www.spb.gov.cn/gjyzj/c100207/202202/8131eb972-61740cbae088273c381e4b8.shtml，2022-02-28.

12.1 理论基础与文献综述

12.1.1 新兴产业创新生态系统与创新群落

伴随科技创新活动不断突破地域、组织、技术的界限，创新研究对象由单个企业扩展到了创新生态系统[8]，产业创新相关研究也经历了从线性创新范式到创新体系范式，再到创新生态系统理论范式的转变[9，10]。特别是对于具有颠覆性、高动态的新兴产业而言，产业结构更加复杂多维，主体间互动动态性更强。新兴产业创新生态系统包括企业、高校、科研机构等各类主体，在从基础研究到应用研究到现实产业化的创新过程中，以实现创新价值创造与捕捉为目的，通过合作共生形成众多要素密切配合、协调互动的复杂交互系统[11，12]。

现有关于新兴产业创新生态系统演化的研究多涉及宏观和微观两个层面，对创新主体在中观层面虚拟集聚形成的创新群落讨论不足。宏观层面的研究借助整体网视阈讨论整个生态系统的形成、演化与驱动力[1~3]。微观层面的研究则基于个体网视阈，强调核心成员与伙伴间关系与形成的结构的演化规律[4，5]。但上述两种观点都不能构成创新生态系统的全景视域，与自然生态系统中的生物群落一样，中观层面的创新群落对于主体创新发展具有重要意义。已有研究更多关注地理邻近形成的创新群落，将创新群落定义为区域技术创新生态系统中一种特定的创新组织[13]，以产业关联为基础，以地理靠近为特征，由相互作用、相互依存的创新组织有机构成[14，15]，但已有研究未能对数字经济下蔓生的多元主体间虚拟化、高动态的演化规律进行深入剖析。

数字技术的广泛应用重塑创新主体间互动方式[16]，主体生态边界不断扩张，在网络空间虚拟集聚形成创新群落，成为主体创新成长的重要生境。数字技术的强连通性、高渗透性使得企业不需要面对面互动，就可以在全球范围内交流新技术、新思想，极大推动多类创新要素的有机汇聚、多个创新主体的虚拟交互、多种生态互动的高效适配[17，18]，有助于避免传统地理集聚带来的资源拥挤和内部僵化。对于新兴产业而言，技术前景不确定，创新复杂度更高，突破地域界限的虚拟创新群落在降低风险、协同联动和错位互补等方面发挥重要作用。同时，数字经济下技术的快速迭代和使能升级使得组织间灵活性和共享能力提高，创新主体间的协调机制和互动结构呈现出高动态性，数字经济下创新群落呈现出的演化规律也更为复杂。因此，需要对数字经济下新兴产业中多主体集聚形成的虚拟化创新群落的演化模式进行深入探究。

12.1.2　新兴产业创新生态系统中的多重逻辑

从深层次制度逻辑机理来看，创新生态系统受到科技逻辑、市场逻辑等多重制度逻辑的影响[6]。科技逻辑属于科技驱动的研究经济，相关研究聚焦技术变革、知识扩散、技术转移等主题，旨在探讨科技知识创造与扩散，普遍认为高校和科研院所是知识技术转移的源头，企业是知识转移的受体[19]，通过产学研模式的联结来有效地转移和分享知识。市场逻辑属于市场驱动的商业经济，相关研究更关注商业模式、平台经济等主题，旨在讨论企业如何投入主要资源和能力开发新技术，进行商业价值创造与捕捉。二者相辅相成，兼容共生。

在数字经济的背景下，新兴产业创新生态系统中的科技逻辑与市场逻辑的交互耦合尤为重要，但也更加复杂多变。一方面，新兴产业科技与市场发展尚未成熟，具有不确定性高、知识技术密集等特征[20]，科技、市场间联动协同的重要性凸显[6, 21]，学者们也注意到新兴产业的创新主体往往交织嵌入在科学、技术、市场等不同场域中[6, 7]，其创新发展受多重制度产生的多元逻辑支配，创新生态系统也具有制度复杂性和逻辑混合性。另一方面，数字经济背景下新兴产业创新具有更加不稳定或高度渗透的边界，植根于不同逻辑领域的实践糅杂[22]，从而使其呈现生态系统的利益平衡和纠缠演化更加繁杂。因此，在新的背景下，需要引入新的视角对复杂逻辑下创新主体如何演进进行探索。

制度逻辑视角为探索新兴产业创新生态系统中主体所在生境的演化模式提供可行的破题思路。制度逻辑理论主要关注组织场域不同层次的多元性制度安排如何塑造个体行为异质性和驱动制度变革[23~25]，能够有效解释复杂制度环境中主体的认知及行为[26]。现有相关文献也认为社会是由多重制度建构的，探讨了制度逻辑的所属类别和驱动方式，以及处于其中的组织如何为多重制度产生的多元逻辑所支配[27~29]。因此，本章基于多重制度逻辑视角，深入剖析数字经济时代创新生态系统多重生境中的复杂逻辑下产学主体如何集聚与演进。

12.2　研究设计与数据来源

12.2.1　案例选择

本章以全球3D打印产业为例进行分析。3D打印产业是典型的战略性新兴产业在2018年被正式纳入国家统计局发布的《战略性新兴产业分类（2018）》；当前全球3D打印产业处于高速发展期，我国也在20世纪80年代末开始3D打印相关技术的研究，与发达国家几乎同时起步，具有充足的研究窗口期。因此，本章对1998~2019年全球3D打印产业进行研究具有可行性与现实意义。

12.2.2 数据获取与处理

1. 数据获取与清洗

本章基于专利数据分析全球 3D 打印产业创新生态系统的演化趋势。首先，参考已有研究中 3D 打印技术相关专利的检索式[30]，在德温特世界专利索引（Derwent World Patent Index，DWPI）数据库中进行检索，共获得 1998~2019 年全球 3D 打印相关专利数据 90 756 条，剔除个人单独节点并对重复样本进行合并后，得到数据 62 466 条，涵盖 6 109 家创新主体，作为研究的总体样本集。

2. 阶段划分与网络构建

本章参考已有文献[31]，借助工业技术集中度（concentration ratio，CR）及其最大二阶差分（second order difference，SOD）对产业发展阶段进行划分。首先，利用产业中前 8 家创新主体的总专利数量占整个产业的专利总数的比值来衡量 CR 值[31]，并计算其最大 SOD（图 12.1）；其次，将最大 SOD 绝对值（2000 年）、最小 CR 值（2010 年）、最小 SOD 绝对值（2015 年）作为临界值来划分阶段，最大 SOD 绝对值代表技术发展的峰值且产业发展处于波动阶段，最小 CR 值表示产业技术发展开始放缓，最小 SOD 绝对值则表示一段时间内产业发展相对稳定。因此，本章将 3D 打印产业划分为 2000~2009 年、2010~2014 年、2015~2019 年三个阶段。

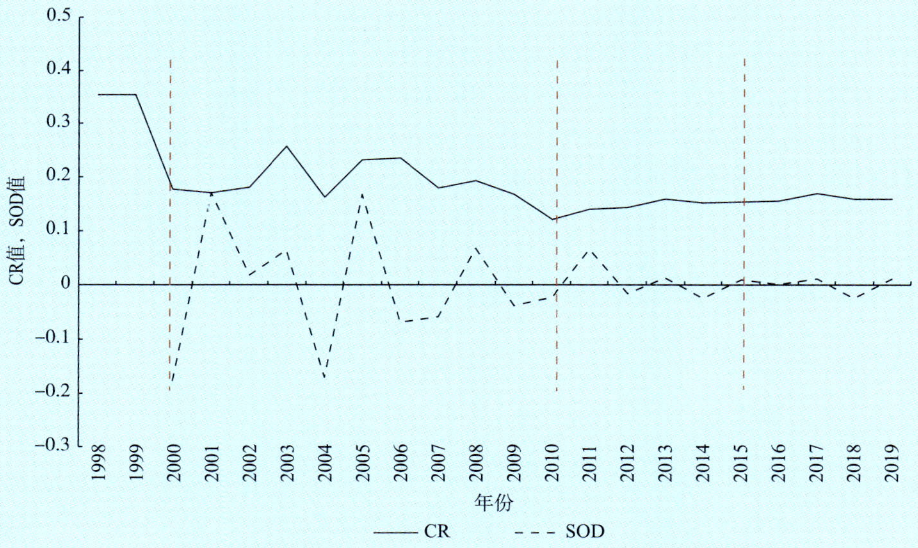

图12.1　1998~2019年全球3D打印产业专利总量CR值与SOD值

在阶段划分基础上，本章以全球 3D 打印相关专利创新主体作为网络节点，以专利合作关系作为网络中节点间连线，以创新主体共同申请专利数量作为节点间连线的权重，建立三个阶段（2000~2009 年、2010~2014 年、2015~2019 年）的全球 3D 打印产业整体网络，并基于 Louvain 网络拓扑聚类算法识别其中的创新群落用于后续演化模式的分析。

3. 代表性创新群落筛选

为了更好地对创新群落的演化模式进行探索，本章进一步对具有代表性的创新群落进行筛选。首先，依据专利总量确定 1998~2019 年排名前 100 的创新主体中的中国创新主体；其次，确定中国创新主体三个阶段所在创新群落，并剔除无专利合作关系的孤立节点；最后，得到代表性创新群落样本集，用于创新群落演化模式的研究，具体数据获取与处理流程如图 12.2 所示。

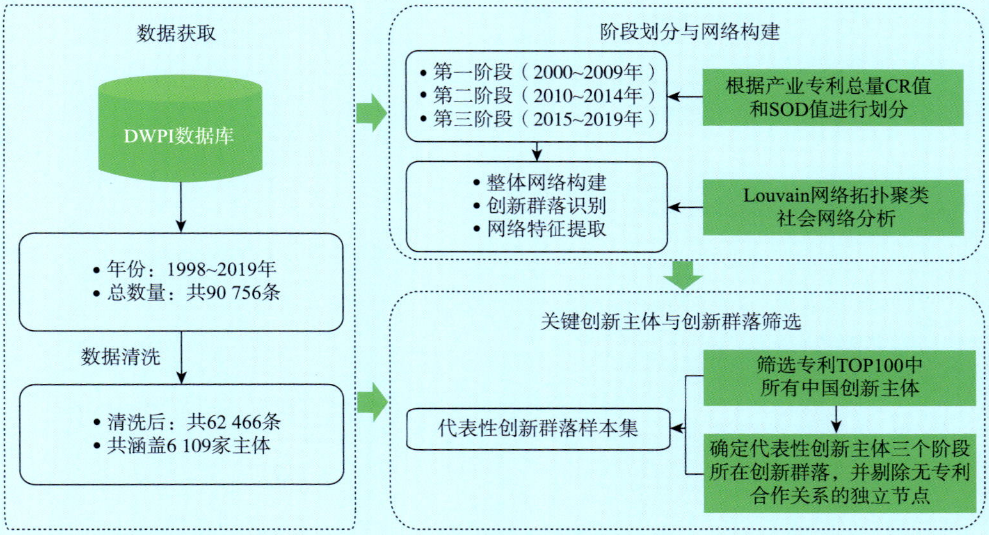

图12.2　数据获取与处理流程

12.2.3　研究方法

1. 基于Louvain网络拓扑聚类的创新群落识别

本章采用 Louvain 网络拓扑聚类算法对 3D 打印产业创新群落进行识别。Louvain 网络拓扑聚类算法通过评估实际网络与规模相同、度分布相同的随机网络之间的结构差异来识别网络子群，无须提供先验假设，更加贴合现实情况[32, 33]。Louvain 网络拓扑聚类算法的优化策略是最大化划分网络的模块化 Q，其定义如下：

$$Q=\frac{1}{2m}\sum_{ij}\left(A_{ij}-\frac{k_i k_j}{2m}\right)^2\delta\left(c_i,c_j\right) \quad (12.1)$$

其中，i 和 j 均为网络节点；m 代表网络内所有连接的权重之和；A_{ij} 代表节点 i 与节点 j 间连接的权重，如果节点 i 与节点 j 间无连接，则 A_{ij} 的值为 0；k_i 代表节点 i 在网络中所有连接的权重之和；c_i 代表节点 i 所属创新群落，如果节点 i 与节点 j 属于同一个创新群落，即 $c_i=c_j$，那么 $\delta\left(c_i,c_j\right)=1$，否则 $\delta\left(c_i,c_j\right)=0$。

2. 创新群落产业链特征

（1）覆盖产业链环节。第一位国际专利分类（international patent classification，IPC）代码代表专利所在的部，前三位 IPC 代码代表专利所在的大类，二者均能在一定程度上反映产业的技术聚集领域和研发焦点 [34]。本章采用创新群落中所有主体在当前阶段拥有的专利所属 IPC 部和大类的数量，来测度创新群落覆盖产业链环节情况。

（2）产业链环节分布。本章借助赫芬达尔-赫希曼指数（Herfindahl-Hirschman index，HHI）测度创新群落的产业链环节分布情况。

$$\mathrm{HHI}_x=\sum_i\left(\frac{n_i}{N_x}\right)^2 \quad (12.2)$$

其中，企业 i 属于创新群落 x；n_i 为企业 i 在当前阶段申请过专利的数量；N_x 为创新群落 x 中所有企业在当前阶段申请过专利的数量。

3. 创新群落网络特征

（1）创新群落密度（Network Density）。群落密度表征网络中各个节点关联的紧密程度，网络中密度越高，越接近于 1，说明成员间的联系越紧密，其计算公式为

$$\text{Network Density}=\frac{1}{n\left(n-1\right)/2} \quad (12.3)$$

其中，n 为创新群落中涵盖的创新主体的数量。

（2）创新群落网络中心势（Network Centralization）。网络中心势是实际最大中心度与其他节点中心度差值总和与最大可能的差值总和之比。创新群落度中心势越高，说明群落越具有集中趋势；创新群落中介中心势越高，表明群落中节点可能分为多个小团体且依赖某一个节点传递关系，该节点在网络中处于重要的中介地位；创新群落接近中心势越高，表明群落中节点的差异性越大。

4. 核心创新主体特征

（1）主体创新群落内度中心度（Degree Centrality）。这一概念表征一个节点在群内建立连接的强度，其计算公式为

$$\text{Degree Centrality}_i = \frac{\sum x_{ij}}{N-1} \tag{12.4}$$

其中，企业 i、j 属于同一个创新群落，若企业 i 与企业 j 之间具有直接连接，则 $x_{ij}=1$，否则 $x_{ij}=0$；N 表示网络子群内节点数量。

（2）主体创新群落内核心度（Coreness）[35, 36]。本章借鉴连续核心 / 边缘模型 [35] 来计算。设 $\boldsymbol{A}$ 为网络的邻接矩阵，求取每个节点的核心度使得网络的邻接矩阵 $\boldsymbol{A}$ 与结构矩阵 $\boldsymbol{\Delta}$ 除对角线以外部分的 Pearson 相关系数最大。网络的结构矩阵定义如下：

$$\delta_{ij} = \text{Coreness}_i \text{Coreness}_j \tag{12.5}$$

其中，Coreness_i 为节点 i 的核心度，取值范围为 [0,1]，该值越大，企业越靠近核心位置，反之越靠近边缘位置。

（3）主体创新群落内结构洞（Structural Hole）。借鉴前人研究 [37, 38]，用结构洞衡量节点占据关键中介地位的情况，数值越大表明其在网络中能够获得的信息利益和控制利益越大，计算公式为

$$\text{Structural Hole}_i = 1 - \sum_{j=1}\left(p_{ij} + \sum_{q=1} p_{iq} p_{qj}\right)^2 \tag{12.6}$$

其中，企业 i、j、q 属于同一个创新群落，且 $q \neq i,j$，企业 q 为企业 i 和企业 j 共同邻接的企业，企业 i 和企业 j 不邻接；p_{ij} 表示在企业 i 所有邻接的企业中企业 j 所占的比率；$\sum_{j=1}\left(p_{ij} + \sum_{q=1} p_{iq} p_{qj}\right)^2$ 为企业 i 的约束指数。

（4）主体创新群落内接近中心度（Closeness Centrality）。

$$\text{Closeness Centrality}_i = \frac{1}{\sum_j d(i,j)} \tag{12.7}$$

其中，企业 i、j 属于同一个创新群落，且 $i \neq j$，$d(i,j)$ 表示企业 i、j 之间最短路径距离；$\sum_j d(i,j)$ 表示企业 i 到创新群落中其他所有企业最短路径距离之和。

12.3　新兴产业创新生态系统的演化——以 3D 打印产业为例

12.3.1　新兴产业创新生态系统的阶段演化

全球 3D 打印产业创新生态系统与创新群落的基本情况如表 12.1 所示。可以发现，2000~2009 年，创新生态系统涵盖 1 231 家主体，主体间形成 2 863 条连接，总体呈现出较为稀疏的状态，共形成 124 个创新群落，规模最大的创新群落仅有 174 家主体；2010~2014 年，主体数量不断增长，达到 2 079 家，形成 194 个创新群落，最大规模稍有减小，为 117 家；2015~2019 年，主体数量持续增长达到 4 047 家，共

形成了 299 个创新群落，且群落最大规模可达 348 家。三个阶段中创新群落的平均规模保持相对稳定，阶段演化如图 12.3 所示。

表 12.1　3D 打印产业新生态系统与创新群落特征

项目	2000~2009 年	2010~2014 年	2015~2019 年
整体网络规模 / 家	1 231	2 079	4 047
网络子群数量 / 个	124	194	299
创新群落最大规模 / 家	174	117	348
创新群落最小规模 / 家	2	2	2
创新群落平均规模 / 家	8.927	8.923	7.007

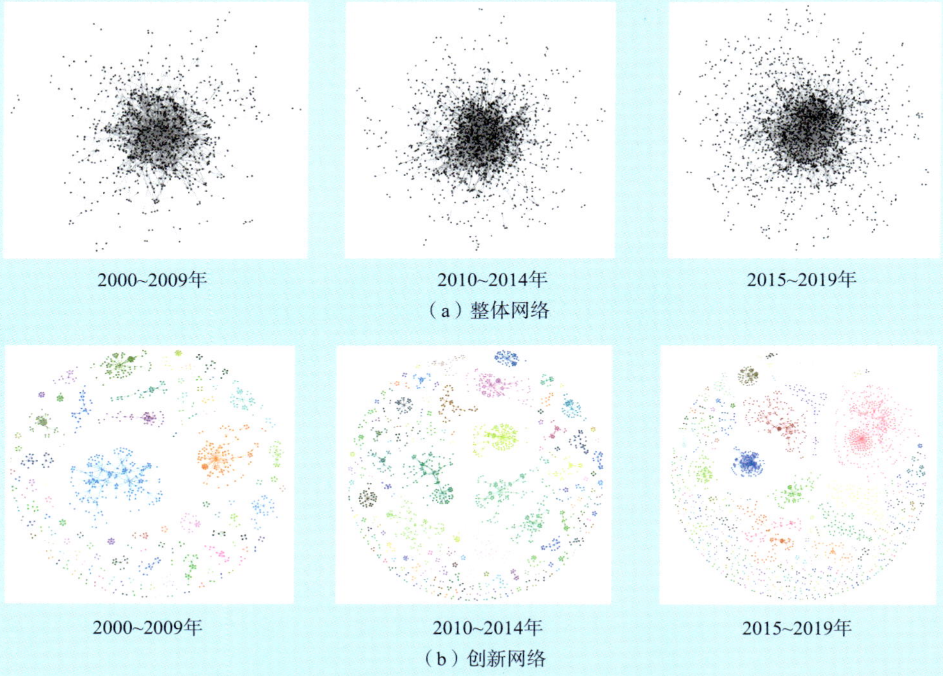

图12.3　全球3D打印产业创新生态系统阶段演化网络示意图
节点颜色相同代表属于同一创新群落，不同颜色代表不同创新群落

全球 3D 打印产业创新生态系统网络特征如表 12.2 所示。可以看出，2000~2009 年，3D 打印产业创新生态系统整体网络密度为 0.003 782，保持下降趋势，在 2015~2019 年这一数值已减至 0.000 432，这表明随着新主体的迅速增加，网络中连接数相对减少。网络的度中心势、中介中心势、接近中心势均呈现下降趋势，聚集态势逐渐降

低，随着时间的推移，网络内的知识、技术和资源越来越分散，能够被更多主体共享。

表 12.2　全球 3D 打印产业创新生态系统网络特征

项目	2000~2009 年	2010~2014 年	2015~2019 年
网络密度	0.003 782	0.001 932	0.000 432
网络度中心势	0.133 020	0.106 929	0.040 617
网络中介中心势	0.146 378	0.139 443	0.056 649
网络接近中心势	0.352 693	0.332 636	0.206 137

12.3.2　新兴产业代表性创新群落特征对比分析

本章选择三个代表性群落，如图 12.4 所示。本章对代表性创新群落在第三阶段（2015~2019 年）的基本特征、产业链特征、网络特征及核心主体特征进行深入分析（表 12.3）。

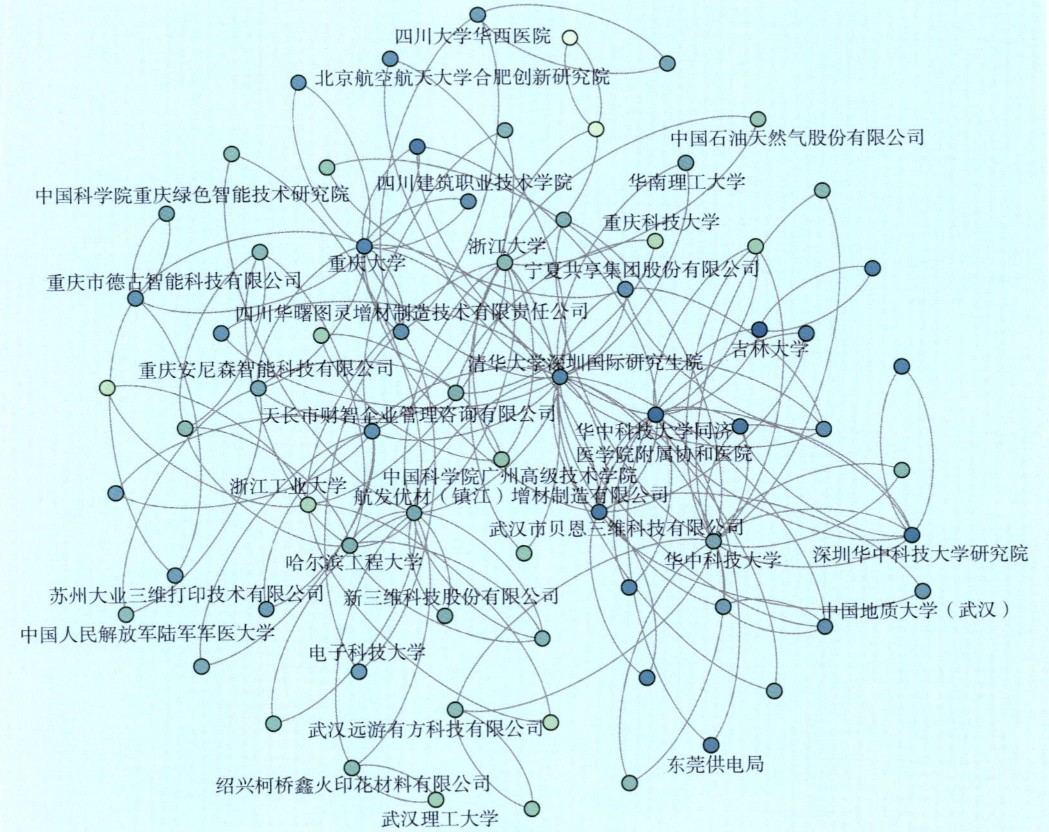

（a）代表性群落1

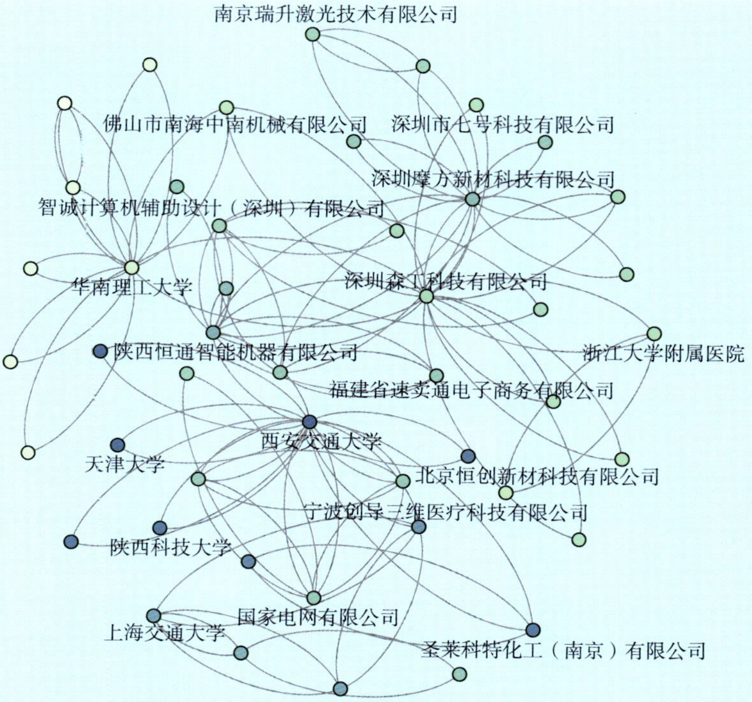

（b）代表性群落2

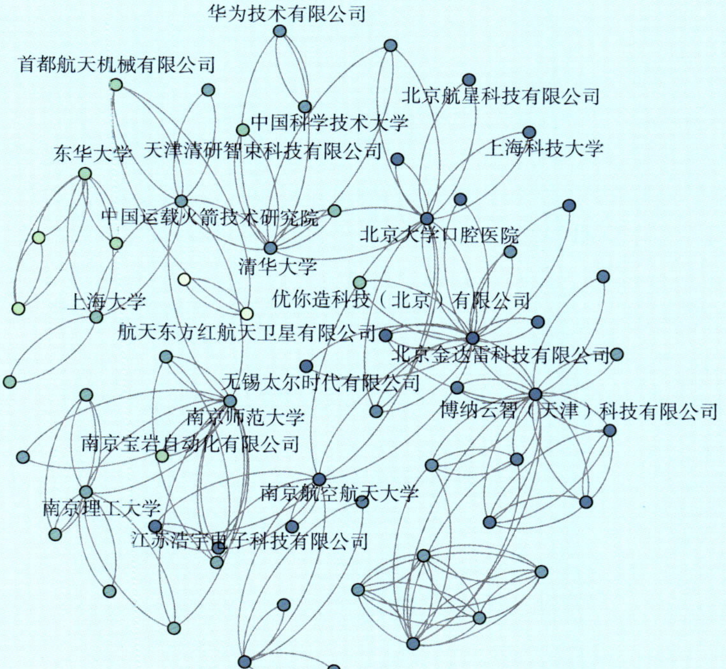

（c）代表性群落3

图12.4　代表性创新群落第三阶段（2015~2019年）网络示意图

图中对专利数量大于10且始终存在的主体进行了对应标注

表 12.3 第三阶段代表性创新群落不同阶段特征

特征	细分特征	代表性群落 1	代表性群落 2	代表性群落 3
群落基本特征	群落规模	70	47	62
	专利总量	2 178	1 183	1 268
	主体分布	高校占 37%	高校占 20%	高校占 19%
群落产业链特征	产业链环节覆盖（部）	8	8	8
	产业链环节覆盖（大类）	60	66	62
	产业链环节分布	0.293	0.066	0.07
群落网络特征	群落密度	0.032 3	0.052 7	0.043 9
	度中心势	0.178 8	0.249 3	0.186 1
	中介中心势	0.669 0	0.616 2	0.528 9
	接近中心势	0.294 4	0.344 5	0.218 1
群落核心主体特征	按专利数量筛选	浙江大学 吉林大学 华中科技大学	深圳森工科技有限公司 华南理工大学 西安交通大学	北京金达雷科技有限公司 南京航空航天大学 清华大学
	按群落内核心性筛选	浙江大学	西安交通大学	北京金达雷科技有限公司
	按群落内度中心度筛选	清华大学深圳国际研究生院	西安交通大学	博纳云智（天津）科技有限公司
	按群落内结构洞筛选	清华大学深圳国际研究生院	西安交通大学	北京金达雷科技有限公司
	按群落内接近中心度筛选	清华大学深圳国际研究生院	陕西恒通智能机器有限公司	北京金达雷科技有限公司

对于群落基本特征而言，三个代表性群落特征基本均衡，其中代表性群落 1 的规模最大、主体申请专利数量最多，涵盖 70 家创新主体共计 2 178 项专利，与之相反，代表性群落 2 的规模最小（47），申请专利数量最少（1 183 项）。

对于群落产业链特征而言，三个代表性群落均在多个产业链环节进行布局，其中，代表性群落 1 占据产业链环节较为集中，而代表性群落 2 和 3 分布更为分散，在不同环节均有布局。

对于群落网络特征而言，代表性群落 2 的群落密度、度中心势、接近中心势均为最高，表示代表性群落 2 在三个群落中最为紧密，中介中心势最高的群落为代表性群落 1，代表其中存在更多的开放性网络结构且相对稀疏。

对于群落核心主体而言，本章通过专利数量、群落结构洞等指标进行筛选。代表性群落 1 中核心主体主要为高校，包括华中科技大学、浙江大学、吉林大学和清华大学深圳国际研究生院；代表性群落 2 中的核心主体覆盖高校和企业，包括西安交通大学、华南理工大学、陕西恒通智能机器有限公司和深圳森工科技有限公司；代表性群落 3 中包括南京航空航天大学、清华大学两所高校和北京金达雷科技有限公司、博纳云智（天津）科技有限公司。

12.3.3 新兴产业创新群落演化模式分析

1. 代表性群落1：科技逻辑主导的利基发展模式

第一阶段（2000~2009 年），华中科技大学和浙江大学两所高校作为核心创新主体，较早开展 3D 打印技术相关研发活动，成立了相关实验室与研究中心进行技术攻关，但均为独立节点，无专利合作关系。第二阶段（2010~2014 年），华中科技大学、浙江大学、吉林大学在科技逻辑的主导下展开研究，侧重技术驱动，研发成果在企业实现转化和产业化应用。例如，华中科技大学武汉光电国家实验室与激光 3D 打印领域的武汉新瑞达激光工程有限责任公司建立了产学研的长期合作关系，致力于将科研机构的新思想、新技术推向产业化，研究领域相对聚焦。第三阶段（2015~2019 年），核心创新主体与第二阶段基本保持一致，均为高校，如浙江大学位于创新群落内核心位置，清华大学深圳国际研究生院占据重要桥梁位置，且具有较高的接近中心度，与其他主体保持较近的距离（图 12.5）。

2. 代表性群落2：科技逻辑主导的平台发展模式

第一阶段（2000~2009 年）中，核心创新主体为西安交通大学、华南理工大学、深圳森工科技有限公司，华南理工大学与深圳森工科技有限公司具有合作关系，深圳森工科技有限公司作为一家 3D 打印机创新型企业，注重前沿技术发展，与高校密切合作能够推动其技术创新。第二阶段（2010~2014 年），核心创新主体为西安交通大学、华南理工大学、深圳森工科技有限公司、陕西恒通智能机器有限公司，其中西安交通大学在网络中处于核心位置，具有较强的支配地位，成立快速制造国家工程研究中心，充分发挥西安交通大学制造学科及其科研优势，在多个产业链环节广泛布局。例如，陕西恒通智能机器有限公司作为大学产业集团控股的独立高新科技企业，在高校形成平台的基础上广泛发展业务，其产品技术涵盖 3D 打印新工艺的研发与技术应用。第三阶段（2015~2019 年），核心创新主体与第三阶段相同，网络仍以西安交通大学和华南理工大学为核心，在科技逻辑驱动下开展 3D 打印相关研究，覆盖多个产业链环节，为中小型科技企业提供了创新研究的平台，演化示意图如图 12.6 所示。

3. 代表性群落3：市场逻辑主导的发展模式

第一阶段（2000~2009 年）中，核心创新主体为博纳云智（天津）科技有限公司，公司作为高科技企业与国外 3D 打印厂商具有跨地理边界的合作关系。第二阶段（2010~2014 年），核心创新主体为博纳云智（天津）科技有限公司、北京金达雷科技有限公司、南京航空航天大学和清华大学，其中北京金达雷科技有限公司以实现高质量 3D 打印机的民用普及为目标，在此阶段快速发展，与北京太尔时代科技有限公司等 3D 打印企业建立起密切的商业合作关系，在 3D 打印机领域取得突破；南京航空航天大学在市场逻辑驱动下借助江苏省产学研合作智能服务平台，助力多环节的 3D 打印技术产业化。第三阶段（2015~2019 年），核心创新主体与第三阶段相同，北京金达雷科技有限公司处于创新群落中的核心地位，且处于重要的桥梁地位；清华大学与首都航天机械有限公司、航天东方红卫星有限公司、北京航星科技有限公司等航天企业密切合作推动技术市场化应用，将“3D 打印 +3D 扫描”技术用于发动机缩比件的生产制造，在市场逻辑主导下推动 3D 打印相关研究，演化示意图如图 12.7 所示。

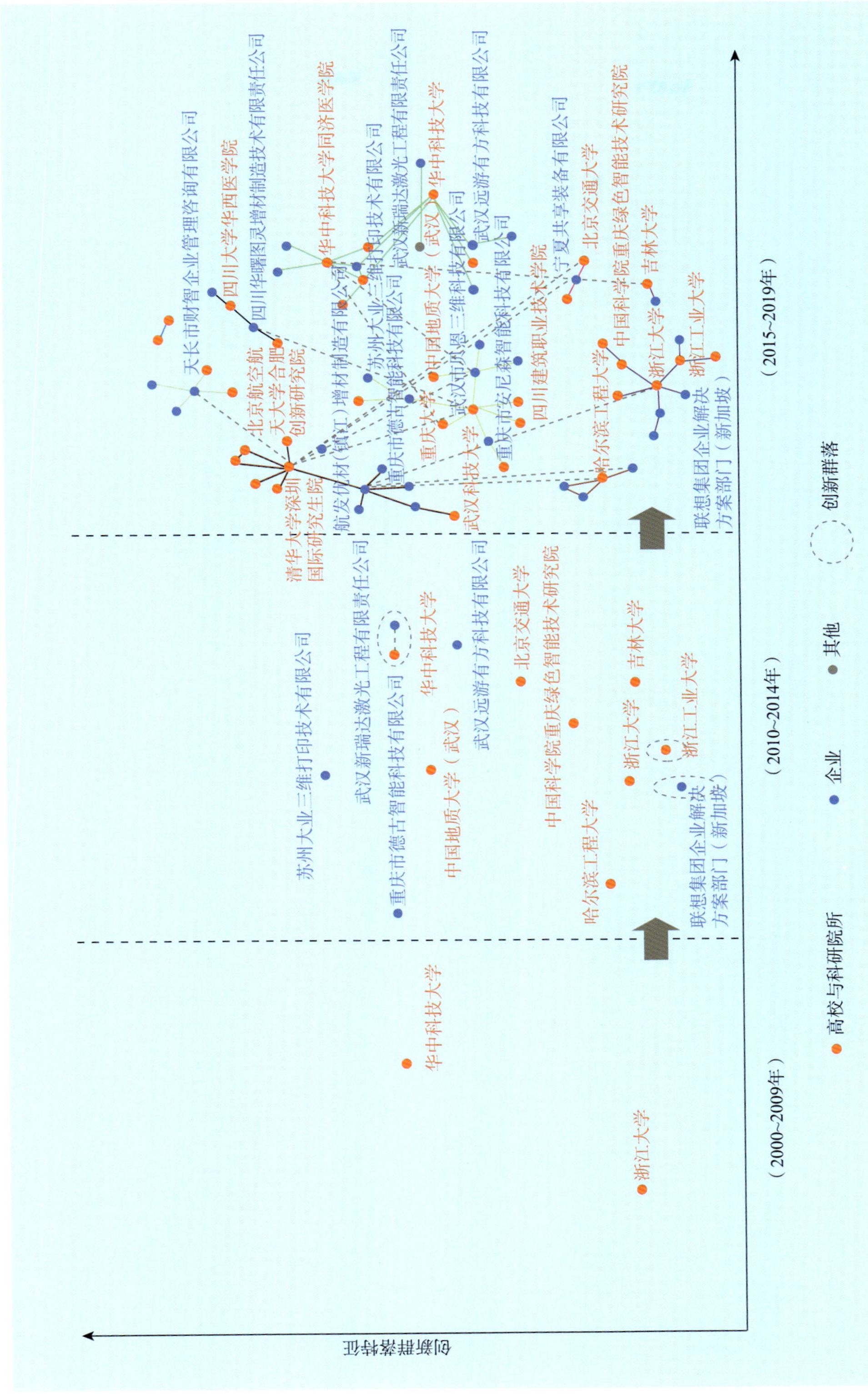

图12.5　科技逻辑主导的利基发展模式创新群落演化示意图

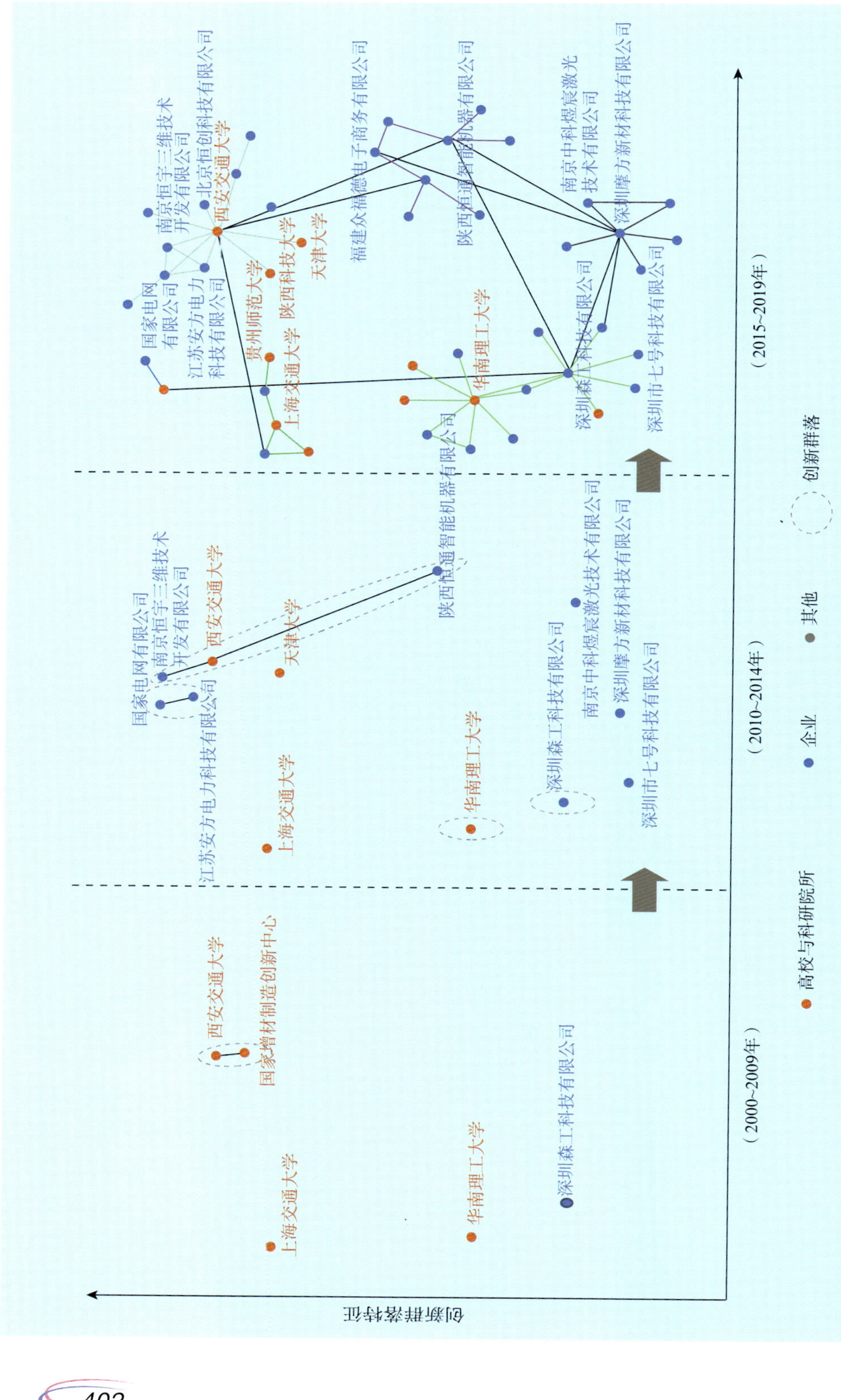

图12.6　科技逻辑主导的平台发展模式创新群落演化示意图

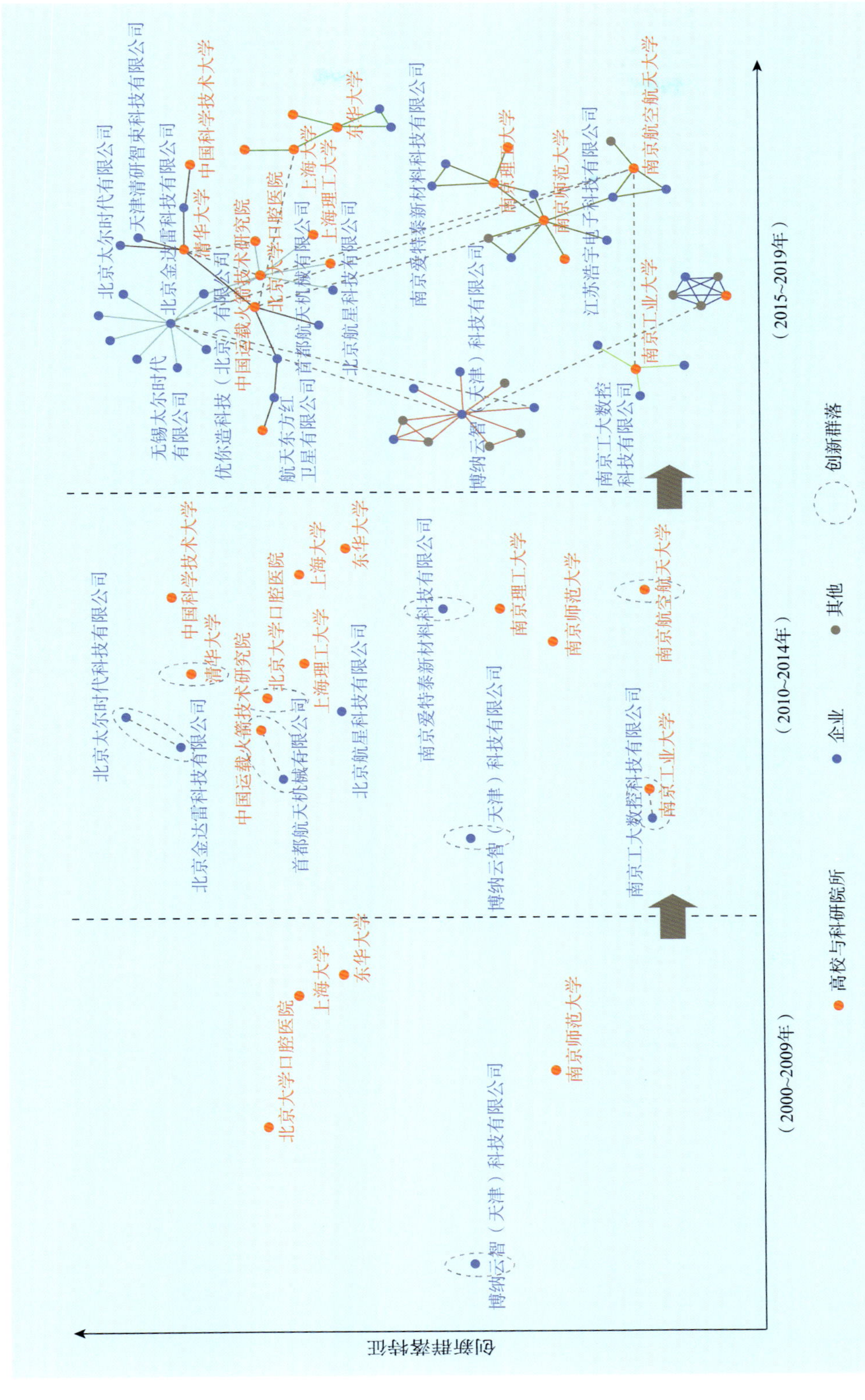

图12.7　市场逻辑主导的发展模式创新群落演化示意图

12.4 结论与建议

12.4.1 结论

本章基于多重制度逻辑视角，以全球3D打印产业为例，探讨了数字经济背景下新兴产业创新生态系统中产学主体间的合作互动及演化过程，归纳新兴产业创新生态系统中产学主体虚拟集聚形成的创新群落的演化模式，主要结论如下。

（1）从新兴产业创新生态系统整体来看，随着时间推移，全球3D打印产业中创新主体不断增加，包括众多高校、企业和科研院所，主体之间的联系不断增多，形成了大量跨越地理边界的创新群落，且群落规模不断扩大。

（2）从新兴产业创新群落及核心主体来看，主要有三种典型演化模式，包括科技逻辑主导的利基发展模式、科技逻辑主导的平台发展模式和市场逻辑主导的发展模式。其中，科技逻辑主导的利基发展模式中的核心主体为高校，展开相对集中的研究活动；科技逻辑主导的平台发展模式中的核心主体为高校和企业，高校占据网络主导地位，在科技逻辑驱动下与企业建立研究合作关系；市场逻辑主导的发展模式中的核心主体为企业和高校，企业占据网络主导地位，在市场逻辑驱动下与高校建立商业合作关系，促进产业化发展。

12.4.2 政策建议

本章基于前面的分析结论提出以下政策建议。

（1）在全国范围内统筹战略性新兴产业生产力布局。加快建设产业协同的创新集群的同时，促进形成跨区域分工合作的虚拟化产业园区，并且鼓励国际研发合作，将产业边界向全球分工体系深度拓展，积极参与国际标准和产业规则的制定，提高全球性合作中中国主体的影响力和地位。

（2）鼓励科研机构与企业共同开展研究项目，推动高校创新成果转化为生产力。高校在进行核心技术的攻关研究方面具有独特的科研优势，特别是对于战略性新兴产业而言，高校往往是技术创新与发展的主力军。因此，要充分利用与高科技企业之间的密切关系，加强主体间知识等创新资源的流动和传播，鼓励企业与科研机构共同开展研究项目，推动创新成果转化为生产力，促进创新集群的技术创新和产业升级。

（3）积极调动企业参与的积极性，以企业需求为导向充分发挥其需求拉动的优势。对于战略性新兴产业而言，其市场发展具有高度不确定性与动态性，企业能够更敏锐地捕捉市场中的各种变化。政府可以制定鼓励创新的优惠政策，推动企业进行技术突破；同时建立更多需求对接的平台，让企业直接参与新兴产业的研发与生产，进而形成稳定的产业链。

参 考 文 献

[1] Kapoor R. Ecosystems：broadening the locus of value creation[J]. Journal of Organization Design，2018，7（1）：1-16.

[2] Kwak K，Kim W，Park K. Complementary multiplatforms in the growing innovation ecosystem：evidence from 3D printing technology[J]. Technological Forecasting and Social Change，2018，136：192-207.

[3] 曾赛星，陈宏权，金治州，等 . 重大工程创新生态系统演化及创新力提升 [J]. 管理世界，2019，35（4）：28-38.

[4] 王宏起，汪英华，武建龙，等 . 新能源汽车创新生态系统演进机理——基于比亚迪新能源汽车的案例研究 [J]. 中国软科学，2016，（4）：81-94.

[5] 杨升曦，魏江 . 企业创新生态系统参与者创新研究 [J]. 科学学研究，2021，39（2）：330-346.

[6] Clarysse B，Wright M，Bruneel J，et al. Creating value in ecosystems：crossing the chasm between knowledge and business ecosystems[J]. Research Policy，2014，43（7）：1164-1176.

[7] 许冠南，胡伟婕，周源，等 . 创新生态系统双重网络嵌入对企业创新的影响机制 [J]. 管理科学，2022，35（3）：73-86.

[8] Adner R. Match your innovation strategy to your innovation ecosystem[J]. Harvard Business Review，2006，84（4）：98-107.

[9] 梅亮，陈劲，刘洋 . 创新生态系统：源起、知识演进和理论框架 [J]. 科学学研究，2014，32（12）：1771-1780.

[10] 曾国屏，苟尤钊，刘磊 . 从“创新系统”到“创新生态系统”[J]. 科学学研究，2013，31（1）：4-12.

[11] 许冠南，周源，吴晓波 . 构筑多层联动的新兴产业创新生态系统：理论框架与实证研究 [J]. 科学学与科学技术管理，2020，41（7）：98-115.

[12] 程鹏，柳卸林，朱益文 . 后发企业如何从嵌入到重构新兴产业的创新生态系统——基于光伏产业的证据判断 [J]. 科学学与科学技术管理，2019，40（10）：54-69.

[13] 黄鲁成 . 创新群落及其特征 [J]. 科学管理研究，2004，（4）：4-6，10.

[14] 罗发友，刘友金 . 技术创新群落形成与演化的行为生态学研究 [J]. 科学学研究，2004，（1）：99-103.

[15] Ter Wal A L. Cluster emergence and network evolution：a longitudinal analysis of the inventor network in Sophia-Antipolis[J]. Regional Studies，2013，47（5）：651-668.

[16] 余江，孟庆时，张越，等 . 数字创新：创新研究新视角的探索及启示 [J]. 科学学研究，2017，35（7）：1103-1111.

[17] 陈剑，刘运辉 . 数智化使能运营管理变革：从供应链到供应链生态系统 [J]. 管理世界，2021，37（11）：227-240，14.

[18] 姜李丹，薛澜，梁正 . 人工智能赋能下产业创新生态系统的双重转型 [J]. 科学学研究，2022，40（4）：602-610.

[19] 吴思静，赵顺龙．知识逻辑下的产学研合作模式分析 [J]. 情报杂志，2010，29（9）：204-207.

[20] 刘国巍，邵云飞．产业链创新视角下战略性新兴产业合作网络演化及协同测度——以新能源汽车产业为例 [J]. 科学学与科学技术管理，2020，41（8）：43-62.

[21] Ritala P，Almpanopoulou A. In defense of “eco” in innovation ecosystem[J]. Technovation，2017，60/61：39-42.

[22] 韩文海，苏敬勤．情境感知与战略逻辑“相位转变”：新兴场域企业创新选择演化路径 [J]. 管理评论，2022，34（5）：202-217.

[23] Thornton P H，Ocasio W. Institutional logics[C]//Greenwood R，Oliver C，Sahlin K，et al. The SAGE Handbook of Organizational Institutionalism. New York：SAGE Publishing，2008：99-129.

[24] 杜运周，尤树洋．制度逻辑与制度多元性研究前沿探析与未来研究展望 [J]. 外国经济与管理，2013，35（12）：2-10，30.

[25] Dunn M B，Jones C. Institutional logics and institutional pluralism：the contestation of care and science logics in medical education，1967—2005[J]. Administrative Science Quarterly，2010，55（1）：114-149.

[26] Greenwood R，Raynard M，Kodeih F，et al. Institutional complexity and organizational responses[J]. Academy of Management Annals，2011，5（1）：317-371.

[27] 杜运周，刘秋辰，程建青．什么样的营商环境生态产生城市高创业活跃度？——基于制度组态的分析 [J]. 管理世界，2020，36（9）：141-155.

[28] Tracey P，Phillips N，Jarvis O. Bridging institutional entrepreneurship and the creation of new organizational forms：a multilevel model[J]. Organization Science，2011，22（1）：60-80.

[29] Thornton P H，Ocasio W，Lounsbury M. The Institutional Logics Perspective：A New Approach to Culture，Structure and Process[M]. New York：Oxford University Press，2012.

[30] 许冠南，方梦媛，周源．新兴产业政策与创新生态系统演化研究——以增材制造产业为例 [J]. 中国工程科学，2020，22（2）：108-119.

[31] Lyu Y，He B，Zhu Y，et al. Network embeddedness and inbound open innovation practice：the moderating role of technology cluster[J]. Technological Forecasting and Social Change，2019，144：12-24.

[32] Newman M E. Fast algorithm for detecting community structure in networks[J]. Physical Review E，2004，69（6）：066133.

[33] Clauset A，Newman M E，Moore C. Finding community structure in very large networks[J]. Physical Review E，2004，70（6）：066111.

[34] 曾德明，韩智奇，邹思明．协作研发网络结构对产业技术生态位影响研究 [J]. 科学学与科学技术管理，2015，36（3）：87-95.

[35] Borgatti S P，Everett M G. Models of core/periphery structures[J]. Social Networks，2000，21（4）：375-395.

[36] Dahlander L，Frederiksen L. The core and cosmopolitans：a relational view of innovation in user

communities[J]. Organization Science，2012，23（4）：988-1007.

[37] Burt R S. Structural Holes：The Social Structure of Competition[M]. Cambridge：Harvard University Press，1992.

[38] Zhou Y，Xu G，Hu W，et al. Exploring network communities in innovation ecosystem：contingency effects of collaboration orientation[Z]. Research Policy Special Issue Conference "Innovation Ecosystems and Ecosystem Innovation"，2020.

本章撰写人员名单

主要执笔人：

许冠南　北京邮电大学　教授
康　宁　北京邮电大学　博士研究生
孔世璇　北京邮电大学　硕士研究生
董　放　清华大学　博士研究生
周　源　清华大学　长聘副教授

课题组主要成员：

薛　澜　清华大学　教授
周　源　清华大学　长聘副教授
冯记春　中国工程科技发展战略研究院　首席研究员
柳卸林　中国科学院大学　教授
黄鲁成　北京工业大学　教授
穆荣平　中国科学院科技战略咨询研究院　研究员
陈　劲　清华大学　教授
刘培林　浙江大学　研究员
蔡跃洲　中国社会科学院　研究员
沙　勇　南京邮电大学人口研究院　教授
许冠南　北京邮电大学　教授
李　欣　北京工业大学　教授
张振翼　国家信息中心　高级工程师

第 13 章

战略性新兴产业系统解决方案供应商培育政策研究——以智能制造为例

战略性新兴产业“品牌项目”政策创新课题组

【内容提要】在新一轮科技革命中，制造企业智能化转型升级是推动我国战略性新兴产业高质量发展的主要抓手，是建设制造强国的主要任务。近期，随着国家对智能制造发展重点布局，我国开始构建以系统解决方案供应商为重要支撑的智能制造创新生态系统，促进制造企业应用数字化、网络化、智能化技术和装备，加速完成智能化转型升级。本章对“十一五”以来（2006 年 1 月 ~2023 年 9 月）我国中央部委及省级政府出台的系统解决方案供应商培育政策进行深入分析，对相关政策的总体概况、政策主题、政策主体进行系统性梳理，通过比较分析总结政策演化规律，以期为中央政府层面和地方政府层面深入推进我国系统解决方案供应商培育发展提供政策参考。

13.1 研究背景

在新一轮科技革命中，制造企业智能化转型升级是推动我国战略性新兴产业高质量发展的主要抓手，是建设制造强国的主要任务。“十一五”以来，我国不断优化智能制造发展重点布局，并着力构建以智能制造系统解决方案供应商为重要支撑的智能制造创新生态系统，促进制造企业应用数字化、网络化、智能化技术和装备，加速完成智能化转型升级。2021 年 12 月，工信部、国家发展和改革委等八部门印发《"十四五"智能制造发展规划》，提出"依托数字化服务商，提供数字化咨询诊断、智能化改造、上云用云等服务"[1]。但是，我国制造企业在应用数字化、网络化、智能化技术和装备的过程中仍存在诸多挑战。我国制造企业数字化基础薄弱，技术能力参差不齐，在智能化转型中面对代差级的技术创新时，往往难以通过自身技术能力完成数字化、网络化、智能化技术和装备的应用，需要诸如系统解决方案供应商在内的专业服务机构为制造企业赋能。

智能制造系统解决方案供应商是通过整合各种数字化、网络化、智能化技术装备和工业软件资源，为客户提供一站式智能制造解决方案的专业服务机构。系统解决方案供应商是推动制造业智能化转型的重要力量，对于优化资源配置、提高产业升级效率和促进智能制造产业发展具有重要意义。系统解决方案供应商可利用跨领域的技术能力和丰富的项目经验，满足制造企业多元化转型和升级需求，从而加速先进技术和装备的推广和应用。

"十一五"以来，我国政府高度重视系统解决方案供应商等专业服务机构的培育工作，通过各种政策培育和支持系统解决方案供应商队伍建设，为更多制造业细分领域提供智能制造系统解决方案，加速推动我国制造业转型升级。因此，本章对 2006 年 1 月 ~2023 年 9 月我国中央部委及省级政府出台的系统解决方案供应商培育政策① 进行深入分析，对相关政策的总体概况、政策主题、政策主体进行系统性梳理，通过比较分析以总结政策演化规律，以期为中央政府层面和地方政府层面深入推进我国系统解决方案供应商培育发展提供政策参考。

13.2 "十一五"以来中国系统解决方案供应商相关政策总体分析

基于我国系统解决方案供应商相关政策的数量变化及地区分布情况分析，发现"十一五"以来（2006 年 1 月 ~2023 年 9 月）我国共出台 957 项系统解决方案供应商相关政策，包括中央政府层面政策② 100 项及地方政府层面政策③ 857 项。

分析"十一五"以来我国系统解决方案供应商政策数量变化趋势可以发现，相关政策数量总体保持增长态势。"十一五"及"十二五"期间，系统解决方案供应商

① 政策文本数据来源于北大法宝数据库、我国省级政府及其他部门官方网站等。检索关键词包括"系统解决方案供应商"、"系统集成商"和"集成服务商"。时间范围为 2006 年 1 月 ~2023 年 9 月。

② 中央政府层面政策指由党中央、国务院及各部委出台的相关政策。

③ 地方政府层面政策指由省、自治区、直辖市级政府出台的相关政策（我国台湾、香港特别行政区及澳门特别行政区暂无数据）。

相关政策数量呈稳步上升趋势，并且“十二五”期间加速增长。对比“十一五”以来中央及地方层面我国系统解决方案供应商相关政策数量变化趋势，2011~2013 年我国中央及地方层面均开始加速出台系统解决方案供应商相关政策。国务院于 2015 年部署全面推进实施制造强国以来，系统解决方案供应商相关政策出现爆发式增长，在“十三五”期间达到高峰（图 13.1）。这体现出“十三五”期间我国对智能制造及相关系统解决方案供应商的培育重视度显著提高。

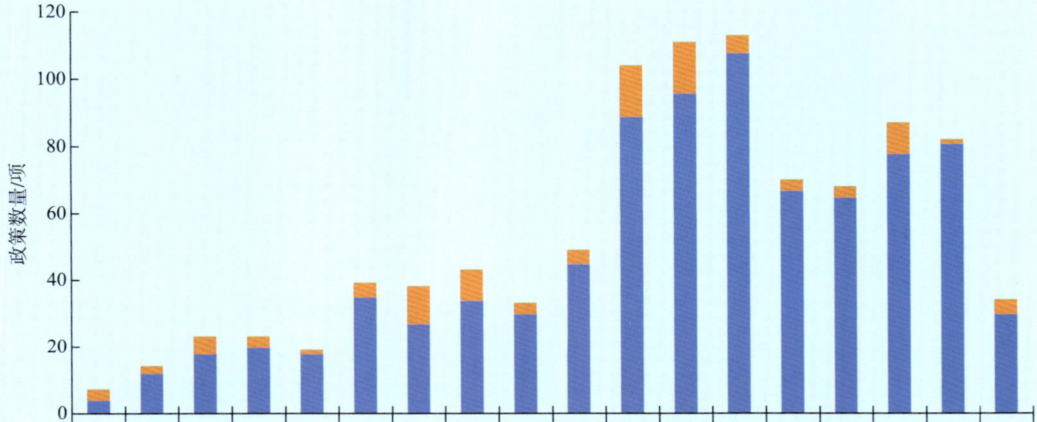

	2006年	2007年	2008年	2009年	2010年	2011年	2012年	2013年	2014年	2015年	2016年	2017年	2018年	2019年	2020年	2021年	2022年	2023年
中央	3	2	5	3	1	4	11	9	3	4	15	15	5	3	3	9	1	4
地方	4	12	18	20	18	35	27	34	30	45	89	96	108	67	65	78	81	30

地方　中央

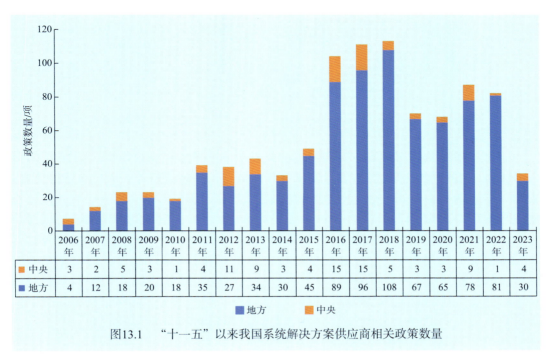

图13.1　“十一五”以来我国系统解决方案供应商相关政策数量

13.3　“十一五”以来中国中央政府层面系统解决方案供应商相关政策演化分析

13.3.1　中央政府层面系统解决方案供应商相关政策总体分析

“十一五”以来我国中央政府层面出台的系统解决方案供应商相关政策总计 100 项，除在 2012 年、2013 年、2016 年、2017 年、2021 年五年呈现爆发式增长态势，整体趋势较平稳（图 13.2）。考虑到产业政策效果的延后性，相关政策在上述年份的爆发式增长一方面归功于我国对制造业转型升级的重视程度持续增强，另一方面得益于自“十一五”规划以来我国在国家级规划中不断强调发展智能制造推动制造业高质量发展的战略部署。

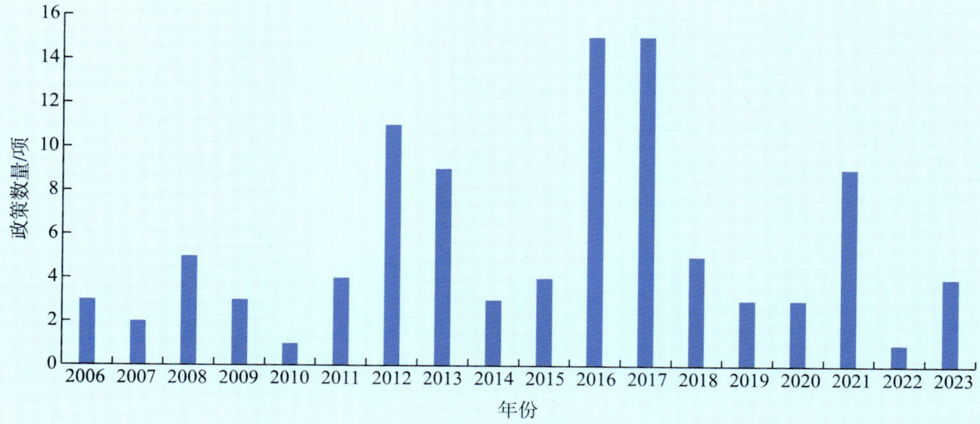

图13.2 “十一五”以来我国中央政府层面系统解决方案供应商相关政策数量

通过梳理相关典型政策，研究发现国家发展和改革委、财政部和工信部自 2011 年开始每年组织实施智能制造装备发展专项，重点推动智能装备的研发与推广应用，促进了装备集成商队伍的快速发展。通过梳理 2011~2015 年中央政府层面智能装备研发与推广应用相关政策（表 13.1），研究发现“十二五”时期我国中央政府层面政策重点推动智能化技术和装备快速发展，加速推动我国制造业转型升级，并开始强调技术集成和成套解决方案开发的重要性，有效促进了智能制造系统解决方案供应商队伍的初期发展。

表 13.1 2011~2015 年中央政府层面智能装备研发与推广应用政策综述

时间	政策简述
2011 年 3 月	“十二五”规划，提出我国要进一步推动产业升级，并强调要提高装备制造行业智能化水平，将高端装备制造作为未来战略性新兴产业；鼓励企业进行技术改造，加快淘汰落后工艺技术和设备
2011 年 6 月	国家发展和改革委、科技部、工信部、商务部和知识产权局将工业自动化作为当前优先发展的高技术产业化重点领域
2011 年 12 月	国务院印发《工业转型升级规划（2011—2015）》，为提升工业控制的集成化、智能化水平，要发展相关支撑技术和产品，如“分布式控制系统、可编程控制器、驱动执行机构、触摸屏、文本显示器等”
2012 年 5 月	工信部制定《高端装备制造业“十二五”发展规划》，提出智能制造装备产业是当前需要优先发展的五大高端装备制造业之一。未来将围绕感知、决策和执行三个关键环节，突破“新型传感、高精度运动控制、故障诊断与健康维护等关键技术，大力推进智能仪表、自动控制系统、工业机器人、关键执行和传动零部件的开发和产业化”
2012 年 6 月	工信部和中国工程院制定《“数控一代”装备创新工程行动计划》，提出进一步提高量大面广的通用可编程控制器、人机界面装置、一体化控制器及软件包等产品的质量和可靠性。重点开发各种数控装置需要的伺服驱动装置与电机。重点围绕纺织机械、塑料及橡胶加工机械、中小型机床与基础制造装备、印刷机械、包装机械、食品加工机械、制药机械、高效节能产品等，实现数控化集成开发

续表

时间	政策简述
2012 年 7 月	国务院制定《“十二五”国家战略性新兴产业发展规划》，在属于高端装备制造的智能制造装备领域提出“重点发展具有感知、决策、执行等功能的智能专用装备，突破新型传感器与智能仪器仪表、自动控制系统、工业机器人等感知、控制装置及其伺服、执行、传动零部件等核心关键技术”
2013 年 2 月	国家发展和改革委发布《产业结构调整指导目录（2011 年本）（修正）》，将大量的工业自动化领域系统和装置列入鼓励类，与发行人相关的有“伺服电机及其驱动装置、点数在 512 个以上的可编程控制器、智能化工业自动检测仪表与传感器、机器人及工业机器人成套系统”等项目
2013 年 12 月	工业和信息化部《关于推进工业机器人产业发展的指导意见》中为推进工业机器人产业发展，提出“开展工业机器人系统集成、设计、制造、试验检测等核心技术研究，攻克伺服电机、精密减速器、伺服驱动器、末端执行器、传感器等关键零部件技术并形成生产力”
2015 年 5 月	国务院印发《中国制造 2025》，提出《中国制造 2025》是我国实施制造强国战略第一个十年的行动纲领。面对正在发生的全球制造业竞争格局的重大调整，以及我国经济发展环境的重大变化，我们建设制造强国的任务艰巨而紧迫：要“推进信息化与工业化深度融合，加快发展智能制造装备和产品；组织研发具有深度感知、智慧决策、自动执行功能的高档数控机床、工业机器人、增材制造装备等智能制造装备以及智能化生产线，突破新型传感器、智能测量仪表、工业控制系统、伺服电机及驱动器和减速器等智能核心装置，推进工程化和产业化”；在机器人领域，要“突破机器人本体、减速器、伺服电机、控制器、传感器与驱动器等关键零部件及系统集成设计制造等技术瓶颈”

资料来源：改编自中国工控网

步入“十三五”时期，我国开始实施制造强国战略，中央政府层面出台的系统解决方案供应商相关政策达到高峰，共计出台 41 项政策，这体现出“十三五”时期我国对智能制造及相关系统解决方案供应商的培育重视度显著提高，进一步推动了系统解决方案供应商队伍的发展壮大。2016 年，中国智能制造系统解决方案供应商联盟成立，旨在培育壮大智能制造系统解决方案供应商队伍，搭建智能制造系统集成技术开发、行业应用和市场推广一体化公共服务平台，带动智能制造装备安全可控发展，推动制造业转型升级。该联盟现有会员单位 400 余家，涵盖自动化集成服务商、软件服务商、智能制造装备制造商、工程设计系统供应商等智能制造各个领域的领军企业，同时也有网络设备提供商、电信运营商、互联网服务商等相关领域的龙头企业。

13.3.2　中央政府层面系统解决方案供应商相关政策主题演化分析

“十一五”以来，中央政府层面系统解决方案供应商相关政策主题分布情况如图 13.3 所示。中央政府层面系统解决方案供应商政策中最重要的六大政策主题分别是行政审批、创新环境、绿色转型、设备制造、装备研发和交通运输。其中，行政审批的政策主题强度最高，为 10.40%。创新环境的政策主题强度次之，为 8.61%。之后政策主题强度从高到低依次是绿色转型，为 8.43%；设备制造，为 8.17%；装备研发，为 7.81%；交通运输，为 6.92%。

进一步分析战略性新兴产业集群的主题导向的变迁与演化。通过 LDA 主题模型汇总政策主题，根据主题中的关键词信息及结合专家判断，划分主题类别，测算主题强度，并基于 JS 散度，分析系统解决方案供应商政策的主题导向的变迁与演化。“十一五”以来中央政府层面系统解决方案供应商政策主题强度热力变化情况如图 13.4 所示。

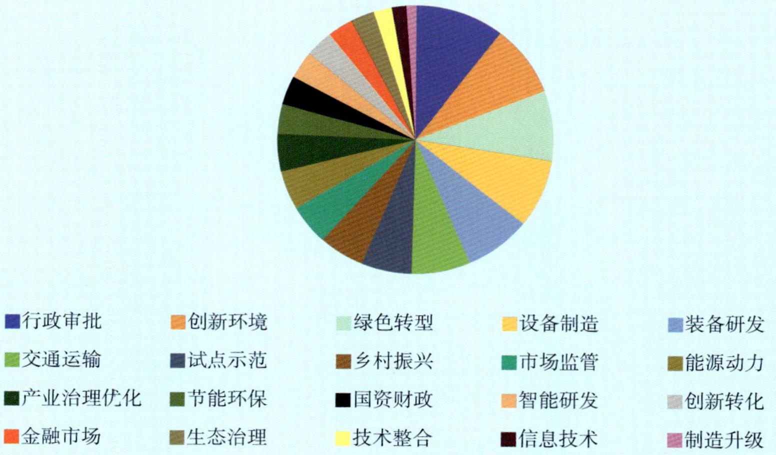

图13.3 “十一五”以来中央政府层面系统解决方案供应商政策主题分布情况

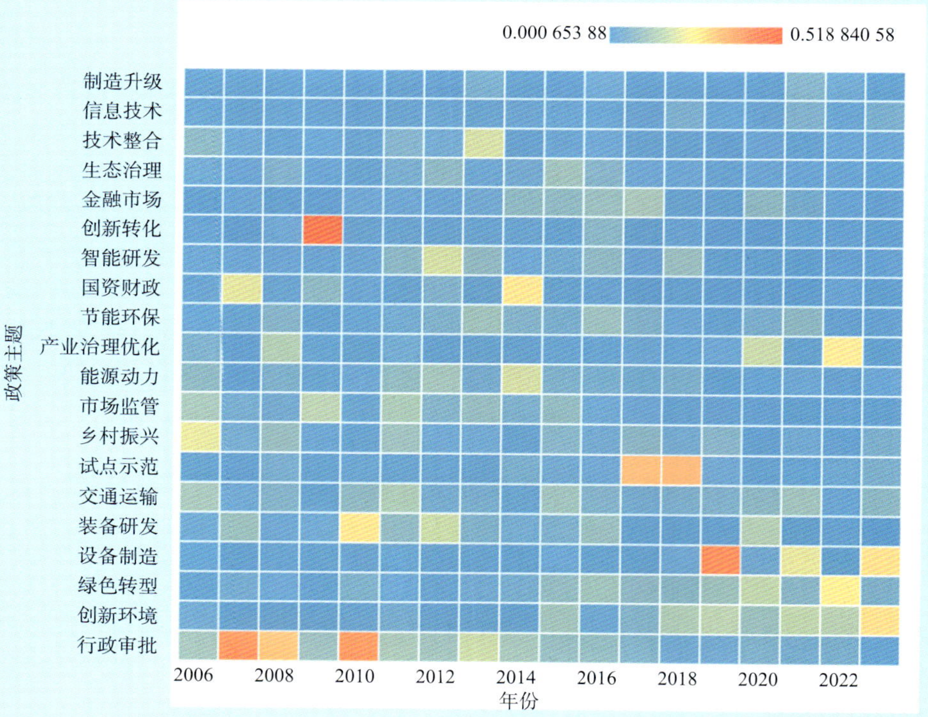

图13.4 2006~2023年中央政府层面系统解决方案供应商政策主题强度热力变化情况

“十一五”规划期间（2006~2010 年），中央政府层面系统解决方案供应商政策制定以行政审批和创新转化为主要的政策主题。例如，2008 年的《国务院办公厅转发发展改革委等部门关于促进自主创新成果产业化若干政策的通知》提出，培育企业自主创新成果产业化能力，大力推动自主创新成果的转移，加大自主创新成果产业化投融资支持力度，营造有利于自主创新成果产业化的良好环境[2]。

“十二五”规划期间（2011~2015 年），国资财政、智能研发和技术整合等政策主题强度提高。例如，2014 年出台了《国务院关于加快发展生产性服务业促进产业结构调整升级的指导意见》和《国家集成电路产业发展推进纲要》。《国务院关于加快发展生产性服务业促进产业结构调整升级的指导意见》强调，以产业转型升级需求为导向，进一步加快生产性服务业发展，引导企业进一步打破“大而全”“小而全”的格局，分离和外包非核心业务，向价值链高端延伸，促进我国产业逐步由生产制造型向生产服务型转变：一是鼓励企业向产业价值链高端发展；二是推进农业生产和工业制造现代化；三是加快生产制造与信息技术服务融合。

“十三五”规划期间（2016~2020 年），设备制造和试点示范政策主题强度提高，逐步成为重要的政策主题。例如，2016 年发布的《智能制造发展规划（2016—2020 年）》作为指导“十三五”时期全国智能制造发展的纲领性文件，明确了“十三五”期间我国智能制造发展的指导思想、发展目标和重点任务。重点任务包括加快智能制造装备发展、加强关键共性技术创新、推动重点领域智能转型、推进区域智能制造协同发展等。

“十四五”规划期间（2021 年至今），绿色转型和产业治理优化等政策主题强度有明显提升，成为主要的政策方向。例如，2021 年《中共中央 国务院关于完整准确全面贯彻新发展理念做好碳达峰碳中和工作的意见》提出持续巩固提升碳汇能力，建立完善绿色低碳技术评估、交易体系和科技创新服务平台等意见。2023 年，我国为提升制造业可靠性水平，实现制造业高质量发展，工信部、教育部、科技部、财政部、国家市场监督管理总局等五部门联合印发《制造业可靠性提升实施意见》。该实施意见聚焦机械、电子、汽车三个重点产业，一方面，通过提高核心基础零部件、核心基础元器件可靠性，促进相关产业产品可靠性提升，增强产业链供应链韧性；另一方面，发挥产业基础优势，形成可复制可推广的先进经验，为其他行业树立典型示范，带动制造业可靠性整体水平提升。

2006~2023 年中央政府层面系统解决方案供应商政策主题强度总体演化趋势如图 13.5 所示。2006~2023 年中央政府层面系统解决方案供应商政策主题导向演化如图 13.6 所示。从总体演化上来看，政策主题导向波动指数从 2007 年的 10.87% 发展到 2023 年的 12.09%，政策主题导向波动指数均值为 12.85%，政策主题导向波动指数在 2013 年达到峰值，为 17.71%，该年各政策主题变化贡献度大小依次为技术整合（20.67%）、行政审批（18.43%）、节能环保（11.11%）、市场监管（8.84%）、智能研发（5.14%）、装备研发（2.62%）。其中能源动力相关政策有我国 2012 年出台的《“十二五”节能环保产业发展规划》。该规划提到，加快发展节能环保产业，是调整经济结构、转变经济发展方式的内在要求，是推动节能减排，发展绿色经济和循环经济，建设资源节约型环境友好型社会，积极应对气候变化，抢占未来竞争制高点的战略选择。

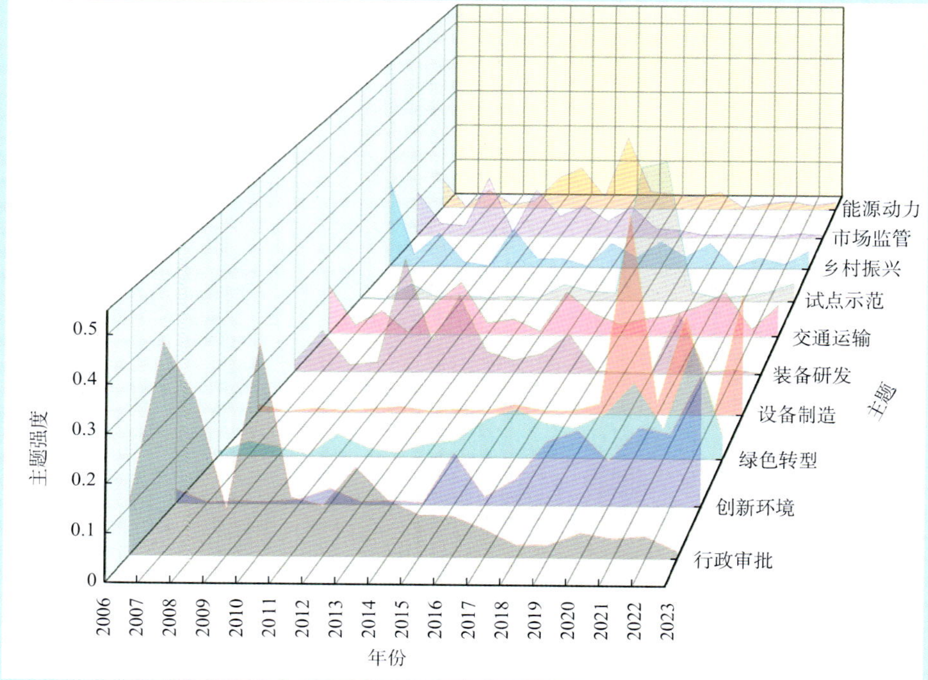

图13.5　2006~2023年中央系统解决方案供应商政策主题强度演化趋势

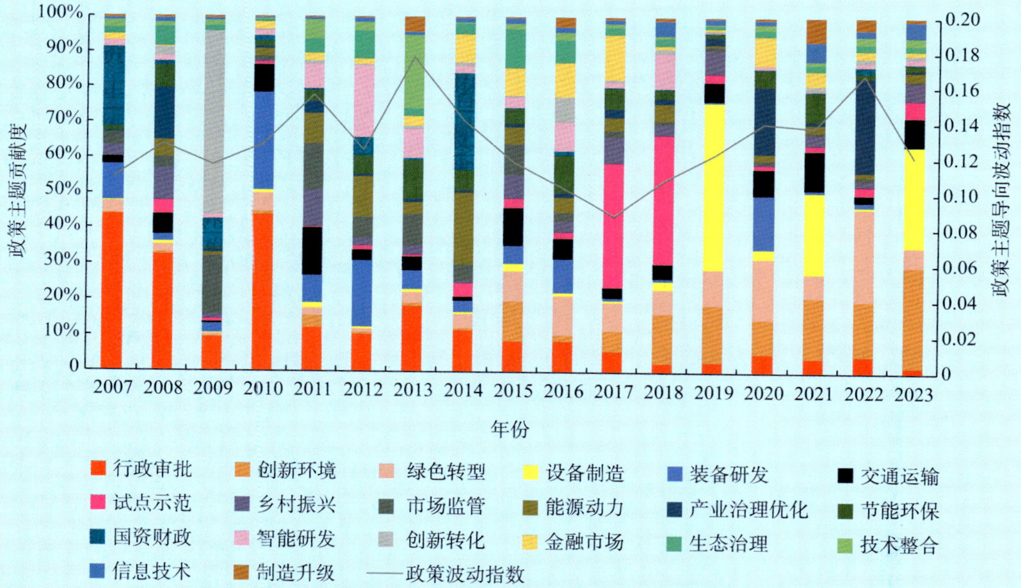

图13.6　2006~2023年中央政府层面系统解决方案供应商政策主题导向演化

该部分每年分析时需要两年的数据，故没有2006年的数据

对中央和地方系统解决方案供应商政策主题分布和演化情况进行系统分析发现，金融信贷支持、数字化转型、乡村振兴、高端制造均为重要的系统解决方案供应商政策主题，同全国范围内系统解决方案供应商政策主题分布情况一致，而且数字化转型的政策主题强度均在近几年出现快速攀升。

中央政府层面系统解决方案供应商政策主题关键词及词频，如表13.2所示。

表13.2　中央政府层面系统解决方案供应商政策主题关键词及词频

行政审批	频数	创新环境	频数	绿色转型	频数	设备制造	频数	交通运输	频数	试点示范	频数
人民银行	104	专业化	307	低碳	207	专用	100	交通	313	人才	969
公安机关	70	两岸	140	信息化	700	专用设备	26	交通运输	165	便利化	135
分支	85	人力资源	94	减排	311	中央预算	92	仓储	66	保税	126
博物馆	106	健康	670	总量	330	仪器设备	44	供应链	267	创新	4 374
卫生	171	农业	1 165	排放	396	印制	17	全球	550	口岸	140
县级	164	咨询	173	控制	550	印刷	45	全过程	99	外商投资	188
执法	273	基础设施	905	改造	608	地震	53	公路	104	开放	739
文物	457	市场	1 547	标准煤	69	所属	32	共享	540	海关	239
文物保护	218	旅游	326	气候变化	126	打印机	16	服务平台	244	物流	496
新闻出版	90	服务业	1 055	消费	761	批量	18	标准化	261	监管	1 128
核发	156	物流	496	淘汰	174	护照	18	港口	104	知识产权	912
民用	130	环境	1 182	清洁	281	目录	170	监管	1 128	自由贸易	218
民航	96	现代	624	燃煤	81	维修	89	绿色	765	融资	489
许可证	93	生产性	134	用能	100	装备	1 142	衔接	262	试验区	650
资格	257	电子商务	240	绿色	765	观测	97	运输	299	贸易	652
资质	133	研发	1 279	能效	108	设备	732	追溯	140	跨境	227
进口	265	网络	874	能源	1 092	货币	80	通道	180	通关	111
食品药品	84	设计	649	能耗	155	车辆	92	铁路	252	金融	618
行政	456	资源	1 896	节能	1 212	扫描仪	65	物流	482	自贸	976
航空器	67	高技术	274	钢铁	101	制造	1 286	环节	152	货物	522

13.4 "十一五"以来中国地方政府层面系统解决方案供应商相关政策演化分析

13.4.1 地方政府层面系统解决方案供应商相关政策总体分析

"十一五"以来我国地方政府层面出台的系统解决方案供应商相关政策总计857项，整体呈快速增长态势。国务院于2015年部署全面推进实施制造强国以来，地方政府层面的系统解决方案供应商相关政策也出现爆发式增长，并在"十三五"期间达到高峰（图13.7）。这体现出"十三五"期间地方政府对智能制造及相关系统解决方案供应商的培育重视度同样显著提高。

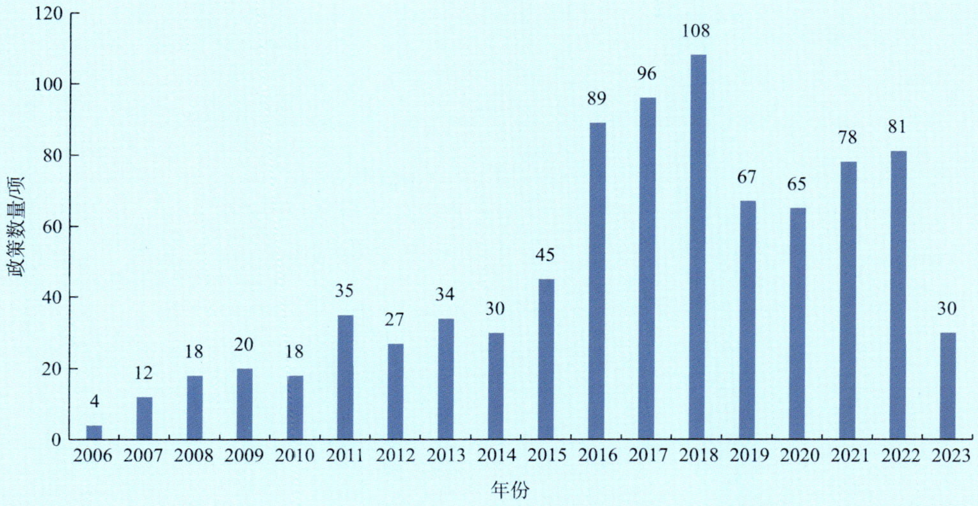

图13.7 2006~2023年地方政府层面系统解决方案供应商政策数量变化

"十一五"以来地方政府出台的系统解决方案供应商相关政策数量情况如图13.8所示。其中，江苏的政策数量最多，为97项，浙江紧跟其后，政策数量为95项，两省相关政策数量远远领先于其他省（自治区、直辖市）；河南和广东次之，政策数量分别为73项和71项，排名第三、第四；青海、吉林、新疆、黑龙江和海南的政策数量最少，均低于10项。从城市群的角度看，京津冀城市群（北京、天津、河北）、长三角城市群（上海、浙江、江苏、安徽）、珠三角城市群（广东）所发布的系统解决方案供应商的相关政策数量较其他城市群多。

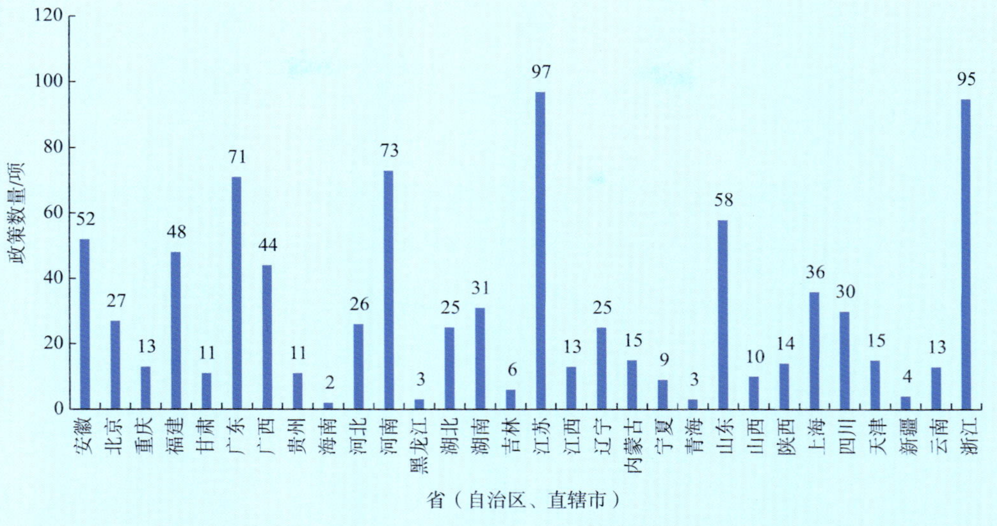

图13.8　2006~2023年各省（自治区、直辖市）系统解决方案供应商政策数量

13.4.2　地方政府层面系统解决方案供应商相关政策主题演化分析

“十一五”以来地方政府层面系统解决方案供应商相关政策主题分布情况如图 13.9 所示。地方政府层面系统解决方案供应商政策中最重要的六大政策主题分别是装备研发、数字化转型、智能制造、创新转化、技术整合、创新环境。其中，装备研发的政策主题强度最高，为 8.46%。数字化转型的政策主题强度次之，为 7.20%。之后政策主题强度从高到低依次是智能制造，强度为 7.18%；创新转化，强度为 7.01%；技术整合，强度为 6.62%；创新环境，强度为 6.43%。

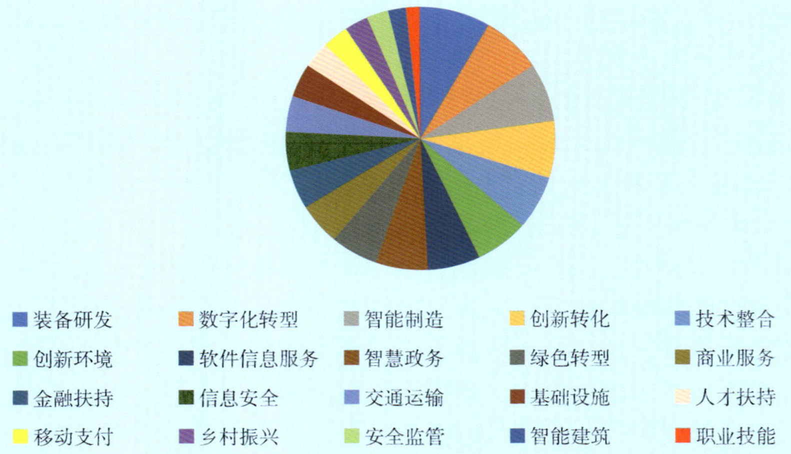

图13.9　“十一五”以来地方政府层面系统解决方案供应商政策主题分布情况

“十一五”以来系统解决方案供应商政策地方政府层面政策主题强度热力变化情况如图 13.10 所示。

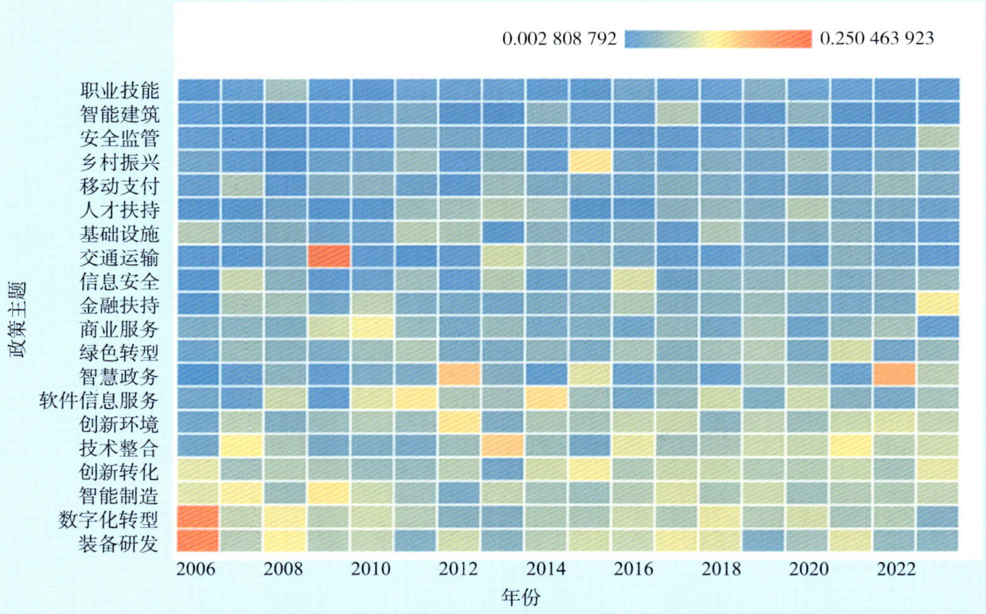

图13.10　2006~2023年地方政府层面系统解决方案供应商政策主题强度热力变化情况

“十一五”规划期间（2006~2010 年），地方政府层面系统解决方案供应商政策制定以装备研发、数字化转型和交通运输为主要的政策主题。例如，2006 年出台了《国务院关于加快振兴装备制造业的若干意见（摘要）》，指出我国装备制造业还存在自主创新能力弱、对外依存度高、产业结构不合理、国际竞争力不强等问题，提出了以重点工程为依托，推进重大技术装备自主制造；以装备制造业振兴为契机，带动相关产业协调发展等一系列举措。

“十二五”规划期间（2011~2015 年），“十一五”期间的交通运输等主要政策主题强度减弱，智慧政务、软件信息服务和技术整合的政策主题强度提高。例如，2012 年《国务院关于大力推进信息化发展和切实保障信息安全的若干意见》提出，大力推进信息化发展和切实保障信息安全。

“十三五”规划期间（2016~2020 年），技术整合和数字化转型政策主题强度提高，逐步成为重要的政策主题。例如，2017 年出台了《国务院关于印发新一代人工智能发展规划的通知》和《国务院办公厅关于积极推进供应链创新与应用的指导意见》。《国务院关于印发新一代人工智能发展规划的通知》提出培育高端高效的智能经济，建设安全便捷的智能社会，后者包括发展便捷高效的智能服务、推进社会治理智能化、利用人工智能提升公共安全保障能力及促进社会交往共享互信等。

“十四五”规划期间（2021 年至今），智慧政务的主题强度依然保持较高水平，金融扶持政策主题强度有明显提升。例如，2022 年出台的《关于加快推进政务服务标准化规范化便利化的指导意见》和 2023 年出台的《关于依托全国一体化政务服务平台建立政务服务效能提升常态化工作机制的意见》。2022 年《中国银保监会办公厅关于 2022 年进一步强化金融支持小微企业发展工作的通知》提出，强化金融支持小微企业减负纾困、恢复发展有关工作。

“十一五”以来地方政府层面系统解决方案供应商政策主题强度总体演化趋势如图 13.11 所示。

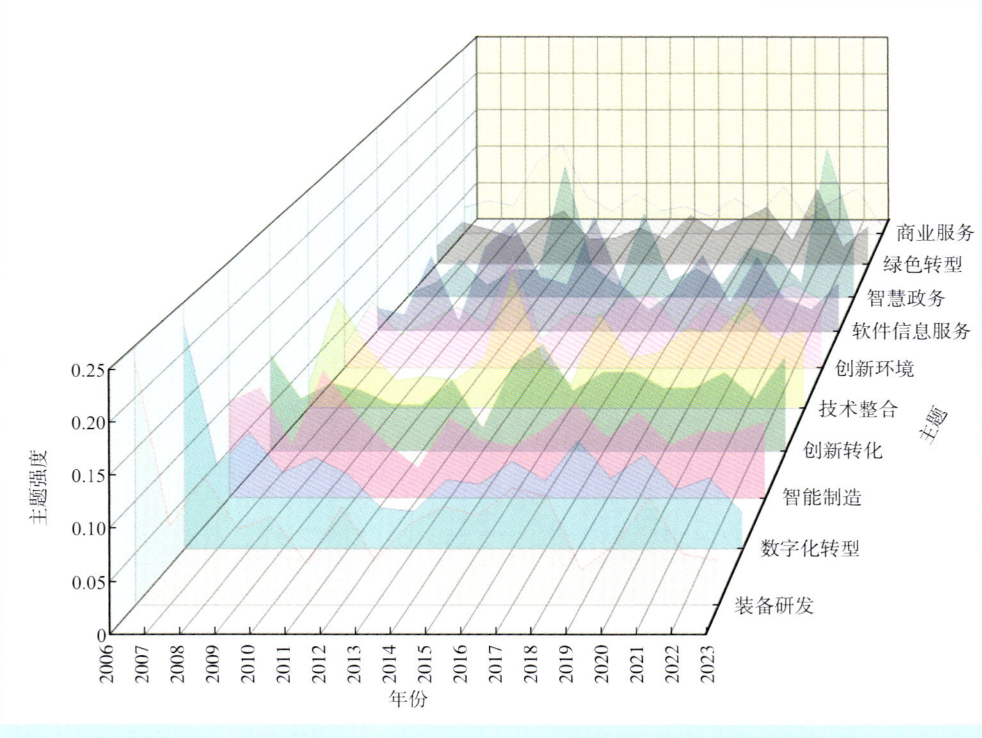

图13.11　2006~2023年地方政府层面系统解决方案供应商政策主题强度演化趋势

“十一五”以来地方政府层面系统解决方案供应商政策主题导向演化如图 13.12 所示。从总体演化上来看，政策主题导向波动指数从 2007 年的 2.58% 发展到 2023 年的 8.21%，政策主题导向波动指数均值为 6.95%，政策主题导向波动指数在 2012 年达到峰值，为 13.71%，该年各政策主题变化贡献度大小依次为智慧政务（16.58%）、创新环境（13.71%）、装备研发（9.38%）、创新转化（7.90%）、基础设施（6.80%）。2011 年国务院印发《进一步鼓励软件产业和集成电路产业发展的若干政策》，提出继续完善激励措施，明确政策导向，对于优化产业发展环境，增强科技创新能力，提高产业发展质量和水平，具有重要意义。2012 年《中共中央 国务院关于深化科技体制改革加快国家创新体系建设的意见》中提到充分认识深化科技体制改革、加快国家创新体系建设的重要性和紧迫性；深化科技体制改革、加快国家创新体系建设的指导思想、主要原则和主要目标；强化企业技术创新主体地位，促进科技与经济紧密结合 [3]。

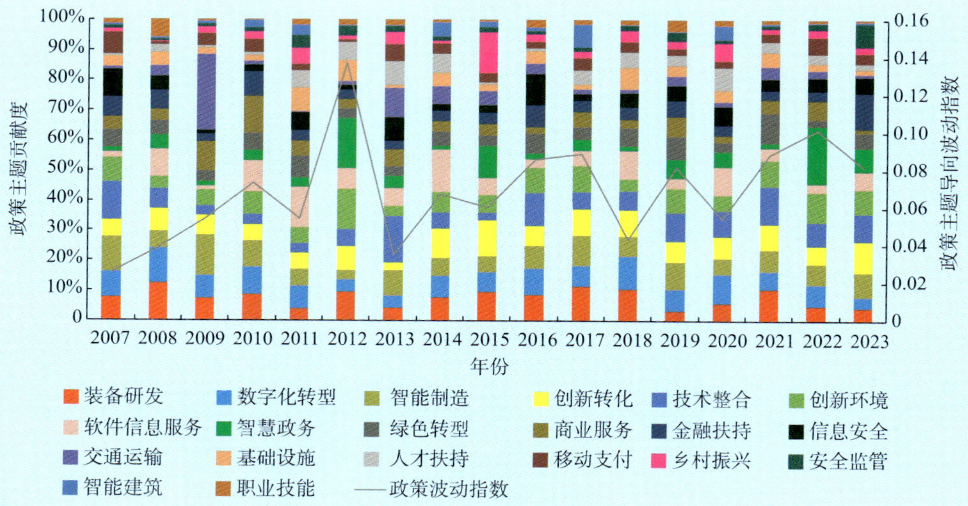

图13.12　“十一五”以来地方政府层面系统解决方案供应商政策主题导向演化

该部分每年分析时需要两年的数据，故没有 2006 年的数值

地方政府层面系统解决方案供应商政策主题关键词及词频，如表 13.3 所示。

表 13.3　地方政府层面系统解决方案供应商政策主题关键词及词频

装备研发	词频	数字化转型	词频	智能制造	词频	创新转化	词频	技术整合	词频	创新环境	词频
战略性	1 254	场景	1 451	制造	18 760	人才	7 133	中小企业	2 782	农业	6 498
技术	21 694	技术	21 694	协同	5 615	创业	3 179	创新	23 050	创新	23 050
新能源	3 256	数字化	4 322	工厂	1 863	创新	23 050	安全	6 892	协同	5 615
材料	6 396	数据	11 525	工艺	1 426	孵化	1 174	数据	11 525	布局	3 212
汽车	4 351	转型	4 932	控制	2 227	技术	21 694	服务商	4 325	治理	2 160
生物	1 670	集群	3 449	改造	4 522	技术创新	1 801	研发	11 160	环境	4 355
电子	4 108	创新	23 050	数字化	4 322	知识产权	2 625	网络	7 179	现代化	867
研发	11 160	智能	18 903	机器人	2 365	研发	11 160	协同	5 615	生态	4 575
设备	7 073	人工智能	8 978	研发	11 160	科技	10 528	软件	872	空间	2 237
配套	3 786	融合	1 132	自动化	1 321	科技成果	1 384	资源	9 138	绿色	4 926
零部件	7 764	智慧	2 245	装备	11 622	自主	2 751	技术	21 694	要素	2 342
产业化	986	协同	5 615	解决方案	1 863	资源	9 138	互联网	7 651	资源	9 138

续表

装备研发	词频	数字化转型	词频	智能制造	词频	创新转化	词频	技术整合	词频	创新环境	词频
高端	6 532	互联网	7 651	设计	5 929	转化	2 318	融合	1 132	预期	963
创新	23 050	产业链	821	质量	4 489	金融	4 256	信息化	542	高水平	754
制造	18 760	高质量	863	设备	7 073	高新技术	1 726	管委会	1 132	示范区	862
产业链	1 875	区块	1 124	智能	562	高校	1 500	两化	431	开放	1 215
新兴产业	4 532	生态	4 575	技术	21 694	市场	1 321	改造	4 522	高质量	863
集群	2 321	汽车	4 351	车间	432	服务业	451	设备	7 073	格局	633
装备	11 622	基础	6 532	智能化	8 654	引进	823	聚焦	4 324	基础	6 532
基础	6 532	聚焦	4 324	基础	6 532	创新型	322	整合	863	可持续	653

13.5 “十一五”以来中国系统解决方案供应商相关政策发布主体分析

系统解决方案供应商是产业的基础赋能性力量，因此其培育工作需要政府各部门的广泛参与，增强政策协同性，从而形成更加有效的政策体系，加快系统解决方案供应商队伍的高质量发展。

通过汇总全国系统解决方案供应商培育政策的发布主体（表 13.4），可以发现全国最主要的系统解决方案供应商相关政策发布主体为国务院、各省（自治区、直辖市）人民政府、工业和信息化部门等机构。其中，省（自治区、直辖市）人民政府在系统解决方案供应商培育政策发布过程中的参与度较其他部门更高。

表 13.4 “十一五”以来我国系统解决方案供应商培育政策发布主体数量

政策主体	数量 / 项	政策主体	数量 / 项
省（自治区、直辖市）人民政府	483	财政厅（局）	11
工业和信息化厅（局、委员会）	179	科学技术厅（局、委员会）	11
国务院	86	农业农村厅（委员会）	8
住房和城乡建设厅（局、委员会）	33	中国证券监督管理委员会	8
商务厅（局、委员会）	16	园区管理委员会	7
发展和改革委员会	14	人力资源和社会保障厅（局）	6
市场监督管理局	13	卫生厅（健康委员会）	5
全国人大（常委会）	12	环境保护厅（局）	5

续表

政策主体	数量 / 项	政策主体	数量 / 项
政务服务数据管理局	5	网络与信息安全协调小组	1
省（自治区、直辖市）级人大	4	绿化和市容管理局	1
省（自治区、直辖市）经济贸易委员会	4	统计局	1
教育厅（局）	4	中小企业服务局	1
中国人民银行	3	信息产业厅	1
社会保险基金管理中心	3	省（自治区、直辖市）文化委员会	1
海关	3	省（自治区、直辖市）工商业联合会	1
通信管理局	3	国家密码管理局	1
工作领导小组	2	国家税务总局	1
中共省（自治区、直辖市）委	2	民间组织管理局	1
中国银行股份有限公司	2	民政厅	1
地方税务局	2	林业厅	1
交通运输厅（委员会）	2	国有资产监督管理委员会	1
安全生产委员会	1	广播电视局	1
农牧渔业兽医局	1	地方金融监督管理局	1
中国电信集团有限公司	1	工商行政管理局	1
自主创新示范区领导小组	1	省（自治区、直辖市）高级人民法院	1

进一步分析中央和地方政府系统解决方案供应商培育政策数量演化（表 13.5），研究发现“十一五”规划期间（2006~2010 年），国务院和各省（自治区、直辖市）人民政府是系统解决方案供应商培育政策最主要的发布主体。“十二五”规划期间（2011~2015 年），在国务院和各省（自治区、直辖市）人民政府持续主导的基础上，工业和信息化厅（局、委员会）等产业管理部门逐渐开始加强系统解决方案供应商培育。“十三五”规划期间（2016~2020 年），各省（自治区、直辖市）人民政府作为政策主体颁布的政策数量远远领先于其他主体，仍然是最主要的政策主体，同时，国务院作为政策主体颁布的政策数量远远领先于其他主体，体现出中央持续将培育系统解决方案供应商放在重要的位置。“十四五”规划期间（2021 年至今），政策主体的丰富度进一步增强，非政府部门开始积极参与支持系统解决方案供应商队伍建设。

表 13.5 “十一五”以来中央和地方政府层面系统解决方案供应商培育政策数量演化

政策主体	政策数量 / 项			
	“十一五”期间	“十二五”期间	“十三五”期间	“十四五”期间
国务院	13	29	37	7
中共省（自治区、直辖市）委	0	1	1	0

续表

政策主体	政策数量 / 项			
	“十一五”期间	“十二五”期间	“十三五”期间	“十四五”期间
全国人大（常委会）	1	2	3	6
省（自治区、直辖市）级人大	0	0	0	4
省（自治区、直辖市）人民政府	36	110	252	85
发展和改革委员会	0	8	3	3
教育厅（局）	1	3	0	0
科学技术厅（局、委员会）	2	3	3	3
工业和信息化厅（局、委员会）	1	14	109	55
民政厅	0	0	0	1
财政厅（局）	0	2	9	0
人力资源和社会保障厅（局）	4	1	1	0
环境保护厅（局）	2	2	0	1
住房和城乡建设厅（局、委员会）	3	8	7	15
交通运输厅（委员会）	0	1	1	0
农业农村厅（委员会）	1	0	6	1
商务厅（局、委员会）	1	2	8	5
卫生厅（健康委员会）	1	3	0	1
中国人民银行	1	0	1	1
国有资产监督管理委员会	0	0	1	0
林业厅	1	0	0	0
信息产业厅	1	0	0	0
社会保险基金管理中心	3	0	0	0
省（自治区、直辖市）工商业联合会	0	0	0	1
中国银行股份有限公司	0	0	0	2
海关	1	0	1	1
省（自治区、直辖市）高级人民法院	0	0	0	1
国家密码管理局	1	0	0	0
国家税务总局	0	0	0	1
统计局	1	0	0	0
农牧渔业兽医局	0	0	1	0
工商行政管理局	0	1	0	0
市场监督管理局	4	6	1	2
地方税务局	0	0	2	0
地方金融监督管理局	0	0	0	1
中小企业服务局	0	0	0	1
广播电视局	0	0	1	0
通信管理局	0	0	2	1
政务服务数据管理局	0	0	5	0

续表

政策主体	政策数量 / 项			
	“十一五”期间	“十二五”期间	“十三五”期间	“十四五”期间
绿化和市容管理局	0	1	0	0
民间组织管理局	0	0	1	0
省（自治区、直辖市）文化委员会	0	0	1	0
省（自治区、直辖市）经济贸易委员会	1	1	2	0
安全生产委员会	0	1	0	0
园区管理委员会	0	1	4	2
网络与信息安全协调小组	1	0	0	0
自主创新示范区领导小组	0	0	1	0
工作领导小组	0	0	1	1
中国证券监督管理委员会	6	0	0	2
中国电信集团有限公司	0	0	1	0

13.6 本章总结

在新一轮科技革命中，制造企业的智能化转型升级是推动智能制造发展、建设制造强国的主要任务。系统解决方案供应商是推动制造业智能化转型的重要力量，对于优化资源配置、提高产业升级效率和促进智能制造产业发展具有重要意义。本章对“十一五”以来我国中央部委及省级政府出台的系统解决方案供应商培育政策进行了深入分析，对相关政策的总体概况、政策主题、政策主体进行了系统性梳理，总结政策演化规律，为中央政府层面和地方政府层面深入推进我国系统解决方案供应商培育发展提供了政策参考。

“十一五”以来我国系统解决方案供应商政策数量总体保持增长态势。“十一五”及“十二五”期间，系统解决方案供应商相关政策数量呈稳步上升趋势，并且“十二五”期间加速增长。2011~2013 年我国中央及地方层面均开始加速出台系统解决方案供应商相关政策。自 2015 年实施制造强国战略以来，系统解决方案供应商相关政策出现爆发式增长，在“十三五”时期达到高峰，体现出“十三五”时期我国对智能制造及相关系统解决方案供应商的培育重视度显著提高。

“十一五”以来我国中央政府层面出台的系统解决方案供应商相关政策数量整体变化趋势较平稳，但在每个五年计划期间均会出现集中出台大量系统解决方案供应商相关政策的情况。考虑到产业政策效果的延后性，相关政策在每个五年计划期间的爆发式增长一方面归功于我国对制造业转型升级的重视程度持续增强，另一方面得益于“十一五”规划以来我国在国家级规划中不断强调发展智能制造推动制造业高质量发展的战略部署。在中央政府层面相关政策中最重要的六大政策主题分别是行政审批、创新环境、绿色转型、设备制造、装备研发和交通运输，体现出中央政府对优化产业治理体系，营造良好营商环境，加大装备研制投入及产业绿色发展的重视。

"十一五"以来我国地方政府层面出台的系统解决方案供应商相关政策数量整体呈快速增长态势。自国务院于2015年部署全面推进实施制造强国以来，地方政府层面的系统解决方案供应商相关政策也出现爆发式增长，并在"十三五"时期达到高峰，体现出"十三五"时期地方政府对智能制造及相关系统解决方案供应商的培育重视度显著提高。地方政府层面系统解决方案供应商政策中最重要的六大政策主题分别是装备研发、数字化转型、智能制造、创新转化、技术整合、创新环境，体现出地方政府对营造良好营商环境，促进制造业转型升级的重视。

通过梳理"十一五"以来系统解决方案供应商相关政策的发布主体，研究发现"十一五"时期的主要政策发布主体为国务院和各省（自治区、直辖市）人民政府，"十二五"时期工业和信息化等产业管理部门逐步开始出台相关政策，"十三五"时期各省（自治区、直辖市）人民政府在相关政策中的主体地位仍然保持领先，国务院也持续出台支持政策。步入"十四五"时期，政策发布主体多样性不断提高，而且一些非政府机构也开始参与培育系统解决方案供应商，体现了社会对这一重要赋能性主体作用的认识开始增强。

系统解决方案供应商作为产业的基础赋能性力量，其发展对整个制造业的转型升级具有举足轻重的作用。政府各部门的广泛参与及不同部门出台的政策协同，对于构建有效的系统解决方案供应商扶持政策体系具有重要意义。一方面，各个部门可以根据自身的职能特点和资源优势，制定针对性的扶持政策，从而形成全方位、多层次的政策体系。另一方面，政府各部门的广泛参与和高效协同，有助于确保系统解决方案供应商扶持政策的连续性和稳定性，有利于相关企业树立信心，加大研发投入，实现产业创新和技术突破。这将有利于推动系统解决方案供应商队伍的高质量发展，为推动我国战略性新兴产业高质量发展，加速建设制造强国做出更大贡献。

参考文献

[1] "十四五"智能制造发展规划[EB/OL]. https://www.miit.gov.cn/jgsj/ghs/zlygh/art/2022/art_c201cab037444d5c94921a53614332f9.html，2022-07-06.

[2] 国务院办公厅转发发展改革委等部门关于促进自主创新成果产业化若干政策的通知[EB/OL]. https://www.gov.cn/zwgk/2008-12/18/content_1182058.htm，2008-12-18.

[3] 中共中央 国务院关于深化科技体制改革加快国家创新体系建设的意见[EB/OL]. https://www.gov.cn/gongbao/content/2012/content_2238927.htm，2012-09-23.

本章撰写人员名单

主要执笔人：

苗仲桢　清华大学　助理研究员
周　源　清华大学　长聘副教授
臧冀原　中国工程院战略咨询中心　副研究员
刘宇飞　中国工程院战略咨询中心　副研究员
薛　塬　中国工程院战略咨询中心　助理研究员

课题组主要成员：

薛　澜　清华大学　教授
周　源　清华大学　长聘副教授
冯记春　中国工程科技发展战略研究院　首席研究员
柳卸林　中国科学院大学　教授
黄鲁成　北京工业大学　教授
穆荣平　中国科学院科技战略咨询研究院　研究员
陈　劲　清华大学　教授
刘培林　浙江大学　研究员
蔡跃洲　中国社会科学院　研究员
沙　勇　南京邮电大学人口研究院　教授
许冠南　北京邮电大学　教授
李　欣　北京工业大学　教授
张振翼　国家信息中心　高级工程师

后　　记

高质量发展是“十四五”时期乃至更长时期我国经济社会发展的首要任务，关系我国社会主义现代化建设全局。党的二十大报告对建设现代化产业体系做出了全面部署，报告强调：“推动战略性新兴产业融合集群发展，构建新一代信息技术、人工智能、生物技术、新能源、新材料、高端装备、绿色环保等一批新的增长引擎。”推动创新链产业链资金链人才链深度融合，是产业高质量发展的基本要求，也是建设现代化产业体系的重要保障。推进产业结构优化升级，提升产业发展水平，培育壮大发展新动能，要持续推动“四链”深度融合。

为了更好地促进战略性新兴产业发展，支撑科学决策，自2010年起，在国家发展和改革委员会的指导下，中国工程院与清华大学、国家开发银行一起，开展了“战略性新兴产业发展战略研究”系列咨询研究。该系列咨询研究持续跟踪分析我国战略性新兴产业发展的总体情况及各领域发展态势，研究国内外相关技术和产业的前沿热点与最新动向，宣传国家政策和引导社会投资，为战略性新兴产业相关政策的制定、实施提供了重要战略决策支撑。同时，为了更好地以科学咨询支撑科学决策，以科学决策推动高质量发展，中国工程科技发展战略研究院瞄准战略性新兴产业发展的战略决策需要，参与建设并系统应用了中国工程科技知识中心的战略咨询智能支持系统（Intelligent Support System for Strategic Studies，ISS，https://iss.ckcest.cn/），整合了彭博（Bloomberg）数据库、Derwent Innovations Index（DII）数据库和Derwent Data Analyzer（DDA）数据库并开展分析，为院士专家的工程科技战略研究和宏观政策分析提供了有力支撑。基于上述系列咨询研究成果，项目组连续11年（2013~2023年）出版了《中国战略性新兴产业发展报告》，引起了社会各界的积极反响。

本书的编写工作得到了中国工程院、国家开发银行、清华大学、国家信息中心等单位和部门的大力支持，得到了徐匡迪、路甬祥、李晓红、邱勇等同志的亲切关怀与悉心指导，我们在此致以衷心的感谢。

感谢本书的撰稿人和审稿人及众多院士和专家为本书各章节的编写付出的辛勤劳动。感谢中国工程科技发展战略研究院的周源、苗仲桢、高雨辰、董放、孙朋飞、蒋振、赵丽萌，以及中国工程院战略咨询中心的刘宇飞等同志，他们搜集了大量的资料并深入分析，进行了一系列前沿战略研究，有力支撑了咨询项目的进展，还积极承担组织联络工作，确保本书编写工作的顺利进行。感谢科学出版社的大力支持，尤其感谢编辑马跃先生等，是他们辛勤、细心、负责的工作确保了本书能如期与读者见面。

感谢中国工程院院士咨询项目（2023-PP-06，2023-HY-02，2023-HY-03，2022-HY-17，2022-HY-01，2022-HY-02，2022-HY-03，2021-HYZD-6，2021-JZ-06，2021-HZ-9，2022-HZ-19），中国工程院院地合作项目（2022-GD-9，2021-GD-3，2021-DFZ-6，2021-XZ-CQ-2），国家自然科学基金项目（71974107，L2224059，72204135，72104224，72004016，L2224053，L2224050，L2124002，91646102，L1924058，L1824039，L1724034），教育部人文社会科学研究专项任务项目（16JDGC011），中国工程科技知识中心建设项目（CKCEST-2023-1-7，CKCEST-2022-1-30），清华大学—剑桥大学自主科研国际合作专项（2019Z02CAU），清华大学科研管理研究专项（100002096），长城会议专项（20239990013）等的支持。

此外，诸多机构和个人在本书编写过程中参加了各类实地调研、座谈会、研讨会和工作会，分享了宝贵的经验并提出有益的建议，编委会在此一并表示诚挚的谢意！

编委会

2023年12月

中国工程科技发展战略研究院简介

中国工程院，是中国工程科学技术界的最高荣誉性、咨询性学术机构。为了更好地履行党中央赋予的国家工程科技发展思想库和智囊团作用，中国工程院与清华大学强强联合，于2011年4月成立中国工程科技发展战略研究院。

中国工程科技发展战略研究院以深入贯彻习近平总书记系列重要讲话精神，落实党中央、国务院关于中国特色新型智库建设的决策部署为指引，坚持高层次、开放式、前瞻性的发展导向，持续发挥各领域院士、专家的智力优势，积极推动自然科学与社会科学相结合，围绕工程科技发展中的全局性、综合性、战略性重大误题开展理论研究、应用研究与政策咨询，努力建设全球一流的战略研究思想库，成为国家高端智库重要组成部分，为我国工程科技发展提供准确、及时、前瞻的决策支撑。

中国工程科技发展战略研究院成立至今，在千余位院士专家的共同参与下，先后围绕工程科技重大问题开展了新型城镇化、战略性新兴产业、生态文明建设、能源革命等系列重大咨询项目，多项研究成果上报党中央、国务院，得到国家领导人的高度肯定。众多研究成果出版发行，其中连续十一个年度发布《中国战略性新兴产业发展报告》，受到了社会各界的广泛关注和高度认可。